Springer-Lehrbuch

Hartmut Oetker

Handelsrecht

9. Auflage

Hartmut Oetker
Rechtswissenschaftliche Fakultät
Christian-Albrechts-Universität zu Kiel
Kiel, Deutschland

ISSN 0937-7433   ISSN 2512-5214 (electronic)
Springer-Lehrbuch
ISBN 978-3-662-70487-5   ISBN 978-3-662-70488-2 (eBook)
https://doi.org/10.1007/978-3-662-70488-2

Die Deutsche Nationalbibliothek verzeichnet diese Publikation in der Deutschen Nationalbibliografie; detaillierte bibliografische Daten sind im Internet über https://portal.dnb.de abrufbar.

© Der/die Herausgeber bzw. der/die Autor(en), exklusiv lizenziert an Springer-Verlag GmbH, DE, ein Teil von Springer Nature 1998, 1999, 2002, 2005, 2007, 2010, 2015, 2019, 2025

Das Werk einschließlich aller seiner Teile ist urheberrechtlich geschützt. Jede Verwertung, die nicht ausdrücklich vom Urheberrechtsgesetz zugelassen ist, bedarf der vorherigen Zustimmung des Verlags. Das gilt insbesondere für Vervielfältigungen, Bearbeitungen, Übersetzungen, Mikroverfilmungen und die Einspeicherung und Verarbeitung in elektronischen Systemen.
Die Wiedergabe von allgemein beschreibenden Bezeichnungen, Marken, Unternehmensnamen etc. in diesem Werk bedeutet nicht, dass diese frei durch jede Person benutzt werden dürfen. Die Berechtigung zur Benutzung unterliegt, auch ohne gesonderten Hinweis hierzu, den Regeln des Markenrechts. Die Rechte des/der jeweiligen Zeicheninhaber*in sind zu beachten.
Der Verlag, die Autor*innen und die Herausgeber*innen gehen davon aus, dass die Angaben und Informationen in diesem Werk zum Zeitpunkt der Veröffentlichung vollständig und korrekt sind. Weder der Verlag noch die Autor*innen oder die Herausgeber*innen übernehmen, ausdrücklich oder implizit, Gewähr für den Inhalt des Werkes, etwaige Fehler oder Äußerungen. Der Verlag bleibt im Hinblick auf geografische Zuordnungen und Gebietsbezeichnungen in veröffentlichten Karten und Institutionsadressen neutral.

Springer ist ein Imprint der eingetragenen Gesellschaft Springer-Verlag GmbH, DE und ist ein Teil von Springer Nature.
Die Anschrift der Gesellschaft ist: Heidelberger Platz 3, 14197 Berlin, Germany

Wenn Sie dieses Produkt entsorgen, geben Sie das Papier bitte zum Recycling.

Vorwort zur 9. Auflage

Das Handelsgesetzbuch bildete den Ausgangspunkt für das heutige ausdifferenzierte private Wirtschaftsrecht und fasste bei seinem Inkrafttreten die hierfür geltenden Regeln in einer geschlossenen Kodifikation zusammen. Obwohl es durch die im weiteren Verlauf verabschiedeten Gesetzeswerke zum Gesellschaftsrecht, zum gewerblichen Rechtsschutz, zum Kartellrecht sowie zum Lauterkeitsrecht erheblich an praktischer Bedeutung eingebüßt hat, enthält es unverändert einen Kernbestand an Vorschriften, die für den Waren- und Güteraustausch von zentraler Bedeutung sind.

Die Prüfungsordnungen zur Juristenausbildung zählen deshalb das Handelsrecht aus gutem Grund trotz thematischer Eingrenzungen unverändert zu dem Pflichtfachstoff, der Gegenstand der staatlichen Prüfung ist. Zudem ist dieser regelmäßig auch in einen der Vertiefung des Pflichtfachstoffs dienenden Schwerpunktbereiche integriert. Sowohl für den Lernenden als auch für den Lehrenden resultiert hieraus stets aufs Neue die schwierige Abgrenzung zum Pflichtfachstoff, den alle Studierenden beherrschen müssen. Auch die vorhandene Studienliteratur ist hiervon deutlich gekennzeichnet. Sie neigt – von Ausnahmen abgesehen – z. T. zu einer Stofffülle, die zweifellos den Anforderungen an vertiefte Kenntnisse gerecht wird, diejenigen Studierenden aber, die sich wegen einer anderen Schwerpunktsetzung im Studium auf den Pflichtfachstoff beschränken wollen, angesichts der Vielzahl der zu beherrschenden Fächer im Hinblick auf die Quantität oftmals überfordert. Die Reaktion der Studierenden besteht nicht selten in einer Flucht zur Lücke. Insbesondere in mündlichen Prüfungen ist leider festzustellen, dass selbst durchschnittliche Kandidaten mit handelsrechtlichen Grundbegriffen nicht oder allenfalls unzureichend vertraut sind.

Der Ausweg aus diesem Dilemma liegt nicht darin, den Studierenden ein mit Schaubildern und Prüfungsschemata versehenes sowie von Fußnoten befreites „Handelsrecht light" an die Hand zu geben. Eine Aufbereitung des Handelsrechts, die wissenschaftlichen Anforderungen genügt, ist weder „easy" noch lässt es sich „leicht machen" oder „schnell erfassen". Soll die Wissenschaftlichkeit im Rahmen des Jurastudiums nicht verloren gehen, kann die Alternative nur in der Stoffkonzentration liegen, die den Studierenden insbesondere die Bezüge zu anderen

Pflichtfächern aufzeigt und mit ihnen das Verständnis für das Zusammenwirken der verschiedenen Rechtsnormen in einer dem Anspruch auf „Einheit" gerecht werdenden Rechtsordnung trainiert. Für das Handelsrecht bedeutet dies, dass dessen Verzahnung mit dem Bürgerlichen Gesetzbuch im Vordergrund steht; Art. 2 EGHGB erhebt dies zum Prinzip und bietet die aus didaktischer Sicht reizvolle Gelegenheit, anhand einer speziellen privatrechtlichen Materie Strukturen der allgemeinen bürgerlich-rechtlichen Grundlagen zu wiederholen und den Einblick in deren Regelungsmechanismen zu vertiefen (s. auch *Petersen* Jura 2013, 377 ff.).

Aus diesem Grunde entreichert dieses Lehrbuch das Handelsrecht bewusst um jene Materien, die sich zu weit von den Schnittstellen zum allgemeinen Privatrecht entfernen. Obwohl das Handelsrecht, das längst die engen Fesseln seiner ehrwürdigen Kodifikation gesprengt hat, durch diese Stoffkonzentration unvollständig abgebildet wird, kann nur der Rückzug auf tragende Grundbegriffe und Strukturprinzipien die „richtige" Antwort auf die selbst für Spezialisten kaum noch überschaubare Stofffülle sein, die sich zudem nahezu täglich durch neue literarische Beiträge, Rechtsvorschriften und Rechtsprechung ausweitet. Nicht die Anhäufung einer unendlichen Vielzahl von Fakten, die alle mehr oder weniger in der späteren Berufspraxis wichtig sind, sondern die wissenschaftliche Aufbereitung der Grundstrukturen und der stete Blick auf die juristische Argumentation muss das Ziel einer Ausbildung sein, die ihren Anspruch auf Wissenschaftlichkeit nicht gänzlich preisgibt. Wegen des hier verfolgten Ziels einer Beschränkung auf den Pflichtfachstoff wurde auf eine wissenschaftliche Auseinandersetzung mit mancher reizvollen Streitfrage bewusst verzichtet. Für diejenigen Leser, die nach einer vertiefteren Problemeinsicht streben, bleibt deshalb der Griff zu den „großen" Lehrbüchern und den mehrbändigen Großkommentaren unerlässlich.

Seit Erscheinen der Vorauflage hat sich das Handelsrecht infolge der unverändert rasanten Tätigkeit der Gesetzgebung sowie der Rechtsprechung und des begleitenden Schrifttums ständig fortentwickelt. Das gilt nicht nur für das in diesem Lehrbuch fast vollständig ausgeblendete Bilanzrecht, sondern ebenfalls für die Rechtsakte der Europäischen Union, die immer stärker auch auf das historisch gewachsene Handelsrecht einstrahlen. Die nunmehr vorgelegte 9. Auflage des Lehrbuchs berücksichtigt die seit der Vorauflage eingetretenen Entwicklungen, insbesondere durch das Gesetz zur Modernisierung des Personengesellschaftsrechts (MoPeG) sowie die Umsetzung der unionsrechtlichen Vorgaben für die Digitalisierung des Registerrechts durch das DiRUG. Hierfür wurden Gesetzgebung, Literatur und Rechtsprechung bis Ende September 2024 berücksichtigt und eingearbeitet. Auch für die 9. Auflage gilt mein Dank den Anregungen aus dem Kreise der Leser, die mir stets willkommen sind und, soweit konzeptionell vertretbar, eingearbeitet wurden.

Kiel, Deutschland Hartmut Oetker
Oktober 2024

Inhaltsverzeichnis

§ 1 **Das Handelsrecht als Sonderprivatrecht** 1
   A. Gegenstand des Handelsrechts 1
   B. Verhältnis zum Bürgerlichen Gesetzbuch 4
   C. Geschichtliche Entwicklung des Handelsrechts 5
   D. Rechtsquellen des Handelsrechts 7
   E. Leitgedanken des Handelsrechts 9
   F. Schrifttum zum Handelsrecht 10
      I. Kommentare zum Handelsgesetzbuch 10
      II. Lehrbücher 10
      III. Grundrisse 11
      IV. Fallsammlungen 11

§ 2 **Der Kaufmann als subjektive Anknüpfung des Handelsrechts** 13
   A. Systematik und Entwicklung der gesetzlichen Regelung ... 14
   B. Handelsrechtlicher Gewerbebegriff 16
      I. Bausteine des handelsrechtlichen Gewerbebegriffs 16
      II. Handelsrechtlicher Gewerbebegriff im Einzelnen 17
         1. Selbstständige Tätigkeit 17
         2. Nach außen gerichtete Tätigkeit 17
         3. Planmäßigkeit und Dauerhaftigkeit der Tätigkeit . 18
         4. Tätigkeit auf wirtschaftlichem Gebiet – Ausklammerung freier Berufe 18
         5. Beschränkung auf erlaubte Tätigkeiten 20
         6. Bedeutung der Gewinnerzielungsabsicht 21
   C. Betreiber des Gewerbes 22
   D. Istkaufleute (§ 1 HGB) 24
      I. Begriff und Bedeutung der Registereintragung 24
      II. Art und Umfang des Unternehmens 25
      III. Herabsinken des Istkaufmanns zum Kleingewerbetreibenden ... 27
      IV. Irrtümliche Anmeldung als Istkaufmann 28

E. Kannkaufleute	28
I. Kleingewerbetreibende (§ 2 HGB)	28
1. Rechtsstellung nichtkaufmännischer Kleingewerbetreibender	29
2. Rechtswirkungen der Eintragung im Handelsregister	29
3. Aufstieg nicht eingetragener Kleingewerbetreibender zum Istkaufmann	31
II. Land- und forstwirtschaftliche Betriebe (§ 3 HGB)	32
1. Allgemeines	32
2. Kleine land- und forstwirtschaftliche Betriebe	33
3. Land- und forstwirtschaftliche Nebenbetriebe	34
F. Bedeutung der Eintragung in das Handelsregister für die Kaufmannseigenschaft (§ 5 HGB)	34
I. Normzweck und Regelungsinhalt	34
II. Anwendungsvoraussetzungen	35
III. Rechtsfolgen	36
G. Lehre vom Scheinkaufmann	38
I. Lehre vom Scheinkaufmann als subsidiäres Rechtsinstitut	38
II. Voraussetzungen	38
1. Rechtsschein der Kaufmannseigenschaft	38
2. Vertrauensbetätigung des Dritten	39
3. Schutzwürdigkeit des Dritten	40
III. Rechtsfolgen	40
H. Bedeutung des § 6 HGB für die Kaufmannseigenschaft	41
I. Erstreckung der Kaufmannseigenschaft auf Handelsgesellschaften	41
II. Formkaufleute	42
§ 3 Der Schutz des Privatrechtsverkehrs durch das Handelsregister	**45**
A. Handelsregister als Instrument der Publizität	46
I. Überblick zur handelsrechtlichen Publizität	46
II. Aufbau der Vorschriften über Handelsbücher	47
B. Handelsregister – ein Instrument zum Schutz des Privatrechtsverkehrs	48
I. Führung des Handelsregisters	48
II. Gegenstand der Eintragung	49
III. Herbeiführung der Eintragung	51
1. Antragsgrundsatz	51
2. Erzwingung der Anmeldung	52
IV. Entscheidung des Rechtspflegers	52
V. Beweiskraft von Ausdrucken und Abschriften aus dem Handelsregister	53
C. Formelle Publizität des Handelsregisters	55
D. Materielle Publizität des Handelsregisters	56
I. Systematik der gesetzlichen Regelung in § 15 HGB	56

II. Negative Publizität des Handelsregisters (§ 15 Abs. 1 HGB) 57
   1. Vertrauensschutz der negativen Publizität. 57
   2. Voraussetzungen des Vertrauensschutzes 58
   3. Fehlende Voreintragung als Sonderproblem 60
   4. „Wahlrecht" des Dritten 62
III. Positive Publizität des Handelsregisters..................... 64
   1. Vertrauenszerstörende Eintragung der wahren Rechtslage
     (§ 15 Abs. 2 HGB)..................................... 64
     a) Grundtatbestand des § 15 Abs. 2 HGB 64
     b) Verhältnis des § 15 Abs. 2 HGB zu anderen
        Rechtsscheintatbeständen 65
   2. Vertrauensbegründende unrichtige Eintragung
     (§ 15 Abs. 3 HGB)..................................... 67
     a) Regelungsinhalt des § 15 Abs. 3 HGB 67
     b) „Unrichtigkeit" der Eintragung...................... 67
     c) Rechtsscheins- oder Veranlassungsprinzip 69
     d) Ausschluss des Vertrauensschutzes................... 70
     e) „Wahlrecht" des Dritten 71
     f) Ergänzung durch allgemeine Rechtsscheingrundsätze 71
E. Reformüberlegungen 72

§ 4 Das Recht der Firma 73
A. Überblick 74
B. Bedeutung, Funktion und Rechtsnatur der Firma 76
  I. Begriff der Firma und Abgrenzung zum Unternehmen 76
  II. Aufgaben der Firma..................................... 78
    1. Identifizierungs- und Kennzeichnungsfunktion 78
    2. Hinweis- und Warnfunktion 79
  III. Rechtsnatur der Firma, insbesondere deren Verwertung in der
     Insolvenz 80
C. Bildung der Firma 83
  I. Arten der Firma 83
  II. Bildung der Firma im Einzelnen 85
    1. Allgemeines 85
    2. Einzelkaufleute 88
    3. Personenhandelsgesellschaften 90
    4. Juristische Personen 91
  III. Firma und Handelsregister............................... 92
    1. Eintragung der Firma. 92
    2. Änderung und Erlöschen der Firma 93
D. Prinzipien des Firmenrechts................................. 94
  I. Überblick 94
  II. Grundsatz der Firmenwahrheit............................ 94
    1. Inhalt und Bedeutung der Firmenwahrheit 94

2. Inhalt des Irreführungsverbots. 95
   a) Allgemeines. 95
   b) Geschäftliche Verhältnisse 96
   c) „Wesentlichkeitsschwelle" 101
   d) Intensität der registergerichtlichen Prüfung 102
III. Firmeneinheit. 103
   1. Grundsatz der Firmeneinheit. 103
   2. Firmenuntrennbarkeit 104
      a) Grundsatz des Abspaltungsverbots 104
      b) Unternehmensspaltung und Firmeneinheit. 105
      c) Verschmelzung 106
      d) Mantelverwertung und Firmenrecht 106
   3. Firma der Zweigniederlassung 107
IV. Firmenausschließlichkeit bzw. -unterscheidbarkeit 108
V. Firmenbeständigkeit. 110
   1. Funktion und Voraussetzungen der Firmenbeständigkeit . 110
   2. Problemfälle zur Firmenbeständigkeit 111
      a) Rechtsformwechsel 111
      b) Gesellschafterwechsel. 111
E. Firmenfortführung und Haftung. 112
   I. Firmenfortführung, Unternehmenskontinuität und Haftungs-
      kontinuität. 113
   II. Haftung bei einem Rechtsgeschäft unter Lebenden
      (§§ 25, 26 HGB). 114
      1. Allgemeines. 114
      2. Haftungsvoraussetzungen 115
         a) Vorliegen eines „Handelsgeschäfts" 115
         b) Erwerbstatbestand. 116
         c) Fortführung des Handelsgeschäfts 116
         d) Fortführung der Firma. 117
      3. Umfang der Haftung 118
      4. Ausschluss der Haftung. 119
   III. Haftung bei einem Erbfall (§ 27 HGB) 120
      1. Systematische Stellung der Haftungsnorm 120
      2. Haftungsvoraussetzungen 120
      3. Haftungsausschluss 121
         a) Einstellung des Geschäftsbetriebs. 121
         b) Veräußerung des Unternehmens 121
         c) Verzicht auf die Fortführung der Firma. 122
         d) Eintragung eines Haftungsausschlusses im
            Handelsregister analog § 25 Abs. 2 HGB 122
F. Schutz der Firma vor unzulässigem Gebrauch. 123
   I. Überblick. 123
   II. Unzulässiger Gebrauch der Firma 123
   III. Firmenmissbrauchsverfahren des Registergerichts
      (§ 37 Abs. 1 HGB). 124

IV. Privatrechtlicher Unterlassungsanspruch (§ 37 Abs. 2 HGB) 125
V. Markenrechtlicher Schutz des Unternehmenskennzeichens 125

§ 5 Die handelsrechtliche Vertretungsmacht 127
  A. Überblick und Einfügung der §§ 48 bis 58 HGB in das Recht
     der Stellvertretung 128
  B. Die Prokura 130
    I. Rechtsnatur und Funktion der Prokura 130
    II. Erteilung der Prokura 131
      1. Berechtigung zur Erteilung der Prokura 131
      2. Person des Prokuristen 133
        a) Beschränkung auf natürliche Personen 133
        b) Keine Identität mit dem Träger des Handelsgewerbes 133
        c) Ausschluss mehrfacher Vertretungsmacht............... 134
      3. Erklärung der Prokura 135
    III. Erlöschen der Prokura 136
    IV. Umfang der Prokura................................... 138
      1. Grundsätze.. 138
      2. Ausnahmetatbestände 139
      3. Unwirksamkeit einschränkender Abreden................. 141
      4. Gesamtprokura 142
    V. Missbrauch der mit der Prokura verliehenen Vertretungsmacht 143
      1. Spannungsverhältnis zwischen rechtlichem Können und
         rechtlichem Dürfen 143
      2. Voraussetzungen 144
      3. Rechtsfolgen 146
  C. Die Handlungsvollmacht 147
    I. Rechtsnatur und Funktion der Handlungsvollmacht 147
    II. Erteilung und Erlöschen der Handlungsvollmacht.............. 147
    III. Arten und Umfang der Handlungsvollmacht 149
    IV. Dem Handlungsbevollmächtigten gleichgestellte Personen 151
  D. Stellvertretung durch Ladenangestellte 152
    I. Zweck des § 56 HGB................................... 152
    II. Voraussetzungen des § 56 HGB 152
    III. Reichweite des Verkehrsschutzes.......................... 153
      1. Zwischen Beweiserleichterung und unwiderlegbarer
         Vermutung.. 153
      2. Gutgläubigkeit des Dritten 154

§ 6 Der Kaufmann als Absatzmittler............................... 155
  A. Handelsgesetzbuch und heutige kaufmännische Praxis............. 156
  B. Der Handelsvertreter 158
    I. Gesetzliche Regelungen zum Handelsvertreterrecht 158
      1. Handelsgesetzbuch 158
      2. Überlagerung des Handelsvertreterrechts durch die
         Richtlinie 86/653/EWG............................... 158
      3. Subsidiäre Anwendung des Dienstvertragsrechts 159

II. Begriff des Handelsvertreters............................. 160
 1. Persönliche Selbstständigkeit.......................... 160
 2. Keine Identität mit dem betrauenden Unternehmer.......... 161
 3. Geschäftsvermittlung oder -abschluss................... 162
 4. Dauerhaftigkeit..................................... 163
 5. Besondere Erscheinungsformen des Handelsvertreters....... 163
    a) Mehrstufige Handelsvertreterverhältnisse................ 163
    b) Ein-Firmen-Vertreter................................ 164
III. Begründung und Inhalt des Handelsvertretervertrags 165
 1. Allgemeines und Vertragsabschluss 165
 2. Pflichten des Handelsvertreters......................... 167
    a) Hauptpflicht....................................... 167
    b) Interessenwahrungspflichten......................... 167
    c) Ein-Firmen-Vertreter................................ 169
 3. Pflichten des Unternehmers............................ 170
    a) Nebenleistungs- und Rücksichtnahmepflichten 170
    b) Provisionsanspruch................................. 170
IV. Beendigung des Handelsvertreterverhältnisses 171
 1. Beendigungstatbestände 171
 2. Ausgleichsanspruch des Handelsvertreters................ 172
    a) Allgemeines....................................... 172
    b) Voraussetzungen des § 89b Abs. 1 HGB................. 173
    c) Ausschlusstatbestände des § 89b Abs. 3 HGB 175
    d) Höhe und Geltendmachung des Anspruchs 179
V. Vertretungsmacht des Handelsvertreters 180
C. Der Handelsmakler 181
 I. Begriff des Handelsmaklers................................. 181
 II. Der Handelsmaklervertrag................................. 182
  1. Abschluss des Vertrags 182
  2. Vergütung 182
  3. Pflichten des Maklers 183
D. Überblick zu anderen Absatzmittlungsverhältnissen ohne
 gesetzliche Ausgestaltung 183
 I. Die Rechtspraxis 183
 II. Der Vertragshändler..................................... 184
 III. Der Kommissionsagent 186
 IV. Das Franchising 186

§ 7 Die allgemeinen Vorschriften für Handelsgeschäfte 189
A. Überblick zu den allgemeinen Vorschriften für Handelsgeschäfte 189
 I. Allgemeines... 190
 II. Anknüpfung an den Kaufmannsbegriff 191
 III. Einseitige und beiderseitige Handelsgeschäfte 192
 IV. Der Geschäftsbegriff 192
 V. Zurechnung des Geschäfts zum Betrieb des Handelsgewerbes 193

B. Abschluss und Inhalt des Handelsgeschäfts.................... 194
  I. Bedeutung des Schweigens für den Vertragsschluss............ 194
     1. Verhältnis zur allgemeinen Rechtsgeschäftslehre............ 194
     2. Schweigen des Kaufmanns auf Anträge (§ 362 HGB)........ 195
        a) Inhalt und Stellung der Vorschrift..................... 195
        b) Normzweck und dogmatische Einordnung............... 196
        c) Voraussetzungen................................. 197
        d) Rechtsfolgen.................................... 199
     3. Kaufmännisches Bestätigungsschreiben................... 199
        a) Allgemeines..................................... 200
        b) Voraussetzungen................................. 201
        c) Rechtsfolgen.................................... 204
  II. Einfluss des Handelsbrauchs auf das Rechtsgeschäft........... 205
     1. Bedeutung des Handelsbrauchs......................... 205
     2. Voraussetzungen für die Berücksichtigung von
        Handelsbräuchen..................................... 206
     3. Rechtsfolgen... 208
  III. Formvorschriften.. 209
  IV. Inhaltskontrolle Allgemeiner Geschäftsbedingungen........... 211
C. Modifikationen und Ergänzungen des Allgemeinen Schuldrechts..... 212
  I. Inhalt der Leistung....................................... 212
  II. Zinsbestimmungen....................................... 213
  III. Sorgfaltsmaßstab.. 214
  IV. Kontokorrent... 215
     1. Allgemeine Grundlagen................................ 215
     2. Kontokorrentabrede („in Rechnung stellen")............... 217
        a) Rechtswirkungen der Kontokorrentabrede............... 217
        b) Kontokorrentzugehörigkeit der Forderungen............ 218
     3. Verrechnung... 219
     4. Feststellung.. 221
        a) Inhalt der Feststellung.............................. 221
        b) Rechtsfolgen der Feststellung........................ 221
        c) Auswirkungen der Feststellung auf Sicherungsrechte...... 223
     5. Handelsrechtliche Besonderheiten....................... 224
D. Sachenrechtliche Ergänzungen................................ 225
  I. Gutgläubiger Erwerb beweglicher Sachen..................... 225
     1. Normzweck des § 366 HGB............................ 225
     2. Voraussetzungen...................................... 226
        a) Kaufmannseigenschaft.............................. 226
        b) Verfügungsgegenstand.............................. 227
        c) Gutgläubigkeit des Erwerbers........................ 227
     3. Guter Glaube und fehlende Vertretungsmacht des
        Verfügenden... 228
  II. Kaufmännisches Zurückbehaltungsrecht (§§ 369 ff. HGB)....... 229
     1. Besonderheiten gegenüber § 273 BGB.................... 229

2. Voraussetzungen	230
3. Rechtsfolgen	231
a) Allgemeines	231
b) Befriedigungsrecht des Gläubigers	231
c) Forderungsabtretung	232

§ 8 Der Handelskauf 233
  A. Allgemeines 233
  B. Sonderbestimmungen zum Verzug der Vertragsparteien 235
    I. Annahmeverzug des Käufers (§§ 373, 374 HGB) 235
      1. Überblick 235
      2. Hinterlegung der geschuldeten Ware 236
        a) Voraussetzungen 236
        b) Rechtsfolgen der Hinterlegung 237
      3. Versteigerung der geschuldeten Ware 238
    II. Nichteinhaltung der Leistungszeit beim relativen Fixgeschäft
       (§ 376 HGB) 239
  C. Konkretisierung des Vertragsinhalts (§§ 375, 380 HGB) 242
  D. Rechte des Käufers bei Lieferung mangelhafter Ware
    (§ 377 HGB) 243
    I. Allgemeines 244
    II. Anwendungsbereich der Genehmigungsfiktion nach § 377
       Abs. 2 und 3 HGB 245
      1. Beiderseitiges Handelsgeschäft 245
      2. Vorliegen eines „Mangels" 246
        a) Beschränkung auf Sachmängel 246
        b) Falschlieferung und Minderlieferung 248
    III. Obliegenheit des Käufers zur Untersuchung der Ware 250
      1. Systematischer Standort der Obliegenheit 250
      2. Ablieferung als maßgeblicher Zeitpunkt 251
      3. Zeitpunkt und Umfang der Untersuchung 252
      4. Person des Untersuchenden 253
      5. Rechtsfolgen der Untersuchung 254
    IV. Obliegenheit des Käufers zur Rüge des Mangels 254
      1. Rüge nach vorheriger Untersuchung 254
        a) Zeitpunkt der Mängelanzeige 254
        b) Modalitäten der Mängelanzeige 255
      2. Rüge ohne vorherige Untersuchung 256
    V. Rechtsfolgen bei nicht ordnungsgemäßer oder unterbliebener
       Rüge durch den Käufer 256
      1. Rechte des Käufers bei Sachmängeln i. S. des § 434
        Abs. 1 und 2 BGB 256
      2. Rechtslage bei einer Falschlieferung 258
      3. Rechte der Vertragsparteien bei einer Minderlieferung 260
    VI. Rechtsstellung des Käufers bei ordnungsgemäßer Rüge 261
    VII. Regress und § 377 HGB 262

E. Anwendbarkeit der §§ 373 bis 381 HGB bei anderen
Vertragstypen 263

§ 9 Das Kommissionsgeschäft 265
    A. Struktur des Kommissionsgeschäfts 265
    B. Vertragsbeziehung zwischen Kommissionär und Kommittenten 266
    C. Struktur und Rechtsfragen des Ausführungsgeschäfts 268
        I. Allgemeines 268
        II. Schuldrechtliche Ebene des Ausführungsgeschäfts 269
            1. Forderungen aus dem Ausführungsgeschäft 269
            2. Schadensersatz bei Pflichtverletzungen 269
            3. Besonderheiten bei Mängeln 270
            4. Schutz des Kommittenten vor Gläubigern des
Kommissionärs (§ 392 Abs. 2 HGB) 271
        III. Erfüllung des Ausführungsgeschäfts 273
            1. Einkaufskommission 273
                a) Unmittelbarer Eigentumserwerb des Kommittenten 273
                b) Eigentumserwerb des Kommittenten über den
Kommissionär 274
                c) Unmittelbarer Eigentumserwerb des Kommittenten
durch ein „Geschäft für den, den es angeht" 274
            2. Verkaufskommission 275
                a) Unmittelbarer Eigentumserwerb des Dritten von dem
Kommittenten 275
                b) Ermächtigung des Kommissionärs zu der
Eigentumsübertragung 275
                c) Bereicherungsausgleich bei fehlendem Eigentum des
Kommittenten 276
    D. Das Abwicklungsgeschäft 278

§ 10 Das Vertragsrecht der Transportgeschäfte 279
    A. Überblick 279
    B. Der Frachtvertrag 280
        I. Inhalt und Abschluss 280
        II. Pflichten der Vertragsparteien 280
        III. Haftung der Vertragsparteien 281
            1. Schadensersatzpflicht des Absenders 281
            2. Schadensersatzpflicht des Frachtführers und seiner Leute 281
    C. Der Umzugsvertrag 283
    D. Der Speditionsvertrag 284
    E. Der Lagervertrag 284

Kontrollfragen 287

Sachverzeichnis 303

Abkürzungsverzeichnis

a. A.	anderer Ansicht
Abs.	Absatz
AcP	Archiv für die civilistische Praxis
ADHGB	Allgemeines Deutsches Handelsgesetzbuch v. 1861
AEUV	Vertrag über die Arbeitsweise der Europäischen Union
AGBG	Gesetz zur Regelung des Rechts der Allgemeinen Geschäftsbedingungen (AGB-Gesetz) v. 9. Dezember 1976 (BGBl. I S. 3317) (aufgehoben)
AktG	Gesetz über Aktiengesellschaften und Kommanditgesellschaften auf Aktien (Aktiengesetz) v. 6. September 1965 (BGBl. I S. 1089)
allg.	allgemein
Anh.	Anhang
AO	Abgabenordnung i. d. F. der Bekanntmachung v. 1. Oktober 2002 (BGBl. I S. 3866)
AP	Arbeitsrechtliche Praxis (Entscheidungssammlung)
ArbGG	Arbeitsgerichtsgesetz i. d. F. der Bekanntmachung v. 2. Juli 1979 (BGBl. I S. 853)
Art.	Artikel
BAG	Bundesarbeitsgericht
BAGE	Entscheidungen des Bundesarbeitsgerichts (Amtliche Sammlung)
Bayer/Lieder	*Walter Bayer/Jan Lieder,* Examens-Repetitorium Handels- und Gesellschaftsrecht, 2. Aufl. 2021
BayObLG	Bayerisches Oberstes Landesgericht

BayObLGZ	Entscheidungen des Bayerischen Obersten Landesgerichts in Zivilsachen (früher: Sammlung von Entscheidungen des Bayerischen Obersten Landesgerichts in Zivilsachen)
BB	Der Betriebs-Berater (Zeitschrift)
Bd.	Band
BeckOGK	*Martin Henssler/Carsten Herresthal/Marian Paschke* (Hrsg.), beck-online Großkommentar HGB
BeckOK-BGB	*Wolfgang Hau/Roman Poseck* (Hrsg.), Beck'scher Online-Kommentar BGB, 71. Ed. 1.8.2024
BeckRS	Beck online Rechtsprechung
BeurkG	Beurkundungsgesetz v. 28. August 1969 (BGBl. I S. 1513)
BGB	Bürgerliches Gesetzbuch i. d. F. der Bekanntmachung vom 2. Januar 2002 (BGBl. I S. 45)
BGBl.	Bundesgesetzblatt
BGH	Bundesgerichtshof
BGHZ	Entscheidungen des Bundesgerichtshofs in Zivilsachen (Amtliche Sammlung)
Bitter/Linardatos	*Georg Bitter/Dimitrios Linardatos,* Handelsrecht mit UN-Kaufrecht, 4. Aufl. 2022
BNotO	Bundesnotarordnung v. 24. Februar 1961 (BGBl. I S. 98)
Bork	*Reinhard Bork,* Allgemeiner Teil des Bürgerlichen Gesetzbuchs, 4. Aufl. 2016
BPatG	Bundespatentgericht
BPatGE	Entscheidungen des Bundespatentgerichts (Amtliche Sammlung)
BRAO	Bundesrechtsanwaltsordnung v. 1. August 1959 (BGBl. I S. 565)
BR-Drucks.	Drucksache des Deutschen Bundesrats
Brox/Henssler	*Hans Brox/Martin Henssler,* Handelsrecht, 23. Aufl. 2020
BT-Drucks.	Drucksache des Deutschen Bundestags
Bülow/Artz	*Peter Bülow/Markus Artz,* Handelsrecht, 7. Aufl. 2015
BundesÄO	Bundesärzteordnung v. 16. April 1987 (BGBl. I S. 1218)
BUrlG	Mindesturlaubsgesetz für Arbeitnehmer (Bundesurlaubsgesetz) v. 8. Januar 1963 (BGBl. I S. 2)
BVerfG	Bundesverfassungsgericht

Abkürzungsverzeichnis

BVerfGE	Entscheidungen des Bundesverfassungsgerichts (Amtliche Sammlung)
Canaris	*Claus-Wilhelm Canaris*, Handelsrecht, 24. Aufl. 2006
CMR	Übereinkommen über den Beförderungsvertrag im internationalen Straßenverkehr vom 19. Mai 1956 (BGBl. 1961 II S. 1119)
CR	Computer und Recht (Zeitschrift)
DB	Der Betrieb (Zeitschrift)
d. h.	das heißt
DiRUG	Gesetz zur Umsetzung der Digitalisierungsrichtlinie v. 5. Juli 2021 (BGBl. I S. 3338)
DNotZ	Deutsche Notarzeitung
DPA	Deutsches Patentamt
DStR	Deutsches Steuerrecht (Zeitschrift)
DVO-TVG	Verordnung zur Durchführung des Tarifvertragsgesetzes v. 20. Februar 1970 (BGBl. I S. 193)
Ebenroth/Boujong/*Bearbeiter*	*Carsten Thomas Ebenroth/Karlheinz Boujong/ Detlev Joost* (Begr.), Handelsgesetzbuch, Bd. I – 5. Aufl. 2024, Bd. II – 5. Aufl. 2024
EGAktG	Einführungsgesetz zum Aktiengesetz v. 6. September 1965 (BGBl. I S. 1185)
EGBGB	Einführungsgesetz zum Bürgerlichen Gesetzbuch i. d. F. der Bekanntmachung v. 21. September 1994 (BGBl. I S. 2494)
EGHGB	Einführungsgesetz zum Handelsgesetzbuch v. 10. Mai 1897 (BGBl. I S. 437)
EGInsO	Einführungsgesetz zur Insolvenzordnung v. 5. Oktober 1994 (BGBl. I S. 2911)
Ensthaler/*Bearbeiter*	*Jürgen Ensthaler* (Hrsg.), Handelsrecht – case by case, 2004
EuG	Gericht der Europäischen Union
EuGH	Europäischer Gerichtshof
EuZW	Europäische Zeitschrift für Wirtschaftsrecht
EWIV	Europäische Wirtschaftliche Interessenvereinigung
EWIV-AG	Gesetz zur Ausführung der EWG-Verordnung über die Europäische wirtschaftliche Interessenvereinigung v. 14. April 1988 (BGBl. I S. 514)
FamFG	Gesetz über das Verfahren in Familiensachen und in den Angelegenheiten der freiwilligen

	Gerichtsbarkeit v. 17. Dezember 2008 (BGBl. I S. 2586)
Fezer	*Karl-Heinz Fezer*, Klausurenkurs im Handelsrecht. Ein Fallbuch, 6. Aufl. 2013
ff.	folgende
Fischinger	*Philipp S. Fischinger*, Handelsrecht, 3. Aufl. 2023
Fleischer/Wedemann	*Holger Fleischer/Frauke Wedemann*, Handelsrecht einschließlich Bilanzrecht (Prüfe dein Wissen), 9. Aufl. 2015
GBO	Grundbuchordnung i. d. F. der Bekanntmachung v. 26. Mai 1994 (BGBl. I S. 1114)
gem.	gemäß
GenG	Gesetz betreffend die Erwerbs- und Wirtschaftsgenossenschaften i. d. F. der Bekanntmachung v. 16. Oktober 2006 (BGBl. I S. 2230)
GewO	Gewerbeordnung i. d. F. der Bekanntmachung v. 22. Februar 1999 (BGBl. I S. 202)
GewStG	Gewerbesteuergesetz i. d. F. der Bekanntmachung v. 15. Oktober 2002 (BGBl. I S. 4167)
GG	Grundgesetz für die Bundesrepublik Deutschland v. 23. Mai 1949 (BGBl. S. 1)
ggf.	gegebenenfalls
GK-HGB/*Bearbeiter*	*Jürgen Ensthaler* (Hrsg.), Gemeinschaftskommentar zum Handelsgesetzbuch, 8. Aufl. 2015
GmbHG	Gesetz betreffend die Gesellschaften mit beschränkter Haftung i. d. F. v. 20. Mai 1898 (RGBl. S. 846)
GmbHR	GmbH-Rundschau (Zeitschrift)
GMP/*Bearbeiter*	*Claas-Hinrich Germelmann/Hans-Christoph Matthes/Hanns Prütting* (Hrsg.), Arbeitsgerichtsgesetz, Kommentar, 10. Aufl. 2022
GPR	Zeitschrift für das Privatrecht der Europäischen Union
Großkomm. AktG	*Heribert Hirte/Peter O. Mülbert/Markus Roth* (Hrsg.), Aktiengesetz – Großkommentar, 5. Aufl. 2015 ff.
GRUR	Gewerblicher Rechtsschutz und Urheberrecht (Zeitschrift)
GRUR-RR	Gewerblicher Rechtsschutz und Urheberrecht – Rechtsprechungsreport (Zeitschrift)
GS	Großer Senat

Abkürzungsverzeichnis

GVG	Gerichtsverfassungsgesetz i. d. F. der Bekanntmachung v. 9. Mai 1975 (BGBl. I S. 1077)
Hadding/Hennrichs	*Walter Hadding/Joachim Hennrichs,* Die HGB-Klausur, 3. Aufl. 2003
HaustürWG	Gesetz über den Widerruf von Haustürgeschäften und ähnlichen Geschäften v. 16. Januar 1986 (BGBl. I S. 122) (aufgehoben)
Heymann/*Bearbeiter*	*Norbert Horn u. a.* (Hrsg.), Heymann-Handelsgesetzbuch, 2. Aufl. 1995 ff., 3. Aufl. 2019 ff.
HGB	Handelsgesetzbuch v. 10. Mai 1897 (RGBl. S. 219)
HK-HGB	*Peter Glanegger* u. a., Heidelberger Kommentar zum Handelsgesetzbuch, 7. Aufl. 2006
h. L.	herrschende Lehre
h. M.	herrschende Meinung
Hofmann	*Paul Hofmann,* Handelsrecht, 11. Aufl. 2002
Hopt	*Klaus J. Hopt,* Handelsrecht, 2. Aufl. 1999
Hopt/*Bearbeiter*	*Klaus J. Hopt* (Hrsg.), Handelsgesetzbuch-Kommentar, 43. Aufl. 2024
Hübner	*Ulrich Hübner,* Handelsrecht, 5. Aufl. 2004
i. d. F.	in der Fassung
i. E.	im Ergebnis
InsO	Insolvenzordnung v. 5. Oktober 1994 (BGBl. I S. 2866)
i. S.	im Sinne
i. V.	in Verbindung
JA	Juristische Arbeitsblätter (Zeitschrift)
JBl.	Juristische Blätter (österreichische Zeitschrift)
J.v. *Gierke/Sandrock*	*Julius von Gierke/Otto Sandrock,* Handels- und Wirtschaftsrecht Bd. I – Allgemeine Grundlagen, 1975
Jung	*Peter Jung,* Handelsrecht, 13. Aufl. 2023
Jura	Juristische Ausbildung (Zeitschrift)
JuS	Juristische Schulung (Zeitschrift)
JW	Juristische Wochenschrift (Zeitschrift)
JZ	Juristenzeitung
K. Schmidt	*Karsten Schmidt,* Handelsrecht, 6. Aufl. 2014
Kindler	*Peter Kindler,* Grundkurs Handels- und Gesellschaftsrecht, 10. Aufl. 2024
KG	Kammergericht
KKD/*Bearbeiter*	*Ingo Koller/Peter Kindler/Klaus-Dieter Drüen u. a.,* Handelsgesetzbuch, 10. Aufl. 2023

KWG	Gesetz über das Kreditwesen i. d. F. der Bekanntmachung v. 9. September 1998 (BGBl. I S. 2776)
Larenz I	*Karl Larenz,* Schuldrecht Bd. I, 14. Aufl. 1987
Lettl	*Tobias Lettl,* Handelsrecht, 5. Aufl. 2021
Lettl Fälle	*Tobias Lettl,* Fälle zum Handelsrecht, 5. Aufl. 2021
lit.	litera
LM	Lindenmaier-Möhring (Entscheidungssammlung)
Looschelders AT	*Dirk Looschelders,* Schuldrecht – Allgemeiner Teil, 22. Aufl. 2024
Looschelders BT	*Dirk Looschelders,* Schuldrecht – Besonderer Teil, 19. Aufl. 2024
MarkenG	Gesetz über den Schutz von Marken und sonstigen Kennzeichen (Markengesetz) v. 25. Oktober 1994 (BGBl. I S. 3082)
Martinek/Bergmann	*Michael Martinek/Andreas Bergmann,* Handels-, Gesellschafts- und Wertpapierrecht – 58 Fälle mit Lösungen, 4. Aufl. 2008
MdP	Mitteilungen des Verbandes deutscher Patentanwälte (Zeitschrift)
MDR	Monatsschrift für Deutsches Recht
Medicus/Petersen	*Dieter Medicus/Jens Petersen,* Allgemeiner Teil des BGB, 12. Aufl. 2024
Medicus/Lorenz AT	*Dieter Medicus/Stefan Lorenz,* Schuldrecht I – Allgemeiner Teil, 22. Aufl. 2021
Medicus/Lorenz BT	*Dieter Medicus/Stefan Lorenz,* Schuldrecht II – Besonderer Teil, 18. Aufl. 2018
Meyer	*Justus Meyer,* Handelsrecht – Grundkurs und Vertiefungskurs, 2. Aufl. 2011
Michalski	*Lutz Michalski,* Übungen im Handels- und Gesellschaftsrecht Bd. I, 1995
m. w. N.	mit weiteren Nachweisen
MK-BGB	*Franz Jürgen Säcker/Roland Rixecker/Hartmut Oetker/Bettina Limperg/Claudia Schubert* (Hrsg.), Münchener Kommentar zum Bürgerlichen Gesetzbuch, 9. Aufl. 2021 ff.
MK-HGB	*Ingo Drescher/Werner F. Ebke/Holger Fleischer/Karsten Schmidt* (Hrsg.), Münchener Kommentar zum Handelsgesetzbuch, 5. Aufl. 2021 ff.
MK-ZPO	*Wolfgang Krüger/Thomas Rauscher* (Hrsg.), Münchener Kommentar zur Zivilprozeßordnung, 6. Aufl. 2020
MoPeG	Gesetz zur Modernisierung des Personengesellschaftsrechts v. 10. August 2021 (BGBl. I S. 3436)

Müller-Laube	*Hans-Martin Müller-Laube,* 20 Probleme aus dem Handels- und Gesellschaftsrecht, 3. Aufl. 2001
Neuner	*Jörg Neuner,* Allgemeiner Teil des Bürgerlichen Rechts, 13. Aufl. 2023
NJ	Neue Justiz (Zeitschrift)
NJW	Neue Juristische Wochenschrift
NJW-RR	Neue Juristische Wochenschrift – Rechtsprechungs-Report (Zeitschrift)
NK-HGB	*Thomas Heidel/Alexander Schall* (Hrsg.), Momoskommentar HGB, 4. Aufl. 2024
NotBZ	Zeitschrift für die notarielle Beratungs- und Beurkundungspraxis
Nr.	Nummer
NZA	Neue Zeitschrift für Arbeitsrecht
NZA-RR	Neue Zeitschrift für Arbeitsrecht – Rechtsprechungs-Report
NZG	Neue Zeitschrift für Gesellschaftsrecht
Oetker/*Bearbeiter*	*Hartmut Oetker* (Hrsg.), Handelsgesetzbuch-Kommentar, 8. Aufl. 2024
Oetker/Maultzsch	*Hartmut Oetker/Felix Maultzsch,* Vertragliche Schuldverhältnisse, 5. Aufl. 2018
OHG	Offene Handelsgesellschaft
OLG	Oberlandesgericht
OLG-NL	OLG-Rechtsprechung Neue Länder (Zeitschrift)
OLG-Rspr.	Die Rechtsprechung der Oberlandesgerichte auf dem Gebiete des Zivilrechts
PartGG	Gesetz über Partnerschaftsgesellschaften Angehöriger Freier Berufe (Partnerschaftsgesellschaftsgesetz) v. 25. Juli 1994 (BGBl. I S. 1744)
Prütting/Guntermann/Weller	*Jens Prütting/Lisa Guntermann/Marc-Philippe Weller,* Handels- und Gesellschaftsrecht, 11. Aufl. 2025
RdTW	Recht der Transportwirtschaft
Reg. Begr.	Regierungsbegründung
RG	Reichsgericht
RGSt.	Entscheidungen des Reichsgerichts in Strafsachen (Amtliche Sammlung)
RGZ	Entscheidungen des Reichsgerichts in Zivilsachen (Amtliche Sammlung)
RIW	Recht der Internationalen Wirtschaft (Zeitschrift)
RJA	Entscheidungen in Angelegenheiten der freiwilligen Gerichtsbarkeit und des Grundbuchrechts, zusammengestellt im Reichsjustizamt

Rn.	Randnummer
ROHG	Reichsoberhandelsgericht
ROHGE	Entscheidungen des Reichsoberhandelsgerichts (vorher: Entscheidungen des Bundesoberhandelsgerichts)
Rom I-VO	Verordnung (EG) Nr. 593/2008 des Europäischen Parlaments und des Rates vom 17. Juni 2008 über das auf vertragliche Schuldverhältnisse anzuwendende Recht (ABl. EU Nr. L 177 v. 4. Juli 2008, S. 6)
RPflG	Rechtspflegergesetz v. 5. November 1969 (BGBl. I S. 2065)
RvWH/*Bearbeiter*	*Volker Röhricht/Friedrich Graf v. Westphalen/ Ulrich Haas* (Hrsg.), Handelsgesetzbuch – Kommentar, 6. Aufl. 2023
S.	Seite
s.	siehe
Saar/Müller	*Stefan Saar/Ulf Müller,* 35 Klausuren aus dem Handels- und Gesellschaftsrecht, 3. Aufl. 2006
Schöne	*Torsten Schöne,* Fälle zum Handels- und Gesellschaftsrecht Bd. I, 10. Aufl. 2018
Staub/*Bearbeiter*	*Stefan Grundmann/Mathias Habersack/Carsten Schäfer* (Hrsg.), Staub – Handelsgesetzbuch. Großkommentar, 5. Aufl. 2008 ff., 6. Aufl. 2021 ff.
Staudinger/*Bearbeiter*	*J. v. Staudinger* (Begr.), Kommentar zum Bürgerlichen Gesetzbuch mit Einführungsgesetz und Nebengesetzen, 13. Bearbeitung 1993 ff.
Steinbeck	*Anja Steinbeck,* Handelsrecht, 5. Aufl. 2021
SteuerberG	Steuerberatungsgesetz i. d. F. der Bekanntmachung v. 4. November 1975 (BGBl. I S. 2735)
StGB	Strafgesetzbuch i. d. F. der Bekanntmachung v. 13. November 1998 (BGBl. I S. 3322)
Stöber	*Michael Stöber,* Handelsrecht, 2020
Teichmann	*Artur Teichmann,* Handelsrecht, 3. Aufl. 2013
ThürOLG	Thüringer Oberlandesgericht
TVG	Tarifvertragsgesetz i. d. F. der Bekanntmachung v. 25. August 1969 (BGBl. I S. 1223)
TzWrG	Gesetz über die Veräußerung von Teilzeitnutzungsrechten an Wohngebäuden (Teilzeit-Wohnrechtegesetz) v. 20. Dezember 1996 (BGBl. I S. 2154) (aufgehoben)

UKlaG	Unterlassungsklagengesetz i. d. F. der Bekanntmachung v. 27. August 2002 (BGBl. I S. 3422, 4346)
UmwG	Umwandlungsgesetz v. 28. Oktober 1994 (BGBl. I S. 3210)
u. U.	unter Umständen
UWG	Gesetz gegen den unlauteren Wettbewerb i. d. F. der Bekanntmachung v. 3. März 2010 (BGBl. 2010 I S. 254)
v.	vom, von
VAG	Gesetz über die Beaufsichtigung der Versicherungsunternehmen (Versicherungsaufsichtsgesetz) i. d. F. der Bekanntmachung v. 17. Dezember 1992 (BGBl. 1993 I S. 2)
VerbrKG	Verbraucherkreditgesetz v. 17. Dezember 1990 (BGBl. I S. 2840) (aufgehoben)
VersR	Versicherungsrecht (Zeitschrift)
VO	Verordnung
Wank	*Rolf Wank*, Handelsrecht, 4. Aufl. 1996
wbl.	Wirtschaftsrechtliche Blätter (österreichische Zeitschrift)
WM	Wertpapier-Mitteilungen (Zeitschrift)
WPO	Gesetz über eine Berufsordnung der Wirtschaftsprüfer i. d. F. der Bekanntmachung v. 5. November 1975 (BGBl. I S. 2803).
WR	Wirtschaftsrecht (Zeitschrift)
WRP	Wettbewerb in Recht und Praxis (Zeitschrift)
WZG	Warenzeichengesetz i. d. F. der Bekanntmachung v. 2. Januar 1969 (BGBl. I S. 1) (aufgehoben)
ZahnheilkundeG	Gesetz über die Ausübung der Zahnheilkunde v. 16. April 1987 (BGBl. I S. 1226)
z. B.	zum Beispiel
ZEuP	Zeitschrift für Europäisches Privatrecht
ZGR	Zeitschrift für Unternehmens- und Gesellschaftsrecht
ZHR	Zeitschrift für das gesamte Handels- und Wirtschaftsrecht
ZIP	Zeitschrift für Wirtschaftsrecht
ZJS	Zeitschrift für das Juristische Studium
ZPO	Zivilprozessordnung i. d. F. der Bekanntmachung v. 5. Dezember 2005 (BGBl. I S. 3202)
z. T.	zum Teil
ZVertriebsR	Zeitschrift für Vertriebsrecht

§ 1 Das Handelsrecht als Sonderprivatrecht

Schrifttum zur Ausbildung: *Macathy,* Die Grundprinzipien des Rechts der Kaufleute, JuS 2022, S. 301 ff.; *Raisch,* Die rechtsdogmatische Bedeutung der Abgrenzung von Handelsrecht und bürgerlichem Recht, JuS 1967, S. 533 ff.; *K. Schmidt,* Vom Handelsrecht zum Unternehmens-Privatrecht?, JuS 1985, S. 249 ff.; *Wolter,* Was ist heute Handelsrecht?, Jura 1988, S. 169 ff. **Zur Vertiefung:** *Baumann,* Strukturfragen des Handelsrechts, AcP Bd. 184 (1984), S. 45 ff.; *F. Bydlinski,* Handels- oder Unternehmensrecht als Sonderprivatrecht, 1990; *Heinemann,* Handelsrecht im System des Privatrechts, Festschrift für Fikentscher, 1998, S. 349 ff.; *Horn,* Allgemeines Handelsrecht, 50 Jahre Bundesgerichtshof – Festgabe aus der Wissenschaft, Bd. II, 2000, S. 3 ff.; *Krejci/K. Schmidt,* Vom HGB zum Unternehmensgesetz, 2002; *Leßmann,* Vom Kaufmannsrecht zum Unternehmensrecht?, Festgabe Zivilrechtlehrer 1934/35, 1999, S. 361 ff.; *Neuner,* Handelsrecht – Handelsgesetz – Grundgesetz, ZHR Bd. 157 (1993), S. 243 ff.; *K. Schmidt,* Das HGB und die Gegenwartsaufgaben des Handelsrechts, 1983; *Zöllner,* Wovon handelt das Handelsrecht?, ZGR 1983, S. 82 ff.

A. Gegenstand des Handelsrechts

Die präzise inhaltliche Umschreibung des Rechtsstoffs, der dem „Handelsrecht" zuzuweisen ist, fällt nicht leicht, da eine formale Anknüpfung an die kodifikatorische Klammer, das Handelsgesetzbuch, zwar naheliegt, aber bereits auf den ersten Blick ausscheidet, weil es Materien aufnimmt, die Teil des Gesellschaftsrechts sind. So mögen die Regelungen des Zweiten Buchs zur Offenen Handelsgesellschaft und zur Kommanditgesellschaft historisch mit einer gewissen Berechtigung in das Handelsgesetzbuch aufgenommen worden sein;[1] sie bilden jedoch aus heutiger Sicht wegen ihrer Zugehörigkeit zum Gesellschaftsrecht einen systematischen

1

---

[1] Das Handelsgesetzbuch und sein historischer Vorläufer, das Allgemeine Deutsche Handelsgesetzbuch (ADHGB), wurden bewusst als Gegenstück zur „Gewerbeordnung" konzipiert.

Fremdkörper innerhalb der Kodifikation.² Entsprechendes gilt für die Bestimmungen zu den Handlungsgehilfen (§§ 59 bis 83 HGB), die eine arbeitsrechtliche Materie ausgestalten, deren Einfügung in das Handelsgesetzbuch nur verständlich ist, weil zur Zeit seiner Entstehung ein allgemeines Arbeitsvertragsrecht fehlte.³

2   Umgekehrt sind auch außerhalb des Handelsgesetzbuchs für das Handelsrecht relevante Vorschriften anzutreffen.⁴ Hierzu zählt insbesondere § 310 Abs. 1 BGB (i. V. mit § 14 BGB), der im Einzelnen festlegt, in welchem Umfang die §§ 305 bis 309 BGB Anwendung finden, wenn Allgemeine Geschäftsbedingungen unter anderem gegenüber Kaufleuten eingesetzt werden, was insbesondere für beiderseitige Handelsgeschäfte⁵ von großer praktischer Bedeutung ist.⁶ Ähnliche Sonderregeln außerhalb des Handelsgesetzbuchs enthalten § 16 DepotG sowie die §§ 29 Abs. 2, 38 Abs. 1 ZPO. In negativer Hinsicht gilt dies in vergleichbarer Weise für zahlreiche Vorschriften zum Verbraucherschutz, die *expressis verbis* diejenigen Personen aus ihrem Anwendungsbereich herausnehmen, welche die jeweils erfassten Verträge in Ausübung ihrer gewerblichen oder selbstständigen beruflichen Tätigkeit abschließen und dies auch bei dem Vertragspartner der Fall ist (so z. B. §§ 241a, 312 ff, 474 Abs. 1 Satz 1, 491 Abs. 1 Satz 1, 491 Abs. 3 Satz 1, 650i Abs. 1 BGB, Art. 6 Abs. 1 Rom I-VO). Damit unterliegen in erster Linie Verträge zwischen Kaufleuten i. S. der §§ 1 bis 6 HGB nicht diesen Bestimmungen.

3   Das Handelsrecht lässt sich nach dem System, das dem deutschen Recht *de lege lata* zugrunde liegt, ausschließlich *subjektiv* konkretisieren, indem es als Rechtsmaterie verstanden wird, die an die beteiligten Rechtssubjekte anknüpft.⁷ Damit hat sich das Handelsgesetzbuch bewusst gegen ein *objektives* System entschieden, das

---

²Bei historischer Betrachtung umfasste das Handelsrecht auch das Recht der Handelsgesellschaften. Durchbrochen wurde ihre gesetzestechnische Eingliederung in das Handelsgesetzbuch bereits durch die eigenständige Kodifikation für die Gesellschaft mit beschränkter Haftung (GmbH-Gesetz). Die ursprüngliche Integration des Rechts der Aktiengesellschaft in das Handelsgesetzbuch (s. §§ 238 ff. HGB a. F.) wurde mit der Schaffung des Aktiengesetzes im Jahre 1937 aufgehoben. Zum Vorstehenden s. auch unten § 1 Rn. 10. Eine Sonderstellung nahm von Beginn an die Genossenschaft ein, die nicht den Handelsgesellschaften zugeordnet wurde und dementsprechend nicht in das Handelsregister, sondern in das Genossenschaftsregister einzutragen ist (s. § 10 Abs. 1 GenG). Kraft gesetzlicher Fiktion („gilt") ist sie jedoch nach § 17 Abs. 2 GenG Kaufmann i. S. des Handelsgesetzbuchs.

³S. auch *Wank* JA 2007, 321 ff. sowie *Roth* RdA 2012, 1 ff. Eine parallele Regelungstechnik ist in der Gewerbeordnung anzutreffen, die in den §§ 105 bis 110 GewO ebenfalls zahlreiche Bestimmungen für die Arbeitsverhältnisse der „Arbeitnehmer" enthält, die jedoch aus systematischer Sicht in dieser Kodifikation einen Fremdkörper darstellen und nicht dem Gewerberecht, sondern dem Arbeitsrecht zuzuordnen sind. Das gilt insbesondere, seitdem der entsprechende Abschnitt der Gewerbeordnung wegen § 6 Abs. 2 GewO auf alle Arbeitnehmer Anwendung findet.

⁴S. z. B. auch RvWH/*Röhricht/Graf von Westphalen/Haas* Einleitung Rn. 12 f.

⁵Zum Begriff s. unten § 7 Rn. 7 ff.

⁶Dazu z. B. *K.P. Berger* NJW 2010, 465 ff.; *Dauner-Lieb/Axer* ZIP 2010, 309 ff.; *Leuschner* JZ 2010, 875 ff.; *Oetker* AcP Bd. 212 (2012), 202 (224 ff.) sowie näher *Axer* Rechtfertigung und Reichweite der AGB-Kontrolle im unternehmerischen Geschäftsverkehr, 2011 und *Leuschner* (Hrsg.), AGB-Recht im unternehmerischen Rechtsverkehr, 2021.

⁷Ausführlich aus historischer Sicht *Raisch* Die Abgrenzung des Handelsrechts vom Bürgerlichen Recht, 1962.

A. Gegenstand des Handelsrechts

auf die Natur des betreffenden Geschäfts abstellt.[8] Zugleich legt es mit der Kaufmannseigenschaft den subjektiven Bezugspunkt verbindlich fest und definiert diesen in den §§ 1 bis 7 HGB. Insoweit steht das Handelsrecht in einer Reihe mit anderen Materien des Privatrechts, die in gleicher Weise an die beteiligten Rechtssubjekte anknüpfen und für die von ihnen begründeten Vertragsverhältnisse Sonderregeln aufstellen.[9] Exemplarisch ist das Arbeitsrecht zu nennen, das – ebenfalls subjektiv – zur Abgrenzung den Begriff des Arbeitnehmers (s. § 611a Abs. 1 BGB) heranzieht. Vergleichbares gilt für das Wohnraummietrecht und das Verbraucherschutzrecht. Gemeinsames Merkmal dieser „Sonderprivatrechte" ist das Anliegen des Gesetzgebers, für bestimmte Rechtssubjekte und die von ihnen begründeten Rechtsverhältnisse die allgemeinen bürgerlich-rechtlichen Vorschriften mittels spezieller und zumeist zum Schutz einer Vertragspartei zwingender Bestimmungen zu ergänzen oder zu modifizieren.[10]

Auf der Grundlage des subjektiven Abgrenzungsmaßstabs ist das Handelsrecht ein Sonderprivatrecht der Kaufleute[11] und umfasst diejenigen privatrechtlichen Vorschriften, die an die Kaufmannseigenschaft anknüpfen.[12] Eine Fortentwicklung des Handelsrechts zu einem „Außenprivatrecht der Unternehmen"[13] mag *de lege ferenda* zu erwägen sein, entspricht jedoch auch nach der Neuordnung des Kaufmannsbegriffs in den §§ 1 bis 3 HGB durch das Handelsrechtsreformgesetz im Jahre 1998[14] nicht den gesetzlichen Grundlagen,[15] obwohl nicht zu verkennen ist, dass die vorgenannten Bestimmungen den Begriff des Unternehmens (§ 1 Abs. 2 HGB) aufnehmen.[16] Das Handelsgesetzbuch ist in seiner derzeit geltenden Ausprägung kein „Unternehmensgesetzbuch" und lässt sich auch nicht zu einem solchen uminterpretieren.[17]

---

[8] S. *Canaris* § 1 Rn. 3; *Heinemann* Festschrift für Fikentscher, 1998, S. 349 (351 ff.).

[9] Weiterführend z. B. *Preis* ZHR Bd. 158 (1994), 567 ff.

[10] Einem abweichenden (objektiven) Ansatz folgt demgegenüber das Immaterialgüterrecht, das mit den verschiedenen Gesetzen (z. B. Urhebergesetz, Kunsturhebergesetz, Markengesetz, Patentgesetz) an das geschützte Recht anknüpft.

[11] So für die h. M. z. B. *Canaris* § 1 Rn. 1 f.; *Enneccerus/Nipperdey* Allgemeiner Teil des Bürgerlichen Rechts Bd. I, 15. Aufl. 1959, § 1 II 2a, S. 2; *Fischinger* Rn. 25; *Hübner* Rn. 4; *Medicus/Petersen* § 2 Rn. 13.

[12] Vertiefend z. B. RvWH/*Röhrich/Graf von Westphalen/Haas* Einleitung Rn. 1 ff.; *Zöllner* ZGR 1983, 82 ff. sowie *Reymann* Das Sonderprivatrecht der Handels- und Verbraucherverträge, 2009.

[13] Hierfür vor allem *K. Schmidt* § 2 Rn. 10 ff.; *ders.* JuS 1985, 249 ff.; *ders.* DB 1994, 515 ff.; *ders.* ZIP 1997, 909 (909 f.); *ders.* BB 2005, 837 ff.; hierzu z. B. auch *Hopt* S. 24 ff. sowie nachfolgend Fn. 17.

[14] Näher dazu unten § 2 Rn. 5 f.

[15] So ausdrücklich die Regierungsbegründung zum Handelsrechtsreformgesetz, s. BT-Drucks. 13/8444, S. 22 f.

[16] Stellvertretend für die Gegenposition *Canaris* § 1 Rn. 24 f.; *Zöllner* ZGR 1983, 82 ff.

[17] Weitergehend die Rechtslage in Österreich, die sich seit der Verabschiedung des „Unternehmensgesetzbuches" (UGB) (BGBl. I 2005 Nr. 120) von dem tradierten Kaufmannsbegriff vollständig gelöst hat und statt dessen auf das „Unternehmen" bzw. den „Unternehmer" abstellt (s. näher z. B. *Krejci* ZHR Bd. 170 [2006], 113 ff.; *G.H. Roth* ZIP 2006, 1749 ff.; *K. Schmidt* § 3 Rn. 4 ff.; aus der Reformdiskussion stellvertretend *Harrer/Mader* [Hrsg.] Die HGB-Reform in Österreich, 2005 [dazu *Rüffler* öRdW 2005, 85 ff.]; *Krejci/K. Schmidt* Vom HGB zum Unternehmergesetz, 2002; *K. Schmidt* JBl. 2004, 31 ff. sowie im Hinblick auf die personale Anknüpfung *Dehn* JBl. 2004, 5 f.).

5 Die enge Anbindung des Handelsrechts an das Privatrecht wirft die Frage auf, ob die Vorschriften zu den Handelsbüchern in dem Dritten Buch (§§ 238 bis 342e HGB) dem Handelsrecht zuzuordnen sind. Das lässt sich zwar nicht allein mit dem Hinweis auf die gesetzestechnische Integration in das Handelsgesetzbuch, wohl aber wegen ihrer subjektiven Anknüpfung an die Kaufmannseigenschaft bejahen (s. § 238 Abs. 1 HGB). Bei diesem Verständnis wird das Handelsrecht bewusst weit als „Recht der Kaufleute" verstanden. Allerdings handelt es sich bei dem Recht der Handelsbücher nicht mehr um Handelsrecht, wenn der privatrechtliche Charakter des Rechtsstoffs in den Vordergrund gerückt wird. Da die §§ 238 bis 342a HGB zumindest ganz überwiegend dem öffentlichen Recht angehören,[18] sind sie jedenfalls dann vom Handelsrecht abzusondern, wenn dieses den Charakter eines Sonderprivatrechts in einem eng verstandenen Sinne behalten soll.[19]

B. Verhältnis zum Bürgerlichen Gesetzbuch

6 Auch bei einem Verständnis des Handelsrechts als Sonderprivatrecht handelt es sich nicht um einen homogenen Rechtsstoff, sondern die Kaufmannseigenschaft verklammert äußerst heterogene privatrechtliche Rechtsfragen. Dementsprechend beschränkt sich das Handelsrecht im Rahmen der hiesigen Darstellung auf diejenigen Aspekte, die an das Privatrecht anknüpfen und bei denen für Kaufleute Sonderregeln gelten. In Übernahme einer plastischen Formulierung von *Canaris* wird das Handelsrecht hier als eine „Sammlung von Variationen über bürgerlich-rechtliche" Themen aufbereitet.[20]

7 Aufgrund der systematischen Verzahnung bilden bei Rechtsgeschäften, an denen Kaufleute beteiligt sind, die allgemeinen bürgerlich-rechtlichen Vorschriften den Ausgangspunkt für die rechtliche Würdigung. Diese werden wegen den bei diesem Personenkreis anzutreffenden Besonderheiten jedoch z. T. durch die Normen des Handelsrechts modifiziert. Dieses Verhältnis zwischen den allgemeinen Bestimmungen des Bürgerlichen Rechts und dem Handelsrecht bringt Art. 2 Abs. 1 EGHGB anschaulich zum Ausdruck. Danach kommen die Regelungen des Bürgerlichen Gesetzbuchs zur Anwendung, wenn nicht das Handelsgesetzbuch etwas anderes anordnet. Im Mittelpunkt des Handelsrechts stehen bei diesem Verständnis neben der Kaufmannseigenschaft insbesondere die Vorschriften über das Handelsregister und dessen Publizität, das Recht der Firma als spezielle Ausformung des Namenrechts, die Sonderregeln zur Stellvertretung und zu den „selbstständigen

---

[18] S. z. B. *Canaris* § 1 Rn. 5; Heymann/*Horn* Einleitung I Rn. 6; RvWH/*Röhricht/Graf von Westphalen/Haas* Einleitung Rn. 52; grundlegende Vertiefung durch *Icking* Die Rechtsnatur des Handelsbilanzrechts, 2000, S. 166 ff.

[19] So in der Konsequenz auch *Canaris* § 1 Rn. 5. Allerdings zeigt z. B. das Arbeitsrecht, dass die Existenz öffentlich-rechtlicher Vorschriften oder Gesetze einer Qualifizierung als Sonderprivatrecht nicht zwingend entgegensteht.

[20] *Canaris* § 1 Rn. 47; s. auch RvWH/*Röhricht/Graf von Westphalen/Haas* Einleitung Rn. 56.

Hilfspersonen" des Kaufmanns sowie schließlich die Bestimmungen zu den Handelsgeschäften, die grundsätzlich ebenfalls an die Kaufmannseigenschaft anknüpfen. Dabei konzentriert sich die hiesige Darstellung neben den für alle Handelsgeschäfte geltenden allgemeinen Vorschriften (§§ 343 bis 372 HGB) auf den Handelskauf (§§ 373 bis 381 HGB) sowie das Kommissionsgeschäft (§§ 383 bis 406 HGB). Das Vertragsrecht der Transportgeschäfte (§§ 407 bis 475h HGB) wird demgegenüber lediglich im Überblick betrachtet.

Die Konzeption des Handelsgesetzbuchs, anknüpfend an die Kaufmannseigenschaft bürgerlich-rechtliche Sonderbestimmungen aufzustellen, wirft die nur selten vertiefte Frage auf, ob die hierdurch etablierte Sonderstellung der Kaufleute im Privatrecht mit Art. 3 Abs. 1 GG vereinbar ist.[21] Soweit der Gesetzgeber sich nicht nur darauf beschränkt, eigenständige Institute, wie z. B. die Prokura, auszuformen, sondern – wie z. B. mit den §§ 348 bis 350 HGB oder den Bestimmungen zum Handelskauf (insbesondere § 377 HGB) – bewusst von den Vorschriften des Bürgerlichen Gesetzbuchs abweicht, benötigt er zur Rechtfertigung für die hiermit verbundene Ungleichbehandlung einen „sachlichen Grund". Dieser ist regelmäßig in den besonderen Bedürfnissen des kaufmännischen Geschäftsverkehrs zu sehen, wobei dem Gesetzgeber hinsichtlich der konkreten Ausprägung ein weiter Gestaltungsspielraum zusteht.

C. Geschichtliche Entwicklung des Handelsrechts[22]

Das Handelsrecht i. S. eines Sonderprivatrechts für Kaufleute lässt sich in Deutschland bis auf das Preußische Allgemeine Landrecht des Jahres 1794 zurückführen, das erstmals ein Sonderrecht für Kaufleute schuf. Abgesehen von der räumlich beschränkten Geltung des französischen *Code du commerce* des Jahres 1807 in Deutschland wurde der zweite Kodifikationsschritt mit dem Allgemeinen Deutschen Handelsgesetzbuch (ADHGB) vollzogen, das zunächst für den Norddeutschen Bund[23] und sodann – ab dem Jahre 1871 – für das Deutsche Reich galt. Kennzeichnend für das Gesetzeswerk war nicht nur die Anknüpfung an die Kaufmannseigenschaft und die Fortführung als Recht des „Handelsstandes", sondern es enthielt zudem bereits Ansätze eines allgemeinen Leistungsstörungsrechts, die später im Bürgerlichen Gesetzbuch fortgeführt und ausgebaut wurden.

---

[21] Dazu näher *Neuner* ZHR Bd. 157 (1993), 243 ff. sowie *Henssler* ZHR Bd. 161 (1997), 13 (29 ff.).
[22] Im Überblick auch *Kindler* § 1 Rn. 22 ff.; vertiefend z. B. *Eisenhardt* Festschrift für Raisch, 1995, S. 51 ff.; *Raisch* Geschichtliche Voraussetzungen, dogmatische Grundlagen und Sinnwandlungen des Handelsrechts, 1965; *K. Schmidt* ZHR Bd. 161 (1997), 2 ff.
[23] S. Bundesgesetzblatt des Norddeutschen Bundes Nr. 32 vom 12.08.1869. Zuvor wurde das ADHGB durch parallele Gesetzgebung als Partikularrecht in einzelnen Mitgliedstaaten des Deutschen Bundes in Kraft gesetzt; s. *Henne*, in Handwörterbuch zur deutschen Rechtsgeschichte Bd. II, 2. Aufl., Sp. 712 ff.

10 Eine tiefgreifende Bereinigung und Umgestaltung erfuhr das Handelsrecht durch das Handelsgesetzbuch, das am 1.1.1900 gemeinsam mit dem Bürgerlichen Gesetzbuch in Kraft trat und die Vorschriften des Handelsrechts mit denen des neu geschaffenen Bürgerlichen Gesetzbuchs harmonisierte. Ungeachtet des zuvor in Kraft getretenen GmbH-Gesetzes sowie des Genossenschaftsgesetzes enthielt das Handelsgesetzbuch in Fortführung der Konzeption des Allgemeinen Deutschen Handelsgesetzbuchs zunächst nicht nur das Handelsrecht im engeren Sinne, sondern darüber hinaus in dem Zweiten und Dritten Buch zentrale Teile des Gesellschaftsrechts, indem es das Recht der Personenhandelsgesellschaften (Offene Handelsgesellschaft und Kommanditgesellschaft) sowie der Aktiengesellschaft ausgestaltete. Die bei seinem Inkrafttreten noch im Dritten Buch zusammengefassten Vorschriften zur Aktiengesellschaft wurden erst im Jahre 1937 herausgelöst und im Aktiengesetz verselbstständigt. Die hierdurch entstandene Lücke bestand bis zum Jahre 1985, seitdem nimmt das Dritte Buch die Vorschriften über Handelsbücher[24] auf.

11 Eine grundlegende Umgestaltung erfuhr das Handelsgesetzbuch im Jahre 1998 durch das Handelsrechtsreformgesetz sowie das Transportrechtsreformgesetz, das die transportrechtlichen Bestimmungen (§§ 407 bis 475h HGB) reformierte.[25] Die Änderungen durch das Handelsrechtsreformgesetz betrafen in erster Linie den Kaufmannsbegriff (§§ 1 ff. HGB) sowie das Firmenrecht (§§ 17 ff. HGB)[26] und sollten vor allem die Registergerichte entlasten und das Eintragungsverfahren beschleunigen. Erstens entfällt wegen des Optionsrechts in § 2 Satz 2 HGB[27] bei der Eintragung die Untersuchung, ob das Unternehmen nach Art und Umfang einen in kaufmännischer Weise eingerichteten Geschäftsbetrieb benötigt. Zweitens ist die Prüfung der Firma bei ihrer Eintragung in das Handelsregister auf Sachverhalte einer „ersichtlichen" Irreführung beschränkt (§ 18 Abs. 2 Satz 2 HGB).[28] Einen bedeutsamen Einschnitt führte zuletzt das Gesetz zur Reform des Seehandelsrechts im Jahre 2013 herbei, das die im Fünften Buch zusammengefassten Bestimmungen des Seehandelsrechts grundlegend modernisierte und insbesondere an die durch internationale Abkommen geprägten Rahmenbedingungen anpasste.[29]

12 Demgegenüber ließ das am 1.1.2002 in Kraft getretene Gesetz zur Modernisierung des Schuldrechts die Bestimmungen des Handelsgesetzbuchs weitgehend unberührt. Änderungsbedarf entstand jedoch wegen der grundlegenden Umgestaltung

---

[24] Dazu die Skizze unten § 3 Rn. 5 ff.
[25] Im Überblick z. B. *Bülow/Artz* JuS 1998, 680 ff.; *Herber* NJW 1998, 3297 ff.; *Saenger* Festschrift für Leser, 1998, S. 199 ff.; *K. Schmidt* NJW 1998, 2161 ff. sowie eine Zwischenbilanz durch *K. Schmidt* JZ 2003, 585 ff.; zur Entwicklung des Handelsrechts seit dem Jahre 1998 *Kindler* JZ 2006, 177 ff.
[26] Weitergehende Überlegungen zu einer Reform des Handelsregisterrechts haben sich bislang nicht zu konkreten parlamentarischen Gesetzgebungsinitiativen verdichtet; s. hierzu im Überblick unten § 3 Rn. 78.
[27] Näher unten § 2 Rn. 38 ff.
[28] S. unten § 4 Rn. 55.
[29] Hierzu im Überblick z. B. *Paschke/Ramming* RdTW 2013, 1 ff.

der bürgerlich-rechtlichen Vorschriften zum Kaufvertrag für die Sonderbestimmungen zum Handelskauf. Dem trug der Gesetzgeber durch eine Anpassung des § 375 HGB sowie die Aufhebung von § 378 HGB Rechnung.[30]

D. Rechtsquellen des Handelsrechts

Die wichtigste Rechtsquelle des Handelsrechts im Sinne eines Sonderprivatrechts ist unverändert das *Handelsgesetzbuch*, wobei die Bestimmungen des Ersten und des Vierten Buchs im Vordergrund stehen. Ergänzt werden diese in verfahrensrechtlicher Hinsicht durch die §§ 378 ff. FamFG, die für das Registerrecht (Handelsregister) von zentraler Bedeutung sind. Dieses wiederum wird in seiner praktischen Umsetzung maßgeblich durch die Verordnung über die Einrichtung und Führung des Handelsregisters (Handelsregisterverordnung – HRV) geprägt.

13

Zudem beeinflusst die *Rechtsetzung der Europäischen Union* zunehmend auch das Handelsrecht.[31] In einzelnen Bereichen wird dieses inzwischen von europäischen Rechtsakten überlagert, die ihrerseits – vermittelt durch die zwingende Maxime einer richtlinien- bzw. unionsrechtskonformen Auslegung[32] – auch die Anwendung der Rechtsvorschriften in den Mitgliedstaaten beeinflussen. Während die Art. 13 ff. der Richtlinie (EU) 2017/1132[33] über bestimmte Aspekte des Gesellschaftsrechts, die die bisherige Publizitätsrichtlinie (2009/101/EG)[34] ablösen, punktuell die §§ 8 bis 16 HGB berühren, wird das Handelsvertreterrecht nahezu vollständig von der Richtlinie 86/653/EWG[35] geprägt.[36] Entsprechendes gilt für das Recht der Handelsbücher, da die Vorschriften des Dritten Buchs (§§ 238 bis 342e HGB) in

14

---

[30] Dazu auch *Canaris* Festschrift für Konzen, 2006, S. 43 ff.; *Oetker* Festschrift für Canaris Bd. II, 2007, S. 313 ff.; *Steck* NJW 2002, 3201 ff. sowie unten § 8 Rn. 26, 35 ff.

[31] Im Überblick z. B. Oetker/*Oetker* Einleitung Rn. 44 ff.; KKD/*Roth*/*Kindler* vor § 1 Rn. 25; vertiefend z. B. *Grundmann* ZHR Bd. 163 (1999), 635 ff.; *Lehmann* ZHR Bd. 181 (2017), 9 ff.

[32] Hierzu z. B. EuGH 9.4.2024, NJW 2024, 1795 Rn. 61 f.; 18.1.2022, NJW 2022, 927 Rn. 28; 19.1.2020, BeckRS 2020, 4197 Rn. 121 ff.; 14.5.2019, NZA 2019, 683 Rn. 69 f.; 6.11.2018, NZA 2018, 1474 Rn. 58 ff.; 21.4.2016, EuZW 2016, 474 Rn. 79; 19.4.2016, NZA 2016, 537 Rn. 31, 33; 18.12.2014, NZA 2015, 91 Rn. 44; 10.10.2013, NJW 2014, 44 Rn. 29 f.; 24.1.2012, NJW 2012, 509 Rn. 24 ff.; zu den Grenzen einer richtlinien- bzw. unionsrechtskonformen Auslegung z. B. EuGH 9.4.2024, NJW 2024, 1795 Rn. 63; 18.1.2022, NJW 2022, 927 Rn. 28; 13.7.2016, NVwZ 2016, 1465 Rn. 44; 19.4.2016, NZA 2016, 537 Rn. 32; 5.9.2012, NJW 2013, 141 Rn. 55; BVerfG 26.9.2011, NJW 2012, 669 Rn. 47; 17.1.2013, NZG 2013, 464 (465 f.); 23.5.2016, NJW-RR 2016, 1366 Rn. 41; im Überblick aus dem Ausbildungsschrifttum z. B. *Herresthal* JuS 2014, 289 ff.; *Leenen* Jura 2012, 753 ff.; *Stürner* Jura 2017, 777 ff.; *Tonikidis* JA 2013, 598 ff. sowie zur Auslegung des Unionsrechts *Schroeder* JuS 2004, 180 ff. und zuvor *Lutter* JZ 1992, 593 ff.

[33] ABl. EU Nr. L 169 v. 30.6.2017, S. 46.

[34] ABl. EU Nr. L 258 v. 1.10.2009, S. 1; zuletzt geändert durch die Richtlinie 2012/17/EU, ABl. EU Nr. L 156 v. 16.6.2012, S. 1.

[35] ABl. EG Nr. L 382 v. 31.12.1986, S. 17.

[36] Näher unten § 6 Rn. 9.

ihrer konkreten Ausformung vor allem dem Anliegen Rechnung tragen, die Vorgaben mehrerer EU-(EG-)Richtlinien in das innerstaatliche Recht umzusetzen.[37] Des Weiteren sind die Art. 29 ff. der Richtlinie (EU) 2017/1132,[38] die an die Stelle der Richtlinie 89/666/EWG[39] getreten sind, von zentraler Bedeutung für die registerrechtliche Behandlung der Zweigniederlassung durch die §§ 13 bis 13 h HGB. Ergänzt werden diese Rechtsakte der Union durch die Richtlinie 2011/7/EU,[40] die besondere Regelungen für den Zahlungsverzug im Geschäftsverkehr festlegt. Deren Umsetzung erfolgt jedoch nicht innerhalb des Handelsgesetzbuchs, sondern u. a. in § 288 BGB, der in Absatz 2 eine Sonderbestimmung zur Höhe der Verzugszinsen (neun Prozentpunkte über dem Basiszinssatz) trifft, wenn an dem Rechtsgeschäft kein Verbraucher beteiligt ist und damit insbesondere Vertragsbeziehungen zwischen Kaufleuten betrifft.[41]

15   Die im Handelsgesetzbuch zusammengefassten Vorschriften prägen vor allem den innerstaatlichen Handelsverkehr. Für den *internationalen Handelsverkehr* sind hingegen weitere Rechtsquellen zu beachten. Das betrifft zunächst die Anwendbarkeit des Handelsgesetzbuchs auf grenzüberschreitende Verträge. Hierauf gibt das Internationale Privatrecht (IPR) eine Antwort, das in der Rom I-VO die für Schuldverhältnisse maßgeblichen Kollisionsnormen zur Verfügung stellt.[42] Geprägt wird der internationale Handelsverkehr zudem durch supranationales Recht. Neben der „lex mercatoria", die internationales Handelsgewohnheitsrecht abbildet,[43] ist das Einheitsrecht als international geprägtes nationales Recht zu nennen. So stellt z. B. das UN-Kaufrecht (CISG) eine weltweite Kaufrechtsordnung zur Verfügung, die inzwischen 84 Staaten in ihr nationales Recht transformiert haben.[44] Von besonderer Bedeutung im internationalen Handelsverkehr sind schließlich dort bestehende Handelsbräuche, die insbesondere durch standardisierte Vertragsklauseln geprägt werden, wie sie u. a. die von der Internationalen Handelskammer (ICC) aufgestellten Incoterms® enthalten.[45] Verbindlichkeit erlangen diese, letztmalig im

---

[37] Im Überblick Oetker/*Oetker* Einleitung Rn. 57 ff.

[38] S. Fn. 32.

[39] ABl. EG Nr. L 395 v. 30.12.1989, S. 36; zuletzt geändert durch die Richtlinie 2012/17/EU, ABl. EU Nr. L 156 v. 16.6.2012, S. 1.

[40] ABl. EU Nr. L 48 v. 23.2.2011, S. 1; dazu z. B. *Oelsner* EuZW 2011, 940 ff.; *ders.* GPR 2013, 182 ff.; zur Umsetzung z. B. *Faust* DNotZ 2015, 644 ff.; *Haspl* BB 2014, 771 ff.; *Spitzer* MDR 2014, 933 ff.; *Thiergart* GWR 2014, 342 ff.; *Verse* ZIP 2014, 1809 ff.

[41] Dazu § 7 Rn. 65 ff.

[42] Näher im Überblick z. B. Oetker/*Oetker* Einl. Rn. 64 ff.

[43] Einführend *Ehricke* JuS 1990, 967 ff.; weiterführend z. B. *Ipsen* Private Normenordnungen als transnationales Recht, 2009, S. 66 ff. sowie zuvor *Stein* Lex mercatoria, 1995.

[44] Dazu zum Einstieg *Daun* JuS 1997, 811 ff.

[45] S. ferner die im Jahr 2010 vom Internationalen Institut für Privatrechtsvereinheitlichung (UNIDROIT) herausgegebenen und im Jahr 2016 letztmalig modifizierten „Grundregeln für Internationale Handelsverträge" (PICC). In deutscher Übersetzung abgedruckt in ZEuP 2013, 165 ff.; dazu einführend *Vogenauer* ZEuP 2013, 7 ff.

E. Leitgedanken des Handelsrechts

Jahre 2019 überarbeiteten Klauseln,[46] indes nur, wenn die Vertragsparteien diese in ihre Vertragsbeziehung ausdrücklich oder konkludent einbezogen haben.[47]

E. Leitgedanken des Handelsrechts

Das Anliegen des Handelsgesetzbuchs, den besonderen Bedürfnissen des Handelsverkehrs Rechnung zu tragen, kommt vor allem in drei Leitgedanken zum Ausdruck:[48] 16

Im Handelsverkehr kann von den Beteiligten ein erhöhtes Maß an Eigenverantwortlichkeit und Selbstständigkeit erwartet werden. Dementsprechend werden grundsätzlich nur solche Personen den Normen des Handelsgesetzbuchs unterworfen, deren Unternehmen nach Art und Umfang einen in kaufmännischer Weise eingerichteten Geschäftsbetrieb erfordern (§ 1 Abs. 2 HGB). Dies rechtfertigt es, sie partiell aus dem Anwendungsbereich einzelner Schutzbestimmungen auszuklammern (s. § 351 HGB für die §§ 348 bis 350 HGB) bzw. diese auf Verbraucherverträge zu beschränken. Das gilt zumindest im Grundansatz auch für das AGB-Recht, das zwar ebenfalls für den unternehmerischen Geschäftsverkehr gilt, im Rahmen der Inhaltskontrolle anhand der Generalklausel (§ 307 BGB) aber Modifizierungen gestattet (§ 310 Abs. 1 BGB).[49] 17

Da der Handelsverkehr von häufigen und wiederholten Geschäftsabschlüssen nicht zuletzt im Rahmen von laufenden Geschäftsverbindungen geprägt und auf diese angewiesen ist, strebt das Handelsgesetzbuch an, den Abschluss und die Durchführung von Rechtsgeschäften zu erleichtern und zu beschleunigen. Dem trägt u. a. die Prokura als spezifische Ausformung der Vertretungsmacht Rechnung, durch die Nachforschungen über die konkrete Reichweite der erteilten Vertretungsmacht entbehrlich sind (§ 50 Abs. 1 HGB). Entsprechendes gilt für die Ausdehnung des Gutglaubensschutzes in § 366 HGB auf die Verfügungsbefugnis. Hinzuweisen ist ferner auf § 362 HGB und § 377 HGB, die dem Geschäftspartner Erklärungsobliegenheiten auferlegen, sowie auf die Berücksichtigung von Handelsbräuchen (§ 346 HGB) bei der Auslegung typischer Vertragsklauseln. 18

Dem Interesse des Handelsverkehrs an einer schnellen und zuverlässigen Abwicklung der Geschäfte dient schließlich auch das Anliegen, durch Publizität die für die Geschäftsabwicklung notwendigen Informationen zur Verfügung zu stellen. Diesem Ziel tragen nicht nur die Vorschriften über Handelsbücher (Bilanzrecht), sondern auch die Bestimmungen über das Handelsregister Rechnung, da in dieses 19

---

[46] Dazu Hopt/*Hopt* S. 2178 ff.; *Oertel* RIW 2019, 701 ff.; *Piltz* IHR 2019, 177 ff.; *Pirrong* ZVertriebsR 2019, 219 ff.; *Zwilling-Pinna* BB 2019, 3016 ff.; zur vorherigen Neufassung der Incoterms® 2010 z. B. *Hopt* Festschrift für Hommelhoff, 2012, S. 467 ff. sowie ausführlich *Piltz/Bredow* Incoterms, 2016.

[47] S. Oetker/*Pamp* § 346 Rn. 73 m. w. N.

[48] Dazu auch Hopt/*Merkt* Einl. v. § 1 Rn. 4 ff.; KKD/*Roth/Kindler* Einl. vor § 1 Rn. 7 ff.; *K. Schmidt* § 1 Rn. 69 ff.

[49] S. die Nachweise oben in Fn. 6.

für den Handelsverkehr wesentliche Tatsachen einzutragen sind. Ergänzend dienen der Rechtsformzusatz in der Firma (§ 19 HGB) sowie die Pflichtangaben auf Geschäftsbriefen (§ 37a HGB) ebenfalls der Transparenz im Handelsverkehr.

F. Schrifttum zum Handelsrecht

20 Das Handelsrecht kann im Schrifttum auf eine lange Tradition zurückblicken. Sowohl die Vielzahl der Kommentare zum Handelsgesetzbuch als auch zahlreiche Lehrbücher, Grundrisse und Fallsammlungen bezeugen, dass es sich bei dem Handelsrecht um ein historisch gewachsenes Gebiet des Privatrechts handelt. Aus dem neueren Schrifttum sind insbesondere zu nennen:[50]

I. Kommentare zum Handelsgesetzbuch

21 *Drescher/Ebke/Fleischer/K. Schmidt* (Hrsg.) Münchener Kommentar zum Handelsgesetzbuch, 5. Aufl. 2021 ff.
Ebenroth/Boujong/Joost (Begr.) Handelsgesetzbuch, Bd. I – 5. Aufl. 2024, Bd. II – 5. Aufl. 2024
Ensthaler (Hrsg.) Gemeinschaftskommentar zum Handelsgesetzbuch, 8. Aufl. 2015
Glanegger u. a. Heidelberger Kommentar zum Handelsgesetzbuch, 7. Aufl. 2006
Häublein/Hoffmann-Theinert/Poll (Hrsg.) Beck'scher Online-Kommentar HGB, 43. Ed. 1.7.2024
Haag/Löffler (Hrsg.) Praxiskommentar zum Handelsrecht, 2. Aufl. 2014
Heidel/Schall (Hrsg.) HGB, 4. Aufl. 2024
Herresthal (Hrsg.) beck-online. Großkommentar HGB, Stand: 15.4.2024
Heymann (Begr.) Handelsgesetzbuch, 3. Aufl. 2019 ff.
Hopt (Hrsg.) Handelsgesetzbuch, 43. Aufl. 2024
Koller/Kindler/Drüen Handelsgesetzbuch, 10. Aufl. 2023
Oetker (Hrsg.) Handelsgesetzbuch, 8. Aufl. 2024
Röhricht/Graf v. Westphalen/Haas (Hrsg.) Handelsgesetzbuch, 6. Aufl. 2023
Schlegelberger (Hrsg.) Handelsgesetzbuch, 5. Aufl. 1973 ff.
Staub (Begr.) Großkommentar zum Handelsgesetzbuch, 6. Aufl. 2021 ff.

II. Lehrbücher

22 *Canaris* Handelsrecht, 24. Aufl. 2006
K. Schmidt Handelsrecht – Unternehmensrecht I, 6. Aufl. 2014

---

[50] Weitere Übersichten z. B. bei *Brox/Henssler* § 1 Rn. 22 f.; *K. Schmidt* § 1 Rn. 75 ff.

III. Grundrisse

Bayer/Lieder Examens-Repetitorium Handels- und Gesellschaftsrecht, 2. Aufl. 2021   23
Bitter/Linardatos Handelsrecht, 4. Aufl. 2022
Brox/Henssler Handelsrecht, 23. Aufl. 2020
Bülow/Artz Handelsrecht, 7. Aufl. 2015
Fischinger Handelsrecht, 3. Aufl. 2023
Hofmann Handelsrecht, 11. Aufl. 2002
Hübner Handelsrecht, 5. Aufl. 2004
Jung Handelsrecht, 13. Aufl. 2023
Kindler Grundkurs Handels- und Gesellschaftsrecht, 10. Aufl. 2024
Klunzinger Grundzüge des Handelsrechts, 14. Aufl. 2011
Lettl Handelsrecht, 5. Aufl. 2021
Meyer Handelsrecht – Grundkurs und Vertiefungskurs, 2. Aufl. 2011
Prütting/Guntermann/Weller Handels- und Gesellschaftsrecht, 11. Aufl. 2025
Schade Handels- und Gesellschaftsrecht, 3. Aufl. 2014
Steinbeck Handelsrecht, 5. Aufl. 2021
Stöber Handelsrecht, 2020
Teichmann Handelsrecht, 3. Aufl. 2013
Wank Handels- und Gesellschaftsrecht, 2. Aufl. 2010

IV. Fallsammlungen

Ensthaler (Hrsg.) Handelsrecht – case by case. 2004   24
Fezer Klausurenkurs im Handelsrecht. Ein Fallbuch, 6. Aufl. 2013
Fleischer/Wedemann Prüfe dein Wissen – Handelsrecht einschließlich Bilanzrecht, 9. Aufl. 2015
Hadding/Hennrichs Die HGB-Klausur, 3. Aufl. 2003
Hopt Handels- und Gesellschaftsrecht Bd. I: Handelsrecht, 2. Aufl. 1999
Jula Fallsammlung zum Handelsrecht, 2. Aufl. 2009
Lettl Fälle zum Handelsrecht, 5. Aufl. 2021
Martinek/Bergmann Handels-, Gesellschafts- und Wertpapierrecht – 58 Fälle mit Lösungen, 4. Aufl. 2008
Müller-Laube 20 Probleme aus dem Handels- und Gesellschaftsrecht, 3. Aufl. 2001
Saar/Müller 35 Klausuren aus dem Handels- und Gesellschaftsrecht, 3. Aufl. 2006
Schöne Fälle zum Handels- und Gesellschaftsrecht Bd. I, 10. Aufl. 2018
Wank Handelsrecht, 4. Aufl. 1996
ders. Fälle mit Lösungen zum Handels- und Personengesellschaftsrecht, 2006

§ 2 Der Kaufmann als subjektive Anknüpfung des Handelsrechts

Schrifttum zur Ausbildung: *Fleischer/Wedemann* S. 11 ff.; *Nickel,* Der Scheinkaufmann, JA 1980, S. 566 ff.; *Mönkemöller,* Die „Kleingewerbetreibenden" nach neuem Kaufmannsrecht, JuS 2002, S. 31 ff.; *Müller,* Der Kaufmannsbegriff, JA 2021, S. 454 ff.; *Petersen,* Kaufmannsbegriff und Kaufmannseigenschaft nach dem Handelsgesetzbuch, Jura 2005, S. 831 ff.; *Petig/Freisfeld,* Die Kaufmannseigenschaft, JuS 2008, S. 770 ff.; *Schulz,* Die Neuregelung des Kaufmannsbegriffs, JA 1998, S. 890 ff. **Zur Falllösung:** *Bitter/Linardatos* S. 191 ff. (Fall 1–5); Ensthaler/*Ensthaler* S. 11 ff. (Fall 1); *Fezer* S. 1 ff., 13 ff., 22 ff., 31 ff. (Fall 1–4); *Hopt* S. 13 ff., 33 ff., 47 ff., 61 ff. (Fall 1–4); *Martinek/Bergmann* Fall 1–3; *Saar/Müller* 1. Klausur. **Zur Vertiefung:** *Dreher,* Der neue Handelsstand, in: Lieb (Hrsg.), Die Reform des Handelsrechts, 1999, S. 1 ff.; *Heinemann,* Handelsrecht im System des Privatrechts, Festschrift für Fikentscher, 1998, S. 349 ff.; *Henssler,* Gewerbe, Kaufmann und Unternehmen, ZHR Bd. 161 (1997), S. 13 ff.; *Kaiser,* Reform des Kaufmannsbegriffs – Verunsicherung des Handelsverkehrs?, JZ 1999, S. 495 ff.; *Kort,* Zum Begriff des Kaufmanns im deutschen und französischen Handelsrecht, AcP Bd. 193 (1993), S. 452 ff.; *ders.,* Kriterien für das Betreiben eines Handelsgewerbes i. S. v. § 1 Abs. 2 HGB, DB 2019, S. 771 ff.; *Limbach,* Die Lehre vom Scheinkaufmann, ZHR Bd. 134 (1970), S. 289 ff.; *v. Olshausen,* Wider den Scheinkaufmann des ungeschriebenen Rechts, Festschrift für Raisch, 1995, S. 147 ff.; *K. Schmidt,* „Deklaratorische" und „konstitutive" Registereintragungen nach §§ 1 ff. HGB, ZHR Bd. 163 (1999), S. 87 ff.; *ders.,* „Unternehmer" – „Kaufmann" – „Verbraucher", BB 2005, S. 837 ff.; *ders.,* Der Einzelunternehmer – Herausforderung des Handels- und Wirtschaftsrechts, JuS 2017, S. 809 ff.; *Schmitt,* Die Rechtsstellung der Kleingewerbetreibenden nach dem Handelsrechtsreformgesetz, 2003; *Schulze-Osterloh,* Der Wechsel der Eintragungsgrundlagen der Kaufmannseigenschaft (§§ 1, 2, 105 Abs. 2 HGB) und der Anwendungsbereich des § 5 HGB, ZIP 2007, S. 2390 ff.; *Siems,* Kaufmannsbegriff und Rechtsfortbildung. Die Transformation des deutschen Handelsrechts, 2. Aufl. 2003; *Treber,* Der Kaufmann als Rechtsbegriff im Handels- und Verbraucherrecht, AcP Bd. 199 (1999), S. 525 ff.

A. Systematik und Entwicklung der gesetzlichen Regelung

1   Der personelle Anwendungsbereich des Handelsrechts wird durch den Begriff des Kaufmanns definiert, den die §§ 1 bis 7 HGB für das gesamte Handelsgesetzbuch verbindlich festlegen.[1] Eine hiervon abweichende Auslegung bei der Anwendung der dortigen Bestimmungen, die diesen Rechtsbegriff in ihren Tatbestand aufnehmen (z. B. §§ 343 Abs. 1, 366 Abs. 1 HGB), schließt die Systematik des Gesetzes aus. Bei Nichtkaufleuten ist deshalb allenfalls eine entsprechende Anwendung einzelner Vorschriften zu erwägen.[2]

2   Vereinzelt greifen auch andere Gesetze auf die Kaufmannseigenschaft zurück, um den personellen Anwendungsbereich einer Norm zu konkretisieren. Allerdings geschieht dies nur noch selten, so aber in den §§ 95 Abs. 1 Nr. 1, 109 Abs. 1 Nr. 3 GVG (Kammer für Handelssachen bei den Landgerichten), den §§ 29 Abs. 2, 38 Abs. 1 ZPO (Gerichtsstand des Erfüllungsorts, Gerichtsstandsvereinbarung) sowie in § 16 DepotG.[3] Gemeinsam ist diesen Normen, dass sie nicht auf die §§ 1 bis 7 HGB verweisen, jedoch können diese im Wege einer systematischen Auslegung zur Konkretisierung der vorgenannten Vorschriften herangezogen werden,[4] ohne indes auszuschließen, den in den §§ 1 bis 7 HGB umschriebenen Kaufmannsbegriff wegen des Zwecks der jeweiligen Bestimmungen in Randbereichen, dem sog. Begriffshof, zu modifizieren.

3   Der Kaufmannsbegriff kann auf eine wechselhafte Gesetzesgeschichte zurückblicken, für die die äußerst knappe Definition in Art. 4 des Allgemeinen Deutschen Handelsgesetzbuchs (ADHGB) den Ausgangspunkt bildet. Er formulierte apodiktisch: „Als Kaufmann im Sinne dieses Gesetzbuchs ist anzusehen, wer gewerbsmäßig Handelsgeschäfte betreibt." Weitere Präzisierungen dieser Umschreibung, die der Sache nach heute noch in § 1 Abs. 1 HGB fortlebt, enthielt das Gesetz in seinen allgemeinen Vorschriften nicht; Art. 10 Abs. 1 ADHGB nahm lediglich „Handelsleute von geringem Gewerbebetriebe" und „Personen, deren Gewerbe nicht über den Umfang des Handwerksbetriebes" hinausging, aus dem Anwendungsbereich des Gesetzes heraus. Eine Konkretisierung existierte jedoch für den Begriff des Handelsgeschäfts in Art. 4 ADHGB, den die Art. 271 ff. ADHGB näher umschrieben.[5]

---

[1] Die Kauf*mann*seigenschaft können (selbstverständlich) auch Frauen erlangen; § 19 Abs. 1 Nr. 1 HGB („eingetragene Kauffrau") liefert hierfür eine normative Bestätigung. Der historische Vorgänger des Handelsgesetzbuchs, das Allgemeine Deutsche Handelsgesetzbuch (ADHGB), enthielt in Art. 6 noch eine Sonderregelung für die „Handelsfrau" und legte für diese fest, dass sie in dem Handelsbetrieb alle Rechte und Pflichten eines Kaufmanns besaß; näher zu der damaligen Rechtslage z. B. *K. Lehmann* Lehrbuch des Handelsrechts, 2. Aufl. 1912, § 20, S. 88 ff.

[2] S. z. B. Hopt/*Merkt* § 1 Rn. 10 sowie insbesondere im Hinblick auf nicht im Handelsregister eingetragene Kleingewerbetreibende weiterführend *Schmitt* Die Rechtsstellung der Kleingewerbetreibenden nach dem Handelsrechtsreformgesetz, 2003, S. 179 ff.; dazu auch § 2 Rn. 37.

[3] Abweichend die Anknüpfung in den §§ 13, 14 BGB, die auf die Ausübung einer gewerblichen oder selbstständigen beruflichen Tätigkeit abstellen; s. auch oben § 1 Rn. 2.

[4] Ebenso z. B. Oetker/*Körber* § 1 Rn. 8, m. w. N.

[5] Weiterführend zum Vorstehenden *Schmitt* Die Rechtsstellung der Kleingewerbetreibenden nach dem Handelsrechtsreformgesetz, 2003, S. 31 ff.

A. Systematik und Entwicklung der gesetzlichen Regelung

Einschneidende Änderungen bewirkte das im Jahre 1900 in Kraft getretene Handelsgesetzbuch, indem es in den §§ 1 bis 4 HGB a. F. zwischen Ist- bzw. Musskaufleuten (§ 1 HGB a. F.), Sollkaufleuten (§ 2 HGB a. F.), Kannkaufleuten (§ 3 HGB a. F.) sowie Minderkaufleuten (§ 4 HGB a. F.) unterschied und mit diesen Kategorien das Handelsrecht fast 100 Jahre prägte.[6] Aufgrund der wirtschaftlichen Fortentwicklung sah sich diese Systematik jedoch wachsender Kritik ausgesetzt.[7] Diese konzentrierte sich auf die überholte und im Hinblick auf Art. 3 Abs. 1 GG zunehmend zweifelhafte[8] Unterscheidung zwischen den in § 1 Abs. 2 HGB a. F. aufgezählten Grundhandelsgewerbe,[9] deren Betrieb unabhängig von einer Eintragung im Handelsregister die Kaufmannseigenschaft begründete, und denjenigen Gewerbetreibenden, die diese erst kraft Eintragung erlangten, wenn ihr Unternehmen „nach Art und Umfang einen in kaufmännischer Weise eingerichteten Geschäftsbetrieb" erforderte (§ 2 HGB a. F.).[10]

Mit dem Handelsrechtsreformgesetz[11] gab der Gesetzgeber diese Konzeption im Jahre 1998 auf.[12] Seitdem beschränkt sich das Handelsgesetzbuch im Ansatz (wieder) auf eine allgemeine Umschreibung, die die Kaufmannseigenschaft ausschließlich mit dem handelsrechtlichen Gewerbebegriff verknüpft (§ 1 Abs. 2 HGB) und auf die frühere Unterscheidung zwischen Ist- bzw. Muss- und Sollkaufleuten verzichtet. Die Regelungen zu „Scheinkaufleuten" (§ 5 HGB) sowie Formkaufleuten und Handelsgesellschaften (§ 6 HGB) blieben demgegenüber unverändert.[13]

Einer differenzierenden Einbeziehung in das Handelsgesetzbuch unterliegen seit dem Handelsrechtsreformgesetz Kleingewerbetreibende.[14] Erfordert das Unternehmen nach Art oder Umfang keinen in kaufmännischer Weise eingerichteten Geschäftsbetrieb, dann ist sein Inhaber grundsätzlich kein Kaufmann i. S. des Handels-

---

[6] Zu der Rechtslage nach den §§ 1 bis 4 HGB a. F. z. B. die Darstellung bei *Canaris* 22. Aufl. 1995, § 3, S. 26 ff.

[7] S. z. B. *Henssler* ZHR Bd. 161 (1997), 13 ff.

[8] Näher zu diesem Einwand *Neuner* ZHR Bd. 157 (1993), 243 ff.; zurückhaltender *Henssler* ZHR Bd. 161 (1997), 13 (29 ff.).

[9] Der Katalog der Grundhandelsgewerbe ging z. T. auf die zuvor in den Art. 271 ff. ADHGB umschriebenen Handelsgeschäfte zurück. Zu den einzelnen Grundhandelsgewerben in § 1 Abs. 2 HGB a. F. z. B. *Canaris* 22. Aufl. 1995, § 3 I 1, S. 27 ff.

[10] Zu der Rechtslage nach § 2 HGB a. F. z. B. *Canaris* 22. Aufl. 1995, § 3 I 2, S. 30 ff.

[11] Grundlage der parlamentarischen Arbeiten war der Abschlussbericht einer Bund-Länder-Arbeitsgruppe (ZIP 1994, 1407). Zur weiteren Diskussion s. den Referentenentwurf (ZIP 1996, 1401 ff.), den Regierungsentwurf (BT-Drucks. 13/8444, mit z. T. abweichender Stellungnahme des Bundesrats), den Bericht des Rechtsausschusses des Bundestags (BT-Drucks. 13/10332) sowie die Darstellung der Entstehungsgeschichte bei *Schmitt* Die Rechtsstellung der Kleingewerbetreibenden nach dem Handelsrechtsreformgesetz, 2003, S. 3 ff.

[12] Aus der Reformdiskussion z. B. *Henssler* ZHR Bd. 161 (1997), 1 (44 ff.); *Krebs* DB 1996, 2013 (2017 f.); *Preis* ZHR Bd. 158 (1994), 567 (611 f.); *K. Schmidt* ZIP 1997, 909 (912 ff.); zuvor z. B. *Wessels* BB 1977, 1226 ff.

[13] Zu § 5 HGB s. *K. Schmidt* ZIP 1997, 909 (914).

[14] Dazu auch die Würdigung bei *Schmitt* Die Rechtsstellung der Kleingewerbetreibenden nach dem Handelsrechtsreformgesetz, 2003, S. 13 ff., 106 ff.

gesetzbuchs (§ 1 Abs. 2 HGB).[15] In Umkehrung der früheren Regelungstechnik (s. § 4 HGB a. F.), die sog. Minderkaufleute generell in den Kaufmannsbegriff einbezog und lediglich aus dem Anwendungsbereich einzelner Vorschriften ausklammerte (z. B. § 351 HGB a. F.), erklärt das Gesetz nunmehr lediglich einzelne Normenkomplexe auch auf nicht im Handelsregister eingetragene Kleingewerbetreibende für anwendbar (z. B. §§ 84 Abs. 4, 93 Abs. 3, 383 Abs. 2, 407 Abs. 3 Satz 2, 453 Abs. 3 Satz 2, 467 Abs. 3 Satz 2 HGB).[16] Zum Ausgleich erweitert das Gesetz die zuvor land- und forstwirtschaftlichen Betrieben (s. § 3 Abs. 2 HGB) vorbehaltene Kategorie der Kannkaufleute und eröffnet Kleingewerbetreibenden die Möglichkeit, die Kaufmannseigenschaft freiwillig durch Eintragung in das Handelsregister zu erlangen (§ 2 Satz 2 HGB). Mit der Eintragung „gilt" das von ihnen betriebene gewerbliche Unternehmen als Handelsgewerbe (§ 2 Satz 1 HGB), sodass deren Inhaber gemäß § 1 Abs. 1 HGB Kaufmann ist.[17]

B. Handelsrechtlicher Gewerbebegriff

I. Bausteine des handelsrechtlichen Gewerbebegriffs

7   Die Kaufmannseigenschaft erlangt nach § 1 Abs. 1 HGB nur, wer ein Gewerbe betreibt. Deshalb steht zunächst der Gewerbebegriff im Mittelpunkt, da wegen der Regelungssystematik des § 1 Abs. 2 HGB[18] derjenige, der ein Gewerbe betreibt, regelmäßig kraft Gesetzes Kaufmann ist.[19] Allerdings verzichtet das Handelsgesetzbuch darauf, den Begriff des Gewerbes zu definieren, sodass es Rechtsprechung und Lehre überlassen bleibt, diesen für das Handelsrecht zu konkretisieren. Hierfür liefern zwar die zur Gewerbeordnung und zu § 196 Abs. 1 Nr. 1 BGB a. F. herausgearbeiteten Grundsätze[20] erste Anhaltspunkte, die aber stets nur mit dem (methodisch zwingenden) Vorbehalt übernommen werden können, dass die jeweiligen Facetten der dortigen Gewerbebegriffe mit dem Zweck des Handelsrechts harmonieren.[21]

---

[15] Zur Rechtslage bei Formkaufleuten s. § 6 Abs. 2 HGB sowie unten § 2 Rn. 71.
[16] S. *K. Schmidt* ZIP 1997, 909 (913).
[17] Dazu unten § 2 Rn. 38, 40.
[18] Hierzu näher unten § 2 Rn. 29.
[19] Bei der Prüfung der Kaufmannseigenschaft ist deshalb vor der Untersuchung, ob das Unternehmen abweichend von der in § 1 Abs. 2 HGB vorgegebenen Regel nach Art oder Umfang keinen in kaufmännischer Weise eingerichteten Geschäftsbetrieb erfordert, zunächst stets zu würdigen, ob der Betrieb die Voraussetzungen des handelsrechtlichen Gewerbebegriffs erfüllt.
[20] Zu § 196 Abs. 1 Nr. 1 BGB a. F. vor allem BGH 22.4.1982, BGHZ 83, 382 (386); 16.3.2000, BGHZ 144, 86 (88 ff.); Staudinger/*Peters* (2001) § 196 Rn. 21 ff.
[21] Näher MK-HGB/*K. Schmidt* § 1 Rn. 22 ff.; ebenso für eine teleologische Begriffsbildung BGH 16.3.2000, BGHZ 144, 86 (88); Oetker/*Körber* § 1 Rn. 11.

B. Handelsrechtlicher Gewerbebegriff

Danach setzt sich der handelsrechtliche Gewerbebegriff unbestritten aus folgenden Elementen zusammen: selbstständige Tätigkeit, Erkennbarkeit der Tätigkeit nach außen, Planmäßigkeit und Dauerhaftigkeit der Tätigkeit sowie Tätigkeit auf wirtschaftlichem Gebiet.[22] Kontrovers wird jedoch diskutiert, ob die Tätigkeit erlaubt und auf Gewinnerzielung gerichtet sein muss.[23]

II. Handelsrechtlicher Gewerbebegriff im Einzelnen

1. Selbstständige Tätigkeit

Kaufmann kann nur sein, wer seine Tätigkeit *selbstständig* ausübt. Dieses Element des handelsrechtlichen Gewerbebegriffs soll vor allem solche Tätigkeiten aus dem Handelsrecht ausgrenzen, die aufgrund und im Rahmen einer abhängigen (unselbstständigen) Stellung erbracht werden.[24] Anhaltspunkte für die Abgrenzung liefert § 84 Abs. 1 Satz 2 HGB. Hiernach ist selbstständig, wer Tätigkeit und Arbeitszeit im Wesentlichen frei gestalten bzw. bestimmen kann.[25] Deshalb sind z. B. sowohl Arbeitnehmer (§ 611a Abs. 1 BGB) als auch Beamte im Rahmen ihrer Tätigkeiten keine Kaufleute.

2. Nach außen gerichtete Tätigkeit

Das Handelsrecht hat die Aufgabe, den Handelsverkehr normativ zu strukturieren. Aus diesem Grunde muss die Tätigkeit *nach außen erkennbar* sein bzw. in Erscheinung treten.[26] Nur eine derartige Geschäftstätigkeit kann dem Handelsverkehr zugerechnet werden und soll den vom Gesetzgeber hierfür aufgestellten Sonderregeln unterliegen. So begründet z. B. der Erwerb von Briefmarken zur Komplettierung einer Sammlung selbst dann noch kein Gewerbe i. S. des Handelsrechts, wenn dies in der Absicht geschieht, die vollständige Sammlung zu einem späteren Zeitpunkt mit Gewinn zu verkaufen.[27]

Die auf die Verwaltung eigenen Vermögens beschränkte Tätigkeit ist ebenfalls kein Handelsgewerbe,[28] was § 107 Abs. 1 HGB bestätigt.[29] Dort unterscheidet das

---

[22] Statt aller *Bayer/Lieder* Rn. 25; *Brox/Henssler* Rn. 25 ff.; *J. v. Gierke/Sandrock* § 6 II, S. 109 ff.; Oetker/*Körber* § 1 Rn. 12 ff.; *Lettl* § 2 Rn. 7 ff.; *K. Schmidt* § 9 Rn. 17 ff.
[23] Näher unten § 2 Rn. 17, 18 f.
[24] *Canaris* § 2 Rn. 2; *Fischinger* Rn. 30 f.; *Lettl* § 2 Rn. 7.
[25] Näher unten § 6 Rn. 12 ff.
[26] *Brox/Henssler* Rn. 25a; *Fischinger* Rn. 33; *J. v. Gierke/Sandrock* § 6 II 1, S. 109.
[27] So das Beispiel bei *Hofmann* S. 11.
[28] I. E. auch BGH 10.5.1979, BGHZ 74, 273 (276 f.); *Canaris* § 2 Rn. 5.
[29] Ebenso Ebenroth/Boujong/*Kindler* § 1 Rn. 32; *ders.* § 2 Rn. 42 ff.; Oetker/*Körber* § 1 Rn. 22; Hopt/*Merkt* § 1 Rn. 13; MK-HGB/*K. Schmidt* § 1 Rn. 28; a. A. *Siems* NZG 2001, 738 (740).

Gesetz für die Bildung einer Offenen Handelsgesellschaft ausdrücklich zwischen Gesellschaften mit einem Gewerbebetrieb und solchen, die nur eigenes Vermögen verwalten.[30] Dies setzt denknotwendig voraus, dass die Vermögensverwaltung als solche nicht bereits die Voraussetzungen des handelsrechtlichen Gewerbebegriffs erfüllt.

3. Planmäßigkeit und Dauerhaftigkeit der Tätigkeit

12 Das Handelsrecht will ferner jene Geschäftstätigkeit nicht erfassen, die nur einmalig vorgenommen wird, da es deren singulärer Charakter nicht rechtfertigt, diese in den Anwendungsbereich der besonderen handelsrechtlichen Vorschriften einzubeziehen. Die aus diesem Grunde für einen Gewerbebetrieb notwendige *Planmäßigkeit* und *Dauerhaftigkeit* der Tätigkeit beurteilt sich nicht ausschließlich nach dem Zeitmoment, sondern im Vordergrund steht die Vielzahl der beabsichtigten Geschäftsabschlüsse,[31] die allerdings lediglich ein Indiz liefern. Wer z. B. anlässlich einer Haushaltsauflösung zahlreiche Kaufverträge abschließt, betreibt noch kein Gewerbe, da wegen der Einmaligkeit des Vorgangs die Dauerhaftigkeit der Tätigkeit fehlt. Ebenso grenzt das Element der Planmäßigkeit und Dauerhaftigkeit gelegentliche Geschäftsaktivitäten aus.[32] Bei Verkäufen über Internetplattformen (z. B. ebay) kommt es deshalb insbesondere auf das Ausmaß der Verkaufsaktivitäten an. Werden wiederholt Waren aus Haushaltsauflösungen oder auf Flohmärkten angekauft, um diese sodann über ebay wieder zu verkaufen, so erfüllt dies die Voraussetzungen einer planmäßigen Geschäftstätigkeit. Entsprechendes gilt für die Vermietung von Wohnraum über Internetplattformen (z. B. Airbnb).

4. Tätigkeit auf wirtschaftlichem Gebiet – Ausklammerung freier Berufe

13 Die verbreitet geforderte Zuordnung der Tätigkeit zu dem *wirtschaftlichen Gebiet* soll eine teleologisch nicht stets überzeugende[33] Abgrenzung zu den *freien Berufen* leisten. Ihre Angehörigen sollen nicht den Bestimmungen des Handelsgesetzbuchs unterliegen, da sie im Regelfall höchstpersönliche Leistungen auf künstlerischem oder wissenschaftlichem Gebiet erbringen.[34] Praktisch bedeutsam ist die Ausklammerung der freien Berufe aus dem Gewerbebegriff indes weniger im Hinblick auf die Bestimmungen des Handelsgesetzbuchs; den Hintergrund für den Wider-

---

[30] Näher hierzu z. B. *K. Schmidt* NJW 1998, 2161 (2164 f.).
[31] *Canaris* § 2 Rn. 6; *Fischinger* Rn. 32; *Hübner* Rn. 24; Ebenroth/Boujong/*Kindler* § 1 Rn. 23; Oetker/*Körber* § 1 Rn. 16; *Lettl* § 2 Rn. 10; *K. Schmidt* § 9 Rn. 36.
[32] *J. v. Gierke/Sandrock* § 6 II 2, S. 109; Ebenroth/Boujong/*Kindler* § 1 Rn. 23; Oetker/*Körber* § 1 Rn. 17; *Lettl* § 2 Rn. 10; RvWH/*Ries* § 1 Rn. 28 ff.; MK-HGB/*K. Schmidt* § 1 Rn. 30; differenzierend *Hofmann* S. 12.
[33] S. *Henssler* ZHR Bd. 161 (1997), 13 (24 ff.); *Hopt* AcP Bd. 183 (1983), 608 ff.; *Raisch* Festschrift für Rittner, 1991, S. 471 ff.; *Treber* AcP Bd. 199 (1999), 525 (569 ff.).
[34] Näher MK-HGB/*K. Schmidt* § 1 Rn. 32.

B. Handelsrechtlicher Gewerbebegriff

stand gegen die Einbeziehung der freien Berufe in den handelsrechtlichen Gewerbebegriff liefert das Steuerrecht: Solange die Angehörigen freier Berufe kein „Gewerbe" betreiben, unterliegt ihr Betrieb nicht der Gewerbesteuer (§ 2 GewStG).[35]

Für einzelne freie Berufe ordnen Rechtsvorschriften den Ausschluss aus dem Gewerbebegriff ausdrücklich an. So legt z. B. § 2 Abs. 2 BRAO fest, dass die Tätigkeit des Rechtsanwalts kein Gewerbe ist.[36] Vergleichbares gilt für Ärzte, Zahnärzte, Steuerberater, Wirtschaftsprüfer und Notare.[37] Damit ist der Kreis der aus dem Handelsrecht ausgegrenzten freien Berufe nicht erschöpfend umschrieben. Vielmehr wird verbreitet auch bei Architekten, Dolmetschern, Privatlehrern, freischaffenden Künstlern aller Art sowie frei tätigen Wissenschaftlern eine Tätigkeit auf wirtschaftlichem Gebiet verneint und hierdurch die Herausnahme aus dem handelsrechtlichen Gewerbebegriff befürwortet.[38] Demgegenüber wird Entsprechendes z. B. für Apotheker abgelehnt.[39]   14

Eine Aufzählung freier Berufe enthält § 1 Abs. 2 PartGG, die aber nicht pauschal auf den handelsrechtlichen Gewerbebegriff übertragbar ist.[40] Allerdings bestätigt sie den Ausschluss freier Berufe aus dem handelsrechtlichen Gewerbebegriff, da § 1 Abs. 1 Satz 2 PartGG ausdrücklich festlegt, dass die Partnerschaft kein Handelsgewerbe ausübt.[41] Wenn schon der Zusammenschluss mehrerer Freiberufler nicht zum Betrieb eines Handelsgewerbes führt, dann wäre eine andere Würdigung für die Tätigkeit eines einzelnen Freiberuflers systematisch verfehlt. Problematisch ist deshalb lediglich, ob § 1 Abs. 2 PartGG die freien Berufe abschließend aufzählt. Der Zweck dieses Gesetzes, bestimmten Berufsgruppen den Weg zu einer Gesellschaftsform zu eröffnen, die der Offenen Handelsgesellschaft angenähert ist, spricht gegen ein derartiges Verständnis.[42] Allerdings ist der Aufzählung in § 1 Abs. 2 PartGG nicht jegliche Bedeutung abzusprechen, da der Gesetzgeber davon ausging, dass bei den dort genannten Betätigungen wegen der fehlenden Existenz eines handelsrechtlichen Gewerbebetriebs der Weg zur Errichtung einer Offenen Handelsgesellschaft versperrt ist. Zumindest aus den Gesetzesmaterialien ergeben sich keine Anhaltspunkte dafür, dass den Berufsgruppen in § 1 Abs. 2 PartGG die freie Wahl zwischen   15

---

[35] MK-HGB/*K. Schmidt* § 1 Rn. 24.

[36] BGH 18.7.2011, NJW 2011, 3036 Rn. 4 ff.

[37] S. § 1 Abs. 2 BundesÄO, § 1 Abs. 4 ZahnheilkundeG, § 32 Abs. 2 Satz 4 SteuerberG, § 1 Abs. 2 Satz 2 WPO, § 2 Satz 3 BNotO.

[38] *Canaris* § 2 Rn. 8 ff.; *Lettl* § 2 Rn. 14 ff.

[39] BGH 20.1.1983, NJW 1983, 2085 (2086). Bestätigt wird dies durch § 8 Satz 1 ApothekenG, der mehreren Personen ermöglicht, eine Apotheke gemeinsam zu betreiben, sie hierfür aber u. a. auf die Rechtsform der Offenen Handelsgesellschaft verweist.

[40] So mit Recht auch BGH 16.3.2000, BGHZ 144, 86 (89). Bezüglich des Katalogs in § 18 Abs. 1 Nr. 1 EStG ist wegen des abweichenden teleologischen Fundaments der Norm ebenfalls Zurückhaltung geboten; s. RvWH/*Ries* § 1 Rn. 67; MK-HGB/*K. Schmidt* § 1 Rn. 36.

[41] In dieser Richtung auch *K. Schmidt* NJW 1995, 1 (3); a. A. *Heinemann* Festschrift für Fikentscher, 1998, S. 349 (362 f.).

[42] Gegen eine bindende oder präjudizierende Wirkung des Katalogs in § 1 Abs. 2 PartGG OLG Zweibrücken 30.8.2012, NJW-RR 2013, 241 (241); *Canaris* § 2 Rn. 10; Ebenroth/Boujong/*Kindler* § 1 Rn. 39; KKD/*Roth/Stelmaszyk* § 1 Rn. 13a; MK-HGB/*K. Schmidt* § 1 Rn. 36; s. auch RvWH/*Ries* § 1 Rn. 69 ff.

§ 2 Der Kaufmann als subjektive Anknüpfung des Handelsrechts

Partnerschaft und Offener Handelsgesellschaft bzw. Kommanditgesellschaften eröffnet werden sollte.[43] Hiergegen spricht auch, dass der Gesetzgeber bei einzelnen freien Berufen und unter bestimmten Voraussetzungen den Zugang zur Offenen Handelsgesellschaft eröffnet (s. § 49 Abs. 2 SteuerberG, § 27 Abs. 2 WPO),[44] bei anderen hingegen hiervon absieht (offener jetzt § 107 Abs. 1 Satz 3 HGB). Bei dieser Sichtweise sind jedenfalls die in § 1 Abs. 2 PartGG genannten Berufsgruppen aus dem handelsrechtlichen Gewerbebegriff auszuklammern, ohne indes der Aufzählung einen abschließenden Charakter beizumessen.[45]

16 Wenig geklärt ist, ob die Herausnahme der freien Berufe aus dem handelsrechtlichen Gewerbebegriff auch in Fällen gerechtfertigt ist, in denen die Tätigkeit im Rahmen eines wirtschaftlichen Geschäftsbetriebs ausgeübt wird.[46] Als Beispiele sind Sanatorien, Theater sowie Privatschulen und die in ihnen ausgeübte Tätigkeit als Arzt etc. zu nennen. Die Abgrenzung kann nur nach dem äußeren Erscheinungsbild erfolgen. Je stärker der „Freiberufler" in den Geschäftsbetrieb integriert ist und damit umso weniger dessen äußeres Erscheinungsbild prägt, desto eher kommt die Einbeziehung des Geschäftsbetriebs in die handelsrechtlichen Vorschriften in Betracht.[47] Praktisch bedeutsam ist dies jedoch weniger für die genuin handelsrechtlichen Normen, sondern – neben der Einbeziehung in die Gewerbesteuer – vor allem für die Möglichkeit, das Unternehmen in der Rechtsform einer Offenen Handelsgesellschaft oder einer Kommanditgesellschaft betreiben zu können, da beide Gesellschaftsformen nur handelsrechtlichen Gewerbebetrieben zur Verfügung stehen (s. §§ 105 Abs. 1, 161 Abs. 2 HGB), sofern der Gesetzgeber nicht – wie in § 49 Abs. 2 SteuerberG, § 27 Abs. 2 WPO und § 107 Abs. 1 Satz 3 HGB – Abweichendes bestimmt.

5. Beschränkung auf erlaubte Tätigkeiten

17 Zu den umstrittenen Elementen des Gewerbebegriffs zählt, ob die ausgeübte Tätigkeit *erlaubt* sein muss. Die neuere Lehre verzichtet mit Recht auf dieses Erfordernis,[48] da die Zwecke der jeweiligen handelsrechtlichen Vorschriften (z. B. § 56 HGB) un-

---

[43] Reg. Begr., BT-Drucks. 12/6152, S. 1; a. A. jedoch Ebenroth/Boujong/*Kindler* § 1 Rn. 39, der sich ausdrücklich für die Begründung eines Wahlrechts als gesetzgeberische Absicht ausspricht; so auch KKD/*Roth/Stelmaszcyk* § 1 Rn. 13a sowie i. E. OLG Zweibrücken 30.8.2012, NJW-RR 2013, 241 (241).
[44] Dazu z. B. BGH 15.7.2014, NZG 2014, 1179 ff.
[45] Ebenfalls in dieser Richtung Oetker/*Körber* § 1 Rn. 39; *Pfeiffer* in: Pfeiffer (Hrsg.), Handbuch der Handelsgeschäfte, 1999, § 1 Rn. 88; s. auch MK-HGB/*K. Schmidt* § 1 Rn. 36 für die eingetragene Partnerschaftsgesellschaft („negativer Formkaufmann").
[46] S. dazu ebenfalls *Canaris* § 2 Rn. 11 f.; *Hofmann* S. 13; Hopt/*Merkt* § 1 Rn. 20; KKD/*Roth/Stelmaszcyk* § 1 Rn. 15, m. w. N.
[47] *Canaris* § 2 Rn. 11; *Fischinger* Rn. 38; Oetker/*Körber* § 1 Rn. 46; *Lettl* § 2 Rn. 16; KKD/*Roth/Stelmaszcyk* § 1 Rn. 15; abweichend MK-HGB/*K. Schmidt* § 1 Rn. 35.
[48] So z. B. *Bayer/Lieder* Rn. 28; *Canaris* § 2 Rn. 13; *Fischinger* Rn. 40; Ebenroth/Boujong/*Kindler* § 1 Rn. 31; *ders.* § 2 Rn. 41; Oetker/*Körber* § 1 Rn. 27; *Lettl* § 2 Rn. 19 f.; Hopt/*Merkt* § 1 Rn. 21; *Müller* JA 2021, 454 (456); RvWH/*Ries* § 1 Rn. 57; KKD/*Roth/Stelmaszcyk* § 1 Rn. 11; *K. Schmidt* § 9 Rn. 35.

B. Handelsrechtlicher Gewerbebegriff 21

abhängig davon eingreifen, ob die Tätigkeit erlaubt ist oder die abgeschlossenen Rechtsgeschäfte rechtswirksam sind. Eine Bestätigung hierfür liefert § 7 HGB, der ausdrücklich klarstellt, dass die fehlende Befugnis zur Ausübung der Tätigkeit aufgrund öffentlich-rechtlicher Vorschriften die Anwendung des Handelsgesetzbuchs nicht berührt. Das muss erst recht gelten, wenn die abgeschlossenen Rechtsgeschäfte nichtig (z. B. Kreditwucher, § 138 Abs. 2 BGB) oder Forderungen nicht einklagbar (z. B. Ehevermittlung, § 656 Abs. 1 Satz 1 BGB) sind.[49] Ausnahmen sind jedoch geboten, wenn der Geschäftsbetrieb als solcher der Sittenordnung oder den Strafgesetzen widerspricht.[50] Die Zuerkennung der Kaufmannseigenschaft für Waffenhändler, Drogendealer und Zuhälter[51] steht unverändert im Widerspruch zu dem Zweck des handelsrechtlichen Normbestands, der auf die Besonderheiten des Handelsverkehrs reagieren und dessen Funktionsfähigkeit erhöhen soll;[52] standespolitische Bedenken (Erhebung in den „Handelsstand") sind demgegenüber ohne Bedeutung.

6. Bedeutung der Gewinnerzielungsabsicht

Tiefgreifende Kontroversen bestehen bezüglich der Frage, ob der handelsrechtliche Gewerbebegriff nur solche Tätigkeiten erfasst, die auf eine *Gewinnerzielung* gerichtet sind. Vor allem die Rechtsprechung zu § 196 Abs. 1 Nr. 1 BGB a. F. forderte dies für den dortigen Gewerbebegriff,[53] und das ältere Schrifttum übertrug diese Judikatur häufig in das Handelsrecht.[54] Allerdings waren die Anforderungen an die Gewinnerzielungsabsicht nicht sehr hoch. Diese sollte bereits vorliegen, wenn angestrebt ist, mit der Tätigkeit einen Ertrag zu erzielen, der den Aufwand übersteigt.[55] Es genügte deshalb die bloße Absicht, einen Gewinn zu erzielen; vorübergehende Verlustperioden standen dem nicht entgegen.[56] Ausgeschlossen waren damit in erster Linie Tätigkeiten mit karitativem Charakter.[57]   18

Die besseren Gründe streiten für die inzwischen vorherrschende Ansicht, die für den handelsrechtlichen Gewerbebegriff auf die Gewinnerzielungsabsicht   19

---

[49] Wie hier *Fischinger* Rn. 42; *Hübner* Rn. 31; *K. Schmidt* § 9 Rn. 32 f. sowie *Canaris* § 2 Rn. 13, m. w. N.; a. A. jedoch OLG Frankfurt a. M. 16.3.1972, NJW 1972, 1327 (1328); *J. v. Gierke/Sandrock* § 6 II 3, S. 109 f.; *Hofmann* S. 9 f.
[50] S. näher Staub/*Oetker* § 1 Rn. 42; a. A. *K. Schmidt* § 9 Rn. 32.
[51] Hierfür im Ansatz *K. Schmidt* § 9 Rn. 32; KKD/*Roth/Stelmaszcyk* § 1 Rn. 11.
[52] S. oben § 1 Rn. 8.
[53] So z. B. BGH 10.5.1979, BGHZ 74, 273 (276); 2.7.1985, BGHZ 95, 155 (157).
[54] Z. B. *Baumann* AcP Bd. 184 (1984), 45 (51); *Hofmann* S. 10 f.; aus der Rechtsprechung z. B. OLG Düsseldorf 6.6.2003, NJW-RR 2003, 1120 (1120 f.).
[55] So z. B. *Hofmann* S. 10.
[56] *Hofmann* S. 10.
[57] S. aber zur Abgrenzung für den Betrieb eines Krankenhauses OLG Düsseldorf 6.6.2003, NJW-RR 2003, 1120 (1120 f.).

verzichtet,⁵⁸ sodass auch karitative Tätigkeiten in den Kaufmannsbegriff einbezogen sein können. Zur Begründung ist anzuführen, dass die Anwendung der handelsrechtlichen Normen von Art und Umfang der Unternehmenstätigkeit abhängt (§ 1 Abs. 2 HGB). Diese erfordert eine bestimmte Organisation und Sorgfalt, auf die das Handelsrecht reagiert. Der Zweck für die Pflicht zur Führung von Handelsbüchern (§ 238 Abs. 1 Satz 1 HGB) oder die Aufhebung des Formerfordernisses für die Bürgschaft (§ 350 HGB) steht jedoch in keinem Zusammenhang mit der Absicht, durch die ausgeübte Tätigkeit einen Gewinn zu erzielen. Ob es demnach ausreicht, dass Leistungen am Markt entgeltlich angeboten werden, ist höchstrichterlich noch nicht abschließend geklärt. Der Bundesgerichtshof vermied in seiner neueren Rechtsprechung bislang eine allgemeine Stellungnahme,⁵⁹ verzichtet jedoch im Rahmen von § 474 BGB und § 491 BGB wegen der teleologischen Fundierung der Normen im Verbraucherschutzrecht für eine gewerbliche Tätigkeit auf eine Gewinnerzielungsabsicht.⁶⁰

C. Betreiber des Gewerbes

20   Kaufmann i. S. des Handelsrechts kann nur der Betreiber des Gewerbes sein (§ 1 Abs. 1 HGB). Hierfür ist nicht entscheidend, wer den tatsächlichen Einfluss auf dessen Leitung ausübt, sondern in wessen Namen dieses geführt wird. Deshalb kann Kaufmann nur sein, wer das Gewerbe *im eigenen Namen* betreibt.⁶¹ Dementsprechend kommen als Kaufleute auch Pächter, Treuhänder,⁶² Vertragshändler und Franchisenehmer in Betracht.

21   Anders ist für die gesetzliche und die rechtsgeschäftliche Vertretung zu entscheiden. In diesem Fall kann nur der Vertretene Kaufmann sein, da der Vertreter die Geschäfte in dessen Namen abschließt.⁶³ Schwierigkeiten bereitet die handelsrechtliche Einordnung des *Insolvenzverwalters*, da er nach der bislang vorherrschenden

---

⁵⁸ So vor allem *Bayer/Lieder* Rn. 30; *Brox/Henssler* Rn. 28; *Canaris* § 2 Rn. 14; *Fischinger* Rn. 45; Heymann/*Förster* § 1 Rn. 30; *J. v. Gierke/Sandrock* § 6 II 5, S. 114 f.; *Hopt* ZGR 1987, 145 (172); *Hübner* Rn. 26; Oetker/*Körber* § 1 Rn. 29; *Kort* AcP Bd. 193 (1993), 433 (457); *Lettl* § 2 Rn. 22; Hopt/*Merkt* § 1 Rn. 16; *Raisch* JuS 1967, 533 (537); RvWH/*Ries* § 1 Rn. 50; *Sack* ZGR 1974, 177 (197); MK-HGB/*K. Schmidt* § 1 Rn. 31; *Teichmann* Rn. 146; *Treber* AcP Bd. 199 (1999), 525 (568).
⁵⁹ S. BGH 29.3.2006, BGHZ 167, 40 Rn. 17.
⁶⁰ BGH 24.6.2003, BGHZ 155, 240 (245 f.), noch zu § 1 Abs. 1 VerbrKG; 29.3.2006, BGHZ 167, 40 Rn. 16 ff., zu § 474 BGB.
⁶¹ Statt aller *Bayer/Lieder* Rn. 29; *Brox/Henssler* Rn. 32; *Fischinger* Rn. 46; Oetker/*Körber* § 1 Rn. 85; *Lettl* § 2 Rn. 28; *Müller* JA 2021, 454 (457); MK-HGB/*K. Schmidt* § 1 Rn. 37, m. w. N.
⁶² Gleiches gilt, wenn er als sog. Strohmann tätig wird; wie hier Oetker/*Körber* § 1 Rn. 93; MK-HGB/*K. Schmidt* § 1 Rn. 54 sowie näher *Wassner* ZGR 1973, 427 ff.
⁶³ Statt aller *Hübner* Rn. 34; RvWH/*Ries* § 1 Rn. 77.

C. Betreiber des Gewerbes

Amtswaltertheorie kraft Amtes im eigenen Namen handelt. Wird er demgegenüber – wie im Schrifttum teilweise befürwortet – als gesetzlicher Vertreter qualifiziert, dann verbleibt die Kaufmannseigenschaft beim Insolvenzschuldner.[64] Indes gelangen auch die Vertreter der Amtswaltertheorie zu keinem anderen Ergebnis, weil der Insolvenzverwalter die Geschäfte für einen anderen wahrnimmt und dies für den Rechtsgeschäftsverkehr erkennbar ist.[65]

Hinsichtlich der *Gesellschafterstellung* ist unstreitig, dass die *Mitgliedschaft* in einer juristischen Person für das Mitglied nicht die Kaufmannseigenschaft begründet.[66] Das gilt auch für den *stillen Gesellschafter*; Betreiber des Handelsgewerbes ist ausschließlich der Inhaber (§ 230 Abs. 1 HGB).[67] Bei den *Personengesellschaften* können allenfalls diejenigen Gesellschafter als „Betreiber" angesehen werden, die persönlich für die Verbindlichkeiten der Handelsgesellschaft haften. Das ist bezüglich der Gesellschafter der Offenen Handelsgesellschaft (§ 126 Satz 1 HGB) und des Komplementärs einer Kommanditgesellschaft (§§ 161 Abs. 2, 126 Satz 1 HGB) zu bejahen, sodass sie nach – allerdings wegen der Rechtsfähigkeit der Handelsgesellschaften mit Recht bestrittener Ansicht – Kaufleute sein sollen.[68] Sie unterliegen jedoch nicht per se den handelsrechtlichen Normen, sondern nur, wenn sie in Bezug auf die *kaufmännische* Sphäre ihrer Gesellschaft tätig werden.[69] Deshalb scheidet bei ihnen die Anwendung handelsrechtlicher Vorschriften aus, wenn das Geschäft (z. B. Bürgschaft, Kreditvertrag, Kaufvertrag) ihrer *privaten* Sphäre zuzuordnen ist (zur Abgrenzung: § 344 HGB[70]). Anders ist die Rechtslage hinsichtlich des *Kommanditisten*: er haftet nach Erbringung seiner Einlage im Außenverhältnis nicht persönlich und ist deshalb nicht als „Betreiber" der Kommanditgesellschaft zu bewerten.[71]

22

---

[64] So MK-HGB/*K. Schmidt* § 1 Rn. 62.
[65] So i. E. BGH 25.2.1987, NJW 1987, 1940 (1941); *Canaris* § 2 Rn. 19; *Fischinger* Rn. 47; *Hübner* Rn. 35; Ebenroth/Boujong/*Kindler* § 1 Rn. 81; RvWH/*Ries* § 1 Rn. 83.
[66] Ebenroth/Boujong/*Kindler* § 1 Rn. 85; Oetker/*Körber* § 1 Rn. 89; KKD/*Roth/Stelmaszcyk* § 1 Rn. 23; MK-HGB/*K. Schmidt* § 1 Rn. 66.
[67] Ebenroth/Boujong/*Kindler* § 1 Rn. 82; Oetker/*Körber* § 1 Rn. 89; Hopt/*Merkt* § 230 Rn. 2; MK-HGB/*K. Schmidt* § 1 Rn. 67.
[68] So bereits ROHG 28.9.1874, ROHGE 14, 209 (210) sowie BGH 16.2.1961, BGHZ 34, 293 (296 f.); 2.6.1966, BGHZ 45, 282 (284); ebenso im Schrifttum *Canaris* § 2 Rn. 20; *Fischinger* Rn. 87; *Hofmann* S. 21; *Hübner* Rn. 37; RvWH/*Ries* § 1 Rn. 75; a. A. jedoch z. B. *Bayer/Lieder* Rn. 16; Oetker/*Körber* § 1 Rn. 90; *Lettl* § 2 Rn. 31; *Lieb* DB 1967, 759 ff.; Staub/*Oetker* § 1 Rn. 67; KKD/*Roth/Stelmaszcyk* § 1 Rn. 23; MK-HGB/*K. Schmidt* § 1 Rn. 67; *Zöllner* DB 1964, 796 ff.
[69] *Pfeiffer* in: Pfeiffer (Hrsg.), Handbuch der Handelsgeschäfte, 1999, § 1 Rn. 95 sowie bereits ROHG 22.4.1875, ROHGE 16, 380; 28.9.1874, ROHGE 14, 209 (210 f.).
[70] Dazu näher unten § 7 Rn. 16 ff.
[71] BGH 2.6.1966, BGHZ 45, 282 (285); 24.1.1980, NJW 1980, 1572 (1574); *Canaris* § 2 Rn. 21; *Fischinger* Rn. 47, 87; Oetker/*Körber* § 1 Rn. 89; Hopt/*Merkt* § 1 Rn. 50; RvWH/*Ries* § 1 Rn. 75; für die Kaufmannseigenschaft des Kommanditisten noch *Ballerstedt* JuS 1963, 259 ff.

D. Istkaufleute (§ 1 HGB)

I. Begriff und Bedeutung der Registereintragung

23 Nicht jeder Gewerbebetrieb führt nach der Systematik der §§ 1 bis 7 HGB dazu, dass sein Betreiber die Kaufmannseigenschaft erlangt. Hinzukommen muss die besondere Qualität eines *Handels*gewerbes. Hierfür bildet § 1 Abs. 2 HGB den Grundtatbestand, der jedoch im Gegensatz zur früheren Rechtslage (§ 1 Abs. 2 HGB a. F.) darauf verzichtet, diesen durch eine abschließende Aufzählung einzelner Gewerbe zu konkretisieren. Vielmehr sind grundsätzlich alle Gewerbebetriebe unabhängig von ihrem Gegenstand Handelsgewerbe i. S. des Handelsgesetzbuchs. Die Bezugnahme in § 1 HGB auf den „Handel" hat für die „Kaufmannseigenschaft" keine Bedeutung und ist überholt.[72] Ausgeklammert werden lediglich kleingewerbliche (§ 1 Abs. 2 2. Halbsatz, § 2 HGB) sowie land- und forstwirtschaftliche Betriebe (§ 3 Abs. 1 HGB).

24 Soweit vor allem im älteren Schrifttum der Begriff „Musskaufmann" verwendet wird, ist dieser bedeutungsgleich mit dem „Istkaufmann", lediglich die Perspektive ist unterschiedlich. Wird allein § 1 HGB betrachtet, dann handelt es sich um einen „Istkaufmann" – der Betreiber eines Handelsgewerbes *ist* kraft Gesetzes Kaufmann. Anders ist die Perspektive des Registergerichts – der Betreiber des Handelsgewerbes *muss* die Eintragung in das Handelsregister herbeiführen. In der Sache bestehen zwar keine Unterschiede, geläufig ist inzwischen aber der Begriff „Istkaufmann".[73] Die Vorschrift des § 1 Abs. 2 HGB bewirkt, dass der Betreiber eines Gewerbebetriebs grundsätzlich den handelsrechtlichen Sonderregelungen unterliegt. Insofern führte das Handelsrechtsreformgesetz auf der Rechtsfolgenebene zu keinen Änderungen.

25 Dementsprechend hat die Eintragung in das Handelsregister (§ 29 HGB) für den Istkaufmann nur *deklaratorische* Bedeutung;[74] sie ist für seine Kaufmannseigenschaft nicht erforderlich,[75] sodass er den handelsrechtlichen Vorschriften auch dann

---

[72] Bereits die im Jahre 1900 in Kraft getretene Fassung des Handelsgesetzbuchs ist als eine Abkehr von der auf den „Handel" bezogenen Konzeption zu bewerten, da § 2 HGB a. F. alle „Gewerbe" erfasste, diese aber noch mittels einer Fiktion („gilt") den Handelsgewerben gleichstellte. Die nunmehr in § 1 HGB getroffene Regelung nimmt auch hiervon Abschied, sodass eine vollständige Streichung der Bezugnahme auf den „Handel" konsequent gewesen wäre; s. auch RvWH/*Röhricht/Graf von Westphalen/Haas* Einleitung Rn. 36 sowie Oetker/*Körber* § 1 Rn. 49; KKD/*Roth/Stelmaszyk* § 1 Rn. 2 a. E.

[73] Mit dieser Terminologie z. B. *Bayer/Lieder* Rn. 12; *Brox/Henssler* Rn. 41; *Canaris* § 3 Rn. 3; *Fischinger* Rn. 28, 50; *Jung* Kap. 2 Rn. 16; *Pfeiffer* in: Pfeiffer (Hrsg.), Handbuch der Handelsgeschäfte, 1999, § 1 Rn. 61; KKD/*Roth/Stelmaszyk* § 1 Rn. 39; *K. Schmidt* § 10 Rn. 51.

[74] Für die allg. Ansicht z. B. *Bayer/Lieder* Rn. 12; *Brox/Henssler* Rn. 42; *Bülow/Artz* Rn. 42, 51; *Canaris* § 3 Rn. 13; *Fischinger* Rn. 55; Ebenroth/Boujong/*Kindler* § 1 Rn. 97; *Lettl* § 2 Rn. 4; Hopt/*Merkt* § 1 Rn. 9; KKD/*Roth/Stelmaszyk* § 1 Rn. 39; *Saenger* Festschrift für Leser, 1998, S. 199 (201); *Schaefer* DB 1998, 1269 (1271); MK-HGB/*K. Schmidt* § 1 Rn. 78.

[75] Verständlich war die frühere Unterscheidung zwischen Muss- und Sollkaufmann nur im Hinblick auf die historische Entwicklung des Kaufmannsbegriffs. Dieser setzte, ohne dass es einer Eintragung im Handelsregister bedurfte, nach Art. 4 ADHGB ursprünglich das gewerbsmäßige

D. Istkaufleute (§ 1 HGB)

unterliegt, wenn er (pflichtwidrig) nicht im Handelsregister eingetragen ist. Dem Schutz des Dritten trägt in diesem Fall § 15 Abs. 1 HGB Rechnung, der es dem (pflichtwidrig) nicht eingetragenen Istkaufmann z. B. verwehrt, sich als Verkäufer gegenüber einem Käufer auf die Genehmigungsfiktion des § 377 HGB zu berufen.[76]

II. Art und Umfang des Unternehmens

Eine Ausnahme von der Kaufmannseigenschaft ordnet § 1 Abs. 2 HGB an, wenn das Unternehmen nach Art oder Umfang keinen in kaufmännischer Weise eingerichteten Geschäftsbetrieb erfordert. In diesem Fall erlangt der Träger des Unternehmens, der Kleingewerbetreibende, die Kaufmannseigenschaft erst aufgrund der Eintragung im Handelsregister (§ 2 Satz 1 und 2 HGB).[77]

Wegen der alternativen Formulierung in § 1 Abs. 2 HGB („Art oder Umfang") fehlt die Eigenschaft als Istkaufmann bereits, wenn ein kaufmännisch eingerichteter Geschäftsbetrieb entweder nach der Art des Unternehmens oder nach dessen Umfang entbehrlich ist.[78] Erst Recht gilt dies, wenn die Erforderlichkeit eines kaufmännisch eingerichteten Geschäftsbetriebs sowohl nach dessen Art als auch nach dessen Umfang zu verneinen ist. Umgekehrt ergibt sich aus dem Ausnahmetatbestand, dass für die Eigenschaft als Istkaufmann ein kaufmännischer Geschäftsbetrieb erforderlich sein muss, was sowohl hinsichtlich der Art des Unternehmens als auch bezüglich seines Umfangs notwendig ist.[79] Fehlt die Erforderlichkeit für eines der beiden Elemente, so handelt es sich bei dem Betreiber des Unternehmens um einen Kleingewerbetreibenden.

Ob das Unternehmen keinen *in kaufmännischer Weise eingerichteten Geschäftsbetrieb* erfordert, kann nur beurteilt werden, wenn Klarheit darüber herrscht, was für einen kaufmännischen Geschäftsbetrieb kennzeichnend ist. Hierzu gehören vor allem die Buchführung und Bilanzierung, eine Firma sowie eine Ordnung der Vertretung und Haftung mit dem Ziel, eine ordentliche und übersichtliche Führung der Geschäfte zu ermöglichen.[80] Die Erforderlichkeit dieser Einrichtungen bzw. deren

---

Betreiben von Handelsgeschäften voraus, die ihrerseits in den Art. 271 ff. ADHGB abschließend aufgezählt wurden. Im Handelsgesetzbuch des Jahres 1900 wurden diese Normen zwar in § 1 zusammengeführt, § 2 HGB sollte aber verbleibende Lücken schließen. Aus Gründen der Rechtssicherheit wurde es jedoch für die Erlangung der Kaufmannseigenschaft als erforderlich angesehen, eine Eintragung in das Handelsregister vorzunehmen; s. insoweit die Denkschrift zum Entwurf eines Handelsgesetzbuchs, S. 8.

[76] S. näher m. w. N. unten § 3 Rn. 36.
[77] Näher unten § 2 Rn. 38.
[78] *Pfeiffer* in: Pfeiffer (Hrsg.), Handbuch der Handelsgeschäfte, 1999, § 1 Rn. 99.
[79] So mit Recht auch *Bülow/Artz* Rn. 50 a. E.; *Canaris* § 3 Rn. 10; *Fischinger* Rn. 52; Oetker/*Körber* § 1 Rn. 51; *K. Schmidt* § 10 Rn. 56 und 58; *Steinbeck* § 7 Rn. 1; a. A. *Hofmann* S. 15, 18, der auf Art oder Umfang abstellt.
[80] *Canaris* § 3 Rn. 9; *Fischinger* Rn. 51; *Hofmann* S. 15; Oetker/*Körber* § 1 Rn. 50; *Lettl* § 2 Rn. 24; Hopt/*Merkt* § 1 Rn. 23; ebenso bereits die Denkschrift zum Entwurf eines Handelsgesetzbuchs, S. 8.

Entbehrlichkeit ist allerdings nicht schematisch, sondern aufgrund einer Gesamtschau zu ermitteln, in die verschiedene Faktoren einfließen. Es sind dies in erster Linie die Art des Geschäfts (Vielfalt der Erzeugnisse und Leistungen), der durch den Umsatz bezifferbare Umfang der Geschäftstätigkeit,[81] die Zahl der Mitarbeiter sowie Größe und Organisation des Betriebs.[82]

29 Die Abgrenzungsschwierigkeiten im jeweiligen Einzelfall werden dadurch abgemildert, dass wegen der Systematik des § 1 Abs. 2 HGB („es sei denn") das Vorliegen eines Kleingewerbetreibenden der Ausnahmefall ist, der von demjenigen darzulegen und zu beweisen ist, der sich auf diesen beruft.[83] Fehlen jegliche Anhaltspunkte für ein Kleingewerbe, dann ist von dem gesetzlichen Regelfall eines Handelsgewerbes und damit von der Kaufmannseigenschaft seines Inhabers auszugehen.

30 Von Bedeutung ist das vorstehende Regel-Ausnahme-Verhältnis stets, wenn für die Entscheidungsfindung auf die Verteilung der Darlegungs- und Beweislast abzustellen ist. Das ist regelmäßig im Zivilprozess der Fall, weil dieser dem Beibringungsgrundsatz unterliegt.[84] Etwas anderes gilt im Registerverfahren. Wegen des dort maßgebenden Amtsermittlungsgrundsatzes (§ 26 FamFG) prüft das Registergericht Art und Umfang des Geschäftsbetriebs unabhängig von der Systematik des § 1 Abs. 2 HGB.[85] Es wird das Vorliegen eines „Handelsgewerbes" allerdings erst in Zweifel ziehen, wenn sich aus der Anmeldung selbst oder aufgrund anderweitig erlangter Kenntnisse ergibt, dass das angemeldete Unternehmen keinen kaufmännischen Geschäftsbetrieb erfordert.

---

[81] Verbreitet wird aus einem Jahresumsatz, der € 250.000,00 übersteigt, auf die Notwendigkeit eines in kaufmännischer Weise eingerichteten Geschäftsbetriebs geschlossen; so z. B. Ebenroth/Boujong/*Kindler* § 1 Rn. 52; Oetker/*Körber* § 1 Rn. 55.

[82] S. BGH 28.4.1960, BB 1960, 1097 = DB 1960, 917; OLG Dresden 26.4.2001, NJW-RR 2002, 33 (33 f.) sowie *Bülow/Artz* Rn. 50; *Canaris* § 3 Rn. 9; *Hübner* Rn. 39; *Kögel* DB 1998, 1802 ff.; Oetker/*Körber* § 1 Rn. 52 f.; *Kort* DB 2019, 771 (772 ff.); *Lettl* § 2 Rn. 25 ff.; Hopt/*Merkt* § 1 Rn. 23; *Pfeiffer* in: Pfeiffer (Hrsg.), Handbuch der Handelsgeschäfte, 1999, § 1 Rn. 100 ff.; RvWH/*Ries* § 1 Rn. 107 ff.; *Schmitt* Die Rechtsstellung der Kleingewerbetreibenden nach dem Handelsrechtsreformgesetz, 2003, S. 50 ff., 55 ff.

[83] *Brox/Henssler* Rn. 42; *Bülow/Artz* Rn. 54; *Canaris* § 3 Rn. 11; *Fischinger* Rn. 57; *Lettl* § 2 Rn. 23; Hopt/*Merkt* § 1 Rn. 25; *Prütting/Guntermann/Weller* Rn. 99 ff.; RvWH/*Ries* § 1 Rn. 125 f.; *Saenger* Festschrift für Leser, 1998, S. 199 (202); *Schaefer* DB 1998, 1269 (1270); *Schmitt* Die Rechtsstellung der Kleingewerbetreibenden nach dem Handelsrechtsreformgesetz, 2003, S. 59 ff.; *Siems* Kaufmannsbegriff und Rechtsfortbildung, 2. Aufl. 2003, S. 60 ff.; kritisch hierzu *Kaiser* JZ 1999, 495 (498 f.); *Lieb* NJW 1999, 35 f.

[84] S. z. B. Oetker/*Körber* § 1 Rn. 60; *Pfeiffer* in: Pfeiffer (Hrsg.), Handbuch der Handelsgeschäfte, 1999, § 1 Rn. 107.

[85] Näher hierzu *Hofmann* S. 20; Hopt/*Merkt* § 1 Rn. 25; *v. Olshausen* Rpfleger 2001, 53 (55 ff.); RvWH/*Ries* § 1 Rn. 129 f.; *Schmitt* Die Rechtsstellung der Kleingewerbetreibenden nach dem Handelsrechtsreformgesetz, 2003, S. 65 ff., 69; für eine Ausstrahlung auf die Amtsermittlungspflicht des Registergerichts jedoch *K. Schmidt* § 10 Rn. 56 mit Fn. 95; ebenso *Bülow/Artz* Rn. 54; Oetker/*Körber* § 1 Rn. 62; Staub/*Oetker* § 1 Rn. 92; *v. Olshausen* Rpfleger 2001, 53 (55); ferner *Canaris* § 3 Rn. 12: Umkehrung der „Argumentationslast".

III. Herabsinken des Istkaufmanns zum Kleingewerbetreibenden

Umstritten sind die Auswirkungen auf die Kaufmannseigenschaft, wenn ein Istkaufmann nach seiner deklaratorisch wirkenden Eintragung im Handelsregister infolge einer Verringerung des Geschäftsbetriebs zum Kleingewerbetreibenden herabsinkt.[86] Für die Problemlösung sind zwei Ansätze denkbar: ein objektiver und ein subjektiver.

Wird ausschließlich auf den Wortlaut des § 2 Satz 1 HGB abgestellt, dann bleibt die Kaufmannseigenschaft von der Verringerung des Geschäftsbetriebs wegen der fortbestehenden Eintragung im Handelsregister unberührt,[87] sodass eine Löschung der Firma von Amts wegen (s. § 31 Abs. 2 HGB) unzulässig ist[88] und die Kaufmannseigenschaft erst verloren geht, wenn der Inhaber gemäß § 2 Satz 3 HGB die Löschung aus dem Handelsregister beantragt. Für diese Ansicht spricht neben dem Wortlaut des § 2 Satz 1 HGB vor allem die Rechtssicherheit. Solange der Inhaber eines Gewerbebetriebs unter seiner Firma im Handelsregister eingetragen ist, steht seine Kaufmannseigenschaft außer Streit; ob die Eintragung deklaratorisch oder konstitutiv wirkt, ist bei diesem Verständnis unerheblich.

Gegen eine objektive Betrachtung, die allein auf die Eintragung im Handelsregister abstellt, spricht die fehlende Harmonie mit § 5 HGB, der nach seinem Wortlaut gerade den Sachverhalt erfassen will, dass ein Gewerbe kein Handelsgewerbe ist und damit insbesondere in den Fällen eingreift, in denen sich der Eingetragene darauf beruft, dass sein Unternehmen keinen in kaufmännischer Weise eingerichteten Geschäftsbetrieb erfordert.[89] Darüber hinaus führt die objektive Auffassung zu einer Gleichstellung der möglichen, aber unterlassenen Löschung (§ 2 Satz 3 HGB) mit der positiven Ausübung des Optionsrechts (§ 2 Satz 2 HGB), vernachlässigt damit jedoch die in § 2 HGB zugrunde gelegte Abhängigkeit der Kaufmannseigenschaft von einer Willensentschließung des Inhabers des Gewerbebetriebs. Kleingewerbetreibende sollen nach der Wertentscheidung des Gesetzes nur dann den handelsrechtlichen Vorschriften unterliegen, wenn das Gesetz dies anordnet oder sie sich positiv hierfür und damit die Kaufmannseigenschaft entscheiden. Weder die Anmeldung nach § 29 HGB noch die bloße Untätigkeit beruhen auf einer derartigen das Für und Wider der Kaufmannseigenschaft[90] abwägenden Ent-

---

[86] Zum Aufstieg des Kleingewerbetreibenden zum Istkaufmann nachfolgend § 2 Rn. 42 ff.

[87] So vor allem *K. Schmidt* ZHR Bd. 163 (1999), 87 (92 f.); ebenso *Bülow/Artz* Rn. 53, 93; *Hohmeister* NJW 2000, 1921 (1921 f.); *Jung* Kap. 2 Rn. 27; Ebenroth/Boujong/*Kindler* § 1 Rn. 97, § 2 Rn. 32; Oetker/*Körber* § 2 Rn. 11 f., 22; *Müller* JA 2021, 454 (458); *Pfeiffer* in: Pfeiffer (Hrsg.), Handbuch der Handelsgeschäfte, 1999, § 1 Rn. 113; *Schulze-Osterloh* ZIP 2007, 2390 (2391 f.); *Treber* AcP Bd. 199 (1999), 525 (582 ff.) sowie letztlich wohl auch diejenigen Stimmen im Schrifttum, die § 5 HGB als nahezu bedeutungslos ansehen, so *Bydlinski* ZIP 1998, 1169 (1172); *Körber* Jura 1998, 452 (453 f.); *Schulz* JA 1998, 890 (893).

[88] *K. Schmidt* ZHR Bd. 163 (1999), 87 (95).

[89] Dementsprechend zu einer kunstvollen Uminterpretation des § 5 HGB greifend *K. Schmidt* ZHR Bd. 163 (1999), 87 (96 ff.); ablehnend dazu z. B. *Fischinger* Rn. 75.

[90] Zur Gegenüberstellung der Vor- und Nachteile z. B. *Canaris* § 3 Rn. 18; Ebenroth/Boujong/*Kindler* § 2 Rn. 10 f.

scheidung.[91] Deshalb ist eine subjektive Sichtweise vorzugswürdig, die § 2 Satz 1 HGB nur anwendet, wenn der Kleingewerbetreibende das in § 2 Satz 2 HGB begründete Optionsrecht positiv ausübt und damit insbesondere den Fall aus dem Anwendungsbereich des § 2 Satz 1 HGB ausklammert, in dem ein Istkaufmann zum Kleingewerbetreibenden herabsinkt.[92] Den schutzwürdigen Interessen des Rechtsverkehrs trägt § 5 HGB ausreichend Rechnung.[93]

IV. Irrtümliche Anmeldung als Istkaufmann

34   Eine mit dem Herabsinken zum Minderkaufmann vergleichbare Problematik liegt vor, wenn der Anmeldende eine Eintragung in das Handelsregister auf § 1 HGB stützt, weil er irrtümlich davon ausgeht, sein Gewerbebetrieb weise die nach § 1 Abs. 2 HGB erforderlichen Größenverhältnisse auf. Wer einem objektiven Verständnis des § 2 Satz 1 HGB den Vorzug gibt, muss diesen Irrtum für die Kaufmannseigenschaft zwangsläufig für unbeachtlich erklären.[94] Erst mit der vom Willen des Eingetragenen abhängigen Löschung aus dem Handelsregister (§ 2 Satz 3 HGB) ginge seine Kaufmannseigenschaft (für die Zukunft) verloren. Anders hingegen die Lösung nach der subjektiven Auffassung: Danach liegt eine „fehlgeschlagene" Eintragung vor, der Rechtsverkehr wird abermals durch § 5 HGB geschützt.[95]

E. Kannkaufleute

I. Kleingewerbetreibende (§ 2 HGB)

35   Erfordert die gewerbsmäßige Tätigkeit nach Art oder Umfang keinen in kaufmännischer Weise eingerichteten Geschäftsbetrieb (§ 1 Abs. 2 HGB), dann kann der Betreiber des Gewerbebetriebs die Kaufmannseigenschaft nur durch eine Eintragung in das Handelsregister erlangen (§ 2 Satz 1 HGB). Hierzu ist er berechtigt, aber nicht verpflichtet (§ 2 Satz 2 HGB).

---

[91] Näher zu Inhalt und Auslegung des Eintragungsantrags *Schmitt* Die Rechtsstellung der Kleingewerbetreibenden nach dem Handelsrechtsreformgesetz, 2003, S. 83 ff.
[92] So auch *Canaris* § 3 Rn. 19 ff.; *Fezer* Rn. 72; *Hübner* Rn. 44 ff.; *Lieb* NJW 1999, 35 (36); Hopt/Merkt § 2 Rn. 6; *Prütting/Guntermann/Weller* Rn. 111; RvWH/*Ries* § 1 Rn. 135 ff.; KKD/*Roth/Stelmaszyk* § 1 Rn. 25, 46, § 5 Rn. 1; HK-HGB/*Ruß* § 1 Rn. 48; *Schmitt* Die Rechtsstellung der Kleingewerbetreibenden nach dem Handelsrechtsreformgesetz, 2003, S. 91 f.; *Siems* Kaufmannsbegriff und Rechtsfortbildung, 2. Aufl. 2003, S. 102 f.; *Steinbeck* § 7 Rn. 10; *Teichmann* Rn. 199; in diesem Sinne ebenfalls *Fischinger* Rn. 61, 75; *Lettl* § 2 Rn. 39, 55; i. E. ebenso Reg. Begr., BT-Drucks. 13/8444, S. 49, da hiernach eine Löschung von Amts wegen möglich sein soll, wenn die Betriebsgröße i. S. des § 1 Abs. 2 HGB unterschritten wird.
[93] *Lieb* NJW 1999, 35 (36); Hopt/*Merkt* § 2 Rn. 6; *Prütting/Guntermann/Weller* Rn. 111; RvWH/*Ries* § 1 Rn. 143; KKD/*Roth/Stelmaszyk* § 1 Rn. 25, 46, § 5 Rn. 1.
[94] S. *K. Schmidt* ZHR Bd. 163 (1999), 87 (93 ff.); *Schulze-Osterloh* ZIP 2007, 2390 (2392).
[95] So z. B. *Canaris* § 3 Rn. 21 f.; *Fischinger* Rn. 75; *Hübner* Rn. 45.

E. Kannkaufleute

1. Rechtsstellung nichtkaufmännischer Kleingewerbetreibender

Solange der Kleingewerbetreibende die Option zur Eintragung nicht ausgeübt hat, sind handelsrechtliche Vorschriften, die tatbestandlich die Kaufmannseigenschaft voraussetzen, grundsätzlich nicht anwendbar. Eine Ausnahme sehen jedoch z. B. die §§ 84 Abs. 4, 93 Abs. 3, 383 Abs. 2 HGB vor. Die dort genannten Bestimmungen sind stets auf Kleingewerbetreibende anwendbar, unabhängig davon, ob sie in das Handelsregister eingetragen sind.[96] Darüber hinaus ermöglicht § 107 Abs. 1 HGB Kleingewerbetreibenden, das Unternehmen in der Rechtsform einer Offenen Handelsgesellschaft bzw. (§ 161 Abs. 2 HGB) einer Kommanditgesellschaft zu betreiben.

Die vorgenannten Vorschriften rechtfertigen nicht den formalen Umkehrschluss, die Anwendung handelsrechtlicher Vorschriften auf Kleingewerbetreibende sei im Übrigen stets ausgeschlossen.[97] Wegen des spezifischen Zwecks einzelner Bestimmungen ist vielmehr zu erwägen, diese auf Kleingewerbetreibende entsprechend anzuwenden, obwohl sie ihr Optionsrecht nicht ausgeübt haben.[98] Die Gesetzessystematik steht der Planwidrigkeit einer Regelungslücke nicht per se entgegen, da das Handelsgesetzbuch die entsprechende Anwendung auf nicht eingetragene Kleingewerbetreibende stets für vollständige Normenkomplexe angeordnet hat. Hieraus wird ersichtlich, dass der Gesetzgeber im Rahmen des Handelsrechtsreformgesetzes nicht jede einzelne Vorschrift des Handelsgesetzbuchs einer Prüfung unterzogen hat, ob wegen ihres Normzwecks eine Einbeziehung der nicht im Handelsregister eingetragenen Kleingewerbetreibenden geboten ist. Bei einzelnen Vorschriften ist dies ggf. mittels ihrer analogen Anwendung nachzuholen.[99]

2. Rechtswirkungen der Eintragung im Handelsregister

Die Kaufmannseigenschaft erlangt der Kleingewerbetreibende erst mit *Eintragung* im Handelsregister; diese ist beim Kannkaufmann – anders als beim Istkaufmann – aus Gründen der Rechtssicherheit *konstitutiv*.[100]

---

[96] Dazu näher *Schmitt* Die Rechtsstellung der Kleingewerbetreibenden nach dem Handelsrechtsreformgesetz, 2003, S. 113 ff.
[97] In dieser Richtung aber z. B. LG Berlin 30.7.2004, NZG 2005, 443 (443), das eine entsprechende Anwendung für § 22 Abs. 1 HGB ablehnt.
[98] S. *Canaris* § 3 Rn. 27; Oetker/*Körber* § 1 Rn. 113 ff.; Hopt/*Merkt* § 1 Rn. 10; *Pfeiffer* in: Pfeiffer (Hrsg.), Handbuch der Handelsgeschäfte, 1999, § 1 Rn. 114 ff.; KKD/*Roth/Stelmaszcyk* § 1 Rn. 38a; *K. Schmidt* § 10 Rn. 72 ff. sowie ausführlich *Schmitt* Die Rechtsstellung der Kleingewerbetreibenden nach dem Handelsrechtsreformgesetz, 2003, S. 179 ff. In Betracht kommt eine entsprechende Anwendung insbesondere für § 56 HGB; hierzu unten § 5 Rn. 61.
[99] Exemplarisch für § 354 HGB ThürOLG 8.12.2004, OLG-NL 2005, 7 (10); offengelassen von BGH 5.4.2006, NJW-RR 2006, 976 Rn. 20. Ablehnend demgegenüber zu § 22 HGB LG Berlin 30.7.2004, NZG 2005, 443 (443) sowie zu § 25 HGB LG Bonn 16.9.2005, NJW-RR 2005, 1559 (1560 f.); offen jedoch OLG Köln 8.2.2010, NJW-RR 2010, 1558 (1559).
[100] Für die allg. Ansicht statt aller *Bülow/Artz* Rn. 57; *Canaris* § 3 Rn. 19; *Fischinger* Rn. 62; Ebenroth/Boujong/*Kindler* § 2 Rn. 34; *Lettl* § 2 Rn. 38; Hopt/*Merkt* § 2 Rn. 3; *Müller* JA 2021, 454 (457); RvWH/*Ries* § 2 Rn. 18.

39 Die Konzeption des Gesetzes ist nicht unproblematisch, da es zunächst regelmäßig von der Selbsteinschätzung des Gewerbetreibenden abhängt, ob sein Unternehmen nach Art und Umfang einen in kaufmännischer Weise eingerichteten Geschäftsbetrieb erfordert. Wegen der zahlreichen Publizitätspflichten, die mit der Kaufmannseigenschaft verbunden sind (z. B. §§ 37a, 238 ff. HGB), besteht insbesondere bei „Grenzunternehmen" die Gefahr, dass deren Inhaber im Zweifel von einer Eintragung in das Handelsregister absehen. Erfordert das Unternehmen nach Art und Umfang indes objektiv bereits einen in kaufmännischer Weise eingerichteten Geschäftsbetrieb, dann kann das Registergericht zwar über § 14 HGB die Eintragung von Amts wegen erzwingen,[101] hierbei handelt es sich aber regelmäßig um eine theoretische Möglichkeit, da das Registergericht die maßgeblichen Verhältnisse des Geschäftsbetriebs oftmals nicht kennt. Deshalb ist nicht auszuschließen, dass eine nicht unbeträchtliche Zahl von Unternehmen, deren Inhaber bei objektiver Betrachtung kraft Gesetzes Kaufleute sind, aufgrund subjektiver Fehleinschätzung nicht im Handelsregister stehen.[102] Den Schutz des Rechtsverkehrs übernimmt in diesem Fall § 15 Abs. 1 HGB; er verwehrt es dem Gewerbetreibenden, sich gegenüber Dritten auf seine Kaufmannseigenschaft zu berufen, wenn er (objektiv pflichtwidrig) die Eintragung in das Handelsregister unterlassen hat.[103]

40 Mit der Eintragung wird das Unternehmen einem Handelsgewerbe i. S. des § 1 Abs. 2 HGB gleichgestellt (§ 2 Satz 1 HGB: „gilt");[104] der Betreiber ist damit Kaufmann i. S. des Handelsgesetzbuchs und unterliegt allen Vorschriften, die an diese Eigenschaft anknüpfen.[105] Insbesondere treffen ihn die Pflicht zur Führung von Handelsbüchern (§ 238 Abs. 1 Satz 1 HGB) sowie die Rügeobliegenheit des § 377 Abs. 1 HGB; andererseits ist er zur Führung einer Firma berechtigt (§§ 17 ff. HGB) und kann einen Prokuristen bestellen (§ 48 HGB).

41 Der Kleingewerbetreibende behält seine Kaufmannseigenschaft, solange er im Handelsregister eingetragen ist. Während land- und forstwirtschaftliche Unternehmen das Wahlrecht nur einmal ausüben können und dieses anschließend verbraucht ist,[106] eröffnet § 2 HGB Kleingewerbetreibenden einen größeren Gestaltungsspielraum. Durch Stellung eines Antrags auf Löschung der Firma aus dem Handelsregister können sie ihre Entscheidung zugunsten der Kaufmannseigenschaft jederzeit revidieren (§ 2 Satz 3 HGB),[107] was ihnen auch einen wiederholten Wechsel er-

---

[101] Dazu unten § 3 Rn. 19.
[102] S. auch *Kaiser* JZ 1999, 495 (497 f.); *Krebs* DB 1996, 2013 (2015); *K. Schmidt* § 10 Rn. 60.
[103] Näher dazu m. w. N. unten § 3 Rn. 34.
[104] Der Wortlaut des § 2 Satz 1 HGB spricht dafür, dass die Norm eine Fiktion anordnet, so *Bülow/Artz* Rn. 56; *Hofmann* S. 26; *Schmitt* Die Rechtsstellung der Kleingewerbetreibenden nach dem Handelsrechtsreformgesetz, 2003, S. 108; a. A. *Canaris* § 3 Rn. 16; *Hopt/Merkt* § 2 Rn. 3; KKD/*Roth/Stelmaszcyk* § 2 Rn. 4.
[105] Für die allg. Ansicht statt aller *Canaris* § 3 Rn. 16; *Oetker/Körber* § 2 Rn. 18; RvWH/*Ries* § 2 Rn. 18; MK-HGB/*K. Schmidt* § 2 Rn. 25 sowie näher dazu *Schmitt* Die Rechtsstellung der Kleingewerbetreibenden nach dem Handelsrechtsreformgesetz, 2003, S. 101 ff.
[106] Dazu nachfolgend § 2 Rn. 47.
[107] Hiergegen noch die Stellungnahme des Bundesrats, der für eine Streichung dieser Option plädierte; s. BT-Drucks. 13/8444, S. 91.

möglicht. Die Option zur Löschung entfällt allerdings, wenn sich das Unternehmen nach seiner Eintragung fortentwickelt hat und infolgedessen nach Art und Umfang einen in kaufmännischer Weise eingerichteten Geschäftsbetrieb erfordert. In diesem Fall ist der Kleingewerbetreibende zum Istkaufmann emporgewachsen und für das Löschungsrecht in § 2 Satz 3 HGB die Grundlage entfallen.[108]

3. Aufstieg nicht eingetragener Kleingewerbetreibender zum Istkaufmann

Trotz des begrüßenswerten und überfälligen Abschieds von der Unterscheidung zwischen Ist- und Sollkaufleuten verbleiben im Hinblick auf Kleingewerbetreibende wegen der dynamischen Entwicklungen eines Unternehmens Unsicherheiten. Während das Herabsinken des Istkaufmanns zum Kleingewerbetreibenden bei fortbestehender Eintragung im Handelsregister im Ergebnis wenig Probleme bereitet,[109] löst der Aufstieg des nicht eingetragenen Kleingewerbetreibenden zum Istkaufmann Rechtsunsicherheit aus. 42

Sofern der Kleingewerbetreibende nicht im Handelsregister eingetragen ist (§ 2 Satz 1 HGB), das Unternehmen jedoch aufgrund kontinuierlich fortentwickelter Geschäftstätigkeit ab einem bestimmten Zeitpunkt nach Art und Umfang einen in kaufmännischer Weise eingerichteten Geschäftsbetrieb erfordert (§ 1 Abs. 2 HGB), unterliegt dessen Inhaber *ipso iure* den handelsrechtlichen Bestimmungen, da die Eintragung des Istkaufmanns in das Handelsregister keine konstitutive Wirkung hat.[110] Dies kann dazu führen, dass inzident um die Eigenschaft als (eintragungspflichtiger) Istkaufmann gestritten wird, wenn eine Partei ihr Begehren auf die Anwendbarkeit handelsrechtlicher Sonderbestimmungen stützt. 43

Dieses Dilemma wird allerdings abgemildert, weil nach der Gesetzessystematik („es sei denn") derjenige die Darlegungs- und Beweislast für das Vorliegen eines Kleingewerbes trägt, der die handelsrechtlichen Vorschriften nicht angewendet wissen will.[111] Wird der Inhaber eines Gewerbebetriebs z. B. aus einer von ihm formlos erteilten Bürgschaft in Anspruch genommen und will er sich zur Verteidigung auf das Formerfordernis (§ 766 BGB) berufen, dann trägt er die Beweislast dafür, dass sein Gewerbebetrieb nach Art oder Umfang keinen in kaufmännischer Weise eingerichteten Geschäftsbetrieb erfordert. Entsprechendes gilt, wenn er als Käufer anstrebt, den Eintritt der Genehmigungsfiktion (§ 377 HGB) zu verhindern. Will 44

---

[108] Für die allg. Ansicht *Brox/Henssler* Rn. 45; *Bülow/Artz* Rn. 60; *Bülow/Artz* JuS 1998, 680 (681); *Fischinger* Rn. 63; *Hübner* Rn. 47; Ebenroth/Boujong/*Kindler* § 2 Rn. 24; Oetker/*Körber* § 2 Rn. 21; Hopt/*Merkt* § 2 Rn. 9; *Pfeiffer* in: Pfeiffer (Hrsg.), Handbuch der Handelsgeschäfte, 1999, § 1 Rn. 111; KKD/*Roth/Stelmaszcyk* § 2 Rn. 5; HK-HGB/*Ruß* § 2 Rn. 4; *Schaefer* DB 1998, 1269 (1270); MK-HGB/*K. Schmidt* § 2 Rn. 21.

[109] Dazu oben § 2 Rn. 31 ff.

[110] S. oben § 2 Rn. 25.

[111] Näher RvWH/*Ries* § 1 Rn. 119 f.; *Saenger* Festschrift für Leser, 1998, S. 199 (202); *Schaefer* DB 1998, 1269 (1270); *Schmitt* Die Rechtsstellung der Kleingewerbetreibenden nach dem Handelsrechtsreformgesetz, 2003, S. 59 ff. sowie oben § 2 Rn. 29 f.; kritisch hierzu *Lieb* NJW 1999, 35 f.

umgekehrt der Verkäufer den Rechtsfolgen der Genehmigungsfiktion entgehen, trägt er die Beweislast dafür, dass der Gewerbebetrieb des Käufers nach Art oder Umfang des Unternehmens keinen in kaufmännischer Weise eingerichteten Geschäftsbetrieb erfordert.[112]

II. Land- und forstwirtschaftliche Betriebe (§ 3 HGB)

1. Allgemeines

45   Inhaber land- und forstwirtschaftlicher Betriebe nehmen im Hinblick auf die Kaufmannseigenschaft traditionell eine Sonderrolle ein. Sie sind nach § 3 Abs. 1 HGB keine Istkaufleute. Stattdessen eröffnet § 3 Abs. 2 HGB ihnen die Möglichkeit, die Kaufmannseigenschaft durch Eintragung in das Handelsregister zu erlangen. Diese wirkt *konstitutiv*[113] und kann – wie bei Kleingewerbetreibenden (§ 2 HGB) – nicht erzwungen werden.

46   Unter *Landwirtschaft* i. S. des § 3 Abs. 1 HGB ist die planmäßige Nutzung des Bodens einschließlich der damit verbundenen Tierhaltung zur Gewinnung pflanzlicher und tierischer Erzeugnisse einschließlich ihrer Vermarktung zu verstehen.[114] Nicht erfasst sind hiervon z. B. Käsereien, Brennereien, Marmeladenfabriken, u. U. Tierzucht, Gewinnung von Bodenbestandteilen (z. B. Kies, Sand, Torf) und Keltereien. Sie können aber evtl. Nebenbetriebe eines landwirtschaftlichen Betriebs sein, sodass § 3 Abs. 1 und Abs. 2 HGB entsprechende Anwendung finden (§ 3 Abs. 3 HGB).[115] Die *Forstwirtschaft* zielt auf die Holzgewinnung ab; § 3 HGB erfasst deshalb auch Baumschulen.[116]

47   Nach § 3 Abs. 2 HGB können die Inhaber land- und forstwirtschaftlicher Betriebe die Kaufmannseigenschaft erlangen, wenn diese nach Art und Umfang einen in kaufmännischer Weise eingerichteten Geschäftsbetrieb erfordern.[117] Liegen diese Voraussetzungen vor, dann steht dem Inhaber des Betriebs ein Wahlrecht zu, ob er sich in das Handelsregister eintragen lässt. Mit der Eintragung verliert er dieses;[118] nur nach den allgemeinen Vorschriften (§ 395 FamFG) kann er diese rückgängig machen.[119]

---

[112] *Bülow/Artz* Rn. 54; *Canaris* § 3 Rn. 11; *Oetker/Körber* § 1 Rn. 60.

[113] Statt aller *Canaris* § 3 Rn. 32; *Hopt/Merkt* § 3 Rn. 6; *Pfeiffer* in: Pfeiffer (Hrsg.), Handbuch der Handelsgeschäfte, 1999, § 1 Rn. 125; *K. Schmidt* § 10 Rn. 78.

[114] *Heymann/Förster* § 3 Rn. 7.

[115] Dazu auch unten § 2 Rn. 50 f.

[116] *Heymann/Förster* § 3 Rn. 11; zur Problematik der Handelsgärtnereien *K. Schmidt* § 10 Rn. 89.

[117] Dazu näher oben § 2 Rn. 28.

[118] Für die allg. Ansicht z. B. *Canaris* § 3 Rn. 31; *Heymann/Förster* § 3 Rn. 18; *Schlegelberger/Hildebrandt/Steckhan* § 3 Rn. 16; *Hofmann* S. 30 f.; *Ebenroth/Boujong/Kindler* § 3 Rn. 31; *Hopt/Merkt* § 3 Rn. 8; *RvWH/Ries* § 3 Rn. 29.

[119] *Canaris* § 3 Rn. 31; *Heymann/Förster* § 3 Rn. 18; *Hofmann* S. 30 f.; *Oetker/Körber* § 3 Rn. 26.

2. Kleine land- und forstwirtschaftliche Betriebe

Keine Regelung trifft § 3 Abs. 2 HGB für kleine land- und forstwirtschaftliche Betriebe. Da § 3 Abs. 1 HGB lediglich die Anwendung von § 1 HGB ausschließt und der handelsrechtliche Gewerbebegriff auch land- und forstwirtschaftliche Betriebe erfasst,[120] plädiert eine verbreitete Ansicht im Schrifttum dafür, die Option des § 2 Satz 2 HGB ebenfalls für Kleinunternehmen der Land- und Forstwirtschaft zu eröffnen.[121] Allerdings widerspricht dies dem Willen des Gesetzgebers, der von einer Neuregelung der Kaufmannseigenschaft bei land- und forstwirtschaftlichen Betrieben bewusst absehen wollte und sich deshalb in § 3 Abs. 2 HGB auf eine redaktionelle Anpassung beschränkte.[122] Vor dem Handelsrechtsreformgesetz war der Zugang zur Kaufmannseigenschaft jedoch nur für große land- und forstwirtschaftliche Betriebe eröffnet.[123]

Nach der Neufassung der §§ 1 bis 3 HGB durch das Handelsrechtsreformgesetz lässt sich der frühere Rechtszustand nur aufrechterhalten, wenn der Normbefehl in § 3 Abs. 1 HGB, wonach § 1 HGB keine Anwendung findet, abweichend von dem früheren Verständnis[124] extensiv i. S. einer generellen Ausklammerung land- und forstwirtschaftlicher Betriebe aus dem *handelsrechtlichen* Gewerbebegriff ausgelegt wird.[125] Mit dieser systematischen Auslegung entfällt auch die Grundlage für eine Anwendung des § 2 HGB, da dieser ein handelsrechtliches Gewerbe voraussetzt. Der Wortlaut des § 3 Abs. 1 HGB steht dieser gewandelten Auslegung der Verweisungsnorm nicht entgegen und entspricht nicht nur dem im Rahmen von § 3 HGB auf Wahrung des status quo bedachten Anliegen des Gesetzgebers, sondern kommt auch in den Gesetzesmaterialien durch die Formulierung zum Ausdruck, dass der Bereich der Land- und Forstwirtschaft durch explizite gesetzliche Regelungen nicht in den „hergebrachten Gewerbebegriff" einbezogen ist.[126] Bei diesem Verständnis des § 3 Abs. 1 HGB regelt § 3 Abs. 2 HGB abschließend, unter welchen Voraussetzungen Betriebe der Land- und Forstwirtschaft als Handelsgewerbe gelten und ihre Inhaber die Kaufmannseigenschaft erlangen können.[127]

48

49

---

[120] Zu den einzelnen Merkmalen s. oben § 2 Rn. 9 ff.

[121] So *Brox/Henssler* Rn. 46a; *Bülow/Artz* Rn. 66; *Bydlinski* ZIP 1998, 1169 (1173 f.); *Canaris* § 3 Rn. 36; *Fischinger* Rn. 70; Ebenroth/Boujong/*Kindler* § 3 Rn. 34 f.; Oetker/*Körber* § 3 Rn. 5; *Lettl* § 2 Rn. 50; Hopt/*Merkt* § 3 Rn. 2; *Müller* JA 2021, 454 (459); v. *Olshausen* Rpfleger 2001, 53 (53 f.); *Pfeiffer* in: Pfeiffer (Hrsg.), Handbuch der Handelsgeschäfte, 1999, § 1 Rn. 127; *K. Schmidt* NJW 1998, 2161 (2163); *ders.* ZHR Bd. 163 (1999), 87 (91); *ders.* § 10 Rn. 82; *Schmitt* Die Rechtsstellung der Kleingewerbetreibenden nach dem Handelsrechtsreformgesetz, 2003, S. 76 ff.; *Siems* Kaufmannsbegriff und Rechtsfortbildung, 2. Aufl. 2003, S. 80 ff.; *Steinbeck* § 7 Rn. 20; wohl auch *Saenger* Festschrift für Leser, 1998, S. 199 (203) sowie im Ansatz v. *Olshausen* JZ 1998, 717 (719).

[122] Reg. Begr., BT-Drucks. 13/8444, S. 33, 34, 39; s. auch *Schaefer* DB 1998, 1269 (1270).

[123] Statt aller MK-HGB/*Bokelmann* 1. Aufl., § 3 Rn. 8.

[124] Hierzu MK-HGB/*Bokelmann* 1. Aufl., § 3 Rn. 3.

[125] Konsequent deshalb MK-HGB/*K. Schmidt* § 3 Rn. 6, der die Bezugnahme in § 3 Abs. 1 HGB auf § 1 HGB dahin einschränkt, dass ausschließlich § 1 Abs. 2 HGB auf land- und forstwirtschaftliche Unternehmen keine Anwendung finden soll; ebenso *Pfeiffer* in: Pfeiffer (Hrsg.), Handbuch der Handelsgeschäfte, 1999, § 1 Rn. 121; *Prütting/Guntermann/Weller* Rn. 113.

[126] Reg. Begr., BT-Drucks. 13/8444, S. 33.

[127] Wie hier *Hofmann* S. 31; *Hübner* Rn. 49; *Prütting/Weller* Rn. 112; RvWH/*Ries* § 3 Rn. 22; KKD/*Roth/Stelmaszcyk* § 3 Rn. 3.

3. Land- und forstwirtschaftliche Nebenbetriebe

50 Durch § 3 Abs. 3 HGB wird das Wahlrecht auf land- und forstwirtschaftliche *Nebenbetriebe* ausgedehnt, die selbst dann von der Gleichstellung mit dem land- und forstwirtschaftlichen Hauptbetrieb sowie der grundsätzlichen Nichtanwendung des § 1 HGB profitieren, wenn sie für sich genommen die Voraussetzungen eines Handelsgewerbes erfüllen. Auch in diesem Fall erlangt deren Inhaber erst mit Ausübung des Optionsrechts die Kaufmannseigenschaft (§ 3 Abs. 2 HGB).

51 Ein Nebenbetrieb i. S. des § 3 Abs. 3 HGB liegt vor, wenn es sich um eine selbstständige Einheit zur Verfolgung eines arbeitstechnischen Zwecks handelt, der mit dem land- und forstwirtschaftlichen Zweck des Hauptbetriebes nicht zusammenfällt, aber dazu bestimmt ist, diesen zu fördern.[128] Die Anwendung des Nebenbetriebprivilegs setzt allerdings stets voraus, dass der Inhaber des Nebenbetriebs mit dem des land- und forstwirtschaftlichen (Haupt)Betriebs identisch ist.[129] Hieran fehlt es z. B., wenn Erzeugergemeinschaften Käsereien mittels einer eigens hierfür errichteten juristischen Person betreiben.

F. Bedeutung der Eintragung in das Handelsregister für die Kaufmannseigenschaft (§ 5 HGB)

I. Normzweck und Regelungsinhalt

52 Die Voraussetzungen, die § 1 Abs. 2 HGB sowie die §§ 2 und 3 HGB für das Betreiben eines Handelsgewerbes und damit für die Kaufmannseigenschaft aufstellen, können im Einzelfall schwierige Abgrenzungsfragen aufwerfen. Das gilt insbesondere für das Eingreifen des auf § 1 Abs. 2 HGB aufbauenden § 2 Satz 1 HGB. Ob ein Gewerbe nach Art oder Umfang keinen in kaufmännischer Weise eingerichteten Geschäftsbetrieb erfordert (§ 1 Abs. 2 HGB),[130] lässt sich wegen den bei einer Gesamtschau unvermeidlichen Bewertungsunsicherheiten und der jedem Gewerbe immanenten wirtschaftlichen Dynamik nicht immer sicher feststellen. Andererseits ist der Handelsverkehr in besonderem Maße auf verlässliche rechtliche Rahmenbedingungen angewiesen. Das trifft vor allem für die im Handelsgesetzbuch verankerten Sonderregelungen zu, sodass ein Kriterium gefunden werden muss, das dem Handelsverkehr die Beurteilung erleichtert, ob deren Voraussetzungen erfüllt sind.[131]

---

[128] S. BAG 25.4.1995, AP TVG § 1 Tarifverträge: Land- und Forstwirtschaft Nr. 5.
[129] *Fischinger* Rn. 73; Heymann/*Förster* § 3 Rn. 23; Ebenroth/Boujong/*Kindler* § 3 Rn. 22; Oetker/*Körber* § 3 Rn. 33; *Pfeiffer* in: Pfeiffer (Hrsg.), Handbuch der Handelsgeschäfte, 1999, § 1 Rn. 130; *K. Schmidt* § 10 Rn. 97.
[130] Dazu oben § 2 Rn. 28.
[131] BGH 6.7.1981, NJW 1982, 45 (45).

Zur Erreichung dieses Zwecks versieht § 5 HGB die Publizität des Handelsregisters mit einer besonderen Rechtswirkung: Ist ein Gewerbetreibender in dieses eingetragen, so wird ihm der auf tatsächlichen Gründen beruhende Einwand abgeschnitten, er betreibe kein Handelsgewerbe i. S. des § 1 Abs. 2 HGB. Zweifelhaft ist allerdings, ob § 5 HGB überhaupt noch die Fälle erfassen kann, in denen der als Kaufmann Eingetragene behauptet, er sei in Wirklichkeit Kleingewerbetreibender.[132] Teile des Schrifttums bestreiten dies. Solange er sein Löschungsrecht in § 2 Satz 3 HGB nicht ausübe, behalte er seine Kaufmannseigenschaft nach § 2 Satz 1 HGB, sodass es eines Rückgriffs auf § 5 HGB hierfür nicht bedürfe.[133] Anders ist dies jedoch, wenn die Kaufmannseigenschaft nach § 2 Satz 1 HGB stets einen Antrag an das Registergericht erfordert, sodass das Bestehenlassen der Eintragung nicht mit einer positiven Ausübung des Optionsrechts i. S. des § 2 Satz 2 HGB gleichgesetzt werden kann.[134] Sinkt ein Istkaufmann zum Kleingewerbetreibenden herab, bleibt aber gleichwohl unter seiner Firma im Handelsregister als Kaufmann eingetragen, so wird der Handelsverkehr durch § 5 HGB geschützt.

53

II. Anwendungsvoraussetzungen

Die Anwendung des § 5 HGB setzt nicht die Gutgläubigkeit des Dritten voraus[135] und ist deshalb keine Rechtsscheinnorm,[136] sodass die Formulierung „Scheinkaufmann" im Zusammenhang mit § 5 HGB dogmatisch missverständlich ist.[137] Andererseits lässt der Gesetzeswortlaut nicht die Deutung zu, die Vorschrift fingiere die Kaufmannseigenschaft (sog. „Fiktivkaufmann").[138] Nach seinem Wortlaut besagt § 5 HGB gerade nicht, dass das unter der eingetragenen Firma betriebene Gewerbe als Handelsgewerbe „gilt", sondern die Vorschrift schneidet dem Eingetragenen lediglich den Einwand ab, dass konstitutive Merkmale für die Kaufmannseigenschaft („*Handels*gewerbe") nicht vorliegen.[139]

54

---

[132] Vor Inkrafttreten des Handelsrechtsreformgesetzes schnitt § 5 HGB dem eingetragenen Kaufmann vor allem den Einwand ab, er betreibe in Wirklichkeit ein minderkaufmännisches Gewerbe; so z. B. Staub/*Brüggemann* 4. Aufl., § 5 Rn. 16.
[133] Näher oben § 2 Rn. 32.
[134] Ausführlich zum Vorstehenden oben § 2 Rn. 33.
[135] Zu den Rechtsfolgen bei Bösgläubigkeit des Dritten s. auch unten § 2 Rn. 58.
[136] *Bayer/Lieder* Rn. 20; *Canaris* Rn. 51; *Hübner* Rn. 63; Ebenroth/Boujong/*Kindler* § 5 Rn. 3; Oetker/*Körber* § 5 Rn. 1; Hopt/*Merkt* § 5 Rn. 1.
[137] So z. B. aber BGH 29.11.1956, BGHZ 22, 234 (239); *Hofmann* S. 33; dagegen ausdrücklich z. B. Ebenroth/Boujong/*Kindler* § 5 Rn. 3.
[138] So aber *Canaris* § 3 Rn. 52; *Fischinger* Rn. 74; *Hübner* Rn. 18; Oetker/*Körber* § 5 Rn. 17; *Müller* JA 2021, 454 (459); dagegen auch Ebenroth/Boujong/*Kindler* § 5 Rn. 27 f.
[139] Deshalb bezieht Ebenroth/Boujong/*Kindler* § 5 Rn. 27 f. die „Fiktion" lediglich auf die „Handelsgewerblichkeit"; ebenso *Bülow/Artz* Rn. 92, 98.

55 Die Rechtsfolge in § 5 HGB tritt nur ein, wenn eine Firma in das Handelsregister eingetragen ist. Maßgeblich ist allein die formelle Rechtslage, sodass auch die zu Unrecht erfolgte Eintragung die Rechtsfolge des § 5 HGB auslöst.[140] Allerdings verlangt die Vorschrift den Betrieb eines Gewerbes unter der eingetragenen Firma, sodass stets die Voraussetzungen des handelsrechtlichen Gewerbebegriffs[141] vorliegen müssen, damit die Rechtsfolgen des § 5 HGB eingreifen.[142] Umgekehrt formuliert: Die Anwendung des § 5 HGB ist ausgeschlossen, wenn die Tätigkeit nicht die Voraussetzungen des handelsrechtlichen Gewerbebegriffs erfüllt. Angesichts der Tatsache, dass z. B. § 1 Abs. 2 HGB präzise zwischen Unternehmen und Gewerbebetrieb trennt, reicht es nicht aus, die eingetragene Firma als Unternehmen zu qualifizieren.[143] Deshalb ist ein von Freiberuflern betriebenes Unternehmen, das zu Unrecht als Offene Handelsgesellschaft oder als Kommanditgesellschaft in das Handelsregister eingetragen wurde, nicht in den Anwendungsbereich des § 5 HGB einbezogen. Etwaige Defizite im Hinblick auf den Schutz des Rechtsverkehrs verhindert ausreichend die ergänzend zu § 5 HGB entwickelte Lehre vom Scheinkaufmann.[144]

III. Rechtsfolgen

56 Unterschiedlich wird die Frage beantwortet, ob die Rechtsfolge des § 5 HGB nur eingreift, wenn sich der hiervon Begünstigte auf die Eintragung „beruft"[145] oder ob diese stets, also unabhängig von einem „Berufen" anzuwenden ist.[146] Der Wortlaut der Vorschrift wird insoweit verbreitet als missverständlich[147] oder irreführend bewertet.[148] Richtig hieran ist, dass § 5 HGB nicht im rechtstechnischen Sinne als Einwendung ausgestaltet ist.[149] Andererseits verlangt der Wortlaut ausdrücklich, dass sich ein Dritter auf die Eintragung „beruft". Die Aussage, § 5 HGB sei von Amts

---

[140] *Canaris* § 3 Rn. 53; Heymann/*Förster* § 5 Rn. 5; *K. Schmidt* § 10 Rn. 28.
[141] Zu diesem oben § 2 Rn. 9 ff.
[142] *Bayer/Lieder* Rn. 23; *Bülow/Artz* Rn. 92; *Canaris* § 3 Rn. 56; *Fischinger* Rn. 78; *Hübner* Rn. 64; Ebenroth/Boujong/*Kindler* § 5 Rn. 20; Oetker/*Körber* § 5 Rn. 10; *Lettl* § 2 Rn. 58; *Müller* JA 2021, 454 (459); RvWH/*Ries* § 5 Rn. 15.
[143] So für die h. M. BGH 19.5.1960, BGHZ 32, 307 (313); *Canaris* § 3 Rn. 56; *Hofmann* S. 38 f.; Oetker/*Körber* § 5 Rn. 12; KKD/*Roth/Stelmaszcyk* § 5 Rn. 9; a. A. vor allem *K. Schmidt* § 10 Rn. 28; *ders.* ZHR Bd. 163 (1999), 87 (96 ff.).
[144] Dazu unten § 2 Rn. 59 ff.
[145] Dies verlangen *J. v. Gierke/Sandrock* § 12 II 2, S. 163; Oetker/*Körber* § 5 Rn. 16.
[146] So für die h. L. z. B. Heymann/*Förster* § 5 Rn. 8; KKD/*Roth/Stelmaszcyk* § 5 Rn. 6; MK-HGB/*K. Schmidt* § 5 Rn. 28.
[147] Heymann/*Förster* § 5 Rn. 8; *Lettl* § 2 Rn. 57; Hopt/*Merkt* § 5 Rn. 4.
[148] *K. Schmidt* § 10 Rn. 36.
[149] So auch Hopt/*Merkt* § 5 Rn. 4.

F. Bedeutung der Eintragung in das Handelsregister für die Kaufmannseigenschaft ... 37

wegen zu berücksichtigen,[150] ist deshalb zu weit. Für ein „Berufen" auf die Eintragung genügt es jedoch im Hinblick auf den Zweck der Norm, dass ein Dritter sein Begehren auf die Kaufmannseigenschaft des Gewerbetreibenden stützt und zu diesem Zweck auf die Eintragung im Handelsregister verweist. Sind diese Tatsachen vorgetragen, dann ist der Anwendungsbereich des § 5 HGB eröffnet und dessen Rechtsfolge greift ein. Zudem bleibt zu beachten, dass die Vorschrift dem Schutz des Rechtsverkehrs dient. Deshalb scheidet deren Anwendung aus, wenn der Dritte damit einverstanden ist, dass der als Kaufmann Eingetragene geltend macht, er betreibe in Wirklichkeit kein Handelsgewerbe.[151]

Die in § 5 HGB ausgeschlossene Geltendmachung des fehlenden Handelsgewerbes wirkt einerseits gegenüber jedermann, andererseits aber auch *zugunsten* des Eingetragenen, wenn er z. B. für Fälligkeitszinsen den Zinssatz von fünf Prozentpunkten (§ 352 HGB) begehrt.[152] Im Übrigen herrscht über die Reichweite der Norm Streit. Einhellig anerkannt ist jedoch deren Geltung im Rechtsgeschäftsverkehr und im Prozessrecht. Darüber hinaus soll § 5 HGB nach verbreiteter Auffassung im sog. privaten Unrechtsverkehr (Deliktsrecht) anwendbar sein.[153] Der Bundesgerichtshof ließ diese Frage, von deren Beantwortung insbesondere die Anwendung des § 31 BGB abhängt, ausdrücklich offen.[154] Der Zweck des § 5 HGB (Schutz des Handelsverkehrs[155]) spricht gegen eine Ausdehnung auf den privaten Unrechtsverkehr.[156] Dem Normzweck liefe es jedenfalls zuwider, wenn § 5 HGB zu einer Versteinerung der zu Unrecht vorgenommenen Eintragung führen würde. Einer Löschung der Firma aus dem Handelsregister steht die Vorschrift deshalb nicht entgegen.[157]

Der Tatbestand des § 5 HGB setzt nicht die Gutgläubigkeit des Dritten voraus,[158] sodass § 5 HGB auch den Bösgläubigen in die durch die Norm bewirkte Privilegierung einbezieht.[159] Allerdings bleiben bei derartigen Sachverhalten stets die durch

57

58

---

[150] So *Fischinger* Rn. 81; Hopt/*Merkt* § 5 Rn. 4; KKD/*Roth/Stelmaszcyk* § 5 Rn. 6; hiergegen ausdrücklich Brox/*Henssler* Rn. 59; *Hofmann* S. 36.
[151] Ebenso MK-HGB/*Lieb* 1. Aufl., § 5 Rn. 2; Hopt/*Merkt* § 5 Rn. 6 a. E.
[152] So bereits RG 25.1.1902, RGZ 50, 154 (158) sowie Bülow/*Artz* Rn. 96; *Fischinger* Rn. 81; *Hübner* Rn. 63, 65; Oetker/*Körber* § 5 Rn. 18; KKD/*Roth/Stelmaszcyk* § 5 Rn. 8; *K. Schmidt* § 10 Rn. 35, m. w. N.
[153] So Bülow/*Artz* Rn. 103; Hopt/*Merkt* § 5 Rn. 6; KKD/*Roth/Stelmaszcyk* § 5 Rn. 8; *K. Schmidt* § 10 Rn. 41; a. A. *Canaris* § 3 Rn. 58; *Hofmann* S. 38; *Kindler* § 2 Rn. 93.
[154] BGH 6.7.1981, NJW 1982, 45 (45).
[155] S. oben § 2 Rn. 52 f.
[156] Zum Parallelproblem bei § 15 HGB s. unten § 3 Rn. 34, 73.
[157] Für die allg. Ansicht z. B. OLG Jena 30.3.1912, RJA Bd. 12, 46 (46 f.); BayObLG 13.11.1984, BayObLGZ 1984, 273 (276); *Hofmann* S. 37; Ebenroth/Boujong/*Kindler* § 5 Rn. 42; Oetker/*Körber* § 5 Rn. 30; RvWH/*Ries* § 5 Rn. 39.
[158] Für die h. M. Bülow/*Artz* Rn. 101; *Fischinger* Rn. 79, 81; *Hübner* Rn. 64; Oetker/*Körber* § 5 Rn. 18; Hopt/*Merkt* § 5 Rn. 3; missverständlich BGH 29.11.1956, BGHZ 22, 234 (239), der die Gutgläubigkeit des Dritten anführt.
[159] So z. B. Heymann/*Förster* § 5 Rn. 1; *Hofmann* S. 36; Ebenroth/Boujong/*Kindler* § 5 Rn. 26.

§ 242 BGB gezogenen Schranken zu beachten,[160] die ggf. eine Berufung auf die „Rechtswohltat" des § 5 HGB abschneiden können.

G. Lehre vom Scheinkaufmann

I. Lehre vom Scheinkaufmann als subsidiäres Rechtsinstitut

59 Die Regelungen des Handelsgesetzbuchs zum Kaufmannsbegriff werden durch die gesetzlich nicht ausgeformte, im Kern aber in Rechtsprechung und Literatur allgemein akzeptierte Lehre vom Scheinkaufmann ergänzt. Sie flankiert § 5 HGB, obwohl die Norm ihre dogmatische Wurzel nicht in der allgemeinen Rechtsscheinslehre hat.[161] Trotzdem gelangt die Lehre vom Scheinkaufmann stets nur zur Anwendung, wenn die Kaufmannseigenschaft nicht bereits aus den §§ 1 bis 3, 6 HGB folgt und auch § 5 HGB seine Rechtswirkungen nicht entfaltet. Sie greift nur subsidiär ein und hat ihren Hauptanwendungsbereich bei Personen, deren Unternehmen nicht dem handelsrechtlichen Gewerbebegriff unterfällt (z. B. Freiberufler), sowie bei Kleingewerbebetreibenden, die von einer Eintragung in das Handelsregister nach § 2 Satz 1 und 2 HGB abgesehen haben, im Rechtsverkehr aber wie Kaufleute agieren.[162]

II. Voraussetzungen

60 Die Integration der Lehre vom Scheinkaufmann in die allgemeinen Rechtsscheinsgrundsätze eröffnet zugleich den Zugriff auf die tatbestandlichen Voraussetzungen: Als Scheinkaufmann muss sich nur derjenige behandeln lassen, der bezüglich seiner Kaufmannseigenschaft einen ihm zurechenbaren Rechtsschein gesetzt hat, der für das rechtsgeschäftliche Handeln eines gutgläubigen Dritten kausal geworden ist.[163]

1. Rechtsschein der Kaufmannseigenschaft

61 Den Rechtsschein der Kaufmannseigenschaft erzeugen in erster Linie *ausdrückliche Erklärungen*. Wer unaufgefordert oder auf Nachfrage erklärt, er sei Kaufmann, setzt den für die Lehre vom Scheinkaufmann erforderlichen Rechtsschein.[164] Entsprechendes gilt, wenn sich ein Nichtkaufmann als „eingetragener Kaufmann"

---

[160] *Bülow/Artz* Rn. 102; *J. v. Gierke/Sandrock* § 12 II 2d, S. 164; *Hofmann* S. 37; Oetker/*Körber* § 5 Rn. 18; Hopt/*Merkt* § 5 Rn. 3; KKD/*Roth/Stelmaszcyk* § 5 Rn. 8.

[161] S. oben § 2 Rn. 54.

[162] Treffend *Bayer/Lieder* Rn. 39.

[163] S. Heymann/*Förster* § 5 Rn. 21; *Hofmann* S. 40 ff.

[164] *Canaris* § 6 Rn. 11 ff.; *Hübner* Rn. 69; RvWH/*Ries* Anh. § 5 Rn. 15.

G. Lehre vom Scheinkaufmann

(§ 19 Abs. 1 Nr. 1 HGB) bezeichnet, ohne im Handelsregister eingetragen zu sein.[165] Problematisch ist die Annahme eines Rechtsscheins, wenn hierfür auf ein *konkludentes Verhalten* zurückgegriffen wird. In diesem Fall ist dieser zumindest dann anzuerkennen, wenn sich jemand solcher Einrichtungen bedient, die ausschließlich Kaufleuten vorbehalten sind (z. B. Erteilung einer Prokura[166]). Ob allein das Unterhalten eines in kaufmännischer Weise eingerichteten Geschäftsbetriebs für die Erzeugung eines Rechtsscheins ausreicht, war nach der früheren Rechtslage umstritten.[167] Wegen der nunmehr in § 1 Abs. 2 HGB getroffenen Regelung hat dieser Streit jedoch an Bedeutung eingebüßt,[168] da ein in kaufmännischer Weise eingerichteter Geschäftsbetrieb regelmäßig zur Kaufmannseigenschaft führt.[169] Mit der Privatautonomie ist die Lehre vom Scheinkaufmann zudem nur vereinbar, wenn der Handelnde den Rechtsschein *zurechenbar* veranlasst hat. Hierfür bedarf es indessen keines schuldhaften Verhaltens,[170] es genügt ein vom Willen gesteuertes Tun, Dulden oder Unterlassen.[171]

2. Vertrauensbetätigung des Dritten

Der gesetzte Rechtsschein muss zudem zu einer Vertrauensbetätigung des Dritten geführt haben, d. h. für das rechtsgeschäftliche oder tatsächliche Verhalten eines anderen *adäquat kausal* geworden sein. Hierfür genügt es, wenn bei Kenntnis des wahren Sachverhalts mit einer anderen Entscheidung des Dritten zu rechnen gewesen wäre.[172] Da dieser Nachweis auf praktische Schwierigkeiten stößt, erkennt die Rechtsprechung eine tatsächliche Vermutung an, dass ein Rechtsgeschäft im Vertrauen auf den Rechtsschein abgeschlossen wurde,[173] d. h. es ist Sache des als Kaufmann Agierenden, die ernsthafte Möglichkeit eines anderen Geschehensablaufs darzulegen und ggf. zu beweisen.

62

---

[165] Ebenso z. B. *Bayer/Lieder* Rn. 39; *Canaris* § 6 Rn. 13; *Fischinger* Rn. 94; *Hübner* Rn. 69; Ebenroth/Boujong/*Kindler* § 5 Rn. 57; Oetker/*Körber* § 5 Rn. 38; *Lettl* § 2 Rn. 71; Hopt/*Merkt* § 5 Rn. 10; *Müller* JA 2021, 454 (460); *Petersen* Jura 2005, 832 (833).

[166] *Canaris* § 6 Rn. 16; *Fischinger* Rn. 94; Oetker/*Körber* § 5 Rn. 41, 43; *Lettl* § 2 Rn. 72; *Petersen* Jura 2005, S. 832 (833); RvWH/*Ries* Anh. § 5 Rn. 7; KKD/*Roth/Stelmaszcyk* § 48 Rn. 2.

[167] Ablehnend z. B. *Canaris* § 6 Rn. 17.

[168] Bei Freiberuflern ist dieser jedoch unverändert relevant.

[169] Der Fall, in dem zwar ein in kaufmännischer Weise eingerichteter Geschäftsbetrieb unterhalten wird, Art oder Umfang des Unternehmens diesen aber nicht erfordert, ist wohl nur theoretisch vorstellbar. Wegen der fehlenden Erforderlichkeit ist es konsequent, den Inhaber bis zur Eintragung als Nichtkaufmann zu behandeln; so auch RvWH/*Ries* Anh. § 5 Rn. 8; HK-HGB/*Ruß* § 2 Rn. 2; ebenso *Canaris* § 6 Rn. 17, der auch in diesem Fall die Anwendung der Lehre vom Scheinkaufmann ablehnt; a. A. jedoch Ebenroth/Boujong/*Kindler* § 5 Rn. 64.

[170] *Bayer/Lieder* Rn. 39; *Fischinger* Rn. 95; Oetker/*Körber* § 5 Rn. 46; *Lettl* § 2 Rn. 74; RvWH/*Ries* Anh. § 5 Rn. 27.

[171] S. auch *Bülow/Artz* Rn. 111 f.; *Canaris* § 6 Rn. 20; *Hofmann* S. 43; *Hübner* Rn. 70; Oetker/*Körber* § 5 Rn. 45 f.; *Müller* JA 2021, 454 (460).

[172] *K. Schmidt* § 10 Rn. 140.

[173] BGH 11.3.1955, BGHZ 17, 13 (19).

3. Schutzwürdigkeit des Dritten

63 Die Rechtswirkungen der Lehre vom Scheinkaufmann greifen zudem nur ein, wenn der Dritte schutzwürdig ist. Hierfür muss er – im Gegensatz zu § 5 HGB[174] – gutgläubig sein. Hieran fehlt es stets bei einer positiven Kenntnis von der objektiv fehlenden Kaufmannseigenschaft.[175] In Anlehnung an den Rechtsgedanken in § 932 Abs. 2 BGB entfällt die Schutzwürdigkeit des Dritten darüber hinaus, wenn ihm infolge grober Fahrlässigkeit die wahre Rechtslage verborgen geblieben ist, normale Fahrlässigkeit steht dem Schutz des Dritten demgegenüber nicht entgegen.[176] Es ist deshalb in der Regel unschädlich, wenn der Dritte Nachforschungen über die Kaufmannseigenschaft unterlassen hat.[177]

III. Rechtsfolgen

64 Die Rechtsfolge der Lehre vom Scheinkaufmann besteht grundsätzlich in einer Gleichstellung des zurechenbaren Scheins mit dem Sein. Der Scheinkaufmann muss sich wie ein Kaufmann behandeln lassen,[178] sodass im Ergebnis eine Erweiterung des personellen Anwendungsbereichs derjenigen Normen eintritt, die tatbestandlich an die Kaufmannseigenschaft anknüpfen.

65 Methodisch kommen hierfür zwei Wege in Betracht: Entweder wird der Anwendungsbereich der Norm mittels einer Analogie auf den Scheinkaufmann ausgedehnt oder ihm wird die Berufung auf die fehlende Kaufmannseigenschaft nach § 242 BGB (Rechtsgedanke des Verbotes des *venire contra factum proprium*) verwehrt und die Norm, die die Kaufmannseigenschaft voraussetzt, ungeachtet dessen angewendet, dass diese tatbestandliche Voraussetzung nicht erfüllt ist. Unabhängig davon ist zu beachten: Beruft sich ein Dritter auf den Rechtsschein, so ist er hieran wegen des Verbots des *venire contra factum proprium* (§ 242 BGB) gebunden und muss ggf. hinnehmen, dass hiervon auch der Scheinkaufmann profitiert.[179]

---

[174] S. oben § 2 Rn. 54, 58.

[175] Für die allgemeine Ansicht Schlegelberger/*Hildebrandt/Steckhan* § 5 Rn. 16c; *Hofmann* S. 43; Ebenroth/Boujong/*Kindler* § 5 Rn. 71; RvWH/*Ries* Anh. § 5 Rn. 31.

[176] *Bayer/Lieder* Rn. 41; Ebenroth/Boujong/*Kindler* § 5 Rn. 72; *Müller* JA 2021, 454 (460); *K. Schmidt* § 10 Rn. 138; ebenso für den „Normalfall" RvWH/*Ries* Anh. § 5 Rn. 31; im Grundsatz auch *Hofmann* S. 44; *Hübner* Rn. 71; a. A. Hopt/*Merkt* § 5 Rn. 12; offengelassen von Schlegelberger/*Hildebrandt/Steckhan* § 5 Rn. 16a; Oetker/*Körber* § 5 Rn. 48.

[177] S. *Bayer/Lieder* Rn. 41; *Bülow/Artz* Rn. 119; *Fischinger* Rn. 97; Ebenroth/Boujong/*Kindler* § 5 Rn. 64; Oetker/*Körber* § 5 Rn. 49; *Lettl* § 2 Rn. 78; Hopt/*Merkt* § 5 Rn. 12; *Müller* JA 2021, 454 (460); RvWH/*Ries* Anh. § 5 Rn. 31 f.; gänzlich gegen eine Nachforschungspflicht Schlegelberger/ *Hildebrandt/Steckhan* § 5 Rn. 16c.

[178] *Canaris* § 6 Rn. 21; *Fischinger* Rn. 101; *Hübner* Rn. 75; Ebenroth/Boujong/*Kindler* § 5 Rn. 80; Oetker/*Körber* § 5 Rn. 54; *Lettl* § 2 Rn. 81; Hopt/*Merkt* § 5 Rn. 14; *Müller* JA 2021, 454 (460); *K. Schmidt* § 10 Rn. 41.

[179] *Hübner* Rn. 76; Ebenroth/Boujong/*Kindler* § 5 Rn. 80; Oetker/*Körber* § 5 Rn. 55; *Steinbeck* § 7 Rn. 46.

Problematisch ist die Gleichstellung bei Vorschriften, die einen zwingenden Schutz zugunsten des Nicht-Kaufmanns etablieren (z. B. den in § 350 HGB genannten Formvorschriften). Dieser könnte unterlaufen werden, wenn der Scheinkaufmann bei der Anwendung der für Kaufleute vorbehaltenen Vorschriften ihnen generell gleichgestellt wird.[180] Diese Erwägung gilt jedoch nicht für die von § 2 HGB und § 3 Abs. 2 HGB erfassten Kannkaufleute, die ihr Optionsrecht nicht ausgeübt haben. Da sie die Kaufmannseigenschaft über die Eintragung erlangen können, ist es wegen des Zwecks der handelsrechtlichen Normen gerechtfertigt, sie über die Lehre vom Scheinkaufmann in den personellen Anwendungsbereich einzubeziehen.[181] Deshalb ist auf sie auch § 350 HGB anwendbar. Selbst wenn in den übrigen Fällen die Lehre vom Scheinkaufmann hinter den zwingenden Wirkungen einer Schutzvorschrift zurücktreten muss, bleibt zu erwägen, dem als Kaufmann Auftretenden im Hinblick auf die Besonderheiten des Einzelfalls die Berufung auf die jeweilige Norm mittels der allgemeinen Arglisteinrede (§ 242 BGB) abzuschneiden.[182]

66

Zweifelhaft sind die Rechtsfolgen der Lehre vom Scheinkaufmann darüber hinaus, wenn die Gleichstellung mit Kaufleuten den Scheinkaufmann begünstigen würde (z. B. § 352 HGB: Fälligkeitszinsen in Höhe von 5 Prozentpunkten). Die herrschende Lehre lehnt in dieser Konstellation eine Gleichstellung ab bzw. umgekehrt formuliert: der Rechtsschein wirkt nur zugunsten, nicht zu Lasten des Dritten.[183]

67

Die Gleichstellung endet, wenn der Vertrauenstatbestand erlischt,[184] was entweder infolge Bösgläubigkeit des Dritten oder durch ein Verhalten des „Scheinkaufmanns" eintreten kann, das den Rechtsschein zerstört.

68

H. Bedeutung des § 6 HGB für die Kaufmannseigenschaft

I. Erstreckung der Kaufmannseigenschaft auf Handelsgesellschaften

Die §§ 1 bis 3 HGB gehen davon aus, dass eine natürliche Person das Gewerbe betreibt. Deshalb war es für die im Handelsgesetzbuch geregelten Handelsgesellschaften erforderlich, bei ihnen die Anwendung der für Kaufleute geltenden Bestimmungen sicherzustellen, da diese regelmäßig (s. § 105 Abs. 1 HGB und § 161

69

---

[180] S. *Bülow/Artz* Rn. 115; *Canaris* § 6 Rn. 25; *Ebenroth/Boujong/Kindler* § 5 Rn. 81, 83; *Lettl* § 2 Rn. 82; a. A. *Fischinger* Rn. 105; *Hübner* Rn. 77; *RvWH/Ries* § 5 Anh. Rn. 44; *K. Schmidt* § 10 Rn. 141; *Steinbeck* § 9 Rn. 45; differenzierend *Hopt/Merkt* § 5 Rn. 16.
[181] So auch *Bayer/Lieder* Rn. 44; *Canaris* § 6 Rn. 23; *Ebenroth/Boujong/Kindler* § 5 Rn. 83.
[182] S. *Lettl* § 2 Rn. 82.
[183] So z. B. *Bayer/Lieder* Rn. 45; *Hofmann* S. 44; *Hübner* Rn. 75; *Lettl* § 2 Rn. 85; *Hopt/Merkt* § 5 Rn. 15, 16; *Müller* JA 2021, 454 (460); *K. Schmidt* § 10 Rn. 144.
[184] BGH 11.3.1955, BGHZ 17, 13 (17 f.); *Oetker/Körber* § 5 Rn. 61; *Hopt/Merkt* § 5 Rn. 17; *RvWH/Ries* Anh. § 5 Rn. 49; *K. Schmidt* § 10 Rn. 145; *Steinbeck* § 7 Rn. 46.

Abs. 1 HGB) auf den Betrieb eines Handelsgewerbes gerichtet sein müssen.[185] Diese Aufgabe übernimmt § 6 Abs. 1 HGB: Konkretisiert eine gesetzliche Vorschrift ihren persönlichen Anwendungsbereich auf „Kaufleute", sind auch Handelsgesellschaften in diesen einbezogen; sie werden mit Kaufleuten gleichgestellt. Das gilt nicht nur für die Vorschriften des Handelsgesetzbuchs (z. B. §§ 17, 242, 343 HGB), sondern auch für solche außerhalb dieser Kodifikation (z. B. § 38 ZPO).

70 Zu den *Handelsgesellschaften* i. S. des § 6 Abs. 1 HGB zählen aufgrund der Überschrift des Zweiten Buchs des Handelsgesetzbuchs die *Offene Handelsgesellschaft* sowie die *Kommanditgesellschaft* und damit auch die GmbH & Co KG. Darüber hinaus sind solche Gesellschaften den Handelsgesellschaften i. S. des § 6 Abs. 1 HGB, für die der Gesetzgeber dies ausdrücklich angeordnet hat. Geschehen ist dies u. a. für *Aktiengesellschaften* (§ 3 AktG), *Kommanditgesellschaften auf Aktien* (§ 278 Abs. 3 AktG i. V. mit § 3 AktG), *Gesellschaften mit beschränkter Haftung* (§ 13 Abs. 3 GmbHG) sowie *Europäische wirtschaftliche Interessenvereinigungen* (§ 1 EWIV-AG[186]). Keine Handelsgesellschaften sind demgegenüber die *Gesellschaft bürgerlichen Rechts*, die *Stille Gesellschaft* und die *Partnerschaft* (§ 1 Abs. 1 Satz 2 PartGG). Eine Sonderstellung nehmen *Genossenschaften* ein – sie sind zwar keine Handelsgesellschaften, gelten aber gemäß § 17 Abs. 2 GenG als Kaufleute, wodurch im Ergebnis dieselbe Rechtsfolge eintritt, ohne dass es hierfür jedoch des Rückgriffs auf § 6 Abs. 1 HGB bedarf.

II. Formkaufleute

71 Die Bedeutung des § 6 Abs. 2 HGB für den Kaufmannsbegriff ist eingeschränkt; die Vorschrift hat lediglich eine Klarstellungsfunktion[187] bei denjenigen Handelsgesellschaften, die als Verein (= juristische Person) verfasst sind (Aktiengesellschaft etc.) und für die das Gesetz die Kaufmannseigenschaft ohne Rücksicht auf Art oder Umfang des Gewerbebetriebs anordnet. Da bei den entsprechenden „Vereinen" die Kaufmannseigenschaft allein aufgrund der Eintragung im Handelsregister besteht, ist es für sie im Grundsatz unerheblich, ob ihre Tätigkeit die Voraussetzungen des handelsrechtlichen Gewerbebegriffs erfüllt.[188] Sie unterliegen den Bestimmungen des Handelsgesetzbuchs ebenfalls unabhängig davon, ob die Tätigkeit des Unternehmens nach Art und Umfang einen in kaufmännischer Weise eingerichteten Geschäftsbetrieb erfordert. Deshalb begründet § 6 Abs. 2 HGB nicht die Kaufmanns-

---

[185] § 107 Abs. 1 HGB eröffnet auch für ein Kleingewerbe die Möglichkeit, eine Offene Handelsgesellschaft oder (über § 161 Abs. 2 HGB) eine Kommanditgesellschaft zu errichten; näher dazu *Schmitt* Die Rechtsstellung der Kleingewerbetreibenden nach dem Handelsrechtsreformgesetz, 2003, S. 73 ff. Anders die frühere Rechtslage für Minderkaufleute, s. § 4 Abs. 2 HGB a. F.
[186] BGBl. 1988 I S. 514 ff.
[187] Treffend *Hübner* Rn. 51; Oetker/*Körber* § 6 Rn. 18; *K. Schmidt* § 10 II 1b, S. 295.
[188] *Hofmann* S. 48; Oetker/*Körber* § 6 Rn. 18; vertiefend zu dieser Problematik *Hopt* ZGR 1987, 144 ff.

eigenschaft, sondern bezieht sich auf die in dem speziellen Gesetz für den „Verein" begründete Kaufmannseigenschaft.[189] Wegen der Verknüpfung der Kaufmannseigenschaft mit der Rechtsform hat sich für diese Handelsgesellschaften die Bezeichnung „Formkaufleute" eingebürgert; sie sind Kaufleute kraft ihrer Rechtsform. Die Kaufmannseigenschaft erlangt jedoch stets allein das Rechtssubjekt, in dessen Namen das Unternehmen betrieben wird. Weder der (Allein-)Gesellschafter noch der gesetzliche Vertreter (Vorstand, Geschäftsführer) ist ausschließlich aufgrund dieser gesellschaftsrechtlichen Stellung Kaufmann.[190]

---

[189] S. insoweit vorstehend § 2 Rn. 70.
[190] BGH 13.2.1952, BGHZ 5, 133 (134); 12.5.1986, NJW-RR 1987, 42 (43); s. auch oben § 2 Rn. 22.

§ 3 Der Schutz des Privatrechtsverkehrs durch das Handelsregister

Schrifttum zur Ausbildung: *Deckenbrock/Sossna,* Grundfälle zum Rechtsschein des Handelsregisters, JuS 2024, S. 115 ff., 211 ff.; *Fleischer/Wedemann* S. 33 ff.; *Fröhleke/Seidel,* § 15 III HGB nach dem DiRUG und dem MoPeG: Modernisiert, digitalisiert und alle Fragen geklärt?, JA 2024, S. 288 ff.; *Hager,* Das Handelsregister, Jura 1992, S. 57 ff.; *Hofmann,* Das Handelsregister und seine Publizität, JA 1980, S. 264 ff.; *Körber/Schaub,* § 15 HGB in der Fallbearbeitung, JuS 2012, S. 303 ff.; *Kreutz,* Die Bedeutung von Handelsregistereintragung und Handelsregisterbekanntmachung im Gesellschaftsrecht, Jura 1982, S. 626 ff.; *Sandberger,* Die handelsrechtliche Register-Rechtsscheinhaftung nach der Neufassung des § 15 HGB, JA 1973, S. 215 ff.; *K. Schmidt,* Sein-Schein-Handelsregister, JuS 1977, S. 209 ff. **Zur Falllösung:** *Bitter/Linardatos* S. 207 ff. (Fall 9–12); *Ensthaler/Ensthaler* S. 22 ff. (Fall 2); *Fezer* S. 134 ff., 153 ff., 183 ff. (Fall 12, 13 und 15); *Hadding/Hennrichs* S. 97 f. (Fall 15); *Hopt* S. 61 ff. (Fall 4); *Lettl* Fälle, S. 10 ff. (Fall 2); *Lotte/Bertl,* Der Handel zieht alle Register, JuS 2014, S. 339 ff.; *Martinek/Bergmann* Fall 4–7; *Müller-Laube,* Die Folge unterlassener Registereintragungen, JuS 1981, S. 754 ff.; *Schöne* S. 23 ff., 33 ff. (Fall 1–2). **Zur Vertiefung:** *A. Hueck,* Gilt § 15 I HGB auch beim Erlöschen und bei der Änderung nicht eingetragener, aber eintragungspflichtiger Rechtsverhältnisse?, AcP Bd. 118 (1920), S. 350 ff.; *John,* Fiktionswirkung oder Schutz typisierten Vertrauens durch Handelsregister?, ZHR Bd. 140 (1976), S. 236 ff.; *Oetker,* Zur Anwendbarkeit des § 15 HGB auf Primärtatsachen, Gedächtnisschrift für Sonnenschein, 2003, S. 635 ff.; *v. Olshausen,* Rechtsschein und „Rosinentheorie", AcP Bd. 189 (1989), S. 223 ff.; *Reinicke,* Sein und Schein bei § 15 Abs. 1 HGB, JZ 1985, S. 272 ff.; *Schilken,* Abstrakter und konkreter Vertrauensschutz im Rahmen des § 15 HGB, AcP Bd. 187 (1987), S. 1 ff.; *Zimmer,* § 15 Abs. 2 HGB und die allgemeine Rechtsscheinhaftung, 1997.

A. Handelsregister als Instrument der Publizität

I. Überblick zur handelsrechtlichen Publizität

Das Handelsrecht verpflichtet den Kaufmann im Interesse des Rechtsverkehrs im hohen Maße zur Publizität. Im Mittelpunkt steht hierfür traditionell das Handelsregister, welches der Öffentlichkeit Tatsachen bekannt macht, die für den Rechtsver-   1 kehr wesentlich sind.¹ Deshalb steht jedermann ein Einsichtsrecht zu (§ 9 Abs. 1 Satz 1 HGB). Zudem untersagt § 8 Abs. 2 HGB wegen der besonderen Funktion und den Rechtswirkungen, die Eintragungen im Handelsregister auslösen, andere Datensammlungen mit vergleichbaren Inhalten insbesondere von privaten Anbietern unter der Bezeichnung „Handelsregister" in Verkehr zu bringen, da hierdurch der Anschein eines öffentlichen Registers erweckt wird.²

2   Zu den in das Handelsregister einzutragenden Tatsachen zählen vor allem die Kaufmannseigenschaft, die Firma und die Prokura. Diese sind im Hinblick auf das Privatrecht von besonderer Bedeutung, weil das Handelsgesetzbuch die Registereintragung mit einem starken Vertrauensschutz zugunsten des Rechtsverkehrs versieht (§§ 5, 15 HGB). Deshalb beschränkt sich die hiesige Darstellung auf das Handelsregister und dessen Publizitätswirkungen für den Rechtsgeschäftsverkehr, die insbesondere § 15 HGB begründet.

3   Seine gesetzliche Ausgestaltung erfährt das Registerrecht in erster Linie in den §§ 8 bis 16 HGB, eine Ergänzung finden diese in den prozessualen Bestimmungen der §§ 378 bis 399 FamFG sowie den Konkretisierungen in der Verordnung über die Einrichtung und Führung des Handelsregisters (Handelsregisterverordnung – HRV³). Zudem werden die registerrechtlichen Vorschriften teilweise von dem Recht der Europäischen Union überlagert. Regelungen zur Publizität des Handelsregisters enthält insbesondere Art. 16 der Richtlinie (EU) 2017/1132,⁴ der über das Institut der richtlinien- bzw. unionsrechtskonformen Auslegung⁵ auch die Anwendung der innerstaatlichen registerrechtlichen Vorschriften beeinflusst.

4   Die handelsrechtliche Publizität erschöpft sich nicht in den Bestimmungen zum Handelsregister. Zusätzlich wird diese durch zwingende Mindestangaben auf Geschäftsbriefen (§ 37a HGB) gewährleistet, die wegen der Angabe des Registergerichts und der Nummer, unter der die Firma im Handelsregister eingetragen ist (s. § 37a Abs. 1 HGB), den Zugriff auf dieses erleichtern. Vor allem aber legt das Dritte Buch des Handelsgesetzbuchs in den §§ 238 bis 342r HGB für Kaufleute detaillierte Pflichten zur Dokumentation und Offenlegung fest.⁶ Deren unmittelbare privatrechtliche Bedeutung ist jedoch gering, da diese nicht als Ergänzung oder Abweichung von bürgerlich-rechtlichen Vorschriften konzipiert sind und deshalb

---

¹ BGH 23.1.2024, NJW 2024, 1577 Rn. 29.
² S. *Lettl* § 3 Rn. 13, insbesondere auch zum lauterkeitsrechtlichen Schutz der Bezeichnung „Handelsregister".
³ Abgedruckt in: MK-HGB/*Krafka* § 8 Anh. II; Hopt/*Merkt* S. 2145 ff.; Oetker/*Preuß* § 8 Rn. 167.
⁴ ABl. EU Nr. L 169 v. 30.6.2017, S. 46; zuvor s. Art. 3 der Richtlinie 2009/101/EG (sog. Publizitätsrichtlinie) v. 16.9.2009 (ABl. EU Nr. L 258 v. 1.10.2009, S. 11; zuletzt geändert durch die Richtlinie 2012/17/EU, ABl. EU Nr. 156 v. 16.6.2012, S. 1).
⁵ Dazu oben § 1 Rn. 14 mit Fn. 32.
⁶ Hierzu im Überblick *Crezelius* JA 1990, 366 ff., 1991, 1 ff. sowie weiterführend z. B. *Fleischer/Wedemann* S. 149 ff.; *Großfeld/Luttermann* Bilanzrecht, 4. Aufl. 2005; *Hopt* S. 133 ff.; *Hübner* Rn. 280 ff.; *K. Schmidt* § 15 Rn. 1 ff.; *Schön* ZHR Bd. 161 (1997), 133 ff.; *Thiel/Lüdtke-Handjery* Bilanzrecht, 6. Aufl. 2010; *Wöhe/Mock* Die Handels- und Steuerbilanz, 6. Aufl. 2020.

verbreitet dem öffentlichen Recht zugeordnet werden,[7] ohne dass deren Einbindung in das Handelsgesetzbuch den privatrechtlichen Charakter dieser Kodifikation in Frage stellt. Die Aufnahme der Vorschriften in das Handelsgesetzbuch rechtfertigt sich vor allem wegen ihrer Anknüpfung an das subjektive System des Handelsrechts; ihr personeller Anwendungsbereich wird durch den Kaufmannsbegriff festgelegt (z. B. § 238 Abs. 1 Satz 1 HGB). Die privatrechtliche Bedeutung insbesondere der Vorschriften zur Handelsbilanz ist zumeist indirekter Natur und tritt vor allem (aber nicht nur) im Kapitalgesellschaftsrecht in Erscheinung. Exemplarisch zeigt dies das Rückzahlungsverbot in § 30 GmbHG sowie der Tatbestand der Überschuldung im Insolvenzrecht (§ 19 InsO). Beide Vorschriften setzen für deren Anwendung die sichere Beherrschung der Bestimmungen zur Handelsbilanz voraus.

II. Aufbau der Vorschriften über Handelsbücher

Die Vorschriften im Dritten Buch zur Offenlegung und zur Publizität[8] lassen sich unterteilen in diejenigen, die für alle Kaufleute gelten (§§ 238 bis 261 HGB) sowie solche, die ausschließlich bei Kapitalgesellschaften Anwendung finden (§§ 264 bis 335c HGB). *Alle Kaufleute* sind nach den §§ 238 ff. HGB zur Führung von Handelsbüchern (§ 238 Abs. 1 Satz 1 HGB) sowie am Schluss des Geschäftsjahrs zur Aufstellung einer Bilanz (§ 242 Abs. 1 HGB) und einer Gewinn- und Verlustrechnung (§ 242 Abs. 2 HGB) verpflichtet.

5

Die den Kaufmann treffende *Buchführungspflicht* verlangt von ihm die Beachtung der nur schwer zu präzisierenden Grundsätze einer ordnungsgemäßen Buchführung, die so beschaffen sein muss, dass sie einen Überblick über die Geschäftsvorfälle und die Lage des Unternehmens vermittelt (§ 238 Abs. 1 Satz 2 HGB). Ergänzend verpflichtet § 240 HGB, am Schluss des Geschäftsjahrs ein *Inventar* aufzustellen (§ 240 Abs. 2 Satz 1 HGB), in dem die Grundstücke, Forderungen und Schulden, der Betrag des baren Geldes sowie die sonstigen Vermögensgegenstände zu verzeichnen und mit der Angabe des jeweiligen Werts zu versehen sind (§ 240 Abs. 1 HGB). Die am Schluss eines Geschäftsjahrs darüber hinaus aufzustellende *Bilanz* sowie die *Gewinn- und Verlustrechnung* bilden zusammen den *Jahresabschluss* (§ 242 Abs. 3 HGB). Während die Bilanz das Verhältnis zwischen Vermögen und Schulden darstellt (§ 242 Abs. 1 Satz 1 HGB), gibt die Gewinn- und Verlust-

6

---

[7] So z. B. *Canaris* § 1 Rn. 5; RvWH/*Röhricht/Graf von Westphalen/Haas* Einleitung Rn. 52; s. ferner die grundlegende Vertiefung durch *Icking* Die Rechtsnatur des Handelsbilanzrechts, 2000, S. 166 ff.

[8] In zentralen Partien beruhen diese auf der Umsetzung mehrerer Harmonisierungsrichtlinien der Europäischen Union, zuletzt vor allem der Richtlinie 2013/34/EU (ABl. EU Nr. L 182 v. 29.6.2013, S. 19); s. dazu z. B. *Luttermann* NZG 2013, 1128 ff.; *Hommelhoff* Festschrift von Hoyningen-Huene, 2014, S. 137 ff.; ferner zuvor *Hennrichs* GmbHR 2011, 1065 ff. sowie im Überblick Oetker/*Oetker* Einleitung Rn. 57 ff.

rechnung Auskunft über die Aufwendungen und Erträge des jeweiligen Geschäftsjahrs (§ 242 Abs. 2 HGB).

7   Sowohl die Handelsbücher als auch die Jahresabschlüsse sind von dem Kaufmann aufzubewahren (§ 257 Abs. 1 Nr. 1 HGB). Entsprechendes gilt für empfangene und wiedergegebene[9] Handelsbriefe sowie Buchungsbelege (§ 257 Abs. 1 Nr. 2 bis 4 HGB). Gegebenenfalls kann ein Gericht im Laufe eines Prozesses die Vorlage der Handelsbücher anordnen (§ 258 HGB).

8   Zahlreiche Sonderbestimmungen zur Rechnungslegung und zur Offenlegung enthalten die §§ 264 bis 335c HGB für *Kapitalgesellschaften*, die für diese die §§ 238 ff. HGB ergänzen. Erstens erweitern sie die Aufzeichnungs- und Dokumentationspflichten. So ist z. B. der Jahresabschluss (§ 242 Abs. 2 HGB) nach § 264 Abs. 1 Satz 1 HGB um einen Anhang[10] und einen Lagebericht[11] zu ergänzen. Zweitens verpflichtet § 316 HGB Kapitalgesellschaften, den Jahresabschluss sowie den Lagebericht durch einen Abschlussprüfer prüfen zu lassen, und beides nach Erteilung oder Versagung des Bestätigungsvermerks (§ 322 HGB) beim Betreiber des Bundesanzeigers elektronisch einzureichen (§ 325 Abs. 1 Satz 1 HGB).[12] Für die Anwendung der Sonderbestimmungen auf Kapitalgesellschaften ist zu beachten, dass diese hierfür in drei *Größenklassen* (§ 267 Abs. 1 bis 3 HGB: kleine Kapitalgesellschaften, mittelgroße Kapitalgesellschaften und große Kapitalgesellschaften) aufgeteilt sind und für kleine sowie mittelgroße Kapitalgesellschaften Abschwächungen gelten (z. B. §§ 276, 326, 327 HGB) bzw. diese gänzlich aus dem Tatbestand einzelner Vorschriften ausgeklammert werden (z. B. §§ 274a, 288, 316 HGB).

B. Handelsregister – ein Instrument zum Schutz des Privatrechtsverkehrs

I. Führung des Handelsregisters

9   Das Handelsregister wird von den Gerichten elektronisch geführt (§ 8 Abs. 1 HGB);[13] § 376 FamFG weist diese Aufgabe grundsätzlich einem Amtsgericht für den gesamten Bezirk eines Landgerichts zu, und § 3 Nr. 2 lit. d RPflG überträgt diese dort den Rechtspflegern, sofern nicht einzelne Angelegenheiten dem Richter vorbehalten sind (§ 17 RPflG). Örtlich zuständig ist das Amtsgericht am Sitz desjenigen Landgerichts, in dessen Bezirk sich die Niederlassung des Kaufmanns be-

---

[9] Zur Notwendigkeit, von den abgesandten Handelsbriefen Abschriften zu fertigen, s. § 238 Abs. 2 HGB.
[10] Zu diesem die §§ 284 ff. HGB.
[11] Hierzu § 289 HGB.
[12] Näher zum Einsichtsrecht unten § 3 Rn. 29.
[13] Zu Erwägungen *de lege ferenda*, mit der Führung des Handelsregisters die Industrie- und Handelskammern zu betrauen, s. unten § 3 Rn. 78.

findet (§ 377 Abs. 1 FamFG), wenn nicht eine Landesverordnung eine abweichende Regelung trifft (§ 376 Abs. 2 FamFG). Bei Handelsgesellschaften ist regelmäßig auf den gesellschaftsvertraglich festgelegten Sitz abzustellen. Weicht dieser von dem tatsächlichen Sitz der Gesellschaft ab, so ist der letztere maßgebend.[14]

Betreibt ein Einzelkaufmann oder eine juristische Person *mehrere Niederlassungen*, ist – wie sich aus § 13 Abs. 1 Satz 1 HGB ergibt – auf den Sitz der Hauptniederlassung abzustellen. In Abgrenzung zu der gleichfalls in § 13 HGB genannten Zweigniederlassung ist die *Hauptniederlassung* der räumliche Mittelpunkt des Unternehmens, der seinerseits beim Einzelkaufmann durch den auf Dauer angelegten Ort der Geschäftsleitung und bei Handelsgesellschaften durch deren Sitz bestimmt wird.[15] Demgegenüber handelt es sich bei der *Zweigniederlassung* um einen räumlich getrennten Teil des Unternehmens, der unter der Leitung des Kaufmanns dauerhaft selbstständige Geschäfte schließt und dafür in sachlicher sowie personeller Hinsicht die erforderliche Organisation aufweist.[16] Das entscheidende Abgrenzungskriterium zwischen Haupt- und Zweigniederlassung ist die räumliche Trennung. 10

II. Gegenstand der Eintragung

Was im Handelsregister eingetragen werden kann, regelt das Gesetz, wobei in einem ersten Schritt zwischen *eintragungsfähigen* und *eintragungsunfähigen* Tatsachen zu unterscheiden ist; erst in einem zweiten Schritt erfolgt die Feststellung, ob die eintragungsfähige Tatsache auch eintragungspflichtig ist. 11

Obwohl das Handelsregister dem Schutz des Rechtsverkehrs dient, können nicht alle Tatsachen angemeldet werden, sondern – nach vorherrschender Ansicht – nur solche, für die das Gesetz die Eintragung vorsieht.[17] Unerheblich ist es deshalb, ob eine Tatsache für den Rechtsverkehr große Bedeutung hat; allein maßgebend ist die gesetzliche Regelung. Nicht eintragungsfähig ist z. B. die Erteilung einer Hand- 12

---

[14] S. MK-HGB/*Krafka* § 8 Rn. 18; Oetker/*Preuß* § 8 Rn. 68; a. A. Ebenroth/Boujong/*Schaub* § 8 Rn. 16.
[15] Staub/*Koch/Harnos* § 13 Rn. 14, 32; MK-HGB/*Krafka* § 13 Rn. 6; Ebenroth/Boujong/*Pentz* § 13 Rn. 20; Oetker/*Preuß* § 13 Rn. 14, 16; RvWH/*Ries* § 13 Rn. 2.
[16] Staub/*Koch/Harnos* § 13 Rn. 20; MK-HGB/*Krafka* § 13 Rn. 9; Ebenroth/Boujong/*Pentz* § 13 Rn. 24 f.; Oetker/*Preuß* § 13 Rn. 36 ff.; RvWH/*Ries* § 13 Rn. 4; ähnlich Heymann/*Förster* § 13 Rn. 18.
[17] So RG 26.3.1931, RGZ 132, 138 (140). In Ausnahmefällen wird die Eintragung auch ohne ausdrückliche gesetzliche Anordnung zugelassen, s. BGH 10.11.1997, NJW 1998, 1071 (1071); 31.1.2023, NZG 2023, 508 Rn. 12; Staub/*Koch/Harnos* § 8 Rn. 45 f.; MK-HGB/*Krafka* § 8 Rn. 37 ff.; *Lettl* § 3 Rn. 6; Oetker/*Preuß* § 8 Rn. 23; gegen die Erweiterung um eine ungeschriebene Eintragungspflicht hingegen *Canaris* § 4 Rn. 10; s. auch *Hofmann* S. 62.

lungsvollmacht,[18] die Anordnung einer Testamentsvollstreckung oder der Gegenstand des Unternehmens einer Offenen Handelsgesellschaft.[19]

13   Dieser Grundsatz gilt allerdings nicht ohne Einschränkungen. Neben der aufgrund der Publizität des Handelsregisters nur in Ausnahmefällen methodisch statthaften entsprechenden Anwendung einzelner gesetzlicher Vorschriften, die eine Eintragung vorsehen,[20] erzwingt die Überlagerung der registerrechtlichen Vorschriften durch Art. 16 der Richtlinie (EU) 2017/1132 teilweise eine erweiternde Anwendung. Anerkannt ist dies für die Gestattung des Selbstkontrahierens. Nach § 35 Abs. 3 GmbHG gilt § 181 BGB zwar auch bei der Ein-Personen-GmbH, wegen dessen Dispositivität wird das Verbot des Insichgeschäfts in der Satzung aber regelmäßig abbedungen. Dies erachtet der Europäische Gerichtshof im Hinblick auf den Zweck der Publizität als so wesentlich, dass er aus dieser nicht nur die Eintragungsfähigkeit dieser Tatsache, sondern bezüglich dieser zudem eine Eintragungspflicht ableitet.[21] Dementsprechend nimmt der Bundesgerichtshof eine unionsrechtskonforme Auslegung des § 10 Abs. 1 Satz 2 GmbHG vor, der die Eintragung der Vertretungsbefugnisse der Geschäftsführer anordnet, und rechnet hierzu auch deren Befreiung von dem Verbot des Selbstkontrahierens.[22]

14   Eintragungsfähige Tatsachen sind in der Regel auch *eintragungspflichtig*, was das Gesetz zumeist mit der Formulierung „ist anzumelden" zum Ausdruck bringt (z. B. §§ 53 Abs. 1 Satz 1, 106 Abs. 1, 141 Abs. 1 Satz 1 HGB). Eintragungspflichtig sind z. B. Errichtung einer Zweigniederlassung (§ 13 Abs. 1 Satz 1 HGB), Firma und Ort der Handelsniederlassung (§ 29 HGB) sowie Erteilung und Erlöschen der Prokura (§ 53 Abs. 1 Satz 1, Abs. 3 HGB).[23] Wer hiernach zur Anmeldung verpflichtet ist, unterliegt dem Registerzwang, den die §§ 388 bis 392 FamFG ausgestalten. Tatsachen, die zwar eintragungsfähig, nicht aber eintragungspflichtig sind, stellen im Handelsregisterrecht die Ausnahme dar (s. aber die §§ 25 Abs. 2, 28 Abs. 2 HGB).

15   Aus der Eintragungspflicht lassen sich keine zwingenden Rückschlüsse auf die Rechtsfolgen ableiten, wenn die Eintragung (pflichtwidrig) unterbleibt. Hierfür sind *deklaratorisch* und *konstitutiv* wirkende Eintragungen zu unterscheiden. Der Großteil der eintragungsfähigen Tatsachen lässt sich einer der beiden Gruppen zuordnen, was regelmäßig eine Auslegung derjenigen Vorschrift erfordert, die die Eintragung anordnet. *Deklaratorische* Wirkung entfalten z. B. Eintragung bzw. Löschung einer Prokura oder die Eintragung einer bereits tätigen Offenen Handelsgesellschaft

---

[18] Das gilt nach vorherrschender Ansicht auch für eine Generalvollmacht, s. OLG Hamburg 4.12.2008, NZG 2009, 957 f., m. w. N. sowie Oetker/*Preuß* § 8 Rn. 51; a. A. demgegenüber Hopt/*Merkt* § 8 Rn. 5; KKD/*Roth/Stelmaszcyk* § 8 Rn. 8; Schroeder/Oppermann JZ 2007, 176 (180 ff.).
[19] Weitere Beispiele bei Staub/*Koch/Harnos* § 8 Rn. 50 f.; MK-HGB/*Krafka* § 8 Rn. 64 ff.; Oetker/*Preuß* § 8 Rn. 47 ff.; RvWH/*Ries* § 8 Rn. 24; Ebenroth/Boujong/*Schaub* § 8 Rn. 79.
[20] S. z. B. BGH 31.1.2023, NZG 2023, 508 Rn. 12; Oetker/*Preuß* § 8 Rn. 42 ff.; RvWH/*Ries* § 8 Rn. 18.
[21] EuGH 12.11.1974, Amtl. Slg. 1974, 1201 (1207).
[22] BGH 28.2.1983, BGHZ 87, 59 (61 f.); bestätigt z. B. durch BGH 9.10.2003, NJW-RR 2004, 120.
[23] Weitere Beispiele bei Staub/*Koch/Harnos* § 8 Rn. 35 ff.; Oetker/*Preuß* § 8 Rn. 18 ff.; Ebenroth/Boujong/*Schaub* § 8 Rn. 65 ff.

sowie die des Istkaufmanns. *Konstitutiv* wirkt demgegenüber z. B. die Eintragung des Kannkaufmanns (§§ 2 und 3 HGB). Allerdings gibt es auch Fälle, in denen die Eintragung einer bestimmten Tatsache bezüglich einer Norm Tatbestandsvoraussetzung ist und deshalb konstitutiv wirkt, während dieselbe Eintragung hinsichtlich einer anderen Norm nur die bereits eingetretene Rechtsfolge feststellt und deshalb lediglich deklaratorische Wirkung hat. Exemplarisch zeigt dies die Eintragung einer Kommanditgesellschaft, die bereits ein Handelsgewerbe betreibt. Während die Eintragung für die Stellung als Handelsgesellschaft wegen § 1 Abs. 2 HGB nur deklaratorische Wirkung entfaltet, tritt die Beschränkung der Haftung des bzw. der Kommanditisten gegenüber gutgläubigen Dritten nach § 176 Abs. 1 Satz 1 HGB erst mit der Eintragung ein, wirkt diesbezüglich also konstitutiv.

III. Herbeiführung der Eintragung

1. Antragsgrundsatz

Eintragungen und Löschungen im Handelsregister nimmt das Registergericht in der Regel erst aufgrund einer Anmeldung (§ 12 Abs. 1 HGB) vor. Hierzu hat derjenige, in dessen Angelegenheiten die Eintragung bzw. Löschung erfolgen soll, eine Anmeldung einzureichen. 16

Die Anmeldung muss nach § 12 Abs. 1 HGB elektronisch eingereicht werden und öffentlich beglaubigt sein. Hierfür ist diese nach § 129 Abs. 1 Satz 1 BGB schriftlich abzufassen und mit einer notariellen Beglaubigung der Unterschrift zu versehen (Einzelheiten: § 39 ff. BeurkG); eine notarielle Beurkundung ersetzt die öffentliche Beglaubigung (§ 129 Abs. 3 BGB). Abweichend von § 167 Abs. 2 BGB gilt diese Formvorschrift auch für eine Vollmacht zur Anmeldung (§ 12 Abs. 1 Satz 3 HGB); nur der beurkundende oder beglaubigende Notar benötigt diese nicht, da er nach § 378 Abs. 2 FamFG hierzu als ermächtigt gilt. 17

Nur in wenigen Ausnahmefällen erfolgen Eintragungen oder Löschungen im Handelsregister *ohne* Antragstellung (von Amts wegen). Ein solcher ist z. B. die Löschung von unzulässigen Eintragungen gemäß den §§ 393 Abs. 1, 395 FamFG.[24] Das Registergericht hat in diesem Fall das Recht, den Eintrag zu löschen, um den Inhalt des Handelsregisters (wieder) mit den gesetzlichen Bestimmungen in Einklang zu bringen. Ferner wird das Registergericht nach § 31 Abs. 2 Satz 2 HGB, § 393 FamFG von Amts wegen tätig, wenn die Löschung einer Firma durch die hierzu Verpflichteten nicht angemeldet werden kann. Grundsätzlich kommt eine Eintragung von Amts wegen somit nur in Betracht, wenn im Handelsregister Tatsachen eingetragen sind, die überhaupt nicht in dieses gehören, oder zur Stellung des Antrags auf eine Löschung Verpflichtete hierzu nicht in der Lage sind, sodass die zu löschende Eintragung andernfalls auf unabsehbare Zeit im Handelsregister stehen bliebe. 18

---

[24] Exemplarisch OLG Hamm 23.12.2004, NJW-RR 2005, 767 (768 f.).

2. Erzwingung der Anmeldung

19 Den weitgehenden Verzicht des Registerrechts auf von Amts wegen vorzunehmende Eintragungen gleicht das Handelsrecht bezüglich der eintragungspflichtigen Tatsachen dadurch aus, dass es mit dem Zwangsgeld (§ 14 Satz 1 HGB) ein Instrumentarium bereithält, um die Eintragung herbeizuführen, wobei die §§ 388 ff. FamFG die Einzelheiten des Verfahrens ausgestalten. Das Zwangsgeld, dessen Höhe € 5000 nicht übersteigen darf (§ 14 Satz 2 HGB), setzt das Registergericht (Rechtspfleger) durch eine Verfügung fest, die aufgrund eines Einspruchs (§ 390 Abs. 3 FamFG) aufgehoben werden kann. Gegen den Beschluss, der das Zwangsgeld festsetzt oder den Einspruch verwirft, findet die Beschwerde statt (§ 391 Abs. 1 FamFG), die binnen einer Frist von einem Monat einzulegen ist (§ 63 Abs. 1 FamFG) und über die das Oberlandesgericht entscheidet (§ 119 Abs. 1 Nr. 1 lit. b GVG).[25]

IV. Entscheidung des Rechtspflegers

20 Nach Eingang der Anmeldung (§ 12 Abs. 1 HGB) steht dem Registergericht (Rechtspfleger) das Recht zur Überprüfung der Anmeldung zu. Im Vordergrund steht regelmäßig die *formelle Prüfung*, d. h. ob die förmlichen Voraussetzungen für die Eintragung vorliegen, insbesondere die Form der öffentlichen Beglaubigung gewahrt worden ist.[26]

21 Darüber hinaus hat das Registergericht wegen der Aufgabe des Handelsregisters ein *materielles Prüfungsrecht*. Soll dieses seine im öffentlichen Interesse liegende Funktion erfüllen, den Rechtsverkehr zu schützen, so sind Fehleintragungen zu vermeiden. Bestätigt wird dies durch die Auskunftsrechte und Mitwirkungspflichten zugunsten des Registergerichts nach den §§ 379 Abs. 2, 380 FamFG, um – so ausdrücklich § 380 Abs. 1 FamFG – unrichtige Eintragungen im Handelsregister zu vermeiden. Deshalb beschränkt sich das materielle Prüfungsrecht des Registergerichts nicht auf die tatsächliche Richtigkeit der angemeldeten Tatsachen, sondern schließt eine *Rechtskontrolle* ein.[27] So kann es z. B. die Anmeldung einer Firma auch mit der Begründung zurückweisen, deren konkrete Formulierung sei rechtswidrig.[28]

---

[25] Zur Statthaftigkeit einer gegen die Entscheidung des Beschwerdegerichts eröffneten Rechtsbeschwerde s. § 70 FamFG.
[26] S. Staub/*Koch/Harnos* § 8 Rn. 79; Oetker/*Preuß* § 8 Rn. 87, 90 ff.; RvWH/*Ries* § 8 Rn. 32.
[27] Heute allg. Ansicht, s. z. B. BGH 4.7.1977, NJW 1977, 1879 (1880); OLG München 23.6.2010, NJW-RR 2010, 1559 (1560); näher zum materiellen Prüfungsrecht Staub/*Koch/Harnos* § 8 Rn. 80 ff.; MK-HGB/*Krafka* § 8 Rn. 70 ff.; Oetker/*Preuß* § 8 Rn. 97 f.; Ebenroth/Boujong/*Schaub* § 8 Rn. 141 ff.; ablehnend noch die ältere Rechtsprechung, s. RG 30.1.1880, RGZ 1, 241 (242 f.).
[28] S. BGH 4.7.1977, NJW 1977, 1879 (1880).

B. Handelsregister – ein Instrument zum Schutz des Privatrechtsverkehrs

Das Prüfungs*recht* des Registergerichts korrespondiert grundsätzlich mit einer 22
Prüfungs*pflicht*.[29] Hinsichtlich der ordnungsgemäßen Anmeldung und der materiellen Rechtmäßigkeit ist dies unstreitig. Regelmäßig besteht ferner hinsichtlich der *inhaltlichen Richtigkeit* der Anmeldung eine Prüfungspflicht, da das Verfahren der freiwilligen Gerichtsbarkeit von dem Amtsermittlungsgrundsatz beherrscht wird (§ 26 FamFG). Zur Aufklärung des wahren Sachverhalts ist das Registergericht aber nur verpflichtet, wenn trotz ordnungsgemäßer Anmeldung begründete Zweifel an der Richtigkeit der einzutragenden Tatsache bestehen.[30]

Entscheidungen des Registergerichts im Zusammenhang mit der Eintragung 23
können – sofern nicht die Festsetzung eines Zwangsgelds gemäß § 14 HGB betroffen ist[31] – mit dem Rechtsmittel der Beschwerde angegriffen werden (§ 11 Abs. 1 RPflG i. V. mit § 58 Abs. 1 FamFG); ggf. kommt gegen die Entscheidung des Beschwerdegerichts (§ 119 Abs. 1 Nr. 1 lit. b GVG: Oberlandesgericht) die Rechtsbeschwerde in Betracht (§ 70 Abs. 1 FamFG), über die im Falle der Zulassung durch das Beschwerdegericht der Bundesgerichtshof befindet (s. § 133 GVG).

V. Beweiskraft von Ausdrucken und Abschriften aus dem Handelsregister

Von großer Bedeutung für den Schutz des Rechtsverkehrs sind die aus dem Handels- 24
register gefertigten Ausdrucke sowie Abschriften (§ 9 Abs. 4 HGB). Diese geben Auskunft über den Inhalt eines bestimmten Teils des Handelsregisters und dienen im Prozess als *Beweismittel*. Mit deren Vorlage können die Parteien beweisen, dass das Handelsregister bezüglich der im Streit befindlichen Tatsache einen bestimmten Inhalt hat.[32]

Die Ausdrucke und Abschriften aus dem Handelsregister sind zwar öffentliche 25
Urkunden i. S. des § 418 Abs. 1 ZPO,[33] aus der Vorschrift lässt sich aber nicht zweifelsfrei entnehmen, welche Reichweite die Beweiskraft der Eintragung im Handelsregister entfaltet. Zwei Ansätze sind denkbar: Erstens kann der Inhalt des Handelsregisters – entsprechend dem Wortlaut in § 418 Abs. 1 ZPO – lediglich als Beweis dafür angesehen werden, dass eine Anmeldung entsprechenden Inhalts erfolgt ist (formelle Beweiskraft).[34] Zweitens kann im Handelsregister der Nachweis dafür erblickt werden, dass die dort eingetragenen Tatsachen der Wahrheit entspre-

---

[29] Zur dogmatischen Ableitung z. B. Staub/*Koch/Harnos* § 8 Rn. 82; Oetker/*Preuß* § 8 Rn. 83; Ebenroth/Boujong/*Schaub* § 8 Rn. 141.
[30] BayObLG 19.6.1973, BayObLGZ 1973, 158 (160); OLG München 23.6.2010, NJW-RR 2010, 1559 (1560); s. auch *Brox/Henssler* Rn. 76; *Fischinger* Rn. 118; *Kindler* § 3 Rn. 14; Staub/*Koch/Harnos* § 8 Rn. 85 ff.; MK-HGB/*Krafka* § 8 Rn. 73; Oetker/*Preuß* § 8 Rn. 99.
[31] Hierzu vorstehend unter § 3 Rn. 19.
[32] Staub/*Koch/Harnos* § 8 Rn. 123; Oetker/*Preuß* § 8 Rn. 57.
[33] S. *Koch* ZZP Bd. 122 (2009), 37 (50).
[34] Hierfür noch RG 30.1.1880, RGZ 1, 241 (242 f.); 5.11.1888, RGSt. 18, 179 (179 f.).

chen und deshalb auch sachlich richtig sind.³⁵ Zu beantworten ist deshalb die Frage, ob die Urkunde über die formelle Beweiskraft hinaus eine materielle Beweiskraft entfaltet.

26 Insbesondere die Rechtsprechung befürwortete anfänglich wegen der Anmeldepflicht die erste Auffassung. Weil Eintragungen oder Löschungen nur aufgrund einer Anmeldung vorgenommen werden, spreche nicht das Handelsregister selbst, sondern der Anmeldende bediene sich dessen, er spreche lediglich durch das Handelsregister.³⁶ Maßstab für die Richtigkeit des Registereintrags ist hiernach nicht die wirkliche Rechtslage, sondern die Anmeldung. Für die zweite Auffassung, die dem Handelsregisterauszug auch eine materielle Beweiskraft zubilligt und heute vorherrschend ist, streiten Wortlaut sowie Zweck der gesetzlichen Regelung. Das Registergericht prüft die Anmeldung nicht nur im Hinblick auf formelle Ordnungsgemäßheit, sondern auch auf materielle Rechtmäßigkeit und sachliche Richtigkeit hin.³⁷ Deshalb entsprechen die Eintragungen im Handelsregister in der Praxis zumeist der Wirklichkeit. Aus dem Amtsermittlungsgrundsatz (§ 26 FamFG) ist zudem zu schließen, dass der Gesetzgeber die Übereinstimmung von Registereintragung und wirklicher Rechtslage als Normalfall gewollt hat. Maßstab für die Richtigkeit des Handelsregisters ist aus diesen Gründen nicht die Anmeldung, sondern die Wirklichkeit. Das Handelsregister schützt somit nicht nur das Vertrauen in die Übereinstimmung von Eintragung und Anmeldung, sondern den Rechtsverkehr insgesamt; dieser soll auf die im Handelsregister niedergelegten Tatsachen und Rechtsverhältnisse vertrauen können.

27 Von der *Beweiskraft* ist die Frage zu unterscheiden, wie sich die Vorlage eines Ausdrucks bzw. einer Abschrift aus dem Handelsregister auf die Verteilung der *Beweislast* in einem Zivilprozess auswirkt. Auch als öffentliche Urkunden i. S. des § 418 Abs. 1 ZPO führen diese nicht zu einer Umkehr der Beweislast.³⁸ Ebenso schafft § 418 Abs. 1 ZPO keine gesetzliche Vermutung i. S. des § 292 ZPO.³⁹ Wegen der registergerichtlichen Prüfungspflicht begründen Ausdrucke und Abschriften aus dem Handelsregister jedoch einen Beweis des ersten Anscheins für deren inhaltliche Richtigkeit (*prima facie*-Beweis).⁴⁰ Aus ihnen folgt jedoch keine (tatsächliche) Vermutung, sondern sie erleichtern vielmehr der beweisbelasteten Partei lediglich die Beweisführung.⁴¹ Bei der Vorlage von Ausdrucken und Abschriften

---

³⁵ So z. B. *K. Schmidt* § 13 Rn. 2.
³⁶ RG 30.1.1880, RGZ 1, 241 (242 f.); dagegen *K. Schmidt* § 13 Rn. 2: nicht der Anmeldende, sondern das Register selbst spreche.
³⁷ S. vorstehend § 3 Rn. 21.
³⁸ Ebenso Staub/*Koch/Harnos* § 9 Rn. 123; a. A. Oetker/*Preuß* § 8 Rn. 57; RvWH/*Ries* § 8 Rn. 57.
³⁹ MK-ZPO/*Schreiber* § 418 Rn. 8 f. sowie *J. v. Gierke/Sandrock* § 11 III 1b, S. 148; *K. Schmidt* § 13 Rn. 24.
⁴⁰ So auch Staub/*Koch/Harnos* § 8 Rn. 123; *Koch* ZZP Bd. 122 (2009), 37 (50 f.).
⁴¹ Allg. *Rosenberg/Schwab/Gottwald* Zivilprozessrecht, 18. Aufl. 2018, § 113 Rn. 36; s. auch BGH 5.2.1987, BGHZ 100, 31 (33 f.); *Lettl* § 3 Rn. 2.

obliegt es der anderen Partei, den Gegenbeweis anzutreten, um hierdurch den „ersten Anschein" zu erschüttern. Ein Beweis des Gegenteils (§ 292 ZPO) ist nicht erforderlich.[42]

C. Formelle Publizität des Handelsregisters

Das Handelsregister ist ähnlich dem Grundbuch (§§ 1 ff. GBO) oder dem Tarifregister (§§ 6 f. TVG) ein öffentliches Register.[43] Die Öffentlichkeit und damit die formelle Publizität der Registereintragung wird durch deren Bekanntmachung sowie das Einsichtsrecht hergestellt. Beides regeln die §§ 9, 10 und 11 HGB, die teilweise durch das Unionsrecht geprägt werden, da die Richtlinie (EU) 2017/1132 in Art. 16 Abs. 3 bis 5[44] auch für das Registerrecht formelle Vorgaben aufstellt. 28

Jeder kann gemäß § 9 Abs. 1 Satz 1 HGB in das Handelsregister Einsicht nehmen und nach § 9 Abs. 4 HGB einen Ausdruck bzw. eine Abschrift der Registereintragungen sowie ein Negativattest (§ 9 Abs. 5 HGB) verlangen. Abweichend von der allgemeinen Bestimmung in § 13 Abs. 2 Satz 1 FamFG[45] benötigt er hierzu kein berechtigtes Interesse.[46] Das Einsichtsrecht steht zwar nach § 9 Abs. 1 Satz 1 HGB unter dem Vorbehalt eines Informationsinteresses, dieses soll dem Einsichtsrecht aber lediglich eine den allgemeinen zivilrechtlichen Missbrauchstatbeständen zu entnehmende Grenze ziehen.[47] Deshalb steht die Beschränkung des Rechts zur Einsichtnahme auf „Informationszwecke" kommerziellen Nutzungsinteressen nicht entgegen.[48] Das Spannungsverhältnis zu der vorgenannten Bestimmung der Richtlinie (EU) 2017/1132, die keine vergleichbare Begrenzung kennt, ist durch eine weite und ggf. unionsrechtskonforme Auslegung aufzulösen.[49] Auch das Grundrecht auf informationelle Selbstbestimmung (Art. 2 Abs. 1 GG) erzwingt keine Restriktion des Einsichtsrechts, da die Informationsinteressen der Allgemeinheit dieses überlagern,[50] wobei Art. 16 Abs. 3 der Richtlinie (EU) 2017/1132 diese Sichtweise bestätigt. Vollständige oder auszugsweise Ausdrucke bzw. Abschriften sind hiernach 29

---

[42] *Rosenberg/Schwab/Gottwald* Zivilprozessrecht, 18. Aufl. 2018, § 113 Rn. 36; MK-ZPO/*Schreiber* § 418 Rn. 8.
[43] Für das Grundbuch § 12 Abs. 1 GBO; für das Tarifregister § 16 Satz 1 DVO-TVG.
[44] S. oben § 3 Rn. 3.
[45] Wiederholt in § 12 Abs. 1 GBO für das Grundbuch.
[46] BGH 23.1.2024, NJW 2024, 1577 Rn. 26; Heymann/*Förster* § 9 Rn. 6.; Staub/*Koch/Harnos* § 9 Rn. 17; Oetker/*Preuß* § 9 Rn. 2; RvWH/*Ries* § 9 Rn. 3; Ebenroth/Boujong/*Schaub* § 9 Rn. 3.
[47] Staub/*Koch/Harnos* § 9 Rn. 18; Oetker/*Preuß* § 9 Rn. 2; RvWH/*Ries* § 9 Rn. 3; Ebenroth/Boujong/*Schaub* § 9 Rn. 3.
[48] Statt aller Hopt/*Merkt* § 9 HGB Rn. 2, m. w. N.
[49] Staub/*Koch/Harnos* § 9 Rn. 19. Demgegenüber zur Unionsrechtswidrigkeit gelangend *Hirte* NJW 2003, 1090 (1091); zweifelnd auch *Kindler* JZ 2006, 177 (178).
[50] S. *Canaris* § 4 Rn. 4 sowie BGH 23.1.2024, NJW 2024, 1577 Rn. 67 ff.

auf Verlangen zuzusenden und deren Richtigkeit zu beglaubigen, sofern der Antragsteller hierauf nicht verzichtet.

30 Die Bekanntmachung regelt § 10 HGB.[51] Früher geschah diese im Bundesanzeiger sowie mindestens einem vom Registergericht jährlich im Dezember bezeichneten (§ 11 Abs. 1 HGB a. F.) weiteren Blatt. Seit dem Jahre 2009 erfolgt die Bekanntmachung in dem von der Landesjustizverwaltung bestimmten elektronischen Informations- und Kommunikationssystem (s. § 10 Satz 1, § 9 Abs. 1 Satz 2 HGB). Hierfür haben die Länder in Ausübung von § 9 Abs. 1 Satz 4 HGB das vom Land Nordrhein-Westfalen betriebene gemeinsame zentrale Registerportal der Länder (www.handelsregister.de) bestimmt. Die Bekanntmachung erfolgt nach § 10 Abs. 1 Satz 1 HGB bereits durch die erstmalige Abberufbarkeit der Eintragung über das Registerportal (s. auch § 10 Abs. 4 HGB). Nach § 10 Abs. 1 Satz 1 HGB unterliegen alle Registereintragungen der Bekanntmachung. Das gilt auch bei Kommanditgesellschaften. Bei ihnen sind alle Kommanditisten anzumelden und einzutragen. Die frühere Sonderregelung in § 162 Abs. 2 HGB a. F., nach der bei der Bekanntmachung die Angabe der Anzahl der Kommanditisten genügte, wurde wegen des elektronisch geführten Handelsregisters aufgehoben, da hierdurch der Zweck für die vereinfachende Sonderregelung entfallen war.

D. Materielle Publizität des Handelsregisters

I. Systematik der gesetzlichen Regelung in § 15 HGB

31 Die materielle Publizität des Handelsregisters regelt § 15 HGB. Die Norm enthält in ihren ersten drei Absätzen eine Aussage darüber, welche Rechtswirkungen Eintragungen sowie Nichteintragungen im Register für den Rechtsverkehr auslösen. Allerdings sind die Regelungen in § 15 HGB dogmatisch unterschiedlicher Natur.[52] Während § 15 Abs. 1 und 3 HGB den Vertrauensschutz begründen, schließt § 15 Abs. 2 HGB diesen aus. Schon aus diesem Grunde ist eine präzise Trennung zwischen den einzelnen Bestimmungen in § 15 HGB unerlässlich.

32 Zu differenzieren ist bei § 15 HGB weiterhin nach dem Anknüpfungspunkt der jeweiligen Regelung. Während sich § 15 Abs. 2 und 3 HGB auf tatsächlich bekannt

---

[51] Hierzu Art. 16 Abs. 3 der Richtlinie (EU) 2017/1132: „Die Mitgliedstaaten sorgen dafür, dass die Offenlegung der in Artikel 14 bezeichneten Urkunden und Informationen dadurch erfolgt, dass sie im Register öffentlich zugänglich gemacht werden. Zudem können die Mitgliedstaaten verlangen, dass einige oder alle dieser Urkunden und Informationen in einem dafür bestimmten Amtsblatt oder in einer anderen ebenso wirksamen Form veröffentlicht werden. Eine solche Form erfordert zumindest die Verwendung eines Systems, bei dem die veröffentlichten Urkunden oder Informationen in chronologischer Reihenfolge über eine zentrale elektronische Plattform abgerufen werden können. In solchen Fällen sorgt das Register dafür, dass die Urkunden und Informationen vom Register in elektronischer Form an das Amtsblatt oder eine zentrale elektronische Plattform übermittelt werden."

[52] Hierzu vertiefend *Schilken* AcP Bd. 187 (1987), 1 ff.

D. Materielle Publizität des Handelsregisters

gemachte Tatsachen beziehen, knüpft § 15 Abs. 1 HGB an nicht eingetragene und nicht bekannt gemachte Tatsachen an. Entsprechend dieser Trennung regelt § 15 Abs. 1 HGB die *negative* Publizität des Handelsregisters, während § 15 Abs. 2 und 3 HGB dessen *positive* Publizität ausformt. Ergänzend bleiben die vor Schaffung des § 15 Abs. 3 HGB in Rechtsprechung und Literatur entwickelten Rechtsscheingrundsätze anwendbar.[53]

II. Negative Publizität des Handelsregisters (§ 15 Abs. 1 HGB)

1. Vertrauensschutz der negativen Publizität

Die Vorschrift des § 15 Abs. 1 HGB beinhaltet das Prinzip der negativen Publizität des Handelsregisters. Negativ ist diese, weil § 15 Abs. 1 HGB voraussetzt, dass eine eintragungs*pflichtige* Tatsache (z. B. Widerruf der Prokura, s. § 53 Abs. 3 HGB; Abberufung des Geschäftsführers einer GmbH, s. § 39 Abs. 1 GmbHG) *nicht* in das Handelsregister eingetragen und nicht bekanntgemacht wurde. Es wird deshalb das Vertrauen des Rechtsverkehrs geschützt, dass die eintragungspflichtigen Tatsachen im Handelsregister abschließend eingetragen sind. Dieses soll dem Einsichtnehmenden den Rückschluss gestatten, dass andere als die eingetragenen (eintragungspflichtigen) Tatsachen nicht existieren.

Als *Rechtsfolge* bestimmt § 15 Abs. 1 HGB, dass derjenige, in dessen Angelegenheiten die Tatsache einzutragen war, diese Dritten, die sie nicht kannten, nicht entgegenhalten kann. Was nicht eingetragen, aber eintragungspflichtig ist, existiert im Verhältnis zu Dritten nicht. Ist z. B. kein Widerruf der Prokura eingetragen, dann soll der Rechtsverkehr darauf vertrauen, dass ein derartiger Widerruf nicht vorliegt. Das gilt unabhängig davon, ob der Vertragspartner des Kaufmanns das Handelsregister zuvor eingesehen hat. Somit schützt § 15 Abs. 1 HGB das Vertrauen des gutgläubigen Dritten auf das Nichtvorliegen eintragungspflichtiger Tatsachen, sodass die Vorschrift eine registerrechtliche Vertrauensschutznorm ist.[54] Deshalb findet diese keine Anwendung im sog. reinen Unrechtsverkehr,[55] insbesondere dann nicht, wenn im Rahmen einer Haftung nach § 7 Abs. 1 StVG die Haltereigenschaft festzustellen ist. So kann z. B. die fehlende Haltereigenschaft einer bereits aufgelösten Offenen Handelsgesellschaft nicht über § 15 Abs. 1 HGB „herbeigezaubert"

---

[53] Zu ihnen unten § 3 Rn. 76 f.
[54] So *Canaris* § 5 Rn. 4, 5; *Hager* Jura 1992, 57 (60); *John* ZHR Bd. 140 (1976), 236 ff.; Staub/*Koch-Harnos* § 15 Rn. 20 ff.; *K. Schmidt* § 14 Rn. 18; ferner BSG 20.2.2024, NJW 2024, 3092 Rn. 30; abweichend im Sinne eines allgemeinen handelsrechtlichen Verkehrsschutzes aber z. B. MK-HGB/*Krebs* § 15 Rn. 11; *Kreutz* Jura 1982, 626 (628).
[55] *Canaris* § 5 Rn. 14; *Deckenbrock/Sossna* JuS 2024, 211 (211); Ebenroth/Boujong/*Gehrlein* § 15 Rn. 4; *Hofmann* S. 79 f.; *Hübner* Rn. 145; Staub/*Koch-Harnos* § 15 Rn. 26; MK-HGB/*Krebs* § 15 Rn. 22; Oetker/*Preuß* § 15 Rn. 7; RvWH/*Ries* § 15 Rn. 3; *K. Schmidt* § 14 Rn. 47; differenzierend Hopt/*Merkt* § 15 Rn. 8, wenn ein Zusammenhang mit dem Geschäftsverkehr vorliegt; ebenso Bayer/*Lieder* Rn. 77; *Fischinger* Rn. 136; *Kindler* § 3 Rn. 28; *Lettl* § 3 Rn. 37.

werden.⁵⁶ Darüber hinaus steht § 15 Abs. 1 HGB nicht den Grundsätzen zum Missbrauch der Vertretungsmacht entgegen.⁵⁷

2. Voraussetzungen des Vertrauensschutzes

35 Um die Rechtsfolgen des § 15 Abs. 1 HGB auszulösen, muss eine eintragungs*pflichtige* Tatsache⁵⁸ in Frage stehen.⁵⁹ Bei lediglich eintragungs*fähigen* Tatsachen greift § 15 Abs. 1 HGB nicht ein.⁶⁰

36 Andererseits ist der Begriff „Tatsache" weit zu fassen. Alles, was eintragungspflichtig ist, ist wegen des Zwecks der Norm auch eine Tatsache i. S. des § 15 Abs. 1 HGB.⁶¹ Wegen des weiten Gesetzeswortlauts erstreckt sich die negative Publizität des Handelsregisters zudem nicht nur auf deklaratorische, sondern nach herrschender Auffassung auch auf solche Tatsachen, bei denen die Eintragung konstitutive Wirkung entfaltet,⁶² wobei § 15 Abs. 1 HGB für die letztgenannten Tatsachen nur von Bedeutung ist, wenn diese zwar eingetragen, aber noch nicht bekanntgemacht worden sind.⁶³ Ferner erfasst der Wortlaut des Gesetzes nicht nur Tatsachen, die sich auf eine Änderung der bestehenden Rechtslage beziehen (sog. Sekundärtatsachen), sondern ebenfalls solche, die ein Recht begründen (sog. Primärtatsachen), unabhängig davon, ob die Eintragung deklaratorisch oder konstitutiv wirkt.⁶⁴ Der negative Vertrauensschutz umfasst deshalb auch Primärtatsachen wie z. B. die Erteilung der Prokura und die Kaufmannseigenschaft. Hieraus folgt z. B., dass es § 15 Abs. 1 HGB dem Istkaufmann verwehrt, sich auf die Genehmigungsfiktion des § 377 HGB zu berufen, wenn er es pflichtwidrig unterlassen hat, seine Eintragung in das Handelsregister herbeizuführen.⁶⁵

---

⁵⁶ *K. Schmidt* § 14 Rn. 47.
⁵⁷ BGH 9.1.2024, NZG 2024, 452 Rn. 36.
⁵⁸ Zu diesen oben § 3 Rn. 14.
⁵⁹ Für die allg. Ansicht BGH 21.12.1970, BGHZ 55, 267 (273); *Canaris* § 5 Rn. 8; *Fischinger* Rn. 124; Heymann/*Förster* § 15 Rn. 17; Staub/*Koch/Harnos* § 15 Rn. 32; Oetker/*Preuß* § 15 Rn. 18.
⁶⁰ *Canaris* § 5 Rn. 10; *Fischinger* Rn. 125; Ebenroth/Boujong/*Gehrlein* § 15 Rn. 7; *Hübner* Rn. 134; Staub/*Koch/Harnos* § 15 Rn. 37; MK-HGB/*Krebs* § 15 Rn. 27.
⁶¹ RvWH/*Ries* § 15 Rn. 6; *K. Schmidt* § 14 Rn. 20.
⁶² Bayer/*Lieder* Rn. 66; Ebenroth/Boujong/*Gehrlein* § 15 Rn. 7; *Hofmann* S. 73; Staub/*Koch/Harnos* § 15 Rn. 37; MK-HGB/*Krebs* § 15 Rn. 34; Hopt/*Merkt* § 15 Rn. 5; Oetker/*Preuß* § 15 Rn. 19; a. A. MK-HGB/*Lieb* 1. Aufl., § 15 Rn. 19; *Noack* Festschrift für Ulmer, 2003, S. 1245 (1256); *K. Schmidt* § 14 Rn. 25.
⁶³ *Fischinger* Rn. 126; Staub/*Koch/Harnos* § 15 Rn. 34; Oetker/*Preuß* § 15 Rn. 19; a. A. *K. Schmidt* § 14 Rn. 25.
⁶⁴ A. A. bezüglich sog. Primärtatsachen MK-HGB/*Lieb* 1. Aufl., § 15 Rn. 18; wie hier für die h. M. z. B. Bayer/*Lieder* Rn. 62; Bülow/*Artz* Rn. 125; *Hübner* Rn. 136 f.; Staub/*Koch/Harnos* § 15 Rn. 41 f.; MK-HGB/*Krebs* § 15 Rn. 33; Hopt/*Merkt* § 15 Rn. 5; KKD/*Roth* § 15 Rn. 5; *K. Schmidt* § 14 Rn. 26; weiterführend *Oetker* Gedächtnisschrift für Sonnenschein, 2003, S. 635 ff.
⁶⁵ Reg. Begr., BT-Drucks. 13/8444, S. 48; *Canaris* § 5 Rn. 9; *Fischinger* Rn. 126; MK-HGB/*Krebs* § 15 Rn. 59; *Prütting/Guntermann/ Weller* Rn. 100; HK-HGB/*Ruß* 1 Rn. 44, 48; *K. Schmidt* NJW 1998, 2161 (2169); *Schulz* JA 1998, 890 (892); a. A. *Lieb* NJW 1999, 35 (36); *Kaiser* JZ 1999, 495 (500 ff.).

D. Materielle Publizität des Handelsregisters

Die eintragungspflichtige Tatsache darf nicht eingetragen *und* bekanntgemacht worden sein. Erst wenn beide Publizitätsakte vorliegen, endet der durch die negative Publizität begründete Vertrauensschutz. Solange die Bekanntmachung noch nicht erfolgt ist, kann sich der Kaufmann z. B. gegenüber dem Geschäftsverkehr nicht darauf berufen, dass der Widerruf einer Prokura bereits im Handelsregister eingetragen ist.[66] Der Schutz des Vertrauens hängt zudem nicht davon ab, dass der Eintragungspflichtige für die unterbliebene Eintragung und Bekanntmachung verantwortlich ist.[67] Warum die Tatsache nicht eingetragen oder nicht bekanntgemacht wurde, ist für die Anwendung des § 15 Abs. 1 HGB bedeutungslos, sodass auch Fehler im Verantwortungsbereich des Registergerichts den Vertrauensschutz begründen können.

37

Ferner darf dem Dritten das Vorliegen der nicht eingetragenen Tatsache nicht bekannt sein,[68] wobei es nicht darauf ankommt, ob er sein Vertrauen auf das Nichtvorliegen der Tatsache aus dem Handelsregister schöpft oder die streitige Rechtshandlung im Hinblick auf dieses Vertrauen vorgenommen hat.[69] Der Dritte muss den Inhalt des Handelsregisters nicht kennen.[70] § 15 Abs. 1 HGB verlangt kein konkretes, in speziellen Situationen geschöpftes Vertrauen. Es genügt abstraktes Vertrauen.[71] Aus diesem Grunde ist auch eine Ursächlichkeit des Vertrauens für das Verhalten des Dritten nicht erforderlich, sofern zumindest die Möglichkeit besteht, dass sich Dritte bei ihrem rechtsgeschäftlichen Verhalten auf den unrichtigen Eintragungstatbestand verlassen.[72]

38

Voraussetzung für das abstrakte oder typisierte Vertrauen ist lediglich das Fehlen *positiver* Kenntnis bezüglich der wahren Sachlage. Grob fahrlässige Unkenntnis (Kennenmüssen) steht dem durch § 15 Abs. 1 HGB vermittelten Vertrauensschutz nicht entgegen.[73] Damit weicht die Vorschrift von § 932 Abs. 2 BGB ab und knüpft an andere Tatbestände des Registerrechts (insbesondere § 892 BGB) an, die den Vertrauensschutz ebenfalls erst bei positiver Kenntnis von der wahren Rechtslage

39

---

[66] *Canaris* § 5 Rn. 11; Ebenroth/Boujong/*Gehrlein* § 15 Rn. 7; Staub/*KochHarnos* § 15 Rn. 50; RvWH/*Ries* § 15 Rn. 12.

[67] *Bayer/Lieder* Rn. 84; *Canaris* § 5 Rn. 20; *Fischinger* Rn. 130; *Hübner* Rn. 146; Staub/*Koch/Harnos* § 15 Rn. 54; MK-HGB/*Krebs* § 15 Rn. 39; *Lettl* § 3 Rn. 32; *H. Westermann* JuS 1963, 1 (6).

[68] RG 6.2.1909, RGZ 70, 272 (272 f.).

[69] *Hofmann* JA 1980, 267 (268).

[70] BGH 1.12.1975, BGHZ 65, 309 (311); 9.10.2003, NJW-RR 2004, 120; MK-HGB/*Lieb* 1. Aufl., § 15 Rn. 31, m. w. N. sowie Oetker/*Preuß* § 15 Rn. 26.

[71] BGH 9.1.2024, NZG 2024, 452 Rn. 32: „abstrakter Vertrauensschutz"; *John* ZHR Bd. 140 (1976), 236 (240): „typisiertes Vertrauen"; *Bayer/Lieder* Rn. 83; *Fischinger* Rn. 135; Staub/*Koch/Harnos* § 15 Rn. 61; *Lettl* § 3 Rn. 34 ff.; MK-HGB/*Lieb* 1. Aufl., § 15 Rn. 31; Oetker/*Preuß* § 15 Rn. 26; *Reinicke* JZ 1985, 272 (272); *Schilken* AcP Bd. 187 (1987), 1 ff.; *K. Schmidt* § 14 Rn. 34 ff.; s. aber auch BGH 9.10.2003, NJW-RR 2004, 120; *Brox/Henssler* Rn. 84.

[72] So BGH 9.10.2003, NJW-RR 2004, 120.

[73] Für die allg. Ansicht BGH 9.1.2024, NZG 2024, 452 Rn. 28; *Bayer/Lieder* Rn. 75; *Canaris* § 5 Rn. 13; *Fischinger* Rn. 133; Heymann/*Förster* § 15 Rn. 26; Ebenroth/Boujong/*Gehrlein* § 15 Rn. 12; *Hübner* Rn. 143; *Kindler* § 3 Rn. 25; Staub/*Koch/Harnos* § 15 Rn. 59; MK-HGB/*Krebs* § 15 Rn. 46; *Lettl* § 3 Rn. 33; Hopt/*Merkt* § 15 Rn. 7; RvWH/*Ries* § 15 Rn. 16.

ausschließen. Die Kenntnis eines Vertreters muss sich der Dritte nach Maßgabe des § 166 Abs. 1 BGB zurechnen lassen.[74]

3. Fehlende Voreintragung als Sonderproblem

40   Der durch die negative Publizität begründete Vertrauenstatbestand gründet sich stets auf die konkrete, *nicht* eingetragene Tatsache. Schwierigkeiten treten bei der kontrovers diskutierten Problematik der *fehlenden Voreintragung* auf, die dann von Bedeutung ist, wenn die Änderung einer eintragungspflichtigen Tatsache ebenfalls eintragungspflichtig ist und Eintragung sowie Bekanntmachung bezüglich beider Tatsachen unterblieben sind.[75]

41   Das Problem der fehlenden Voreintragung lässt sich am besten anhand des klassischen Beispiels verdeutlichen, in dem ein Kaufmann seinem Prokuristen die Prokura entzogen hat, ohne diese nach § 53 Abs. 3 HGB eintragungspflichtige Tatsache zur Eintragung anzumelden (s. § 53 Abs. 1 Satz 1 HGB). Will er sich gegenüber Dritten auf den Entzug der Prokura berufen, so verwehrt ihm § 15 Abs. 1 HGB dies, weil die Tatsache des Erlöschens der Prokura nicht eingetragen ist. Problematisch ist die Rechtslage aber, wenn die Eintragung der Erteilung der Prokura entgegen § 53 Abs. 1 Satz 1 HGB ebenfalls unterblieben war. Bei isolierter Anwendung des § 15 Abs. 1 HGB hat sich nichts geändert. Wiederum ist die dem Kaufmann günstige Tatsache des Erlöschens der Prokura nicht eingetragen, weshalb er sich gegenüber Dritten, die hiervon keine Kenntnis haben, nicht auf diese berufen kann. Nach seinem Wortlaut verlangt § 15 Abs. 1 HGB nicht, dass die Erteilung der Prokura publiziert wurde, da § 15 Abs. 1 HGB das Prinzip der negativen Publizität anordnet. Für diese Norm kommt es deshalb nicht darauf an, dass eine Tatsache publiziert wird, sondern maßgeblich sind lediglich die Tatsachen, die nicht publiziert wurden.

42   Im Einzelfall kann diese strenge Auslegung des § 15 Abs. 1 HGB jedoch eine unbillige Haftung auslösen. Zu denken ist vor allem an Fälle, in denen der Eintragungspflichtige keinen Anlass hatte, dem Verkehr von der eintragungspflichtigen Tatsache Kenntnis zu verschaffen, sodass diese im Rechtsverkehr zu keinem Zeitpunkt wirken konnte. Besonders deutlich wird das Problem bei dem mit sofortiger Wirkung in eine bestehende Offene Handelsgesellschaft Eintretenden, der noch vor Eintragung seines Eintritts wieder ausscheidet, ohne zuvor als Gesellschafter in Erscheinung getreten zu sein. Wurde der Austritt ebenfalls nicht im Handelsregister eingetragen, so ergibt sich aus § 15 Abs. 1 HGB (i. V. mit § 126 HGB) eine Haftung für alle Verbindlichkeiten, welche die Gesellschaft seit dem Eintritt eingegangen ist. Erst die Eintragung des Austritts kann die durch § 15 Abs. 1 HGB bewirkte Haftung für die Verbindlichkeiten der Gesellschaft beenden. Eine parallele Problematik tritt bei der Beendigung eines Unternehmensvertrags (Beherrschungs- oder Gewinn-

---

[74] Allg. BGH 24.1.1992, BGHZ 117, 104 (106 ff.) sowie vertiefend zur „Wissenszurechnung" *Richardi* AcP Bd. 169 (1969), 398 ff.; *Waltermann* AcP Bd. 192 (1992), 181 ff.

[75] Zum Streitstand z. B. *Müller-Laube* S. 20 ff.

D. Materielle Publizität des Handelsregisters

abführungsvertrag) mit einer GmbH auf, wenn weder dessen Abschluss noch seine Beendigung in das Handelsregister eingetragen wurde.[76]

Um in derartigen Fällen eine Haftung zu vermeiden, wird seit langem erwogen, § 15 Abs. 1 HGB einschränkend auszulegen. Am weitesten geht der erstmals von A. *Hueck*[77] präsentierte Vorschlag, § 15 Abs. 1 HGB solle nur diejenigen Fälle erfassen, in denen eine ehemals richtige Eintragung *nachträglich* unrichtig wird.[78] § 15 Abs. 1 HGB schütze zwar das abstrakte bzw. typisierte Vertrauen, bleibe aber trotzdem eine Vertrauensschutznorm. Da sich das Vertrauen auf irgend etwas stützen können müsse, schütze § 15 Abs. 1 HGB nur den guten Glauben an kundgemachte Tatsachen. Bei diesem Ansatz wird die Norm aus der Sicht des Dritten verstanden und teleologisch reduziert.

43

Gegen das (ungeschriebene) Erfordernis einer Voreintragung ist mit der herrschenden Ansicht einzuwenden, dass diese Auslegung des § 15 Abs. 1 HGB dem Willen des Gesetzgebers widerspricht. Ursprünglich bestand das System der materiellen Publizität des Handelsregisters nur aus § 15 Abs. 1 und 2 HGB und sollte dem Eintragungspflichtigen ermöglichen, dem Risiko der Vertrauenshaftung durch richtige Eintragung gem. § 15 Abs. 2 HGB zu entgehen. § 15 Abs. 1 HGB ist angesichts dieser Gesetzesentwicklung aus der Sicht des Eintragungspflichtigen zu betrachten und nicht – wie von der erstgenannten Ansicht – aus der Sicht des Dritten.[79] Es kommt nicht darauf an, ob dieser bei einer fiktiven Einsichtnahme in das Register auf dessen Inhalt vertraut hätte, sondern maßgebend ist allein das Bestehen einer Eintragungspflicht.[80] Deshalb greift § 15 Abs. 1 HGB grundsätzlich auch bei einer fehlenden Voreintragung ein.[81]

44

Im Hinblick auf den mit § 15 HGB bezweckten Schutz bedarf die Norm jedoch einer teleologischen Reduktion, wenn der Eintragungspflichtige keinen Anlass hatte, den Verkehr zu warnen.[82] Das ist zu bejahen, wenn die in Rede stehende Tatsache in keiner Weise nach außen in Erscheinung getreten ist.[83] Ebenso scheidet die Anwendung des § 15 Abs. 1 HGB aus, wenn die Eintragungspflicht rechtlich

45

---

[76] Hierzu BGH 11.11.1991, BGHZ 116, 37 (44 ff.); 31.1.2023, NZG 2023, 508 ff.

[77] AcP Bd. 118 (1920), 350 ff.

[78] Ebenso *Baumann* AcP Bd. 184 (1984), 45 (62); *Canaris* Die Vertrauenshaftung im deutschen Privatrecht, 1971, S. 152; *Schilken* AcP Bd. 187 (1987), 1 (8).

[79] Treffend *K. Schmidt* § 14 Rn. 36.

[80] So auch *John* ZHR Bd. 140 (1976), 236 (241 ff.).

[81] Stellvertretend für die herrschende Meinung BGH 21.12.1970, BGHZ 55, 267 (272); *Bayer/Lieder* Rn. 66; *Canaris* § 5 Rn. 12; *Fischinger* Rn. 128; *Ebenroth/Boujong/Gehrlein* § 15 Rn. 9; *Hofmann* S. 71; *Hübner* Rn. 138 ff.; *Kindler* § 3 Rn. 21; *Staub/Koch/Harnos* § 15 Rn. 45; MK-HGB/*Krebs* § 15 Rn. 36; *Lettl* § 3 Rn. 40; *Hopt/Merkt* § 15 Rn. 11; *Oetker/Preuß* § 15 Rn. 21; *K. Schmidt* § 14 Rn. 36.

[82] *Hager* Jura 1992, 57 (60); *K. Schmidt* JuS 1977, 209 (214).

[83] Ebenso *Bayer/Lieder* Rn. 71; *Canaris* § 5 Rn. 12; *Fischinger* Rn. 128; *Heymann/Förster* § 15 Rn. 21; *Ebenroth/Boujong/Gehrlein* § 15 Rn. 9; *Hager* Jura 1992, 57 (60); *Hübner* Rn. 141; *Jung* Kap. 3 Rn. 12; *Kindler* § 3 Rn. 22; *Staub/Koch/Harnos* § 15 Rn. 46; *Hopt/Merkt* § 15 Rn. 11; *Oetker/Preuß* § 15 Rn. 21; RvWH/*Ries* § 15 Rn. 14; *K. Schmidt* § 14 Rn. 36; a. A. MK-HGB/*Krebs* § 15 Rn. 36.

umstritten ist, da der Eintragungspflichtige auch in dieser Konstellation keine Veranlassung hatte, den Rechtsverkehr zu warnen.[84]

4. „Wahlrecht" des Dritten

46 Kontroverse Diskussionen löst die wegen des mit der Norm bezweckten Schutzes nahe liegende Frage aus, ob dem Dritten ein *Wahlrecht* zwischen der wahren Rechtslage und der im Register ausgewiesenen Rechtslage zusteht.[85] Ausgangspunkt ist die Überlegung, dass zwei verschiedene Sachverhalte vorliegen. Zum einen gibt es den wirklichen Sachverhalt, der im Widerspruch zum Registereintrag steht, zum anderen einen aus dem Handelsregister ersichtlichen fiktiven Sachverhalt, der sich im Widerspruch zur Wirklichkeit befindet.

47 Verdeutlichen lässt sich das Problem an dem Vertragsschluss durch einen Prokuristen, dessen Prokura bereits zuvor erloschen war, ohne dass dies jedoch in das Handelsregister eingetragen worden ist.[86] In diesem Fall könnte der Dritte gegen den Kaufmann vorgehen, dem es wegen § 15 Abs. 1 HGB verwehrt ist, sich auf das Erlöschen der Prokura zu berufen. In der umgekehrten Konstellation, der Kaufmann geht gegen den Dritten vor, stellt sich jedoch die Frage, ob der Dritte abweichend von dem aus dem Handelsregister ersichtlichen Sachverhalt unter Hinweis auf die erloschene Prokura und die damit fehlende Vertretungsmacht die Unwirksamkeit des Vertrags geltend machen kann.

48 Bezüglich dieser Problematik sind zwei Aspekte streng zu trennen. In einem ersten Schritt stellt sich die Frage, ob der Dritte stets an den Sachverhalt gebunden ist, der sich aus dem Register ergibt, oder ob er sich stattdessen auch auf den wahren Sachverhalt stützen kann. Im Hinblick auf den Zweck des § 15 Abs. 1 HGB ist ihm dies zu gestatten.[87] Würde sich nunmehr der Eintragungspflichtige auf den Sachverhalt berufen, der aus dem Register ersichtlich ist, dann ist ihm dies nach § 242 BGB wegen des Verbots des *venire contra factum proprium* verwehrt. Der Dritte übt in diesem Fall jedoch kein „Wahlrecht" aus, sondern verzichtet auf den Vertrauensschutz der negativen Publizität.

49 Der Lehre vom Wahlrecht des Dritten ist entgegengehalten worden, dass das Gericht das Vorliegen des § 15 Abs. 1 HGB von Amts wegen prüft. Der Dritte habe zwar nach dem Verhandlungsgrundsatz die streitigen Tatsachen in den Prozess einzuführen, sei dies aber geschehen, dann entscheide ausschließlich das Gericht, ob die Voraussetzungen des § 15 Abs. 1 HGB erfüllt sind. Da § 15 Abs. 1 HGB nur

---

[84] So auch BGH 11.11.1991, BGHZ 116, 37 (45 f.).
[85] Zum Meinungsstand z. B. *Müller-Laube* S. 17 ff.
[86] So das Beispiel von *Canaris* § 5 Rn. 24.
[87] BGH 21.12.1970, BGHZ 55, 267 (273); 1.12.1975, BGHZ 65, 309 (310); ebenso die nahezu einhellige Ansicht im Schrifttum, s. *Bayer/Lieder* Rn. 90; Staub/*Koch/Harnos* § 15 Rn. 65; MK-HGB/*Krebs* § 15 Rn. 53; Oetker/*Preuß* Rn. 28, jeweils m. w. N.

zugunsten des Dritten, aber nie zu seinem Nachteil wirke,[88] bedürfe es keines Wahlrechts.[89] Der Entscheidung sei vielmehr stets der für den Dritten günstigere Sachverhalt zugrunde zu legen. Sei das der wirkliche Sachverhalt, so scheide ein Rückgriff auf § 15 Abs. 1 HGB aus, weil die Norm in dieser Konstellation zum Nachteil des Dritten wirken würde. Darüber hinaus treffe das Gericht nicht die Wahl zwischen zwei Sachverhalten. Es gebe nur einen, nämlich den wirklichen Sachverhalt. Stehe dieser im Widerspruch zum Registerinhalt, dann habe das Gericht zu prüfen, ob die Voraussetzungen des § 15 Abs. 1 HGB vorliegen. Dies könne allerdings nur der Fall sein, wenn sich der Eintragungspflichtige gegenüber dem Dritten auf eine nicht eingetragene Tatsache berufe. Einzige Rechtsfolge des § 15 Abs. 1 HGB sei, dass er dieses Berufen durch den Eintragungspflichtigen nicht zulasse. Der wirkliche Sachverhalt werde damit nicht abgeändert oder durch einen fiktiven Sachverhalt ersetzt. Es sei dem Dritten lediglich erlaubt, sich auf das Nichtvorliegen der eintragungspflichtigen Tatsache zu berufen, da es der zur Eintragung Verpflichtete versäumt habe, den Vertrauensschutz nach § 15 Abs. 2 HGB auszuschließen.[90]

50 Dieser Kritik gegenüber der überwiegenden Ansicht ist bereits im Ansatz nicht zu folgen. Allerdings ist diese durch die schiefe Formulierung von einem „Wahlrecht" provoziert worden. Es geht im Kern nicht um die Wahl zwischen zwei unterschiedlichen Sachverhalten, sondern um die Frage, ob der Dritte auf seinen Schutz durch § 15 Abs. 1 HGB verzichten kann.[91] Dass dies möglich ist, folgt bereits aus dem Zweck der Norm. Insbesondere kann sich der Eintragungspflichtige nicht auf die Rechtsfolge des § 15 Abs. 1 HGB stützen, wenn der Dritte seinen Anspruch auf das Vorliegen der eintragungspflichtigen, aber nicht eingetragenen Tatsache stützen will.

51 Wesentlich problematischer ist der Fall, in dem sich der Dritte zur Begründung seines Anspruchs sowohl auf den wirklichen Sachverhalt als auch auf § 15 Abs. 1 HGB beruft. Denkbar ist das z. B., wenn der Dritte den ausgeschiedenen persönlich haftenden Gesellschafter einer Kommanditgesellschaft, der mit einem anderen persönlich haftenden Gesellschafter nur gemeinsam vertretungsberechtigt war und dessen Ausscheiden nicht eingetragen wurde, aus einem mit dem verbliebenen Gesellschafter abgeschlossenen Vertrag in Anspruch nimmt. Das Ausscheiden des Gesellschafters kann dem Dritten wegen § 15 Abs. 1 HGB nicht entgegengehalten werden; bezüglich der Vertretungsmacht des verbliebenen Gesellschafters müsste der Dritte jedoch berechtigt sein, sich auf die wahre Rechtslage zu berufen. Eine verbreitete Ansicht im Schrifttum verwehrt ihm dies. Ein partieller Verzicht auf den

---

[88] *v. Olshausen* AcP Bd. 189 (1989), 223 (242); ebenso zu § 15 Abs. 3 HGB BGH 5.2.1990, NJW-RR 1990, 737 (738).
[89] *K. Schmidt* § 14 Rn. 50 ff.
[90] BGH 1.12.1975, BGHZ 65, 309 (310 f.); *Hager* Jura 1992, 57 (63); *Kreutz* Jura 1982, 626 (637); *Reinicke* JZ 1985, 272 (275).
[91] So auch *Chiusi* AcP Bd. 202 (2002), 494 (507 f.); im Grundsatz ebenso Staub/*Koch/Harnos* § 15 Rn. 65.

Registerschutz sei nicht statthaft und verstoße gegen Treu und Glauben.[92] Der Bundesgerichtshof entschied indes gegenteilig.[93]

III. Positive Publizität des Handelsregisters

1. Vertrauenszerstörende Eintragung der wahren Rechtslage (§ 15 Abs. 2 HGB)

a) Grundtatbestand des § 15 Abs. 2 HGB

52 Die Norm des § 15 Abs. 2 HGB, die durch Art. 16 Abs. 6 der Richtlinie (EU) 2017/1132 unionsrechtlich überlagert wird, behandelt den Regelfall der Eintragung und Bekanntmachung von richtigen Tatsachen. Gemäß § 15 Abs. 2 Satz 1 HGB müssen Dritte Tatsachen, die im Handelsregister eingetragen und bekanntgemacht worden sind, unabhängig davon, ob ihnen diese bekannt sind, gegen sich gelten lassen. Obwohl die Norm keinen Rechtsscheintatbestand verkörpert, ist sie für den Vertrauensschutz von zentraler Bedeutung. Der zur Eintragung Verpflichtete soll mit der Eintragung das Risiko einer Vertrauenshaftung von sich abwenden können. Ein eventuell bestehendes Vertrauen darauf, dass die eingetragenen und bekanntgemachten Tatsachen nicht bestehen, wird nach § 15 Abs. 2 Satz 1 HGB nicht geschützt. Damit schließt die Norm den in § 15 Abs. 1 HGB normierten Vertrauensschutz aus,[94] ohne sich allerdings hierauf zu beschränken. Eintragung und Bekanntmachung sind unter Umständen auch ein Mittel zur Zerstörung des Vertrauenstatbestands in anderen Fällen einer Rechtsscheinhaftung,[95] sei es, dass es sich um gesetzliche Rechtsscheintatbestände (z. B. § 172 Abs. 2 BGB)[96] handelt, sei es, dass die Anwendung allgemeiner Rechtsscheintatbestände[97] in Frage steht.[98]

53 Da sich § 15 Abs. 2 HGB mit Tatsachen beschäftigt, über die das Handelsregister eine Aussage trifft, regelt die Norm die positive Publizität. Sie begründet jedoch

---

[92] So z. B. *Brox/Henssler* Rn. 86; *Hübner* Rn. 151 ff.; MK-HGB/*Lieb* 1. Aufl., § 15 Rn. 37; i. E. ebenso *Canaris* § 5 Rn. 26.
[93] BGH 1.12.1975, BGHZ 65, 309 (310 f.); ebenso im Schrifttum z. B. *Bayer/Lieder* Rn. 95; *Deckenbrock/Sossna* JuS 2024, 211 (212); *Fischinger* Rn. 143; Ebenroth/Boujong/*Gehrlein* § 15 Rn. 16; *Kindler* § 3 Rn. 32; Staub/*Koch/Harnos* § 15 Rn. 69 f.; MK-HGB/*Krebs* § 15 Rn. 54; *Lettl* § 3 Rn. 43; Oetker/*Preuß* § 15 Rn. 31; RvWH/*Ries* § 15 Rn. 21; *K. Schmidt* § 14 Rn. 57 ff., jeweils m. w. N.
[94] Treffend *Canaris* § 5 Rn. 35; *Deckenbrock/Sossna* JuS 2024, 211 (214); *Fischinger* Rn. 145; *Lettl* § 3 Rn. 45.
[95] A. A. *Canaris* § 5 Rn. 36; *Lettl* § 3 Rn. 47.
[96] Näher unten § 3 Rn. 58.
[97] Hierzu unten § 3 Rn. 76 f.
[98] S. ferner BAG 25.9.2014, NJW 2014, 3595 Rn. 21, zur Kenntnis der Vertretungsmacht im Rahmen von § 174 Satz 2 BGB.

D. Materielle Publizität des Handelsregisters

keinen Vertrauensschutz in das Bestehen der eingetragenen Rechtslage, sondern besagt lediglich, dass der Dritte die eingetragene Tatsache gegen sich gelten lassen muss.

Den Ausschluss der durch § 15 Abs. 1 HGB begründeten Vertrauenshaftung nimmt § 15 Abs. 2 Satz 2 HGB allerdings teilweise wieder zurück. Wird eine Rechtshandlung innerhalb von 15 Tagen nach Bekanntmachung der Tatsache vorgenommen und kann der Dritte beweisen, dass er die bereits eingetragene Tatsache weder kannte noch kennen musste, bleibt sein Vertrauen in das Nichtbestehen der Tatsache schützenswert. Allerdings ist diese Ausnahme, die den Vertrauensschutz nach § 15 Abs. 1 HGB zeitlich verlängert,[99] nur von geringer Bedeutung. Das ergibt sich erstens aus dem zeitlich stark eingegrenzten Anwendungsbereich der Norm und zweitens kann der Dritte nur schwer den Nachweis erbringen, dass ihm die Tatsache nicht infolge Fahrlässigkeit (s. § 122 Abs. 2 BGB) unbekannt geblieben ist. Die Rechtsprechung stellt hierfür extrem hohe Sorgfaltsanforderungen auf und bejaht einen Fahrlässigkeitsvorwurf bereits, wenn der Information über die Rechtsverhältnisse keine Hindernisse im Wege standen.[100] Hiergegen werden zwar Bedenken im Hinblick auf die praktische Erfüllbarkeit geäußert,[101] durch die Umstellung auf ein elektronisch geführtes Handelsregister sind diese aber weitgehend überholt.[102] Zudem entspricht die restriktive Sichtweise des Bundesgerichtshofs am ehesten dem Unionsrecht, da Art. 16 Abs. 5 der Richtlinie (EU) 2017/1132 die vertrauenszerstörende Wirkung der Bekanntmachung für den Zeitraum bis zum 16. Tag nach der Bekanntmachung nur zurücknimmt, wenn es für den Dritten unmöglich war, die Urkunden oder Angaben zu kennen.

54

b) Verhältnis des § 15 Abs. 2 HGB zu anderen Rechtsscheintatbeständen

Eine weitaus stärkere Einschränkung erfährt der Ausschluss des Vertrauensschutzes infolge Registereintragung und Bekanntmachung aus der Zielsetzung des Gesetzes heraus. § 15 Abs. 2 HGB dient nicht dazu, einen besonderen, auf andere Tatbestände gestützten Vertrauensschutz auszuschließen. Er bezieht sich bei wertender Betrachtung lediglich auf den registerrechtlichen (allgemeinen) Vertrauensschutz[103] und soll dem Eintragungspflichtigen Gelegenheit geben, sich vor den Risiken der Vertrauenshaftung aus § 15 Abs. 1 HGB zu schützen. Das bedeutet aber nicht, dass seine Haftung auch dann ausgeschlossen ist, wenn er unabhängig von dem Handelsregister einen besonderen Rechtsschein gesetzt hat, der stärker wirkt als die Bekanntmachung und Eintragung. Ein im Einzelfall begründeter Vertrauenstatbestand kann bei einer aus diesem Grunde teleologisch reduzierten Auslegung des

55

---
[99] *Canaris* § 5 Rn. 30.
[100] BGH 8.5.1972, NJW 1972, 1418 (1419); s. auch MK-HGB/*Krebs* § 15 Rn. 72 f.
[101] So noch mit beachtlichen Gründen *Canaris* § 5 Rn. 31, 32.
[102] Treffend Oetker/*Preuß* § 15 Rn. 41; im Grundsatz ebenso *Fischinger* Rn. 151; Staub/*Koch/Harnos* § 15 Rn. 90.
[103] BGH 18.3.1974, BGHZ 62, 216 (223), m. w. N.

§ 15 Abs. 2 HGB im Einzelfall stärker wirken als der Haftungsausschluss, den § 15 Abs. 2 Satz 1 HGB anordnet.[104]

56 Bei folgenden Sachverhalten kommt eine Verdrängung des § 15 Abs. 2 HGB durch besondere Rechtsscheintatbestände in Betracht:

57 • Nicht auf § 15 Abs. 2 HGB kann sich zumeist berufen, wer eine von ihm angemeldete Tatsache, die eingetragen und bekannt gemacht ist, durch rechtsgeschäftliches oder tatsächliches Handeln in seiner Sphäre wieder aufhebt. Als Beispiel ist die bekannt gemachte Gesamtvertretung für eine Offene Handelsgesellschaft zu nennen, die von einer einem Gesellschafter erteilten Duldungsvollmacht zur Einzelvertretung im Innenverhältnis überlagert wird. In diesem Fall überwiegt das Vertrauen des Dritten auf die Vertretungsmacht des einzelnen Gesellschafters das durch § 15 Abs. 2 HGB geschützte Interesse der Gesellschafter der Offenen Handelsgesellschaft.[105]

58 • Tritt § 15 Abs. 2 HGB in Konkurrenz zu speziellen gesetzlich geregelten Vertrauensschutztatbeständen, z. B. denen des Bürgerlichen Gesetzbuchs (z. B. §§ 171, 172 BGB), so ist die Vertrauenshaftung ebenfalls nicht ausgeschlossen. Das gilt z. B. auch, wenn trotz eines eingetragenen und bekannt gemachten Unternehmensübergangs ein Schuldner des Unternehmens, der den Übergang nicht kennt, wie bisher auf ein privates Konto des früheren Inhabers leistet. Der Schuldner kann sich in diesem Fall gegenüber dem neuen Inhaber auf die befreiende Wirkung seiner Leistung gem. § 407 BGB berufen, obwohl der Unternehmensübergang eingetragen und bekannt gemacht worden ist.[106]

59 • Die Regelung des § 15 Abs. 2 HGB greift ebenfalls nicht durch, wenn demjenigen, von dem die Tatsache anzumelden war, Verstöße gegen vertrauensschützende Bestimmungen des Handelsgesetzbuchs zur Last fallen, z. B. ein Verstoß gegen die Firmenvorschrift des § 19 Abs. 2 HGB vorliegt.[107]

60 • Auf § 15 Abs. 2 HGB kann sich nach einer teilweise geäußerten Ansicht gleichfalls nicht berufen, wer seine Haftung während laufender Vertragsverhandlungen oder bestehender Geschäftsbeziehungen beschränkt. Hiervon muss dem Vertrags- bzw. Geschäftspartner gesondert Kenntnis verschafft werden. Die Eintragung und Bekanntmachung im Handelsregister genügt in dieser Konstellation nicht für den Ausschluss der Vertrauenshaftung.[108]

---

[104] *K. Schmidt* JuS 1977, 209 (213); s. ferner *Fischinger* Rn. 155 ff.
[105] Ebenso *K. Schmidt* § 14 Rn. 8.
[106] *Canaris* § 7 Rn. 78, 79; s. dagegen aber MK-HGB/*Krebs* § 15 Rn. 79.
[107] Vormals § 19 Abs. 5 HGB; s. auch BGH 8.5.1978, BGHZ 71, 354 (357) sowie Staub/*Koch/Harnos* § 15 Rn. 94; MK-HGB/*Lieb* 1. Aufl., § 15 Rn. 57; Oetker/*Preuß* § 15 Rn. 48; RvWH/*Ries* § 15 Rn. 30.
[108] Staub/*Koch/Harnos* § 15 Rn. 97 f.; Oetker/*Preuß* § 15 Rn. 51; RvWH/*Ries* § 15 Rn. 31; *K. Schmidt* § 14 Rn. 14 f.; s. aber auch MK-HGB/*Krebs* § 15 Rn. 69.

2. Vertrauensbegründende unrichtige Eintragung (§ 15 Abs. 3 HGB)

a) Regelungsinhalt des § 15 Abs. 3 HGB

Im Unterschied zu § 15 Abs. 1 HGB, der das Vertrauen in das *Nichtbestehen* eintragungspflichtiger, aber nicht eingetragener bzw. bekannt gemachter Tatsachen schützt, und zu § 15 Abs. 2 HGB, der der Registereintragung die Kraft zuweist, einen (positiven) Vertrauenstatbestand zu zerstören, begründet § 15 Abs. 3 HGB einen (positiven) Vertrauenstatbestand hinsichtlich des *Bestehens* einer eintragungspflichtigen Tatsache. 61

Auch § 15 Abs. 3 HGB erfährt durch die Richtlinie (EU) 2017/1132 eine unionsrechtliche Überlagerung. Nach deren Art. 16 Abs. 4 haben die Mitgliedstaaten die erforderlichen Maßnahmen dagegen zu treffen, dass der Inhalt der Eintragung im Register von der Akte abweicht. Im Fall einer Abweichung soll Dritten einerseits nicht der bekannt gemachte Text entgegengehalten werden können, andererseits soll es ihnen jedoch gestattet werden, sich auf den bekannt gemachten Text zu berufen, sofern dem Eintragungspflichtigen nicht der Nachweis gelingt, dass der Dritte den im Register eingetragenen Text kannte. 62

Die deutsche Regelung geht allerdings über das unionsrechtlich Geforderte hinaus, da § 15 Abs. 3 HGB tatbestandlich nicht an die Abweichung der Eintragung von dem Registerinhalt anknüpft, sondern allgemein bestimmt, dass sich jeder gutgläubige Dritte dem Eintragungspflichtigen gegenüber auf „unrichtig" eingetragene Tatsachen berufen kann. Im Gegensatz zur positiven (vertrauenszerstörenden) Publizität der richtigen Registereintragung (§ 15 Abs. 2 HGB) beginnt die Rechtswirkung der positiven (vertrauensbegründenden) Publizität der „unrichtig" eingetragenen Tatsache – abweichend von § 15 Abs. 2 HGB – sofort mit der unrichtigen Eintragung. Eine § 15 Abs. 2 Satz 2 HGB entsprechende Frist sieht das Gesetz für die positive Publizität der unrichtigen Eintragung nicht vor. Auch § 15 Abs. 3 HGB wirkt nur zugunsten des Dritten und nie zu seinem Nachteil.[109] Die Vorschrift ist allerdings so allgemein formuliert, dass deren Inhalt in vielen Punkten bis heute umstritten geblieben ist, wobei die Diskussion von dem Ziel geleitet ist, den weit gefassten Anwendungsbereich der Norm möglichst sachgerecht einzuschränken.[110] 63

b) „Unrichtigkeit" der Eintragung

aa) Beschränkung auf die Eintragung

Nach seinem Wortlaut gilt § 15 Abs. 3 HGB nur für (abstrakt) eintragungs*pflichtige* Tatsachen.[111] Zudem kommt es im Unterschied zu der früheren Rechtslage auf die Unrichtigkeit der Eintragung und nicht auf die der Bekanntmachung an. In den 64

---

[109] BGH 5.2.1990, NJW-RR 1990, 737 (738).
[110] *K. Schmidt* § 14 Rn. 76 f.
[111] H. M. s. z. B. BGH 18.10.2016, NJW 2017, 559 Rn. 13; *Bayer/Lieder* Rn. 117; *Canaris* § 5 Rn. 47; *Fischinger* Rn. 162 f.; *Lettl* § 3 Rn. 58; Hopt/*Merkt* § 15 Rn. 18; Oetker/*Preuß* § 15 Rn. 55;

Anwendungsbereich der Norm ist daher auch der Fall der unrichtigen Eintragung, aber richtigen Bekanntmachung einbezogen (z. B. Anmeldung der Prokura für M. Schultz, Eintragung für M. Schulz, Bekanntmachung für M. Schultz). Bei diesem findet § 15 Abs. 3 HGB Anwendung, da dieser an den unrichtigen Registerinhalt anknüpft. Allerdings greift § 15 Abs. 3 HGB nicht in dem eher theoretischen Fall ein, dass zwar eine richtige Bekanntmachung erfolgte, eine entsprechende Eintragung aber gänzlich fehlt. Die durch § 15 Abs. 3 HGB begründete positive Publizität ist ausdrücklich mit dem Vorliegen einer unrichtigen Eintragung verknüpft. Ohne Eintragung also keine positive Publizität durch § 15 Abs. 3 HGB. Auch wenn die positive Publizität des § 15 Abs. 3 HGB an die unrichtige Eintragung anknüpft, ist die Bekanntmachung nicht ohne Bedeutung für § 15 Abs. 3 HGB. Tatbestandlich setzt die Norm voraus, dass die Tatsache nicht nur eingetragen, sondern auch bekannt gemacht wurde.[112] Ohne Bekanntmachung der eingetragenen (unrichtigen) Tatsache kommt § 15 Abs. 3 HGB nicht zur Anwendung.

65 In den Anwendungsbereich des § 15 Abs. 3 HGB sind diejenigen Fälle nicht einbezogen, in denen die unrichtige Bekanntmachung einer richtigen Eintragung (Anmeldung der Prokura für M. Schultz, Eintragung für M. Schultz, Bekanntmachung für M. Schulz) vorliegt, da § 15 Abs. 3 HGB für die positive Publizität an die Unrichtigkeit der Eintragung anknüpft. Dafür ist es ohne Bedeutung, ob die Bekanntmachung einer bereits unrichtigen Eintragung (Anmeldung der Prokura für M. Schultz, Eintragung für M. Schulz, Bekanntmachung für M. Schulz) entspricht. Da § 15 Abs. 3 HGB ausschließlich an die unrichtige Eintragung anknüpft, erfasst die Norm deshalb nicht den Fall, in dem eine nicht eingetragene, aber eintragungspflichtige Tatsache unrichtig bekannt gemacht wird. Wegen der Anknüpfung des § 15 Abs. 3 HGB an die unrichtige Eintragung ist es ohne Bedeutung, ob die Bekanntmachung richtig ist.[113] Ebenso greift § 15 Abs. 3 HGB nicht ein, wenn zuvor die Eintragung richtig, die Bekanntmachung aber unrichtig ist.[114]

bb) Merkmal der „Unrichtigkeit"

66 Dem Gesetz lässt sich nicht eindeutig entnehmen, wann die Eintragung i. S. von § 15 Abs. 3 HGB „unrichtig" ist. Grundsätzlich bestehen zwei Auslegungsmöglichkeiten: Erstens kann Unrichtigkeit mit Fehlerhaftigkeit gleichgesetzt und die Haftung hierauf beschränkt werden, zweitens kann hiermit die Unwahrheit gemeint sein.

RvWH/*Ries* § 15 Rn. 35; im Grundsatz auch Staub/*Koch/Harnos* § 15 Rn. 105; weitergehend (analoge Anwendung auf lediglich eintragungsfähige Tatsachen) MK-HGB/*Krebs* § 15 Rn. 87 (ausdrücklich dagegen BGH 18.10.2016, NJW 2017, 559 Rn. 13); in der Tendenz auch *K. Schmidt* § 14 Rn. 81.
[112] S. Staub/*Koch/Harnos* § 15 Rn. 107.
[113] NK-HGB/*Schall* § 15 Rn. 82; kritisch *Lieder* DNotZ 2021, 830 (842 f.); Hopt/*Merkt* § 15 Rn. 18; zur praktischen Bedeutungslosigkeit dieser Konstellation Staub/*Koch/Harnos* § 15 Rn. 108.
[114] A. A. Hopt/*Merkt* § 15 Rn. 18 a. E.; § 15 Abs. 3 HGB analog; ebenso NK-HGB/*Schall* § 15 Rn. 80; in dieser Richtung auch Oetker/*Preuß* § 15 Rn. 56.

D. Materielle Publizität des Handelsregisters

Die erste Auslegung verlangt lediglich, dass die Eintragung von der Anmeldung abweicht und grenzt den Anwendungsbereich der Norm zugleich auf diesen Sachverhalt ein. Hierfür spricht Art. 3 Abs. 6 der Richtlinie 68/151/EWG (= Art. 16 Abs. 5 der Richtlinie [EU] 2017/1132), der die Einfügung des § 15 Abs. 3 HGB veranlasste und lediglich verhindern sollte, dass der Inhalt der Bekanntmachung von den in den einzelnen Mitgliedstaaten geführten Registern abweicht. Entspricht die Eintragung daher einer unrichtigen Anmeldung, so scheidet nach dieser Auffassung ein Schutz des Vertrauens durch § 15 Abs. 3 HGB aus, da die unrichtige Anmeldung richtig eingetragen wurde.

67

Eine Beschränkung auf Eintragungsfehler ist dem Wortlaut des § 15 Abs. 3 HGB indes nicht zu entnehmen. Aus der Formulierung „… es sei denn, daß er die Unrichtigkeit kannte" am Schluss des § 15 Abs. 3 HGB folgt, dass hiermit die Unwahrheit und nicht lediglich Eintragungsfehler gemeint sind. Die Entstehungsgeschichte stützt diese Auslegung zusätzlich, da § 15 Abs. 1 HGB vor der Einfügung des Abs. 3 die einzige gesetzliche Regelung bezüglich eines unrichtigen Registerinhalts war. Dies hatte zur Folge, dass § 15 Abs. 1 HGB vor der Gesetzesänderung im Jahre 1969 entgegen seinem Wortlaut und Zweck vielfach sehr weit ausgelegt wurde,[115] um die vermeintliche Lücke zu schließen.[116] Aus diesem Grunde formulierte der Gesetzgeber § 15 Abs. 3 HGB bewusst weit, weil er diese Lücke beseitigen wollte. Deshalb ist Unrichtigkeit i. S. des § 15 Abs. 3 HGB mit Unwahrheit gleichzusetzen und erfasst damit auch den Fall, in dem sowohl die Anmeldung als auch die Eintragung unrichtig ist.

68

c) Rechtsscheins- oder Veranlassungsprinzip

Um den Anwendungsbereich des § 15 Abs. 3 HGB einzuschränken und mit den allgemeinen Grundsätzen der Rechtsscheinhaftung zu harmonisieren, wurde zudem das sog. Veranlasserprinzip entwickelt.[117] Es besagt, dass die Vorschrift nur zu Lasten desjenigen anwendbar sein soll, der den Antrag gestellt hat oder sich diesen zurechnen lassen muss. Fehler des Gerichts sind nach diesem Prinzip nicht mehr der Sphäre des Anmeldenden zurechenbar und sollen nicht zur Anwendung des § 15 Abs. 3 HGB führen.[118]

69

---

[115] S. z. B. RG 8.6.1940, RGZ 164, 115 (121).

[116] Mit kritischer Würdigung *Canaris* Die Vertrauenshaftung im Deutschen Privatrecht, 1971, S. 151 ff.

[117] Hierfür vor allem OLG Brandenburg 21.6.2012, ZIP 2012, 2103; *Bayer/Lieder* Rn. 124; *Bürck* AcP Bd. 171 (1971), 328 (340); *Canaris* Die Vertrauenshaftung im Deutschen Privatrecht, 1971, S. 165 f.; Heymann/*Förster* § 15 Rn. 49; *Fröhleke/Seidel* JA 2024, 288 (291); *Hager* Jura 1992, 57 (65); *Hübner* Rn. 162 ff.; *Kindler* § 3 Rn. 46; Staub/*Koch/Harnos* § 15 Rn. 110 ff.; *Lettl* § 3 Rn. 63; MK-HGB/*Lieb* 1. Aufl., § 15 Rn. 73 ff.; Hopt/*Merkt* § 15 Rn. 19; *v. Olshausen* BB 1970, 137 (142); Oetker/*Preuß* § 15 Rn. 61 ff.; wohl auch RvWH/*Ries* § 15 Rn. 42; ähnlich *Wilhelm* ZIP 2010, 713 ff.; s. ferner *K. Schmidt* § 14 Rn. 86 ff.

[118] Ebenso *Canaris* Die Vertrauenshaftung im deutschen Privatrecht, 1971, S. 165.

70   Problematisch ist bei dieser Reduktion des § 15 Abs. 3 HGB, dass der Verkehrsschutz an ein für den geschützten Dritten nicht erkennbares Verhalten des Betroffenen anknüpft.[119] Das führt in der Praxis zu großen Unsicherheiten und ist nur schwer mit den Vorgaben in Art. 16 Abs. 5 der Richtlinie (EU) 2017/1132 in Einklang zu bringen, der nicht auf die Veranlassung der unrichtigen Bekanntmachung abstellt.[120]

71   Diesem Einwand sieht sich indessen nicht der Ansatz von *Steckhan* ausgesetzt.[121] Nach diesem soll § 15 Abs. 3 HGB entsprechend seinem Wortlaut nur gegen denjenigen wirken, in dessen Angelegenheiten die Tatsache einzutragen war. Das heißt, er wirkt nur gegen denjenigen, der solche Angelegenheiten überhaupt hat und damit nur gegen das tatsächlich registerpflichtige Unternehmen, dessen Träger und Gesellschafter.

d) Ausschluss des Vertrauensschutzes

72   Der Schutz des Dritten ist bei § 15 Abs. 3 HGB – entsprechend der Vorgabe durch Art. 16 Abs. 5 der Richtlinie (EU) 2017/1132 – lediglich ausgeschlossen, wenn er die Unrichtigkeit der Eintragung kannte. Die (grob) fahrlässige Unkenntnis ist deshalb unschädlich,[122] da § 15 Abs. 3 HGB wie § 15 Abs. 1 HGB das abstrakte Vertrauen schützt.[123] Es ist aus diesem Grunde nicht erforderlich, dass der Dritte die Eintragung tatsächlich wahrgenommen und im Vertrauen auf diese eine Rechtshandlung vorgenommen hat.[124]

73   Da § 15 Abs. 3 HGB eine Vertrauensschutznorm ist, setzt dessen Anwendung allerdings voraus, dass der gutgläubige Dritte in der konkreten Situation überhaupt Vertrauen fassen konnte. Die Anwendung der Vorschrift ist deshalb, wie die des § 15 Abs. 1 HGB, im Unrechtsverkehr ausgeschlossen.[125] Zudem wirkt § 15 Abs. 3 HGB nach vorherrschender Auffassung wegen des allgemeinen Vorrangs des Minderjährigenschutzes gegenüber dem Verkehrsschutz[126] nicht zuungunsten von Minderjährigen und anderen nicht voll Geschäftsfähigen.[127]

---

[119] S. *K. Schmidt* § 14 Rn. 88 sowie ferner *Fischinger* Rn. 170.
[120] Dazu jedoch Staub/*Koch/Harnos* § 15 Rn. 113; Oetker/*Preuß* § 15 Rn. 62; s. ferner zu diesem Problemkreis *Hofmann* S. 76 ff. sowie MK-HGB/*Krebs* § 15 Rn. 83 ff.
[121] *Steckhan* DNotZ 1971, 224 ff.; *ders.* NJW 1971, 1595 ff.; hiergegen aber z. B. MK-HGB/*Krebs* § 15 Rn. 85; Oetker/*Preuß* § 15 Rn. 84.
[122] *Bayer/Lieder* Rn. 129; *Canaris* § 5 Rn. 48; *Fischinger* Rn. 173; Heymann/*Förster* § 15 Rn. 51; *Hübner* Rn. 165; Staub/*Koch/Harnos* § 15 Rn. 115; *Lettl* § 3 Rn. 64; Hopt/*Merkt* § 15 Rn. 20; Oetker/*Preuß* § 15 Rn. 68; RvWH/*Ries* § 15 Rn. 40.
[123] Staub/*Koch/Harnos* § 15 Rn. 115; *K. Schmidt* § 14 Rn. 93.
[124] *Bayer/Lieder* Rn. 129; *Fischinger* Rn. 175; *Canaris* § 15 Rn. 49; *Hübner* Rn. 166; *K. Schmidt* JuS 1977, 209 (217).
[125] *Fischinger* Rn. 175; *Hübner* Rn. 167; *Lettl* § 3 Rn. 65; *K. Schmidt* § 14 Rn. 94.
[126] A. A. jedoch Staub/*Koch/Harnos* § 15 Rn. 55; MK-HGB/*Krebs* § 15 Rn. 92; *Kreutz* Jura 1982, 626 (641); RvWH/*Ries* § 15 Rn. 43; *K. Schmidt* § 14 Rn. 95 f.
[127] *Bayer/Lieder* Rn. 127; *Canaris* Die Vertrauenshaftung im deutschen Privatrecht, 1971, S. 166; *Fischinger* Rn. 179; *Hofmann* JA 1980, 264 (270); *Hübner* Rn. 170 f.; *Lettl* § 3 Rn. 72; MK-

e) „Wahlrecht" des Dritten

74 Ähnlich wie bei § 15 Abs. 1 HGB wird auch im Rahmen des § 15 Abs. 3 HGB mit der Theorie vom Wahlrecht des gutgläubigen Dritten operiert[128] und gegen dieses eingewandt, dass zwischen dem tatsächlichen, wahren Sachverhalt und einem fiktiven Sachverhalt weder für den Dritten noch für das Gericht ein Wahlrecht besteht.[129] Ergeben sich aus den von den Parteien eingeführten Tatsachen Anhaltspunkte für das Vorliegen des § 15 Abs. 3 HGB, so prüfe das Gericht die Voraussetzungen der Norm von Amts wegen. Darauf, ob sich der Dritte auf die Norm beruft, komme es nicht an. Gegenüber diesen Bedenken ist jedoch wie zu § 15 Abs. 1 HGB einzuwenden, dass es dem Dritten freisteht, auf seinen Schutz zu verzichten.[130]

75 Zu diesem Ergebnis kann man auch auf einem anderen Weg gelangen: Sollten nach dem vorgetragenen Sachverhalt die Voraussetzungen des § 15 Abs. 3 HGB erfüllt sein und dies für den Dritten im Vergleich zur wirklichen Sachlage ungünstiger sein, so bleibt zu beachten, dass der durch § 15 Abs. 3 HGB etablierte Vertrauensschutz seine Rechtswirkungen nur zugunsten des Dritten entfaltet.[131] Ist der wirkliche Sachverhalt für den Dritten günstiger, gelangt § 15 Abs. 3 HGB wegen seines Zwecks nicht zur Anwendung.

f) Ergänzung durch allgemeine Rechtsscheingrundsätze

76 Bei § 15 Abs. 3 HGB handelt es sich um eine Teilnormierung allgemeiner Rechtsscheingrundsätze, die bereits vor Schaffung dieser Norm – ungeachtet der dogmatischen Divergenzen in der Begründung – in Literatur und Rechtsprechung herausgearbeitet wurden. Im Kern lauteten diese: Wer eine unrichtige Erklärung zum Handelsregister abgibt, kann an dieser von einem gutgläubigen Dritten festgehalten werden, sowie: Wer eine unrichtige Eintragung im Handelsregister schuldhaft nicht beseitigt, kann an dieser von einem Dritten festgehalten werden.[132] Beruft sich der Eintragungspflichtige in diesen Fallgestaltungen auf die wahre Sachlage, so steht dem der Einwand des *venire contra factum proprium* entgegen (§ 242 BGB).

77 Einigkeit besteht darüber, dass diese Grundsätze trotz § 15 Abs. 3 HGB ihre Berechtigung behalten. Allerdings genießt die gesetzliche Regelung im Rahmen ihres

---

HGB/*Lieb* 1. Aufl., § 15 Rn. 76; *v. Olshausen* BB 1970, 137 (143); Oetker/*Preuß* § 15 Rn. 66; a. A. NK-HGB/*Schall* § 15 Rn. 86.

[128] Zu § 15 Abs. 1 HGB oben § 3 Rn. 46 ff.; für § 15 Abs. 3 HGB z. B. *Bayer/Lieder* Rn. 130; *Canaris* § 5 Rn. 50; *Fischinger* Rn. 177; Staub/*Koch/Harnos* § 15 Rn. 117; MK-HGB/*Krebs* § 15 Rn. 96; Oetker/*Preuß* § 15 Rn. 72; s. auch BGH 5.2.1990, WM 1990, S. 638 (639), wonach sich ein Außenstehender immer auf die wahre Rechtslage berufen kann.

[129] S. *K. Schmidt* § 14 Rn. 98.

[130] S. oben § 3 Rn. 50.

[131] BGH 5.2.1990, NJW-RR 1990, 737 (738).

[132] S. *Bayer/Lieder* Rn. 113 f.; *Canaris* § 6 Rn. 2; Staub/*Koch/Harnos* § 15 Rn. 104, 120; MK-HGB/*Krebs* § 15 Rn. 101; Oetker/*Preuß* § 15 Rn. 54.

tatbestandlichen Anwendungsbereichs als spezielle Ausformung des registerrechtlichen Vertrauensschutzes den Vorrang. Auf die allgemeinen Grundsätze ist deshalb vor allem dann zurückzugreifen, wenn nur die Bekanntmachung, nicht aber die Eintragung im Handelsregister unrichtig ist. Des Weiteren sind diese anzuwenden, wenn eine nicht eintragungspflichtige Tatsache eingetragen und/oder bekanntgemacht wurde.[133]

E. Reformüberlegungen

78 Das deutsche Registerrecht ist im Zuge der europäischen Einigung stark in die Kritik geraten. Ihm wird vorgeworfen, nicht an den Bedürfnissen der Wirtschaft orientiert zu sein und im europäischen Binnenmarkt einen Wettbewerbsnachteil zu bewirken. Aus diesem Grunde wird eine drastische Vereinfachung des Verfahrens und Deregulierung gefordert. Bei den Reformüberlegungen der Bund-Länder-Arbeitsgruppe zum Handelsregisterrecht[134] stand neben zahlreichen formellen Änderungsvorschlägen, wie z. B. der bundeseinheitlichen und bundeszentralen Führung des Handelsregisters, Vereinfachungen bei der Eintragung von Gesellschaften mit beschränkter Haftung und Vorschlägen zur besseren Koordinierung der am Registerverfahren beteiligten Stellen, auch § 15 HGB zur Diskussion.[135] Insbesondere wurde überlegt, die Streitfrage um das Veranlasserprinzip im Rahmen von § 15 Abs. 3 HGB[136] einer gesetzlichen Antwort zuzuführen. Die Bund-Länder-Arbeitsgruppe hielt jedoch eine gesetzliche Normierung des Veranlasserprinzips für unangebracht, da ein praktisches Bedürfnis hierfür nicht erkennbar sei. Gegenstand parlamentarischer Beratungen ist dieser Themenkomplex bislang nicht geworden.

---

[133] vBGH 18.10.2016, NJW 2017, 559 Rn. 13; Staub/*Koch/Harnos* § 15 Rn. 120; Oetker/*Preuß* § 15 Rn. 54; RvWH/*Ries* § 15 Rn. 44; exemplarisch BAG 17.2.1987, AP HGB § 161 Nr. 9 *(Hirte)*.
[134] Über deren Arbeit und Vorschläge ausführlich: ZIP 1994, 1898 ff.; s. ferner zur Diskussion, die Führung des Handelsregisters auf andere Stellen zu übertragen, *Dieckmann* ZRP 2000, 44 ff.; *Gernoth* BB 2004, 837 ff.; *Ries* BB 2004, 2145 ff.; *Ulmer* ZRP 2000, 47 ff.
[135] ZIP 1994, 1898 (1903).
[136] Dazu oben § 3 Rn. 69 ff.

§ 4 Das Recht der Firma

Schrifttum zur Ausbildung: *Fleischer/Wedemann* S. 55 ff.; *Hofmann*, Der Grundsatz der Firmenwahrheit, JuS 1972, S. 235 ff. [veraltet]; *Petersen*, Firmenrecht zwischen Bürgerlichem Recht und Handelsrecht, Jura 2013, S. 244 ff.; *Scheibe*, Der Grundsatz der Firmenwahrheit, JuS 1997, S. 414 ff. [veraltet]; *Schulz*, Die Neuregelung des Firmenrechts, JA 1999, S. 247 ff. **Zur Falllösung:** *Bitter/Linardatos* S. 200 ff. (Fall 6–8); *Fezer* S. 44 ff., 57 ff. (Fall 5 und 6); *Hadding/Hennrichs* S. 26 ff. (Fall 1); *Martinek/Bergmann* Fall 8. **Zur Vertiefung:** *Bartels*, Die Handelsfirma zwischen Namensrecht und Kennzeichenschutz, AcP Bd. 209 (2009), S. 309 ff.; *Beater*, Mantelkauf und Firmenfortführung, GRUR 2000, S. 119 ff.; *Bokelmann*, Das Recht der Firmen- und Geschäftsbezeichnungen, 5. Aufl. 1999; *Clausnitzer*, Deutsches Firmenrecht versus Europäisches Gemeinschaftsrecht, DNotZ 2008, S. 484 ff.; *Fezer*, Liberalisierung und Europäisierung des Firmenrechts, ZHR Bd. 161 (1997), S. 52 ff.; *v. Gamm*, Die Unterlassungsklage gegen Firmenmißbrauch nach § 37 II HGB, Festschrift für Stimpel, 1995, S. 1007 ff.; *Heckschen*, Firmenbildung und Firmenverwertung – aktuelle Tendenzen, NotZ 2006, S. 346 ff.; *Heinrich*, Firmenwahrheit und Firmenbeständigkeit, 1982; *Hönn*, Akademische Grade, Amts-, Dienst- und Berufsbezeichnungen sowie Titel (Namensattribute) in der Firma in firmen- und wettbewerbsrechtlicher Sicht, ZHR Bd. 153 (1989), S. 386 ff.; *Hüffer*, Das Namensrecht des ausscheidenden Gesellschafters als Grenze zulässiger Firmenfortführung, ZGR 1986, S. 137 ff.; *Jung*, Firmen von Personenhandelsgesellschaften nach neuem Recht, ZIP 1998, S. 677 ff.; *Kern*, Die Verwertung der Personalfirma im Insolvenzverfahren, BB 1999, S. 1717 ff.; *Kögel*, Neues Firmenrecht und alte Zöpfe: Die Auswirkungen der HGB-Reform, BB 1998, S. 1645 ff.; *Köhler*, Namensrecht und Firmenrecht, Festschrift für Fikentscher, 1998, S. 494 ff.; *Kraft*, Die Führung mehrerer Firmen, 1966; *Kuchinke*, Die Firma in der Erbfolge, ZIP 1987, S. 681 ff.; *Lettl*, Das Recht zur Fortführung der Firma nach Unternehmensveräußerung, WM 2006, S. 1841 ff.; *Lindacher*, Firmenbeständigkeit und Firmenwahrheit, BB 1977, S. 1976 ff.; *Lutter/Welp*, Das neue Firmenrecht der Kapitalgesellschaften, ZIP 1999, S. 1073 ff.; *Möller*, Das neue Firmenrecht in der Rechtsprechung – Eine kritische Bestandsaufnahme, DNotZ 2000, S. 830 ff.; *Pahlow*, Firma und Firmenmarke im Rechtsverkehr, GRUR 2005, 705 ff.; *Parmentier/Steer*, Die Konzernfirma nach dem Ende der Unternehmensverbindung, GRUR 2003, S. 196 ff.; *Raffel*, Die Verwertbarkeit der Firma im Konkurs, 1995; *W.-H. Roth*, Das neue Firmenrecht, in: Bayer-Stiftung (Hrsg.), Die Reform des Handelsstandes und der Personengesellschaften, 1999, S. 31 ff.; *ders.*, Zum Firmenrecht der juristischen Personen i. S. des § 33 HGB, Festschrift für Lutter, 2000, S. 651 ff.; *Steinbeck*, Die Verwertbarkeit der Firma und der Marke in der Insolvenz, NZG 1999, S. 133 ff.; *dies.*, Konvergenz zwischen Firmen- und Kennzeichenrecht?, Festschrift für Horn, 2006,

S. 589 ff.; *Uhlenbruck,* Die Firma als Teil der Insolvenzmasse, ZIP 2000, S. 401 ff.; *Wamser,* Die Firmenmehrheit, 1997; *Weber,* Das Prinzip der Firmenwahrheit im HGB und die Bekämpfung irreführender Firmen nach dem UWG, 1984; *Wertenbruch,* Die Firma des Einzelkaufmanns und der OHG/KG in der Insolvenz, ZIP 2002, S. 1931 ff.; *Zimmer,* Der nicht eingetragene Kaufmann: ein „eingetragener Kaufmann" im Sinne des § 19 Abs. 1 Nr. 1 HGB?, ZIP 1998, S. 2050 ff. Speziell zur Haftung des Erwerbers bzw. Erben bei einer **Firmenfortführung** s. die Angaben unten § 4 vor Rn. 81.

A. Überblick

1 Das Recht der Firma bildet im Handelsgesetzbuch den Dritten Abschnitt des Ersten Buchs und umfasst mit den §§ 17 bis 37a HGB den Kernbestand der Vorschriften, die das Recht der Firma ausgestalten. Firmenrechtliche Bedeutung haben darüber hinaus eine Vielzahl verstreuter Einzelregelungen in anderen Gesetzen. Sie reichen von den Sonderbestimmungen in § 4 AktG, § 4 GmbHG, § 3 GenG und § 2 PartGG über einzelne Vorschriften des Umwandlungsgesetzes (z. B. §§ 18, 125, 200 UmwG) bis hin zum Gesetz über das Kreditwesen, das die Aufnahme der Bezeichnung „Bank" oder „Sparkasse" in die Firma bestimmten Unternehmen vorbehält (§§ 39 bis 43 KWG). Entsprechendes regelt § 55g SteuerberG für die Bezeichnung „Steuerberatungsgesellschaft" sowie § 59p BRAO für die Kennzeichnung als „Rechtsanwaltsgesellschaft". Soweit im Rahmen des Firmenrechts das Registergericht tätig wird, richtet sich das Verfahren nach den §§ 378 bis 390 FamFG; auf die Firma bezogene Sonderbestimmungen enthalten ferner die §§ 392 und 393 FamFG für den unbefugten Gebrauch der Firma sowie deren Löschung.

2 Auch den Schutz der Firma regelt das Handelsgesetzbuch nur unvollständig. Zwar etabliert § 37 HGB einen spezifischen Schutz durch ein öffentlich-rechtliches Firmenmissbrauchsverfahren (§ 37 Abs. 1 HGB) und einen privatrechtlichen Unterlassungsanspruch (§ 37 Abs. 2 HGB),[1] beide Instrumentarien beschreiben den Schutz der im Handelsregister eingetragenen Firma aber nur teilweise. Ergänzend treten vor allem zivilrechtliche Abwehransprüche hinzu, die ihre Grundlage in den §§ 12, 823 Abs. 1 und § 1004 BGB finden, deren Vertiefung indes den hier zur Verfügung stehenden Rahmen sprengen würde.[2] Das gilt auch für die Vorschriften des Markengesetzes, die den Schutz des Unternehmenskennzeichens regeln, wobei vor allem die §§ 5, 6, 12, 15, 18, 19, 22 bis 25 MarkenG einschlägig sind.[3] Unternehmenskennzeichen können insbesondere Kleingewerbetreibende zur Kennzeich-

---

[1] Dazu unten § 4 Rn. 107, 108.
[2] S. statt dessen Staub/*Burgard* Anhang I zu § 37.
[3] Hierzu im Überblick Staub/*Burgard* Anhang II zu § 37; exemplarisch BGH 30.3.1995, NJW-RR 1995, 1002 f.: „City-Hotel"; 27.9.1995, NJW-RR 1996, 230 f.: „Cotton-Line".

A. Überblick

nung des Unternehmens verwenden, wenn ihnen die Nichtausübung des Optionsrechts (§ 2 Satz 2 HGB) den Weg zur „Firma" versperrt.[4] Ein markenrechtlicher Schutz der Firma kommt darüber hinaus in Betracht, wenn diese insgesamt oder ihre prägenden Bestandteile als Wortmarke in das Markenregister eingetragen sind; § 14 Abs. 5 MarkenG begründet zu Gunsten des Inhabers einen eigenständigen Unterlassungsanspruch, der sich gegen den Gebrauch der Wortmarke durch Dritte, insbesondere Wettbewerber, richtet.[5]

Das Recht der Firma lässt sich, ungeachtet der Unterscheidung zwischen Firmennamens- und Firmenordnungsrecht,[6] systematisch in die Bildung der Firma, die Prinzipien des Firmenrechts, die Haftung bei Firmenfortführung sowie den Firmenschutz aufteilen, und geht in seiner heutigen Fassung auf zahlreiche Änderungen und Ergänzungen zurück, die das Handelsrechtsreformgesetz[7] sowohl für das Handelsgesetzbuch als auch bei den firmenrechtlichen Vorschriften anderer Gesetze herbeigeführt hat.[8] Mit diesen trug der Gesetzgeber zahlreichen Forderungen nach einer Vereinheitlichung der verstreuten Einzelbestimmungen unter gleichzeitiger Liberalisierung des Firmenrechts Rechnung.[9] Im Wesentlichen bewirkte die Neuregelung die Beschränkung der verbindlichen Vorgaben für die Firmenbildung auf die Kennzeichnungs- und Unterscheidungskraft sowie das Irreführungsverbot (§ 18 Abs. 1 und Abs. 2 Satz 1 HGB), die für Einzelkaufleute neue Bezeichnung „eingetragener Kaufmann" bzw. „eingetragene Kauffrau" (§ 19 Abs. 1 Nr. 1 HGB), die generelle Verpflichtung zur Aufnahme eines der Gesellschaftsform entsprechenden Zusatzes (§ 19 Abs. 1 Nr. 2 und 3 HGB), die Begrenzung des Prinzips der Firmenwahrheit auf ein präzisiertes Irreführungsverbot (§ 18 Abs. 2 Satz 1 HGB) mit eingeschränkter registergerichtlicher Kontrolldichte (§ 18 Abs. 2 Satz 2 HGB) sowie allgemeine Bestimmungen zur Publizität bei Geschäftsbriefen (§ 37a HGB).

3

---

[4] Näher dazu unten § 4 Rn. 6.
[5] Dazu auch unten § 4 Rn. 110 sowie exemplarisch (allerdings ablehnend) BGH 31.5.2012, NJW-RR 2013, 102 ff.: „Castell"; 21.7.2005, GRUR 2005, 873 f.: „Star Entertainment".
[6] So z. B. *Canaris* §§ 10 und 11, S. 217 ff., 250 ff.
[7] Zur Begründung s. BT-Drucks. 13/8444, S. 35 ff., 52 ff.
[8] Zum Regierungsentwurf z. B. *Bokelmann* GmbHR 1998, 57 ff.; *Kögel* BB 1997, 793 ff.; *Krebs* DB 1996, 2013 (2016 f.); *K. Schmidt* ZIP 1997, 909 (914 ff.); *Wolff* DZWir. 1997, 397 (400 ff.). Zu den reformierten Bestimmungen des Firmenrechts s. auch *Jung* ZIP 1998, 677 ff.; *Kögel* BB 1998, 1645 ff.; *Möller* DNotZ 2000, 830 ff.; *W.-H. Roth* in: Bayer-Stiftung (Hrsg.), Die Reform des Handelsstandes und der Personengesellschaften, 1999, S. 31 ff.; *Schulz* JA 1999, 247 ff.
[9] Aus der rechtspolitischen Diskussion s. vor allem den Abschlussbericht der Bund-Länder-Arbeitsgruppe, ZIP 1994, 1411.

B. Bedeutung, Funktion und Rechtsnatur der Firma

I. Begriff der Firma und Abgrenzung zum Unternehmen

4   Die Firma ist der Name, unter dem der Kaufmann seine Geschäfte betreibt, seine Unterschrift abgibt (§ 17 Abs. 1 HGB) und unter dem er selbst klagen oder verklagt werden kann (§ 17 Abs. 2 HGB). Mit der Firma kennzeichnet er daher das von ihm betriebene Gewerbe für den Rechtsverkehr und grenzt dieses sowohl von seiner Privatsphäre als auch von anderen Unternehmen ab. Um diese Funktion erfüllen zu können, muss die für die Firma gewählte Bezeichnung zur Kennzeichnung geeignet und unterscheidungskräftig sein (§ 18 Abs. 1 HGB). Die Firma ist nach § 29 HGB beim Handelsregister anzumelden und einzutragen[10] sowie auf allen Geschäftsbriefen des Kaufmanns anzugeben (§ 37a Abs. 1 HGB). Auch öffentlich-rechtliche Körperschaften müssen für ihre Unternehmen eine Eintragung herbeiführen.[11]

5   Das Recht und die Pflicht zur Führung einer Firma besteht für alle Kaufleute i. S. der §§ 1 ff. HGB, also ebenfalls für Kleingewerbetreibende, die ihr Unternehmen nach § 2 Satz 2 HGB in das Handelsregister haben eintragen lassen.[12] Zweifelhaft sind auch im Firmenrecht die Rechtsfolgen, wenn ein unter seiner Firma eingetragener Istkaufmann zum Kleingewerbetreibenden herabsinkt. Wer der Auffassung folgt, dass das Bestehenlassen der Eintragung nicht mit der Ausübung des Optionsrechts nach § 2 Satz 2 HGB gleichzusetzen ist,[13] muss zu dem Ergebnis gelangen, dass die Fortführung der bisherigen Firma unzulässig ist; diese kann allenfalls als Geschäftsbezeichnung i. S. des § 5 MarkenG beibehalten werden.

6   Für *Kleingewerbetreibende*, die die in § 2 Satz 2 HGB eingeräumte Option zur Eintragung in das Handelsregister nicht ausgeübt haben, finden die Vorschriften über die Firma keine Anwendung.[14] Sie bleiben auf die Inanspruchnahme einer Geschäftsbezeichnung (z. B. „Strandhotel Imperator", „Hotel Stutenhaus"[15]) angewiesen,[16] deren Schutz § 5 MarkenG sowie der korrespondierende Unterlassungsanspruch in § 15 Abs. 4 MarkenG übernimmt.[17] Bei Kleingewerbetreibenden ist problematisch, ob sie eine firmenähnliche Geschäftsbezeichnung verwenden dürften. Im Hinblick auf die Verwechselungsgefahr mit einem kaufmännischen Gewerbe war die früher herrschende Auffassung zu der sog. „Minderfirma" äußerst re-

---

[10] Zur Durchsetzung der Anmeldung s. § 14 HGB i. V. mit den §§ 388 ff. FamFG sowie unten § 4 Rn. 37 ff.

[11] Anders noch § 36 HGB a. F., der durch das Handelsrechtsreformgesetz ersatzlos aufgehoben wurde; zur Begründung s. Reg. Begr., BT-Drucks. 13/8444, S. 57 ff.

[12] *Bülow/Artz* JuS 1998, 680 (682).

[13] Hierzu oben § 2 Rn. 33.

[14] S. insoweit LG Berlin 30.7.2004, NZG 2005, 443 (443), das auch eine entsprechende Anwendung des § 22 Abs. 1 HGB auf nicht eingetragene Kleingewerbetreibende ablehnt.

[15] OLG Brandenburg 24.6.2020, NZG 2020, 1153 (1154).

[16] Näher dazu z. B. *Schmitt* Die Rechtsstellung der Kleingewerbetreibenden nach dem Handelsrechtsreformgesetz, 2003, S. 196 ff.

[17] S. vorstehend § 4 Rn. 2 sowie unten § 4 Rn. 110.

B. Bedeutung, Funktion und Rechtsnatur der Firma

striktiv.[18] Wegen der Liberalisierung des Firmenrechts (s. § 18 Abs. 1 HGB) ist diese jedoch weitgehend obsolet.[19] Das Verbot einer firmenähnlichen Kennzeichnung umfasst nur noch die Inspruchnahme der Bezeichnung „eingetragener Kaufmann"[20] sowie die Verwendung verwechselungsfähiger Begriffe, die im Geschäftsverkehr den Eindruck erwecken, der Kleingewerbetreibende habe die Option in § 2 Satz 2 HGB ausgeübt.[21] Entsprechendes gilt – wie § 707b Nr. 1 BGB und § 200 Abs. 5 UmwG bestätigen – für die (eingetragene) *BGB-Gesellschaft*. Auch sie darf keine Firma führen und bleibt auf die Verwendung einer Geschäftsbezeichnung beschränkt, für die sie zudem keine Formulierung wählen darf, die dem Geschäftsverkehr vorspiegelt, es handele sich um eine Handelsgesellschaft oder gar eine lediglich mit ihrem Gesellschaftsvermögen haftende Kapitalgesellschaft.[22] Abweichend von diesem Grundsatz fordert jedoch § 707a Abs. 2 Satz 2 BGB eine die Haftungsbeschränkung kennzeichnende Bezeichnung für die eingetragene Gesellschaft bürgerlichen Rechts (eGbR), bei der keine natürliche Person als Gesellschafter haftet.

Im allgemeinen Sprachgebrauch wird die Firma häufig mit dem Unternehmen gleichgesetzt. Aus rechtlicher Sicht ist dies irreführend.[23] Das Unternehmen ist nach deutschem Recht selbst nicht rechtsfähig[24] und kann deshalb keine rechtsgeschäftlichen Handlungen vornehmen. Jedes Unternehmen benötigt aus diesem Grunde einen ihm zugeordneten rechtsfähigen Unternehmensträger (= Rechtsträger), der durch die Firma bezeichnet wird.[25] Hierin erschöpft sich jedoch die „Firma".

7

---

[18] Für den Minderkaufmann nach früherem Recht exemplarisch OLG Karlsruhe 10.4.1985, NJW-RR 1986, 582; kritisch *K. Schmidt* § 12 Rn. 29 sowie *Canaris* § 11 Rn. 47 f.; RvWH/*Ries* § 17 Rn. 14.

[19] So auch *Bokelmann* GmbHR 1998, 57 (58); *Canaris* § 11 Rn. 48; *Kindler* § 4 Rn. 27; Hopt/*Merkt* § 17 Rn. 15; Ebenroth/Boujong/*Reuschle* § 17 Rn. 11; KKD/*Roth/Stelmaszcyk* § 17 Rn. 8; *K. Schmidt* § 12 Rn. 31; *Schmitt* Die Rechtsstellung der Kleingewerbetreibenden nach dem Handelsrechtsreformgesetz, 2003, S. 209 ff.

[20] Staub/*Burgard* § 17 Rn. 21; *Canaris* § 11 Rn. 48; Hopt/*Merkt* § 17 Rn. 15; RvWH/*Ries* § 17 Rn. 15; KKD/*Roth/Stelmaszcyk* § 17 Rn. 8; HK-HGB/*Ruß* § 17 Rn. 7; Oetker/*Schlingloff* § 17 Rn. 8. Problematisch ist jedoch der Fall, in dem ein Kleingewerbetreibender seinen ausgeschriebenen Vor- und Nachnamen als Geschäftsbezeichnung wählt. Nach früherem Recht verwehrte ihm § 18 Abs. 1 HGB a. F. dies, da hierdurch der Eindruck erweckt wurde, es handele sich um einen Kaufmann. Da der Einzelkaufmann nunmehr zur Aufnahme eines Zusatzes verpflichtet ist (§ 19 Abs. 1 Nr. 1 HGB), ist diese Argumentation im Grundsatz hinfällig (ebenso Ebenroth/Boujong/*Reuschle* § 17 Rn. 9a).

[21] Ebenso Reg. Begr., BT-Drucks. 13/8444, S. 54 f.; *Bokelmann* GmbHR 1998, 57 (58); *Kindler* § 4 Rn. 27; Oetker/*Schlingloff* § 19 Rn. 2; *K. Schmidt* § 12 Rn. 31; enger Hopt/*Merkt* § 17 Rn. 15. Umstritten ist die Aufnahme eines Inhaberzusatzes, wenn dieser von dem in die Geschäftsbezeichnung aufgenommenen Namen abweicht; s. hierzu *Canaris* § 11 Rn. 51; MK-HGB/*Heidinger* § 18 Rn. 60 ff.

[22] Schon aus diesem Grunde ist es einer BGB-Gesellschaft verwehrt, im Geschäftsverkehr unter der Bezeichnung „Gesellschaft mbH" aufzutreten. Näher zur „Gesellschaft bürgerlichen Rechts mbH" statt aller vor allem BGH 27.9.1999, BGHZ 142, 315 ff. Diese Rechtsprechung hat unverändert Gültigkeit, sofern nicht der in § 707a Abs. 2 Satz 2 BGB umschriebene Sonderfall vorliegt.

[23] *K. Schmidt* § 12 Rn. 1 f.

[24] *K. Schmidt* § 12 Rn. 1.

[25] *Canaris* § 10 Rn. 1.

Keinesfalls ist sie selbst rechtsfähig bzw. Träger von Rechten und Pflichten, dies ist ausschließlich der Rechtsträger des Unternehmens, also die natürliche oder juristische Person sowie die rechtsfähige Personengesellschaft.

II. Aufgaben der Firma

1. Identifizierungs- und Kennzeichnungsfunktion

8   Da die Verbindung von Unternehmen und Unternehmensträger der Publizität bedarf, ist es die wichtigste Funktion der Firma, den Unternehmensträger als solchen zu identifizieren und für den Rechtsgeschäftsverkehr erkennbar die Verbindung seines Handelns zum Unternehmen herzustellen.[26] Dementsprechend verlangt § 18 Abs. 1 HGB, dass die für die Firma gewählte Bezeichnung zur Kennzeichnung geeignet sowie unterscheidungskräftig ist.

9   Die Firma ist somit lediglich ein Name, der ausdrückt, dass der Bezeichnete Träger eines bestimmten Unternehmens ist und unter der Firma, bezogen auf dieses Unternehmen, handelt. Tritt die Firma gem. § 17 Abs. 2 HGB als Kläger oder Beklagter in einem Zivilprozess auf, so ist nicht das Unternehmen, sondern der Unternehmensträger Prozesspartei.[27] Verträge, die nach § 17 Abs. 1 HGB unter der Firma vereinbart werden, sind im Namen des Unternehmensträgers in Bezug auf das Unternehmen geschlossen.[28] Vor allem bei unternehmensbezogenen Geschäften hat dies erhebliche Konsequenzen, da beim Handeln im Namen der Firma der Rechtsträger dieser Firma Vertragspartner wird.[29] Die Richtigkeit dieser Auffassung bestätigt § 105 Abs. 2 HGB, dessen Regelungsgehalt weitgehend überflüssig wäre, wenn aus § 17 HGB bereits die Rechtsfähigkeit der Firma folgen würde.

10 Deshalb hat die Firma für *Einzelkaufleute* die Aufgabe, diese in ihrer Eigenschaft als Unternehmensträger zu kennzeichnen. Ihre Privatgeschäfte haben Einzelkaufleute demgegenüber unter ihrem bürgerlichen Namen vorzunehmen, sodass die Firma bei Einzelkaufleuten verdeutlicht, in welchem ihrer Geschäftskreise sie tätig werden. Bei *Handelsgesellschaften* passt diese Aufgabenumschreibung nicht, weil es bei ihnen keine Privatgeschäfte gibt. Da jede Handelsgesellschaft zudem nur ein Unternehmen betreiben kann,[30] ist die Firma der einzige Name der Handelsgesellschaft. Bei ihr dient die Firma daher nicht der Unterscheidung zwischen verschiedenen Rechtskreisen, sondern allein der Bezeichnung des Unternehmensträgers.

---

[26] *K. Schmidt* § 12 Rn. 2; näher zur Fallgruppe der „unternehmensbezogenen Geschäfte" unten § 5 Rn. 3.
[27] OLG Frankfurt a. M. 15.1.1985, BB 1985, 1219.
[28] *K. Schmidt* § 12 Rn. 2.
[29] BGH 18.3.1974, BGHZ 62, 216 (221); *Canaris* § 10 Rn. 2.
[30] Dieses eine Unternehmen kann zwar beliebig aufgeteilt werden, für die Schaffung eines neuen Unternehmens bedarf es aber eines neuen Unternehmensträgers. Bei Formkaufleuten ist das Betreiben eines Unternehmens nicht erforderlich (s. oben § 2 Rn. 71), auch sie führen ungeachtet dessen eine Firma.

B. Bedeutung, Funktion und Rechtsnatur der Firma

Die Identifizierungsfunktion hat ferner die Aufgabe, dass das von dem Kaufmann betriebene Geschäft im Geschäftsverkehr erkannt werden kann. Die Firma identifiziert das Geschäft sowohl im Hinblick auf den Unternehmensträger als auch im Hinblick auf das Auftreten des Unternehmens im Geschäftsverkehr. Deshalb legt § 18 Abs. 1 HGB fest, dass die als Firma gewählte Bezeichnung nicht nur zur Kennzeichnung geeignet sein muss, sondern die Vorschrift verlangt zusätzlich deren Unterscheidungskraft. Hierin kommt das Prinzip der Firmenunterscheidbarkeit zum Ausdruck, das § 30 HGB näher konkretisiert.[31] Aus der Identifizierungsfunktion folgt zudem nicht nur ein Recht zur Firmenführung, sondern auch die Pflicht, im Rechtsverkehr unter der Firma aufzutreten. Hiergegen verstößt es z. B., wenn eine geschäftliche Bezeichnung auf den Geschäftsbriefen (z. B. einheitliches Logo aller Konzernunternehmen) die Firma optisch so stark überlagert, dass der Eindruck erweckt wird, es handele sich bei der Geschäftsbezeichnung um die Firma.[32]

11

2. Hinweis- und Warnfunktion

Darüber hinaus verschafft die Firma dem Rechtsverkehr bestimmte Informationen über den Unternehmensträger. Besonders wichtig ist insoweit die Art seiner Haftung. Hiervon hängen im Geschäftsleben ganz entscheidend das Vertrauen, das einem Unternehmen entgegengebracht wird, und die Kreditwürdigkeit des Unternehmensträgers ab. Um dem Rechtsverkehr die Möglichkeit zu geben, sich über die Art der Haftung ohne größere Schwierigkeiten zu informieren, ordnen verschiedene gesellschaftsrechtliche Vorschriften an, dass die Firma eines jeden Unternehmensträgers zugleich Aufschluss über die Art seiner Haftung geben muss (z. B. § 4 AktG, § 4 GmbHG, § 5a Abs. 1 GmbHG); § 19 Abs. 1 HGB erhebt dies zum allgemeinen Prinzip und sieht nicht nur für die Offene Handelsgesellschaft und die Kommanditgesellschaft entsprechende Bezeichnungen zwingend vor (§ 19 Abs. 1 Nr. 2 und 3 HGB). Mit der Bezeichnung „eingetragener Kaufmann" bzw. „eingetragene Kauffrau" (§ 19 Abs. 1 Nr. 1 HGB) stellt das Gesetz auch für Einzelkaufleute sicher, dass der Geschäftsverkehr weiß, dass unter der Firma eine einzelne natürliche Person agiert, die mit ihrem Privatvermögen für die Verbindlichkeiten haftet.[33]

12

Mit der für alle Kaufleute eröffneten Möglichkeit, die Firma ggf. ausschließlich aus Sachbezeichnungen oder Fantasieangaben zu bilden,[34] erleidet die Hinweis- und Warnfunktion der Firma jedoch eine erhebliche Einbuße. Allerdings entbinden derartige Namensgebungen nicht von der Aufnahme der in § 19 Abs. 1 HGB sowie § 4 AktG, § 4 GmbHG, § 5a Abs. 1 GmbHG und § 3 GenG vorgeschriebenen Zusätze. Ferner kompensiert das Gesetz die Defizite durch Eintragung der Firma in

13

---

[31] Näher zum Prinzip der Firmenunterscheidbarkeit unten § 4 Rn. 70 ff.
[32] Exemplarisch OLG Stuttgart 29.10.1997, NZG 1998, 601 (603 ff.).
[33] Zum Zweck der Regelung s. auch *Canaris* § 11 Rn. 11; einschränkend wohl OLG München 8.11.2012, NZG 2013, 108.
[34] Dazu unten § 4 Rn. 25.

das Handelsregister (§ 29 HGB) sowie die gesteigerte Publizität auf Geschäftsbriefen (§ 37a Abs. 1 HGB).[35]

14 Die vorgenannten Vorschriften belegen zudem, wie wichtig für den Rechtsverkehr die Information darüber ist, dass bei einem Unternehmensträger keine natürliche Person persönlich und unbeschränkt haftet. Erforderlich ist diese Unterrichtung nicht nur bei Kapitalgesellschaften, sondern auch bei Personengesellschaften mit einer atypischen Verfassung, wenn bei ihnen keine natürliche Person unbeschränkt mit ihrem Privatvermögen für die Verbindlichkeiten der Gesellschaft haftet. Aus diesem Grunde ordnet § 19 Abs. 2 HGB[36] an, dass derartige Gesellschaften in ihre Firma einen Zusatz aufnehmen müssen, der den Rechtsverkehr auf diese Haftungsbeschränkung hinweist (z. B. GmbH & Co. KG).[37] Unterlassen sie diesen, so kann hieraus eine persönliche Haftung der Gesellschafter erwachsen.[38] Entsprechendes gilt, wenn für eine Unternehmergesellschaft (§ 5a GmbHG) unter dem unrichtigen Rechtsformzusatz „GmbH" gehandelt wird.[39]

III. Rechtsnatur der Firma, insbesondere deren Verwertung in der Insolvenz

15 Eine präzise Umschreibung zur Rechtsnatur der Firma bereitet Schwierigkeiten.[40] Ursprünglich wurde sie als das Persönlichkeitsrecht des Kaufmanns bewertet.[41] Das konnte jedoch nur überzeugen, solange man sich am Einzelkaufmann als Unternehmensträger orientierte und diesen – wie früher § 18 Abs. 1 HGB a. F. – zur Wahl einer Personalfirma zwang. Heute ist das Firmenrecht hingegen stärker auf das Unternehmen ausgerichtet. Obwohl die Firma dem Unternehmensträger zugeordnet ist, gilt diese im Rechtsverkehr verbreitet als „Bezeichnung" des Unternehmens und ist für den Unternehmensträger zumeist vor allem aus wettbewerbs- und vermögensrechtlicher Sicht bedeutsam. Persönlichkeitsrechtliche Interessen werden ausschließlich berührt, wenn der Name einer natürlichen Person Bestandteil der Firma

---

[35] S. Reg. Begr., BT-Drucks. 13/8444, S. 37, 52.
[36] Vergleichbares gilt nach § 707a Abs. 2 Satz 2 BGB für die eingetragene Gesellschaft bürgerlichen Rechts.
[37] So bereits vor Einführung von § 19 Abs. 5 HGB a. F., auf den § 19 Abs. 2 HGB zurückgeht, BGH 18.3.1974, BGHZ 62, 216 (226 f.); 18.9.1975, BGHZ 65, 103 (105); zu der bereits durch § 19 Abs. 5 HGB a. F. überholten Kontroverse s. *Wiedemann* ZGR 1975, 354 ff.
[38] BGH 3.2.1975, BGHZ 64, 11 (17 f.); 8.5.1978, BGHZ 71, 354 (356 ff.); *K. Schmidt* § 12 Rn. 101 a. E.; zur Haftung wegen Fortlassung des vorgeschriebenen Rechtsformzusatzes nach § 4 Abs. 2 GmbHG a. F. s. BGH 8.7.1996, NJW 1996, 2645; 5.2.2007, NJW 2007, 1529 Rn. 14; OLG Naumburg 20.9.1996, NJW-RR 1997, 1324 (1325).
[39] BGH 12.6.2012, NJW 2012, 2871 ff.; kritisch dazu *Altmeppen* NJW 2012, 2833 ff.; *Schirrmacher* GmbHR 2018, 942 ff.
[40] Dazu näher z. B. *Canaris* § 10 Rn. 7 ff.; *K. Schmidt* § 12 Rn. 34 sowie vertiefend *Köhler* Festschrift für Fikentscher, 1998, S. 494 ff.
[41] RG 14.9.1938, RGZ 158, 226 (230).

B. Bedeutung, Funktion und Rechtsnatur der Firma

ist. Nur in diesem Fall kommt ein Persönlichkeitsrecht des Unternehmensträgers an der Firma in Betracht; im Übrigen besteht an ihr kein persönlichkeitsrechtliches Interesse.[42]

Die Überlegungen zur Rechtsnatur der Firma sind nicht nur dem Streben nach dogmatischer Präzision geschuldet, sondern beeinflussen in vielfältiger Weise deren rechtliche Behandlung. Solange die Firma als ein Persönlichkeitsrecht qualifiziert wird, kann sie nicht Gegenstand einer Enteignung sein.[43] Darüber hinaus ist diese bei einer persönlichkeitsrechtlich geprägten Rechtsnatur der Zwangsvollstreckung entzogen. Dementsprechend untersagt § 23 HGB ausdrücklich, die Firma ohne das Handelsgeschäft, für welches diese geführt wird, zu veräußern. Da das Handelsgeschäft bzw. das Unternehmen nicht als Ganzes gepfändet werden kann,[44] schließt dies auch die Übertragung der Firma auf diesem Wege aus. Vor allem aber strahlt die Rechtsnatur der Firma auf das Insolvenzrecht aus, da es hiervon abhängt, ob diese in die Masse fällt und vom Insolvenzverwalter auch ohne Zustimmung des Insolvenzschuldners veräußert werden darf.[45] Hierzu ist er nur berechtigt, wenn die Firma ein Bestandteil des Unternehmens ist. 16

Wird die Firma – entsprechend der älteren Auffassung – als Persönlichkeitsrecht des Kaufmanns allein dem Unternehmensträger zugeordnet, dann steht dies einer Qualifizierung als Unternehmensbestandteil entgegen. Die Firma fällt nicht in die Masse, sodass der Insolvenzverwalter diese nicht ohne Zustimmung des Insolvenzschuldners mit dem Unternehmen veräußern darf.[46] Wegen der zunehmenden Hinwendung des Firmenrechts zum Unternehmen wurde diese Auffassung indes weitgehend zurückgedrängt und die Firma generell als Bestandteil des Unternehmens mit der Folge angesehen, dass diese ebenfalls in die Masse fällt und der Insolvenzverwalter berechtigt ist, diese ohne Zustimmung des Insolvenzschuldners zu veräußern.[47] Hierfür spricht vor allem der Wert des Unternehmens, der sich in der Mehrzahl der Fälle bei einer die Firma einschließenden Veräußerung erhöht und dem Insolvenzverwalter daher die Möglichkeit eröffnet, der Masse Werte zuzuführen, die dieser andernfalls verloren gingen. 17

Bei *Handelsgesellschaften* ist die Rechtslage eindeutig, wenn diese unter einer Sachfirma auftreten, die sich auf Angaben zum Betätigungsfeld des Unternehmens beschränkt.[48] Entsprechend der heute vorherrschenden unternehmensbezogenen 18

---

[42] Allg. zum Persönlichkeitsschutz juristischer Personen BGH 3.6.1986, BGHZ 98, 94 (97 f.); MK-BGB/*Rixecker* Allg. PersönlR Rn. 30 ff., m. w. N.

[43] BGH 10.5.1955, BGHZ 17, 209 (214).

[44] BGH 26.2.1960, BGHZ 32, 103 (105 f.).

[45] Näher hierzu *Emmrich* Das Firmenrecht im Konkurs, 1992, S. 64 ff.; *Kern* BB 1999, 1717 ff.; *Steinbeck* NZG 1999, 133 ff.; *Uhlenbruck* ZIP 2000, 401 ff.; *Ulmer* NJW 1983, 1697 ff.; *Wertenbruch* ZIP 2002, 1931 ff. sowie *Müller-Laube* S. 1 ff.

[46] So noch RG 4.4.1883, RGZ 9, 104 (106); 21.5.1904, RGZ 58, 166 (169); 14.9.1938, RGZ 158, 226 (231).

[47] BGH 27.9.1982, BGHZ 85, 221 (223); Staub/*Burgard* § 22 Rn. 54 ff.; Schlegelberger/*Hildebrandt*/*Steckhan* § 17 Rn. 13.

[48] Hierzu unten § 4 Rn. 32 ff., 35 f.

Betrachtungsweise zur Rechtsnatur der Firma bestehen in dieser Konstellation keine persönlichkeitsrechtlichen Interessen des Unternehmensträgers, sodass die Firma Unternehmensbestandteil ist und der Insolvenzverwalter für deren Veräußerung mit dem Unternehmen nicht die Einwilligung des Insolvenzschuldners benötigt.[49] Problematisch ist die Rechtslage indes, wenn die Handelsgesellschaft eine Firma führt, die den Familiennamen eines Gesellschafters enthält. Da der jeweilige Namensträger ein persönlichkeitsrechtliches Interesse an der Firma hat, ist umstritten, ob dieses das Interesse der Gläubiger an einem möglichst hohen Wert der Masse überwiegt. Hiergegen spricht, dass der Namensträger der Handelsgesellschaft ohne Einschränkungen gestattet hat, seinen Namen als Teil der Firma zu führen. Da er sein persönliches Interesse an der Firma in diesem Fall schon vor der Insolvenz gegenüber der Handelsgesellschaft rechtsgeschäftlich preisgegeben hat und er ihr dies auch ohne die Insolvenz nicht untersagen kann,[50] gilt im Fall der Insolvenz nichts anderes.[51] Andernfalls würde er in der Insolvenz besser gestellt als er ohne diese stünde. Dem Insolvenzverwalter ist es daher auch in diesem Fall gestattet, das Unternehmen mit der Firma notfalls gegen den Willen des Namensträgers zu veräußern. Aus den vorgenannten Gründen gilt dies nicht nur für juristische Personen, sondern grundsätzlich auch für Personengesellschaften.[52]

19 Eine ähnliche Argumentation wie bei Handelsgesellschaften kommt für den *Einzelkaufmann* in Betracht. Verwendet dieser eine Sach- oder Fantasiefirma, so entspricht es unter der Geltung des § 18 Abs. 1 HGB der allgemeinen Ansicht, dass der Insolvenzverwalter befugt ist, das Unternehmen gemeinsam mit der Firma zu verwerten.[53] Aus Sicht des Firmenrechts gilt dies auch, wenn eine Personalfirma den bürgerlichen Namen des Insolvenzschuldners enthält. Die gegenteilige Rechtsprechung des Bundesgerichtshofs zu § 18 HGB a. F.[54] hat durch die Reform des Firmenrechts ihre teleologische Grundlage verloren, da der Kaufmann nicht mehr verpflichtet ist, seinen bürgerlichen Namen in die Firma aufzunehmen.[55] Angesichts der Wahlfreiheit des Einzelkaufmanns bei der Firmenbildung hat dieser mit der Entscheidung für eine Personalfirma sein persönliches Interesse an der Firma – nicht anders als bei der Gestattung zugunsten einer Handelsgesellschaft – aufgegeben. Das Firmenrecht steht deshalb einer Veräußerung des Unternehmens einschließlich

---

[49] Statt aller BGH 27.9.1982, BGHZ 85, 221 (223); Hopt/*Merkt* § 17 Rn. 47; KKD/*Roth/Stelmaszcyk* § 17 Rn. 25; *K. Schmidt* § 12 Rn. 48 ff.

[50] S. *Canaris* § 10 Rn. 44.

[51] So auch für die GmbH BGH 27.9.1982, BGHZ 85, 221 (223 ff.) sowie für die GmbH & Co. KG BGH 14.12.1989, BGHZ 109, 364 (368).

[52] Ebenroth/Boujong/*Reuschle* § 22 Rn. 46; KKD/*Roth/Stelmaszcyk* § 17 Rn. 25; *K. Schmidt* § 12 Rn. 52; *Steinbeck* NZG 1999, 133 (137 f.); a. A. jedoch *Kern* BB 1999, 1717 (1719 f.); Hopt/*Merkt* § 17 Rn. 47; *Wertenbruch* ZIP 2002, 1931 ff. sowie noch zum alten Recht Heymann/*Emmerich* 2. Aufl., § 17 Rn. 40; Staub/*Hüffer* 4. Aufl., § 22 Rn. 37.

[53] Statt aller Staub/*Burgard* § 22 Rn. 56; *Canaris* § 10 Rn. 67; Hopt/*Merkt* § 17 Rn. 47; Oetker/*Schlingloff* § 17 Rn. 31.

[54] BGH 26.2.1960, BGHZ 32, 103 ff.

[55] *Canaris* § 10 Rn. 68; *Heckschen* NotZ 2006, 346 (352 f.); KKD/*Roth/Stelmaszcyk* § 17 Rn. 25; *K. Schmidt* § 12 Rn. 54; *Steinbeck* NZG 1999, 133 (137); gegen diese Begründung aber Ebenroth/Boujong/*Reuschle* § 22 Rn. 44; *Wertenbruch* ZIP 2002, 1931 ff.

der Personalfirma durch den Insolvenzverwalter nicht entgegen, selbst wenn hierfür eine Einwilligung des Namensträgers fehlt.[56] Von der firmenrechtlichen Bewertung ist jedoch die Lösung der namensrechtlichen Problematik zu trennen. Bei dieser steht einem Unterlassungsanspruch des Namensträgers aus § 12 BGB allerdings entgegen, dass der Erwerber den bürgerlichen Namen des früheren Inhabers in zulässiger Weise (nicht „unbefugt") in der Firma führt.[57] Angesichts der beiderseits bestehenden Berechtigung, einen bestimmten bürgerlichen Namen zu führen, lässt sich eine Verpflichtung des Erwerbers erwägen, der Firma einen unmissverständlichen Nachfolge- oder Inhaberzusatz hinzuzufügen.[58]

C. Bildung der Firma

I. Arten der Firma

Da der Rechtsverkehr aus der Firma Informationen über die Identität und die Rechtsnatur des Unternehmensträgers gewinnen können soll, ist in systematischer Hinsicht zwischen Personal- und Sachfirma zu unterscheiden. *Personalfirmen* sind solche, die den Namen mindestens einer natürlichen Person enthalten. Nach den §§ 18 Abs. 1, 19 HGB a. F. waren hierzu Einzelkaufleute, Offene Handelsgesellschaften und Kommanditgesellschaften verpflichtet,[59] das Handelsrechtsreformgesetz hob diese Vorgabe jedoch auf. *Sachfirmen* informieren im Gegensatz dazu über das Geschäftsfeld, auf dem sich das Unternehmen betätigt. Für Genossenschaften war die Führung einer Sachfirma nach § 3 Abs. 2 GenG a. F. vorgeschrieben; für Aktiengesellschaften und Kommanditgesellschaften auf Aktien legten dies die §§ 4 Abs. 1, 297 Abs. 1 AktG a. F. als Regelfall fest.[60] Die Gesellschaft mit beschränkter Haftung konnte demgegenüber schon früher sowohl eine Sach- als auch eine Personalfirma führen (§ 4 Abs. 1 Satz 1 GmbHG a. F.). Werden Personal- und Sachfirmen miteinander kombiniert, liegt eine *Mischfirma* vor.[61]

20

---

[56] Ebenso Staub/*Burgard* § 22 Rn. 62 ff.; *Canaris* § 10 Rn. 68; *Heckschen* NotZ 2006, 346 (352 f.); *Hübner* Rn. 209; KKD/*Roth/Stelmaszcyk* § 17 Rn. 25; *K. Schmidt* § 12 Rn. 54; *Steinbeck* NZG 1999, 133 (137); *Uhlenbruck* ZIP 2000, 401 (402 f.); i. E. auch Ebenroth/Boujong/*Reuschle* § 22 Rn. 45; a. A. jedoch *Kern* BB 1999, 1717 (1719 f.); Hopt/*Merkt* § 17 Rn. 47; *Wertenbruch* ZIP 2002, 1931 ff.: Zustimmung des Namensträgers erforderlich.
[57] KKD/*Roth/Stelmaszcyk* § 17 Rn. 25.
[58] Hierfür *Canaris* § 10 Rn. 70; Oetker/*Schlingloff* § 17 Rn. 32; a. A. Staub/*Burgard* § 22 Rn. 64; wohl auch KKD/*Roth/Stelmaszcyk* § 17 Rn. 25.
[59] Für die Partnerschaft galt dies nach § 2 Abs. 1 PartGG a. F. ebenfalls und wurde erst durch Art. 68 Nr. 2 des Gesetzes zur Modernisierung des Personengesellschaftsrechts (MoPeG) korrigiert.
[60] Zu den Voraussetzungen, unter denen auch diese Gesellschaften eine Personalfirma führen durften, GroßKomm-AktG/*Bachmann* § 4 Rn. 27, 29.
[61] Staub/*Burgard* vor § 17 Rn. 20; Ebenroth/Boujong/*Reuschle* § 18 Rn. 31; Oetker/*Schlingloff* § 18 Rn. 14.

21 Die Unterscheidung zwischen Personal- und Sachfirma hat heute nur noch systematische Bedeutung, da die in den vorgenannten Bestimmungen früher enthaltenen Beschränkungen von der allgemeinen Regelung des § 18 Abs. 1 HGB abgelöst worden sind. Danach genügt es, dass die als Firma gewählte Bezeichnung zur *Kennzeichnung* des Kaufmanns geeignet ist sowie *Unterscheidungskraft* aufweist. Das eröffnet größtmögliche Gestaltungsfreiheit für die Bildung der Firma.[62] Sowohl die Personal- als auch die Sachfirma steht allen Kaufleuten offen. Angesichts des Verzichts auf Einschränkungen gestattet die allgemeine Vorgabe des § 18 Abs. 1 HGB zudem die Bildung von *Fantasiefirmen*.[63]

22 Die Unterscheidung zwischen Personal- und Sachfirma betrifft nur den sog. *Firmenkern*, der den für die Firma nach der rechtlichen Natur des Unternehmensträgers erforderlichen Mindestinhalt und damit jedenfalls die für die Kennzeichnung und Unterscheidbarkeit nach § 18 Abs. 1 HGB notwendigen Mindestangaben umfasst. Die nach § 19 Abs. 1 HGB aufzunehmende Bezeichnung soll hingegen nicht hierzu gehören,[64] mit der Folge, dass eine sog. *einfache Firma* wegen des zwingenden Charakters des in § 19 Abs. 1 HGB genannten Zusatzes nicht mehr zulässig ist.[65] Häufig wird der Firmenkern durch sog. *Firmenzusätze* ergänzt. Deshalb gibt es neben den Idealtypen der reinen Personal- oder Sachfirma zahlreiche Mischformen, die sowohl den Namen einer natürlichen Person als auch Angaben über das Betätigungsfeld des Unternehmensträgers enthalten. Infolge der den Firmenkern ergänzenden zusätzlichen Angaben werden sie als *zusammengesetzte* Firma bezeichnet (z. B. „DAS BAD-OHG alles aus einer Hand").[66]

23 Des Weiteren ist zwischen der ursprünglichen und der abgeleiteten Firma zu unterscheiden. Die *ursprüngliche* Firma ist diejenige, die sich der Unternehmensträger bei Aufnahme des Betriebs seines Unternehmens gemäß den gesetzlichen Vorschriften zu geben hat. Wechselt der Unternehmensträger, so darf auch er die Firma unter bestimmten Voraussetzungen fortführen (s. § 23 HGB).[67] Der neue Unternehmensträger wird in dieser Konstellation durch eine Firma identifiziert, die bei ihrer Bildung nicht auf ihn bezogen war; er leitet die Firma von dem vorherigen Unternehmensträger ab, sodass eine *abgeleitete* Firma vorliegt.

24 Von der Firma sind *geschäftliche Bezeichnungen* zu unterscheiden, zu denen nach § 5 MarkenG insbesondere Unternehmenskennzeichen zählen. Hierunter sind nach § 5 Abs. 2 MarkenG Zeichen zu verstehen, die der Inhaber im geschäftlichen Verkehr als Name, besondere Bezeichnung seines Geschäftsbetriebes oder Unter-

---

[62] Näher dazu unten § 4 Rn. 25 ff.
[63] S. Reg. Begr., BT-Drucks. 13/8444, S. 37, 52; Staub/*Burgard* vor § 17 Rn. 19; *Canaris* § 10 Rn. 12; MK-HGB/*Heidinger* § 18 Rn. 1; Hopt/*Merkt* § 17 Rn. 6; Ebenroth/Boujong/*Reuschle* § 18 Rn. 27; Oetker/*Schlingloff* § 18 Rn. 13; *K. Schmidt* § 12 Rn. 95.
[64] So Hopt/*Merkt* § 18 Rn. 8, der den Kaufmanns- bzw. Rechtsformzusatz nicht zu dem Firmenkern zählt; ebenso *Bülow/Artz* Rn. 162; Staub/*Burgard* vor § 17 Rn. 23; KKD/*Roth/Stelmaszcyk* § 17 Rn. 9; Oetker/*Schlingloff* § 17 Rn. 3; *K. Schmidt* § 12 Rn. 18.
[65] Anders hingegen, wenn der nach § 19 Abs. 1 HGB aufzunehmende Zusatz ebenfalls zum Firmenkern gezählt wird.
[66] Hierzu BayObLG 13.6.1997, NJW-RR 1998, 40 f.
[67] Näher hierzu unten § 4 Rn. 75 ff.

C. Bildung der Firma

nehmens benutzt (z. B. „NetCom", „Grillteufel", „Good Lack"). Sie identifizieren nicht den Unternehmensträger, sondern das Geschäft bzw. den Betrieb des Unternehmens. Auf geschäftliche Bezeichnungen findet das Firmenrecht keine Anwendung, sodass deren Bildung nicht den nachstehenden Grundsätzen[68] unterliegt. Rückschlüsse auf die Rechtsnatur des Unternehmensträgers lassen diese deshalb nicht zu. Geschäftliche Bezeichnungen können (z. B. zur Kennzeichnung einer Konzernzugehörigkeit[69]) neben der Firma geführt und auch ohne das Unternehmen veräußert werden. Wird neben der Firma eine geschäftliche Bezeichnung verwendet, dann darf diese nicht den Eindruck erwecken, es handele sich bei ihr um die Firma.[70] Der Schutz der Unternehmenskennzeichen erfolgt grundsätzlich über § 5 MarkenG und den hierauf aufbauenden Unterlassungsanspruch in § 15 Abs. 4 MarkenG.[71] Ausnahmsweise unterfallen sie auch dem Schutz durch § 12 BGB, wenn sie eine identifizierende Unterscheidungsfunktion für das Unternehmen aufweisen.[72] Am besonderen Firmenschutz nehmen sie nicht teil. Da die Firma aus Sach- oder Fantasiebezeichnungen gebildet werden darf, fällt die Abgrenzung zwischen Firma und geschäftlicher Bezeichnung schwer; geschäftliche Bezeichnungen können bei ausreichender Kennzeichnungseignung und Unterscheidungskraft Bestandteil der Firma sein.[73] Als einziges Merkmal, das die Firma von der geschäftlichen Bezeichnung unterscheidet, verbleibt in diesem Fall der nach § 19 Abs. 1 HGB aufzunehmende Zusatz.[74]

II. Bildung der Firma im Einzelnen

1. Allgemeines

Die Bildung der Firma warf nach dem früher geltenden Recht zahlreiche Streitfragen auf, die infolge der Neuregelungen durch das Handelsrechtsreformgesetz überholt sind. Das Firmenrecht, wie es vor allem in den §§ 18 und 19 HGB zum Ausdruck gelangt, eröffnet seitdem für die Firmenbildung ein Höchstmaß an Gestaltungsspielraum. Allen Kaufleuten ermöglichen die firmenrechtlichen Bestimmungen die freie Wahl zwischen Personal- und Sachfirma; sie gestatten auch die Bildung einer Fantasiefirma.[75] Stets muss sich die gewählte Bezeichnung jedoch

25

---

[68] S. unten § 4 Rn. 25 ff.
[69] Exemplarisch OLG Stuttgart 29.10.1997, NZG 1998, 601 ff.; ferner für Gaststätten z. B. BFH 20.5.2014, NZG 2014, 1239 f.
[70] S. OLG Stuttgart 29.10.1997, NZG 1998, 601 (604 f.).
[71] Näher hierzu Staub/*Burgard* Anhang II zu § 37.
[72] Zur früheren Rechtslage unter § 16 UWG a. F. BGH 14.5.1957, BGHZ 24, 238 (240 ff.).
[73] S. dazu auch *Steinbeck* Festschrift für Horn, 2006, S. 589 ff. sowie *Bartels* AcP Bd. 209 (2009), 309 ff.
[74] So auch KKD/*Roth/Stelmaszcyk* § 17 Rn. 8.
[75] S. die Nachweise oben in Fn. 63.

zur Kennzeichnung des Unternehmens eignen und Unterscheidungskraft aufweisen, damit es sich um eine Firma im Rechtssinne handelt.

26   Dementsprechend sind bei der Bildung der Firma vor allem Grenzen zu beachten, die aus ihrer Identifizierungsfunktion folgen. Problematisch sind insoweit vor allem Buchstabenkombinationen. So wurden in Fortführung der früheren kennzeichenrechtlichen Judikatur aus sich heraus nicht verständlichen Buchstabenfolgen, die kein aussprechbares Wort ergeben (z. B. „AAA AAA"), oftmals auch unter der Geltung des liberalisierten Firmenrechts noch eine namensmäßige Kennzeichnungskraft abgesprochen und konnten deshalb nicht ohne weiteres als Unternehmensname verwendet werden.[76] Eine andere Würdigung kam auch schon bislang für Abkürzungen in Betracht, die als selbstständiges Fantasiewort aussprechbar sind.[77] Entsprechendes soll gelten, wenn die gewählte Bezeichnung neben einem Rechtsformzusatz ausschließlich aus Ziffern besteht (z. B. „1 + 1 AG")[78] oder wegen der Beschränkung auf einen Gattungsbegriff keine Kennzeichnungskraft hat (z. B. „Handels-GmbH", „Vertrieb.de").[79] Aus diesem Grunde sind die vorgenannten Bezeichnungen bei isolierter Verwendung keine Firma im Rechtssinne und nicht eintragungsfähig.[80] Das gilt ebenfalls für nicht aussprechbare Zeichen[81] sowie die Verwendung anderer als lateinischer Buchstaben.[82] Sonderzeichen können jeden-

---

[76] So noch OLG Celle 19.11.1998, DB 1999, 40: „AAA AAA AAA AB bis Lifesex-TV.de GmbH"; 6.7.2006, DB 2006, 1950 f.: „AKDV"; OLG Frankfurt a. M. 28.2.2002, NJW 2002, 2400: „A. A. A. A. A. A. GmbH"; OLG München 11.10.2006, NZG 2007, 320: „K.S.S."; *Müther* GmbHR 1998, 1058 (1061); zurückhaltend *Kögel* BB 1998, 1645 (1646); a. A. jedoch bereits OLG Hamm 11.12.2007, ZIP 2008, 791 (792 f.): „HM&A GmbH & Co. KG"; *Hübner* Rn. 196; *Lutter/Welp* ZIP 1999, 1073 (1078); *Schulz* JA 1999, 247 (248).

[77] *Canaris* § 10 Rn. 15; noch weiter *Lutter/Welp* ZIP 1999, 1073 (1078).

[78] *Hofmann* S. 98; *Kögel* BB 1998, 1645 (1646); *Schulz* JA 1999, 247 (248); für weitgehende Zulässigkeit aber Staub/*Burgard* § 18 Rn. 15; *Canaris* § 10 Rn. 17; *Lutter/Welp* ZIP 1999, 1073 (1078 f.).

[79] *Bülow/Artz* Rn. 164; *Hübner* Rn. 197; *Kögel* BB 1998, 1645 (1646); *Lutter/Welp* ZIP 1999, 1073 (1074 f.); *Müther* GmbHR 1998, 1058 (1059); KKD/*Roth/Stelmaszcyk* § 18 Rn. 4; Oetker/*Schlingloff* § 18 Rn. 12. Exemplarisch BGH 22.4.2004, NJW-RR 2004, 1412 (1413): „URLAUB DIREKT"; 16.12.2004, GRUR 2005, 517 (518): „LITERATURHAUS"; BayObLG 1.7.2003, NJW-RR 2003, 1544 f.: „Profi-Handwerker GmbH"; OLG Frankfurt a. M. 9.1.2005, AG 2005, 403 (404): „Grundbesitz"; KG 6.5.2024, NZG 2024, 1230 (1231): „Vertrieb.de"; ThürOLG 23.6.2010, GRUR-RR 2011, 181: „Snowboardschule"; s. aber auch BGH 27.11.2003, GRUR 2004, 514 ff., für die Bezeichnung „Telekom".

[80] Anders ist zu entscheiden, wenn Branchen- oder Gattungsbezeichnungen durch weitere Zusätze individualisiert werden, da für die Unterscheidungskraft auf die gesamte Firma und nicht lediglich auf einzelne ihrer Bestandteile abzustellen ist; s. KG 11.9.2007, NZG 2008, 80: „Autodienst-Berlin"; OLG München 7.3.2007, NJW-RR 2007, 1677 (1678 f.): „Planung für Küche und Bad" sowie allg. Staub/*Burgard* § 18 Rn. 29; Oetker/*Schlingloff* § 18 Rn. 12.

[81] So für reine Bildzeichen BGH 8.12.2008, NZG 2009, 192 Rn. 10; 25.1.2022, NZG 2022, 971 Rn. 12. Zum @-Zeichen BGH 25.1.2022, NZG 2022, 971 Rn. 13; BayObLG 4.4.2001, MDR 2001, 1124 mit Anm. *Mankowski*; OLG Braunschweig 27.11.2000, WRP 2001, 287 f.; Staub/*Burgard* § 18 Rn. 10; a. A. jedoch LG Berlin 13.1.2004, GRUR-RR 2004, 123; MK-HGB/*Heidinger* § 18 Rn. 13; Oetker/*Schlingloff* § 18 Rn. 8.

[82] Zuletzt BGH 8.12.2008, NZG 2009, 192 Rn. 10; dazu auch *Lutter/Welp* ZIP 1999, 1073 (1077).

C. Bildung der Firma

falls dann Bestandteil der Firma sein, wenn sie im allgemeinen Sprachgebrauch als Wortschatz verwendet werden.[83] Bejaht hat dies der Bundesgerichtshof für die Sonderzeichen „&" und „+",[84] verneint hingegen für das Sonderzeichen „//".[85] Wegen der Namensfunktion der Firma ist die Schreibweise (Groß- oder Kleinbuchstaben) ebenfalls kein Firmenbestandteil.[86] Bezüglich der Verwendung von Buchstabenkombinationen hat der Bundesgerichtshof seine restriktive Linie inzwischen aufgegeben und sieht Buchstabenfolgen grundsätzlich als geeignet an, ein Unternehmen zu individualisieren. Auch die Kennzeichnungseignung steht in diesem Fall außer Frage, solange der Firmenkern aus einer zumindest i. S. der Artikulierbarkeit aussprechbaren Buchstabenfolge gebildet wird.[87]

Trotz der Liberalisierung der Firmenbildung sind bestimmte Inhalte kraft Gesetzes untersagt. So sind z. B. die Bezeichnungen „Steuerberatungsgesellschaft", „Rechtsanwaltsgesellschaft" sowie „Bank" oder „Sparkasse" bestimmten Gesellschaften vorbehalten (§ 55g SteuerberG; § 59p BRAO; §§ 39, 40 KWG). Andere Unternehmen dürfen diese nicht in ihre Firma aufnehmen, ohne dass eine Einzelfallprüfung im Hinblick auf die konkrete Eignung zur Irreführung hinzukommen muss (abstrakter Irreführungsschutz). Auf dieser Linie liegt auch § 11 Abs. 1 Satz 1 PartGG, der den Zusatz „Partnerschaft" oder „Partner" der Partnerschaft vorbehält, sodass einer Offenen Handelsgesellschaft die Firma „Hans Meier und Partner OHG" untersagt ist.[88] Anderes soll hingegen gelten, wenn der Begriff „Partner" lediglich als Bestandteil eines zusammengesetzten Worts verwendet wird.[89]

27

Die durch § 18 Abs. 1 HGB eröffnete Freiheit bei der Firmenbildung wirft die Frage auf, wie solche Bezeichnungen zu behandeln sind, die gegen die öffentliche Ordnung oder die guten Sitten verstoßen, was bei gewerblichen Schutzrechten einer Eintragung entgegensteht (z. B. § 8 Abs. 2 Nr. 5 MarkenG). Zwecks Vermeidung von Wertungswidersprüchen zwischen Unternehmenskennzeichen und Firma ist dieser allgemeine Grundsatz im Wege der Analogie auch im Firmenrecht heranzu-

28

---

[83] BGH 25.1.2022, NZG 2022, 971 Rn. 13.
[84] BGH 25.1.2022, NZG 2022, 971 Rn. 13.
[85] BGH 25.1.2022, NZG 2022, 971 Rn. 14 ff.
[86] KG 23.5.2000, NJW-RR 2001, 173 (173 f.); Staub/*Burgard* § 18 Rn. 12.
[87] Näher dazu BGH 8.12.2008, NZG 2009, 192 Rn. 7 ff.
[88] BGH 21.4.1997, BGHZ 135, 257 (259 f.); OLG München 14.12.2006, NJW-RR 2007, 761 f.; zum Parallelproblem bei der Firma einer GmbH KG 27.4.2004, NJW-RR 2004, 976 (977 f.); OLG Frankfurt a. M. 11.11.2004, GmbHR 2005, 96 (97 f.); *Wolff* GmbHR 2006, 303 ff. Entsprechendes gilt nach Art. 11 Abs. 2 der Verordnung (EG) 2157/2001 des Rates über das Statut der Europäischen Gesellschaft (SE) v. 8.10.2001 (ABl. EG Nr. L 294 v. 10.11.2001, S. 1) für den Zusatz „SE", den nur eine Europäische Aktiengesellschaft ihrer Firma hinzufügen darf.
[89] So OLG München 14.12.2006, ZIP 2007, 770 f.: „GV-Partner"; ebenso Oetker/*Schlingloff* § 18 Rn. 30.

ziehen.⁹⁰ „MESSIAS"⁹¹ und „CORAN"⁹² scheiden deshalb als Bestandteil einer Firma ebenso aus wie Bezeichnungen mit sexistischer Tendenz wie „Schlüpferstürmer"⁹³ oder „Busengrapscher".⁹⁴ Uneinheitlich ist die Bewertung bei Bezeichnungen, die sich an Organisationen der Mafia anlehnen. So hat das Gericht der Europäischen Union den Wortbestandteil „La Mafia" als Verstoß gegen die öffentliche Ordnung bewertet,⁹⁵ während das Bundespatentgericht in einer älteren Entscheidung für die Bezeichnung „COSA NOSTRA" noch zu einer gegenteiligen Würdigung gelangte.⁹⁶

2. Einzelkaufleute

29   Die Firma des Einzelkaufmanns kann unverändert auf den Namen des Inhabers zurückgreifen. Im Unterschied zum früheren Recht (§ 18 Abs. 1 HGB a. F.) ist für die Bildung einer Personalfirma jedoch nicht mehr erforderlich, dass diese einen ausgeschriebenen Vornamen enthält. Von diesem kann der Inhaber gänzlich absehen. Ebenso bestehen gegen die Aufnahme abgekürzter Vornamen keine Bedenken. Entsprechendes gilt für akademische Titel und Adelsbezeichnungen⁹⁷ sowie Künstlernamen und Pseudonyme, was nach früher vorherrschender Auffassung dem Grundsatz der Firmenwahrheit widersprach.⁹⁸ Für deren Zulässigkeit spricht nunmehr, dass zur Firmenbildung auch auf Fantasiebezeichnungen zurückgegriffen werden darf und auch fiktive Personen für die Bildung der Firma verwendet werden können.⁹⁹ Einschränkungen ergeben sich allerdings aus dem Verbot irreführender Bezeichnungen (§ 18 Abs. 2 Satz 1 HGB).¹⁰⁰

30   Dem bürgerlichen Namen, der Sachbezeichnung oder der Fantasieangabe müssen Einzelkaufleute die Bezeichnung „eingetragener Kaufmann" bzw. „eingetragene

---

⁹⁰ Ebenso *Jung* ZIP 1998, 677 (683); *Lutter/Welp* ZIP 1999, 1073 (1082 f.); Hopt/*Merkt* § 18 Rn. 9; RvWH/*Ries* § 18 Rn. 25; KKD/*Roth/Stelmaszcyk* § 18 Rn. 1; Oetker/*Schlingloff* § 18 Rn. 5; ähnlich i. E. HK-HGB/*Ruß* § 18 Rn. 8 sowie Staub/*Burgard* § 18 Rn. 3, der ausschließlich auf die §§ 134, 138 BGB abstellt, hierdurch jedoch nicht zu abweichenden Ergebnissen gelangt; zu obszönen Bezeichnungen s. auch *Haybäck* wbl. 2018, 477 ff.
⁹¹ BPatG 2.11.1993, GRUR 1994, 377.
⁹² BPatG 16.1.1986, BPatGE 28, 41 (42 f.).
⁹³ BGH 18.5.1995, BGHZ 130, 5 (8 ff.); DPA 8.7.1985, MdP 1985, 215 f.
⁹⁴ BGH 18.5.1995, BGHZ 130, 5 (8 ff.).
⁹⁵ EuG 15.3.2018, GRUR-RR 2018, 236 Rn. 40 ff.
⁹⁶ BPatG 14.11.1995, GRUR 1996, 408 (409).
⁹⁷ Hierzu *Hönn* ZHR Bd. 153 (1989), 386 ff.
⁹⁸ Zur früheren Rechtslage RvW/*Ammon* 1. Aufl., § 18 Rn. 19; Staub/*Hüffer* 4. Aufl., § 18 Rn. 8.
⁹⁹ Ebenso OLG Düsseldorf 11.1.2017, NZG 2017, 350 (351); OLG München 8.11.2012, NZG 2013, 108; ThürOLG 22.6.2010, NZG 2010, 1354 (1354 f.); Staub/*Burgard* § 18 Rn. 56; MK-HGB/*Heidinger* § 18 Rn. 70; *Körber* Jura 1998, 452 (454); Hopt/*Merkt* § 19 Rn. 6; KKD/*Roth/Stelmaszcyk* § 18 Rn. 3; Oetker/*Schlingloff* § 18 Rn. 11; kritisch aber zur Fantasie-Personenfirma Ebenroth/Boujong/*Reuschle* § 18 Rn. 13 f.
¹⁰⁰ Treffend Oetker/*Schlingloff* § 18 Rn. 26 sowie näher dazu allg. unten § 4 Rn. 44 ff.

C. Bildung der Firma

Kauffrau" oder eine entsprechende Abkürzung (e.K., e.Kfm., e.Kfr.) hinzufügen. Hierdurch ist für den Rechtsverkehr erkennbar, dass der Inhaber der Firma eine einzelne natürliche Person ist,[101] die mit ihrem Privatvermögen für die Verbindlichkeiten haftet und uneingeschränkt den Sonderbestimmungen des Handelsgesetzbuchs unterliegt.

Das Gesetz verzichtet auf die ausdrückliche Normierung einer Rechtsfolge, wenn ein Kaufmann i. S. des § 1 HGB noch nicht oder pflichtwidrig nicht in das Handelsregister eingetragen ist.[102] Fest steht lediglich, dass ein Einzelkaufmann in der Anmeldung zum Handelsregister die Bezeichnung „eingetragener Kaufmann" in die Firma aufnehmen muss; ferner kann das Registergericht eine (ordnungsgemäße) Eintragung erzwingen (§§ 29, 14 HGB). Obwohl der Kaufmann bereits kraft seiner Kaufmannseigenschaft zur Führung der Firma berechtigt ist, darf er die Bezeichnung „eingetragener Kaufmann" jedoch an sich erst mit der Eintragung führen. Zuvor liegt allerdings in der unzutreffenden Firmierung kein Verstoß gegen das Irreführungsverbot (§ 18 Abs. 2 Satz 1 HGB), da die noch nicht erfolgte Eintragung regelmäßig nicht die Wesentlichkeitsschwelle überschreitet. Selbst wenn der nicht eingetragene Istkaufmann verpflichtet wird, durch anderweitige Zusätze auf seine Kaufmannseigenschaft hinzuweisen (wichtig in der Phase bis zur Eintragung),[103] bleibt die Frage nach den Rechtsfolgen unbeantwortet, wenn der nicht eingetragene Kaufmann gegen eine derartige Pflicht verstößt.[104] Für den Rechtsverkehr tritt er als „Schein-Nichtkaufmann" auf, sodass sich § 242 BGB als Lösungsweg aufdrängt:[105] Wer durch seine „Firma" nach außen den Eindruck erweckt, er sei ein Nichtkaufmann, dem ist es gegenüber hierauf vertrauenden Dritten verwehrt, sich auf seine Kaufmannseigenschaft zu berufen. Sachgerecht ist das allerdings nur, wenn sich der „Schein-Nichtkaufmann" auf für ihn günstige Normen stützt, die die Kaufmannseigenschaft voraussetzen (z. B. als Verkäufer auf den Eintritt der Genehmigungsfiktion gemäß § 377 Abs. 2 HGB).[106] In der umgekehrten Konstellation muss dieser Weg hingegen versperrt bleiben, da sich ein zur Eintragung verpflichteter Kaufmann nicht dadurch den handelsrechtlichen Pflichten entziehen können darf, dass er die Eintragung in das Handelsregister unterlässt.

31

---

[101] S. auch OLG Schleswig 28.9.2011, NZG 2012, 34 (34 f.).
[102] Hierzu vor allem *Zimmer* ZIP 1998, 2051 f.
[103] So Ebenroth/Boujong/*Reuschle* § 19 Rn. 7; *Zimmer* ZIP 1998, 2051 (2052); ebenso KKD/*Roth/ Stelmaszcyk* § 19 Rn. 2; wohl auch *Hofmann* S. 101 f.; a. A. *Bülow/Artz* Rn. 176; Staub/*Burgard* § 19 Rn. 8; *Canaris* § 11 Rn. 12; Hopt/*Merkt* § 19 Rn. 4; RvWH/*Ries* § 19 Rn. 36; Oetker/*Schlingloff* § 19 Rn. 3; *K. Schmidt* § 12 Rn. 101 Fn. 174, die dem Istkaufmann die Führung des Zusatzes „eingetragener Kaufmann" bereits vor der Eintragung gestatten; dazu auch *Schmitt* Die Rechtsstellung der Kleingewerbetreibenden nach dem Handelsrechtsreformgesetz, 2003, S. 211 f.
[104] Näher dazu *Schmitt* Die Rechtsstellung der Kleingewerbetreibenden nach dem Handelsrechtsreformgesetz, 2003, S. 214 ff.
[105] Zustimmend Staub/*Burgard* § 19 Rn. 41.
[106] Ebenso Staub/*Burgard* § 19 Rn. 41.

3. Personenhandelsgesellschaften

32 Wesentliche Vereinfachungen gelten seit dem Handelsrechtsreformgesetz für die Firma der *Offenen Handelsgesellschaft*. Diese kann die Namen aller Gesellschafter enthalten, muss dies jedoch nicht. Wie beim Einzelkaufmann kann die Firma einer Offenen Handelsgesellschaft sowohl aus den bürgerlichen Namen der Gesellschafter, Sachbezeichnungen oder Fantasieangaben bestehen. Eine einschneidende Änderung bewirkt § 19 Abs. 1 Nr. 2 HGB für den das Gesellschaftsverhältnis kennzeichnenden Zusatz. Während es früher (§ 19 Abs. 1 HGB a. F.) ausreichte, wenn dieser das Vorhandensein einer Gesellschaft andeutete (z. B. „& Co.", „& Cie.", „& Söhne", „Brüder" oder „Gebrüder"), verlangt das Gesetz nunmehr die Aufnahme der Bezeichnung „Offene Handelsgesellschaft" oder eine allgemein verständliche Abkürzung (z. B. OHG).[107]

33 Diese Grundsätze gelten entsprechend für die *Kommanditgesellschaft*. Bei ihr ist die Bezeichnung „Kommanditgesellschaft" oder eine entsprechende Abkürzung (z. B. KG) hinzuzufügen. Soweit in die Firma der bürgerliche Name eines Gesellschafters aufgenommen wird, kann es sich auch um denjenigen eines Kommanditisten handeln, ohne dass hierdurch die Gefahr besteht, dass der Geschäftsverkehr über die Person des persönlich haftenden Gesellschafters irrt.[108] Für die *Europäische wirtschaftliche Interessenvereinigung* schreibt § 2 Abs. 2 Nr. 1 EWIV-AG die Beifügung des Zusatzes „Europäische wirtschaftliche Interessenvereinigung" oder die Abkürzung „EWIV" vor, sofern die vorgenannten Zusätze nicht bereits in der Firma enthalten sind.[109]

34 Der Offenlegung der Haftungsverhältnisse dient § 19 Abs. 2 HGB. Haftet in einer Offenen Handelsgesellschaft oder Kommanditgesellschaft keine natürliche Person persönlich (z. B. GmbH & Co. KG), dann muss die Firma eine Bezeichnung enthalten, die eine derartige Haftungsbeschränkung kennzeichnet.[110] Das galt nach § 19 Abs. 5 Satz 2 HGB a. F. jedoch nicht, wenn zu den persönlich haftenden Gesellschaftern eine Offene Handelsgesellschaft oder eine Kommanditgesellschaft gehört, bei der ihrerseits wenigstens ein persönlich haftender Gesellschafter eine natürliche Person ist. Diese Ausnahme fehlt zwar in § 19 Abs. 2 HGB, der Verzicht hierauf erlaubt aber nicht die Schlussfolgerung, dass diese nunmehr entfallen ist. Das Gegenteil ist richtig: Mit der „offenen" Formulierung „in einer … gesellschaft" wollte der Gesetzgeber den Ausnahmetatbestand bewusst ausdehnen und alle mehrstufigen Gesellschaften ausklammern, sofern am Ende der Kette für die Verbindlichkeiten der Gesellschaft eine natürliche Person haftet.[111] Umgekehrt ist eine die Haftungsbeschränkung kennzeichnende Bezeichnung bei einer Offenen Handelsge-

---

[107] Zuvor in zulässiger Weise geführte Zusätze durften nur vorübergehend beibehalten werden (s. Art. 38 Abs. 1 EGHGB).

[108] OLG Saarbrücken 25.2.2006, NJW-RR 2006, 902 (902 f.); ebenso Staub/*Burgard* § 18 Rn. 56, 59; MK-HGB/*Heidinger* § 18 Rn. 10; RvWH/*Ries* § 19 Rn. 29; i. E. auch Oetker/*Schlingloff* § 18 Rn. 27.

[109] Hierzu auch EuGH 18.12.1997, EuZW 1998, 117 f.

[110] Ebenso § 707a Abs. 2 Satz 2 BGB für die eingetragene Gesellschaft bürgerlichen Rechts (eGbR).

[111] Reg. Begr., BT-Drucks. 13/8444, S. 56; *Canaris* § 11 Rn. 13; HK-HGB/*Ruß* § 19 Rn. 11; *Schulz* JA 1999, 247 (249).

C. Bildung der Firma

sellschaft bzw. Kommanditgesellschaft (GmbH & Co. KG) nur dann erforderlich, wenn bei mehrstufigen Gesellschaften am Ende der Kette keine natürliche Person persönlich für die Verbindlichkeiten der Gesellschaft haftet,[112] ohne dass es hierbei auf die Anzahl der Stufen ankommt.

4. Juristische Personen

Für Handelsgesellschaften, die als juristische Person verfasst sind, hob das Handelsrechtsreformgesetz die früheren Beschränkungen ebenfalls auf und vereinheitlichte die jeweiligen Normen. Sie können seitdem frei wählen, ob sie für die Bildung der Firma auf die bürgerlichen Namen der Gesellschafter, Sachbezeichnungen oder Fantasieangaben zurückgreifen.[113] Die Sachbezeichnung kann dem Gegenstand des Unternehmens entlehnt sein, muss es aber – anders als früher (z. B. § 4 Abs. 1 Satz 1 GmbHG a. F.) – nicht; andererseits darf sich diese wegen § 18 Abs. 2 HGB nicht zur Irreführung über Art und Umfang des Unternehmens eignen.[114]

In Fortführung von § 19 Abs. 1 HGB ist jeweils ein Zusatz erforderlich, der die Gesellschaftsform kennzeichnet. So verlangt § 4 GmbHG die Aufnahme der Bezeichnung „Gesellschaft mit beschränkter Haftung" oder einer entsprechenden Abkürzung (z. B. GmbH, mbH[115]) in die Firma. Entsprechendes gilt für die Aktiengesellschaft (§ 4 AktG). Auch bei ihr genügt eine allgemein verständliche Abkürzung (z. B. AG) statt des Worts „Aktiengesellschaft";[116] die Bezeichnung „Aktienbrauerei" reicht hierfür indes nicht aus. Die Regelung für die Genossenschaft (§ 3 GenG) knüpft im Grundsatz an die vorgenannten Vorschriften an, schreibt allerdings zusätzlich ausdrücklich vor, dass in die Firma kein Zusatz aufgenommen werden darf, der sich auf eine Nachschusspflicht der Genossen bezieht. Etwas strenger sind die Vorgaben für die europäischen Gesellschaftsformen. So legt Art. 11 Abs. 1 der VO (EG) 2157/2001[117] für die Europäische Aktiengesellschaft zwingend fest, dass diese ihrer Firma den Zusatz „SE" voran- oder nachstellen muss. Ent-

35

36

---

[112] Ebenso Staub/*Burgard* § 19 Rn. 16; MK-HGB/*Heidinger* § 19 Rn. 26; Hopt/*Merkt* § 19 Rn. 25; Ebenroth/Boujong/*Reuschle* § 19 Rn. 17 a. E.; Oetker/*Schlingloff* § 19 Rn. 9.
[113] OLG Frankfurt a. M. 10.1.2005, AG 2005, 403 (404); OLG Rostock 17.11.2014, NJW-RR 2015, 491 (492); näher dazu W.-H. *Roth* Festschrift für Lutter, 2000, S. 651 ff.
[114] *Bokelmann* GmbHR 1998, 57 (57); *Kögel* BB 1998, 1645 (1646); *Lutter/Welp* ZIP 1999, 1073 (1081 f.); exemplarisch OLG Frankfurt a. M. 10.1.2005, AG 2005, 403 (404), für die Inanspruchnahme der Gebietsbezeichnung „Hessen-Nassau".
[115] Demgegenüber wurde die Abkürzung „gGmbH" früher verbreitet als unzulässiger Rechtsformzusatz i. S. des § 4 GmbHG bewertet; s. OLG München 13.12.2006, NZG 2007, 191; dagegen jedoch *Krause* NJW 2007, 2156 ff.; *Ullrich* NZG 2007, 656 ff. Mit § 4 Satz 2 GmbHG hat der Gesetzgeber dies inzwischen korrigiert, die Abkürzung „gGmbH" allerdings solchen Gesellschaften vorbehalten, die steuerbegünstigte Zwecke i. S. der §§ 51 bis 68 AO verfolgen.
[116] Zur abweichenden Rechtslage nach § 4 AktG a. F. GroßKomm-AktG/*Brändel* 4. Aufl., § 4 Rn. 28.
[117] Verordnung des Rates über das Statut der Europäischen Gesellschaft (SE) v. 8.10.2001, ABl. EG Nr. L 294 v. 10.11.2001, S. 1.

sprechendes gilt für die Europäische Genossenschaft und den Zusatz „SCE".[118] Im Unterschied zu § 4 AktG und § 4 GmbHG gestatten die entsprechenden Verordnungen jedoch nicht den Rückgriff auf ähnliche bzw. vergleichbare Abkürzungen, wie z. B. EuroAG.

III. Firma und Handelsregister

1. Eintragung der Firma

37 Die Firma ist nach § 29 HGB bei dem zuständigen Registergericht zur Eintragung in das Handelsregister anzumelden (Grundsatz der Firmenöffentlichkeit). Sie entsteht jedoch nicht erst mit der Eintragung, sondern bereits beim Vorliegen eines Handelsgewerbes.[119] Die Verpflichtung zur Eintragung der Firma trifft Istkaufleute und nach § 33 HGB auch juristische Personen. Die Anmeldung der Firma zählt zu den eintragungspflichtigen Tatsachen, die das Registergericht durch Festsetzung eines Zwangsgeldes durchsetzen kann (§ 14 HGB; zum Verfahren: §§ 388 ff. FamFG). Hinsichtlich der Form der Anmeldung ist § 12 HGB (öffentliche Beglaubigung, § 39 BurkG) zu beachten.[120]

38 Kommt der Kaufmann seiner Anmeldepflicht nach, so hat das Registergericht (Rechtspfleger)[121] nicht nur die formelle Ordnungsmäßigkeit der Anmeldung zu prüfen (*formelles* Prüfungsrecht), sondern diesem steht auch ein *materielles* Prüfungsrecht zu, aufgrund dessen die Zulässigkeit der Firmenbildung ebenfalls der Prüfung unterliegt.[122] Da das Registergericht unzulässige Eintragungen zu vermeiden hat und § 37 Abs. 1 HGB dieses zum Einschreiten gegenüber unzulässig gebildeten Firmen verpflichtet,[123] besteht nicht nur ein Recht zur materiellen Prüfung, sondern auch eine hiermit korrespondierende Pflicht.[124] Im Hinblick auf die Eignung der Firma zur Irreführung der angesprochenen Verkehrskreise (§ 18 Abs. 2 Satz 1 HGB) beschränkt § 18 Abs. 2 Satz 2 HGB jedoch das Prüfungsrecht – und damit auch die hiermit korrespondierende Pflicht – auf „ersichtliche" Irreführungen,[125] sofern die Firmenbildung nicht wegen eines Verstoßes gegen § 18

---

[118] S. Art. 10 Abs. 1 Satz 2 der Verordnung (EG) 1435/2003 des Rates über das Statut der Europäischen Genossenschaft (SCE) v. 22.7.2003, ABl. EU Nr. L 207 v. 18.8.2003, S. 1.
[119] Statt aller *K. Schmidt* § 12 Rn. 10.
[120] Dazu auch oben § 3 Rn. 17.
[121] S. näher § 377 Abs. 1 FamFG i. V. mit § 3 Nr. 2 lit. d RPflG.
[122] Ebenso Heymann/*Förster* § 29 Rn. 14; RvWH/*Ries* § 29 Rn. 8; Oetker/*Schlingloff* § 29 Rn. 5.
[123] S. unten § 4 Rn. 107.
[124] Allg. zum Umfang des Prüfungsrechts des Registergerichts oben § 3 Rn. 20, 21.
[125] Näher unten § 4 Rn. 55 f.

C. Bildung der Firma

Abs. 2 Satz 1 HGB, sondern aus anderen Gründen „unzulässig" ist (z. B. fehlende Eignung zur Kennzeichnung, untersagte Firmenbildung).[126]

Lehnt das Registergericht die Eintragung der Firma ab, so kann der Anmeldende das Rechtsmittel der *Beschwerde* einlegen (§ 11 Abs. 1 RPflG i. V. mit § 58 FamFG), über die das Oberlandesgericht entscheidet (§ 119 Abs. 1 Nr. 1 lit. b GVG). Gegen dessen Entscheidung ist nach § 70 FamFG bei entsprechender Zulassung durch das Beschwerdegericht die Rechtsbeschwerde statthaft, über die der Bundesgerichtshof befindet (§ 133 GVG). Will das Registergericht die Eintragung wegen einer *unzulässigen Firmenbildung* nicht vornehmen, dann hat es hierüber nicht im Rahmen des Anmeldeverfahrens zu entscheiden, sondern muss dieses aussetzen (§ 21 Abs. 1 FamFG) und ein Firmenmissbrauchsverfahren (§ 37 Abs. 1 HGB i. V. mit § 392 FamFG) einleiten, da bereits die Anmeldung als „unzulässiger Gebrauch" i. S. des § 37 Abs. 1 HGB zu bewerten ist.[127] 39

2. Änderung und Erlöschen der Firma

Die Anmeldepflicht erstreckt sich auch auf jede *Änderung* der Firma (§ 31 Abs. 1 HGB) sowie deren *Erlöschen* (§ 31 Abs. 2 HGB). Die Firma war nach früherem Recht erloschen, wenn der Gewerbebetrieb auf Dauer eingestellt wurde oder das Erfordernis einer kaufmännischen Betriebsorganisation dauernd wegfiel.[128] Unter der neuen Rechtslage ist diese Auffassung in denjenigen Fällen überprüfungsbedürftig, in denen das Erfordernis einer kaufmännischen Betriebsorganisation nach der Eintragung der Firma in das Handelsregister entfällt, der Istkaufmann also zum Kleingewerbetreibenden herabsinkt. Die Problemlösung ist keine andere als für die Kaufmannseigenschaft.[129] Wer das Bestehenlassen der Eintragung nicht mit einer Ausübung des Optionsrechts i. S. des § 2 Satz 2 HGB gleichsetzt, muss zwangsläufig zu dem Ergebnis gelangen, dass mit dem Herabsinken zum Kleingewerbetreibenden die Kaufmannseigenschaft verloren geht und damit zugleich auch die Firma erlischt. Im Falle ihrer Eintragung bleibt diese wegen § 5 HGB jedoch bis zu ihrer Löschung bestehen.[130] 40

Die *Änderung der Firma* darf das Registergericht nicht von Amts wegen eintragen, vielmehr hat es den Anmeldepflichtigen durch Einleitung eines Zwangsgeldverfahrens (§ 14 HGB) anzuhalten, die Änderung anzumelden. Das gilt grundsätz- 41

---

[126] Ebenso Staub/*Burgard* § 18 Rn. 50.
[127] So BayObLG 28.4.1988, BayObLGZ 1988, 128 (130 f.); Staub/*Burgard* § 29 Rn. 13; Hopt/*Merkt* § 29 Rn. 4; Ebenroth/Boujong/*Reuschle* § 29 Rn. 10; RvWH/*Ries* § 29 Rn. 8; Oetker/*Schlingloff* § 29 Rn. 5.
[128] Staub/*Hüffer* 4. Aufl., § 31 Rn. 14 ff.; ebenso der Sache nach Heymann/*Emmerich* 2. Aufl., § 31 Rn. 9; s. auch *K. Schmidt* § 12 I 1e, S. 341 f.
[129] Hierzu oben § 2 Rn. 31 ff.
[130] Hopt/*Merkt* § 17 Rn. 23; KKD/*Roth*/*Stelmaszyk* § 17 Rn. 19; für einen Fortbestand der Firma hingegen diejenigen Autoren, die wegen der Eintragung unverändert die Kaufmannseigenschaft bejahen, s. MK-HGB/*Heidinger* § 17 Rn. 47; Ebenroth/Boujong/*Reuschle* § 17 Rn. 15; Oetker/*Schlingloff* § 17 Rn. 17.

lich auch für die *Löschung der Firma*; nur in dem Ausnahmefall, dass das Verfahren nach § 14 HGB wirkungslos ist, darf die Löschung von Amts wegen erfolgen (§ 31 Abs. 2 Satz 2 HGB).[131] Zuvor ist dem Inhaber der Firma oder seinem Rechtsnachfolger Gelegenheit zur Einlegung eines Widerspruchs zu geben (§ 393 Abs. 1 FamFG). Über diesen entscheidet das Gericht, gegen seine Zurückweisung ist der Rechtsbehelf der Beschwerde statthaft (§ 393 Abs. 1 FamFG i. V. mit § 58 FamFG), über die das Oberlandesgericht entscheidet (§ 119 Abs. 1 Nr. 1 lit. b GVG). Gegen dessen Entscheidung ist bei entsprechender Zulassung durch das Beschwerdegericht die Rechtsbeschwerde statthaft (§ 70 FamFG), über die der Bundesgerichtshof befindet (§ 133 GVG). Wird gegen die beabsichtigte Löschung Widerspruch eingelegt, darf diese erst erfolgen, wenn rechtskräftig über die den Widerspruch zurückweisende Verfügung des Registergerichts entschieden worden ist (§ 393 Abs. 5 FamFG).

D. Prinzipien des Firmenrechts

I. Überblick

42 Die firmenrechtlichen Normen sowie die Präzisierungen hierzu in Literatur und Rechtsprechung haben zur Herausbildung verschiedener firmenrechtlicher Prinzipien geführt. Von diesen steht wegen der Aufgaben der Firma[132] vor allem der Grundsatz der *Firmenwahrheit* (unten Rn. 43 ff.) im Mittelpunkt. Hiermit ist untrennbar der Grundsatz der *Firmeneinheit* (unten Rn. 57 ff.) und der Grundsatz der *Firmenunterscheidbarkeit* (unten Rn. 70 ff.) verbunden. In einem offenen Spannungsverhältnis zu diesem steht der Grundsatz der *Firmenbeständigkeit* (unten Rn. 75 ff.), der die Fortführung der Firma ermöglicht, obwohl der Rechtsträger des Unternehmens wechselt.

II. Grundsatz der Firmenwahrheit

1. Inhalt und Bedeutung der Firmenwahrheit

43 Der Grundsatz der Firmenwahrheit zählt zu den tradierten Prinzipien des Firmenrechts. Er bezog sich nach der früheren Rechtslage sowohl auf den Firmenkern als

---

[131] Konsequent deshalb § 155 UmwG, der für den Fall der Ausgliederung des gesamten Unternehmens eines Einzelkaufmanns ein Erlöschen der von dem Einzelkaufmann geführten Firma und die Eintragung des Erlöschens von Amts wegen anordnet. Eine weitere Löschung von Amts wegen sieht § 43 Abs. 2 KWG vor; s. ferner OLG Hamm 23.12.2004, NJW-RR 2005, 767 (768 f.).

[132] S. oben § 4 Rn. 8 ff.

D. Prinzipien des Firmenrechts

auch auf Firmenzusätze;[133] § 18 Abs. 2 HGB a. F. untersagte alle Zusätze der Firma, die zur Täuschung über Art und Umfang des Geschäfts geeignet waren. Im Grundsatz gilt das Prinzip der Firmenwahrheit auch nach der Neuordnung des Firmenrechts durch das Handelsrechtsreformgesetz. Allerdings ist dieses auf ein Irreführungsverbot reduziert (§ 18 Abs. 2 Satz 1 HGB), das zudem dadurch eingeschränkt ist, dass das Registergericht eine Eignung zur Irreführung nur berücksichtigen darf, wenn diese „ersichtlich" ist (§ 18 Abs. 2 Satz 2 HGB). Weitere Ausprägungen der Firmenwahrheit finden sich in § 19 Abs. 2 HGB (Bezeichnung einer fehlenden persönlichen Haftung), § 23 HGB (Firmeneinheit) und § 30 HGB (Firmenunterscheidbarkeit).

2. Inhalt des Irreführungsverbots

a) Allgemeines

Das Irreführungsverbot in § 18 Abs. 2 Satz 1 HGB gilt nicht nur für die Firma des Einzelkaufmanns, sondern die eines jeden Kaufmanns, erfasst wegen § 6 Abs. 1 HGB also auch alle Handelsgesellschaften.[134] Das Verbot der Irreführung verzichtet auf die Unterscheidung zwischen Firmenkern und Firmenzusatz, es erfasst die Firma in ihrer Gesamtheit.[135] Allerdings untersagt § 18 Abs. 2 Satz 1 HGB nicht jegliche Irreführung, die mit der Verwendung der Firma eintreten kann, sondern grenzt den Verbotstatbestand auf „geschäftliche Verhältnisse" ein, zudem müssen diese „für die angesprochenen Verkehrskreise wesentlich" sein.

44

In seinem Kern kehrt § 18 Abs. 2 Satz 1 HGB in § 5 Abs. 2 Nr. 3 UWG wieder, der ebenfalls „unwahre Angaben" unter anderem über die Person, Eigenschaften oder Rechte des Unternehmens wie z. B. dessen Identität („irreführende geschäftliche Handlungen") untersagt.[136] Diese Parallelität darf jedoch nicht zu dem Missverständnis verleiten, § 18 Abs. 2 Satz 1 HGB verdränge als *lex specialis* § 5 Abs. 1 UWG, wenn „unwahre Angaben" Bestandteil der Firma sind. Der Gesetzgeber des Handelsrechtsreformgesetzes entschied sich vielmehr in Kenntnis der Überschneidungen bewusst für eine Beibehaltung der lauterkeitsrechtlichen „Fein-

45

---

[133] Zu der damaligen Rechtslage z. B. *Hofmann* JuS 1972, 235 ff.; *Scheibe* JuS 1997, 414 ff.
[134] Für die allg. Ansicht OLG Düsseldorf 12.8.2019, NZG 2020, 308 (308); 16.3.2020, NZG 2020, 835 (836); Hopt/*Merkt* § 18 Rn. 2; Ebenroth/Boujong/*Reuschle* § 18 Rn. 1; KKD/*Roth/Stelmaszcyk* § 18 Rn. 6.
[135] OLG Schleswig 28.9.2011, NZG 2012, 34 (34); Staub/*Burgard* § 18 Rn. 40; *Canaris* § 11 Rn. 3; MK-HGB/*Heidinger* § 18 Rn. 2; *Hübner* Rn. 198; Hopt/*Merkt* § 18 Rn. 9; KKD/*Roth/Stelmaszcyk* § 18 Rn. 6; *Schaefer* DB 1998, 1269 (1272); Oetker/*Schlingloff* § 18 Rn. 16.
[136] Ausführlich zur unternehmensbezogenen Irreführung *Bornkamm/Feddersen* in: Köhler/Bornkamm/Feddersen, UWG, 42. Aufl. 2024, § 5 UWG Rn. 4.1 ff.; exemplarisch BGH 29.3.2007, GRUR 2007, 1079 Rn. 25 ff. sowie im Hinblick auf das Unterlassen des Rechtsformzusatzes bei der Werbung (§ 5a Abs. 3 Nr. 2 UWG) BGH 18.4.2013, NZG 2014, 839 Rn. 11 ff.

steuerung",[137] was sich bei Inkrafttreten des Handelsrechtsreformgesetzes allerdings auf das damals in § 3 UWG a. F. normierte Verbot irreführender Angaben zu Zwecken des Wettbewerbs bezog. Diesbezüglich war es gerechtfertigt, dem Lauterkeitsrecht die Aufgabe einer „Feinsteuerung" zuzuweisen, da § 3 UWG a. F. im Unterschied zu § 18 Abs. 2 Satz 1 HGB auf das einschränkende Merkmal der „Wesentlichkeit" verzichtete. Der seit der Reform des Lauterkeitsrechts im Jahre 2015 geltende § 5 Abs. 2 Nr. 3 UWG kann die vom damaligen Gesetzgeber bezweckte Ergänzungs- bzw. Auffangfunktion unverändert erfüllen, da die Vorschrift unwahre oder zur Täuschung geeignete Angaben über geschäftliche Verhältnisse unverändert aufgreift. Der Verzicht auf die vor der Novellierung im Jahre 2015 in § 3 Abs. 1 UWG enthaltene Spürbarkeitsklausel[138] führt indessen nicht dazu, dass jegliche unwahre oder zur Täuschung geeignete Angaben über die geschäftlichen Verhältnisse untersagt sind. Wegen der Verknüpfung von § 5 Abs. 2 UWG mit § 5 Abs. 1 UWG muss vielmehr hinzukommen, dass die Irreführung geeignet ist, den Verbraucher oder sonstigen Marktteilnehmer zu einer geschäftlichen Wandlung zu veranlassen, die er andernfalls nicht getroffen hätte (sog. wettbewerbliche Relevanz). Umstände, die für das Marktverhalten der Gegenseite nur eine unwesentliche Bedeutung haben, sind hierdurch aus dem Verbotstatbestand ausgeklammert.[139] Zwischen dieser durch § 5 Abs. 1 UWG vorgegebenen Erheblichkeitsschwelle und der Wesentlichkeitsschwelle verbleibt nur noch ein schmaler Bereich, in dem das Lauterkeitsrecht die Aufgabe einer „Feinsteuerung" erfüllen kann.[140]

b) Geschäftliche Verhältnisse

46 Die in § 18 Abs. 2 Satz 1 HGB genannten „geschäftlichen Verhältnisse" können durch die frühere Formulierung in § 18 Abs. 2 HGB a. F. konkretisiert werden.[141] Danach zählen hierzu alle Angaben in der Firma, die Art oder Umfang des Geschäfts oder die Verhältnisse des Geschäftsinhabers betreffen. Vor allem darf die Rechtsformbezeichnung einer Firma nicht über die tatsächlich gewählte Rechtsform täuschen.[142]

---

[137] S. Reg. Begr., BT-Drucks. 13/8444, S. 53; *Schaefer* DB 1998, 1269 (1273); s. auch BGH 11.2.2021, NJW-RR 2021, 1271 Rn. 25; Ebenroth/Boujong/*Reuschle* § 18 Rn. 37 f.
[138] S. *Köhler* in: Köhler/Bornkamm/Feddersen, UWG, 36. Aufl. 2018, § 3 UWG Rn. 2.20.
[139] BGH 29.3.2007, GRUR 2007, 1079 Rn. 26; *Bornkamm/Feddersen* in: Köhler/Bornkamm/Feddersen, UWG, 42. Aufl. 2024, § 5 Rn. 1.181.
[140] S. auch Oetker/*Schlingloff* § 18 Rn. 16 a. E., der inzwischen eine Divergenz der firmenrechtlichen und der lauterkeitsrechtlichen Beurteilung bei dem Irreführungsverbot in Abrede stellt.
[141] S. aber unten § 4 Rn. 51.
[142] BayObLG 24.9.1998, NJW 1999, 297 (298); *Bülow/Artz* Rn. 173; Staub/*Burgard* § 18 Rn. 59; *Canaris* § 11 Rn. 12; Hopt/*Merkt* § 18 Rn. 22; Ebenroth/Boujong/*Reuschle* § 18 Rn. 68; Oetker/*Schlingloff* § 18 Rn. 29.

D. Prinzipien des Firmenrechts

aa) Personalfirma

Das Irreführungsverbot kann nicht nur bei Sachfirmen, sondern auch bei einer *Personalfirma* eingreifen. Hiergegen verstößt diese nach tradierter Auffassung, wenn der Rechtsverkehr durch die Aufnahme eines bürgerlichen Namens über den Inhaber des Geschäfts getäuscht werden kann.[143] Das ist insbesondere relevant, wenn für die Firma ein anderer bürgerlicher Name als der des Inhabers verwendet wird (z. B. Professor betreibt unter dem Namen eines Kollegen ein juristisches Repetitorium).[144] Der Inanspruchnahme von Pseudonymen bzw. anderer bürgerlicher Namen zur Kennzeichnung der Firma sind hierdurch Grenzen gezogen.[145] Das gilt jedenfalls für Einzelkaufleute und Handelsgesellschaften, wenn ein bekannter Name in die Firma aufgenommen wird und der Namensträger in keiner Verbindung zu dem Unternehmen steht. In dieser Konstellation ist die Verwendung des Namens geeignet, dessen Ruf bei den angesprochenen Verkehrskreisen für die eigene geschäftliche Betätigung auszubeuten.[146] Ebenso vermittelt die Aufnahme eines Doktortitels regelmäßig den Eindruck, dass ein promovierter Akademiker Geschäftsinhaber oder ein die Gesellschaftsbelange maßgebend mitbestimmter Gesellschafter ist.[147] Nur unter dieser Voraussetzung darf ein Doktortitel in den Namen einer Firma aufgenommen werden.[148] Wegen der von § 18 Abs. 2 Satz 1 HGB geforderten Verknüpfung der Irreführung mit den „geschäftlichen Verhältnissen" ist es regelmäßig unschädlich, wenn weibliche Einzelkaufleute den Zusatz „eingetragener Kaufmann" in die Firma aufnehmen.[149] Entsprechendes gilt auch für die umgekehrte Konstellation,[150] da zwischen dem Geschlecht des Einzel-„Kaufmanns" und der unternehmerischen Betätigung zumeist kein Zusammenhang besteht; jedenfalls überschreitet die Verwendung des falschen Geschlechts nicht die Wesentlichkeitsschwelle.[151] Andererseits darf der Zusatz „e.k." nicht durch weitere

47

---

[143] In diesem Sinne auch *Bokelmann* GmbHR 1998, 57 (59); *Hofmann* S. 92; Ebenroth/Boujong/*Reuschle* § 18 Rn. 11; KKD/*Roth/Stelmaszcyk* § 18 Rn. 15; *K. Schmidt* § 13 Rn. 98; a. A. OLG München 8.11.2012, NZG 2013, 108: keine Verkehrserwartung, dass die Firma Aufschluss über den Namen des Geschäftsinhabers gibt.

[144] Wie hier Staub/*Burgard* § 18 Rn. 56; *Canaris* § 11 Rn. 5; Ebenroth/Boujong/*Reuschle* § 18 Rn. 11; Oetker/*Schlingloff* § 18 Rn. 26.

[145] A. A. im Ansatz OLG München 8.11.2012, NZG 2013, 108.

[146] Näher z. B. Staub/*Burgard* § 18 Rn. 56; *Lutter/Welp* ZIP 1999, 1073 (1081); Oetker/*Schlingloff* § 18 Rn. 26; exemplarisch OLG Düsseldorf 11.1.2017, NZG 2017, 350 (351); OLG Rostock 17.11.2014, NJW-RR 2015, 491 (492); ThürOLG 22.6.2010, NZG 2010, 1354 (1354 f.); LG Frankfurt/Oder 16.5.2002, GmbHR 2002, 966 f.; LG Wiesbaden 7.4.2004, NJW-RR 2004, 1106; gegenläufig indes für den verstorbenen Urgroßvater des Mehrheitsgesellschafters OLG Düsseldorf 11.1.2017, NZG 2017, 350 f.

[147] BGH 11.2.2021, NJW-RR 2021, 1271 Rn. 24 ff.

[148] BGH 11.2.2021, NJW-RR 2021, 1271 Rn. 24 ff.: „Medizinisches Versorgungszentrum Dr. Z".

[149] Hopt/*Merkt* § 19 Rn. 5; KKD/*Roth/Stelmaszcyk* § 19 Rn. 2; a. A. wohl Staub/*Burgard* § 19 Rn. 7.

[150] A. A. Staub/*Burgard* § 19 Rn. 7; KKD/*Roth/Stelmaszcyk* § 19 Rn. 2; wohl auch Hopt/*Merkt* § 19 Rn. 5.

[151] Gegenteiliger Ansicht jedoch Staub/*Burgard* § 19 Rn. 7.

Firmenbestandteile so stark relativiert werden, dass der Eindruck entsteht, es handele sich nicht um ein einzelkaufmännisches Unternehmen, sondern um den Zusammenschluss mehrerer Personen.[152]

48 Bei Personenhandelsgesellschaften zwingt das Irreführungsverbot nicht dazu, die Namen aller Gesellschafter aufzunehmen. Wegen der zusätzlichen Bezeichnung der Rechtsform (§ 19 Abs. 1 Nr. 2 und 3 HGB) ist für jeden Außenstehenden erkennbar, dass er einer Personenmehrheit gegenübertritt. Die genaue Zahl der persönlich haftenden Gesellschafter muss nicht ersichtlich sein. Selbst das strengere frühere Recht ließ es ausreichen, dass die Firma den Namen lediglich eines Gesellschafters und einen Zusatz enthielt, der das Vorliegen einer Gesellschaft andeutete. Unter der geltenden Rechtslage würden weitergehende Anforderungen an die Personalfirma dem Zweck zuwiderlaufen, das Recht der Firmenbezeichnung zu liberalisieren. Deshalb ist die Aufnahme eines Mitgesellschafters (ggf. auch des stillen Gesellschafters) oder eines Kommanditisten in die Firma nicht *per se* unzulässig.[153] Im Einzelfall ist allerdings stets zu prüfen, ob hierdurch die Fehlvorstellung hervorgerufen wird, die namentlich bezeichnete Person sei persönlich haftender Gesellschafter der Handelsgesellschaft.[154] Aus diesem Grunde können die Schranken für eine Personalfirma ohne Gesellschafterbezug bei juristischen Personen großzügiger gezogen werden, da bei ihnen eine Irreführung über die Person der persönlich Haftenden ausgeschlossen ist. Die „geschäftlichen Verhältnisse" werden erst berührt, wenn der Name der gesellschaftsfremden Person geeignet ist, auf die Tätigkeit des Unternehmens auszustrahlen.[155]

bb) Sachfirma

49 Bezüglich der *Sachfirma* kommen als „geschäftliche Verhältnisse" alle Angaben über Art oder Umfang des Geschäfts in Betracht, vor allem zu dessen Gegenstand. Wenn dieser in die Sachfirma aufgenommen wird, dann muss er den tatsächlichen Verhältnissen entsprechen;[156] insofern lebt das frühere „Entlehnungsgebot" für Sachfirmen (z. B. § 4 Abs. 1 Satz 1 GmbHG a. F.) zumindest eingeschränkt fort.

---

[152] OLG Schleswig 28.9.2011, NZG 2012, 34 (34 f.), für den Zusatz „Group".

[153] Für die Aufnahme des Namens des Kommanditisten in die Firma der Kommanditgesellschaft s. OLG Saarbrücken 25.2.2006, NJW-RR 2006, 902 (902 f.); Staub/*Burgard* § 18 Rn. 56; a. A. für den stillen Gesellschafter *Canaris* § 11 Rn. 7.

[154] S. näher *Hofmann* S. 94; *Jung* ZIP 1998, 677 (680 ff.); *Kögel* BB 1998, 1645 (1647 f.); zurückhaltender *Körber* Jura 1998, 452 (455 f.); enger demgegenüber Staub/*Burgard* § 18 Rn. 56; Oetker/*Schlingloff* § 18 Rn. 27 sowie HK-HGB/*Ruß* § 18 Rn. 16, der einen Bezug zum Unternehmen verlangt.

[155] OLG Düsseldorf 11.1.2017, NZG 2017, 350 (351); OLG Rostock 17.11.2014, NJW-RR 2015, 491 (492); ThürOLG 22.6.2010, NZG 2010, 1354 (1354 f.); *Lutter/Welp* ZIP 1999, 1073 (1081); wohl auch KKD/*Roth/Stelmaszcyk* § 18 Rn. 15.

[156] S. auch Reg. Begr., BT-Drucks. 13/8444, S. 74 sowie OLG Düsseldorf 12.8.2019, NZG 2020, 308 (309); 9.7.2024, NZG 2024, 1229 (1230); *Jung* ZIP 1998, 677 (682); *Lutter/Welp* ZIP 1999, 1073 (1081 f.).

D. Prinzipien des Firmenrechts

Ebenso kommen im Grundsatz unverändert alle *Firmenzusätze* in Betracht, die früher von § 18 Abs. 2 HGB a. F. erfasst wurden.

Aus der nahezu unüberschaubaren Zahl von Entscheidungen zur Täuschungseignung von Firmenzusätzen seien nur folgende Beispiele genannt:[157] Altersbezogene Zusätze („Ältestes Haus") sind zulässig, müssen aber wahr sein;[158] die Bezeichnung „Fabrik" oder „Werk" darf für Handwerksbetriebe nicht verwendet werden (z. B. Brotfabrik für Bäckerei; anders aber bei „Fabrikbäcker" für den Werksverkauf einer Brotfabrik);[159] Fachgeschäft dürfen sich nur solche nennen, die innerhalb des bezeichneten Faches ein überdurchschnittlich reichhaltiges Warensortiment führen und auf diesem Gebiet eine besonders fachkundige Beratung bieten; geografische Zusätze durften nach früher vorherrschender Ansicht grundsätzlich nur verwendet werden, wenn das Unternehmen in dem bezeichneten Gebiet eine führende (nicht notwendig marktbeherrschende) Stellung einnimmt;[160] der Zusatz „europäisch" und dgl. war ebenfalls nur zulässig, wenn das Unternehmen auf den europäischen Markt ausgerichtet ist und nach seiner Größe den Verhältnissen dieses Marktes entspricht;[161] die Begriffe „Center" oder „Zentrum" sollen nur solche Unternehmen in Anspruch nehmen dürfen, die gegenüber dem Durchschnitt der Wettbewerber eine herausgehobene Stellung innehaben;[162] bei der Verwendung der Bezeichnung „Institut" oder „Anstalt" müssen eindeutige Zusätze klarstellen, dass es sich nicht um eine öffentliche oder unter öffentlicher Aufsicht stehende, wissenschaftliche Einrichtung handelt;[163] die Aufnahme von Ortsnamen in die Firma setzt

50

---

[157] Umfassende Auflistung z. B. bei Staub/*Burgard* § 18 Rn. 65 ff.; RvWH/*Ries* § 18 Rn. 41 ff.; s. ferner *Hofmann* S. 107 f.; *Hübner* Rn. 200 ff.

[158] Entsprechendes gilt für historische Gebietsbezeichnungen (z. B. Hessen-Nassau), da diese den Eindruck eines traditionsreichen Unternehmens erwecken; dazu OLG Frankfurt a. M. 10.1.2005, AG 2005, 403 (404).

[159] S. auch ThürOLG 29.8.2011, NZG 2011, 1191 (1191), wonach unter einem „Werk" ein industrieller Großbetrieb zu verstehen sein soll.

[160] Schwächer ThürOLG 29.8.2011, NZG 2011, 1191 (1192); OLG Stuttgart 17.11.2000, NJW 2001, 755 (757); gänzlich ablehnend OLG Hamm 19.7.2013, NZG 2013, 996 (997); OLG München 28.4.2010, DB 2010, 1284 f.; Staub/*Burgard* § 18 Rn. 99; Oetker/*Schlingloff* § 18 Rn. 38 sowie OLG Celle 16.9.2024, GRUR-RR 2025, 25 f. für „hannoverklinik".

[161] Abschwächend für den Firmenzusatz „international" indes LG Darmstadt 21.12.1998, GmbHR 1999, 482 (483); LG Stuttgart 11.4.2000, BB 2000, 1213; ebenso für den Namensbestandteil „Euro" oder „European" OLG Hamm 26.7.1999, NJW-RR 1999, 1710 (1711); ähnlich OLG Frankfurt a. M. 2.8.2011, NZG 2011, 1234 (1235); s. auch Staub/*Burgard* § 18 Rn. 102; Hopt/*Merkt* § 18 Rn. 26; Oetker/*Schlingloff* § 18 Rn. 38, jeweils m. w. N.; für die Bezeichnung „Deutsch" s. OLG Düsseldorf 9.7.2024, NZG 2024, 1229 (1230).

[162] So unverändert für „Zentrum" BGH 18.1.2012, NJW-RR 2012, 1066 Rn. 16 ff.; OLG Düsseldorf 9.7.2024, NZG 2024, 1229 (1230); OLG Frankfurt a. M. 28.10.2014, NJW-RR 2015, 727 (728 f.); großzügiger indes z. B. Ebenroth/Boujong/*Reuschle* § 18 Rn. 46; gegen die Annahme eines Größenanspruchs Staub/*Burgard* § 18 Rn. 89.

[163] OLG Düsseldorf 16.4.2004, DB 2004, 1720; 13.12.2018, GRUR-RR 2019, 301 (302); 15.8.2023, NZG 2023, 1376 (1376 f.); OLG Frankfurt a. M. 27.4.2001, NJW-RR 2002, 459 (459); OLG Hamm 8.3.2017, BeckRS 2017, 105796; s. auch *Lutter/Welp* ZIP 1999, 1073 (1079); Ebenroth/Boujong/*Reuschle* § 18 Rn. 52 sowie für das österreichische Recht OGH 5.10.2000, öRdW 2001, 81. Entsprechend für die Bezeichnung „Rechtsstudien" als Firmenkern OGH 11.9.2003, öRdW 2004, 153. Anders aber im Rahmen von § 3 UWG a. F. für die Bezeichnung „Akademie"

grundsätzlich eine Übereinstimmung mit dem Firmensitz voraus;[164] die Aufnahme des Wortes „Bundes" in die Firma erweckt in der Regel den Eindruck, es handele sich um ein Unternehmen, bei dem die Bundesrepublik Deutschland zumindest Mehrheitsgesellschafter ist;[165] da aus der Bezeichnung „Not und Elend" nichts Konkretes über die Art des Geschäftsbetriebes entnommen werden kann, besteht die Gefahr einer Irreführung des Geschäftsverkehrs;[166] ebenso ist die Firma „Tax-Care" nur dann nicht zur Irreführung geeignet, wenn (auch) die steuerrechtliche Vorsorge, Betreuung, Beratung oder Hilfe in Steuerangelegenheiten gehört.[167]

51 Die Judikatur zu § 18 Abs. 2 HGB a. F. oder zu § 3 UWG a. F. kann allerdings im Rahmen von § 18 Abs. 2 Satz 1 HGB – ungeachtet eines ohnehin stets zu beachtenden Bedeutungswandels[168] – nicht unreflektiert fortgeschrieben werden,[169] da § 18 Abs. 2 Satz 1 HGB einen nach § 18 Abs. 2 HGB a. F. unzulässigen Firmenzusatz nur noch untersagt, wenn dieser die zusätzlich in das Gesetz eingefügte Wesentlichkeitsschwelle[170] überschreitet.[171] Angaben in der Firma, die zur Irreführung über Art oder Umfang der geschäftlichen Verhältnisse geeignet sind, aber unterhalb dieser Grenze bleiben, sind zwar firmenrechtlich nicht zu beanstanden, stehen aber u. U. im Widerspruch zu § 5 Abs. 2 Nr. 3 UWG i. V. mit § 3 Abs. 1 UWG, sodass insbesondere Wettbewerber über die letztgenannte Vorschrift die Unterlassung irreführender Angaben in der Firma verlangen können (s. § 8 Abs. 1 Satz 1 i. V. mit § 8 Abs. 3 Nr. 1 UWG). Ungeachtet der Beschränkung des Verbots auf unwahre oder zur Täuschung geeignete Angaben kommt dies allerdings wegen der Verknüpfung in § 5 Abs. 1 UWG mit § 3 Abs. 1 UWG wegen des Verzichts auf die früher in § 3 Abs. 1 UWG enthaltene Spürbarkeitsklausel[172] unabhängig davon in Betracht, ob die irreführende Firmierung geeignet ist, den Wettbewerb nicht nur unerheblich zu beeinträchtigen.[173]

OLG Düsseldorf 9.7.2002, NJW-RR 2003, 262; dazu auch KG 26.10.2004, NZG 2005, 360 (361). Instruktiv ferner ThürOLG 13.7.2005, GRUR-RR 2005, 354, für die Bezeichnung „Lackdoktor".
[164] OLG Hamm 19.7.2013, NZG 2013, 996 (997); ThürOLG 30.4.1996, OLG-NL 1996, 189 (190); s. aber auch OLG Stuttgart 17.11.2000, NJW-RR 2001, 755 (756 f.); OLG München 28.4.2010, DB 2010, 1284 f.; LG München I 6.11.2003, DB 2004, 375 (376); Staub/*Burgard* § 18 Rn. 95.
[165] BGH 29.3.2007, GRUR 2007, 1079 Rn. 37.
[166] OLG Düsseldorf 12.8.2019, NZG 2020, 308 (309).
[167] OLG Düsseldorf 16.3.2020, NZG 2020, 835 (837).
[168] S. BGH 18.1.2012, NJW-RR 2012, 1066 Rn. 17.
[169] Im Grundsatz zutreffend OLG Stuttgart 17.11.2000, NJW-RR 2001, 755 (756); LG München I 6.11.2003, DB 2004, 375 (376) sowie Staub/*Burgard* § 18 Rn. 33; Oetker/*Schlingloff* § 18 Rn. 24.
[170] Zu dieser nachfolgend § 4 Rn. 52 ff.
[171] Zurückhaltend deshalb auch Staub/*Burgard* § 18 Rn. 33; Lutter/*Welp* ZIP 1999, 1073 (1079); Hopt/*Merkt* § 18 vor Rn. 21; KKD/*Roth/Stelmaszczyk* § 18 Rn. 11; exemplarisch BayObLG 17.5.1999, BB 1999, 1401 (1401 f.): „MEDITEC"; LG München I 6.11.2003, DB 2004, 375 (376): Aufnahme der vom Satzungssitz abweichenden Ortsbezeichnung „Starnberg" in die Firma.
[172] S. *Köhler* in: Köhler/Bornkamm/Feddersen, UWG, 36. Aufl. 2018, § 3 UWG Rn. 2.20.
[173] S. auch oben § 4 Rn. 45.

D. Prinzipien des Firmenrechts

c) „Wesentlichkeitsschwelle"

Die Aufnahme zur Irreführung geeigneter Angaben über „geschäftliche Verhältnisse" in die Firma untersagt § 18 Abs. 2 Satz 1 HGB nicht generell, sondern nur, wenn diese für die „angesprochenen Verkehrskreise wesentlich" sind. Hierdurch sollen „Irreführungen" ausgeklammert werden, die von geringer wettbewerblicher Relevanz oder nebensächlicher Bedeutung sind[174] sodass die Norm einen vergleichbaren Zweck wie die Einschränkung in § 5 Abs. 1 UWG verfolgt, die über das Erfordernis einer wettbewerblichen Relevanz unwesentliche Beeinträchtigungen aus dem Verbotstatbestand ausnimmt.[175]

52

Dabei kommt es auch im Firmenrecht auf die objektivierte Sicht des durchschnittlichen Angehörigen des betroffenen Personenkreises an.[176] Soweit dies der Verbraucher ist, ist nicht auf das Leitbild des „flüchtigen Durchschnittsverbrauchers", sondern auf den „informierten Durchschnittsverbraucher" abzustellen,[177] der – nicht anders als im Lauterkeitsrecht – angemessen gut unterrichtet und angemessen aufmerksam und kritisch ist. Entscheidend ist ausschließlich die objektive Eignung, eine Irreführungsabsicht ist ebenso wenig erforderlich wie das Bewusstsein, die Firma könnte zur Irreführung des Rechtsverkehrs geeignet sein.[178]

53

Angesichts des normativen Beurteilungsmaßstabs ist für die Ermittlung der Verkehrsauffassung eine gutachterliche Stellungnahme der Industrie- und Handelskammer nicht zwingend erforderlich.[179] Für das Registergericht ergibt sich das bereits aus der Beschränkung in § 18 Abs. 2 Satz 2 HGB auf „ersichtliche" Verstöße gegen § 18 Abs. 2 Satz 1 HGB,[180] im Übrigen aber regelmäßig aus dem Umstand, dass die Mitglieder des deswegen angerufenen Gerichts zumeist den angesprochenen Verkehrskreisen angehören.[181] Sollte dies in Ausnahmefällen nicht zu bejahen sein,

54

---

[174] Reg. Begr., BT-Drucks. 13/8444, S. 53; OLG Dresden 21.4.2010, NZG 2010, 1237 (1237); Oetker/*Schlingloff* § 18 Rn. 20.
[175] S. BGH 29.3.2007, GRUR 2007, 1079 Rn. 26; *Bornkamm/Feddersen* in: Köhler/Bornkamm/Feddersen, UWG, 42. Aufl. 2024, § 5 Rn. 1.181.
[176] Reg. Begr., BT-Drucks. 13/8444, S. 53.
[177] OLG Düsseldorf 11.1.2017, NZG 2017, 350 (351); *Fischinger* Rn. 199; *Lettl* § 4 Rn. 41; Hopt/*Merkt* § 18 Rn. 12, 13; KKD/*Roth/Stelmaszcyk* § 18 Rn. 9. Zu diesem auch für das Lauterkeitsrecht geltenden Maßstab s. z. B. BGH 2.10.2003, NJW 2004, 1163 (1163); *Sack* WRP 2004, 521 (522 ff.).
[178] OLG Rostock 29.11.2005, NJW-RR 2006, 784 (786); Staub/*Burgard* § 18 Rn. 41, 47; Hopt/*Merkt* § 18 Rn. 13; KKD/*Roth/Stelmaszcyk* § 18 Rn. 7; Oetker/*Schlingloff* § 18 Rn. 17.
[179] S. *Lutter/Welp* ZIP 1999, 1073 (1079); Hopt/*Merkt* § 18 Rn. 15; Ebenroth/Boujong/*Reuschle* § 18 Rn. 40 ff.; KKD/*Roth/Stelmaszcyk* § 18 Rn. 9 a. E.
[180] Näher dazu sogleich unter § 4 Rn. 55 f.
[181] In diesem Fall bedarf es regelmäßig keines durch eine Meinungsumfrage untermauerten Sachverständigengutachtens, um das Verständnis des Verkehrs zu ermitteln; s. BGH 2.10.2003, NJW 2004, 1163 (1164), m. w. N.

so kann es erforderlich sein, über die Eignung zur Irreführung mittels einer Meinungsumfrage Beweis zu erheben.[182]

d) Intensität der registergerichtlichen Prüfung

55 Eine weitere Einschränkung für die Durchsetzung des Irreführungsverbots enthält § 18 Abs. 2 Satz 2 HGB. Das Registergericht darf die Firma wegen eines Verstoßes gegen § 18 Abs. 2 Satz 1 HGB nur beanstanden, wenn dieser „ersichtlich" ist. Vorbild für diese Regelung war § 37 Abs. 3 MarkenG.[183] Da § 18 Abs. 2 Satz 2 HGB die Einschränkung generell für „Verfahren vor dem Registergericht" anordnet, gilt diese nicht nur bei der Anmeldung der Firma, sondern auch für das Firmenmissbrauchsverfahren nach § 37 Abs. 1 HGB sowie das Amtslöschungsverfahren nach § 395 Abs. 1 FamFG.[184] Bei anderen Verfahren ist § 18 Abs. 2 Satz 2 HGB allerdings nicht anzuwenden. So ist die „Ersichtlichkeit" insbesondere für Unterlassungsklagen Dritter unerheblich, wenn sie diese auf § 37 Abs. 2 HGB oder § 5 Abs. 2 Nr. 3 UWG i. V. mit § 3 Abs. 1 UWG (§ 8 Abs. 1 Satz 1 UWG) stützen.[185]

56 Präzisierungsbedürftig ist der Maßstab, wann eine Irreführung „ersichtlich" ist. Trotz der bezweckten Liberalisierung des Firmenrechts würde es dem Zweck des registergerichtlichen Verfahrens widersprechen, wenn die Irreführung „offenkundig" sein müsste.[186] Absicht des Gesetzgebers war es, das Registergericht bei der Prüfung auf ein „gewisses Grobraster" zu beschränken. Dieses soll nur die Eintragung solcher Firmenbestandteile verhindern, bei denen die Eignung zur Irreführung nicht allzu fern liegt und ohne umfangreiche Beweisaufnahme zu bejahen ist.[187] Eine Amtsermittlung (§ 26 FamFG) schließt dies indes nicht aus.[188] Zudem bleibt das Registergericht in begründeten Verdachtsfällen unverändert berechtigt, eine gutachterliche Stellungnahme der Industrie- und Handelskammer einzuholen. Angesichts der vom Gesetz gewollten Begrenzung der registergerichtlichen Kontrolle muss es sich dabei jedoch um Ausnahmefälle handeln.[189]

---

[182] Für eine Begrenzung auf Ausnahmefälle auch *Canaris* § 11 Rn. 8; KKD/*Roth/Stelmaszcyk* § 18 Rn. 9; s. ferner Hopt/*Merkt* § 18 Rn. 15; a. A. wohl Staub/*Burgard* § 18 Rn. 52, der mangels Ersichtlichkeit in der Regel eine Verpflichtung zur Eintragung bejaht.
[183] Hierzu *Fezer* Markenrecht, 4. Aufl. 2009, § 37 MarkenG Rn. 24 f.
[184] Reg. Begr., BT-Drucks. 13/8444, S. 54; Staub/*Burgard* § 18 Rn. 53; Hopt/*Merkt* § 18 Rn. 20; Ebenroth/Boujong/*Reuschle* § 18 Rn. 70; KKD/*Roth/Stelmaszcyk* § 18 Rn. 10.
[185] Reg. Begr., BT-Drucks. 13/8444, S. 54; Hopt/*Merkt* § 18 Rn. 20; Ebenroth/Boujong/*Reuschle* § 18 Rn. 70; KKD/*Roth/Stelmaszcyk* § 18 Rn. 10; *Schaefer* DB 1998, 1269 (1273).
[186] In dieser Richtung aber KKD/*Roth/Stelmaszcyk* § 18 Rn. 10.
[187] Reg. Begr., BT-Drucks. 13/8444, S. 54; OLG Dresden 21.4.2010, NZG 2010, 1237 (1237); OLG Schleswig 28.8.2011, NZG 2012, 34 (34); *Canaris* § 11 Rn. 9; *Lutter/Welp* ZIP 1999, 1073 (1080); Hopt/*Merkt* § 18 Rn. 20; KKD/*Roth/Stelmaszcyk* § 18 Rn. 10.
[188] *Jung* ZIP 1998, 677 (679); *Kögel* BB 1998, 1645 (1649); *Lutter/Welp* ZIP 1999, 1073 (1080).
[189] S. auch Staub/*Burgard* § 18 Rn. 50; Ebenroth/Boujong/*Reuschle* § 18 Rn. 41 f.; Oetker/*Schlingloff* § 18 Rn. 21.

III. Firmeneinheit

1. Grundsatz der Firmeneinheit

In erster Linie soll die Firma den Unternehmensträger identifizieren.[190] Diesen soll sie für den Rechtsverkehr erkennbar bestimmen und über seine Verhältnisse Auskunft geben. Die Firma fungiert zudem als Bezeichnung für das Unternehmen selbst. Ausdruck für diese Doppelfunktion ist der Grundsatz der Firmeneinheit, der – anders als der Grundsatz der Firmenwahrheit – nicht eine Irreführung des Rechtsverkehrs verhindern soll, sondern die Identifizierung des Unternehmensträgers bezweckt und deshalb durch die das gesamte Firmenrecht bestimmende Trennung von Unternehmensträger und Unternehmen geprägt wird.

57

Bezüglich des Unternehmensträgers bedeutet der Grundsatz der Firmeneinheit, dass jeder Kaufmann für ein und dasselbe Unternehmen grundsätzlich nur eine Firma führen darf.[191] Die Führung mehrerer Firmen widerspräche dem Ziel des Firmenrechts, mittels der Firma den Unternehmensträger zu identifizieren. Beide Ausprägungen des Grundsatzes geraten deshalb in Widerspruch, wenn ein Unternehmensträger mehrere Unternehmen betreibt. Das wirft nicht nur die Frage auf, ob sich ein Unternehmensträger zum Betrieb mehrerer Unternehmen auch mehrerer Firmen bedienen darf. Zudem ist zu beantworten, ob die Verwendung mehrerer Firmen zulässig ist, wenn der Unternehmensträger ein gegliedertes, nicht aber mehrere getrennte Unternehmen betreibt.

58

Hinsichtlich der ersten Problematik ist nach der Rechtsnatur des Unternehmensträgers zu differenzieren. Da *Einzelkaufleute* mehrere Unternehmen betreiben dürfen, strahlt dies auch auf das Firmenrecht aus. Entsprechend der einhelligen Auffassung dürfen sie mehrere Firmen verwenden, wenn sie mehrere organisatorisch getrennte Unternehmen betreiben.[192] Hierfür spricht die Funktion der Firma, nicht nur den Unternehmensträger zu identifizieren, sondern ebenfalls seine Verbindung mit dem Unternehmen zu manifestieren. Gerade dieser Zweck der Firmenführung ist nicht zu erreichen, wenn einem Einzelkaufmann, der mehrere Unternehmen betreibt, nur die Führung einer einzigen Firma gestattet wird. Ist der Unternehmensträger hingegen eine *Handelsgesellschaft*, stellt sich die Rechtslage anders dar. Handelsgesellschaften können grundsätzlich nur Träger eines Unternehmens sein.[193] Die Verbindung von Unternehmensträger und Unternehmen ist bei ihnen enger als

59

---

[190] Zur Identifizierungsfunktion der Firma oben § 4 Rn. 8 ff.
[191] BGH 8.4.1991, NJW 1991, 2023 (2024); *J. v. Gierke* ZHR Bd. 122 (1959), 189 ff.
[192] Ebenso BGH 7.1.1960, BGHZ 31, 397 (399); *Brox/Henssler* Rn. 115; *Canaris* § 11 Rn. 35; Heymann/*Förster* § 17 Rn. 16; Schlegelberger/*Hildebrandt/Steckhan* § 17 Rn. 4; *Lettl* § 4 Rn. 36; RvWH/*Ries* § 17 Rn. 21; Oetker/*Schlingloff* § 17 Rn. 11; *K. Schmidt* § 12 Rn. 68; a. A. Staub/*Burgard* vor § 17 Rn. 41 f.
[193] OLG Saarbrücken 16.1.2018, NZG 2018, 349 (350); *Brox/Henssler* Rn. 115a; Staub/*Burgard* vor § 17 Rn. 40; *Canaris* § 11 Rn. 38; Heymann/*Förster* § 17 Rn. 17; Schlegelberger/*Hildebrandt/Steckhan* § 17 Rn. 6; *Lettl* § 4 Rn. 36; Hopt/*Merkt* § 17 Rn. 9; *K. Schmidt* § 12 Rn. 74 ff. sowie bereits RG 30.10.1914, RGZ 85, 397 (399); 30.3.1926, RGZ 113, 213 (216).

beim Einzelkaufmann. Der Grundsatz, dass ein Unternehmensträger durch eine Firma identifiziert wird, muss bei ihnen deshalb durchgehalten werden. Die wirtschaftliche Betätigungsfreiheit der Gesellschafter der Handelsgesellschaft wird hierdurch weniger stark eingeschränkt als die eines Einzelkaufmanns, da es den Gesellschaftern jederzeit freisteht, für ein weiteres Unternehmen einen Rechtsträger in Form einer neuen Handelsgesellschaft zu gründen oder dieses (z. B. bei Erwerb eines weiteren Unternehmens) unter einer nicht dem Firmenrecht unterliegenden Geschäftsbezeichnung zu betreiben.[194]

60   Deshalb stellt sich die nachgelagerte Frage, ob der Unternehmensträger mehrere Firmen auch dann führen darf, wenn er nur ein gegliedertes, rechtlich aber einheitliches Unternehmen betreibt, ausschließlich für Einzelkaufleute als Unternehmensträger. Eine Firmenmehrheit ist bei ihnen wegen ihrer rechtlichen Natur als natürliche Person zu gestatten, da es ihnen – anders als Handelsgesellschaften – nicht möglich ist, für ein weiteres Unternehmen einen weiteren Unternehmensträger zu schaffen. Wird nur ein Unternehmen betrieben, so fällt dieser Grund jedoch weg und es besteht selbst beim Erwerb eines weiteren Unternehmens keine Veranlassung, den Gebrauch mehrerer Firmen zu gestatten.[195] Auch für Einzelkaufleute gilt daher: Betreiben sie nur ein Unternehmen, so dürfen sie auch nur eine Firma führen.[196]

2. Firmenuntrennbarkeit

a) Grundsatz des Abspaltungsverbots

61   Nach § 23 HGB kann der Inhaber die Firma nicht ohne das Handelsgeschäft veräußern, für welches diese geführt wird. Hierdurch unterstreicht das Gesetz die Verbindung von Unternehmen und Firma und ist deshalb als gesetzliche Ausprägung des Grundsatzes der Firmeneinheit zu bewerten.[197] Die Vorschrift ist ein Verbotsgesetz i. S. des § 134 BGB,[198] sodass ein im Widerspruch zu § 23 HGB stehender dinglicher Vertrag nichtig ist.[199] Für einen schuldrechtlichen Vertrag, dessen Inhalt sich über § 23 HGB hinwegsetzt und eine separate Übertragung der Firma vorsieht, gilt dies im Hinblick auf den Zweck des § 23 HGB entsprechend.[200] Auf Marken ist § 23

---

[194] OLG Saarbrücken 16.1.2018, NZG 2018, 349 (350).

[195] A. A. *Canaris* § 11 Rn. 35 ff.; *Schlichting* ZHR Bd. 134 (1970), 322 ff. sowie für die abgeleitete Firma *Nipperdey* Festschrift für A. Hueck, 1959, S. 195 (210 ff.).

[196] So auch für die h. L. z. B. Hopt/*Merkt* § 17 Rn. 8; *K. Schmidt* § 12 Rn. 72.

[197] S. BGH 26.11.2019, NJW-RR 2020, 431 Rn. 19.

[198] Ebenso Staub/*Burgard* § 23 Rn. 19; Ebenroth/Boujong/*Reuschle* § 23 Rn. 19; KKD/*Roth/Stelmaszcyk* § 23 Rn. 3; Oetker/*Schlingloff* § 23 Rn. 7.

[199] *Bülow/Artz* Rn. 214; Hopt/*Merkt* § 23 Rn. 3; Ebenroth/Boujong/*Reuschle* § 23 Rn. 19; KKD/*Roth/Stelmaszcyk* § 23 Rn. 3.

[200] Ebenso i. E., aber auch noch unter Rückgriff auf § 306 BGB a. F. BGH 5.5.1977, JR 1978, 67 ff.; Heymann/*Emmerich*, 2. Aufl., § 23 Rn. 2; Staub/*Hüffer* 4. Aufl., § 23 Rn. 9; Ebenroth/Boujong/*Reuschle* § 23 Rn. 19; RvWH/*Ries* § 23 Rn. 9; *K. Schmidt* § 12 Rn. 56. Wird entgegen der hier befürworteten Auffassung der Normbefehl des Verbotstatbestands nicht auf das schuldrechtliche

D. Prinzipien des Firmenrechts

HGB nicht anwendbar.[201] Diese dürfen – im Gegensatz zur Firma – auch ohne das Unternehmen übertragen werden (§ 27 Abs. 2 MarkenG).[202]

b) Unternehmensspaltung und Firmeneinheit

aa) Partielle Gesamtrechtsnachfolge

Probleme im Zusammenhang mit § 23 HGB ergeben sich regelmäßig bei einer Unternehmensspaltung, wenn also aus einem bisher einheitlichen Unternehmen zwei oder mehrere Unternehmen entstehen (§ 123 Abs. 1 Nr. 2 UmwG). In dieser Konstellation tritt die Frage auf, wer zur Führung der ehemals gemeinsamen Firma berechtigt sein soll. 62

Da bei der Unternehmensspaltung keine Veräußerung der Firma oder des Handelsgeschäfts vorliegt, ist § 23 HGB nicht einschlägig. Vielmehr trifft das Umwandlungsrecht für die verschiedenen Formen der Spaltung eine differenzierende Sonderregelung.[203] Während bei einer *Aufspaltung* über § 125 Satz 1 UmwG die Bestimmung für Verschmelzungen (§ 18 UmwG) anzuwenden ist,[204] verbleibt die Firma im Fall der *Abspaltung* und der *Ausgliederung* gemäß § 131 Abs. 1 Nr. 1 Satz 2 UmwG bei dem übertragenden Rechtsträger. Das folgt für die letztgenannte Konstellation aus § 23 HGB, da die Firma hiernach nicht eigenständig übertragen werden kann. Bei der *Aufspaltung* führt die Verweisung auf das Verschmelzungsrecht (§ 18 UmwG) dazu, dass jeder der übernehmenden Rechtsträger grundsätzlich die bisherige Firma mit oder ohne Beifügung eines das Nachfolgeverhältnis andeutenden Zusatzes fortführen darf (§ 18 Abs. 1 Satz 1 UmwG). Im Ergebnis kann es hierdurch zu einer im Hinblick auf die Gläubigerinteressen problematischen Firmenvervielfältigung kommen. 63

bb) Einzelrechtsnachfolge

Ebenfalls zweifelhaft ist die Rechtslage, wenn lediglich ein Teil des Unternehmens im Wege der Einzelrechtsnachfolge veräußert wird, mit diesem aber das Recht zur Führung der Firma übertragen werden soll.[205] Grundsätzlich ist dies ein Versuch der Umgehung von § 23 HGB und deshalb in der Regel unzulässig.[206] Eine Ausnahme 64

Verpflichtungsgeschäft entsprechend angewendet, dann bleibt dieses wegen § 311a Abs. 1 BGB wirksam, der Schuldner ist aber gem. § 311a Abs. 2 BGB unter Umständen zum Schadensersatz statt der Leistung verpflichtet; so *Bülow/Artz* Rn. 214; *Staub/Burgard* § 23 Rn. 19; KKD/*Roth/Stelmaszczyk* § 23 Rn. 3; *Oetker/Schlingloff* § 23 Rn. 7; wohl auch Hopt/*Merkt* § 23 Rn. 3.

[201] Anders noch § 8 Abs. 1 Satz 2 WZG für Warenzeichen und Produktmarken.
[202] Ebenso Oetker/*Schlingloff* § 23 Rn. 2; *K. Schmidt* § 12 II 1a, S. 352; dazu auch *Pahlow* GRUR-RR 2005, 705 ff.
[203] Hierzu im Überblick *Kögel* GmbHR 1996, 168 (172 ff.).
[204] Dazu unten § 4 Rn. 65.
[205] Speziell hierzu *Rohnke* WM 1991, 1405 ff.
[206] RG 12.12.1903, RGZ 56, 187 (189).

ist nur für den Erwerb des so genannten Unternehmenskerns anzuerkennen, der den Teil des Unternehmens umfasst, der den wirtschaftlichen Schwerpunkt bildet. Wird dieser veräußert, so geht das Recht zur Firmenführung mit diesem auf den Erwerber über.[207]

c) Verschmelzung

65 Eine Sonderregelung ist ferner zu beachten, wenn ein Unternehmen im Wege der Verschmelzung auf ein anderes Unternehmen übertragen wird.[208] In diesem Fall berechtigt § 18 Abs. 1 Satz 1 UmwG den übernehmenden Rechtsträger grundsätzlich, die Firma des übertragenden Rechtsträgers fortzuführen, wobei dieses mit oder ohne Nachfolgezusatz geschehen kann. Besonderheiten sieht das Umwandlungsgesetz jedoch vor, wenn der übertragende Rechtsträger eine natürliche Person ist, die an dem übernehmenden Rechtsträger nicht beteiligt wird (§ 18 Abs. 2 UmwG).

d) Mantelverwertung und Firmenrecht

66 Keine Unternehmensveräußerung i. S. des § 23 HGB ist der so genannte *Mantelvertrag*,[209] der zur Vermeidung von Kosten (z. B. durch Gesellschaftsgründung und Anmeldung) abgeschlossen wird. Bei diesem wird eine (noch) bestehende rechtliche Hülle, der so genannte Mantel, der jedoch nicht mehr oder noch nicht Träger eines Unternehmens ist, zum Betrieb eines neu gegründeten Unternehmens verwandt. Hierbei ist zwischen dem so genannten Mantelkauf und der Mantelverwertung zu unterscheiden. Als Mantelkauf bezeichnet man den Erwerb des Mantels durch Dritte. Die Mantelverwertung beschränkt sich hingegen auf die Verwendung des Mantels durch die bisherigen Gesellschafter zum Betrieb eines eigenen neuen Unternehmens.

67 Die hiermit verbundenen rechtlichen Fragen sind bislang nicht abschließend beantwortet. Früher wurde die Mantelverwertung als sittenwidrig i. S. von § 138 Abs. 1 BGB angesehen und daher für unzulässig gehalten.[210] Heute steht die überwiegende Ansicht auf dem gegenteiligen Standpunkt.[211] Zur Begründung ist vor allem die fehlende Befugnis des Registergerichts anzuführen, so genannte leere Gesellschaftsmäntel zu löschen. Da es diese nicht von Amts wegen löschen kann und auch keine Verpflichtung für die Gesellschaft besteht, sich löschen zu lassen, ist zu-

---

[207] BGH 5.5.1977, JR 1978, 67 (70).
[208] Hierzu im Überblick *Kögel* GmbHR 1996, 168 (169 ff.).
[209] Ebenso Hopt/*Merkt* § 23 Rn. 4; Ebenroth/Boujong/*Reuschle* § 23 Rn. 18; KKD/*Roth/Stelmaszcyk* § 23 Rn. 2; Oetker/*Schlingloff* § 23 Rn. 6; abweichend z. T. *Beater* GRUR 2000, 119 f.; Staub/*Burgard* § 23 Rn. 17.
[210] So noch KG 3.7.1924, JW 1924, 1535 (1537).
[211] So z. B. *K. Schmidt* § 12 Rn. 64.

D. Prinzipien des Firmenrechts

mindest deren Existenz rechtmäßig.[212] Es gibt daher keinen Grund, ihre Veräußerung oder Verwertung als sittenwidrig zu bewerten. Für die Verwertung wird jedoch gefordert, dass alle Voraussetzungen, die bei der Neugründung einer Gesellschaft vorliegen müssen, bei der Mantelverwertung nicht umgangen werden dürfen. Bei diesem Ansatz müssen in diesem Fall je nach Rechtsform das Mindestkapital und eine Mindesteinlage nachgewiesen werden.[213]

3. Firma der Zweigniederlassung

Eine Ausnahme von dem Grundsatz der Firmeneinheit bildet die Firma der Zweigniederlassung. Diese stellt kein eigenständiges Unternehmen dar, geht jedoch über eine bloße organisatorische Gliederungsform, z. B. eine Abteilung des Unternehmens hinaus. Sie nimmt damit eine Sonderstellung ein, die auch im Firmenrecht ihren Ausdruck findet. Schon das Reichsgericht erkannte an, dass Zweigniederlassungen eigene Firmen führen dürfen.[214] Allerdings sollten diese in ihrer Firmenbildung eingeschränkt sein, da jedenfalls der für die Firma der Zweigniederlassung gewählte Firmenkern mit dem des Gesamtunternehmens übereinstimmen müsse.[215]

68

Gegen diese Beschränkung spricht der Wortlaut des § 30 Abs. 3 HGB, aus dem zu entnehmen ist, dass verschiedene Niederlassungen unter verschiedenen Firmen geführt werden können. Deshalb dürfen unterschiedliche Niederlassungen eines Unternehmens unterschiedliche Firmen verwenden.[216] Wegen des Widerspruchs zum Grundsatz der Firmenwahrheit ist die Firmenbildung der Zweigniederlassung jedoch dahingehend einzuschränken, dass ihre Firma entweder – entsprechend der Auffassung des Reichsgerichts – denselben Firmenkern wie die Firma des Hauptunternehmens enthält oder aber ein Firmenzusatz ihre Zugehörigkeit zum Hauptunternehmen erkennen lässt.[217]

69

---

[212] *K. Schmidt* § 12 Rn. 64.
[213] S. dazu aus der neueren Judikatur vor allem BGH 9.12.2002, BGHZ 153, 158 ff.; 7.7.2003, BGHZ 155, 318 ff.; 18.1.2010, NJW 2010, 1459 f.; 6.3.2012, BGHZ 192, 341 ff.; 10.12.2013, NJW-RR 2014, 416 ff.; OLG Düsseldorf 22.3.2024, NZG 2024, 1132 (1133) sowie zuvor BGH 16.3.1992, BGHZ 117, 323 ff. Stellvertretend aus der umfangreichen literarischen Diskussion im Anschluss an die Grundsatzentscheidungen des Bundesgerichtshofs *Böcker* DZWIR 2014, 389 ff.; *Geißler* DZWIR 2017, 151 ff.; *Jacobs* DZWIR 2004, 309 ff.; *Lieder* DStR 2012, 137 ff.; *Podewils* GmbHR 2010, 683 ff.; *K. Schmidt* NJW 2004, 1345 ff.; *Walla* Jura 2012, 451 ff., jeweils m. w. N.
[214] RG 20.9.1911, RGZ 77, 60 (63).
[215] RG 30.3.1926, RGZ 113, 213 (217); 24.9.1926, RGZ 114, 318 (320).
[216] Schlegelberger/*Hildebrandt/Steckhan* § 13 Rn. 7.
[217] BayObLG 19.3.1992, BB 1992, 944 (944 f.); Staub/*Burgard* § 13 Rn. 85 ff.; Hopt/*Merkt* § 13 Rn. 7; RvWH/*Ries* § 13 Rn. 13; KKD/*Roth/Stelmaszyk* § 13 Rn. 8; weitergehend Schlegelberger/*Hildebrandt/Steckhan* § 13 Rn. 7.

IV. Firmenausschließlichkeit bzw. -unterscheidbarkeit

70 Der Grundsatz der Firmenausschließlichkeit bzw. -unterscheidbarkeit findet seine gesetzliche Konkretisierung vor allem in § 30 HGB und formt die Forderung des § 18 Abs. 1 HGB aus, dass die als Firma gewählte Bezeichnung Unterscheidungskraft aufweisen muss. Er besagt, dass sich jede Firma von den am selben Ort oder in derselben Gemeinde im Handels- oder Genossenschaftsregister bereits eingetragenen Firmen unterscheiden muss. Diese Vorgabe bringt zwei verschiedene Interessen zum Ausdruck. Erstens schützt die Firmenunterscheidbarkeit das Interesse des Rechtsverkehrs an der Identifizierung des durch die Firma benannten Unternehmensträgers und seines Unternehmens und zweitens dient es dem wettbewerblichen Interesse des Unternehmensträgers, der die von ihm (rechtmäßig[218]) verwendete Firma nicht auch von anderen gebraucht sehen will.[219] Allerdings ging es dem Gesetzgeber bei Schaffung des § 30 HGB in erster Linie um die Identifizierung des Unternehmensträgers.[220]

71 § 30 HGB bezweckt den Schutz des Publikums[221] und dient somit in erster Linie öffentlichen Interessen.[222] Da diese nicht der Verfügungsgewalt Privater unterliegen, ist eine Einwilligung des Inhabers der gleichen Firma am Ort in die nochmalige Verwendung seiner Firma nach deren Bildung nicht zulässig.[223] Obwohl § 30 HGB öffentliche Interessen schützt, kann jeder, den ein hiernach unzulässiger Firmengebrauch in seinen Rechten verletzt, nach § 37 Abs. 2 HGB Unterlassung des Gebrauchs verlangen. Das gilt – obwohl § 30 HGB vorrangig der Identifizierung des Unternehmensträgers dient – auch für den Konkurrenten des Firmenführenden.

72 Zur Auflösung einer Kollision statuiert § 30 Abs. 1 HGB das *Prioritätsprinzip* und verpflichtet hierdurch den neuen Firmeninhaber. Es erstreckt sich nicht nur auf Firmenzusätze, sondern auch auf den Firmenkern. Eine Ausnahme gestattet das Gesetz nur, wenn der Name des Inhabers den Firmenkern bildet. In diesem Fall erlaubt § 30 Abs. 2 HGB zwar auch dem neuen Firmeninhaber den Gebrauch seines

---

[218] Für den rechtmäßigen Bestand der Firma als Voraussetzung für die Anwendung des § 30 Abs. 1 HGB z. B. Heymann/*Emmerich* 2. Aufl., § 30 Rn. 7a; a. A. Staub/*Burgard* § 30 Rn. 17; Heymann/*Förster* § 30 Rn. 17; Hopt/*Merkt* § 30 Rn. 6; Ebenroth/Boujong/*Reuschle* § 30 Rn. 14; RvWH/*Ries* § 30 Rn. 7; KKD/*Roth*/Stelmaszcyk § 30 Rn. 4; Oetker/*Schlingloff* § 30 Rn. 6.
[219] *K. Schmidt* § 12 Rn. 125.
[220] *K. Schmidt* § 12 Rn. 125.
[221] BGH 14.7.1966, BGHZ 46, 7 (11); 26.11.2019, NJW-RR 2020, 431 Rn. 20; Ebenroth/Boujong/*Reuschle* § 30 Rn. 2; Oetker/*Schlingloff* § 30 Rn. 1; *K. Schmidt* § 12 Rn. 125.
[222] Ebenroth/Boujong/*Reuschle* § 30 Rn. 2; RvWH/*Ries* § 30 Rn. 1; Oetker/*Schlingloff* § 30 Rn. 1; *K. Schmidt* § 12 Rn. 129; ähnlich *Canaris* § 11 Rn. 28. Zur Vereinbarkeit mit den Grundfreiheiten des AEUV OGH 23.10.2003, wbl. 2004, 194 ff.
[223] BGH 14.7.1966, BGHZ 46, 7 (11); Staub/*Burgard* § 30 Rn. 6; *Canaris* § 11 Rn. 28; Heymann/*Förster* § 30 Rn. 2; Hopt/*Merkt* § 30 Rn. 1; Ebenroth/Boujong/*Reuschle* § 30 Rn. 2; *K. Schmidt* § 12 Rn. 129.

D. Prinzipien des Firmenrechts

Namens in der Firma, verpflichtet ihn aber zur Aufnahme eines Zusatzes, damit sich diese von der bereits eingetragenen Firma unterscheidet.[224]

Für die Unterscheidbarkeit verlangt § 30 Abs. 1 HGB Abweichungen, die so gravierend sein müssen („deutlich"), dass sie im gewöhnlichen Verkehr eine Verwechselungsgefahr ausschließen.[225] Dies ist umso eher der Fall, je geringer die übereinstimmenden Merkmale der Firma sind, wobei die im Handelsregister eingetragene Form und nicht eine im wirtschaftlichen Verkehr herausgebildete Kurzbezeichnung maßgebend ist.[226] Für diese verbleibt es bei dem Schutz durch § 5 MarkenG. Bei Personalfirmen genügen für die Unterscheidbarkeit bereits verschiedene Vornamen;[227] andererseits ist die (deutliche) Unterscheidbarkeit bei klanggleichen Namen (z. B. „Herz" und „Hertz"; „Meyer" und „Mayer") nicht gewährleistet.[228] Bei Sachfirmen ist die Unterscheidbarkeit zu verneinen, wenn Wortbild und -klang ähnlich sind (z. B. „Commerzbank" und „Commerzbau").[229] Verschiedene Geschäftskreise schließen eine Verwechselungsgefahr nicht stets aus. 73

Die Begrenzung des Grundsatzes der Firmenausschließlichkeit auf den Ort oder die Gemeinde erleichtert eine Identifizierung des Unternehmensträgers nur bedingt, da sich das wirtschaftliche Betätigungsfeld, auf dem die Unternehmen auftreten, infolge der allgemeinen Steigerung der Mobilität räumlich häufig sehr weit erstreckt. Die räumlichen Grenzen sind heute deshalb zu modifizieren, indem das Betätigungsfeld des Unternehmens berücksichtigt wird. Die Firmenunterscheidbarkeit muss in diesem Raum für den Verkehr gegeben sein. Daher kann sogar die Bildung derselben Firma in einer anderen nahe gelegenen Gemeinde bei einem Unternehmen mit weit reichenden Geschäftskontakten gegen den Grundsatz der Firmenausschließlichkeit verstoßen. Im Rahmen des § 30 Abs. 1 HGB kann diesem Umstand allerdings nur eingeschränkt Rechnung getragen werden, da sich die hierdurch erzwungene Unterscheidbarkeit auf den räumlichen Zuständigkeitsbereich des jeweiligen Registergerichts (s. § 377 Abs. 1 FamFG[230]) beschränkt. Die neue und ggf. verwechselungsfähige Firma muss deshalb die Eintragung in dasselbe Handelsregister begehren, in welches die bereits bestehende Firma zuvor eingetragen wurde.[231] 74

---

[224] BGH 30.1.2008, NJW 2008, 2923 Rn. 25.
[225] Staub/*Burgard* § 30 Rn. 25 f.; Heymann/*Förster* § 30 Rn. 22; KKD/*Roth/Stelmaszcyk* § 30 Rn. 5; Oetker/*Schlingloff* § 30 Rn. 8 f. Nicht ausreichend ist z. B. die alleinige Hinzufügung eines Bindestrichs, s. BGH 30.1.2008, NJW 2008, 2923 Rn. 21.
[226] Ständige Rechtsprechung seit RG 30.11.1874, RGZ 20, 71 (72).
[227] BGH 18.3.1993, DB 1993, 1233 (1234), insoweit in BGHZ 122, 71 ff. nicht abgedruckt.
[228] BGH 14.7.1966, BGHZ 46, 7 (12).
[229] S. BGH 1.6.1989, WM 1989, 1584 (1585), eine Verwechslungsgefahr bezüglich „Commerzbank" und „Commerzbau" jedoch verneinend; ebenso für „Metro" und „Metrobus", BGH 5.2.2009, NJW-RR 2009, 757 Rn. 71 ff. sowie für „AIDA" und „AIDU" BGH 29.7.2009, GRUR 2010, 235 Rn. 17 ff.; ferner für Ordnungszahlen als zulässiges Unterscheidungskriterium OLG Hamm 19.6.2013, NZG 2013, 997 (998).
[230] S. dazu auch oben § 3 Rn. 9 f.
[231] Für die allg. Ansicht *Bülow/Artz* Rn. 197; Hopt/*Merkt* § 30 Rn. 6; Ebenroth/Boujong/*Reuschle* § 30 Rn. 13; *K. Schmidt* § 12 Rn. 127.

V. Firmenbeständigkeit

1. Funktion und Voraussetzungen der Firmenbeständigkeit

75 Der Grundsatz der Firmenbeständigkeit besagt, dass eine einmal gebildete Firma nicht mit jeder Änderung der Verhältnisse des Unternehmensträgers oder seines Namens geändert werden muss.[232] Hieraus resultiert indes ein Spannungsverhältnis zu dem Grundsatz der Firmenwahrheit, wobei die dogmatische Frage, ob es sich bei der Firmenbeständigkeit um eine Ausnahme zum Grundsatz der Firmenwahrheit[233] oder eine eigenständige Regel handelt, die durch die Firmenwahrheit begrenzt wird,[234] hier unbeantwortet bleiben kann. Jedenfalls führt der Grundsatz der Firmenbeständigkeit dazu, dass eine Firma geführt werden darf, obwohl diese nicht mehr im Einklang mit dem Grundsatz der Firmenwahrheit steht. Eine Anpassung des in § 19 Abs. 1 HGB genannten Rechtsformzusatzes wird hierdurch allerdings nicht entbehrlich; es soll jedoch genügen, wenn ein Nachfolgezusatz die bisherige unveränderte Firma ergänzt, der die neue Rechtsform eindeutig offen legt.[235] Eine Streichung des bisherigen Rechtsformzusatzes ist allerdings erforderlich, wenn sich die Verwendung zweier Rechtsformzusätze in der Firma zur Irreführung eignet.[236] Wie § 200 Abs. 1 Satz 2, Abs. 2 UmwG zeigt, ist hiervon regelmäßig auszugehen.

76 Der Grundsatz der Firmenbeständigkeit ist nur unter bestimmten Voraussetzungen anwendbar. Zunächst muss eine Firma vorliegen. In diesem Fall kann bei bloßer Namensänderung des Unternehmensträgers oder eines Gesellschafters, dessen Name in der Firma enthalten ist, die bisherige Firma gem. § 21 HGB fortgeführt werden. Wechselt hingegen nicht nur der Name des Unternehmensträgers, sondern erhält das Unternehmen einen neuen Träger, so ist die Fortführung der Firma nach § 22 Abs. 1 HGB zulässig, wenn der bisherige Inhaber oder dessen Erben einwilligen.[237] § 22 Abs. 1 HGB eröffnet jedoch auch die Möglichkeit, die Firma mit einem Nachfolgezusatz fortzuführen, der andeutet, dass der aus der Firma ersichtliche Unternehmensträger von einem Nachfolger in dieser Funktion ersetzt wurde.[238] Obwohl § 22 Abs. 1 HGB die Verwendung von Nachfolgezusätzen nicht zwingend vorschreibt, lässt deren Erwähnung erkennen, dass dem Gesetzgeber bewusst war, dass eine unveränderte Fortführung der Firma in bestimmten Fällen zu einer Irreführung des Rechtsverkehrs führen kann. Da gerade diese mit der Funktion der Firma unver-

---

[232] *K. Schmidt* § 12 Rn. 103; s. auch OLG Düsseldorf 8.3.2019, NZG 2019, 949 (950).
[233] So z. B. RG 17.11.1936, RGZ 152, 365 (368); *Hofmann* S. 111.
[234] So *K. Schmidt* § 12 Rn. 104; differenzierend *Canaris* § 11 Rn. 22 ff.
[235] So OLG Hamm 8.7.1999, NZG 1999, 993 (993); s. aber auch OLG Stuttgart 15.8.2000, DB 2001, 695 (696 f.); *Hofmann* S. 112.
[236] OLG Stuttgart 15.8.2000, DB 2001, 695 (696 f.); *Hofmann* S. 112; weitergehend *Bülow/Artz* Rn. 204; Staub/*Burgard* § 22 Rn. 89; *Canaris* § 11 Rn. 27; *Hübner* Rn. 211; Hopt/*Merkt* § 22 Rn. 16 f.; Oetker/*Schlingloff* § 22 Rn. 34: generelle Streichung des Zusatzes erforderlich.
[237] S. näher *Lettl* WM 2006, 1841 ff.
[238] Zur Möglichkeit, im Rahmen des § 22 Abs. 1 HGB die abgeleitete Firma zu ändern, s. OLG Hamm 19.3.2002, NJW-RR 2002, 1330 f.

D. Prinzipien des Firmenrechts

einbar ist, muss ein Nachfolgezusatz verwandt werden, wenn ohne diesen mit einer Täuschung des Rechtsverkehrs durch die Firma zu rechnen ist.[239]

2. Problemfälle zur Firmenbeständigkeit

a) Rechtsformwechsel

Probleme im Verhältnis von Firmenbeständigkeit und Firmenwahrheit ergeben sich, wenn der Unternehmensträger eine andere Rechtsform annimmt. Eine Auflösung des Spannungsverhältnisses zwischen diesen Grundsätzen nimmt § 200 UmwG für formwechselnde Umwandlungen vor. Hiernach ist der Rechtsträger neuer Form grundsätzlich berechtigt, aber nicht verpflichtet, seine bisher geführte Firma fortzuführen. Der Rechtsformzusatz der bisher verwendeten Firma ist jedoch entsprechend der neuen Rechtsform zu korrigieren (§ 200 Abs. 1 Satz 2, Abs. 2 UmwG); zusätzliche Bezeichnungen, die auf die Rechtsform der formwechselnden Gesellschaft hinweisen, sind unzulässig (§ 200 Abs. 1 Satz 2 UmwG). 77

b) Gesellschafterwechsel

Weitere Probleme zur Firmenbeständigkeit ergeben sich beim Wechsel des Gesellschafterbestands eines Unternehmensträgers. Diese werden z. T. durch § 24 HGB geregelt, wobei § 24 Abs. 1 HGB zunächst die Entstehung eines neuen Unternehmensträgers aufgrund der Aufnahme eines Gesellschafters in ein bestehendes Handelsgeschäft behandelt. Die Firmenfortführung ist in diesem Fall nicht nur zulässig, sondern umgekehrt: eine Änderung des Firmenkerns ist unzulässig.[240] 78

Problematisch ist der Wechsel im Gesellschafterbestand durch Beitritt neuer oder Ausscheiden bisheriger Gesellschafter. Auch in diesem Fall darf die ursprüngliche Firma nach § 24 Abs. 1 HGB grundsätzlich weiter geführt werden. Enthält diese jedoch den Namen eines ausscheidenden Gesellschafters, so hängt die unveränderte Weiterführung der Firma von der ausdrücklichen Zustimmung dieses Gesellschafters oder seiner Erben ab (§ 24 Abs. 2 HGB). Diese muss nicht erst zum Zeitpunkt des Ausscheidens erklärt werden, sondern es genügt, wenn der ausscheidende Gesellschafter bereits im Gesellschaftsvertrag erklärt, mit der Weiterführung der Firma durch die Gesellschaft nach seinem Ausscheiden einverstanden zu sein.[241] Stets muss das Einverständnis aber ausdrücklich vorliegen. So ist aus der bloßen Einwilligung zur Aufnahme des Namens in die Firma noch nicht zu schließen, dass sich diese auch auf die Zeit nach Ausscheiden des Namensträgers erstreckt. 79

---

[239] BGH 27.9.1965, BGHZ 44, 286 (287); s. auch LG Berlin 30.7.2004, NZG 2005, 443 (443 f.).
[240] BGH 25.6.1959, BGHZ 30, 288 (292); 12.7.1965, BGHZ 44, 116 (118 f.); s. auch OLG Frankfurt a. M. 22.6.2005, NZG 2005, 925 (925 f.).
[241] K. Schmidt § 12 Rn. 118; zur Rechtslage bei Bestehen eines Einwilligungsvorbehalts des Namensgebers Weßling GmbHR 2004, 487 ff.

80 Keine Anwendung findet § 24 Abs. 2 HGB für die Gesellschaft mit beschränkter Haftung, wenn diese als Personalfirma geführt wird.[242] Deshalb kann eine Gesellschaft mit beschränkter Haftung ihre Firma auch dann fortführen, wenn sie den Namen eines ausscheidenden Gesellschafters enthält. Hierfür benötigt sie nicht die Zustimmung des Namensträgers. Der Grund hierfür liegt in der Beschränkung des § 24 HGB auf Personenhandelsgesellschaften; auf Kapitalgesellschaften findet weder Abs. 1 noch Abs. 2 der Vorschrift Anwendung.[243] Die Neuregelung des Firmenrechts steht dieser Einschränkung nicht entgegen,[244] obwohl hierdurch der früher bestehende Zwang zur Aufnahme des Personennamens (s. § 18 HGB a. E.) entfallen ist.[245] Das Zustimmungserfordernis des § 24 HGB beruht vor allem auf der Erwägung, dass in der Person des Geschäftsinhabers ein Wechsel eingetreten ist.[246] Hieran fehlt es, wenn der Gesellschafter einer juristischen Person aus dieser ausscheidet; Inhaber des Geschäfts bleibt unverändert die juristische Person.

E. Firmenfortführung und Haftung

Schrifttum zur Ausbildung: *Fleischer/Wedemann* S. 71 ff.; *Wernecke*, Die Haftung für geschäftliche Verbindlichkeiten nach §§ 25 ff. HGB, JA 2001, S. 509 ff.; *Zerres*, Inhaberwechsel und haftungsrechtliche Konsequenzen, Jura 2006, S. 253 ff. **Zur Falllösung:** *Bitter/Linardatos* S. 215 ff. (Fall 13–15); *Fezer* S. 64 ff., 74 ff., 91 ff., 108 ff. (Fall 7–10); *Hadding/Hennrichs* S. 34 ff. (Fall 2–4); *Hopt* S. 83 ff. (Fall 5); *Jung* S. 132 (Fall 3); *Lettl* Fälle, S. 33 ff. (Fall 5); *Martinek/Bergmann* Fall 9 und 10; *Michalski* S. 229 ff.; *Schöne* S. 55 ff., 63 ff., 79 ff. (Fall 4–6). **Zur Vertiefung:** *Beuthien*, Zu zwei Mißdeutungen des § 25 HGB, NJW 1993, S. 1737 ff.; *Börner*, § 25 Abs. 1 HGB: Vertragsübertragung kraft Gesetzes, Festschrift für Möhring, 1975, S. 37 ff.; *Canaris*, Unternehmenskontinuität als Haftungs- und Enthaftungsgrund im Rahmen von § 25 HGB?, Festschrift für Frotz, 1993, S. 11 ff.; *J. Flume*, Einzelkaufmännische Unternehmen im Erbgang, Festschrift für Maier-Reimer, 2010, S. 103 ff.; *Gerlach*, Die Haftungsordnung der §§ 25, 28, 130 HGB, 1976; *Heckelmann*, Die Grundlagen der Haftung aus Firmenfortführung nach § 25 Abs. 1 Satz 1 HGB, Festschrift für Bartholomeyczik, 1973, S. 129 ff.; *U. Huber*, Die Schuldenhaftung beim Unternehmenserwerb und das Prinzip der Privatautonomie, Festschrift für Raisch, 1995, S. 85 ff.; *Lieb*, Zu den Grundgedanken der §§ 25 ff. HGB, Festschrift für Börner, 1992, S. 747 ff.; *Neuberger*, Die Haftung des Erwerbers nach § 25 HGB in der Insolvenz des Veräußerers, ZIP 2020, S. 606 ff.; *Reuter*, Die handelsrechtliche Erbenhaftung (§ 27 HGB), ZHR Bd. 135 (1971), S. 511 ff.; *Säcker*, Die handelsrechtliche Haftung für Altschulden bei Übertragung und Vererbung von Handelsgeschäften, ZGR 1973, S. 261 ff.; *K. Schmidt*, Haftungskontinuität als unternehmensrechtliches Prinzip, ZHR Bd. 145 (1981), S. 2 ff.; *ders.*, § 25 Abs. 1 Satz 2 (§ 28 Abs. 1 Satz 2) HGB zwischen relativem Schuldnerschutz und Legalzession, AcP Bd. 198 (1998), S. 516 ff.; *ders.*, Übertragung von Vertragsverhältnissen nach §§ 25, 28 HGB?, Festschrift für Medicus, 1999,

---

[242] BGH 20.4.1972, BGHZ 58, 322 (325).
[243] Statt aller *Bülow/Artz* Rn. 212; RvWH/*Ries* § 24 Rn. 4, 18; a. A. Staub/*Burgard* § 24 Rn. 12 f.; Ebenroth/Boujong/*Reuschle* § 24 Rn. 7; ebenso für § 24 Abs. 1 HGB Oetker/*Schlingloff* § 24 Rn. 2.
[244] Ebenso Hopt/*Merkt* § 24 Rn. 12; KKD/*Roth/Stelmaszczyk* § 24 Rn. 8; HK-HGB/*Ruß* § 24 Rn. 6; *Weßling* GmbHR 2004, 487 (487); a. A. *Kern* BB 1999, 1717 (1719); Ebenroth/Boujong/*Reuschle* § 24 Rn. 4 ff.
[245] S. *Felsner* NJW 1988, 3255 (3256).
[246] BGH 20.4.1972, BGHZ 58, 322 (324 f.).

S. 555 ff.; *ders.*, Unternehmensbezogenes Mietverhältnis, Unternehmensumstrukturierung und Unternehmensveräußerung, Gedächtnisschrift für Sonnenschein, 2003, S. 497 ff.; *ders.*, Alles klar bei 125 HGB? – Hinweise zu einem Hinweisbeschluss, ZGR 2014, S. 844 ff.; *Schricker*, Probleme der Schuldenhaftung bei Übernahme eines Handelsgeschäfts, ZGR 1972, S. 121 ff.; *Theißen*, Die Schuldenhaftung nach § 25 HGB beim Erwerb von unselbstständigen Unternehmensteilen, 2000.

I. *Firmenfortführung, Unternehmenskontinuität und Haftungskontinuität*

Im deutschen Recht ist das Unternehmen zwar nicht als Rechtssubjekt anerkannt,[247] wegen des Grundsatzes der Firmenbeständigkeit strahlt ein Unternehmen aber auch bei einem Inhaberwechsel nach außen Kontinuität aus, wenn die Firma beibehalten wird. Für den Rechtsverkehr bleibt es als wirtschaftliches Gegenüber bestehen, mag auch der Unternehmensträger ein anderer sein. Hieraus ergeben sich vielfältige Probleme, insbesondere im Hinblick auf die Haftung für Verbindlichkeiten, die der frühere Inhaber unter der Firma begründet hat. Dabei steht die Frage im Mittelpunkt, ob aus der Kontinuität des Unternehmens, wie es durch die Firma nach außen in Erscheinung tritt, auch eine Kontinuität der Haftung folgt.[248] **81**

In den §§ 25 bis 27 HGB gibt das Gesetz hierauf eine Antwort.[249] Da der Rechtsverkehr nur dann eine Unternehmenskontinuität annehmen kann, wenn der neue Unternehmensträger die Firma fortsetzt, kommt als Anknüpfungspunkt für die Haftung ausschließlich die Firmenfortführung in Betracht.[250] Gerade diese ist es, die den Eindruck erweckt, das Unternehmen existiere unabhängig vom Wechsel des Unternehmensträgers fort. Diese Wirkung ist vom Erwerber auch gewollt, wenn er sich zur Fortsetzung des Unternehmens unter der bisherigen Firma entschließt. Dementsprechend beruhen die §§ 25 bis 27 HGB auf dem Grundsatz, dass der neue Unternehmensträger für die von dem vorherigen Unternehmensträger begründeten Verbindlichkeiten haften soll, wenn er die Firma fortführt.[251] **82**

Ausgehend von dem obigen Grundsatz unterscheiden die §§ 25 und 27 HGB danach, ob der mit der Firmenfortführung verbundene Inhaberwechsel aufgrund eines Rechtsgeschäfts unter Lebenden (§§ 25, 26 HGB) oder eines Erbfalls (§ 27 HGB) **83**

---

[247] *K. Schmidt* § 12 Rn. 1 sowie oben § 4 Rn. 7.
[248] Zum Übergang der Forderungen auf den Erwerber s. § 25 Abs. 1 Satz 2 HGB; hierzu vertiefend *K. Schmidt* AcP Bd. 198 (1998), 516 ff.
[249] Zur dogmatischen Einordnung der Haftung *Canaris* § 7 Rn. 6 ff.; *Fischinger* Rn. 246; *Hopt* S. 100 ff.; *Hübner* Rn. 252; *Kindler* § 5 Rn. 29 ff.; *K. Schmidt* § 7 Rn. 17 ff.; MK-HGB/*Thiessen* § 25 Rn. 11 ff., jeweils m. w. N. zu den unterschiedlichen Konzeptionen; tabellarische Übersicht bei *Jung* Kap. 5 Rn. 24; kritisch zur Existenzberechtigung der Vorschriften *Canaris* § 7 Rn. 115 ff.
[250] BGH 12.2.2001, BGHZ 146, 374 (376 f.); 28.11.2005, NJW 2006, 1001 Rn. 7; 24.9.2008, NJW-RR 2009, 820 Rn. 19; 16.9.2009, NJW 2010, 236 Rn. 15; 23.10.2013, NZG 2014, 511 Rn. 15; BAG 27.9.2012, NZA 2013, 961 Rn. 42.
[251] Ob dies auch im Rahmen der Haftung nach § 27 HGB gilt, ist allerdings umstritten; s. näher unten § 4 Rn. 98.

eintritt. Einen Sonderfall regelt demgegenüber § 28 HGB, der eine Haftung für die Verbindlichkeiten eines Einzelkaufmanns auch dann vorsieht, wenn die durch den Eintritt als persönlich haftender Gesellschafter oder Kommanditist mit dem Einzelkaufmann gebildete Gesellschaft die von dem Einzelkaufmann zuvor geführte Firma nicht fortführt. In dieser Konstellation wird die Haftungskontinuität bereits durch die Unternehmenskontinuität legitimiert.

II. Haftung bei einem Rechtsgeschäft unter Lebenden (§§ 25, 26 HGB)

1. Allgemeines

84 § 25 Abs. 1 Satz 1 HGB regelt den Fall, in dem ein unter Lebenden erworbenes Handelsgeschäft unter der bisherigen Firma fortgeführt wird. Danach haftet der neue Inhaber für alle im Betrieb des Geschäfts von seinem Vorgänger begründeten Verbindlichkeiten, gleichgültig, ob er die Firma mit oder ohne Nachfolgezusatz weiterführt. Die Aufnahme eines Nachfolgezusatzes reicht deshalb nicht aus, um die Haftung aus § 25 Abs. 1 Satz 1 HGB auszuschließen.[252]

85 Die Fortführung der Firma ist ein gesetzlicher Schuldbeitritt für Kaufleute,[253] wobei § 25 Abs. 1 Satz 1 HGB die Haftung für den Fall des Erwerbs unter Lebenden nicht abschließend regelt. Daneben kommt z. B. eine Haftung des Erwerbers nach den §§ 414 ff. BGB in Betracht.[254]

---

[252] BGH 16.1.1984, NJW 1984, 1186 (1187).

[253] So BGH 26.11.1964, BGHZ 42, 381 (384); 23.10.2013, NZG 2014, 511 Rn. 12; Staub/*Burgard* § 25 Rn. 77 ff.; *Canaris* § 7 Rn. 39; *Hofmann* S. 127; Ebenroth/Boujong/*Reuschle* § 25 Rn. 58; RvWH/*Ries* § 25 Rn. 22; Oetker/*Vossler* § 25 Rn. 29. Weitergehend der von Teilen des Schrifttums rechtsfortbildend entwickelte Ansatz eines gesetzlichen Übergangs des Schuldverhältnisse; hierfür *Börner* Festschrift für Möhring, 1975, S. 37 (44 ff.); *Lieb* Festschrift für Börner, 1992, S. 747 (754 ff.); *K. Schmidt* ZHR Bd. 145 (1981), 2 (26 f.); *ders.* Festschrift für Medicus, 1999, S. 555 ff.; MK-HGB/*Thiessen* § 25 Rn. 24 ff.; ablehnend dazu jedoch *Bayer/Lieder* Rn. 171; *Beuthien* NJW 1993, 1737 (1737 ff.); Staub/*Burgard* § 25 Rn. 77 ff.; *Canaris* § 7 Rn. 39 ff.; *Oetker* Das Dauerschuldverhältnis und seine Beendigung, 1994, S. 658 f.; Ebenroth/Boujong/*Reuschle* § 25 Rn. 59 ff.; Oetker/*Vossler* § 25 Rn. 29; *Zöllner* ZGR 1983, 82 (87 ff.).

[254] Bis zum 31.12.1998 kam darüber hinaus eine Haftung nach § 419 BGB a. F. in Betracht; zur Aufhebung der Vorschrift s. Art. 33 Nr. 16 EGInsO.

E. Firmenfortführung und Haftung

2. Haftungsvoraussetzungen

a) Vorliegen eines „Handelsgeschäfts"

Die Haftung des Erwerbers setzt ein Handelsgeschäft voraus, d. h., der bisherige Unternehmensträger muss Kaufmann gewesen sein.[255] Allerdings genügt es wegen § 5 HGB, wenn die Eintragung im Handelsregister seine Kaufmannseigenschaft begründet.[256] Umgekehrt tritt die Haftung nach § 25 Abs. 1 HGB auch dann ein, wenn der frühere Unternehmensträger als Istkaufmann pflichtwidrig die Eintragung in das Handelsregister unterlassen hat.[257] Ist über das Vermögen des Kaufmanns jedoch ein *Insolvenzverfahren* eröffnet, so ist § 25 HGB wegen der Aufgabe des Insolvenzverwalters und des Zwecks des Insolvenzverfahrens nicht anwendbar, wenn er das Unternehmen des Insolvenzschuldners veräußert.[258] Das gilt auch für eine Veräußerung des Unternehmens durch den Schuldner im Eigenverwaltungsverfahren.[259] Allein der Eintritt einer Überschuldung des Unternehmens oder die Ablehnung einer Eröffnung des Insolvenzverfahrens genügt hierfür indes nicht.[260] Entsprechendes gilt, wenn ein insolventes Unternehmen außerhalb eines Insolvenzverfahrens von einem Dritten fortgeführt wird, ohne dass dies vom Insolvenzverwalter abgeleitet ist.[261]

86

b) Erwerbstatbestand

Darüber hinaus muss ein Erwerb unter Lebenden vorliegen, wobei unter „Erwerb" – anders als im bürgerlichen Recht – nicht der Erwerb eines dinglichen Rechts, sondern der Übergang der Unternehmensträgerschaft zu verstehen ist.[262] Dieser muss nicht endgültig sein; aufgrund des Normzwecks genügt die vorübergehende Nut-

87

---

[255] Umstritten ist die Rechtslage bei Unternehmen von nichtkaufmännischen Kleingewerbetreibenden. Ausführlich dazu *Schmitt* Die Rechtsstellung der Kleingewerbetreibenden nach dem Handelsrechtsreformgesetz, 2003, S. 237 ff., der sich im Hinblick auf den übertragbaren Normzweck für eine entsprechende Anwendung der §§ 25 bis 28 HGB ausspricht; ebenso *K. Schmidt* § 8 Rn. 1; ablehnend demgegenüber LG Berlin 30.7.2004, NZG 2005, 443 (444); *Bayer/Lieder* Rn. 156; *Fischinger* Rn. 247; MK-HGB/*Thiessen* Rn. 33; Oetker/*Vossler* § 25 Rn. 13; differenzierend Staub/*Burgard* § 25 Rn. 37 ff.
[256] *Bayer/Lieder* Rn. 144.
[257] OLG Zweibrücken 11.11.2013, NJW-RR 2014, 672 (673).
[258] BGH 11.4.1988, BGHZ 104, 151 (153 ff.); 24.9.2008, NJW-RR 2009, 820 Rn. 22; 23.10.2013, NZG 2014, 511 Rn. 17; 3.12.2019, NZG 2020, 318 Rn. 9 f.; BAG 20.9.2006, NZA 2007, 335 Rn. 9 ff.; 27.9.2012, NZA 2013, 961 Rn. 40; OLG Saarbrücken 28.7.1998, NZG 1999, 40 f.
[259] BGH 3.12.2019, NZG 2020, 318 Rn. 11 ff.; dazu auch *Neuberger* ZIP 2020, 606 ff.
[260] BGH 4.11.1991, NJW 1992, 911 (911); 28.11.2005, NJW 2006, 1001 Rn. 14; 24.9.2008, NJW-RR 2009, 820 Rn. 22; 23.10.2013, NZG 2014, 511 Rn. 18; BAG 27.9.2012, NZA 2013, 961 Rn. 40.
[261] BGH 23.10.2013, NZG 2014, 511 Rn. 19.
[262] BGH 16.1.1984, NJW 1984, 1186 (1187); 23.10.2013, NZG 2014, 511 Rn. 15.

zung des Unternehmens als Pächter.[263] Wegen des Rechtsgrunds der Haftung (Vertrauen des Rechtsverkehrs) kommt es für eine Haftung nach § 25 Abs. 1 Satz 1 HGB darüber hinaus weder auf die Wirksamkeit des Verpflichtungsgeschäfts noch auf die des Verfügungsgeschäfts an.[264] Ausreichend ist die bloße Tatsache der Geschäftsfortführung.[265]

c) Fortführung des Handelsgeschäfts

88   Für die Geschäftsfortführung ist allein auf die Unternehmensfortführung durch den Erwerber abzustellen. Dafür muss der wesentliche Bestand des Unternehmens unverändert weitergeführt werden, wobei insbesondere auf den Tätigkeitsbereich, die innere Organisation, die Räumlichkeiten sowie die Kunden- und Lieferantenbeziehungen abzustellen ist.[266] Werden lediglich Teile des Geschäfts übertragen, so steht dies der Anwendung des § 25 Abs. 1 Satz 1 HGB nicht zwingend entgegen. Eine Fortführung des erworbenen Handelsgeschäfts liegt in dieser Konstellation jedoch nur vor, wenn die übertragenen Teile den wesentlichen Kern des Geschäfts umfassen.[267] In diesem Fall ist eine Haftung des Erwerbers nach § 25 Abs. 1 Satz 1 HGB selbst dann nicht ausgeschlossen, wenn der Veräußerer den bei ihm verbleibenden Teil des Handelsgeschäfts als kaufmännisches Handelsgewerbe weiter betreibt[268] oder der Veräußerer parallel die bisherige Firma verwendet,[269] was vor allem in Betracht kommt, wenn das Unternehmen sukzessive übernommen wird.[270]

---

[263] BGH 16.1.1984, NJW 1984, 1186 (1187) sowie bereits RG 6.10.1931, RGZ 133, 318 (322 f.).
[264] RG 11.10.1935, RGZ 149, 25 (28); BGH 29.11.1956, BGHZ 22, 234 (239); s. auch OLG Düsseldorf 24.5.2004, NZG 2005, 176 (176); OLG Frankfurt a. M. 23.6.2005, NZG 2005, 846 (847).
[265] BGH 24.9.2008, NJW-RR 2009, 820 Rn. 13; 23.10.2013, NZG 2014, 511 Rn. 15.
[266] BGH 24.9.2008, NJW-RR 2009, 820 Rn. 13; 16.9.2009, NJW 2010, 236 Rn. 18; 5.7.2012, NZG 2012, 916 Rn. 18; 23.10.2013, NZG 2014, 511 Rn. 15; OLG Düsseldorf 28.10.2008, NZG 2009, 314 (314).
[267] BGH 13.10.1955, BGHZ 18, 248 (250); 4.11.1991, NJW 1992, 911 (911); 16.9.2009, NJW 2010, 236 Rn. 18; 7.12.2009, NJW-RR 2010, 246 Rn. 2; 5.7.2012, NZG 2012, 916 Rn. 18; exemplarisch für eine Tankstelle OLG Köln 11.11.2005, NZG 2006, 477; für eine Gaststätte OLG Düsseldorf 22.1.1998, NJW-RR 1998, 965; für eine Diskothek BGH 28.11.2005, NJW 2006, 1001; für den Verkauf von Büromöbeln OLG Bremen 13.2.2008, NZG 2008, 946 (946 f.).
[268] BGH 5.7.2012, NZG 2012, 916 Rn. 18; OLG Hamm 17.9.1998, NJW-RR 1999, 396 (397).
[269] OLG Köln 17.8.2001, VersR 2002, 1523 (1524).
[270] S. BGH 24.9.2008, NJW-RR 2009, 820 Rn. 15.

E. Firmenfortführung und Haftung

d) Fortführung der Firma

Des Weiteren ist eine Fortführung der Firma erforderlich, da § 25 HGB bezweckt, **89** den auf der Firma beruhenden Glauben der Gläubiger an eine Unternehmenskontinuität zu schützen.[271] Allein die Fortführung des Unternehmens reicht deshalb nicht aus, um die Haftung des Erwerbers aus § 25 Abs. 1 Satz 1 HGB auszulösen. Vielmehr muss stets die Fortführung der Firma hinzutreten,[272] wobei es sich wegen der systematischen Stellung der Vorschrift um eine Firma i. S. des § 18 HGB handeln muss. Die Übernahme einer Etablissementsbezeichnung (z. B. „Strandhotel Imperator", „A-Hotel B.", „Hotel Stutenhaus", „Laterna") genügt hierfür nicht und begründet weder die unmittelbare noch eine entsprechende Anwendung des § 25 Abs. 1 HGB.[273] Unschädlich für die Haftung ist wegen des mit der Norm bezweckten Schutzes des Rechtsgeschäftsverkehrs hingegen, wenn die Firma entgegen der gesetzlichen Verpflichtung nicht in das Handelsregister eingetragen worden ist.[274] Eine Haftung wegen Fortführung der Firma nach § 25 Abs. 1 HGB kommt deshalb auch dann in Betracht, wenn die Eintragung eines Istkaufmanns in das Handelsregister unterblieben ist, weil z. B. der Inhaber irrtümlich annimmt, es liege ein land- und forstwirtschaftlicher Betrieb vor und deshalb keine Eintragungspflicht bestehe.

Der neue Inhaber muss die Firma allerdings nicht wort- und buchstabengetreu **90** beibehalten. Entscheidend ist allein, ob der Verkehr die neue Firma noch mit der alten identifiziert.[275] Hierfür kann es ausreichen, wenn die neue Firma eine Bezeichnung des Geschäftszweigs führt, die inhaltlich auf eine Konkretisierung der

---

[271] BGH 1.12.1986, NJW 1987, 1633 (1633); 12.2.2001, BGHZ 146, 374 (376); 15.3.2004, NJW-RR 2004, 1173 (1173 f.); 28.11.2005, NJW 2006, 1001 Rn. 7; BAG 27.9.2012, NZA 2013, 961 Rn. 19.

[272] Für die herrschende Ansicht BGH 12.2.2001, BGHZ 146, 374 (376); 15.3.2004, NJW-RR 2004, 1173 (1173 f.); 28.11.2005, NJW 2006, 1001 Rn. 7; 24.9.2008, NJW-RR 2009, 820 Rn. 19; 16.9.2009, NJW 2010, 236 Rn. 15; 5.7.2012, NZG 2012, 916 Rn. 18; 17.12.2013, NZG 2014, 459 Rn. 8; OLG Hamm 18.9.2017, NZG 2018, 33 (34); OLG Schleswig 10.4.2003, NJW-RR 2004, 417 (418); BFH 20.5.2014, NZG 2014, 1239 Rn. 14; *Bayer/Lieder* Rn. 165; *Bülow/Artz* Rn. 224; Staub/*Burgard* § 25 Rn. 64; Heymann/*Förster* § 25 Rn. 44; *Fischinger* Rn. 257; *Hübner* Rn. 255 ff.; Hopt/*Merkt* § 25 Rn. 6; Ebenroth/Boujong/*Reuschle* § 25 Rn. 47; a. A. *K. Schmidt* § 8 Rn. 32.

[273] BGH 29.11.1956, BGHZ 22, 235 (237); 17.12.2013, NZG 2014, 459 Rn. 8; OLG Brandenburg 27.5.1998, NJW-RR 1999, 395 f.; 24.6.2020, NZG 2020, 1153 (1154); OLG Düsseldorf 22.1.1998, NJW-RR 1998, 965; OLG Hamm 18.9.2017, NZG 2018, 33 (34); OLG Köln 2.12.2011, NJW-RR 2012, 679 (680); OLG Saarbrücken 16.1.2018, NZG 2018, 349 (350); LG Bonn 16.9.2005, NJW-RR 2005, 1559 ff.; s. auch OLG München 30.4.2008, ZIP 2008, 1323 (1324 f.); BFH 20.5.2014, NZG 2014, 1239 Rn. 14; a. A. *K. Schmidt* § 8 Rn. 19 sowie ausführlich zugunsten einer entsprechenden Anwendung des § 25 HGB auf das von nichtkaufmännischen Kleingewerbetreibenden unter einer Geschäftsbezeichnung geführte Unternehmen *Schmitt* Die Rechtsstellung der Kleingewerbetreibenden nach dem Handelsrechtsreformgesetz, 2003, S. 237 ff.

[274] OLG Hamm 18.9.2017, NZG 2018, 33 (34).

[275] BGH 4.11.1991, NJW 1992, 911 (912); 12.2.2001, BGHZ 146, 374 (376); 15.3.2004, NJW-RR 2004, 1173 (1173); 28.11.2005, NJW 2006, 1001 Rn. 12; 24.9.2008, NJW-RR 2009, 820 Rn. 19; 5.7.2012, NZG 2012, 916 Rn. 18; OLG Düsseldorf 24.5.2004, NZG 2005, 176 f.; OLG Saarbrücken 16.1.2018, NZG 2018, 349 (349).

bisherigen Geschäftstätigkeit hinausläuft (z. B. früher: „Maschinenfabrik", nunmehr: „Agrartechnik").[276] Stets muss der neue Inhaber jedoch den prägenden Teil der alten Firma in der neuen beibehalten.[277] Die Verwendung des Rechtsformzusatzes gehört wegen dessen Funktion indes nicht zu den prägenden Elementen.[278] Der Erwerber haftet entsprechend dem Zweck des § 25 Abs. 1 Satz 1 HGB auch, wenn er das Unternehmen lediglich vorübergehend stilllegt, später aber unter der alten Firma und auf der Grundlage des alten Unternehmens fortführt.[279]

3. Umfang der Haftung

91 Als Rechtsfolge ordnet § 25 Abs. 1 Satz 1 HGB an, dass der Erwerber für alle im Unternehmen begründeten Verbindlichkeiten haftet. Hierfür genügt es, wenn die Verbindlichkeit von dem früheren Inhaber für den Betrieb des Geschäfts begründet wurde. Erfasst werden nicht nur rechtsgeschäftliche Verbindlichkeiten, sondern auch solche, die – wie z. B. bereicherungsrechtliche oder deliktsrechtliche Ansprüche – auf einer gesetzlichen Grundlage beruhen.[280] Lässt sich nicht sicher feststellen, ob eine Verbindlichkeit „für den Betrieb des Geschäfts" begründet wurde, ist auf die Vermutung in § 344 HGB zurückzugreifen.[281] Problematisch ist die Haftung, wenn die Verbindlichkeit aus einem Dauerschuldverhältnis resultiert, das noch der frühere Inhaber der Firma begründet hatte. Mit beachtlichen Gründen wird für diese eine teleologische Reduktion der Haftungsnorm befürwortet, wenn die Gegenleistung dem Erwerber nicht zugute kommt.[282]

---

[276] OLG Hamm 17.9.1998, NJW-RR 1999, 396 (397). Zur Fortführung von Firmenzusätzen als haftungsbegründender Tatbestand exemplarisch OLG Schleswig 10.4.2003, NJW-RR 2004, 417 ff.
[277] BGH 12.2.2001, BGHZ 146, 374 (376); 28.11.2005, NJW 2006, 1001 Rn. 12; 24.9.2008, NJW-RR 2009, 820 Rn. 19; OLG Hamm 18.9.2017, NZG 2018, 33 (34); OLG Saarbrücken 16.1.2018, NZG 2018, 349 (349); BAG 27.9.2012, NZA 2013, 961 Rn. 42; exemplarisch BGH 15.3.2004, NJW 2004, 1173 (1174): „Kfz-Küpper, Internationale Transporte" identisch mit „Kfz-Küpper Transport und Logistik"; ebenso wenn der Tätigkeitsbereich „Industrieböden" und „Fußbodenbau" jeweils mit dem Namen eines Herstellers verknüpft wird, s. BGH 24.9.2008, NJW-RR 2009, 820 Rn. 19; anders aber, wenn Buchstabenfolgen und Geschäftsinhalte verändert werden, s. BAG 27.9.2012, NZA 2013, 961 Rn. 45: „UVM Metallbau" nicht identisch mit „UVO Draht- und Metallbau" oder bei Verwendung des Vornamens und des Familiennamens der Vorname verändert wird, s. OLG Hamm 18.9.2017, NZG 2018, 33 (35): „Ralf B." nicht identisch mit „Annika B.".
[278] BGH 5.7.2012, NZG 2012, 916 Rn. 18; 17.12.2013, NZG 2014, 459 Rn. 8.
[279] BGH 4.11.1991, NJW 1992, 911 (912).
[280] Exemplarisch Staub/*Burgard* § 25 Rn. 96; Heymann/*Förster* § 25 Rn. 52; *Lettl* § 5 Rn. 34; Ebenroth/Boujong/*Reuschle* § 25 Rn. 66. Zur Haftung für Steuerschulden s. § 75 AO.
[281] S. BGH 29.1.1979, DB 1979, 1033 (1034); *Brox/Henssler* Rn. 141; Staub/*Burgard* § 25 Rn. 85; *Fischinger* Rn. 262; *Lettl* § 5 Rn. 34; Ebenroth/Boujong/*Reuschle* § 25 Rn. 65; RvWH/*Ries* § 25 Rn. 25; MK-HGB/*Thiessen* § 25 Rn. 66; Oetker/*Vossler* § 25 Rn. 30.
[282] So *Bülow/Artz* Rn. 227; *Canaris* § 7 Rn. 38; *Fischinger* Rn. 264; *Lettl* § 5 Rn. 37; Hopt/*Merkt* § 25 Rn. 11; *Oetker* Das Dauerschuldverhältnis und seine Beendigung, 1994, S. 660; KKD/*Roth/Stelmaszyk* § 25 Rn. 7; *K. Schmidt* § 8 Rn. 40; Oetker/*Vossler* § 25 Rn. 33; a. A. *Beuthien* NJW

E. Firmenfortführung und Haftung

Der Erwerber haftet mit seinem gesamten Vermögen für die von dem früheren 92
Inhaber begründeten Verbindlichkeiten. Eine Beschränkung der Haftung auf das
übernommene Geschäftsvermögen ist ihm nicht möglich.[283] Will er seine Haftung
für die Verbindlichkeiten des früheren Inhabers ausschließen, so muss er den in § 25
Abs. 2 HGB vorgezeichneten Weg beschreiten.

Die Haftung des Erwerbers befreit den früheren Inhaber nicht von den Verbind- 93
lichkeiten; § 25 Abs. 1 Satz 1 HGB bewirkt lediglich einen kumulativen Schuldbeitritt, sodass Erwerber und Veräußerer gemeinsam für die Verbindlichkeiten als
Gesamtschuldner haften,[284] allerdings mit der Möglichkeit einer Enthaftung des
Veräußerers nach § 26 HGB.

4. Ausschluss der Haftung

Der Schuldbeitritt des Erwerbers ist ausweislich § 25 Abs. 2 HGB nicht zwingend. 94
Für einen Ausschluss der Haftung genügt es jedoch nicht, dass der Erwerber mit
dem bisherigen Inhaber der Firma eine Beschränkung der Haftung vereinbart.
Wegen ihres Zwecks ist diese gegenüber Dritten nach § 25 Abs. 2 HGB nur wirksam, wenn sie im Handelsregister eingetragen und bekanntgemacht oder dem Dritten mitgeteilt wurde. Fehlt es hieran, dann entfaltet die Vereinbarung ihre Rechtswirkungen nur im Innenverhältnis zwischen Erwerber und früherem Inhaber. Eine
Beschränkung der Haftung auf das Innenverhältnis tritt auch dann ein, wenn der
Dritte hiervon in sonstiger Weise Kenntnis erlangt.[285] Im Hinblick auf den Normzweck muss die Publizität des Haftungsausschlusses im Handelsregister zudem unverzüglich herbeigeführt werden.[286] Bei einem Zeitraum von mehr als sieben Monaten nach der Geschäftsübernahme ist diese Frist überschritten,[287] sodass das
Registergericht die Eintragung eines Haftungsausschlusses ablehnen kann, da die
Eintragung in diesem Fall nicht mehr in der Lage ist, den Ausschluss der Haftung
zu bewirken.[288] Entsprechendes gilt auch im Übrigen, wenn eine Haftung des neuen

---

1993, 1737 ff.; Staub/*Burgard* § 25 Rn. 96; MK-HGB/*Thiessen* § 25 Rn. 82; wohl auch Ebenroth/
Boujong/*Reuschle* § 25 Rn. 64.
[283] BGH 29.6.1955, BB 1955, 652; Heymann/*Förster* § 25 Rn. 50; Hopt/*Merkt* § 25 Rn. 10;
RvWH/*Ries* § 25 Rn. 28.
[284] BGH 26.11.1964, BGHZ 42, 381 (384); *Bayer/Lieder* Rn. 174; *Bülow/Artz* Rn. 227; *Fischinger*
Rn. 261; Heymann/*Förster* § 25 Rn. 56; *Hofmann* S. 127; *Hübner* Rn. 260; *Jung* Kap. 5 Rn. 10;
Hopt/*Merkt* § 25 Rn. 12.
[285] BGH 1.12.1958, BGHZ 29, 1 (4); stellvertretend für die herrschende Lehre Ebenroth/Boujong/*Reuschle* § 25 Rn. 86, m. w. N; a. A. z. B. Oetker/*Vossler* § 25 Rn. 38.
[286] BGH 1.12.1958, BGHZ 29, 1 (5 f.); BayObLG 15.1.2003, NJW-RR 2003, 757 (758); OLG
Düsseldorf 6.6.2003, NJW-RR 2003, 1120 (1121 f.); OLG Frankfurt a. M. 21.5.2001, NJW-RR
2001, 1404 (1405); OLG Hamm 27.2.2014, NJW-RR 2014, 1184 (1184); MK-HGB/*Thiessen* § 25
Rn. 96, m. w. N.
[287] OLG München 6.2.2007, DB 2007, 680 (681).
[288] S. OLG München 30.4.2008, ZIP 2008, 1323 (1325), das im konkreten Fall einen seit Anmeldung verstrichenen Zeitraum von drei Monaten noch nicht als ausreichend ansah, um eine Ein-

Unternehmensträgers nach § 25 Abs. 1 HGB eindeutig und zweifelsfrei nicht in Betracht kommt.[289] Deshalb kann das Registergericht die „vorsorgliche Eintragung" eines Haftungsausschlusses ablehnen.[290]

III. Haftung bei einem Erbfall (§ 27 HGB)

1. Systematische Stellung der Haftungsnorm

95 Führt ein Erbe oder eine Erbengemeinschaft ein zum Nachlass gehörendes Handelsgeschäft fort, so finden nach § 27 Abs. 1 HGB die Vorschriften in § 25 HGB entsprechende Anwendung. Im Gegensatz zu § 25 HGB stellt § 27 HGB für den Erbfall die Haftung des neuen Unternehmensträgers jedoch nicht erst her. Der Erbe oder die Erbengemeinschaft haften bereits nach den §§ 1922, 1967 BGB, sodass § 27 Abs. 1 HGB diese Vorschriften um eine persönliche, handelsrechtliche Haftung ergänzt.[291] Beschränkbar ist diese deshalb auch nur nach handelsrechtlichen Bestimmungen, vorrangig[292] nach § 27 Abs. 2 HGB.

2. Haftungsvoraussetzungen

96 Da § 27 HGB ebenso wie § 25 HGB eine firmenrechtliche Vorschrift ist, muss der Erblasser Kaufmann gewesen sein[293] und das Handelsgeschäft eines Einzelkaufmanns betreffen. Teile eines Handelsgeschäfts fallen nicht unter § 27 HGB, da der Gesetzeswortlaut die Zugehörigkeit des gesamten Handelsgeschäfts zum Nachlass verlangt.

97 Weiterhin muss der Erbe oder die Erbengemeinschaft das Handelsgeschäft fortführen. Wegen des Kontinuitätsgedankens, der den §§ 25 ff. HGB zugrunde liegt, ist dies nach dem äußeren Erscheinungsbild zu beurteilen, wobei sich das Unterneh-

---

tragung wegen offensichtlicher Wirkungslosigkeit abzulehnen; anders jedoch OLG Hamm 27.2.2014, NJW-RR 2014, 1184 (1185), bei einem Zeitraum von drei Jahren.

[289] OLG Düsseldorf 15.9.2015, NJW-RR 2016, 106; OLG Köln 8.2.2010, NJW-RR 2010, 1558 (1558); OLG München 30.4.2008, ZIP 2008, 1323 (1324); 23.6.2010, NJW-RR 2010, 1559 (1560); OLG Saarbrücken 16.1.2018, NZG 2018, 349 (349); OLG Zweibrücken 16.5.2013, NZG 2013, 1235 (1236); 11.11.2013, NJW-RR 2014, 672 (672).

[290] OLG Zweibrücken 16.5.2013, NZG 2013, 1235 (1236).

[291] S. näher *Bayer/Lieder* Rn. 177; *Canaris* § 7 Rn. 99; *K. Schmidt* § 8 Rn. 127.

[292] Zur Anwendung des § 25 Abs. 2 HGB s. unten § 4 Rn. 102 f.

[293] Weitergehend eine im Vordringen befasste Ansicht, die den systematischen Kontext der Norm sprengt und diese auf die Fortführung jeglicher unternehmerischer Tätigkeit erstreckt. Hierfür MK-HGB/*Lieb* 2. Aufl., § 27 Rn. 47; *K. Schmidt* § 8 Rn. 133; zugunsten einer zurückhaltenden Analogie auch Heymann/*Förster* § 27 Rn. 5 sowie speziell für das nicht-kaufmännisch betriebene Kleingewerbe *Schmitt* Die Rechtsstellung der Kleingewerbetreibenden nach dem Handelsrechtsreformgesetz, 2003, S. 248.

E. Firmenfortführung und Haftung

men für den Rechtsverkehr als kontinuierlich fortgeführt darstellt, wenn der neue Unternehmensträger auch die Firma weiterhin verwendet.[294]

Problematisch ist der Fall, in dem zwar das Handelsgeschäft, nicht aber die Firma fortgeführt wird.[295] Ein Teil des Schrifttums hält dies für unbeachtlich, da § 27 HGB eine Rechtsfolgenverweisung enthalte und der Tatbestand des § 27 Abs. 1 HGB nicht auf die Fortführung der Firma abstelle.[296] Die überwiegende Ansicht verlangt indes wegen der systematischen Stellung der Vorschrift die Beibehaltung der Firma.[297] Hierfür spricht, dass § 27 Abs. 1 HGB auf § 25 HGB verweist und damit auch die tatbestandlichen Voraussetzungen dieser Norm in Bezug nimmt. **98**

3. Haftungsausschluss

a) Einstellung des Geschäftsbetriebs

Die persönliche handelsrechtliche Haftung des Erben oder der Erbengemeinschaft kann ebenso wie im Fall des rechtsgeschäftlichen Erwerbs ausgeschlossen werden (§ 27 Abs. 2 HGB). Allerdings bedarf es hierfür einer Einstellung des Geschäftsbetriebs binnen drei Monaten nach Kenntnis vom Anfall der Erbschaft. **99**

b) Veräußerung des Unternehmens

Zweifelhaft ist, ob dies den Erben zur Liquidation zwingt, um seiner Haftung zu entgehen, oder eine Einstellung des Geschäftsbetriebs i. S. des § 27 Abs. 2 HGB auch dann vorliegt, wenn der Erbe das Unternehmen während der Drei-Monats-Frist an einen Dritten veräußert. Eine verbreitete Auffassung lehnt einen Haftungsausschluss durch Veräußerung ab,[298] würdigt dabei aber nicht hinreichend, dass der Erbe die Kontinuitätserwartungen des Rechtsverkehrs hierdurch in vergleichbarer Weise wie bei einer „Einstellung" zerstört.[299] **100**

---

[294] Das ist unstreitig, s. insoweit auch *K. Schmidt* § 8 Rn. 137.

[295] Offengelassen von BGH 10.12.1990, BGHZ 113, 132 (135 f.).

[296] So *Lieb* Festschrift für Börner, 1992, S. 747 (761); *K. Schmidt* § 8 Rn. 135.

[297] Hierfür *Bayer/Lieder* Rn. 182; Staub/*Burgard* § 27 Rn. 37; *Canaris* § 7 Rn. 109; Heymann/*Förster* § 27 Rn. 15; *Hübner* Rn. 263; *Kindler* § 5 Rn. 57; *Lettl* § 5 Rn. 69; Hopt/*Merkt* § 27 Rn. 3; Ebenroth/Boujong/*Reuschle* § 27 Rn. 13; KKD/*Roth/Stelmaszcyk* § 27 Rn. 5; MK-HGB/*Thiessen* § 27 Rn. 24 f.; Oetker/*Vossler* § 27 Rn. 11.

[298] So RG 2.12.1903, RGZ 56, 196 (199); Heymann/*Emmerich*, 2. Aufl., § 27 Rn. 20a; Schlegelberger/*Hildebrandt/Steckhan* § 27 Rn. 9; Hopt/*Merkt* § 27 Rn. 5.

[299] Ebenfalls die Veräußerung einer Einstellung gleichstellend *Bayer/Lieder* Rn. 184; *Canaris* § 7 Rn. 108; *Fischinger* Rn. 332; *J. Flume* Festschrift für Maier-Reimer, 2010, S. 103 (116 f.); Ebenroth/Boujong/*Reuschle* § 27 Rn. 30; RvWH/*Ries* § 27 Rn. 32; KKD/*Roth/Stelmaszcyk* § 27 Rn. 9; *K. Schmidt* § 8 Rn. 150; MK-HGB/*Thiessen* § 27 Rn. 50.

c) Verzicht auf die Fortführung der Firma

101 Problematisch ist ferner, ob der Haftungsausschluss auch dann eingreift, wenn zwar das Unternehmen, nicht aber die Firma fortgeführt wird. Sofern die Firmenfortführung konstitutive Haftungsvoraussetzung ist, steht fest, dass die Haftung stets dann ausgeschlossen ist, wenn unverzüglich nach dem Erbfall eine neue Firma gewählt wird.[300] Zweifelhaft ist jedoch der Fall, in dem die Änderung der Firma erst später, aber noch vor Ablauf der Drei-Monats-Frist erfolgt.[301] Für einen Haftungsausschluss auch in dieser Konstellation spricht sich die wohl überwiegende Ansicht aus,[302] die zur Begründung vor allem auf die Kontinuitätserwartungen des Rechtsgeschäftsverkehrs verweist. Sie sind in vergleichbarer Weise wie bei einer Einstellung des Handelsgeschäfts zerstört, was eine entsprechende Anwendung des § 27 Abs. 2 Satz 1 HGB in dieser Konstellation rechtfertigt.[303]

d) Eintragung eines Haftungsausschlusses im Handelsregister analog § 25 Abs. 2 HGB

102 Ob die nach § 27 Abs. 1 HGB eintretende Haftung darüber hinaus aufgrund einer entsprechenden Anwendung des § 25 Abs. 2 HGB durch eine Eintragung in das Handelsregister ausgeschlossen werden kann, ist umstritten.[304] Hiergegen spricht, dass § 27 HGB vor allem bezweckt, den Erben oder die Erbengemeinschaft bei einer Unternehmensfortführung gegenüber den Altgläubigern genauso persönlich haften zu lassen, wie gegenüber Neugläubigern. Bei einer Anwendung des § 25 Abs. 2 HGB in den von § 27 HGB erfassten Fällen könnten Erben ihre Unternehmensentscheidung daher so treffen, dass die Altgläubiger das Risiko tragen müssten.[305]

103 Andererseits sind die Verkehrserwartungen beim Vorliegen der Voraussetzungen dieses Haftungsausschlusstatbestands weitgehend zerstört.[306] Für den Rechtsverkehr ist der Eindruck der Unternehmenskontinuität damit ebenfalls gestört. Soll von

---

[300] A. A. konsequent *K. Schmidt* § 8 Rn. 137.
[301] Zum Meinungsstand z. B. *Müller-Laube* S. 4 ff.
[302] So RG 2.12.1903, RGZ 56, 196 (199); *Bayer/Lieder* Rn. 184; Staub/*Burgard* § 27 Rn. 38; *Canaris* § 7 Rn. 110; *Fischinger* Rn. 336; Heymann/*Förster* § 27 Rn. 17; *A. Hueck* ZHR Bd. 108 (1941), 1 (16 ff.); *Lettl* § 5 Rn. 70; Ebenroth/Boujong/*Reuschle* § 27 Rn. 15; RvWH/*Ries* § 27 Rn. 20; KKD/*Roth/Stelmaszcyk* § 27 Rn. 10; MK-HGB/*Thiessen* § 27 Rn. 28.
[303] Hiergegen aber Heymann/*Emmerich*, 2. Aufl., § 27 Rn. 10; *J. Flume* Festschrift für Maier-Reimer, 2010, S. 103 (117); Schlegelberger/*Hildebrandt/Steckhan* § 27 Rn. 9; *Hübner* Rn. 265; Hopt/*Merkt* § 27 Rn. 5.
[304] Zum Meinungsstand s. auch *Müller-Laube* S. 7 ff.
[305] *Reuter* ZHR Bd. 135 (1971), 511 (527); ebenfalls die Anwendung des § 25 Abs. 2 HGB ablehnend *J. Flume* Festschrift für Maier-Reimer, 2010, S. 103 (117); *Grote* BB 2001, 2596 (2599); Schlegelberger/*Hildebrandt/Steckhan* § 27 Rn. 14; MK-HGB/*Lieb*, 2. Aufl., § 27 Rn. 50; Ebenroth/Boujong/*Reuschle* § 27 Rn. 35; RvWH/*Ries* § 27 Rn. 41 f.; *K. Schmidt* § 8 Rn. 146 f.
[306] *Canaris* § 7 Rn. 111.

den Erben nicht verlangt werden, dass sie das Handelsgeschäft zerschlagen, um der Haftung des § 27 HGB zu entgehen, so ist ihnen die Möglichkeit des Haftungsausschlusses über § 25 Abs. 2 HGB einzuräumen.[307] Die Anwendung der Vorschrift ist ferner aus systematischen Gründen gerechtfertigt, da § 27 Abs. 1 HGB hinsichtlich der Rechtsfolgen ohne Einschränkungen auf § 25 HGB verweist.[308] Das ist nur sinnvoll, wenn sich die vom Gesetz angeordnete entsprechende Anwendung auch auf § 25 Abs. 2 HGB erstreckt; andernfalls hätte eine Verweisung auf Abs. 1 der Vorschrift ausgereicht. Die Bestimmung in § 27 Abs. 2 HGB belegt, dass der Gesetzgeber durchaus zu einer präzisen Festlegung des Verweisungsobjekts in der Lage war.

F. Schutz der Firma vor unzulässigem Gebrauch

I. Überblick

Der Schutz der Firma ist stets im Zusammenhang mit dem Schutz des Unternehmens zu sehen. Für diesen ist § 37 HGB die zentrale Norm, bei der zwischen dem öffentlich-rechtlichen (§ 37 Abs. 1 HGB) und dem privatrechtlichen (§ 37 Abs. 2 HGB) Firmenschutz zu unterscheiden ist. Ergänzt wird dieser durch das Markenrecht (§§ 5, 15 MarkenG) sowie das Lauterkeitsrecht (§ 5 Abs. 2 Nr. 3 UWG i. V. mit § 5 Abs. 1 und § 3 UWG). Daneben ist ein Schutz der Firma über die §§ 12, 823 Abs. 1, 1004 BGB in Betracht zu ziehen.[309]

104

II. Unzulässiger Gebrauch der Firma

Gemeinsame Voraussetzung beider Absätze des § 37 HGB ist der unzulässige Gebrauch einer Firma. Deshalb kommt es nicht auf die Verletzung eines fremden Firmenrechts, sondern lediglich darauf an, dass die Führung der Firma entweder von Beginn an oder ab einem bestimmten Zeitpunkt unzulässig ist, diese also insbesondere nicht im Einklang mit den Prinzipien des Firmenrechts[310] steht.[311] Hiervon werden vor allem Verstöße gegen § 18 Abs. 2 Satz 1 und § 30 HGB erfasst. Die Vereinbarkeit der Firmierung mit anderen Normen (z. B. § 12 BGB, § 15 MarkenG, § 5

105

---

[307] Ebenso *Bayer/Lieder* Rn. 186; *Brox/Henssler* Rn. 162; Staub/*Burgard* § 27 Rn. 52 f.; *Canaris* § 7 Rn. 107 f.; *Fischinger* Rn. 338; Heymann/*Förster* § 27 Rn. 39; *J. v. Gierke/Sandrock* § 16 II 3, S. 225 f.; *Hübner* Rn. 266; *Kindler* § 5 Rn. 59; *Lettl* § 5 Rn. 71; Hopt/*Merkt* § 27 Rn. 8; KKD/*Roth/Stelmaszcyk* § 27 Rn. 8; HK-HGB/*Ruß* § 27 Rn. 5; Oetker/*Vossler* § 27 Rn. 25; im Grundsatz auch MK-HGB/*Thiessen* § 27 Rn. 47.
[308] So z. B. auch *Canaris* § 7 Rn. 111; Heymann/*Förster* § 27 Rn. 39.
[309] *K. Schmidt* § 12 Rn. 135.
[310] Zu diesen oben § 4 Rn. 42 ff.
[311] S. OLG Köln 5.11.2010, NZG 2011, 155 (155).

Abs. 2 Nr. 3 UWG) bleibt wegen der Beschränkung in § 37 Abs. 1 HGB auf die „Vorschriften dieses Abschnitts" ungeprüft, was auch auf den privatrechtlichen Unterlassungsanspruch in § 37 Abs. 2 HGB ausstrahlt.[312]

106 Wegen seines Zwecks greift § 37 HGB nicht nur gegenüber Kaufleuten ein, sondern richtet sich auch gegen Nichtkaufleute und Kleingewerbetreibende i. S. des § 2 HGB, wenn diese eine Firma unzulässig gebrauchen[313] oder eine firmenähnliche Geschäftsbezeichnung verwenden.[314] Aufgrund des Normzwecks genügt es bereits, wenn der Firmengebrauch objektiv unbefugt geschieht. Ein Verschulden ist nicht erforderlich,[315] die Firma muss aber stets im Geschäftsverkehr (ggf. auch im Handelsregister[316]) eingesetzt werden.[317]

III. Firmenmissbrauchsverfahren des Registergerichts (§ 37 Abs. 1 HGB)

107 Liegt ein unzulässiger Firmengebrauch vor, so begründet § 37 Abs. 1 Satz 2 HGB einen öffentlich-rechtlichen Firmenschutz, der das Registergericht verpflichtet, den Firmenführenden durch Festsetzung von Ordnungsgeld zur Unterlassung anzuhalten. Die gegenteilige Ansicht, die dem Registergericht hinsichtlich der Verfahrenseinleitung ein Ermessen einräumt,[318] widerspricht dem Gesetzeswortlaut („ist").[319] Bei einem Verstoß gegen das Irreführungsverbot (§ 18 Abs. 2 Satz 1 HGB) muss das Registergericht die Eignung zur Irreführung allerdings nur berücksichtigen, wenn diese „ersichtlich" ist (§ 18 Abs. 2 Satz 2 HGB).[320] Das weitere Verfahren des öffentlich-rechtlichen Firmenschutzes regeln die §§ 392, 388 ff. FamFG.

---

[312] Heymann/*Förster* § 37 Rn. 35 f.; *v. Gamm* Festschrift für Stimpel, 1985, S. 1007 ff.; MK-HGB/*Krebs* § 37 Rn. 42 f.; KKD/*Roth/Stelmaszcyk* § 37 Rn. 10; weitergehend jedoch Hopt/*Merkt* § 37 Rn. 10.

[313] So für die h. M. Staub/*Burgard* § 37 Rn. 8; Hopt/*Merkt* § 37 Rn. 2; Ebenroth/Boujong/*Reuschle* § 37 Rn. 2; RvWH/*Ries* § 37 Rn. 13; KKD/*Roth/Stelmaszcyk* § 37 Rn. 2; Oetker/*Schlingloff* § 37 Rn. 2; einschränkend MK-HGB/*Krebs* § 37 Rn. 6 f.

[314] Hierzu näher oben § 4 Rn. 6 sowie Hopt/*Merkt* § 37 Rn. 2.

[315] Brox/Henssler Rn. 120; Staub/*Burgard* § 37 Rn. 33; Heymann/*Förster* § 37 Rn. 22; *Hofmann* S. 119; MK-HGB/*Krebs* § 37 Rn. 33; Ebenroth/Boujong/*Reuschle* § 37 Rn. 8; RvWH/*Ries* § 37 Rn. 14; KKD/*Roth/Stelmaszcyk* § 37 Rn. 5.

[316] S. z. B. OLG Hamm 23.12.2004, NJW-RR 2005, 767 (768).

[317] MK-HGB/*Krebs* § 37 Rn. 9; Hopt/*Merkt* § 37 Rn. 3.

[318] So BayObLG 23.2.1989, BayObLGZ 1989, 44 (50); *Kindler* § 4 Rn. 76; Hopt/*Merkt* § 37 Rn. 6; Ebenroth/Boujong/*Reuschle* § 37 Rn. 13.

[319] Für eine Pflicht zum Einschreiten auch Staub/*Burgard* § 37 Rn. 37 f.; *Fischinger* Rn. 209; MK-HGB/*Krebs* § 37 Rn. 34; RvWH/*Ries* § 37 Rn. 15; KKD/*Roth/Stelmaszcyk* § 37 Rn. 6; Oetker/*Schlingloff* § 37 Rn. 6.

[320] Näher oben § 4 Rn. 55.

IV. Privatrechtlicher Unterlassungsanspruch (§ 37 Abs. 2 HGB)

Daneben gewährt § 37 Abs. 2 Satz 1 HGB jedem einen Unterlassungsanspruch (privatrechtlicher Firmenschutz), den ein unbefugter Firmengebrauch in seinen Rechten verletzt. Die Verletzung eines absolut geschützten Rechts ist hierfür nicht erforderlich,[321] es genügt eine unmittelbare Verletzung rechtlicher Interessen wirtschaftlicher Art.[322] Der Unterlassungsanspruch steht deshalb auch einem Wettbewerber[323] sowie den nach § 8 Abs. 3 Nr. 2 UWG klageberechtigten Verbänden[324] zu.

108

§ 37 Abs. 2 Satz 1 HGB begründet einen Unterlassungsanspruch, der sich gegen denjenigen richtet, der die Firma unbefugt gebraucht. Deshalb lässt sich aus § 37 Abs. 2 HGB kein Anspruch auf Einschreiten des Registergerichts nach § 37 Abs. 1 HGB ableiten.[325] Allerdings kann derjenige, den der Firmengebrauch in seinen Rechten verletzt, beim Registergericht ein Vorgehen nach § 37 Abs. 1 Satz 2 HGB anregen,[326] um sich hierdurch von dem Prozess(kosten)risiko zu befreien.[327]

109

V. Markenrechtlicher Schutz des Unternehmenskennzeichens

Einen zusätzlichen privatrechtlichen Schutz der Firma gewährt das Markenrecht, wenn ein Unternehmenskennzeichen als Firma benutzt wird (§ 5 Abs. 2 MarkenG).[328] Der Erwerb des Schutzes einer geschäftlichen Bezeichnung begründet für den Inhaber ein ausschließliches Recht (§ 15 Abs. 1 MarkenG), das für Dritte zu einem umfassenden Benutzungsverbot (§ 15 Abs. 2 und 3 MarkenG) und im Falle eines Verstoßes zu einem Unterlassungs- (§ 15 Abs. 4 MarkenG) und Schadensersatzanspruch (§ 15 Abs. 5 MarkenG) zugunsten des Inhabers der geschäftlichen Bezeichnung führt. Bei der Durchsetzung des Unterlassungs- bzw. Schadensersatzanspruchs sind die Sonderregelungen in § 20 MarkenG (Verjährung), § 21 MarkenG (Verwirkung), § 23 MarkenG (Benutzung von Namen und beschreibenden Angaben) und § 24 MarkenG (Erschöpfung) zu beachten.

110

---

[321] So noch RG 21.4.1931, RGZ 132, 311 (316); hiergegen mit Recht BGH 10.11.1969, BGHZ 53, 65 (70).
[322] BGH 10.11.1969, BGHZ 53, 65 (70); *Brox/Henssler* Rn. 120; Heymann/*Förster* § 37 Rn. 36; *Hofmann* S. 119; MK-HGB/*Krebs* § 37 Rn. 45 ff.; Ebenroth/Boujong/*Reuschle* § 37 Rn. 19; KKD/*Roth/Stelmaszcyk* § 37 Rn. 9; Oetker/*Schlingloff* § 37 Rn. 12.
[323] BGH 10.11.1969, BGHZ 53, 65 (70); *Hofmann* S. 119; MK-HGB/*Krebs* § 37 Rn. 49, m. w. N.; Hopt/*Merkt* § 37 Rn. 11.
[324] So auch MK-HGB/*Krebs* § 37 Rn. 49; Hopt/*Merkt* § 37 Rn. 11; Ebenroth/Boujong/*Reuschle* § 37 Rn. 20; RvWH/*Ries* § 37 Rn. 31; offen Staub/*Burgard* § 37 Rn. 57.
[325] BGH 10.11.1969, BGHZ 53, 65 (70).
[326] MK-HGB/*Krebs* § 37 Rn. 34.
[327] S. auch *Kindler* § 4 Rn. 77; *K. Schmidt* § 12 Rn. 141.
[328] BGH 9.10.2003, NJW-RR 2004, 1112 (1114): „Leysieffer".

§ 5 Die handelsrechtliche Vertretungsmacht

Schrifttum zur Ausbildung: *Beater,* Vertretungsbefugnisse bei Wandel der Kaufmannseigenschaft, JA 1991, S. 355 ff.; *Bork,* Notiz zur Dogmatik des § 54 HGB, JA 1990, S. 249 ff.; *Drexl/ Mentzel,* Handelsrechtliche Besonderheiten der Stellvertretung, Jura 2002, S. 289 ff., 375 ff.; *Fleischer/Wedemann* S. 101 ff.; *Honsell,* Die Besonderheiten der handelsrechtlichen Stellvertretung, JA 1984, S. 17 ff.; *Müller,* Prokura und Handlungsvollmacht, JuS 1998, S. 1000 ff.; *Petersen,* Scheinvollmachten im Handelsrecht, Jura 2012, S. 683 ff.; *Schneider,* Rechtsprobleme des § 49 II HGB und ihre Lösung in Klausur und Examen, JA 2023, S. 93 ff. **Zur Falllösung:** *Bayer,* Der entflammte Prokurist, JA 1986, S. 292 ff.; *Bitter/Linardatos* S. 221 ff. (Fall 17–20); Enthaler/*Steinhauer* S. 35 ff. (Fall 4); *Fezer* S. 134 ff., 173 ff. (Fall 12 und 14); *Fischinger/Junge,* Grundfälle zur handelsrechtlichen Stellvertretung, JuS 2021, S. 396 ff.; *Hackbarth,* Unklare Vertretungsverhältnisse, JuS 1994, S. 496 ff.; *Hadding/Hennrichs* S. 42 ff. (Fall 5–8); *Hohmeister,* Die finanzschwache Metzgerei, JA 1997, S. 852 ff.; *Hopt* S. 113 ff. (Fall 7); *Kollhosser/Grote,* Prokuraerteilung mit Folgen, JA 1992, S. 217 ff.; *Lettl* Fälle, S. 61 ff. (Fall 8); *Leßmann/Vogel,* Neue Fenster für das zahntechnische Labor, Jura 1997, S. 305 ff.; *Löwenheim/Dalichau,* Der vergeßliche Prokurist, JuS 1974, S. 656 ff.; *Martinek/Bergmann* Fall 11–13; *Oetker,* Ein eigenmächtiger Prokurist, JuS 2001, S. 251 ff.; *Richter,* Erteilung der Prokura und gutgläubiger Erwerb, JuS 2007, S. 647 ff.; *Saar/Müller* 6. Klausur; *Schultz/Henrichs,* Die fragwürdige Prokura, JuS 1964, S. 27 ff.; *Schöne,* Handels- und Wirtschaftsrecht Bd. I, 3. Aufl. 2004, S. 53 ff., 76 ff. (Fall 8), 96 ff. (Fall 23–25); *Simitis/Dorndorf,* Der ungetreue Prokurist, JuS 1965, S. 400 ff.; *Wank* S. 110 ff. (Fall 13).
Zur Vertiefung: *Beuthien,* Gemischte Gesamtvertretung und unechte Gesamtprokura im deutschen Gesellschaftsrecht, Festschrift für Kim, 1995, S. 127 ff.; *R. Fischer,* Der Mißbrauch der Vertretungsmacht, Festschrift für Schilling, 1973, S. 3 ff.; *Krebs,* Ungeschriebene Prinzipien der handelsrechtlichen Stellvertretung als Schranke der Rechtsfortbildung – speziell für Gesamtvertretungsmacht und Generalvollmacht, ZHR Bd. 159 (1995), S. 635 ff.; *K. Schmidt,* Die Prokura in Liquidation und Konkurs der Handelsgesellschaften, BB 1989, S. 229 ff.; *Tietz,* Vertretungsmacht und Vertretungsbefugnis im Recht der BGB-Vollmacht und der Prokura, 1990.

A. Überblick und Einfügung der §§ 48 bis 58 HGB in das Recht der Stellvertretung

1   Rechtsgeschäftliche Willenserklärungen geben Kaufleute im Handelsverkehr regelmäßig nicht selbst, sondern durch Vertreter ab, die in deren Namen auftreten. Deshalb traf bereits der Vorgänger des Handelsgesetzbuchs, das Allgemeine Deutsche Handelsgesetzbuch, wegen der damals in Deutschland noch fehlenden allgemeinen bürgerlich-rechtlichen Kodifikation mit den Art. 41 ff. (Prokura) und den Art. 47 ff. (Handlungsvollmacht) eigenständige Regeln zur Stellvertretung. Trotz des späteren Inkrafttretens des Bürgerlichen Gesetzbuchs wurden diese mit den §§ 48 bis 53 HGB (Prokura) und den §§ 54 bis 58 HGB (Handlungsvollmacht) fortgeführt. Wegen der besonderen Ausgestaltung des Umfangs der jeweiligen Vertretungsmacht ist dies gerechtfertigt. Durch die Gewährleistung eines Vertrauensschutzes für die von einem Vertreter vorgenommenen Geschäfte, die „der Betrieb eines Handelsgewerbes" mit sich bringt, trägt das Gesetz dem Bedürfnis des Handelsverkehrs nach möglichst unkomplizierten Regeln für das rechtsgeschäftliche Handeln Rechnung. Dieser soll von einer in jedem Einzelfall notwendigen Prüfung entlastet werden, ob der Vertreter stets mit Vertretungsmacht ausgestattet ist.

2   Die handelsrechtlichen Sonderbestimmungen zur Prokura und zur Handlungsvollmacht[1] dürfen trotz ihres entstehungsgeschichtlichen Kontextes und ihrer Verselbstständigung im Handelsgesetzbuch nicht zu einem isolierten Verständnis verleiten. Vielmehr sind diese mit den allgemeinen bürgerlich-rechtlichen Bestimmungen zur Stellvertretung in den §§ 164 ff. BGB eng verzahnt und bauen auf diesen auf.[2] Deshalb müssen deren Voraussetzungen stets erfüllt sein, wenn die von einem Prokuristen oder Handlungsbevollmächtigten vorgenommenen Rechtsgeschäfte ihre Rechtswirkungen für und gegen den Kaufmann entfalten sollen. Auch Prokuristen und Handlungsbevollmächtigte müssen eine eigene Willenserklärung abgeben und hierbei im Namen des Vertretenen handeln. Erst bei der privatautonomen Legitimationsgrundlage des Vertreterhandelns ist die Prokura bzw. die Handlungsvollmacht als handelsrechtliche Sonderform der Vertretungsmacht zu berücksichtigen.

3   Obwohl das Handelsgesetzbuch mit den Vorschriften zur Prokura und zur Handlungsvollmacht auf die Bedürfnisse des Handelsverkehrs reagiert, sind auch zu den bürgerlich-rechtlichen Vorschriften Grundsätze anerkannt, die ebenfalls den Besonderheiten des Handelsverkehrs Rechnung tragen. Das betrifft zunächst das *Offenkundigkeitsprinzip*, da es für dessen Wahrung nach § 164 Abs. 1 Satz 2 BGB ausreicht, wenn sich aus den „Umständen" ergibt, dass die Erklärung im Namen des Vertretenen abgegeben wurde. Hierauf gestützt hat die höchstrichterliche Rechtsprechung i. S. einer Auslegungsregel die Fallgruppe der „*unternehmensbezogenen*

---
[1] Diese werden durch die §§ 91, 91a HGB ergänzt, die weitere Regelungen zur Vertretungsmacht des Handelsvertreters enthalten; hierzu unten § 6 Rn. 59 ff.
[2] Statt aller *Bülow/Artz* Rn. 285; *Hofmann* S. 141; *Hübner* Rn. 317; *Lettl* § 6 Rn. 2 ff.; GK-HGB/*B. Schmidt* vor §§ 48–58 Rn. 1; Oetker/*Schubert* § 48 Rn. 1.

Geschäfte" entwickelt,[3] die insbesondere (aber nicht nur) bei rechtsgeschäftlichen Handlungen von Prokuristen und Handlungsbevollmächtigten eingreift. Dabei wird auf den „Unternehmensbezug" des Geschäfts als „Umstand" i. S. des § 164 Abs. 1 Satz 2 BGB zurückgegriffen und aus diesem geschlossen, dass es im Namen des Unternehmensinhabers getätigt wurde. Der hierfür notwendige „Unternehmensbezug" ist entweder aus dem Auftreten in den Geschäftsräumen des Unternehmens oder sonstigen Umständen abzuleiten, die Rückschlüsse auf das Unternehmen zulassen (z. B. Firmenbekleidung, Briefpapier, Visitenkarten).

Darüber hinaus trägt das allgemeine Stellvertretungsrecht den Bedürfnissen des Handelsverkehrs durch einen erhöhten Vertrauensschutz Rechnung, der zwar nicht auf den Handelsverkehr beschränkt ist, dort aber einen seiner vornehmlichen Anwendungsbereiche findet. Ungeachtet der hier nicht im Einzelnen darzustellenden tatbestandlichen Voraussetzungen und der hierzu bestehenden Kontroversen in der Zivilrechtsdogmatik haben die in der Rechtsprechung anerkannten Institute der *Duldungsvollmacht*[4] und der *Anscheinsvollmacht*[5] im Handelsverkehr große Bedeutung, da der Dritte in diesem im besonderen Maße auf eine Vertretungsmacht vertrauen können muss. Deshalb kommen diese insbesondere auch zur Anwendung, wenn eine Vertretungsmacht in Gestalt der Prokura oder der Handlungsvollmacht zu verneinen ist, der Vertreter aber als Prokurist oder Handlungsbevollmächtigter aufgetreten ist und die allgemeinen Voraussetzungen einer Duldungs- oder Anscheinsvollmacht vorliegen.[6] Bei der Prokura genießen allerdings stets die Publizitätswirkungen des Handelsregisters (§ 15 HGB) als spezielle Ausprägung des Vertrauensschutzes gegenüber den allgemeinen Lehren zu den Rechtsscheinvollmachten den Vorrang. Wurde z. B. das Erlöschen der Prokura nicht eingetragen (§ 53 Abs. 3 HGB), dann wird das Vertrauen des Rechtsgeschäftsverkehrs in das Nichtvorliegen dieser eintragungspflichtigen Tatsache ausschließlich durch § 15 Abs. 1 HGB und nicht von den allgemeinen Grundsätzen einer Duldungs- oder Anscheinsvollmacht geschützt.

Das Verhältnis zu den bürgerlich-rechtlichen Vorschriften berührt ferner die Frage, ob der Kaufmann neben den speziellen handelsrechtlichen Instituten der Prokura und der Handlungsvollmacht uneingeschränkt auf die *Vollmacht i. S. des § 167 Abs. 1 BGB* zurückgreifen kann. Grundsätzlich ist das zu bejahen, da die §§ 48 ff. HGB die Formen der rechtsgeschäftlichen Vertretungsmacht, die dem Kaufmann zur Verfügung stehen, nicht abschließend regeln. Auch der Kaufmann kann deshalb grundsätzlich für alle Rechtsgeschäfte, bei denen eine Stellvertretung rechtlich zulässig ist, eine bürgerlich-rechtliche Vollmacht erteilen. Dabei ist es gleichgültig, ob es sich bei dem zu Bevollmächtigenden um eine natürliche oder eine juristische Person handelt; ferner ist es unschädlich, wenn eine natürliche Person in das Unterneh-

---

[3] Hierzu exemplarisch BGH 13.10.1994, NJW 1995, 43 (44); 18.1.1996, NJW 1996, 1053 (1054); 31.7.2012, NJW 2012, 3368 Rn. 10; OLG Celle 5.2.1997, NJW-RR 1998, 174 sowie *Ahrens* JA 1997, 895 ff.; *Paulus* JuS 2017, 399 ff.
[4] Hierzu z. B. *Bork* Rn. 1550 ff.; *Neuner* § 50 Rn. 84 ff.
[5] Näher z. B. *Bork* Rn. 1560 ff.; *Neuner* § 50 Rn. 94 ff.
[6] Statt aller Staub/*Fischinger* § 48 Rn. 67.

men eingegliedert ist. Bedeutsam kann die Erteilung einer bürgerlich-rechtlichen Vollmacht auch im Hinblick auf solche Personen sein, denen der Kaufmann bereits Prokura oder Handlungsvollmacht erteilt hat, da mit Hilfe einer gesonderten Vollmacht die Schranken in § 49 Abs. 2 HGB bzw. § 54 Abs. 2 HGB überwunden und der Prokurist bzw. Handlungsbevollmächtigte zur Vornahme der Angelegenheiten bevollmächtigt werden kann, die in den §§ 49 Abs. 2, 54 Abs. 2 HGB aufgezählt sind.

6 Zweifelhaft ist allerdings die Zulässigkeit einer *Generalvollmacht*, wenn der Kaufmann diese Personen erteilt, die in das Unternehmen eingegliedert sind. Die herrschende Meinung hält diese auch in einer derartigen Konstellation für rechtswirksam,[7] befindet sich hierdurch allerdings in einem Spannungsverhältnis zu dem System der §§ 48 ff. HGB. Werden diese als *leges speciales* und damit als Einschränkung von § 167 Abs. 1 BGB bewertet, dann ist die Erteilung einer Generalvollmacht unwirksam,[8] mag diese auch regelmäßig gemäß § 140 BGB in eine wirksame Generalhandlungsvollmacht[9] umgedeutet werden können. Für die vorherrschende Auffassung spricht jedoch, dass die §§ 48 ff. HGB ausschließlich den Schutzbedürfnissen des Handelsverkehrs Rechnung tragen und deshalb lediglich im Hinblick auf die Rechtswirkungen der Vertretungsmacht im Außenverhältnis *leges speciales* sind. Ferner bestätigt § 5 Abs. 3 Satz 2 Nr. 2 BetrVG, dass die Rechtsordnung neben der Prokura eine mit ihr vergleichbare Generalvollmacht für Personen anerkennt, die in ein Unternehmen eingegliedert sind. Zudem wäre es aus systematischer Sicht nicht stimmig, Nichtkaufleuten (Freiberufler, nicht eingetragene Personen i. S. der §§ 2, 3 HGB) den Zugriff auf die inhaltlich weitreichende Generalvollmacht zu gestatten, Kaufleute hingegen auf das Instrumentarium der §§ 48 ff. HGB zu beschränken.

B. Die Prokura

I. Rechtsnatur und Funktion der Prokura

7 Im Mittelpunkt der handelsrechtlichen Vorschriften zur Vertretungsmacht steht die Prokura. Diese ist in den §§ 48 bis 53 HGB geregelt und eine gesetzlich umschriebene Vollmacht i. S. des § 167 Abs. 1 BGB.[10] Deren Besonderheit besteht in ihrem Umfang, den die §§ 49 f. HGB zwingend festlegen.[11] Der Prokurist kann in dem dort definierten Rahmen rechtsgeschäftlich im Namen des Kaufmanns handeln, sodass die von ihm abgeschlossenen Rechtsgeschäfte für und gegen diesen wirken. Da der Inhaber des Handelsgewerbes oder sein gesetzlicher Vertreter nach

---

[7] Näher zum Meinungsstand *Krebs* ZHR Bd. 159 (1995), 635 (653 ff.), m. w. N. sowie jüngst *Wandt/Herold* NZG 2020, 201 ff.
[8] So z. B. MK-HGB/*Krebs* Vor § 48 Rn. 82 f., 84 ff.
[9] Zu dieser unten § 5 Rn. 51.
[10] *Canaris* § 12 Rn. 1.
[11] Näher unten § 5 Rn. 25 ff.

B. Die Prokura

§ 48 Abs. 1 HGB die Prokura erteilen muss,[12] beruht diese aber auf einer Bevollmächtigung und nicht auf der gesetzlichen Regelung in den §§ 48 bis 53 HGB. Die Prokura verleiht keine gesetzliche Vertretungsmacht, sondern ist eine gesetzlich ausgeformte rechtsgeschäftliche Vertretungsmacht.

Die Bestimmungen des Handelsgesetzbuchs über die Prokura betreffen ausschließlich die Vertretungsmacht des Prokuristen und regeln nur das *Außenverhältnis* gegenüber Dritten. Welche Rechtsbeziehung zwischen dem Inhaber des Handelsgewerbes und dem Prokuristen im *Innenverhältnis* besteht, ist für die Prokura und deren inhaltliche Reichweite unerheblich und wird von dieser in keiner Weise beeinflusst. Aus der Titulierung einer Person als „Prokurist" lassen sich deshalb keine Aussagen über das rechtliche Verhältnis zum Träger des Handelsgewerbes ableiten. In der Regel ist der Prokurist im Innenverhältnis ein Handlungsgehilfe i. S. des § 59 HGB. Es kann aber auch an einer vertraglichen Beziehung zwischen dem Träger des Handelsgewerbes und dem Prokuristen fehlen, z. B. wenn ein Kaufmann seinem Ehegatten Prokura erteilt.

Die §§ 48 bis 53 HGB dienen dem Verkehrsschutz.[13] Wer mit einem Vertreter kontrahiert, trägt grundsätzlich das Risiko für dessen fehlende Vertretungsmacht. Dieser Grundsatz des Bürgerlichen Rechts würde im Geschäftsverkehr der Kaufleute jedoch zu starken Behinderungen führen, da sich der Vertragspartner stets wegen der Vertretungsmacht seines Verhandlungspartners rückversichern müsste. Es bestünde die Gefahr, dass der Abschluss größerer Geschäfte mit Vertretern zum Erliegen käme, da kein Kaufmann das Risiko einer eventuell fehlenden Vertretungsmacht tragen will. Auch für den Vertretenen ergäben sich Nachteile. Er müsste ständig Rückfragen seiner Geschäftspartner über den Umfang der Vertretungsmacht seiner Vertreter beantworten, was die Einschaltung von Vertretern praktisch unmöglich machen würde. Soweit der Umfang der Prokura reicht, kann er sich bei jeder Rechtshandlung vertreten lassen und mit dem Vertrauen seiner Geschäftspartner rechnen.

II. Erteilung der Prokura

1. Berechtigung zur Erteilung der Prokura

Nach § 48 Abs. 1 HGB finden die Vorschriften über die Prokura nur bei Kaufleuten i. S. der §§ 1 bis 6 HGB Anwendung. Allein sie – und nicht etwa auch Freiberufler sowie nicht eingetragene Kannkaufleute i. S. der §§ 2 und 3 HGB (z. B. Kleingewerbetreibende) – können Prokura erteilen. Die Letztgenannten sind hierzu erst befugt, wenn sie ihr Optionsrecht (§§ 2 Satz 2, 3 Abs. 2 HGB) ausgeübt haben und im Handelsregister eingetragen sind. Handelsgesellschaften handeln bei der Erteilung der Prokura durch ihre gesetzlichen Vertreter. Minderjährige Kaufleute benötigen hierfür die Einwilligung der gesetzlichen Vertreter, da die Prokura wegen der

---

[12] Näher unten § 5 Rn. 10 ff.
[13] *K. Schmidt* § 16 Rn. 15.

mit ihr verbundenen Befugnis zur rechtsgeschäftlichen Vertretung kein lediglich rechtlich vorteilhaftes Geschäft i. S. des § 107 BGB ist. Die Einwilligung erteilen die Personensorgeberechtigten kraft ihrer gesetzlichen Vertretungsmacht (§ 1629 Abs. 1 BGB), allerdings benötigen sie hierfür zuvor eine Genehmigung des Familiengerichts (§ 1643 Abs. 1 BGB i. V. mit § 1852 Nr. 3 BGB). Fehlt diese, dann ist die Erteilung der Prokura rechtsunwirksam (§ 1643 Abs. 3 BGB i. V. mit § 1856 Abs. 1 BGB).

11 Bezeichnet ein *Nichtkaufmann*[14] eine Vollmacht als Prokura, so ist diese Erklärung nichtig. In der Regel wird sie aber nach § 140 BGB in eine Handlungsvollmacht i. S. des § 54 HGB[15] oder in eine bürgerlich-rechtliche Bevollmächtigung umzudeuten sein.[16] Da die unwirksam erteilte Prokura nach ihrem Inhalt auf den Betrieb eines Handelsgewerbes gerichtet ist, entspricht die Umdeutung in eine Handlungsvollmacht regelmäßig dem Willen des Erklärenden.[17] Ausschließlich eine bürgerlich-rechtliche (General-)Vollmacht kommt deshalb in Betracht, wenn das Unternehmen des Erteilenden die Voraussetzungen des handelsrechtlichen Gewerbebegriffs nicht erfüllt (z. B. Erteilung einer „Prokura" durch Freiberufler oder eine Partnerschaftsgesellschaft[18]).

12 Unterschiedlich wird die Frage beantwortet, ob *Handelsgesellschaften* in dem Stadium der *Liquidation* Prokura erteilen können. Dagegen wird vor allem angeführt, dass die Prokura wegen ihres weiten Umfangs dem Liquidationszweck widerspricht.[19] Diese sei nicht auf Abwicklung und Einstellung, sondern auf den „Betrieb" eines Handelsgewerbes gerichtet. Andererseits bringt gerade die Auflösung größerer Gesellschaften häufig eine umfangreiche Geschäftstätigkeit mit sich, bei der die Vertretung durch Prokuristen ebenso notwendig ist wie im normalen Geschäftsbetrieb. Deshalb sind Handelsgesellschaften auch im Stadium der Liquidation berechtigt, Prokura zu erteilen.[20] Entsprechendes gilt, wenn über das Vermögen des Kaufmanns ein *Insolvenzverfahren* eröffnet wurde, da dieses auch die Fortführung des Unternehmens bezwecken kann (§ 1 Satz 1 InsO).[21] In diesem Fall hat der Insolvenzverwalter die Prokura zu erteilen.

---

[14] Z. B. derjenige, der kein handelsrechtliches Gewerbe betreibt, oder aber lediglich Kannkaufmann ist und von einer Eintragung in das Handelsregister (§ 2 Satz 1 HGB) abgesehen hat.
[15] Zur Anwendung von § 54 HGB auf nichtkaufmännische Unternehmen s. aber unten § 5 Rn. 48. Wird dies abgelehnt, dann verbleibt stets die Möglichkeit, die unwirksame Prokura in eine bürgerlich-rechtliche Vollmacht umzudeuten.
[16] *Bayer/Lieder* Rn. 201; *Canaris* § 13 Rn. 16; *Fischinger* Rn. 385; *Hübner* Rn. 331; MK-HGB/*Krebs* § 48 Rn. 54; *Lettl* § 6 Rn. 28; Oetker/*Schubert* § 48 Rn. 9, 33; Heymann/*Teichmann* § 48 Rn. 41.
[17] Staub/*Fischinger* § 48 Rn. 64; KKD/*Roth/Stelmaszyk* § 48 Rn. 11.
[18] Zum Ausschluss der Prokura s. OLG München 5.9.2005, NJW 2005, 3730.
[19] So noch RG 21.10.1909, RGZ 72, 119 (122).
[20] Hierfür ebenfalls Staub/*Fischinger* § 48 Rn. 13; MK-HGB/*Krebs* § 48 Rn. 10; Hopt/*Merkt* § 48 Rn. 1; KKD/*Roth/Stelmaszyk* § 48 Rn. 2; HK-HGB/*Ruß* § 48 Rn. 2; *K. Schmidt* BB 1989, 229 (230); Schlegelberger/*Schröder* § 48 Rn. 5; Oetker/*Schubert* § 48 Rn. 13; Heymann/*Teichmann* § 48 Rn. 9; RvWH/*Wöstmann* § 48 Rn. 8.
[21] Ebenso *Canaris* § 12 Rn. 3; Staub/*Fischinger* § 48 Rn. 15; MK-HGB/*Krebs* § 48 Rn. 12; Hopt/*Merkt* § 48 Rn. 1; KKD/*Roth/Stelmaszyk* § 48 Rn. 3; *K. Schmidt* § 16 Rn. 24; Schlegelberger/

B. Die Prokura

2. Person des Prokuristen

a) Beschränkung auf natürliche Personen

Keine Antwort gibt das Handelsgesetzbuch auf die Frage, wem Prokura erteilt werden kann. Aus den §§ 48 Abs. 2, 51 HGB ergibt sich aber, dass hierfür ausschließlich *natürliche Personen* in Betracht kommen. Das Gesetz bezeichnet Prokuristen als Personen, die mit ihrem Namen zu zeichnen haben, was bei juristischen Personen denknotwendig ausgeschlossen ist.[22] Wegen § 165 BGB genügt für eine Erteilung der Prokura an natürliche Personen jedoch deren beschränkte Geschäftsfähigkeit.[23]

13

b) Keine Identität mit dem Träger des Handelsgewerbes

Eine weitere Einschränkung folgt aus der Rechtsnatur der Prokura als Vertretungsmacht. Vertreten heißt Handeln im fremden Namen, also im Namen des Trägers des Handelsgewerbes. Ihm selbst kann deshalb keine Prokura erteilt werden.

14

Trotz dieses allgemein gebilligten Grundsatzes[24] verbleiben zahlreiche bislang nicht abschließend geklärte Fragen. Unstreitig ist jedoch, dass die Prokura erlischt, wenn ein bereits bestellter Prokurist aufgrund einer Einzel- oder Gesamtrechtsnachfolge *alleiniger* Inhaber eines einzelkaufmännischen Unternehmens wird.[25] Umgekehrt ist die Erteilung der Prokura bei *juristischen Personen* ebenfalls unproblematisch, wenn diese einem ihrer Gesellschafter erteilt wird, da nicht er, sondern die juristische Person Trägerin des Handelsgewerbes ist, sodass Vertreter und Vertretener selbst dann nicht identisch sind, wenn ein Alleingesellschafter Prokura erhalten soll.[26]

15

Bei *Gesamthandsgemeinschaften* ist die Rechtslage zumindest im Grundsatz eindeutig. Nachdem heute überwiegend anerkannt ist, dass nicht die einzelnen Gesamt-

16

Schröder § 48 Rn. 7; Oetker/*Schubert* § 48 Rn. 12; Heymann/*Teichmann* § 48 Rn. 11; Ebenroth/ Boujong/*Weber* § 48 Rn. 14; RvWH/*Wöstmann* § 48 Rn. 10; a. A. noch BGH 4.12.1957, WM 1958, 430 (431).

[22] Für die h. M. KG 23.10.2001, NZG 2002, 48 (48 f.); *Bayer/Lieder* Rn. 205; *Bülow/Artz* Rn. 295; *Canaris* § 12 Rn. 6; *Fischinger* Rn. 386; Staub/*Fischinger* § 48 Rn. 23; *Fleischer/Wedemann* S. 105; *J. v. Gierke/Sandrock* § 22 III 2, S. 351; *Hofmann* S. 142; *Hübner* Rn. 326; MK-HGB/*Krebs* § 48 Rn. 26; *Lettl* § 6 Rn. 32; Hopt/*Merkt* § 48 Rn. 2; KKD/*Roth/Stelmaszyk* § 48 Rn. 4; HK-HGB/*Ruß* § 48 Rn. 3; Oetker/*Schubert* § 48 Rn. 23; Heymann/*Teichmann* § 48 Rn. 27; RvWH/*Wöstmann* § 48 Rn. 20; a. A. Schlegelberger/*Schröder* § 48 Rn. 11.

[23] So auch die h. M. s. *Hübner* Rn. 326; Staub/*Fischinger* § 48 Rn. 22; MK-HGB/*Krebs* § 48 Rn. 28; *Lettl* § 6 Rn. 32; KKD/*Roth/Stelmaszyk* § 48 Rn. 5; Schlegelberger/*Schröder* § 48 Rn. 10; Oetker/*Schubert* § 48 Rn. 23; RvWH/*Wöstmann* § 48 Rn. 21; a. A. Ebenroth/Boujong/*Weber* § 48 Rn. 15.

[24] Stellvertretend *Bayer/Lieder* Rn. 205; *Fischinger* Rn. 388; Staub/*Fischinger* § 48 Rn. 24; *Lettl* § 6 Rn. 32; Schlegelberger/*Schröder* § 48 Rn. 12; Heymann/*Teichmann* § 48 Rn. 28.

[25] KG 15.1.1915, OLG-Rspr. Bd. 34, 333; Staub/*Fischinger* § 48 Rn. 44; *K. Schmidt* § 16 Rn. 18; Oetker/*Schubert* § 52 Rn. 25.

[26] S. *K. Schmidt* § 16 Rn. 18; Heymann/*Teichmann* § 48 Rn. 35; Ebenroth/Boujong/*Weber* § 48 Rn. 17.

händer, sondern die Gesamthand Trägerin des Handelsgewerbes ist,[27] stehen der Erteilung der Prokura an einen der Gesamthänder unter dem Gesichtspunkt der Identität von Vertreter und Vertretenem keine Bedenken entgegen.[28] Eine Ausnahme befürwortet eine verbreitete Ansicht lediglich für die ebenfalls gesamthänderisch organisierte *Erbengemeinschaft*,[29] da bei dieser das für die anderen Gesamthandsgemeinschaften typische Auftreten als Ganzes fehle. Sie stelle nur eine gesamthänderische Zusammenfassung der einzelnen Erben dar und sei auf Auseinandersetzung gerichtet.[30] Trägerin des Handelsgewerbes sei deshalb nicht die Gesamthand, sondern der einzelne Gesamthänder, sodass jeder Miterbe nicht die Erbengemeinschaft, sondern die einzelnen Erben vertrete. Die Erteilung der Prokura an einen derartigen Erben sei ausgeschlossen, da andernfalls Vertreter und Vertretener identisch wären.[31] Hiergegen spricht aber, dass der konstruierte Unterschied zwischen Erbengemeinschaft und Gesamthandsgemeinschaften einer tragfähigen Grundlage entbehrt. Auch eine Erbengemeinschaft tritt im Rechtsgeschäftsverkehr als geschlossene Gesamthand auf und kann daher Trägerin eines Handelsgewerbes sein. Die Erteilung der Prokura an einen Miterben ist deshalb zulässig.[32]

c) Ausschluss mehrfacher Vertretungsmacht

17   Ein Identitätsproblem tritt ebenfalls auf, wenn einer Person Prokura erteilt werden soll, die ihre Vertretungsmacht bereits auf andere Rechtsgründe stützen kann, was z. B. bei dem gesetzlichen (organschaftlichen) Vertreter einer juristischen Person in Betracht kommt. Im Grundsatz scheidet das wegen der Rechtsnatur der Prokura als Vertretungsmacht aus, da derjenige, der organschaftlicher Vertreter ist, bereits Vertretungsmacht hat. Die Erteilung einer Prokura ist bei ihm gegenstandslos.[33] Das gilt jedenfalls für *alleinvertretungsberechtigte* Organe, soll nach vorherrschender Ansicht im Schrifttum indes auch für denjenigen gelten, dem eine organschaftliche Vertretung nur *gemeinschaftlich* mit anderen übertragen ist, obwohl die Erteilung der Prokura in dieser Konstellation seine Vertretungsmacht wegen der Berechtigung

---

[27] So z. B. *Flume* ZHR Bd. 136 (1972), 177 (178).
[28] Zu dem darüber hinaus zu beachtenden Ausschluss mehrfacher Vertretungsmacht nachfolgend § 5 Rn. 17.
[29] So BGH 24.9.1959, BGHZ 30, 391 (397); 10.2.1960, BGHZ 32, 60 (67); *Fischer* ZHR Bd. 144 (1980), 1 (9); GK-HGB/*B. Schmidt* § 48 Rn. 13; Oetker/*Schubert* § 48 Rn. 26; Heymann/*Teichmann* § 48 Rn. 37.
[30] BGH 24.9.1959, BGHZ 30, 391 (397); *Fischer* ZHR Bd. 144 (1980), 1 (9).
[31] BGH 10.2.1960, BGHZ 32, 60 (67).
[32] So auch *Canaris* § 9 Rn. 29; Staub/*Fischinger* § 48 Rn. 26; Hopt/*Merkt* § 48 Rn. 2; KKD/*Roth/Stelmaszyk* § 48 Rn. 6; *K. Schmidt* § 16 Rn. 20; *ders.* NJW 1985, 2785 (2789); Ebenroth/Boujong/*Weber* § 48 Rn. 22; RvWH/*Wöstmann* § 48 Rn. 26.
[33] Für die h. M. z. B. Staub/*Fischinger* § 48 Rn. 38; MK-HGB/*Krebs* § 48 Rn. 32; Hopt/*Merkt* § 48 Rn. 2; Oetker/*Schubert* § 48 Rn. 29; Ebenroth/Boujong/*Weber* § 48 Rn. 18; a. A. *Canaris* § 12 Rn. 6.

B. Die Prokura

zur alleinigen Vertretung erweitert.³⁴ Das gilt entsprechend für alleinvertretungsberechtigte Gesellschafter einer Offenen Handelsgesellschaft sowie für Komplementäre einer Kommanditgesellschaft, die nicht von der organschaftlichen Vertretung ausgeschlossen sind. Demgegenüber kann einem von der Vertretung ausgeschlossenen Gesellschafter einer Offenen Handelsgesellschaft sowie einem Kommanditisten Prokura erteilt werden.³⁵ Bei ihnen tritt das Problem einer doppelten Vertretungsmacht nicht auf.

3. Erklärung der Prokura

Für die Erteilung der Prokura fordert § 48 Abs. 1 HGB eine ausdrückliche Erklärung. Das schließt sowohl deren konkludente Erteilung als auch eine Duldungsprokura aus.³⁶ So liegt eine Prokura selbst dann nicht vor, wenn ein Handlungsbevollmächtigter entgegen § 57 HGB Willenserklärungen mit einem auf die Prokura hinweisenden Zusatz abgibt und der Kaufmann hiervon Kenntnis hat.³⁷ Die Erklärung muss zwar nicht unbedingt das Wort „Prokura" verwenden, aber unzweifelhaft zum Ausdruck bringen, dass der Kaufmann eine Prokura und nicht eine andersartige Vollmacht erteilt.³⁸ Nach § 167 Abs. 1 BGB kann der Inhaber des Handelsgewerbes die Prokura nicht nur gegenüber dem Prokuristen, sondern auch gegenüber einem Dritten³⁹ oder der Allgemeinheit erklären, was in der Praxis jedoch selten geschieht.⁴⁰

18

Die Erteilung der Prokura ist nach § 53 Abs. 1 HGB von dem Inhaber des Handelsgewerbes, bei Handelsgesellschaften durch deren gesetzlichen Vertreter,⁴¹ zur Eintragung in das *Handelsregister* anzumelden. *Anmeldung und Eintragung*

19

---

³⁴ Für die h. L. z. B. Staub/*Fischinger* § 48 Rn. 39; MK-HGB/*Krebs* § 48 Rn. 32; Oetker/*Schubert* § 48 Rn. 29; a. A. jedoch *Hübner* Rn. 328; *K. Schmidt* § 16 Rn. 22; Ebenroth/Boujong/*Weber* § 48 Rn. 20.

³⁵ Für den von der Vertretung ausgeschlossenen persönlich haftenden Gesellschafter BGH 24.9.1959, BGHZ 30, 391 (397); für den Kommanditisten BGH 27.6.1955, BGHZ 17, 392 (394).

³⁶ Für die allg. Ansicht *Bayer/Lieder* Rn. 203; *Brox/Henssler* Rn. 197; *Fischinger* Rn. 390; Staub/*Fischinger* § 48 Rn. 67; *J. v. Gierke/Sandrock* § 22 I 1, S. 347; *Hübner* Rn. 324; MK-HGB/*Krebs* § 48 Rn. 46; *Lettl* § 6 Rn. 29; Hopt/*Merkt* § 48 Rn. 3; *K. Schmidt* § 16 Rn. 25; Oetker/*Schubert* § 48 Rn. 31; Heymann/*Teichmann* § 48 Rn. 38; mit Einschränkungen auch KKD/*Roth/Stelmaszcyk* § 48 Rn. 26; Ebenroth/Boujong/*Weber* § 48 Rn. 24.

³⁷ S. Staub/*Fischinger* § 57 Rn. 10. In Betracht kommt in derartigen Fallgestaltungen jedoch eine nach allgemeinen Grundsätzen zu behandelnde bürgerlich-rechtliche Duldungsvollmacht (treffend KKD/*Roth/Stelmaszcyk* § 48 Rn. 26).

³⁸ *K. Schmidt* § 16 Rn. 25.

³⁹ So *Brox/Henssler* Rn. 195; *Canaris* § 12 Rn. 5; *Hofmann* S. 141; *Honsell* JA 1984, 17 (18); Hopt/*Merkt* § 48 Rn. 3; KKD/*Roth/Stelmaszcyk* § 48 Rn. 8; Ebenroth/Boujong/*Weber* § 48 Rn. 23; RvWH/*Wöstmann* § 48 Rn. 35; a. A. *J. v. Gierke/Sandrock* § 22 III 3, S. 352; GK-HGB/*B. Schmidt* GK-HGB § 48 Rn. 19; Oetker/*Schubert* § 48 Rn. 32; Heymann/*Teichmann* § 48 Rn. 39.

⁴⁰ S. *Canaris* § 12 Rn. 5.

⁴¹ Nicht hingegen durch den einzutragenden Prokuristen; s. OLG Frankfurt a. M. 28.2.2005, NJW-RR 2005, 982.

sind jedoch keine Wirksamkeitsvoraussetzungen, da der Wortlaut des für die Eintragung maßgeblichen § 53 Abs. 1 Satz 2 HGB von einer „erteilten" Prokura spricht und damit voraussetzt, dass diese bereits vor der Eintragung im Rechtssinne entstanden ist. Anmeldung und Eintragung der Prokura haben deshalb lediglich *deklaratorische* Bedeutung.[42] Mit der Eintragung im Handelsregister tritt allerdings die in § 15 HGB ausgeformte Publizität und der hiermit verfolgte Schutz des Rechtsverkehrs ein.[43]

III. Erlöschen der Prokura

20 Gemäß § 168 Satz 1 BGB erlischt die Prokura wie jede andere Vollmacht mit der im Innenverhältnis zugrunde liegenden Rechtsbeziehung. Wird z. B. das Arbeits- oder Dienstverhältnis zwischen dem Kaufmann und dem Prokuristen ordentlich gekündigt, so erlischt mit Ablauf der Kündigungsfrist auch die Prokura. Einer gesonderten und explizit auf die Prokura bezogenen Erklärung bedarf es in dieser Konstellation nicht.[44] Von Bedeutung ist das insbesondere, wenn das Innenverhältnis ohne rechtsgestaltende Willenserklärung endet (z. B. infolge Zeitablaufs). In diesem Fall erlischt die Prokura, ohne dass dies erklärt werden muss. Ist für die Beendigung des Innenverhältnisses hingegen eine Kündigung erforderlich, so ließe sich das Erlöschen der Prokura zwar auch aus einer Auslegung der Kündigungserklärung ableiten, wegen § 168 Satz 1 BGB ist dieser nicht stets zweifelsfreie Weg aber entbehrlich.

21 Soll die Rechtsbeziehung im Innenverhältnis fortbestehen und lediglich die Prokura entfallen, dann bedarf es nach § 168 Satz 2 BGB, § 52 Abs. 1 HGB eines ausdrücklichen Widerrufs der Prokura. Diesen kann der Inhaber des Handelsgewerbes jederzeit erklären. Unter Umständen ist hierfür wegen den §§ 170 bis 172 BGB auch eine Erklärung gegenüber Dritten erforderlich. Hat ein Minderjähriger Prokura erteilt, dann bedarf deren Widerruf durch ihn keiner Genehmigung durch das Familiengericht; der über § 1643 Abs. 1 BGB anzuwendende § 1852 Nr. 3 BGB beschränkt das Genehmigungserfordernis ausdrücklich auf die „Erteilung" einer Prokura.[45]

22 Ein schuldrechtlicher Verzicht auf das Widerrufsrecht ist unwirksam, da § 52 Abs. 1 HGB unabdingbar ist, um zu verhindern, dass sich der Inhaber des Handelsgewerbes auf unabsehbare Zeit an einen Prokuristen bindet und hierdurch seine unternehmerische Selbstbestimmung aufgibt.[46] Aus diesem Grunde ist auch ein

---

[42] Für die allg. Ansicht statt aller *Canaris* § 12 Rn. 12; *Fischinger* Rn. 392; Staub/*Fischinger* § 48 Rn. 60; *Hofmann* S. 142; *Hübner* Rn. 325; MK-HGB/*Krebs* § 48 Rn. 47; Hopt/*Merkt* § 53 Rn. 1; *K. Schmidt* § 16 Rn. 27; Oetker/*Schubert* § 53 Rn. 1.
[43] Näher hierzu oben § 3 Rn. 33 ff.
[44] Für die allg. Ansicht Staub/*Fischinger* § 52 Rn. 28; *Hübner* Rn. 370; MK-HGB/*Krebs* § 52 Rn. 37.
[45] Statt aller MK-BGB/*Kroll-Ludwigs* § 1852 Rn. 30, m. w. N.
[46] *K. Schmidt* § 16 Rn. 81.

B. Die Prokura

schuldrechtliches Versprechen, Prokura zu erteilen, nicht durchsetzbar.[47] Eine Ausnahme ist nur anzuerkennen, wenn ein Gesellschaftsvertrag eine entsprechende Vereinbarung enthält.[48] Begründen lässt sich diese Einschränkung des § 52 Abs. 1 HGB mit dem aus dem Gesellschaftsvertrag folgenden Anspruch auf Erteilung der Prokura, der durch einen Widerruf nicht erlischt.[49]

Weitere Gründe für das Erlöschen der Prokura sind der Tod des Prokuristen,[50] der Erwerb des Handelsgewerbes durch den Prokuristen,[51] der Verlust der Unternehmensträgerschaft durch den Vollmachterteilenden sowie nach § 117 InsO die Eröffnung des Insolvenzverfahrens über das Vermögen des Geschäftsherrn.[52] Schließlich zählen hierzu auch solche Sachverhalte, die zur Entstehung einer mehrfachen Vertretungsmacht führen. Deshalb erlischt die Prokura z. B. mit dem „Aufstieg" des Prokuristen zum alleinvertretungsberechtigten Geschäftsführer einer GmbH.[53] Entsprechendes gilt, wenn ein Kaufmann zum Kleingewerbetreibenden herabsinkt und – nach dem Verständnis der vorherrschenden Ansicht zu den hiermit verbundenen Rechtsfolgen für die Kaufmannseigenschaft[54] – die Option des § 2 Satz 3 HGB ausgeübt hat.[55] Ebenso führt ein Betriebsübergang i. S. des § 613a BGB dazu, dass die Prokura erlischt, wenn gleichzeitig mit dem Übergang des Betriebs der bisherige Betriebsinhaber aus dem Arbeitsverhältnis ausscheidet. Die Prokura bleibt nicht für den neuen Betriebsinhaber bestehen, da der Erwerber kraft Gesetzes (§ 613a Abs. 1 Satz 1 BGB) ausschließlich in das Arbeitsverhältnis eintritt.[56] Andererseits legt § 52 Abs. 3 HGB ausdrücklich fest, dass der Tod des Inhabers des Handelsgeschäfts nicht zum Wegfall der Prokura führt, damit dem Handelsgewerbe in der Übergangszeit nach dem Erbfall ein Vertreter mit weit reichender Vollmacht erhalten bleibt.[57] In vergleichbarer Weise führt auch die Auflösung einer Personenhandelsgesellschaft (z. B. Kommanditgesellschaft) nicht zum Erlöschen der Prokura, da diese ihre Funktion auch noch während der Liquidation der Gesellschaft erfüllen kann.[58]

23

---

[47] RG 21.10.1909, RGZ 27, 35 (39 f.).
[48] BGH 27.6.1955, BGHZ 17, 392 (394); Staub/*Fischinger* § 52 Rn. 5; i. E. auch MK-HGB/*Krebs* § 52 Rn. 3 ff.; kritisch aber *Honsell* JA 1984, 17 (19 f.).
[49] So MK-HGB/*Krebs* § 52 Rn. 5.
[50] Statt aller MK-HGB/*Krebs* § 52 Rn. 38.
[51] S. oben § 5 Rn. 14 f.
[52] BGH 4.12.1957, WM 1958, 430 (431); LG Halle 1.9.2004, NZG 2005, 442 f.; *Canaris* § 12 Rn. 8; *Hofmann* S. 149; *Hübner* Rn. 369; MK-HGB/*Krebs* § 52 Rn. 41; Hopt/*Merkt* § 52 Rn. 5; *K. Schmidt* § 16 Rn. 82; Ebenroth/Boujong/*Weber* § 52 Rn. 17.
[53] LG Bremen 9.6.1998, NJW-RR 1998, 1332 sowie oben § 5 Rn. 17.
[54] Hierzu oben § 2 Rn. 31 ff.
[55] S. *Canaris* § 12 Rn. 8. Bleibt der Kleingewerbetreibende hingegen im Handelsregister eingetragen, dann greift § 5 HGB ein.
[56] S. Staub/*Fischinger* § 52 Rn. 57.
[57] BGH 10.2.1960, BGHZ 32, 60 (67).
[58] OLG München 9.8.2011, NZG 2011, 1183, m. w. N.

24   Im Hinblick auf den (negativen) Vertrauensschutz, den § 15 Abs. 1 HGB anordnet, ist das Erlöschen der Prokura nach § 53 Abs. 2 HGB in gleicher Weise zur Eintragung anzumelden wie deren Erteilung.[59] Die Eintragung in das Handelsregister ist zwar wie bei der Erteilung der Prokura keine Wirksamkeitsvoraussetzung für deren Erlöschen,[60] solange das Erlöschen der Prokura aber nicht eingetragen ist, kann sich der Kaufmann gegenüber Dritten hierauf nicht berufen, d. h., er muss das rechtsgeschäftliche Handeln des ehemaligen Prokuristen trotz dessen fehlender Vertretungsmacht wegen § 15 Abs. 1 HGB gegen sich wirken lassen.[61] Darüber hinaus bleiben die Rechtsscheintatbestände der §§ 170 bis 173 BGB neben § 15 Abs. 1 HGB anwendbar.[62] Das Handeln des Vertreters ist nach den §§ 177 ff. BGB zu behandeln,[63] insbesondere kommt eine Eigenhaftung des ehemaligen Prokuristen nach § 179 Abs. 1 oder 2 BGB in Betracht.

IV. Umfang der Prokura

1. Grundsätze

25   Die Prokura ist eine Vollmacht i. S. des § 167 Abs. 1 BGB, deren Besonderheit in dem gesetzlich zwingend umschriebenen Umfang im Außenverhältnis besteht. Allerdings ist der gesetzlich festgelegte Rahmen hierauf beschränkt. Er behandelt ausschließlich das rechtliche Können im Außenverhältnis, trifft indes keine Aussage über das rechtliche Dürfen im Innenverhältnis.

26   Nach § 49 Abs. 1 HGB umfasst die Prokura die Vornahme aller Arten von gerichtlichen und außergerichtlichen Geschäften und Rechtshandlungen, die der Betrieb „eines" Handelsgewerbes mit sich bringt. Es ist im Gegensatz zur Handlungsvollmacht nicht erforderlich, dass das Geschäft zu denjenigen zählt, die üblicherweise mit dem Betrieb des konkreten Handelsgewerbes verbunden sind.[64] Der Umfang der Prokura ist damit sehr weit. Jedes Rechtsgeschäft, das unter § 49 Abs. 1 HGB fällt, kann der Prokurist mit Wirkung für und gegen den Träger des Handelsgewerbes abschließen, gleichgültig, welche Größenordnung es erreicht oder ob es den Bestand des Unternehmens gefährdet.

27   Nach § 51 HGB ist der Prokurist bei der Vornahme von Rechtsgeschäften verpflichtet, seinem Namen einen die Prokura andeutenden Zusatz (z. B. ppa., per procura) beizufügen, um im Interesse des Rechtsverkehrs klarzustellen, dass der Erklärende als Prokurist für den Inhaber des Handelsgeschäfts seine Erklärung ab-

---

[59] Näher hierzu oben § 5 Rn. 19 ff.
[60] Für die allg. Ansicht *Brox/Henssler* Rn. 211; *Canaris* § 12 Rn. 12; *Hofmann* S. 149; Heymann/ *Teichmann* § 53 Rn. 2.
[61] Statt aller Staub/*Fischinger* § 52 Rn. 16; *Hübner* Rn. 75; *Jung* Kap. 7 Rn. 8; *K. Schmidt* § 16 Rn. 88; Schlegelberger/*Schröder* § 53 Rn. 10.
[62] Zum Vorstehenden ausführlich oben § 3 Rn. 58.
[63] Staub/*Fischinger* § 52 Rn. 16.
[64] Treffend *Bayer/Lieder* Rn. 209; *Fischinger* Rn. 409.

gibt.⁶⁵ Ein ausschließlich auf die Vertretung hinweisender Zusatz (z. B. „i. V.)" genügt nicht; anderes gilt für den Handlungsbevollmächtigten, der sich umgekehrt jedes Zusatzes enthalten muss, der eine Prokura andeutet (§ 57 HGB). Der Hinweis auf die Prokura ist jedoch weder Wirksamkeitsvoraussetzung für eine Willenserklärung des Prokuristen noch ist § 51 HGB eine gesetzliche Formvorschrift, deren Nichtbeachtung über § 125 Satz 1 BGB zur Nichtigkeit des Rechtsgeschäfts führt.⁶⁶ Ungeachtet dessen ist jedoch § 51 HGB eine Ausprägung des Offenkundigkeitsprinzips.⁶⁷ Unterbleibt der Zusatz, der die Prokura andeutet, kann das Rechtsgeschäft seine Wirkung für und gegen den Vertretenen deshalb nur entfalten, wenn die Vertretung für den Erklärungsempfänger aus den übrigen Umständen (§ 164 Abs. 2 BGB) deutlich wird (z. B. „i. V." oder ähnliche Zusätze).⁶⁸ Andernfalls liegt ein Eigengeschäft des Prokuristen vor.⁶⁹

2. Ausnahmetatbestände

Trotz der extensiven Reichweite der Prokura sind drei inhaltliche Beschränkungen der Vertretungsmacht zu beachten: 28

- Erstens berechtigt die Prokura nicht zur Vornahme solcher Rechtsgeschäfte, die kraft Gesetzes *dem Kaufmann vorbehalten* sind. Bei diesen sind jegliche Formen einer rechtsgeschäftlich begründeten Vertretung ausgeschlossen. Wichtigstes Beispiel ist die Erteilung der Prokura selbst; diese kann nach § 48 Abs. 1 HGB nur der Inhaber des Handelsgewerbes oder sein *gesetzlicher* Vertreter erteilen. Ferner bleibt dem Kaufmann nach § 245 Satz 1 HGB die Unterzeichnung des Jahresabschlusses vorbehalten (Bilanz sowie Gewinn- und Verlustrechnung). 29
- Zweitens folgt eine Begrenzung des Umfangs der von der Prokura umfassten Rechtshandlungen aus ihrer funktionalen Ausrichtung. Da die Prokura das Auftreten des Kaufmanns im Außenverhältnis erleichtern soll, erstreckt sich die Vertretungsmacht des Prokuristen aufgrund einer teleologischen Reduktion des § 49 Abs. 1 HGB nicht auf *Grundlagen- und Strukturentscheidungen* für das Handelsgewerbe.⁷⁰ Hierzu zählen z. B. die Organisation des Handelsgewerbes, Änderungen der Struktur und/oder des Gegenstands, die Verlegung des Sitzes oder die Änderung der Firma, da diese Angelegenheiten nicht dem Außenrecht des 30

---

⁶⁵ BAG 25.9.2014, NJW 2014, 3595 Rn. 28.
⁶⁶ Für die allg. Ansicht RG 21.12.1901, RGZ 50, 51 (59); BAG 11.7.1991, AP BGB § 174 Nr. 9; *Bayer/Lieder* Rn. 199; *Fischinger* Rn. 425; Staub/*Fischinger* § 51 Rn. 10; *Lettl* § 6 Rn. 56; Hopt/ Merkt § 51 Rn. 1; KKD/*Roth/Stelmaszcyk* § 51 Rn. 2; Oetker/*Schubert* § 51 Rn. 8; Heymann/ Teichmann § 51 Rn. 6; Ebenroth/Boujong/*Weber* § 51 Rn. 8; RvWH/*Wöstmann* § 51 Rn. 1.
⁶⁷ *Jung* Kap. 7 Rn. 9; Oetker/*Schubert* § 51 Rn. 8; RvWH/*Wöstmann* § 51 Rn. 1.
⁶⁸ S. auch *Lettl* § 6 Rn. 56 a. E.
⁶⁹ KKD/*Roth/Stelmaszcyk* § 51 Anm. 2; HK-HGB/*Ruß* § 51 Rn. 1; Schlegelberger/*Schröder* § 51 Rn. 5; Ebenroth/Boujong/*Weber* § 51 Rn. 8; s. auch Oetker/*Schubert* § 51 Rn. 8.
⁷⁰ BGH 2.12.1991, BGHZ 116, 190 (193); im Einzelnen MK-HGB/*Krebs* § 49 Rn. 23 ff.; Oetker/*Schubert* § 49 Rn. 14 ff.

Handelsgewerbes zuzurechnen sind. Entsprechendes gilt für die ggf. erforderliche Anmeldung derartiger Entscheidungen zur Eintragung in das Handelsregister (z. B. Änderung der Firma, § 31 Abs. 1 HGB).[71] In diesem Fall kann der Prokurist die Anmeldung nur aufgrund einer besonderen Bevollmächtigung vornehmen (§ 12 Abs. 2 Satz 1 HGB). Die vorgenannte Einschränkung der Vertretungsmacht des Prokuristen greift allerdings ausschließlich ein, wenn es sich um Grundlagengeschäfte desjenigen Kaufmanns handelt, der dem Prokuristen Vertretungsmacht erteilt hat. Anders ist wegen des Zwecks der Prokura zu entscheiden, wenn der Prokurist die Grundlagengeschäfte im Namen des Kaufmanns bei einem anderen Unternehmen tätigt. In diesem Fall zählt auch die Vornahme von Grundlagengeschäften zu dem Betrieb des Handelsgewerbes „seines" Kaufmanns.[72]

31 • Drittens schränkt § 49 Abs. 2 HGB den Umfang der Prokura ein. Zur *Veräußerung und Belastung von Grundstücken* ist der Prokurist hiernach nur ermächtigt, wenn ihm dafür eine besondere Befugnis erteilt wurde. Wegen des Normzwecks ist die Formulierung „veräußert" weit zu verstehen und bezieht sich sowohl auf das Verfügungs- als auch auf das Verpflichtungsgeschäft[73] sowie eine hierauf bezogene dingliche Absicherung durch eine Vormerkung.[74] Zur „Belastung" gehört die Bestellung dinglicher Rechte, nicht aber der Abschluss schuldrechtlicher Überlassungsverträge (Miet- bzw. Pachtverträge).[75] Eine besondere Befugnis benötigt der Prokurist jedoch nicht, wenn sich die dingliche Rechtsstellung des Kaufmanns erweitert, wie z. B. bei einem Erwerb von Grundstücken oder der Löschung einer Belastung.[76] Dabei umfasst die Vertretungsmacht zum Erwerb des Grundstücks auch die Vornahme von Rechtsgeschäften, die diesen ermöglichen. Anerkannt ist dies für die Einräumung eines Grundpfandrechts für den geschuldeten (Rest-)Kaufpreis[77] sowie die Begründung eines dinglichen Vorkaufsrechts zugunsten des Verkäufers.[78] Die vorstehenden Grundsätze gelten allerdings

---

[71] OLG Karlsruhe 7.8.2014, GmbHR 2014, 1046 (1047); KG 20.9.2013, GmbHR 2013, 1263 (1264).

[72] So BGH 2.12.1991, BGHZ 116, 190 (193 f.); KG 20.9.2013, GmbHR 2013, 1263 (1264).

[73] *Bayer/Lieder* Rn. 213; *Brox/Henssler* Rn. 200; *Canaris* § 12 Rn. 17; *Fischinger* Rn. 417; Staub/*Fischinger* § 49 Rn. 30; *Fleischer/Wedemann* S. 108; *Hofmann* S. 143; *Hübner* Rn. 336; *Lettl* § 6 Rn. 44; Hopt/*Merkt* § 49 Rn. 4; KKD/*Roth/Stelmaszcyk* § 49 Rn. 7; *K. Schmidt* § 16 Rn. 32; *Schneider* JA 2023, 93 (94 f.); Oetker/*Schubert* § 49 Rn. 27; Heymann/*Teichmann* § 49 Rn. 17; Ebenroth/Boujong/*Weber* § 49 Rn. 16.

[74] Staub/*Fischinger* § 49 Rn. 33; MK-HGB/*Krebs* § 49 Rn. 45; KKD/*Roth/Stelmaszcyk* § 49 Rn. 7; Oetker/*Schubert* § 49 R. 28; Heymann/*Teichmann* § 49 Rn. 17; RvWH/*Wöstmann* § 49 Rn. 17.

[75] *Bayer/Lieder* Rn. 213; *Fischinger* Rn. 418; Staub/*Fischinger* § 49 Rn. 32; MK-HGB/*Krebs* § 49 Rn. 46; Hopt/*Merkt* § 49 Rn. 4; Schlegelberger/*Schröder* § 49 Rn. 13; Heymann/*Teichmann* § 49 Rn. 17.

[76] Staub/*Fischinger* § 49 Rn. 32; *Fleischer/Wedemann* S. 108; *Hübner* Rn. 336; *Jung* Kap. 7 Rn. 11; KKD/*Roth/Stelmaszcyk* § 49 Rn. 7; Heymann/*Teichmann* § 49 Rn. 19.

[77] Für die allg. Ansicht *Bayer/Lieder* Rn. 215; *Canaris* § 12 Rn. 17; Staub/*Fischinger* § 49 Rn. 32; *Hofmann* S. 143 f.; MK-HGB/*Krebs* § 49 Rn. 48; *Lettl* § 6 Rn. 44; *K. Schmidt* § 16 Rn. 36; *Schneider* JA 2023, 93 (95 f.).

[78] Hopt/*Merkt* § 49 Rn. 4.

nicht uneingeschränkt, sondern nur bei Grundstücken, die im Eigentum des Kaufmanns stehen, von dem der Prokurist seine Vertretungsmacht ableitet.[79] Das ergibt sich zwar nicht aus dem Wortlaut des § 49 Abs. 2 HGB, wohl aber aus dessen Zweck, da der Kaufmann nur dann eines Schutzes vor der weit reichenden Vertretungsmacht des Prokuristen bedarf, wenn die Vermögenssubstanz des Handelsgewerbes betroffen ist. Für die Veräußerung und Belastung von Grundstücken, die nicht im Eigentum des Kaufmanns stehen, benötigt der Prokurist deshalb keine gesonderte Bevollmächtigung;[80] vielmehr sind die hierfür erforderlichen Rechtshandlungen vom gesetzlichen Umfang der Prokura umfasst.

3. Unwirksamkeit einschränkender Abreden

Nach § 50 Abs. 1 HGB ist eine über die vorgenannten Grenzen hinausgehende Beschränkung der Prokura Dritten gegenüber, also im Außenverhältnis, unwirksam. Rechtsgeschäftlich kann die Prokura mit Wirkung gegenüber Dritten nicht begrenzt werden. § 50 Abs. 2 HGB hebt insbesondere die Unwirksamkeit von Beschränkungen des Umfangs der Prokura auf bestimmte Geschäfte, bestimmte Arten von Geschäften oder die Abhängigkeit der Prokura von bestimmten Umständen, einer gewissen Zeit oder einem einzelnen Ort hervor. Hierzu zählt auch die Bindung des Prokuristen an Personen, die weniger Rechte haben als er selbst, so z. B., wenn der Prokurist an die Mitwirkung eines von der Vertretung ausgeschlossenen Gesellschafters oder eines Handlungsbevollmächtigten gebunden wird.

32

Eine Möglichkeit, die mit der Prokura verbundene Vertretungsmacht rechtsgeschäftlich zu beschränken, eröffnet lediglich § 50 Abs. 3 HGB für die sog. Filialprokura.[81] Danach kann der Geschäftsinhaber, der ein Unternehmen mit mehreren Niederlassungen betreibt, die Prokura auf eine von diesen beschränken. Voraussetzung hierfür ist jedoch, dass die Niederlassungen unter verschiedenen Firmen betrieben werden.[82]

33

---

[79] OLG Hamm 13.10.2011, DNotZ 2012, 230 (231); *Fischinger* Rn. 418; MK-HGB/*Krebs* § 49 Rn. 42; KKD/*Roth/Stelmaszcyk* § 49 Rn. 7; *K. Schmidt* § 16 Rn. 34; *Schneider* JA 2023, 93 (97 f.); Schlegelberger/*Schröder* § 49 Rn. 15; Heymann/*Teichmann* § 49 Rn. 16; a. A. KG 5.7.2021, NZG 2021, 1260 f.; OLG Köln 9.12.2019, NJW-RR 2020, 530; Staub/*Fischinger* § 49 Rn. 31; RvWH/*Wöstmann* § 49 Rn. 14.
[80] A. A. KG 5.7.2021, NZG 2021, 1260 f.; OLG Köln 9.12.2019, NJW-RR 2020, 530.
[81] Die Bezeichnung ist missverständlich, da sich die Beschränkung auch auf die Hauptniederlassung beziehen kann; s. *Jung* Kap. 7 Rn. 17.
[82] Für die Verschiedenheit der Firma genügt es gem. § 50 Abs. 3 Satz 2 HGB, wenn ein Firmenzusatz die Firma einer Zweigniederlassung als solche kennzeichnet.

4. Gesamtprokura

34 Eine Beschränkung der Prokura in personeller Hinsicht bewirkt die *Gesamtprokura* i. S. von § 48 Abs. 2 HGB.[83] Durch diese werden mehrere natürliche Personen nur gemeinschaftlich berechtigt, den Kaufmann bei der Vornahme von Rechtshandlungen zu vertreten (sog. Aktivvertretung); etwaige Willenserklärungen für den Kaufmann müssen sie deshalb stets zusammen abgeben. Die Gesamtprokura ist keine Beschränkung des Umfangs der Prokura im eigentlichen Sinne, weil die einzelnen Prokuristen bei der Ausübung ihrer Vertretungsmacht lediglich dahingehend gebunden sind, dass sie nur gemeinschaftlich für den Kaufmann handeln können.[84] Handelt ein Gesamtprokurist ohne Mitwirkung des anderen Gesamtprokuristen, so agiert er als Vertreter ohne Vertretungsmacht; seine Erklärungen kann der andere Gesamtprokurist jedoch nachträglich genehmigen.[85] Handeln sie gemeinsam, dann entspricht der Umfang ihrer Prokura dem jeder anderen Prokura. Möglich ist auch, die Gesamtprokura „halbseitig" zu erteilen. In diesem Fall ist lediglich einer von mehreren Prokuristen an die Mitwirkung eines anderen Prokuristen gebunden. Die vorstehenden Grundsätze gelten nicht für Rechtshandlungen eines Dritten gegenüber dem Kaufmann (sog. Passivvertretung). In diesem Fall genügt analog § 124 Abs. 6 HGB, § 28 Abs. 2 BGB, § 78 Abs. 2 Satz 2 AktG und § 35 Abs. 2 Satz 2 GmbHG die Vornahme der Rechtshandlung gegenüber einem der Prokuristen, was insbesondere für den Zugang von Willenserklärungen bei dem Inhaber des Handelsgewerbes bedeutsam ist.[86]

35 Keine „echte" Gesamtprokura liegt vor, wenn der Gesellschaftsvertrag einer Offenen Handelsgesellschaft vorsieht, dass ein Organ der Gesellschaft nur gemeinsam mit einem Prokuristen vertretungsberechtigt ist (z. B. § 124 Abs. 3 Satz 1 HGB). In dieser Konstellation (sog. gemischte Gesamtvertretung) ist der Prokurist nicht an die durch § 49 HGB vorgegebenen Beschränkungen gebunden. Der Umfang seiner Vertretungsmacht richtet sich vielmehr nach den Vorschriften für die organschaftliche Vertretungsmacht.[87]

36 Hiervon zu unterscheiden ist die *unechte Gesamtprokura*. Bei ihr wird die Ausübung der Befugnisse aus der Prokura an die Mitwirkung eines zur Vertretung befugten Organs der Gesellschaft (z. B. geschäftsführender Gesellschafter einer OHG) gebunden. Allerdings lässt sich § 48 Abs. 2 HGB nicht zweifelsfrei entnehmen, ob eine derartige Bindung des Prokuristen rechtswirksam ist. Die hiergegen angemeldeten Bedenken wies der Bundesgerichtshof jedoch mit einem Erst-Recht-

---

[83] Weiterführend hierzu *Krebs* ZHR Bd. 159 (1995), 636 ff.
[84] *Drexl/Mentzel* Jura 2002, 289 (290); *K. Schmidt* § 16 Rn. 40; Oetker/*Schubert* § 48 Rn. 70.
[85] BAG 25.9.2014, NJW 2014, 3595 Rn. 28; näher Oetker/*Schubert* § 48 Rn. 72.
[86] Ebenso *Bayer/Lieder* Rn. 206; *Brox/Henssler* Rn. 204; *Bülow/Artz* Rn. 301; *Canaris* § 12 Rn. 23; *Drexl/Mentzel* Jura 2002, 289 (291); *Fleischer/Wedemann* S. 106; *Hofmann* S. 148; *Hübner* Rn. 361; Hopt/*Merkt* § 48 Rn. 5; KKD/*Roth/Stelmaszyk* § 48 Rn. 15; Oetker/*Schubert* § 48 Rn. 73; s. auch BGH 14.2.1974, BGHZ 62, 167 (172 f.).
[87] So z. B. BGH 6.11.1986, BGHZ 99, 76 (81); *Canaris* § 12 Rn. 24; *Hübner* Rn. 358; *K. Schmidt* § 16 Rn. 48.

Schluss zurück. Wenn das Gesellschaftsrecht eine gemischte Gesamtvertretung gestatte (z. B. § 124 Abs. 3 HGB), sei es widersprüchlich, wenn zwar die organschaftliche Vertretung durch ein Organmitglied an die Mitwirkung des Prokuristen gebunden werden könne, dies aber umgekehrt im Bereich der rechtsgeschäftlichen Vertretung nicht zugelassen werde. Eine von § 50 Abs. 1 HGB untersagte Beschränkung des Umfangs der Prokura liege hierin nicht, da lediglich die Ausübung der aus der Prokura fließenden Befugnisse betroffen sei.[88] Angesichts dieser gesellschaftsrechtlich fundierten Argumentation ist es konsequent, Einzelkaufleuten die Erteilung einer unechten Gesamtprokura zu verwehren.[89] Da die unechte Gesamtprokura den Prokuristen auch im Außenverhältnis beschränkt, ist diese analog § 106 Abs. 2 Nr. 3 HGB in das Handelsregister einzutragen. Unterbleibt dies (z. B. fehlender Hinweis auf das Mitwirkungserfordernis eines geschäftsführenden Gesellschafters), dann steht § 15 Abs. 1 HGB dem Einwand entgegen, dem Prokuristen habe wegen der fehlenden Mitwirkung des geschäftsführenden Gesellschafters die Vertretungsmacht gefehlt.[90]

V. Missbrauch der mit der Prokura verliehenen Vertretungsmacht

Schrifttum zur Ausbildung: *Lieder,* Missbrauch der Vertretungsmacht und Kollusion, JuS 2014, S. 681 ff.; *H.P. Westermann,* Mißbrauch der Vertretungsmacht, JA 1981, S. 521 ff. **Zur Vertiefung:** *R. Fischer,* Der Mißbrauch der Vertretungsmacht, Festschrift für Schilling, 1973, S. 3 ff.; *Vedder,* Neues zum Missbrauch der Vertretungsmacht – Vorsatzerfordernis, Anfechtbarkeit, negatives Interesse, JZ 2008, S. 1077 ff.

1. Spannungsverhältnis zwischen rechtlichem Können und rechtlichem Dürfen

Da die Prokura lediglich das rechtliche Können im Außenverhältnis ausgestaltet, erstreckt sich die Unwirksamkeit beschränkender Abreden (§ 50 Abs. 1 HGB) nur auf solche, die das rechtliche Können im Außenverhältnis betreffen. Dies belässt dem Kaufmann die Möglichkeit, die Rechtshandlungen des Prokuristen indirekt zu begrenzen, indem dies im Innenverhältnis vereinbart wird, das der Erteilung der Prokura zugrunde liegt. 37

Derartige Abreden beschränken zwar nicht das rechtliche Können gegenüber Dritten, wohl aber das rechtliche Dürfen des Prokuristen im Verhältnis zum Kauf- 38

---

[88] Grundlegend zum Vorstehenden BGH 6.11.1986, BGHZ 99, 76 ff.; zur Kritik z. B. *Beuthien/Müller* DB 1995, 461 ff.
[89] So BayObLG 23.9.1997, BB 1997, 2396 (2397); *Hofmann* S. 147; *Kindler* § 6 Rn. 18; Hopt/Merkt § 48 Rn. 7; Oetker/*Schubert* § 48 Rn. 68; Heymann/*Teichmann* § 48 Rn. 59; Ebenroth/Boujong/*Weber* § 48 Rn. 48; a. A. *Bärwaldt/Hadding* NJW 1998, 1104 ff.; Staub/*Fischinger* § 48 Rn. 97; *J. v. Gierke/Sandrock* § 22 VII 2 f., S. 359; KKD/*Roth/Stelmaszcyk* § 48 Rn. 20.
[90] Schlegelberger/*K. Schmidt* § 125 Rn. 60; Oetker/*Schubert* § 53 Rn. 3.

mann. Verstößt er gegen die ihm im Innenverhältnis gesetzten Grenzen, so handelt er im Außenverhältnis gegenüber Dritten unverändert mit Vertretungsmacht, weshalb das von ihm vorgenommene Rechtsgeschäft grundsätzlich wirksam ist und sowohl für als auch gegen den Vertretenen wirkt. Der Verstoß gegen das rechtliche Dürfen betrifft ausschließlich das Innenverhältnis zwischen Kaufmann und Prokuristen und verpflichtet regelmäßig nach § 280 Abs. 1 BGB zum Schadensersatz gegenüber dem Kaufmann. Allerdings sind auch insoweit Grenzen zu beachten. Zumindest wenn der Prokurist als Arbeitnehmer für den Kaufmann tätig ist, greifen die Grundsätze zur beschränkten Innenhaftung des Arbeitnehmers[91] ein.

39 Trotz der grundsätzlichen Trennung zwischen rechtlichem Können (Außenverhältnis) und rechtlichem Dürfen (Innenverhältnis) kann die Beschränkung des rechtlichen Dürfens aufgrund der besonderen Umstände des Einzelfalls von dem Innenverhältnis auf das Außenverhältnis ausstrahlen. Der mit der Abstraktheit der Vollmacht (Prokura) beabsichtigte Schutz des Rechtsgeschäftsverkehrs ist dann nicht mehr gerechtfertigt, wenn der Dritte nicht schutzwürdig ist, weil er weiß, dass der Vertreter (Prokurist) seine im Innenverhältnis gesetzten Grenzen überschreitet. Aufbauend auf dieser Überlegung wurde die Lehre vom Missbrauch der Vertretungsmacht entwickelt, die heute – trotz der Kontroversen hinsichtlich der Voraussetzungen im Detail – im Grundsatz allgemein anerkannt ist. Diese wurde gerade für solche Fälle entwickelt, in denen die Vertretungsmacht – wie beim Prokuristen – im Außenverhältnis nicht beschränkt werden kann und ist deshalb vor allem, wenn auch nicht ausschließlich, beim rechtsgeschäftlichen Handeln des Prokuristen anwendbar.

2. Voraussetzungen

40 Die einzelnen Voraussetzungen für eine mit dem Verkehrsschutz unvereinbare und als rechtsmissbräuchlich zu bewertende Ausübung der Vertretungsmacht des Prokuristen sind umstritten. Anerkannt ist allerdings, dass für die Anwendung der Lehre vom Missbrauch der Vertretungsmacht sowohl in der Person des Vertreters (Prokuristen) als auch in der des Dritten bestimmte Bedingungen erfüllt sein müssen.

41 Hinsichtlich der *Person des Vertreters* (Prokuristen) ist zunächst erforderlich, dass der Prokurist *objektiv* eine vom Umfang der Prokura gedeckte Pflichtwidrigkeit im Innenverhältnis zum Nachteil des Vertretenen begangen haben muss. Umstritten ist jedoch, ob dem Vertreter (Prokuristen) darüber hinaus bei seinem Handeln die Pflichtwidrigkeit oder gar Nachteiligkeit seines Handelns für den Geschäftsherrn bewusst gewesen sein muss. Die *Lehre* hält diese zusätzliche subjektive Voraussetzung überwiegend nicht für erforderlich.[92] Eine Schädigungsabsicht des

---

[91] Hierzu näher BAG (GS) 16.6.1992, AP BGB § 611 Haftung des Arbeitnehmers Nr. 101 sowie z. B. *Blomeyer* JuS 1993, 903 ff.
[92] So *Bork* Rn. 1582; *Flume* Allgemeiner Teil des Bürgerlichen Rechts Bd. 2, 4. Aufl. 1992, § 45 II 3a, S. 791; *Hübner* Allgemeiner Teil des Bürgerlichen Gesetzbuches, 2. Aufl. 1996, § 48 C, S. 537; *Lieder* JuS 2014, 681 (683 f.); *Neuner* § 49 Rn. 104; *K. Schmidt* § 16 Rn. 73; *Oetker/Schubert* § 48 Rn. 41; a. A. *Vedder* JZ 2008, 1077 (1078 f.), der eine vorsätzliche Interessenverletzung fordert.

B. Die Prokura

Vertreters sei zwar typisch, für einen Missbrauch der Vertretungsmacht aber nicht notwendig.[93] Der *Bundesgerichtshof* verlangt demgegenüber ein Bewusstsein des Prokuristen, zum Nachteil des Geschäftsinhabers zu handeln.[94] Hierfür spricht zumindest, dass nur das bewusste Handeln zum Nachteil des Geschäftsherrn eine spezifische Gefahr des Einsatzes eines Prokuristen ist, da der Geschäftsherr selbst nicht zu seinem Nachteil handeln würde. Ist dagegen dem Prokuristen nicht bewusst, nachteilig zu handeln, so wäre das u. U. auch dem Geschäftsherrn an seiner Stelle so ergangen. Ebenso stellt sich ein eventuell vermeidbarer Irrtum des Prokuristen jedenfalls nicht als die Verwirklichung des spezifischen Risikos aus der Einschaltung eines Vertreters dar.[95] Das Wissen des Prokuristen um die Nachteiligkeit seines Handelns für den Geschäftsherrn ist daher subjektive Voraussetzung dafür, dass ein Missbrauch der Vertretungsmacht vorliegt.

Weiterhin muss der Vertretene die Pflichtwidrigkeit des Prokuristen dem *Dritten* entgegenhalten können. Das ist der Fall, wenn dieser in bösem Glauben handelte. Unbestritten ist die Bösgläubigkeit in den Fällen einer *Kollusion*, wenn also der Prokurist und der Dritte gemeinschaftlich unter Ausnutzung der Prokura zum Nachteil des Geschäftsherrn gehandelt haben.[96] Darüber hinaus ist Bösgläubigkeit des Dritten zu bejahen, wenn er *positive Kenntnis* davon hat, dass der Prokurist seine Schranken im Innenverhältnis überschreitet,[97] was jedoch in der Praxis nur selten nachweisbar ist.[98] Problematisch sind deshalb diejenigen Sachverhalte, in denen dem Dritten hinsichtlich seiner Unkenntnis ein Fahrlässigkeitsvorwurf trifft. Während die ältere höchstrichterliche Rechtsprechung darauf abstellte, ob ihm ein Verschuldensvorwurf hinsichtlich seiner Unkenntnis zur Last fällt,[99] verzichtet eine vornehmlich in der Lehre und auch vom Bundesgerichtshof vertretene Ansicht auf ein Verschuldenserfordernis und sieht es als ausreichend an, dass das Überschreiten der Grenzen im Innenverhältnis für den Dritten offenkundig (evident) war.[100] Muss sich ihm die

42

---

[93] Staub/*Fischinger* § 50 Rn. 44.
[94] So BGH 25.3.1968, BGHZ 50, 112 (114); 15.12.1975, BB 1976, 852 (852); 18.5.1988, NJW 1988, 3012 (3013); 3.10.1989, NJW 1990, 384 (385). Zu beachten ist allerdings, dass die Rechtsprechung die subjektive Komponente nur in den Fällen einer Dritten gegenüber unbeschränkbaren Vertretungsmacht fordert. Anders ist das, wenn lediglich eine bürgerlich-rechtliche Vollmacht vorliegt. Zu dieser Differenzierung z. B. BGH 18.5.1988, NJW 1988, 3012 (3013).
[95] *Canaris* § 12 Rn. 37.
[96] RG 16.9.1882, RGZ 9, 148 (149); 20.10.1930, RGZ 130, 131 (142); 1.6.1932, RGZ 136, 359 (360); BGH 9.1.2024, NZG 2024, 452 Rn. 35. Zur Nichtigkeit des vom Vertreter vorgenommenen Rechtsgeschäfts in den Fällen einer Kollusion nach § 138 Abs. 1 BGB s. BGH 14.6.2000, NJW 2000, 2896 (2897); 14.6.2016, NJW-RR 2016, 1138 Rn. 24; 11.5.2017, NJW 2017, 3373 Rn. 20; Oetker/*Schubert* § 48 Rn. 39; a. A. *Lieder* JuS 2014, 681 (685): analoge Anwendung der §§ 177 ff. BGB.
[97] BGH 24.2.1954, NJW 1954, 1159 (1160); 9.1.2024, NZG 2024, 452 Rn. 35.
[98] Ebenso *Bork* Rn. 1579; *Medicus/Petersen* § 57 Rn. 967.
[99] So BGH 25.3.1968, BGHZ 50, 112 (114); schwächer hingegen schon BGH 27.3.1985, BGHZ 94, 132 (138), wonach es ausreichte, dass sich dem Vertragspartner der Treueverstoß des Vertreters aufdrängte.
[100] So *Bork* Rn. 1579; *Flume* Allgemeiner Teil des Bürgerlichen Rechts Bd. II, 4. Aufl. 1992, § 45 II 3, S. 789 f.; *Lieder* JuS 2014, 681 (683); *Medicus/Petersen* § 57 Rn. 967; *Neuner* § 49 Rn. 103 sowie aus der neueren Rechtsprechung des Bundesgerichtshofs BGH 25.10.1994, BGHZ 127, 239 (241 f.); 29.6.1999, NJW 1999, 2883 (2883); 14.6.2016, NJW-RR 2016, 1138 Rn. 24; 11.5.2017,

Kenntnis des Missbrauchs geradezu aufdrängen, so soll alleine dies bereits seine Bösgläubigkeit begründen.[101] Ob ihn in diesem Zusammenhang der Vorwurf eines sorgfaltswidrigen Verhaltens trifft, ist nach dieser Ansicht unerheblich. Im konkreten Einzelfall sind die Unterschiede zwischen den verschiedenen Auffassungen jedoch gering, da dem Dritten auch nach dem Ansatz der älteren Rechtsprechung nicht bereits jeder Fahrlässigkeitsvorwurf zur Last fällt. Im Interesse der Leichtigkeit des Rechtsgeschäftsverkehrs darf die Schutzwürdigkeit des Dritten erst entfallen, wenn er infolge grober Fahrlässigkeit nicht erkennt, dass der Vertreter seine im Innenverhältnis gesetzten Grenzen überschreitet. Liegt hingegen insoweit lediglich einfache Fahrlässigkeit vor, so versagt auch die Rechtsprechung dem Dritten nicht die Berufung auf § 50 Abs. 1 HGB.[102] An diesem Ansatz überzeugt, dass eine Ausdehnung der Lehre vom Missbrauch der Vertretungsmacht über die Fälle grober Fahrlässigkeit hinaus den Zweck der §§ 49 Abs. 1, 50 Abs. 1 und 2 HGB, die Leichtigkeit des Rechtsgeschäftsverkehrs sicherzustellen, zu sehr aushöhlen würde.[103]

3. Rechtsfolgen

43 Sind die Voraussetzungen für einen Missbrauch der Vertretungsmacht zu bejahen, dann liegt es auf der Rechtsfolgenebene nahe, dem Dritten über § 242 BGB und die Figur des Rechtsmissbrauchs die „Berufung" auf die Rechtswirkungen des Rechtsgeschäfts abzuschneiden. Diese Konzeption verfolgt insbesondere der Bundesgerichtshof.[104] Dogmatisch überzeugender ist der von der herrschenden Lehre beschrittene Lösungsweg einer jedenfalls entsprechenden Anwendung der §§ 177 ff. BGB, wodurch der die Vertretungsmacht missbrauchende Prokurist wie ein Vertreter ohne Vertretungsmacht behandelt wird.[105] Dieser Ansatz[106] ermöglicht es dem Ver-

---

NJW 2017, 3373 Rn. 20; 9.1.2024, NZG 2024, 452 Rn. 35; einschränkend *Hübner* Allgemeiner Teil des Bürgerlichen Gesetzbuches, 2. Aufl. 1996, § 48 C, S. 538, der die Evidenz nur im Sinne einer Beweiserleichterung anerkennt.

[101] So auch BGH 13.11.1995, NJW 1996, 589 (590); 14.6.2016, NJW-RR 2016, 1138 Rn. 24; 11.5.2017, NJW 2017, 3373 Rn. 20; 9.1.2024, NZG 2024, 452 Rn. 35.

[102] BGH 25.3.1968, BGHZ 50, 112 (114); s. auch BGH 9.1.2024, NZG 2024, 452 Rn. 44.

[103] Treffend bereits *Enneccerus/Nipperdey* Allgemeiner Teil des Bürgerlichen Rechts Bd. II, 15. Aufl. 1960, § 183 I 5 Fn. 25, S. 1125 sowie nachfolgend z. B. Oetker/*Schubert* § 48 Rn. 42.

[104] BGH 26.10.1967, BGHZ 49, 1 (5); 25.3.1968, BGHZ 50, 112 (114).

[105] So z. B. *Enneccerus/Nipperdey* Allgemeiner Teil des Bürgerlichen Rechts Bd. II, 15. Aufl. 1960, § 183 I 5, S. 1125; Staub/*Fischinger* § 50 Rn. 51; *Neuner* § 49 Rn. 102; KKD/*Roth/Stelmaszcyk* § 50 Rn. 13; *K. Schmidt* § 16 Rn. 68 ff.; Oetker/*Schubert* § 48 Rn. 40; i. E. auch *Bork* Rn. 1578 sowie *Lieder* JuS 2014, 681 (684): teleologische Einschränkung der abstrakten Vertretungsmacht, sodass die §§ 177 ff. BGB bereits unmittelbar anzuwenden sind.

[106] Bei diesem ist es lediglich ein konstruktives Problem, ob die Vertretungsmacht nach § 242 BGB entfällt oder ob dieses Ergebnis über eine teleologische Reduktion des § 49 Abs. 1 HGB erzielt wird. Gegen eine entsprechende Anwendung der §§ 177 ff. BGB jedoch *Vedder* JZ 2008, 1077 (1082), der für eine Analogie zu § 123 Abs. 1 BGB plädiert.

tretenen, das von dem Prokuristen vorgenommene Rechtsgeschäft analog § 177 Abs. 1 BGB durch nachträgliche Genehmigung wirksam werden zu lassen. Bei einem Rückgriff auf § 242 BGB als Rechtsfolgenlösung scheidet dies aus, da die Norm von Amts wegen zu berücksichtigen ist und die Rechtsfolgen deshalb selbst dann eintreten, wenn der Vertretene an das unter Missbrauch der Vertretungsmacht vorgenommene Rechtsgeschäft gebunden sein will. Aus dem konzeptionellen Ansatz einer entsprechenden Anwendung der §§ 177 ff. BGB folgt zudem, dass dem Dritten ein Widerrufsrecht analog § 178 BGB nur zusteht, wenn er den Missbrauch der Vertretungsmacht durch den Vertreter nicht kannte. Eine Haftung des Prokuristen analog § 179 Abs. 1 BGB ist hingegen stets ausgeschlossen, da ein Missbrauch der Vertretungsmacht nur dann in Betracht kommt, wenn der Dritte das Überschreiten des rechtlichen Dürfens durch den Vertreter kannte oder kennen musste. Jede Eigenhaftung des Vertreters scheidet bei dieser Kenntnis analog § 179 Abs. 3 Satz 1 BGB aus.[107]

C. Die Handlungsvollmacht

I. Rechtsnatur und Funktion der Handlungsvollmacht

Eine weitere handelsrechtliche Besonderheit im Rahmen des Vertretungsrechts ist die in § 54 HGB geregelte Handlungsvollmacht. Ist eine Person, die, ohne Prokurist zu sein, zum Betrieb eines Handelsgewerbes oder zur Vornahme bestimmter, zu einem Handelsgewerbe gehörender Rechtsgeschäfte ermächtigt, so ist sie nach § 54 Abs. 1 BGB auch bevollmächtigt, alle Geschäfte und Rechtshandlungen vorzunehmen, die der Betrieb eines solchen Handelsgewerbes bzw. die Vornahme der Rechtsgeschäfte *gewöhnlich* mit sich bringen. Deshalb ist die Handlungsvollmacht grundsätzlich eine unternehmensbezogene Vollmacht, die keine Prokura ist.[108] **44**

Wie die Prokura ist die Handlungsvollmacht jedoch eine Vollmacht i. S. des § 167 Abs. 1 BGB und dient dem Verkehrsschutz. Im Unterschied zur Prokura hat diese aber keinen zwingenden, gesetzlich umschriebenen Umfang; § 54 Abs. 1 HGB begründet für Dritte lediglich die Vermutung, diese entspreche dem gewöhnlichen Umfang einer solchen Vollmacht. Weicht deren tatsächlicher Umfang von dieser Vermutung ab, so muss ein Dritter dies wegen § 54 Abs. 3 HGB allerdings nur dann gegen sich gelten lassen, wenn er die Abweichung kannte oder kennen musste. Die durch § 54 Abs. 1 HGB begründete Vermutung ist daher widerlegbar und der Umfang der Vertretungsmacht – im Gegensatz zu der Prokura – nicht zwingend.[109] **45**

---

[107] *K. Schmidt* § 16 Rn. 68.
[108] *K. Schmidt* § 16 Rn. 89.
[109] *Canaris* § 13 Rn. 3; *Hübner* Rn. 382; Oetker/*Schubert* § 54 Rn. 2.

II. Erteilung und Erlöschen der Handlungsvollmacht

46 Die *Erteilung der Handlungsvollmacht* ist formfrei, sie muss – im Unterschied zur Prokura – nicht in das Handelsregister eingetragen werden. Anders als § 48 Abs. 1 HGB für die Prokura verlangt § 54 HGB auch keine ausdrückliche Erklärung, sodass eine konkludente Handlungsvollmacht ebenso wie eine Duldungshandlungsvollmacht anzuerkennen ist.[110] Eine Handlungsvollmacht kann schließlich auch aus der Umdeutung (§ 140 BGB) einer unwirksamen Prokura resultieren.[111] Wegen ihrer weniger weit reichenden Rechtswirkungen bedarf ihre Erteilung durch einen Minderjährigen nicht der Genehmigung seitens des Familiengerichts;[112] der über § 1643 Abs. 1 BGB anzuwendende § 1852 BGB unterwirft lediglich die Erteilung der Prokura dem Erfordernis gerichtlicher Genehmigung.

47 Vorschriften, die den §§ 48 Abs. 1, 53 Abs. 1 HGB entsprechen und die Erteilung der Vertretungsmacht bestimmten Personen vorbehalten, fehlen für die Handlungsvollmacht. Sie können daher auch andere Personen als der Inhaber des Handelsgewerbes oder dessen gesetzlicher Vertreter erklären (z. B. Handlungsbevollmächtigte oder Prokuristen). Im Gegensatz zur gesetzlich ausgeschlossenen Unterprokura stehen einer Unterhandlungsvollmacht keine rechtlichen Hindernisse entgegen.

48 Dem Wortlaut des § 54 Abs. 1 HGB lässt sich nicht ausdrücklich entnehmen, ob der Vertretene ein Handelsgewerbe i. S. des § 1 Abs. 2 HGB betreiben muss. Da sich die vom Handlungsbevollmächtigten vorgenommenen „Geschäfte" auf ein „Handelsgewerbe" beziehen müssen (§ 54 Abs. 1 HGB), ist dies zu bejahen.[113] Eine unmittelbare Anwendung des § 54 HGB, insbesondere der in Absatz 1 normierten Vermutung, scheidet deshalb aus, wenn ein Kannkaufmann (§§ 2, 3 HGB) von einer Eintragung in das Handelsregister absieht (erst nach einer Eintragung „gilt" das Unternehmen „als Handelsgewerbe" i. S. dieses Gesetzbuchs [§ 2 Satz 1 HGB]) oder die tatbestandlichen Voraussetzungen des handelsrechtlichen Gewerbebegriffs (z. B. bei Freiberuflern) nicht erfüllt sind. An sich führt dies dazu, dass Inhaber derartiger Unternehmen lediglich eine bürgerlich-rechtliche (General-)Vollmacht (§ 167 Abs. 1 BGB) erteilen können.[114] Gleichwohl befürwortet ein beachtlicher Teil des Schrifttums eine entsprechende Anwendung der Vorschriften zur Handlungsvollmacht bei nichtkaufmännischen Unternehmen.[115] Wegen der Vermutungs-

---

[110] So bereits RG 16.6.1931, RGZ 133, 97 (99 f.) sowie BGH 19.3.2002, NZG 2002, 1120 (1121); *Bayer/Lieder* Rn. 227; Staub/*Fischinger* § 54 Rn. 23, 26; *Hofmann* S. 150; *Hübner* Rn. 393; *Jung* Kap. 7 Rn. 20; MK-HGB/*Krebs* § 54 Rn. 49; KKD/*Roth/Stelmaszcyk* § 54 Rn. 6.
[111] Näher oben § 5 Rn. 11.
[112] Oetker/*Schubert* § 54 Rn. 8; Staudinger/*Veit* (2020) § 1822 Rn. 197; MK-BGB/*Kroll-Ludwigs* § 1852 Rn. 30.
[113] Ebenso *Fischinger* Rn. 440; Heymann/*Teichmann* § 54 Rn. 12; RvWH/*Wöstmann* § 54 Rn. 7.
[114] So auch *Hofmann* S. 150; Heymann/*Teichmann* § 54 Rn. 13.
[115] Hierfür vor allem *Bayer/Lieder* Rn. 229; *Drexl/Mentzel* Jura 2002, 289 (298); MK-HGB/*Krebs* § 54 Rn. 8; Hopt/*Merkt* § 54 Rn. 6; KKD/*Roth/Stelmaszcyk* § 54 Rn. 4; *K. Schmidt* § 16 Rn. 97; ähnlich *Canaris* § 13 Rn. 32; ebenso für nichtkaufmännische Kleingewerbetreibende ausführlich

wirkung der Handlungsvollmacht (§ 54 Abs. 3 HGB) ist eine derartige Rechtsfortbildung jedoch problematisch.[116]

Das *Erlöschen der Handlungsvollmacht* bzw. deren Wirkungsdauer richtet sich nach den §§ 168, 170 bis 173 BGB; handelsrechtliche Besonderheiten sind hierbei nicht zu verzeichnen. Hervorzuheben sind aber die Unterschiede zum Erlöschen der Prokura. Da für die Handlungsvollmacht keine mit § 52 Abs. 1 HGB vergleichbare Regelung existiert, kann der Geschäftsinhaber auf sein Recht zum jederzeitigen Widerruf der Handlungsvollmacht rechtsgeschäftlich verzichten.[117] Aus § 168 Satz 2 BGB ergibt sich, dass einem derartigen Verzicht keine grundsätzlichen rechtlichen Bedenken entgegenstehen. Das Recht zum Widerruf aus „wichtigem Grund" (§ 314 Abs. 1 Satz 1 BGB) bleibt jedoch stets, also insbesondere auch bei einer „unwiderruflichen" Handlungsvollmacht erhalten.[118] Ferner kann – anders als bei der Prokura (§ 52 Abs. 3 HGB) – vereinbart werden, dass die Handlungsvollmacht mit dem Tode des Inhabers des Handelsgewerbes erlischt.[119] Ohne eine derartige Abrede, besteht die Handlungsvollmacht über den Tod hinaus,[120] bis die Erben diese widerrufen.

49

III. Arten und Umfang der Handlungsvollmacht

Anders als für die Prokura verzichtet das Handelsgesetzbuch darauf, den Umfang der Handlungsvollmacht zwingend festzuschreiben. Diesen bestimmt deshalb der Vollmachtgeber. § 54 Abs. 1 HGB beschränkt sich auf eine widerlegbare (§ 54 Abs. 3 HGB) Vermutung zum Umfang der Handlungsvollmacht.

50

Nach § 54 Abs. 1 HGB sind im Hinblick auf den Umfang der Handlungsvollmacht drei Arten zu unterscheiden: die Generalhandlungsvollmacht, die Arthandlungsvollmacht und die Spezialhandlungsvollmacht. Die *Generalhandlungsvollmacht* umfasst alle Geschäfte und Rechtshandlungen, die der Betrieb eines Handelsgewerbes mit sich bringt und ist damit die weiteste Handlungsvollmacht. Im Unterschied zur Prokura ist bei ihr jedoch nicht auf irgendein beliebiges Handelsgewerbe, sondern auf das spezielle Handelsgewerbe des Inhabers abzustellen. Hierdurch bringt das Gesetz zum Ausdruck, dass die Handlungsvollmacht eine „kleine" Prokura ist, sodass die Generalhandlungsvollmacht des § 54 Abs. 1 HGB solche Rechtsgeschäfte nicht umfasst, deren Vornahme selbst dem Prokuristen verwehrt

51

Schmitt Die Rechtsstellung der Kleingewerbetreibenden nach dem Handelsrechtsreformgesetz, 2003, S. 253 ff.

[116] Ablehnend z. B. Staub/*Fischinger* § 54 Rn. 12; *Hübner* Rn. 394; Oetker/*Schubert* § 54 Rn. 6; Heymann/*Teichmann* § 54 Rn. 13; Ebenroth/Boujong/*Weber* § 54 Rn. 2.

[117] Statt aller Staub/*Fischinger* § 54 Rn. 84; *Fleischer/Wedemann* S. 118; *Hübner* Rn. 397; Hopt/*Merkt* § 54 Rn. 21; Oetker/*Schubert* § 54 Rn. 45.

[118] BGH 13.5.1971, WM 1971, 956 (956); Staub/*Fischinger* § 54 Rn. 84; Hopt/*Merkt* § 54 Rn. 21 sowie MK-HGB/*Krebs* § 54 Rn. 59, m. w. N.

[119] Staub/*Fischinger* § 54 Rn. 87; Oetker/*Schubert* § 54 Rn. 48.

[120] Oetker/*Schubert* § 54 Rn. 48, m. w. N.

sind (z. B. Grundlagen- und Strukturentscheidungen).[121] Im Unterschied zu der Generalhandlungsvollmacht ist die *Arthandlungsvollmacht* auf eine bestimmte Art von Geschäften beschränkt und erlaubt die Vornahme solcher Rechtshandlungen, die derartige Geschäfte gewöhnlich mit sich bringen.[122] Noch enger ist die *Spezialhandlungsvollmacht*. Sie richtet sich auf ein bestimmtes Geschäft und erlaubt nur diejenigen Rechtshandlungen, welche ein solches Geschäft gewöhnlich mit sich bringt. In der Praxis lässt sich jede im Zusammenhang mit dem Betrieb eines Handelsgewerbes notwendige Vollmacht einer dieser drei Arten der Handlungsvollmacht zuordnen,[123] sodass nicht das Gesetz, sondern der Geschäftsherr den Umfang der Handlungsvollmacht bestimmt. § 54 Abs. 1 HGB enthält lediglich eine Typisierung, in die die verschiedenen Handlungsbevollmächtigungen entsprechend ihrem Umfang eingeordnet werden können.[124]

52 Das wirft die Frage auf, ob der Geschäftsherr die Handlungsvollmacht abweichend vom Gesetz ausgestalten darf. Vorstellbar ist z. B., dass eine Generalvollmacht erteilt wird, die über die inhaltlichen Beschränkungen des § 54 Abs. 1 HGB hinausgeht (z. B. Ausdehnung auf den Umfang einer Prokura). Wegen des Vorrangs der Privatautonomie bestehen hiergegen zumindest bei einer ausdrücklichen Erklärung keine Bedenken, solange die für die Prokura geltenden Beschränkungen nicht überschritten werden. Eine von den Fesseln der Prokura befreite Generalhandlungsvollmacht würde die gesetzliche Abstufung von Prokura und Handlungsvollmacht auf den Kopf stellen.[125] Zu beachten ist darüber hinaus, dass der Vorrang der Privatautonomie nicht die Vermutungswirkung des § 54 Abs. 1 HGB erweitern kann; sie bleibt auf die dort geregelten Arten einer Handlungsvollmacht beschränkt. Für das Vorliegen einer über § 54 Abs. 1 HGB hinausgehenden Generalhandlungsvollmacht trägt im Prozess deshalb derjenige, der sich auf diese beruft, die Darlegungs- und Beweislast.

53 Sofern trotz des Vorrangs der Privatautonomie ein Rückgriff auf die Vermutung in § 54 Abs. 1 HGB eröffnet ist, beschränkt sich die Handlungsvollmacht erstens auf solche Rechtsgeschäfte, die dem konkreten Handelsgewerbe des Unternehmens zuzuordnen sind, und sich zweitens noch im Rahmen des „Gewöhnlichen" bewegen. Ob der Betrieb des Handelsgewerbes das vorgenommene Rechtsgeschäft „gewöhnlich" mit sich bringt, entzieht sich allerdings einer schematischen Beurteilung. Vielmehr richtet sich dies nach den Umständen des Einzelfalls, wobei Art und Größe des Handelsgewerbes sowie die Eigenart des betreffenden Rechtsgeschäfts wichtige Anhaltspunkte liefern. Deshalb können bei großen Unternehmen selbst

---

[121] Näher oben § 5 Rn. 29 f.
[122] Exemplarisch OLG Stuttgart 12.1.2017, VersR 2018, 748 (751), für den Kollektivversicherungsvertrag eines Personalleiters im Rahmen der betrieblichen Altersversorgung.
[123] Zur Problematik der von der Generalhandlungsvollmacht streng zu unterscheidenden Generalvollmacht oben § 5 Rn. 6.
[124] *Canaris* § 13 Rn. 5, 6.
[125] S. MK-HGB/*Krebs* Vor § 48 Rn. 88 f. Zu den gerade hieraus folgenden Bedenken gegen ein Ausweichen auf eine Generalvollmacht oben § 5 Rn. 6.

C. Die Handlungsvollmacht

Vertragsabschlüsse von erheblicher finanzieller Tragweite noch zum gewöhnlichen Geschäftsbetrieb zu rechnen sein.[126]

Eine Ausnahme von dem Grundsatz in § 54 Abs. 1 HGB enthält § 54 Abs. 2 HGB. Hiernach darf die Vertretungsmacht des Handlungsbevollmächtigten für die Veräußerung und Belastung von Grundstücken, die Eingehung von Wechselverbindlichkeiten, die Darlehensaufnahme sowie die Prozessführung nur i. S. des § 54 Abs. 1 HGB vermutet werden, wenn ihm eine solche Befugnis besonders erteilt wurde. Der Vorbehalt in § 54 Abs. 2 HGB entspricht hinsichtlich der Veräußerung und Belastung von Grundstücken demjenigen für die Prokura in § 49 Abs. 2 HGB, sodass die dortigen Grundsätze[127] auch für die Auslegung des § 54 Abs. 2 HGB gelten. Im Übrigen geht § 54 Abs. 2 HGB jedoch über die Schranke des § 49 Abs. 2 HGB hinaus. Wie dort kann die Beschränkung bei den in § 54 Abs. 2 HGB genannten Angelegenheiten nur durch eine gesonderte Vollmacht zugunsten des Handlungsbevollmächtigten überwunden werden.[128]

54

Entsprechend der Regelung für den Prokuristen in § 51 HGB verpflichtet § 57 HGB den Handlungsbevollmächtigten, bei seinen Erklärungen einen Zusatz zu verwenden, der auf das Vertretungsverhältnis hinweist (z. B. „i. V.", „i. A."); eine Ähnlichkeit mit den bei der Prokura gebräuchlichen Zusätzen muss jedoch ausgeschlossen sein. Wie § 51 HGB ist auch § 57 HGB eine Ordnungsvorschrift[129] und deren Beachtung keine Wirksamkeitsvoraussetzung für Rechtshandlungen des Handlungsbevollmächtigten,[130] insbesondere schließt der Verstoß gegen § 57 HGB nicht die Vermutungswirkung des § 54 Abs. 1 HGB aus. Stets muss sich jedoch zumindest aus den Umständen (§ 164 Abs. 2 BGB) ergeben, dass die Erklärung für den Inhaber des Handelsgewerbes abgegeben wird.[131]

55

IV. Dem Handlungsbevollmächtigten gleichgestellte Personen

Nach § 55 Abs. 1 HGB findet § 54 HGB auch auf Handlungsbevollmächtigte Anwendung, wenn diese als Handelsvertreter oder Handlungsgehilfen außerhalb des Betriebs mit dem Abschluss von Geschäften im Namen des Geschäftsherrn betraut sind. Im Umkehrschluss folgt hieraus, dass § 54 HGB sich zunächst nur auf Mitar-

56

---

[126] BGH 19.3.2002, NZG 2002, 1120 (1121).
[127] S. oben § 5 Rn. 31.
[128] Exemplarisch für den Abschluss einer Schiedsvereinbarung OLG München 19.8.2008, NJW-RR 2009, 417 (418 f.), das im konkreten Sachverhalt jedoch eine konkludente Vollmacht verneinte.
[129] Für die allg. Ansicht *Fischinger* Rn. 458; Staub/*Fischinger* § 57 Rn. 8; MK-HGB/*Krebs* § 57 Rn. 1; Schlegelberger/*Schröder* § 57 Rn. 1; Oetker/*Schubert* § 57 Rn. 1; Heymann/*Teichmann* § 57 Rn. 4; Ebenroth/Boujong/*Weber* § 57 Rn. 5; RvWH/*Wöstmann* § 57 Rn. 2. Zu § 51 HGB s. oben § 5 Rn. 27.
[130] Ebenso *Fischinger* Rn. 458; Staub/*Fischinger* § 57 Rn. 8; Oetker/*Schubert* § 57 Rn. 4; Heymann/*Teichmann* § 57 Rn. 4; Ebenroth/Boujong/*Weber* § 57 Rn. 5; RvWH/*Wöstmann* § 57 Rn. 2.
[131] Staub/*Fischinger* § 57 Rn. 8 f.

beiter bezieht, die im Betrieb tätig werden.[132] § 55 Abs. 2 und 3 HGB enthält zwei besondere, von der Handlungsvollmacht abweichende Einschränkungen.

D. Stellvertretung durch Ladenangestellte

I. Zweck des § 56 HGB

57 Eine Sonderregelung, die mit den Vorschriften zur Handlungsvollmacht in einem engen Sachzusammenhang steht, trifft § 56 HGB für Ladenangestellte. Hiernach gilt derjenige, der in einem Laden oder offenen Warenlager angestellt ist, als ermächtigt zu den in einem solchen Laden oder offenen Warenlager gewöhnlich vorkommenden Verkäufen und Empfangnahmen. Diese Vorschrift dient ebenfalls dem Verkehrsschutz. Wer in einem fremden öffentlichen Geschäftsraum einen Vertrag schließt oder eine Rechtshandlung vornimmt, soll nicht das Risiko tragen, dass die für den Geschäftsinhaber auftretenden Personen ohne Vertretungsmacht handeln.

58 Dem Ladenangestellten wird durch § 56 HGB – nicht anders als bei der Prokura und der Handlungsvollmacht – keine gesetzliche Vertretungsmacht verliehen. Umgekehrt kommt es nicht darauf an, ob der Geschäftsinhaber ihn bevollmächtigt hat, da § 56 HGB das Vertrauen des Rechtsverkehrs auf den Anschein einer solchen Bevollmächtigung schützt, der durch das Auftreten im öffentlichen Geschäftsraum geschaffen wird.[133]

II. Voraussetzungen des § 56 HGB

59 Den Schutz des Vertrauens in die Bevollmächtigung des Ladenangestellten knüpft § 56 HGB an verschiedene Voraussetzungen. Zunächst muss eine Anstellung des im Laden Handelnden vorliegen. Hierfür genügt es, wenn dieser mit Wissen und Wollen des Geschäftsinhabers im Laden tätig ist,[134] selbst wenn zwischen ihm und dem Handelnden kein Vertragsverhältnis besteht.

60 Des Weiteren muss der Angestellte etwas verkauft oder in Empfang genommen haben. Dabei ist der Begriff „Verkauf" in § 56 HGB wörtlich zu verstehen, sodass eine analoge Anwendung der Vorschrift auf den „Ankauf" ausscheidet.[135] Aufgrund ihres Zwecks beschränkt sich diese jedoch nicht auf den Abschluss des

---

[132] *Canaris* § 13 Rn. 33; Oetker/*Schubert* § 54 Rn. 10; i. E. auch *Fischinger* Rn. 441.
[133] *Hopt* AcP Bd. 183 (1983), 608 (695 f.).
[134] BGH 10.7.1975, NJW 1975, 2191 (2192); *Fischinger* Rn. 466.
[135] BGH 4.5.1988, NJW 1988, 2109 (2110); s. auch *Bayer/Lieder* Rn. 246; *Canaris* § 14 Rn. 8; *Drexl/Mentzel* Jura 2002, 375 (375); *Fezer* Rn. 310; *Fischinger* Rn. 470; *Fleischer/Wedemann* S. 120; *Hofmann* S. 154; *Hübner* Rn. 404; *Lettl* § 6 Rn. 106; Oetker/*Schubert* § 56 Rn. 15; Ebenroth/Boujong/*Weber* § 56 Rn. 11.

Verpflichtungsgeschäfts, sondern gilt auch für die Erfüllung des Vertrags und die hierfür notwendigen Verfügungsgeschäfte.[136] Die mit der inhaltlichen Beschränkung des § 56 HGB verbundenen Grenzen können jedoch stets sowohl durch die Grundsätze zur Duldungs- oder Anscheinsvollmacht als auch durch eine tatsächlich vorliegende Handlungsvollmacht überwunden werden, da sich deren inhaltliche Reichweite stets nach § 54 Abs. 1 HGB bemisst.[137]

Schließlich muss der Vertretene – wie sich aus der systematischen Verknüpfung des § 56 HGB mit § 54 HGB ergibt – Kaufmann i. S. der §§ 1 bis 6 HGB sein,[138] der ein Handelsgewerbe betreibt. Erfüllt er diese Voraussetzungen nicht, dann kann eine Duldungs- oder Anscheinsvollmacht die Vertretungsmacht des im Laden Handelnden begründen. Das kommt insbesondere in Betracht, wenn der Ladeninhaber wegen Art oder Umfang des Unternehmens lediglich Kleingewerbetreibender ist (z. B. Kiosk) und von einer Eintragung in das Handelsregister (§ 2 Satz 1 HGB) abgesehen hat.[139] Sein Unternehmen gilt erst mit der Eintragung als Handelsgewerbe.[140]

61

III. Reichweite des Verkehrsschutzes

1. Zwischen Beweiserleichterung und unwiderlegbarer Vermutung

Bei der Anwendung des § 56 HGB sind auf der Rechtsfolgenebene zwei Sachverhalte zu unterscheiden. Zum einen kann der Ladenangestellte vom Geschäftsherrn *tatsächlich bevollmächtigt* sein. In diesem Fall erleichtert die Norm lediglich die Beweisführung und entfaltet keine materiell-rechtlichen Auswirkungen im Verhältnis zwischen dem Geschäftsherrn und dem Dritten. Die inhaltliche Reichweite der Handlungsvollmacht bestimmt sich ausschließlich nach den Grundsätzen zu § 54 HGB, was vor allem im Hinblick auf die Ausdehnung der Vollmacht auf die „gewöhnlichen" Rechtsgeschäfte und Rechtshandlungen relevant ist.

62

In dem anderen Fall, dem Ladenangestellten also die *Bevollmächtigung* durch den Geschäftsinhaber fehlt, handelt er ohne Vertretungsmacht, sodass § 56 HGB als

63

---

[136] BGH 4.5.1988, NJW 1988, 2109 (2109); OLG Karlsruhe 16.10.2020, NJW-RR 2021, 122 (123) (Entgegennahme des Kaufpreises); *Bayer/Lieder* Rn. 245; *Petersen* Jura 2012, 683 (683); Oetker/*Schubert* § 56 Rn. 10; Ebenroth/Boujong/*Weber* § 56 Rn. 10.

[137] S. BGH 4.5.1988, NJW 1988, 2109 (2110).

[138] Staub/*Fischinger* § 56 Rn. 8; MK-HGB/*Krebs* § 56 Rn. 8; Heymann/*Sonnenschein/Weitemeyer* 2. Aufl., § 56 Rn. 2; a. A. Heymann/*Teichmann* § 56 Rn. 6 sowie die Nachweise nachfolgend in Fn. 139.

[139] Weitergehend zugunsten einer analogen Anwendung des § 56 HGB *Bayer/Lieder* Rn. 247; *Canaris* § 13 Rn. 10; *Hübner* Rn. 399; MK-HGB/*Krebs* § 56 Rn. 9; *Lettl* § 6 Rn. 98; Hopt/*Merkt* § 56 Rn. 1; KKD/*Roth/Stelmaszcyk* § 56 Rn. 3; *K. Schmidt* § 16 Rn. 128; *Schmitt* Die Rechtsstellung der Kleingewerbetreibenden nach dem Handelsrechtsreformgesetz, 2003, S. 253 ff.; Heymann/*Teichmann* § 56 Rn. 6; RvWH/*Wöstmann* § 56 Rn. 4a; hiergegen jedoch Staub/*Fischinger* § 56 Rn. 8; Oetker/*Schubert* § 56 Rn. 7; Heymann/*Sonnenschein/Weitemeyer* 2. Aufl., § 56 Rn. 2; Ebenroth/Boujong/*Weber* § 56 Rn. 3.

[140] S. oben § 2 Rn. 40.

unwiderlegbare Vermutung zugunsten des Dritten wirkt,[141] dessen Vertrauen geschützt wird. Allerdings beschränkt sich die Vermutung auf die in § 56 HGB genannten Geschäfte, sodass lediglich gewöhnliche „Verkäufe" und „Empfangnahmen" die unwiderlegbare Vermutung für das Vorliegen einer Vollmacht auslösen. Soweit § 56 HGB als spezielle Regelung eingreift, scheidet ein Rückgriff auf die allgemeinen Grundsätze zur Duldungs- oder Anscheinsvollmacht aus.

2. Gutgläubigkeit des Dritten

64 Selbst wenn die tatbestandlichen Voraussetzungen des § 56 HGB erfüllt sind und deshalb an sich die dort normierte unwiderlegbare Vermutung eingreift, reicht der Schutz des Rechtsgeschäftsverkehrs nicht weiter als bei einer Handlungsvollmacht. Die unwiderlegbare Vermutung des § 56 HGB findet deshalb nur Anwendung, wenn der Dritte gutgläubig ist,[142] insbesondere ist § 54 Abs. 3 HGB analog anzuwenden.[143] Der Kaufmann kann den Rechtsschein einer Vertretungsmacht deshalb jederzeit durch hinreichend deutliche Bekundungen (z. B. Aushänge im Ladenlokal) zerstören bzw. dessen Entstehung verhindern.[144]

---

[141] RG 20.10.1908, RGZ 69, 307 (309).

[142] *Brox/Henssler* Rn. 228; Staub/*Fischinger* § 56 Rn. 44; *J. v. Gierke/Sandrock* § 23 VIII 2d, S. 378; *Petersen* Jura 2012, 683 (683 f.); HK-HGB/*Ruß* § 56 Rn. 4; Ebenroth/Boujong/*Weber* § 56 Rn. 14 ff.; RvWH/*Wöstmann* § 56 Rn. 21.

[143] *Bayer/Lieder* Rn. 248; *Fischinger* Rn. 474; Staub/*Fischinger* § 56 Rn. 44; *Hofmann* S. 153; *Hübner* Rn. 406; *Lettl* § 6 Rn. 109; Hopt/*Merkt* § 56 Rn. 5; Heymann/*Sonnenschein/Weitemeyer* 2. Aufl., § 56 Rn. 20; RvWH/*Wöstmann* § 56 Rn. 21; wohl auch Oetker/*Schubert* § 56 Rn. 17 ff.; für eine unmittelbare Anwendung des § 54 Abs. 3 HGB MK-HGB/*Krebs* § 56 Rn. 34; KKD/*Roth/Stelmaszcyk* § 56 Rn. 11; Ebenroth/Boujong/*Weber* § 56 Rn. 14; gegen eine analoge Anwendung von § 54 Abs. 3 HGB Heymann/*Teichmann* § 56 Rn. 29.

[144] Nicht ausreichend ist das Vorhandensein einer Barkasse ohne ausdrückliche Hinweise, dass ausschließlich an dieser gezahlt werden kann; s. BGH 24.9.1975, NJW 1975, 2191 (2191) sowie auch *Fleischer/Wedemann* S. 120 f.; *Hofmann* S. 153 f.

§ 6 Der Kaufmann als Absatzmittler

Schrifttum zur Ausbildung: *Bullinger,* Grundzüge des Handelsvertreterrechts, Jura 1979, S. 459 ff.; *Fleischer/Wedemann* S. 121 ff.; *K. Schmidt,* Vom Handelsvertreterrecht zum modernen Vertriebsrecht – Handelsrecht, Vertriebspraxis und Kartellrecht, JuS 2008, S. 665 ff.; *Tscherwinka,* Das Recht des Handelsvertreters, JuS 1991, S. 110 ff. **Zur Falllösung:** Ensthaler/*Gesmann-Nuissl* S. 45 ff. (Fall 5); *Fezer* S. 201 ff. (Fall 16); *Hadding/Hennrichs* S. 59 ff. (Fall 9–11); *Lettl* Fälle, S. 79 ff. (Fall 10 und 11); *Martinek/Bergmann* Fall 14–16; *Wank* S. 169 ff. (Fall 18). **Zur Vertiefung:** *Emde,* Handelsvertreterrecht – Relevante Vorschriften bei nationalen und internationalen Verträgen, MDR 2002, S. 190 ff.; *ders./Kelm,* Der Handelsvertretervertrag in der Insolvenz des Unternehmens, ZIP 2005, S. 58 ff.; *Fischer,* Der Handelsvertreter im deutschen und europäischen Recht, ZVglRWiss. Bd. 101 (2002), S. 143 ff.; *Hopt,* Moderne Vertriebsformen und Einzelheiten ihrer handelsrechtlichen Zulässigkeit, ZIP 1996, S. 1809 ff.; *Kindler/Menges,* Die Entwicklung des Handelsvertreter- und Vertragshändlerrechts seit 2005, DB 2010, S. 1109 ff.; *Martinek,* Vom Handelsvertreterrecht zum Recht der Vertriebssysteme, ZHR Bd. 161 (1997), S. 67 ff.; *ders.,* Vertriebsrecht und vertikale Integration in der BGH-Rechtsprechung, 50 Jahre Bundesgerichtshof – Festgabe aus der Wissenschaft, Bd. II, 2002, S. 101 ff.; *Preis/Stoffels,* Die Inhaltskontrolle der Verträge selbstständiger und unselbstständiger Handelsvertreter, ZHR Bd. 160 (1996), S. 442 ff.; *Rittner,* Das Handelsvertreterrecht in der Rechtsprechung des Bundesgerichtshofs, 50 Jahre Bundesgerichtshof – Festgabe aus der Wissenschaft, Bd. II, 2000, S. 57 ff.; *J. Schmidt,* Vertragsfreiheit und EG-Handelsvertreterrichtlinie, ZHR Bd. 156 (1992), S. 512 ff.; *K. Schmidt,* Vom Handelsvertreterrecht zum modernen Vertriebsrecht – Handelsrecht, Vertriebspraxis und Kartellrecht, JuS 2008, S. 655 ff.; *Schwarz,* Das internationale Handelsvertreterrecht im Lichte von „Ingmar" – Droht das Ende der Parteiautonomie im Gemeinschaftsprivatrecht, ZVglRWiss. Bd. 101 (2002), S. 45 ff.

A. Handelsgesetzbuch und heutige kaufmännische Praxis

Für den Absatz von Produkten, die Kundenbetreuung sowie die Vermittlung von Dienstleistungen bedienen sich Unternehmen oftmals anderer Unternehmen. Diese sind, obwohl rechtlich selbstständig, häufig mehr oder weniger intensiv und dauerhaft in die Vertriebs- und Betreuungssysteme der sie betrauenden Unternehmen einbezogen. Hierdurch kann bei der Marktbetreuung die Sachkunde spezialisierter Unternehmen genutzt und zumeist kostengünstiger und effektiver als mit eigenen Angestellten operiert werden, insbesondere unterliegt das Unternehmen nicht den arbeits- und sozialversicherungsrechtlichen Belastungen und Bindungen, die mit der Beschäftigung von Arbeitnehmern verbunden sind. Exemplarisch lässt sich dies am Kraftfahrzeughandel aufzeigen. Denkbar ist zunächst, dass ein einziges Unternehmen Herstellung und Vertrieb der Kraftfahrzeuge organisiert und abwickelt. Den Vertrieb der Kraftfahrzeuge führt in diesem Fall der Hersteller mit eigenem Personal durch. Die Praxis beschreitet jedoch häufig einen anderen Weg: Den Vertrieb übernehmen rechtlich selbstständige Vertragshändler, die auf eigene Rechnung und mit eigenem unternehmerischen Risiko am Markt operieren. Gleichwohl sind sie durch zumeist gleichförmig ausgestaltete Vertragshändlerverträge[1] in die Absatzorganisation des Kraftfahrzeugherstellers eingebunden.

2   Trotz der enormen praktischen Bedeutung verzichtet das Handelsgesetzbuch auf allgemeine Regelungen, wenn Kaufleute sich anderer, rechtlich selbstständiger Unternehmen zur Erschließung und Betreuung des Marktes bedienen. Es hat lediglich einzelne, schon im vorletzten Jahrhundert bekannte und übliche Methoden, wie die Einschaltung eines Handelsvertreters (§§ 84 ff. HGB) oder eines Handelsmaklers (§§ 93 ff. HGB), und die bei ihrer Tätigkeit als Absatzmittler im Verhältnis zu dem betrauenden Unternehmen typischerweise auftretenden Probleme ausgestaltet. Damit erfassen die Regelungen im Handelsgesetzbuch aus heutiger Sicht allerdings nur noch ein schmales Segment der in der Praxis üblichen Absatzmittlungsverhältnisse.

3   Die kaufmännische Praxis entwickelte sich gerade auf dem Gebiet der Absatzmittlung seit Inkrafttreten des Handelsgesetzbuchs stürmisch. Heute geschieht die Einschaltung selbstständiger Unternehmen zu diesem Zweck häufig nicht mehr in Form von Handelsvertreter- oder Handelsmaklerverträgen, sondern vielmehr bildeten sich unterschiedliche Vertriebssysteme und Vertragsgestaltungen heraus, die sich nicht oder nur mit Einschränkungen den im Gesetz vorgesehenen Typen zuordnen lassen. Hauptbeispiele hierfür sind der bereits angeführte Vertragshändlervertrag[2] sowie das Franchising.[3] Da für beide eine allgemeine Regelung fehlt, ist bei der rechtlichen Problembewältigung stets klärungsbedürftig, ob und in welchem Umfang die Bestimmungen über Handelsvertreter- und Handelsmaklerverträge mittels einer methodengerechten Rechtsfortbildung auf diese atypischen Verträge entsprechende Anwendung finden.

4   Die teilweise anzutreffende und als Gegenüberstellung zu den unselbstständigen Hilfspersonen (§§ 59 ff. HGB) verstandene Umschreibung der Handelsvertreter und Handelsmakler als sog. „selbstständige Hilfspersonen" des Kaufmanns[4] wird dem

---

[1] Exemplarisch BGH 12.1.1994, BGHZ 124, 351 ff.; 20.7.2005, BGHZ 164, 11 ff.
[2] Zu diesem näher unten § 6 Rn. 73 ff.
[3] Hierzu unten § 6 Rn. 79 ff.
[4] So *J. v. Gierke/Sandrock* § 21 I 2, S. 340; *Hofmann* S. 139; *Hübner* Rn. 314; *Jung* Kap. 6 Rn. 1.

Gesetz nur unvollkommen gerecht.⁵ Sie signalisiert eine Unterordnung des Handelsvertreters bzw. Handelsmaklers, die in den gesetzlichen Bestimmungen keinen unmittelbaren Niederschlag gefunden hat. Eine Unterordnung unter den betrauenden Unternehmer und die hieraus folgende Schutzbedürftigkeit ist, obwohl in der Praxis oftmals anzutreffen, weder tatsächlich noch rechtlich für ein Handelsvertreter- oder Handelsmaklerverhältnis erforderlich. Das Bedürfnis, vor allem Handelsvertreter wegen der häufig vorliegenden tatsächlichen Unterordnung unter den betrauenden Unternehmer besonders zu schützen,⁶ ist bei den Bestimmungen des Handelsvertreterrechts, insbesondere durch den Ausgleichsanspruch im Falle der Vertragsbeendigung (§ 89b HGB)⁷ sowie die zwingenden Mindestkündigungsfristen (§ 89 Abs. 1 und 2 HGB) gleichwohl berücksichtigt worden.

Handelsvertreter und Handelsmakler gehören – wie die Überschrift des Ersten Buchs des Handelsgesetzbuchs zeigt – dem Handelsstand an. Dementsprechend ordnete § 1 Abs. 2 Nr. 7 HGB a. F. die Kaufmannseigenschaft der Handelsvertreter und Handelsmakler ohne Einschränkungen ausdrücklich an. Seit der Neufassung des § 1 HGB durch das Handelsrechtsreformgesetz im Jahre 1998 hängt diese hingegen von Art und Umfang des Unternehmens ab (§ 1 Abs. 2 HGB). Nicht jeder Handelsvertreter bzw. Handelsmakler ist folglich Kaufmann. Vielmehr ist deren Kaufmannseigenschaft zu verneinen, wenn ihr Unternehmen nach Art oder Umfang keinen in kaufmännischer Weise eingerichteten Geschäftsbetrieb erfordert und sie die durch § 2 Satz 2 HGB eröffnete Option zur Eintragung in das Handelsregister nicht in Anspruch genommen haben.⁸

5

Die §§ 84 ff. HGB sowie die §§ 93 ff. HGB enthalten jedoch, entgegen ihrer systematischen Stellung, keine Bestimmungen über den Handelsstand, also das kaufmännische Unternehmen der Handelsvertreter und Handelsmakler. Vielmehr gestalten diese ausschließlich das Verhältnis zum betrauenden Unternehmer aus. Gegenstand der Normen ist nicht die „ständische" Stellung der Handelsvertreter und Handelsmakler, sondern die Rechtsbeziehung zu dem betrauenden Unternehmer, also der Handelsvertreter- bzw. Handelsmaklervertrag. Einen anderen Weg beschreitet das Handelsgesetzbuch für den Kommissionär. Obwohl dieser vergleichbar wie der Handelsvertreter in die Absatzorganisation eines Unternehmens eingebunden sein kann und § 1 Abs. 2 Nr. 6 HGB a. F. ihn vormals den Istkaufleuten zuordnete, ist der mit einem Kommissionär abgeschlossene Vertrag den Handelsgeschäften zugewiesen und im Vierten Buch des Handelsgesetzbuchs ausgestaltet (§§ 383 ff. HGB).⁹

6

---

⁵ Ablehnend auch *K. Schmidt* § 25 Rn. 6.
⁶ S. BVerfG 14.2.1990, BVerfGE 81, 242 (256 ff.).
⁷ Hierzu unten § 6 Rn. 41 ff.
⁸ Die Vorschriften des Handelsvertreterrechts finden in diesem Fall gleichwohl auf sie Anwendung (§ 84 Abs. 4 HGB), entsprechendes gilt für den Handelsmakler (§ 93 Abs. 3 HGB); näher dazu *Schmitt* Die Rechtsstellung der Kleingewerbetreibenden nach dem Handelsrechtsreformgesetz, 2003, S. 114 ff., 122 ff.
⁹ Zu diesem näher unten § 9, S. 249 ff.

B. Der Handelsvertreter

I. Gesetzliche Regelungen zum Handelsvertreterrecht

1. Handelsgesetzbuch

7   Das im Handelsgesetzbuch normierte Recht der Handelsvertreter beschränkt sich vor allem auf die Ausgestaltung des *Innenverhältnisses* zwischen dem betrauenden Unternehmer und dem Handelsvertreter. Insbesondere regelt es in den §§ 84 bis 92c HGB die beiderseitigen Rechte und Pflichten bei der Durchführung des Handelsvertretervertrags.

8   Das *Außenverhältnis* des am Markt operierenden Handelsvertreters erfährt nur partiell durch die §§ 91, 91a HGB eine Ausgestaltung.[10] Die dortigen Regelungen zur Vertretungsmacht verlängern unter anderem die Bestimmung des § 55 HGB in das Handelsvertreterrecht (§ 91 Abs. 1 HGB) und erlegen dem betrauenden Unternehmer darüber hinaus eine Obliegenheit zur Ablehnung des Geschäfts auf, wenn der Handelsvertreter ein Geschäft in dessen Namen abschließt, ihm hierfür aber die Vertretungsmacht fehlt (§ 91a HGB). Mit der letztgenannten Vorschrift ergänzt das Handelsgesetzbuch § 177 BGB, der das Schweigen des Vertretenen auf die Aufforderung zur (nachträglichen) Genehmigung nach Ablauf der zweiwöchigen Frist als Verweigerung der Genehmigung fingiert (§ 177 Abs. 2 Satz 2 BGB). Diese Rechtsfolge kehren § 91a Abs. 1 und 2 HGB um: das Geschäft gilt als genehmigt, wenn der Vertretene dieses nicht unverzüglich ablehnt.

2. Überlagerung des Handelsvertreterrechts durch die Richtlinie 86/653/EWG

9   Das Handelsvertreterrecht zählt zu denjenigen Materien des Handelsgesetzbuchs, die eine umfassende Überlagerung durch das Unionsrecht aufweisen. Insbesondere die letzte einschneidende Änderung der entsprechenden handelsrechtlichen Vorschriften im Jahre 1989 beruhte auf dem Anliegen, die Vorgaben der Richtlinie 86/653/EWG[11] in das innerstaatliche Recht umzusetzen,[12] und auch die Änderung des § 89b Abs. 1 Satz 1 HGB im Jahre 2009 zog die Konsequenzen aus einem zu Art. 17 der Richtlinie 86/653/EWG ergangenen Urteil des Europäischen Gerichtshofs.[13] Deshalb können zahlreiche Vorschriften des Handelsvertreterrechts nicht mehr ohne einen Seitenblick auf die parallelen Bestimmungen der Richtlinie 86/653/EWG und die hierzu vorliegende Rechtsprechung des Europäischen

---

[10] Dazu näher unten § 6 Rn. 59 ff.
[11] ABl. EG Nr. L 382 v. 13.12.1986, S. 17; hierzu *Ankele* DB 1987, 659 ff.; Staub/*Emde* vor § 84 Rn. 13 ff.
[12] S. z. B. *Ankele* DB 1989, 2211 ff.; *Eckert* NZA 1990, 384 ff.
[13] S. EuGH 26.3.2009, EuZW 2009, 304 ff.; dazu auch *Christoph* NJW 2010, 647 ff.; *Thume* BB 2009, 2490 ff.; *ders.* VersR 2012, 665 ff.; *Wauschkuhn/Fröhlich* BB 2010, 524 ff.

B. Der Handelsvertreter

Gerichtshofs sowie die europarechtliche Vorgabe einer unionsrechtskonformen Auslegung[14] angewendet werden. Im Einzelnen betrifft dies folgende Aspekte:[15]
- den Begriff des Handelsvertreters in § 84 HGB (= Art. 1),
- die Aushändigung der Vertragsurkunde nach § 85 HGB (= Art. 13),
- die in § 86 HGB geregelten Pflichten des Handelsvertreters (= Art. 3),
- die Bestimmungen in § 86a HGB zu den Pflichten des Unternehmers (= Art. 4),
- die Vorschriften zum Provisionsanspruch in den §§ 87 ff. HGB (= Art. 6 bis 12),
- die Regelung zur ordentlichen Kündigung des Handelsvertretervertrags in § 89 HGB (= Art. 14 und 15),
- den Ausgleichsanspruch nach § 89b HGB (= Art. 17 bis 19) sowie
- die Wettbewerbsabrede nach § 90a HGB (= Art. 20).

Exemplarisch für die unionsrechtliche Überlagerung des Handelsvertreterrechts steht die Judikatur des Bundesgerichtshofs zum Ausgleichsanspruch des Handelsvertreters (§ 89b HGB). So hat der Bundesgerichtshof die Notwendigkeit eines unmittelbaren ursächlichen Zusammenhangs zwischen der Kündigungserklärung und dem schuldhaften Verhalten des Handelsvertreters im Rahmen von § 89b Abs. 3 Nr. 2 HGB unter Aufgabe seiner bisherigen Rechtsprechung erst nach einem an den Europäischen Gerichtshof gerichteten Vorabentscheidungsersuchen anerkannt.[16] Auch die Konkretisierung des für einen Ausgleichsanspruch notwendigen „neuen Kunden" in § 89b Abs. 1 HGB war Gegenstand eines Vorabentscheidungsersuchens durch den Bundesgerichtshof.[17] Schließlich hielt der Europäische Gerichtshof fest, dass der in Art. 17 der Richtlinie 86/653/EWG vorgegebene Ausgleichsanspruch auch dann besteht, wenn der Handelsvertretervertrag während einer Probezeit beendet wird.[18]

3. Subsidiäre Anwendung des Dienstvertragsrechts

Die gesetzestechnische Verselbstständigung des Handelsvertreterrechts im Handelsgesetzbuch darf nicht zu dem Missverständnis verleiten, dass die §§ 84 ff. HGB das Handelsvertreterrecht abschließend ausgestalten. Wegen der Rechtsnatur des Handelsvertretervertrags als eines auf die Erbringung einer Dienstleistung gerichteten Geschäftsbesorgungsvertrags[19] sind für das Handelsvertreterverhältnis subsidiär die §§ 611 bis 630 BGB[20] sowie über § 675 BGB die §§ 664 ff. BGB anwendbar.

10

---

[14] Näher hierzu § 1 Rn. 14 mit Fn. 31.
[15] In Klammern sind die einschlägigen Vorschriften der Richtlinie 86/653/EWG genannt; näher zu ihnen *Fischer* ZVglRWiss. Bd. 101 (2002), 143 ff.
[16] BGH 16.2.2011, NJW-RR 2011, 614 Rn. 18 ff. sowie zuvor EuGH 28.10.2010, NJW-RR 2011, 255 Rn. 38 ff.; dazu auch unten § 6 Rn. 54.
[17] BGH 14.5.2014, WM 2014, 1769 ff. sowie nachfolgend EuGH 7.4.2016, NJW 2016, 2244 ff. und im Anschluss BGH 6.10.2016, NJW 2016, 3782 ff.
[18] EuGH 19.4.2018, EuZW 2018, 829 Rn. 21 ff.
[19] S. unten § 6 Rn. 27.
[20] S. zu § 613 Satz 2 BGB BGH 13.8.2015, NJW 2015, 3373 Rn. 24.

11 Der Handelsvertretervertrag ist deshalb in ein vielschichtig verwobenes Geflecht von bürgerlich-rechtlichen Vorschriften und speziellen handelsrechtlichen Normen eingebettet, das bei zahlreichen Einzelproblemen die teilweise nur schwer zu beantwortende Frage aufwirft, ob und vor allem in welchem Umfang die handelsrechtliche *lex specialis* die bürgerlich-rechtliche *lex generalis* verdrängt.[21] Exemplarisch ist auf die bislang nicht abschließend geklärte Anwendbarkeit von § 615 Satz 1 und 2 BGB (Annahmeverzug des Dienstberechtigten),[22] § 624 BGB (Bindungsdauer bei Dienstverhältnissen)[23] sowie § 630 BGB (Zeugnisanspruch des Dienstverpflichteten)[24] hinzuweisen.

II. Begriff des Handelsvertreters

1. Persönliche Selbstständigkeit

12 Nach § 84 Abs. 1 Satz 1 HGB, der mit Art. 1 Abs. 2 der Richtlinie 86/653/EWG übereinstimmt, ist Handelsvertreter, wer als selbstständiger Gewerbetreibender ständig damit betraut ist, für einen anderen Unternehmer Geschäfte zu vermitteln oder in dessen Namen abzuschließen. Selbstständig ist der Handelsvertreter nach § 84 Abs. 1 Satz 2 HGB nur, wenn er seine Tätigkeit im Wesentlichen frei gestalten und seine Arbeitszeit selbst bestimmen kann. Es kommt deshalb auf die *persönliche* Selbstständigkeit an, sodass inhaltliche Vorgaben für die fachliche Präsentation der vertriebenen Ware der Selbstständigkeit nicht entgegenstehen.[25]

13 Der Gesetzgeber ging bei der Schaffung des § 84 Abs. 1 Satz 2 HGB von natürlichen Personen als Handelsvertreter aus, ohne dass diese personelle Eingrenzung allerdings im Gesetz einen Niederschlag findet. Deshalb können auch Handelsgesellschaften Handelsvertreter sein.[26] Da sie aber i. S. von § 84 Abs. 1 Satz 1 HGB selbst dann selbstständig sind, wenn sie als Tochterunternehmen aus Sicht des Konzernrechts (s. § 18 Abs. 1 AktG) abhängige Unternehmen ihrer Muttergesellschaft sind, tritt die Frage der „persönlichen" Selbstständigkeit bei ihnen nicht auf.[27] Der Konzerntatbestand lässt die rechtliche Selbstständigkeit der unter einheitlicher Leitung zusammengefassten Unternehmen unberührt.[28]

---

[21] Statt aller Staub/*Emde* vor § 84 Rn. 57 ff.; *ders.* MDR 2002, 190 (191 ff.); Ebenroth/Boujong/*Semmler* § 84 Rn. 67.
[22] S. BGH 18.6.1959, NJW 1959, 1490 (1490).
[23] BGH 9.6.1969, BGHZ 52, 171 (174 f.), für den Sonderfall eines Tankstellen-Stationärvertrags.
[24] Näher Staub/*Emde* § 84 Rn. 135.
[25] Oetker/*Busche* § 84 Rn. 32; MK-HGB/*Ströbl* § 84 Rn. 53.
[26] Für die allg. Ansicht Oetker/*Busche* § 84 Rn. 16; *Fischinger* Rn. 837; Hopt/*Hopt* § 84 Rn. 8; KKD/*Kindler* § 84 Rn. 2; *Lettl* § 7 Rn. 8; Ebenroth/Boujong/*Semmler* § 84 Rn. 31; MK-HGB/*Ströbl* § 84 Rn. 25 f.; Heymann/*Stöber* § 84 Rn. 27.
[27] Oetker/*Busche* § 84 Rn. 25.
[28] MK-HGB/*Ströbl* § 84 Rn. 66.

B. Der Handelsvertreter

Das Merkmal der Selbstständigkeit grenzt den Handelsvertreter von dem Angestellten ab (§ 84 Abs. 2 HGB). Bei natürlichen Personen ist dies von enormer rechtlicher und praktischer Bedeutung, da die persönliche Abhängigkeit nach § 611a Abs. 1 BGB darüber entscheidet, ob das Vertragsverhältnis dem Arbeitsrecht unterliegt. Nach der tradierten und von § 611a Abs. 1 BGB adaptierten Rechtsprechung des Bundesarbeitsgerichts enthält § 84 Abs. 1 Satz 2 HGB hierfür typische Merkmale und eine allgemeine Wertung, die bei der Abgrenzung zwischen Arbeits- und Dienstvertrag zu beachten ist.[29] In der fehlenden Fähigkeit, seine Tätigkeit im wesentlichen frei zu gestalten und seine Arbeitszeit selbst zu bestimmen, kommt typischerweise die Eingliederung in eine fremde Arbeitsorganisation zum Ausdruck, die sich in einem Weisungsrecht hinsichtlich Zeit, Dauer und Ort der Ausführung der versprochenen Dienste manifestiert (s. § 611a Abs. 1 Satz 2 und 3 BGB, § 106 GewO), und dazu führt, dass das Vertragsverhältnis den arbeitsrechtlichen Vorschriften unterliegt.

14

In die Prüfung, ob die zur Tätigkeit verpflichtete Person persönlich selbstständig ist, ist das gesamte Vertragsverhältnis mit allen Pflichten und Abreden einzubeziehen. Dabei ist die von den Parteien gewählte Bezeichnung – wie § 611a Abs. 1 Satz 6 BGB ausdrücklich festhält – nicht ausschlaggebend, sondern bei einer Gesamtschau des Vertrags- und Pflichtenverhältnisses allenfalls ein Indiz für das Vorliegen eines Handelsvertreter- oder eines Arbeitsvertrags. Entscheidend ist stets, wie die Vertragsbeziehung nach ihrem objektiven Geschäftsinhalt einzuordnen ist, wobei insbesondere die praktische Durchführung einen großen Stellenwert einnimmt und vor allem dann maßgebend ist, wenn der Vollzug des Vertrags von den ausdrücklichen Vereinbarungen abweicht.[30]

15

2. Keine Identität mit dem betrauenden Unternehmer

§ 84 Abs. 1 Satz 1 HGB verlangt für einen Handelsvertretervertrag das Tätigwerden für einen anderen Unternehmensträger. Das setzt zwei personenverschiedene Unternehmensträger voraus,[31] sodass der Träger des betrauenden Unternehmers für dieses nicht selbst als Handelsvertreter tätig sein kann. Das gilt auch, wenn der Handelsvertreter erst nach Abschluss des Handelsvertretervertrags, z. B. aufgrund eines von ihm abgeschlossenen Pachtvertrags, Träger des betrauenden Unternehmers wird. Eine Konkretisierung dieses Grundsatzes enthält Art. 1 Abs. 3 der Richtlinie 86/653/EWG, der über sein eigentliches Regelungsanliegen hinaus, den

16

---

[29] Statt aller BAG 25.9.2013, NJW 2013, 3672 Rn. 16; 21.11.2017, NJW 2018, 1194 Rn. 23.
[30] BAG 25.9.2013, NJW 2013, 3672 Rn. 16; 21.11.2017, NJW 2018, 1194 Rn. 23; weiterführend zur Abgrenzung z. B. Staub/*Emde* § 84 Rn. 24 ff.; *Hopt* DB 1998, 863 ff.; *ders.* Festschrift für Medicus, 1999, S. 235 ff.; *Hromadka* NZA 1997, 569 ff.; *Reinecke* ZVertriebsR 2014, 151 ff.; *Richardi* NZA 2017, 36 ff.; exemplarisch OLG Düsseldorf 5.12.1997, NZA-RR 1998, 145 ff.; OLG München 20.3.2014, NJW-RR 2014, 887 ff.; LAG Nürnberg 26.1.1998, BB 1999, 793 ff.
[31] Für die allg. Ansicht Staub/*Emde* § 84 Rn. 59; KKD/*Kindler* § 84 Rn. 5; *K. Schmidt* § 27 Rn. 5; Ebenroth/Boujong/*Semmler* § 84 Rn. 43; Heymann/*Stöber* § 84 Rn. 45.

persönlichen Anwendungsbereich der Richtlinie festzulegen, für den Handelsvertreterbegriff eine Interpretationshilfe zur Verfügung stellt. Eine Personenidentität liegt danach insbesondere vor, wenn der „Handelsvertreter" als Organ berechtigt ist, für die Gesellschaft zu handeln, oder als Gesellschafter befugt ist, verbindlich für die anderen Gesellschafter zu entscheiden. Ferner können nach Art. 1 Abs. 3 der Richtlinie 86/653/EWG Liquidatoren und Insolvenzverwalter eines Unternehmers nicht zugleich dessen Handelsvertreter sein.

17 Der andere Unternehmer, also der Vertragspartner des Handelsvertreters, muss kein Kaufmann sein.[32] Jede Art von Unternehmen erlaubt die Bestellung eines Handelsvertreters. Auch Kleingewerbetreibende, die nicht in das Handelsregister eingetragen sind und denen deshalb die Kaufmannseigenschaft fehlt (§ 2 Satz 1 HGB), können einen Handelsvertreter mit der Absatzmittlung betrauen. Entsprechendes gilt für freiberuflich tätige Personen.

3. Geschäftsvermittlung oder -abschluss

18 Der Handelsvertreter muss beauftragt sein, für den anderen Unternehmer Geschäfte zu vermitteln oder diese in seinem Namen abzuschließen. Hieraus ergibt sich zunächst, dass derjenige, der im *eigenen* Namen Geschäfte für einen anderen abschließt, nicht Handelsvertreter ist; er ist Kommissionär (§§ 383 ff. HGB).[33] Auf der anderen Seite genügt es nicht, wenn die vertraglich geschuldete Tätigkeit lediglich darin besteht, für einen anderen Unternehmer zu werben oder ihm die Gelegenheit zum Vertragsschluss nachzuweisen.[34] Das Vermitteln von Geschäften i. S. des § 84 Abs. 1 Satz 1 HGB verlangt mehr: diese müssen unter tätiger Mithilfe des Handelsvertreters zustande kommen.

19 Um welche Art von Geschäften es sich handelt, ist für die Einordnung als Handelsvertreter bedeutungslos.[35] Die entsprechend dem Wortlaut des § 84 Abs. 1 Satz 1 HGB häufig vorgenommene Unterteilung in Vermittlungs- und Abschlussvertreter, die auch Art. 1 Abs. 2 der Richtlinie 86/653/EWG in seiner Definition aufgreift, bezieht sich lediglich auf das Außenverhältnis. Ob die Verträge nur vermittelt oder im Namen des anderen Unternehmers auch abgeschlossen werden, ist für die Handelsvertretereigenschaft unerheblich; das Vertragsverhältnis mit dem Unternehmer unterliegt in beiden Konstellationen den §§ 84 ff. HGB.

20 Ob die Geschäftsvermittlung nach Art und Umfang einen in kaufmännischer Weise eingerichteten Geschäftsbetrieb erfordert (§ 1 Abs. 2 HGB), ist für die Anwendung der Vorschriften zum Handelsvertreterrecht ohne Bedeutung. Nicht nur Kaufleute, sondern auch Kleingewerbetreibende, die die Option des § 2 Satz 2 HGB

---

[32] Allg. Ansicht, s. Oetker/*Busche* § 84 Rn. 37; *Fischinger* Rn. 843; *Lettl* § 7 Rn. 11; KKD/*Roth/Kindler* § 84 Rn. 5; *K. Schmidt* § 27 Rn. 5; Schlegelberger/*Schröder* § 84 Rn. 12; Ebenroth/Boujong/*Semmler* § 84 Rn. 43; MK-HGB/*Ströbl* § 84 Rn. 80.
[33] S. *Hübner* Rn. 315 f.; *K. Schmidt* § 27 Rn. 6.
[34] Staub/*Emde* § 84 Rn. 75 f.; HK-HGB/*Ruß* § 84 Rn. 7; *K. Schmidt* § 27 Rn. 6; Ebenroth/Boujong/*Semmler* § 84 Rn. 110; MK-HGB/*Ströbl* § 84 Rn. 72.
[35] Oetker/*Busche* § 84 Rn. 47; Staub/*Emde* § 84 Rn. 82 ff.; MK-HGB/*Ströbl* § 84 Rn. 78.

B. Der Handelsvertreter

nicht ausgeübt haben, können Handelsvertreter sein. Das stellt § 84 Abs. 4 HGB ausdrücklich klar,[36] da andernfalls wegen der systematischen Zuordnung der Handelsvertreter zu dem Handelsstand[37] ein gegenteiliges Verständnis nicht von der Hand zu weisen wäre.

4. Dauerhaftigkeit

Für einen Handelsvertretervertrag muss der Betreffende *ständig* mit der Wahrnehmung der Geschäfte des anderen Unternehmers betraut sein.[38] Hierdurch unterscheidet sich der Handelsvertreter von dem Handelsmakler (§ 93 Abs. 1 HGB).[39] Zwischen dem Handelsvertreter und dem Unternehmer besteht aufgrund der „Ständigkeit" ein Dauerschuldverhältnis,[40] ein einheitliches Rechtsverhältnis, welches das wiederholte Tätigwerden des Handelsvertreters für den Unternehmer beinhaltet und ihn mit diesem in unterschiedlicher Intensität verknüpft. Wer zwar wiederholt von einem anderen Unternehmer mit der Vermittlung oder dem Abschluss von Geschäften betraut wird, dies aber nicht im Rahmen eines einheitlichen Rechtsverhältnisses, sondern jeweils aufgrund von Einzelaufträgen geschieht, ist Handelsmakler und kein Handelsvertreter. Für die Abgrenzung sind allerdings zeitliche Maßstäbe wenig aussagekräftig; für das Vorliegen eines Handelsvertretervertrags steht im Vordergrund, ob der Vertrag auf eine unbestimmte Vielzahl von Vertragsabschlüssen gerichtet ist.[41]

21

5. Besondere Erscheinungsformen des Handelsvertreters

a) Mehrstufige Handelsvertreterverhältnisse

Nach § 84 Abs. 3 HGB kann der den Handelsvertreter betrauende Unternehmer ebenfalls ein Handelsvertreter sein. Deshalb kann ein Handelsvertreter für die Vermittlung und den Abschluss der Geschäfte wiederum einen Handelsvertreter einschalten.

22

---

[36] Näher dazu *Schmitt* Die Rechtsstellung der Kleingewerbetreibenden nach dem Handelsrechtsreformgesetz, 2003, S. 114 ff. sowie Staub/*Emde* § 84 Rn. 20 ff.
[37] S. die amtliche Überschrift zum Ersten Buch des Handelsgesetzbuchs.
[38] Ebenso die Definition in Art. 1 Abs. 2 der Richtlinie 86/653/EWG.
[39] *Fischinger* Rn. 842; *Lettl* § 7 Rn. 15; *K. Schmidt* § 27 Rn. 10; Ebenroth/Boujong/*Semmler* § 84 Rn. 108; Heymann/*Stöber* § 84 Rn. 49; exemplarisch BGH 1.4.1992, NJW 1992, 2818 (2819).
[40] Oetker/*Busche* § 84 Rn. 52; Staub/*Emde* § 84 Rn. 89; Hopt/*Hopt* § 84 Rn. 43; *Lettl* § 7 Rn. 16; KKD/*Roth/Kindler* § 86 Rn. 2; *K. Schmidt* § 27 Rn. 10; MK-HGB/*Ströbl* § 84 Rn. 71; weniger eng an der dogmatischen Einordnung als Dauerschuldverhältnis haftend noch Staub/*Brüggemann* 4. Aufl., § 84 Rn. 21.
[41] BGH 1.4.1992, NJW 1992, 2818 (2819); *Brox/Henssler* Rn. 234; *Canaris* § 15 Rn. 13; Staub/*Emde* § 84 Rn. 89; *Fischinger* Rn. 842; Schlegelberger/*Schröder* § 84 Rn. 11a; MK-HGB/*Ströbl* § 84 Rn. 71; RvWH/*Thume* § 84 Rn. 9.

23 Bei dieser Konstellation, der *echten* Untervertretung, können vor allem vertretungsrechtliche Probleme auftreten, wenn der Untervertreter mit dem Abschluss von Geschäften betraut ist. Fehlt in diesem Fall dem Hauptvertreter, von dem der Untervertreter seine Vertretungsmacht ableitet, die Berechtigung zur Vertretung des Unternehmers, dann kommt eine Haftung des Untervertreters nach § 179 Abs. 1 und 2 BGB in Betracht. Diese kann er nur verhindern, indem er gegenüber dem Geschäftspartner die Untervertretung offenlegt, also im Namen des Hauptvertreters und nicht in dem des Unternehmers auftritt.

24 Im Gegensatz zur *echten* Untervertretung steht der Untervertreter bei der *unechten* Untervertretung selbst in einem Vertragsverhältnis zum Unternehmer. In diesem Fall handelt es sich lediglich um eine spezielle Organisationsform, die ein Über- und Unterordnungsverhältnis zwischen verschiedenen Handelsvertretern vorsieht.

b) Ein-Firmen-Vertreter

25 Eine besondere Ausgestaltung weist das Handelsvertreterverhältnis bei sog. Ein-Firmen-Vertretern auf. Sie sind in besonderem Maße von dem betrauenden Unternehmer abhängig, da ihnen eine Tätigkeit für andere Unternehmer entweder vertraglich untersagt oder nach Art und Umfang der von ihnen verlangten Tätigkeit nicht möglich ist.[42] Wegen ihrer erhöhten Schutzbedürftigkeit eröffnet § 92a Abs. 1 HGB die bislang nicht in Anspruch genommene Möglichkeit zum Erlass einer Rechtsverordnung, um den Schutzbedürfnissen dieses Personenkreises Rechnung zu tragen.

26 Wegen ihrer wirtschaftlichen Abhängigkeit von dem betrauenden Unternehmer sind Ein-Firmen-Vertreter oftmals arbeitnehmerähnliche Personen.[43] Für ihre Eigenschaft als Ein-Firmen-Vertreter ist das jedoch nicht zwingend erforderlich. Zudem führt die Qualifizierung als arbeitnehmerähnliche Person nicht dazu, dass sie generell in den Anwendungsbereich arbeitsrechtlicher Vorschriften einbezogen sind. Das ist grundsätzlich nur der Fall, wenn der Gesetzgeber dies ausdrücklich – wie z. B. in § 6 Abs. 1 Satz 1 Nr. 3 AGG sowie in § 2 Abs. 2 BUrlG – angeordnet und keine abweichenden Sonderregelungen geschaffen hat. Dies ist z. B. in § 5 Abs. 3 Satz 1 ArbGG geschehen, der für Ein-Firmen-Vertreter den Rechtsweg zu den Arbeitsgerichten nur unter der dort genannten Voraussetzung (keine höhere Durchschnittsvergütung als € 1000 in den letzten sechs Monaten) eröffnet. Liegt diese nicht vor, dann ist der Rechtsweg zu den Arbeitsgerichten nicht bereits wegen der Eigenschaft als arbeitnehmerähnliche Person nach § 5 Abs. 1 Satz 2 ArbGG

---

[42] S. näher BGH 18.7.2013, WM 2013, 1700 Rn. 14; 16.10.2014, NZA-RR 2015, 156 Rn. 16 ff.; 21.10.2015, NJW 2016, 316 Rn. 16.

[43] Weiterführend *Hopt* Festschrift für Medicus, 1999, S. 235 ff.; *Hromadka* NZA 1997, 1249 ff.; *Schubert* Der Schutz arbeitnehmerähnlicher Personen, 2004 sowie exemplarisch BAG 16.7.1997, AP ArbGG 1979 § 5 Nr. 37; für nebenberufliche Handelsvertreter OLG Karlsruhe 22.7.1998, NZA-RR 1998, 463 f.

B. Der Handelsvertreter

zu bejahen.[44] Umgekehrt beschränkt sich die Gleichstellung auf den Rechtsweg; eine Einbeziehung in das materielle Arbeitsrecht ist hiermit nicht verbunden.[45] In diesem Sinne stellt § 12a Abs. 4 TVG ausdrücklich fest, dass sich die Regelungsmacht der Tarifvertragsparteien nicht auf Handelsvertreter erstreckt.

III. Begründung und Inhalt des Handelsvertretervertrags

1. Allgemeines und Vertragsabschluss

Der Handelsvertretervertrag ist ein Geschäftsbesorgungsvertrag i. S. der §§ 611, 675 BGB.[46] Obwohl diese dogmatische Einordnung an sich die Anwendung der §§ 611 bis 630 BGB rechtfertigt, drängen die speziellen Regelungen des Handelsgesetzbuchs die allgemeinen bürgerlich-rechtlichen Bestimmungen des Dienstvertragsrechts (§§ 611 ff. BGB) weitgehend zurück.[47] Das gilt indes nicht für die allgemeinen zivilrechtlichen Vorschriften zur Nichtigkeit von Verträgen (z. B. §§ 134, 138 Abs. 1 BGB) oder zur Anfechtbarkeit von Willenserklärungen (§§ 119, 123 BGB). Umstritten ist allerdings, ob auf der Rechtsfolgenebene in Anlehnung an arbeitsrechtliche Grundsätze eine Beschränkung auf eine *ex nunc*-Wirkung anzuerkennen ist, wenn das Handelsvertreterverhältnis in Vollzug gesetzt wurde. Teile des Schrifttums bejahen dies ohne Einschränkungen,[48] der Bundesgerichtshof demgegenüber nur, wenn der Handelsvertreter mit einem Arbeitnehmer vergleichbar schutzbedürftig ist.[49] Zwingend ist dies jedoch nicht, da der Handelsvertretervertrag kein mit dem Arbeits- oder Gesellschaftsvertrag vergleichbares und über den Leistungsaustausch hinausgehendes Organisationsverhältnis begründet und Rückabwicklungsschwierigkeiten für sich alleine nicht geeignet sind, den Rückgriff auf das alternativ zur Anwendung gelangende Bereicherungsrecht[50] auszuschließen. Zudem verbleibt die hierdurch nicht ausgeschlossene Möglichkeit, einzelne Vorschriften – wie z. B. den Ausgleichsanspruch nach § 89b HGB –

27

---

[44] BAG 15.7.1961, AP HGB § 92a Nr. 1; BGH 27.10.2009, NJW 2010, 873 Rn. 23; 18.7.2013, WM 2013, 1700 Rn. 13; GMP/*Müller-Glöge* § 5 Rn. 44.
[45] So mit Recht BAG 24.10.2002, AP HGB § 89 Nr. 3.
[46] Für die allg. Ansicht *Bülow/Artz* Rn. 556; Oetker/*Busche* § 84 Rn. 2; *Canaris* § 15 Rn. 15; Staub/*Emde* vor § 84 Rn. 57; *Fischinger* Rn. 848; GK-HGB/*Genzow* § 84 Rn. 18; *Lettl* § 7 Rn. 16; KKD/*Roth/Kindler* § 86 Rn. 2; HK-HGB/*Ruß* § 84 Rn. 9; *K. Schmidt* § 27 Rn. 39.
[47] S. oben § 6 Rn. 10 f. sowie Staub/*Emde* vor § 84 Rn. 101 ff.; Ebenroth/Boujong/*Semmler* § 84 Rn. 67.
[48] So ohne Einschränkungen z. B. Hopt/*Hopt* § 85 Rn. 1; KKD/*Roth/Kindler* § 85 Rn. 1; ferner Staub/*Emde* § 84 Rn. 117.
[49] S. BGH 12.1.1970, BGHZ 53, 152 (159), jedoch nur für den Fall, dass sich der Handelsvertreter der Strafbarkeit seines Verhaltens nicht bewusst war; BGH 3.5.1995, BGHZ 129, 290 (293), für den Fall einer vom Unternehmer wegen arglistiger Täuschung erklärten Anfechtung.
[50] Hierfür *Canaris* § 15 Rn. 27 f. sowie im Anschluss Oetker/*Busche* § 84 Rn. 62.

wegen ihres Zwecks und gegebenenfalls aufgrund einer unionsrechtskonformen Gesetzesanwendung – auf das fehlerhaft begründete Handelsvertreterverhältnis analog anzuwenden.[51]

28 Bei Abschluss des Handelsvertretervertrags sind keine *Formerfordernisse* zu beachten. Nach § 85 Satz 1 HGB kann zwar jeder Teil die Aufnahme des Vertragsinhalts in eine *Vertragsurkunde* verlangen.[52] Diese hat aber keinen konstitutiven Charakter i. S. einer Wirksamkeitsvoraussetzung für den Handelsvertretervertrag, sondern dient vor allem Beweiszwecken,[53] indem sie eine widerlegbare Vermutung begründet, dass der in ihr dokumentierte dem vereinbarten Vertragsinhalt entspricht. Beruft sich eine Vertragspartei auf einen von der Urkunde abweichenden Vertragsinhalt, dann muss sie die Vermutungswirkung der Urkunde durch Tatsachen ausräumen und diese ggf. beweisen.[54]

29 Der Handelsvertretervertrag ist ein *gegenseitiger Vertrag*.[55] Schwierigkeiten bereitet allerdings die präzise Festlegung der zu einem Synallagma verbundenen geschuldeten Leistungen, da der Handelsvertreter nach der Konzeption des Gesetzes für das allgemeine „Bemühen" (§ 86 Abs. 1 1. Halbsatz HGB) keine Vergütung beanspruchen kann.[56] Der Vergütungsanspruch ist vielmehr erfolgsabhängig (§ 87 Abs. 1 Satz 1 HGB: Provision),[57] ohne allerdings auszuschließen, dass der Unternehmer in dem Handelsvertretervertrag aufgrund der Vertragsfreiheit eine Vergütung für das „Bemühen" verspricht. In diesem Fall stehen dieser Teil der Vergütung und das „Bemühen" in einem Synallagma. Fehlt jedoch eine derartige Abrede, dann wird die Gegenseitigkeit nicht bereits durch die Pflichten in den §§ 86 und 86a HGB[58] begründet. Bei ihnen handelt es sich um von den Vertragsparteien jeweils geschuldete Nebenleistungen,[59] die für den Geschäftsabschluss mit Dritten unterstützenden Charakter haben. Das Synallagma wird vielmehr erst durch den jeweiligen Geschäftsabschluss und den hierfür entstehenden Provisionsanspruch vermittelt.[60] Die zum

---

[51] S. zu § 89b HGB im Grundsatz auch BGH 12.1.1970, BGHZ 53, 152 (159), jedoch aufgrund der Annahme einer *ex nunc*-Wirkung; a. A. *Lettl* § 7 Rn. 46.

[52] S. BGH 2.12.2006, NJW-RR 2006, 755 Rn. 7. Überlagert wird § 85 HGB durch Art. 13 Abs. 1 der Richtlinie 86/653/EWG; ebenso für den Arbeitsvertrag § 2 NachwG. Zu den unionsrechtlichen Vorgaben für Formerfordernisse im Recht der Mitgliedstaaten EuGH 30.4.1998, EuZW 1998, 409 f.

[53] BGH 21.2.2006, NJW-RR 2006, 755 Rn. 7.

[54] S. Oetker/*Busche* § 85 Rn. 11; KKD/*Roth*/*Kindler* § 85 Rn. 2; Ebenroth/Boujong/*Semmler* § 85 Rn. 11. Zur Beweiswirkung des Arbeitsnachweises nach § 2 NachwG EuGH 4.12.1997, EuZW 1998, 88 ff.

[55] So auch i. E. Oetker/*Busche* § 84 Rn. 64; *Bülow*/*Artz* Rn. 556; Ebenroth/Boujong/*Semmler* § 84 Rn. 68; RvWH/*Thume* § 85 Rn. 6; im Grundsatz ebenso MK-HGB/*Ströbl* § 84 Rn. 84, der die §§ 320 ff. BGB hinsichtlich derjenigen Rechte und Pflichten anwenden will, die im Gegenseitigkeitsverhältnis stehen.

[56] Dem steht nicht entgegen, dass das „Bemühen" zu der Hauptpflicht des Handelsvertreters gehört; dazu unten § 6 Rn. 30.

[57] Näher unten § 6 Rn. 36.

[58] Zu ihnen nachfolgend § 6 Rn. 31, 35.

[59] Zum Begriff der „Nebenleistungspflicht" *Larenz* I, § 10 II e, S. 138 f.

[60] So wohl auch Oetker/*Busche* § 84 Rn. 64.

B. Der Handelsvertreter

Geschäftsabschluss führende Tätigkeit nimmt der Handelsvertreter nur wegen der Provision vor; umgekehrt zahlt der Unternehmer die Provision nur wegen des Geschäftsabschlusses. Deshalb ist insoweit ausschließlich § 320 BGB anwendbar; hinsichtlich der übrigen Rechte und Pflichten in den §§ 86, 86a HGB greift demgegenüber stets § 273 BGB ein.

2. Pflichten des Handelsvertreters

a) Hauptpflicht

Die Pflichten des Handelsvertreters regelt vor allem § 86 HGB. Als Hauptpflicht schuldet er nach § 86 Abs. 1 1. Halbsatz HGB ein Bemühen um die Vermittlung oder den Abschluss von Geschäften.[61] Über die notwendige Intensität der Bemühungen trifft das Handelsgesetzbuch indes keine Aussage. Auch Art. 3 Abs. 2 lit. b) der Richtlinie 86/653/EWG liefert hierfür keine exakten Maßstäbe; er verlangt von dem Handelsvertreter lediglich, sich in „angemessener Weise" einzusetzen, was nicht präziser ist als die zu § 86 Abs. 1 1. Halbsatz HGB häufig herangezogenen „Umstände des Einzelfalls".[62] Eine Pflicht zum Abschluss eines konkreten Vertrags i. S. einer Hauptpflicht kann aus dem Handelsvertretervertrag nicht abgeleitet werden. Gegebenenfalls liegt in dem Nichtabschluss eines Vertrags allerdings eine zum Schadensersatz nach § 280 Abs. 1 BGB führende Verletzung der allgemeinen Interessenwahrungspflicht (§ 241 Abs. 2 BGB).[63]

30

b) Interessenwahrungspflichten

Im Sinne einer Nebenpflicht ist der Handelsvertreter nach § 86 Abs. 1 2. Halbsatz HGB[64] zur *Wahrung der Interessen* des Unternehmers verpflichtet.[65] Eine besondere Ausprägung erfährt diese Pflicht in § 90 HGB. Danach darf der Handelsvertreter nach Beendigung des Vertragsverhältnisses *Geheimnisse* des Unternehmers, die er aufgrund seiner Tätigkeit kennt, nicht verwerten oder preisgeben.[66] Ferner unterliegt er nach § 86 Abs. 2 HGB einer *Mitteilungs- und Berichterstattungspflicht*[67] und

31

---

[61] Ebenso Art. 3 Abs. 2 lit. a) der Richtlinie 86/653/EWG.
[62] So z. B. Heymann/*Stöber* § 86 Rn. 13; ferner KKD/*Roth/Kindler* § 86 Rn. 3.
[63] S. unten § 6 Rn. 35.
[64] So auch Art. 3 Abs. 1 der Richtlinie 86/653/EWG.
[65] Zur Interessenwahrungspflicht als Nebenpflicht Oetker/*Busche* § 86 Rn. 12; KKD/*Roth/Kindler* § 86 Rn. 4; Heymann/*Stöber* § 86 Rn. 14.
[66] S. dazu auch BGH 14.1.1999, NJW-RR 1999, 1131 (1132), für die Rechtslage nach Beendigung des Handelsvertreterverhältnisses.
[67] S. auch Art. 3 Abs. 2 lit. b) der Richtlinie 86/653/EWG.

muss *Weisungen* des Unternehmers befolgen (§ 675 BGB i. V. mit § 665 BGB).[68] Neben diesen Pflichten, die nicht zur Disposition der Vertragsparteien stehen (§ 86 Abs. 4 HGB),[69] kann der Handelsvertreter vertraglich weitere Verpflichtungen eingehen. Von besonderer Bedeutung ist in diesem Zusammenhang das *Delkredere*: Übernimmt der Handelsvertreter eine Einstandspflicht für die Erfüllung der Verbindlichkeiten aus einem Geschäft,[70] dann steht ihm hierfür grundsätzlich eine besondere Provision zu (§ 86b HGB).

32   Ein gesetzliches *Wettbewerbsverbot*, wie es § 60 HGB für Handlungsgehilfen normiert, besteht für Handelsvertreter nicht. Zulässig ist aber eine mit § 60 HGB vergleichbare Festlegung in dem Handelsvertretervertrag. Ohne eine derartige Abrede greift ausschließlich die aus § 86 Abs. 1 2. Halbsatz HGB abzuleitende allgemeine Pflicht zur Interessenwahrung ein.[71] Hiernach darf der Handelsvertreter *während der Vertragszeit* nicht für ein *Konkurrenzunternehmen* des betrauenden Unternehmers tätig werden. Wegen der Herleitung dieses Wettbewerbsverbots i. S. eines Konkurrenzschutzes reicht dieses sowohl räumlich als auch sachlich nur so weit, wie für den Handelsvertreter eine Pflicht zur Interessenwahrung besteht. Die Richtlinie 86/653/EWG steht dieser Ableitung eines eingeschränkten Wettbewerbsverbots nicht entgegen. Zwar regelt Art. 20 der Richtlinie ausdrücklich nur eine nachvertragliche Wettbewerbsabrede, was aber nicht in einem abschließenden Sinne zu verstehen ist. Ähnlich wie für das innerstaatliche Recht folgt das Verbot einer konkurrierenden Tätigkeit des Handelsvertreters für das Unionsrecht aus seiner allgemeinen Pflicht, „die Interessen des Unternehmers wahrzunehmen und sich nach den Geboten von Treu und Glauben zu verhalten" (Art. 3 Abs. 1 der Richtlinie

---

[68] Ebenso Art. 3 Abs. 2 lit. c) der Richtlinie 86/653/EWG; s. näher *Lettl* § 7 Rn. 28 f.; Ebenroth/Boujong/*Semmler* § 86 Rn. 45 ff.

[69] Das generelle Verbot abweichender Abreden findet in Art. 5 der Richtlinie 86/653/EWG eine Entsprechung. Im Hinblick auf die Vertragsfreiheit ist allerdings zweifelhaft, ob diese Einschränkung noch verhältnismäßig ist (kritisch auch *Canaris* § 15 Rn. 31). Für eine restriktive Auslegung, die Einschränkungen der Pflichten des Handelsvertreters zulässt, Heymann/*Stöber* § 86 Rn. 35; dagegen Oetker/*Busche* § 86 Rn. 48.

[70] Die Rechtsnatur dieser Abrede lässt § 86b HGB offen. Deshalb steht den Vertragsparteien die inhaltliche Ausgestaltung frei, solange gewährleistet ist, dass der Handelsvertreter für die Erfüllung der Verbindlichkeit einsteht. Regelmäßig dürfte es sich um eine Bürgschaft handeln, sofern keine eindeutigen Anhaltspunkte erkennbar sind, dass die haftungsintensivere Form eines Garantievertrags oder eines Schuldbeitritts gewollt ist. Einen abweichenden Standpunkt vertritt jedoch eine verbreitete Ansicht, die die Übernahme der Delkredere wegen des identischen Wortlauts in § 765 BGB und in § 86b Abs. 1 Satz 1 HGB mit einer Bürgschaft gleichsetzt; so Schlegelberger/*Schröder* § 86b Rn. 18; MK-HGB/*Ströbl* § 86b Rn. 7; RvWH/*Thume* § 86b Rn. 3; im Grundsatz auch Staub/*Emde* § 86b Rn. 5 f.; wie hier i. S. einer differenzierenden Einordnung Oetker/*Busche* § 86b Rn. 6; GK-HGB/*Genzow* § 86b Rn. 3; Hopt/*Hopt* § 86b Rn. 6; KKD/*Roth/Kindler* § 86b Rn. 1; Ebenroth/Boujong/*Semmler* § 86b Rn. 4; Heymann/*Stöber* § 86b Rn. 5. Jedenfalls ist eine analoge Anwendung des § 86b HGB zu bejahen, wenn der Handelsvertreter eine Garantie übernimmt oder ein Schuldbeitritt vorliegt; so auch MK-HGB/*Ströbl* § 86b Rn. 6.

[71] So auch BGH 18.6.1964, BGHZ 42, 59 (61); 9.6.1969, BGHZ 52, 171 (177); Oetker/*Busche* § 86 Rn. 24; Staub/*Emde* § 86 Rn. 78; GK-HGB/*Genzow* § 86 Rn. 15; *Hofmann* S. 159; *Lettl* § 7 Rn. 23; KKD/*Roth/Kindler* § 86 Rn. 6; Ebenroth/Boujong/*Semmler* § 86 Rn. 23; MK-HGB/*Ströbl* § 86 Rn. 33; Heymann/*Stöber* § 86 Rn. 22; RvWH/*Thume* § 86 Rn. 29; i. E. auch *Fischinger* Rn. 852; s. aber auch *Canaris* § 15 Rn. 41, der zur Begründung auf § 242 BGB zurückgreift.

B. Der Handelsvertreter

86/653/EWG).[72] Ob auf der Rechtsfolgenebene die auf Herausgabe der vom Handelsvertreter aus dem Verstoß gegen das Wettbewerbsverbot erzielten Gewinne gerichteten §§ 61 Abs. 1 2. Halbsatz, 118 Abs. 1 Satz 2 HGB analog anzuwenden sind,[73] ist umstritten. Die hierfür notwendige planwidrige Unvollständigkeit ist nicht erkennbar, sodass sich der Bundesgerichtshof mit Recht gegen einen Analogieschluss ausgesprochen hat.[74]

Wird in den Vertrag eine *Wettbewerbsabrede* aufgenommen, die den Handelsvertreter für die Zeit *nach Vertragsbeendigung* beschränkt, dann bedarf diese zum Schutz des Handelsvertreters nach § 90a Abs. 1 Satz 1 HGB der Schriftform. Die Vorschrift verpflichtet den Unternehmer darüber hinaus zu einer angemessenen Entschädigung. Da dieser Anspruch, dessen Zubilligung unionsrechtlich nicht gefordert ist, kraft Gesetzes besteht (s. § 90a Abs. 1 Satz 3 HGB), hängt die Rechtswirksamkeit der Vereinbarung im Unterschied zu § 74 Abs. 2 HGB nicht von der Aufnahme einer Karenzentschädigung in der (schriftlichen) Wettbewerbsabrede ab.[75] Die Dauer des nachvertraglichen Wettbewerbsverbots beschränkt § 90a Abs. 1 Satz 2 HGB auf zwei Jahre;[76] bei einer längeren Dauer ist die Abrede nach § 90a Abs. 4 HGB hinsichtlich der Dauer unwirksam, über § 140 BGB aber in ein auf die gesetzliche Höchstdauer (zwei Jahre) beschränktes Wettbewerbsverbot umzudeuten.[77]

33

c) Ein-Firmen-Vertreter

Sofern der Handelsvertreter nur für einen Unternehmer tätig werden darf oder kann (sog. Ein-Firmen-Vertreter),[78] ist die – bislang nicht in Anspruch genommene – Festsetzung von Mindestbedingungen durch Rechtsverordnung möglich (§ 92a HGB). Zudem ist für Rechtsstreitigkeiten aus dem Vertragsverhältnis ausschließlich der Rechtsweg zu den Arbeitsgerichten eröffnet (§ 5 Abs. 3 ArbGG i. V. mit § 2 Abs. 1 Nr. 3 ArbGG), solange der Verdienst in den letzten sechs Monaten durchschnittlich € 1000 im Monat nicht überschreitet. Bei einem höheren Verdienst ist stets der Rechtsweg zu den ordentlichen Gerichten gegeben.[79]

34

---

[72] S. *Canaris* § 15 Rn. 46.
[73] Hierfür *Canaris* § 15 Rn. 44; in der Tendenz auch *Lettl* § 7 Rn. 24.
[74] BGH 23.1.1964, NJW 1964, 817 (817 f.); wohl auch BGH 3.4.1996, NJW 1996, 2097 (2098); 11.1.2007, NJW 2007, 2999 Rn. 16; ablehnend im Schrifttum ebenfalls Oetker/*Busche* § 86 Rn. 31 a. E.; Staub/*Emde* § 86 Rn. 146; *Fischinger* Rn. 852; Hopt/*Hopt* § 86 Rn. 32; MK-HGB/*Ströbl* § 86 Rn. 44.
[75] Brox/*Henssler* Rn. 265; Oetker/*Busche* § 90a Rn. 12; *Canaris* § 15 Rn. 125; *Fischinger* Rn. 873; Heymann/*Froitzheim* § 90a Rn. 11; Hopt/*Hopt* § 90a Rn. 18; Ebenroth/Boujong/*Semmler* § 90a Rn. 34; RvWH/*Thume* § 90a Rn. 10.
[76] Ebenso Art. 20 Abs. 3 der Richtlinie 86/653/EWG.
[77] So i. E. auch Oetker/*Busche* § 90a Rn. 13, 45; *Canaris* § 15 Rn. 125; Staub/*Emde* § 90a Rn. 49; Heymann/*Froitzheim* § 90a Rn. 33; Hopt/*Hopt* § 90a Rn. 31; Schlegelberger/*Schröder* § 90a Rn. 31; MK-HGB/*Ströbl* § 90a Rn. 35; s. ferner Ebenroth/Boujong/*Semmler* § 90a Rn. 21, der jedoch auf § 139 BGB abstellt.
[78] S. auch oben § 6 Rn. 25 f.
[79] BAG 15.7.1961, AP HGB § 92a Nr. 1; BGH 27.10.2009, NJW 2010, 873 Rn. 23; 18.7.2013, WM 2013, 1700 Rn. 13; GMP/*Müller-Glöge* § 5 Rn. 44.

3. Pflichten des Unternehmers

a) Nebenleistungs- und Rücksichtnahmepflichten

35 Die Pflichten des betrauenden Unternehmers regelt vor allem § 86a HGB. Hiernach hat dieser dem Handelsvertreter die erforderlichen *Unterlagen* und *Nachrichten* zu geben (§ 86a Abs. 1 und 2 HGB),[80] auf die er für die Vermittlung bzw. den Abschluss der Verträge angewiesen ist.[81] Wegen des zwingenden Charakters der Norm (§ 86a Abs. 3 HGB) dürfen dem Handelsvertreter hierdurch keine Kosten entstehen.[82] Daneben trifft den Unternehmer, beruhend auf dem Grundsatz von Treu und Glauben (§ 242 BGB),[83] eine Pflicht zur *Rücksichtnahme* auf die schutzwürdigen Belange des Handelsvertreters. Um dieser zu entsprechen, muss er ihn zwar nicht an der Geschäftsführung beteiligen, sich aber willkürlicher Maßnahmen enthalten, die diesem zum Nachteil gereichen (z. B. Verlust des Provisionsanspruchs durch Ablehnung des vermittelten Geschäfts ohne triftigen Grund).[84] Ferner ist er verpflichtet, dem Handelsvertreter die Annahme oder Ablehnung eines von diesem ohne Vertretungsmacht abgeschlossenen Vertrags anzuzeigen (§ 86a Abs. 2 Satz 2 HGB). Bei einer Verletzung der Rücksichtnahme- und Nebenleistungspflichten schuldet der Unternehmer nach § 280 Abs. 1 BGB Schadensersatz.

b) Provisionsanspruch

36 Gemäß § 87 Abs. 1 Satz 1 HGB ist der Unternehmer zur Zahlung einer *Provision* verpflichtet. Hierfür muss der Abschluss des Geschäfts grundsätzlich auf die Tätigkeit des Handelsvertreters zurückzuführen oder der Vertragspartner von diesem als Kunde geworben worden sein,[85] ohne dass es hierbei einer strengen Kausalitätsprüfung bedarf. Es genügt, dass die Tätigkeit des Handelsvertreters für das Zustandekommen des Geschäfts mitursächlich war.[86] Eine Ausnahme hiervon gilt nach § 87 Abs. 2 HGB nur bei *Bezirks- oder Kundenkreisvertretern*.[87] Bei ihnen genügt es für das Entstehen

---

[80] Ebenso Art. 4 Abs. 2 lit. a) und b) der Richtlinie 86/653/EWG.
[81] Exemplarisch BGH 4.5.2011, NJW 2011, 2423 Rn. 26 ff.: keine Einbeziehung von Büroausstattung (Briefpapier, Visitenkarten) und Werbeartikeln („Give-aways"); keine Einbeziehung für bargeldlose Zahlungsmöglichkeiten KG 17.3.2022, NJW 2022, 2268 (2269); anders hingegen für das Kassensystem eines Tankstellenhalters BGH 17.11.2016, NJW 2017, 662 Rn. 22 ff.
[82] BGH 4.5.2011, NJW 2011, 2423 Rn. 19; 17.11.2016, BGHZ 213, 18 Rn. 20; KG 17.3.2022, NJW 2022, 2628 (2629).
[83] Ebenfalls auf „Treu und Glauben" abstellend Art. 4 Abs. 1 der Richtlinie 86/653/EWG.
[84] S. BGH 12.12.1957, BGHZ 26, 161 (163 ff.).
[85] Hierzu Art. 7 Abs. 1 der Richtlinie 86/653/EWG als unionsrechtliche Parallelvorschrift.
[86] Statt aller BGH 5.4.2006, NJW-RR 2006, 976 Rn. 19; Oetker/*Busche* § 87 Rn. 17; GK-HGB/*Genzow* § 87 Rn. 9; Hopt/*Hopt* § 87 Rn. 11; *Lettl* § 7 Rn. 34; KKD/*Roth/Kindler* § 87 Rn. 6; *K. Schmidt* § 27 Rn. 57, m. w. N.; Ebenroth/Boujong/*Semmler* § 87 Rn. 37.
[87] Zu dem mit § 87 Abs. 2 HGB korrespondierenden Art. 7 Abs. 2 der Richtlinie 86/653/EWG EuGH 12.12.1996, ZEuP 1998, 351 ff. mit Anm. *Fock*.

eines Provisionsanspruchs, wenn das Geschäft mit Personen aus dem Bezirk oder Kundenkreis des Handelsvertreters abgeschlossen wurde. Die Höhe der Provision ergibt sich entweder aus dem Vertrag oder ist nach § 87b HGB zu berechnen.[88]

IV. Beendigung des Handelsvertreterverhältnisses

1. Beendigungstatbestände

Wie jedes Dauerschuldverhältnis kann das Handelsvertreterverhältnis aufgrund einer einvernehmlichen Abrede (Aufhebungsvertrag) enden.[89] Daneben besteht die Möglichkeit der Beendigung infolge Zeitablaufs (§ 620 Abs. 1 BGB) sowie durch ordentliche oder außerordentliche Kündigung. Wurde das Handelsvertreterverhältnis auf *bestimmte Zeit* eingegangen, dann endet dieses mit Ablauf dieser Zeit (§ 620 Abs. 1 BGB).[90] Bei einer Begründung auf *unbestimmte Zeit* kann es nach Maßgabe des § 89 Abs. 1 HGB unter Einhaltung einer lediglich beschränkt dispositiven (§ 89 Abs. 2 HGB) Kündigungsfrist ordentlich gekündigt werden.[91]   37

Nur ein wichtiger Grund für die Beendigung des (befristeten oder unbefristeten) Handelsvertreterverhältnisses berechtigt dazu, dieses nach § 89a Abs. 1 Satz 1 HGB ohne Einhaltung einer Kündigungsfrist außerordentlich zu kündigen.[92] Dieses Recht ist nach § 89a Abs. 1 Satz 2 HGB unabdingbar. Die Vorschrift ist mit § 626 Abs. 1 BGB vergleichbar, sodass die hierzu entwickelten Grundsätze zur Konkretisierung des „wichtigen Grunds" grundsätzlich auch für das Handelsvertreterrecht maßgebend sind. Allerdings können im Hinblick auf Art. 16 der Richtlinie 86/653/EWG nur die Verletzung vertraglicher Pflichten oder „außergewöhnliche Umstände" als Kündigungsgrund herangezogen werden. Ausschließlich unter dieser Voraussetzung lässt Art. 16 der Richtlinie 86/653/EWG die Rechtsvorschriften der Mitgliedstaaten zur außerordentlichen Kündigung unberührt, sodass der „wichtige Grund" i. S. von § 89a Abs. 1 Satz 1 HGB dem Gebot einer unionsrechtskonformen Auslegung unterliegt.   38

---

[88] Zu den weiteren Einzelheiten des Provisionsanspruchs *Canaris* § 15 Rn. 52 ff.

[89] Zur Beendigung des Handelsvertreterverhältnisses, wenn über das Vermögen des Unternehmers das Insolvenzverfahren eröffnet wird, s. § 116 Satz 1 InsO i. V. mit § 115 Abs. 1 InsO; dazu näher *Emde/Kelm* ZIP 2005, 58 ff.

[90] Eine ordentliche Kündigung ist in dieser Konstellation aufgrund des Zwecks der Befristungsabrede – sofern keine abweichende Vereinbarung vorliegt – ausgeschlossen. Möglich ist aber stets eine außerordentliche Kündigung nach § 89a HGB, da auf das Recht zur außerordentlichen Kündigung nicht verzichtet werden kann (§ 89a Abs. 1 Satz 2 HGB).

[91] Zu den Bestimmungen zur Kündigungsfrist s. auf der Ebene des Unionsrechts Art. 15 Abs. 2 und 3 der Richtlinie 86/653/EWG.

[92] Art. 16 der Richtlinie 86/653/EWG trifft für das Recht zur außerordentlichen Kündigung keine eigenständige Regelung, sondern legt lediglich fest, dass die Rechtsvorschriften der Mitgliedstaaten unberührt bleiben, wenn diese in den in der Richtlinie ausdrücklich benannten Fällen das Recht zur fristlosen Beendigung des Vertragsverhältnisses vorsehen.

39 Wie im Rahmen des § 626 Abs. 1 BGB muss die außerordentliche Kündigung des Handelsvertreterverhältnisses *ultima ratio* sein und ist deshalb nur rechtmäßig, wenn deren Erklärung verhältnismäßig ist.[93] Aus diesem Grunde setzt die außerordentliche Kündigung eines Handelsvertreterverhältnisses regelmäßig voraus, dass zuvor wegen eines gleichartigen Pflichtenverstoßes eine Abmahnung erklärt wurde.[94] Die allgemeine Vorschrift in § 314 Abs. 2 Satz 1 BGB bestätigt dieses Verständnis. Ferner steht die tatbestandliche Voraussetzung, dass die Fortsetzung des Vertragsverhältnisses bis zum vereinbarten Endtermin oder dem Ablauf einer Kündigungsfrist unzumutbar sein muss, der Annahme entgegen, eine Auslauffrist sei Wirksamkeitsvoraussetzung oder könne nachträglich durch ein Gericht angeordnet werden.[95]

40 Keine Aufnahme in das Handelsvertreterrecht hat die Kündigungserklärungsfrist des § 626 Abs. 2 Satz 1 BGB gefunden. Der Charakter des § 89a HGB als einer eigenständigen Regelung verbietet zwar eine analoge Anwendung des § 626 Abs. 2 Satz 1 BGB,[96] ein längerer Zeitablauf nach Kenntniserlangung kann aber zur Entkräftung des „wichtigen Grunds" führen, da dessen Wichtigkeit für die zukünftige störungsfreie Durchführung des Handelsvertreterverhältnisses mit zunehmendem Zeitablauf verblasst.[97] In der Regel ist das aber erst nach zwei Monaten zu bejahen.[98] Ob es für diese Zeitschranke eines Rückgriffs auf die allgemeine Vorschrift in § 314 Abs. 3 BGB bedarf,[99] kann offen bleiben, da sich die dortige Forderung nach einer Kündigung in „angemessener Frist" auch aus der vorstehenden Auslegung des „wichtigen Grunds" in § 89a Abs. 1 Satz 1 HGB ergibt.

2. Ausgleichsanspruch des Handelsvertreters

a) Allgemeines

41 Unter bestimmten Voraussetzungen steht dem Handelsvertreter nach § 89b HGB, der von den Art. 17 bis 19 der Richtlinie 86/653/EWG überlagert wird, mit Beendigung des Vertragsverhältnisses ein Ausgleichsanspruch gegen den Unternehmer zu.

---

[93] Nach zweifelhafter Rechtsprechung des BGH soll die Zumutbarkeitsprüfung durch die vertragliche Benennung wichtiger Kündigungsgründe ausgeschlossen oder eingeschränkt werden können; s. BGH 10.11.2010, NJW 2011, 608 Rn. 22.

[94] BGH 16.12.1998, NJW-RR 1999, 539 (540); 17.1.2001, NJW-RR 2001, 677 (679); OLG München 12.7.2002, NJW-RR 2003, 401 (402); anders aber bei einer Erschütterung der Vertrauensgrundlage BGH 26.5.1999, VersR 1999, 1279 (1281); 21.2.2006, NJW-RR 2006, 755 Rn. 12; OLG Köln 20.10.2000, VersR 2001, 1023 (1024).

[95] BGH 25.11.1998, NJW 1999, 946 (946 f.).

[96] Treffend BGH 27.1.1982, NJW 1982, 2432 f.; 29.6.2011, NJW 2011, 3361 Rn. 19; KG 22.1.1999, NZA-RR 2000, 639 (640); *Canaris* § 15 Rn. 91.

[97] S. BGH 27.1.1982, NJW 1982, 2432 (2433); 26.5.1999, VersR 1999, 1279 (1281); ebenso i. E. *Fischinger* Rn. 863; *Lettl* § 7 Rn. 71; näher auch Staub/*Emde* § 89a Rn. 55.

[98] So BGH 14.4.1983, VersR 1983, 655 (656); 12.4.1992, WR 1992, 419 (420); 26.5.1999, VersR 1999, 1279 (1281); 29.6.2011, NJW 2011, 3361 Rn. 19; KG 22.1.1999, NZA-RR 2000, 639 (640).

[99] Hierfür KKD/*Roth/Kindler* § 89a Rn. 6; wohl auch Staub/*Emde* § 89a Rn. 55.

B. Der Handelsvertreter

Hierdurch soll der Handelsvertreter eine Vergütung für den von ihm für den Unternehmer erschlossenen Markt erhalten, die zugleich die von ihm hierfür getätigten Investitionen ausgleicht.[100] Deshalb besteht der Ausgleichsanspruch selbst dann, wenn die Beendigung des Handelsvertretervertrags wärend einer Probezeit eintritt.[101]

Die tatbestandlichen Voraussetzungen des Ausgleichsanspruchs sind unübersichtlich aufgebaut. Zudem verkomplizieren zahlreiche unbestimmte Rechtsbegriffe die Anwendung der Vorschrift. Das betrifft insbesondere die in § 89b Abs. 1 HGB aufgeführten Tatbestandsmerkmale „erhebliche Vorteile", „wesentliche Erweiterung" und „Billigkeit". Die mit ihrer Vagheit verbundene Rechtsunsicherheit wird zusätzlich dadurch vergrößert, dass sie in Art. 17 Abs. 2 der Richtlinie 86/653/EWG wiederkehren, sodass bei der Anwendung der innerstaatlichen unbestimmten Rechtsbegriffe und Generalklauseln etwaige Konkretisierungen durch die Rechtsprechung des Europäischen Gerichtshofs zwingend zu beachten sind.

42

b) Voraussetzungen des § 89b Abs. 1 HGB

aa) Vorteile des Unternehmers aus Geschäftsverbindung

Der Ausgleichsanspruch des Handelsvertreters setzt nach § 89b Abs. 1 Satz 1 Nr. 1 HGB voraus, dass der Unternehmer auch nach Beendigung des Vertragsverhältnisses „erhebliche"[102] Vorteile aus der Geschäftsverbindung zu Kunden, die der Handelsvertreter geworben hat, ziehen kann. Hierbei steht es nach § 89b Abs. 1 Satz 2 HGB der Werbung von Kunden gleich, wenn der Handelsvertreter eine Geschäftsbeziehung so „wesentlich" erweitert hat, dass dies wirtschaftlich einer Werbung entspricht. Allein die Schaffung eines Kundenpotenzials genügt jedoch nicht. Vielmehr muss es sich um einen beständigen Kundenstamm handeln, andernfalls fehlt es an einer von dem Handelsvertreter errichteten „Geschäftsverbindung".[103]

43

Der Aufbau der Geschäftsverbindung muss auf die Tätigkeit des Handelsvertreters zurückzuführen sein. Hierfür muss diese erstens zu einem „neuen" Kunden bestehen, und zweitens auf eine „Werbung" des Handelsvertreters zurückzuführen sein. „Neu" ist ein Kunde jedoch nicht nur, wenn dieser vor Beginn der Tätigkeit des Handelsvertreters in keiner Geschäftsverbindung zu dem Unternehmer stand,[104] sondern auch, wenn es dem Handelsvertreter gelungen ist, eine frühere und

44

---

[100] S. EuGH 19.4.2018, BeckRS 2018, 5680 Rn. 28.
[101] So zu Art. 17 der Richtlinie 86/653/EWG EuGH 19.4.2018, BeckRS 2018, 5680 Rn. 21 ff.
[102] Präzise Maßstäbe für die Erheblichkeit fehlen. Abzustellen ist auf Umsatz und Gewinn, der aufgrund der konkreten Geschäftsverbindung erzielt werden kann. Das Verhältnis zu dem Gesamtumsatz bzw. -gewinn des Unternehmens ist hingegen unerheblich. S. näher BGH 31.1.1991, NJW-RR 1991, 1050 (1052); 28.4.1999, BGHZ 141, 248 (252 f.).
[103] *Canaris* § 15 Rn. 106 sowie *Rittner* DB 1998, 457 ff., 568 ff.
[104] S. dazu auch den Vorlagebeschluss des Bundesgerichtshofs, BGH 14.5.2014, WM 2014, 1769 ff. sowie nachfolgend EuGH 7.4.2016, NJW 2016, 2244 ff. und im Anschluss BGH 6.10.2016, NJW 2016, 3782 ff.

zwischenzeitlich zum Erliegen gekommene Geschäftsverbindung zu reaktivieren[105] oder wenn eine wegen anderer Waren bestehende Geschäftsverbindung auf weitere Waren ausgedehnt wird.[106] Zudem muss für eine werbende Tätigkeit die Aktivität des Handelsvertreters für den Aufbau der Geschäftsverbindung nicht alleine ursächlich gewesen sein, es genügt, wenn diese mitursächlich war.[107] Deshalb steht die aus der „Sogwirkung" einer bekannten Marke folgende Mitursächlichkeit für die Geschäftsverbindung einem Ausgleichsanspruch nicht entgegen,[108] ist aber im Rahmen der Billigkeitsprüfung nach § 89b Abs. 1 Satz 1 Nr. 2 HGB zu Lasten des Handelsvertreters zu berücksichtigen.[109] Entsprechendes gilt, wenn ein neu gegründetes Unternehmen sowohl die Kunden als auch den Handelsvertreter eines insolventen Unternehmens übernimmt, da die Geschäftsbeziehungen zwischen dem neu gegründeten Unternehmen und den Kunden erst durch die Tätigkeit des Handelsvertreters zustandekommen.[110]

bb) Billigkeitsprüfung

45   Schließlich muss die Zahlung eines Ausgleichs nach § 89b Abs. 1 Satz 1 Nr. 2 HGB der Billigkeit entsprechen. Die bei dieser Prüfung zu berücksichtigenden Umstände des Einzelfalls reichen von konkreten, vertragsbezogenen Tatsachen, wie z. B. der Länge der Vertragsbeziehung, bis hin zu externen Aspekten, wie z. B. den sozialen Verhältnissen des Handelsvertreters oder der wirtschaftlichen Lage des betrauenden Unternehmers.[111] Durch die Einbeziehung der letztgenannten Umstände in die Billigkeitsprüfung droht allerdings der Ausgleichsanspruch seinen Charakter als vermögensrechtlicher Ausgleich für entgangene Gewinne einzubüßen und zu einer sozial motivierten Versorgungsleistung zu mutieren.

46   Besondere Bedeutung misst das Gesetz dem Entgang etwaiger Provisionen im Rahmen der Billigkeitsprüfung bei, was früher als eigenständige Voraussetzung in § 89b Abs. 1 Satz 1 HGB a. F. normiert war, aufgrund fehlender Widerspiegelung in Art. 17 der Richtlinie 86/653/EWG jedoch seitens des Europäischen Gerichtshofs zu Recht beanstandet[112] und inzwischen vom Gesetzgeber durch Neufassung von

---

[105] Statt aller Oetker/*Busche* § 89b Rn. 11; Hopt/*Hopt* § 89b Rn. 12; KKD/*Roth*/*Kindler* § 89b Rn. 5; Ebenroth/Boujong/*Semmler* § 89b Rn. 113; MK-HGB/*Ströbl* § 89b Rn. 64; RvWH/*Thume* § 89b Rn. 69.

[106] S. BGH 6.10.2016, NJW 2016, 3782 ff. sowie zuvor EuGH 7.4.2016, 2244 ff. und zum Vorlageersuchen BGH 14.5.2014, WM 2014, 1769 ff.

[107] BGH 25.10.1984, NJW 1985, 859 (860); 12.2.2003, NJW-RR 2003, 821 (822).

[108] BGH 30.1.1986, NJW 1986, 1931 (1932).

[109] BGH 7.5.2003, NJW-RR 2003, 1340 (1342); 22.3.2006, NJW-RR 2006, 1328 Rn. 35; 13.7.2011, NJW 2011, 3438 Rn. 30.

[110] BGH 26.10.2011, NJW 2012, 304 Rn. 23 ff.

[111] So BGH 15.2.1965, BGHZ 43, 154 (161); s. auch Staudinger/*Emde* § 89b Rn. 258; Ebenroth/Boujong/*Semmler* § 89b Rn. 150; einschränkend *Brox*/*Henssler* Rn. 263, der ausschließlich vertragsbezogene Umstände in die Billigkeitsprüfung einbeziehen will; ebenso Oetker/*Busche* § 89b Rn. 22; in der Regel auch Hopt/*Hopt* § 89b Rn. 25; a. A. Staub/*Emde* § 89b Rn. 258.

[112] S. EuGH 26.3.2009, EuZW 2009, 304 ff.

§ 89b Abs. 1 Satz 1 HGB korrigiert wurde.[113] Durch die exemplarische Benennung der entgehenden Provisionen signalisiert das Gesetz jedoch den besonderen Stellenwert dieses Aspekts im Rahmen der Billigkeitsprüfung. Die Fortsetzung des Vertragsverhältnisses unterstellt, müsste der Handelsvertreter Provisionsansprüche erworben haben, was ihm gerade wegen der Beendigung nicht mehr möglich ist. Hierfür ist eine Prognose zu der künftigen (hypothetischen) Vertragsentwicklung erforderlich, die allerdings mit erheblichen Unsicherheiten behaftet ist und bei der ein Gericht regelmäßig auf eine Schätzung (§ 287 Abs. 2 ZPO) zurückgreifen muss.[114]

Nicht unproblematisch ist eine verbreitete Auffassung, die in die Billigkeitsprüfung auch die Schwere einer zur Vertragsbeendigung führenden Pflichtverletzung einbezieht.[115] Es scheint ein Wertungswiderspruch zu bestehen, wenn ein zur Vertragsbeendigung führender Umstand, der die Schwelle des Ausschlusstatbestands in § 89b Abs. 3 Nr. 2 HGB nicht überschreitet, über die vorgelagerte Billigkeitsprüfung zur Versagung des Ausgleichsanspruchs führen könnte. Zudem ist an sich nicht einsichtig, warum eine zur Kündigung aus wichtigem Grund berechtigende Pflichtverletzung nicht bereits im Rahmen der Billigkeitsprüfung, sondern erst über § 89b Abs. 3 Nr. 2 HGB als Ausschlusstatbestand zu berücksichtigen ist. Wäre es richtig, dass die zur Vertragsbeendigung führende Pflichtverletzung stets im Rahmen der Billigkeitsprüfung zu berücksichtigen ist, dann verbliebe für den Ausschlusstatbestand des § 89b Abs. 3 Nr. 2 HGB genau genommen kaum noch ein Anwendungsbereich, da ein Ausgleichsanspruch bei einer derart schweren Pflichtverletzung des Handelsvertreters regelmäßig nicht der Billigkeit entspricht. Trotz dieser Bedenken sind zur Vertragsbeendigung führende Pflichtverletzungen in die Billigkeitsprüfung einzubeziehen, da die elastische Formulierung der tatbestandlichen Voraussetzungen auch die anteilige Zubilligung eines Ausgleichsanspruchs ermöglicht. Pflichtverletzungen, die nicht das Gewicht des Ausschlusstatbestands in § 89b Abs. 3 Nr. 2 HGB erreichen, rechtfertigen über die Billigkeitsprüfung zwar nicht die gänzliche Versagung des Ausgleichsanspruchs, wohl aber dessen Kürzung. Anders ist erst zu entscheiden, wenn die Pflichtverletzung die Voraussetzungen des § 89b Abs. 3 Nr. 2 HGB erfüllt. In dieser Konstellation ist für Billigkeitserwägungen kein Raum.[116]

c) Ausschlusstatbestände des § 89b Abs. 3 HGB

Selbst wenn die tatbestandlichen Voraussetzungen für einen Ausgleichsanspruch des Handelsvertreters vorliegen, ist dieser zu verneinen, wenn einer der Ausschlusstatbestände in § 89b Abs. 3 HGB eingreift. Diese beruhen ebenfalls auf einer Um-

---

[113] Dazu z. B. *Christoph* NJW 2010, 647 ff.
[114] BGH 29.3.1990, NJW 1990, 2889 (2891).
[115] S. z. B. *Canaris* § 15 Rn. 112; Hopt/*Hopt* § 89b Rn. 34; KKD/*Roth/Kindler* § 89b Rn. 11b; Ebenroth/Boujong/*Semmler* § 89b Rn. 134 sowie allg. BGH 13.3.1969, BGHZ 52, 12 (15); 25.11.1998, NJW 1999, 946 (947 f.); 16.2.2000, NJW 2000, 1866 (1867 ff.).
[116] BGH 25.11.1998, NJW 1999, 946 (947 f.).

setzung unionsrechtlicher Vorgaben in Art. 18 der Richtlinie 86/653/EWG und zeichnen sich dadurch aus, dass deren Anwendung zahlreiche Zweifelsfragen aufwirft. Ungeachtet dessen stehen die Ausschlusstatbestände in § 89b Abs. 3 HGB in einem engen systematischen Zusammenhang mit der Billigkeitsprüfung nach § 89b Abs. 1 Satz 1 Nr. 2 HGB. Diese wird durch die Tatbestände in § 89b Abs. 3 HGB konkretisiert, sodass der Ausgleichsanspruch unabhängig von einer Abwägung im Rahmen einer Billigkeitsprüfung zwingend entfällt. Wegen dieses systematischen Zusammenhangs sind die Ausschlusstatbestände in § 89b Abs. 3 HGB abschließend und eng auszulegen sowie nur begrenzt analogiefähig.[117]

aa) Eigenkündigung des Handelsvertreters

49 Der Ausgleichsanspruch ist nach § 89b Abs. 3 Nr. 1 HGB ausgeschlossen, wenn eine Eigenkündigung des Handelsvertreters vorliegt.[118] Das Gesetz verlangt ausdrücklich eine Kündigung. Der hieraus gezogene Schluss, die Beendigung des Vertragsverhältnisses durch Abschluss eines Aufhebungsvertrags werde deshalb nicht erfasst,[119] ist jedoch zweifelhaft, da Art. 18 lit. b) der Richtlinie 86/653/EWG den Ausschluss des Ausgleichsanspruchs bereits bei jeder „Beendigung" des Vertragsverhältnisses eingreifen lässt. Deshalb sprechen gute Gründe dafür, den Ausschlusstatbestand zumindest analog anzuwenden, wenn der Aufhebungsvertrag von dem Handelsvertreter initiiert wurde und er ohne dessen Abschluss eine Kündigung erklärt hätte.[120] Der Bundesgerichtshof sieht für eine entsprechende Anwendung indes nur geringe Spielräume, da es die Billigkeitsprüfung nach § 89b Abs. 1 Satz 1 Nr. 2 HGB ausreichend ermögliche, besondere Umstände des Einzelfalls zu berücksichtigen, die von den Ausschlusstatbeständen in § 89b Abs. 3 HGB nicht erfasst werden.[121] Dementsprechend lehnte es der Bundesgerichtshof auch ab, § 89b Abs. 3 Nr. 1 HGB analog anzuwenden, wenn der Handelsvertreter das mit einer Änderungskündigung des Unternehmers verbundene Angebot ablehnt, das Vertragsverhältnis mit geänderten Vertragsbedingungen fortzusetzen.[122] Ebenso verwarf der Bundesgerichtshof eine analoge Anwendung von § 89b Abs. 3 Nr. 1 HGB, wenn der Handelsvertretervertrag aufgrund des Eintritts einer auflösenden Bedingung endete.[123]

50 Der Ausschlusstatbestand greift allerdings nicht ein, wenn ein Verhalten des Unternehmers dem Handelsvertreter einen begründeten Anlass zur Kündigung gegeben hat, wobei die Formulierung „Verhalten des Unternehmers" weit zu verste-

---

[117] BGH 28.2.2007, BGHZ 171, 192 Rn. 15 f.
[118] Weiterführend zu diesem Ausschlusstatbestand *Saenger* Der Ausgleichsanspruch des Handelsvertreters bei Eigenkündigung, 1997; *ders.* DB 2000, 129 ff.
[119] So BGH 13.3.1969, BGHZ 52, 12 (15); bestätigt von BGH 28.2.2007, BGHZ 171, 192 Rn. 19.
[120] Anderer Ansicht aber BGH 13.3.1969, BGHZ 52, 12 (15); Oetker/*Busche* § 89b Rn. 33; Staub/*Emde* § 89b Rn. 225; Hopt/*Hopt* § 89b Rn. 54; KKD/*Roth*/*Kindler* § 89b Rn. 16; Ebenroth/Boujong/*Semmler* § 89b Rn. 62.
[121] BGH 28.2.2007, BGHZ 171, 192 Rn. 15; bestätigend BGH 5.11.2020, BGHZ 227, 668 Rn. 39.
[122] BGH 28.2.2007, BGHZ 171, 192 Rn. 21; dazu auch *Bieder* NJW 2007, 3471 ff.
[123] BGH 5.11.2020, BGHZ 227, 268 Rn. 28 ff.

hen ist. Aufgrund einer unionsrechtskonformen Auslegung zählt hierzu jeder Umstand, der „dem Unternehmer zuzurechnen" ist. Ähnlich wie im Rahmen des § 89a Abs. 2 HGB bzw. § 628 BGB muss der „Anlass" so gewichtig sein, dass dem Handelsvertreter die Fortsetzung des Vertragsverhältnisses unzumutbar ist.[124]

Verbreitet wird allerdings die Vereinbarkeit des Ausschlusstatbestands mit Art. 12 Abs. 1 GG in Zweifel gezogen.[125] Der Hinweis von *Canaris*, § 89b Abs. 3 Nr. 1 HGB sei trotzdem anzuwenden, weil dieser mit Art. 18 lit. b) der Richtlinie 86/653/EWG übereinstimme und das sekundäre Unionsrecht keiner Überprüfung anhand des nationalen Verfassungsrechts unterliege,[126] vermag allerdings nicht zu überzeugen. Diese Argumentation setzt voraus, dass die vorgenannte Bestimmung der Richtlinie ihrerseits mit dem im Unionsrecht anerkannten Grundrecht der Berufsfreiheit (Art. 15 Abs. 1 Charta der Grundrechte) vereinbar ist. Wer die Unverhältnismäßigkeit des Eingriffs im Hinblick auf Art. 12 Abs. 1 GG postuliert, muss diese Schlussfolgerung konsequenterweise auch für das unionsrechtliche Grundrecht der Berufsfreiheit ziehen. Das Bundesverfassungsgericht erachtet die verfassungsrechtlichen Bedenken indes nicht als durchgreifend.[127] Zweifelhaft ist darüber hinaus, ob der Ausschluss des Ausgleichsanspruchs mit der Niederlassungsfreiheit (Art. 59 AEUV, Art. 15 Abs. 2 Charta der Grundrechte) vereinbar ist, wenn die Kündigung des Handelsvertretervertrags erfolgt, um eine Tätigkeit in einem anderen Mitgliedstaat der Europäischen Union aufzunehmen. **51**

bb) Kündigung durch den betrauenden Unternehmer

Der Ausschlusstatbestand des § 89b Abs. 3 Nr. 2 HGB greift nach seinem Wortlaut sowohl bei einer außerordentlichen als auch bei einer ordentlichen Kündigung ein und ist deshalb ebenfalls anwendbar, wenn der Unternehmer das Vertragsverhältnis trotz des Vorliegens eines wichtigen Grunds i. S. von § 89a Abs. 1 HGB lediglich ordentlich kündigt.[128] Voraussetzung ist allerdings stets, dass der wichtige Grund auf einem schuldhaften Verhalten des Handelsvertreters beruht. Das Verhalten Dritter kann zwar eine Kündigung des Vertragsverhältnisses rechtfertigen, wenn dieses dem Handelsvertreter nach § 278 BGB zuzurechnen ist, im Rahmen von § 89b Abs. 3 Nr. 2 HGB ist aber grundsätzlich ein persönliches Verschulden des Handelsvertreters erforderlich.[129] **52**

---

[124] BGH 12.6.1963, BGHZ 40, 13 (15); exemplarisch BGH 21.2.2006, NJW-RR 2006, 755 Rn. 10: Nichterfüllung des Anspruchs aus § 85 HGB durch den Unternehmer; weniger streng jedoch BGH 13.8.2015, NJW 2015, 3373 Rn. 34, wonach es genügt, wenn das Verhalten des Unternehmers eine für den Handelsvertreter nicht mehr hinnehmbare Situation geschaffen hat.
[125] S. z. B. *Canaris* § 15 Rn. 116.
[126] So *Canaris* § 15 Rn. 116.
[127] So BVerfG 22.8.1995, NJW 1996, 381, in einem Nichtannahmebeschluss.
[128] Zur Identität des „wichtigen Grunds" in § 89a Abs. 1 Satz 1 HGB und § 89b Abs. 3 Nr. 2 HGB BGH 25.11.1998, NJW 1999, 946 (947); 16.2.2000, NJW 2000, 1866 ff. sowie Staub/*Emde* § 89b Rn. 411.
[129] BGH 18.7.2007, NJW 2007, 3068 Rn. 7.

53 Erneut löst die Diskrepanz zu der Richtlinie 86/653/EWG Zweifelsfragen im Hinblick auf die Einbeziehung von Aufhebungsverträgen aus, da Art. 18 lit. a) der Richtlinie die offenere Formulierung „beendet" verwendet. Deshalb dürfte wie bei § 89b Abs. 3 Nr. 1 HGB auch für § 89b Abs. 3 Nr. 2 HGB eine entsprechende Anwendung zu befürworten sein, wenn für den Unternehmer ein wichtiger Grund i. S. des § 89a Abs. 1 HGB vorliegt und der Handelsvertreter wegen der ihm gegenüber in Aussicht gestellten außerordentlichen Kündigung bereit ist, das Vertragsverhältnis durch Abschluss eines Aufhebungsvertrags einvernehmlich zu beenden.[130]

54 Nach dem Wortlaut des § 89b Abs. 3 Nr. 2 HGB ist ein ursächlicher Zusammenhang zwischen dem „wichtigen Grund" und der von dem Unternehmer erklärten Kündigung nicht erforderlich. Dementsprechend bejahte der Bundesgerichtshof den Ausschlusstatbestand bereits, wenn ein „wichtiger Grund" objektiv vorliegt.[131] Das ist mit den Vorgaben des Unionsrechts nicht vereinbar. Nach Art. 18 lit. a) der Richtlinie 86/653/EWG greift der Ausschlusstatbestand nur ein, wenn der Unternehmer das Vertragsverhältnis „wegen" des Verhaltens des Handelsvertreters beendet hat. Die hiermit geforderte Kausalbeziehung zwischen Kündigungsgrund und Beendigung des Vertragsverhältnisses muss deshalb – wie nunmehr auch vom Bundesgerichtshof befürwortet – wegen des Gebots einer unionsrechtskonformen Auslegung in § 89b Abs. 3 Nr. 2 HGB hineingelesen werden.[132] Fehlt diese Verknüpfung, dann ist der vom Handelsvertreter verschuldete „wichtige Grund" allenfalls im Rahmen der Billigkeitsprüfung (§ 89b Abs. 1 Satz 1 Nr. 2 HGB) zu berücksichtigen.

cc) Vertragsübernahme durch Dritte

55 Als dritten Ausschlusstatbestand nennt § 89b Abs. 3 Nr. 3 HGB die Übernahme des Vertragsverhältnisses durch einen Dritten bei gleichzeitigem Ausscheiden des Handelsvertreters („anstelle"). Hierfür genügt es nicht, dass der Dritte neben dem Handelsvertreter in das Vertragsverhältnis eintritt, vielmehr muss dies uneingeschränkt unter dessen Ausschluss geschehen.

56 Zweifelhaft ist, ob eine Vertragsübernahme i. S. von § 89b Abs. 3 Nr. 3 HGB ausschließlich dann vorliegt, wenn der Unternehmer die Vertragsübernahme mit dem Handelsvertreter vereinbart und der Dritte diese nachträglich genehmigt.[133] Die mit diesem restriktiven Verständnis bewirkte Ausklammerung einer Vertragsübernahme durch dreiseitigen Vertrag aus dem Ausschlusstatbestand ist nicht überzeugend,

---

[130] In diesem Sinne auch OLG Nürnberg 19.12.1958, BB 1959, 318; Hopt/*Hopt* § 89b Rn. 64; Ebenroth/Boujong/*Semmler* § 89b Rn. 80; a. A. Oetker/*Busche* § 89b Rn. 40; Staub/*Emde* § 89b Rn. 414; KKD/*Roth/Kindler* § 89b Rn. 17.

[131] BGH 12.6.1963, BGHZ 40, 13 (15 f.); anders aber anscheinend BGH 29.3.1990, NJW 1990, 2889 (2890).

[132] Wie hier nunmehr auch BGH 26.2.2011, NJW-RR 2011, 614 Rn. 18 und zuvor EuGH 28.10.2010, NJW-RR 2011, 255 Rn. 38 ff.; OLG Koblenz 22.3.2007, NJW-RR 2007, 1044 (1044 f.); ebenso Oetker/*Busche* § 89b Rn. 39; *Canaris* § 15 Rn. 119; Hopt/*Hopt* § 89b Rn. 66; *Lettl* § 7 Rn. 55; KKD/*Roth/Kindler* § 89b Rn. 17; Ebenroth/Boujong/*Semmler* § 89b Rn. 82; *Thume* BB 2004, 2473 (2476).

[133] So *Thume* BB 1991, 490 (491); zum Erfordernis der Genehmigung durch den Dritten in dieser Konstellation s. BGH 20.6.1985, BGHZ 95, 88 (95 f.).

B. Der Handelsvertreter

weil zwischen beiden Sachverhalten kein Wertungsunterschied besteht. Der Gesetzeswortlaut schließt die Einbeziehung eines dreiseitigen Vertrags nicht aus, da auch bei diesem eine Vereinbarung zwischen dem Unternehmer und dem Handelsvertreter vorliegt.[134] Anders als bei einer nachträglichen Genehmigung ist der Dritte jedoch unmittelbar an der Vereinbarung beteiligt.

d) Höhe und Geltendmachung des Anspruchs

Mit erheblichen Unsicherheiten ist auch die Höhe des Ausgleichsanspruches belastet, da deren Festlegung drei Rechenschritte erfordert, die zudem um eine Angemessenheitskontrolle ergänzt werden.[135] Am Beginn steht die Ermittlung des sog. Rohausgleichs, der sich bei Anwendung der Tatbestände in § 89b Abs. 1 Nr. 1 bis 3 HGB ergibt. Das hierdurch erzielte Ergebnis ist in einem zweiten Schritt trotz der zuvor bereits erfolgten Billigkeitsprüfung auf seine Angemessenheit zu überprüfen. In dem dritten Schritt ist schließlich die in § 89b Abs. 2 HGB niedergelegte Ausgleichsobergrenze zu errechnen und der zuvor festgelegte angemessene Ausgleichsbetrag ggf. auf die nach § 89b Abs. 2 HGB festgelegte maximale Höhe zu reduzieren. Die von § 89b Abs. 1 HGB geforderte Angemessenheitskontrolle greift somit nicht erst nach der Korrektur durch die Ausgleichsobergrenze, sondern bereits nach der Ermittlung des Rohausgleichs und damit vor einer ggf. nach § 89b Abs. 2 HGB erforderlichen Kappung ein. **57**

Der Ausgleichsanspruch ist innerhalb eines Jahres nach Beendigung des Handelsvertreterverhältnisses geltend zu machen (§ 89b Abs. 4 Satz 2 HGB). Die Ein-Jahres-Frist beginnt mit der rechtlichen Beendigung des Vertragsverhältnisses, im Falle einer ordentlichen Kündigung also nicht bereits mit Zugang der Kündigungserklärung, sondern erst mit Ablauf der Kündigungsfrist. Die Geltendmachung des Ausgleichsanspruchs ist an keine Form gebunden und kann auch mündlich erfolgen.[136] Die Person des Erklärenden konkretisiert das Gesetz nicht. Der Anspruch ist jedenfalls von seinem Inhaber oder in seinem Namen geltend zu machen. Das muss nicht zwingend der Handelsvertreter sein, sondern Inhaber des Anspruchs kann aufgrund einer zwischenzeitlichen Abtretung auch ein Dritter sein. Die Ein-Jahres-Frist ist rechtsdogmatisch eine Ausschlussfrist und keine Verjährungsfrist,[137] sodass der Ausgleichsanspruch gesetzlich befristet ist und mit Fristablauf untergeht. Deshalb ist dieser seitens des Gerichts auch dann zu berücksichtigen, wenn es der Unternehmer als Anspruchsgegner unterlässt, sich hierauf zu berufen. Unabhängig von dem Zeitpunkt der Geltendmachung des Anspruchs beginnt die dreijährige Verjährungsfrist (§ 195 BGB) bereits mit Schluss des Kalenderjahrs zu laufen, in dem der Anspruch entstanden ist (§ 199 Abs. 1 BGB). **58**

---

[134] Ebenso HK-HGB/*Ruß* § 89b Rn. 15a; MK-HGB/*Ströbl* § 89b Rn. 216; i. E. auch Hopt/*Hopt* § 89b Rn. 69; Ebenroth/Boujong/*Semmler* § 89b Rn. 89.
[135] S. BGH 25.11.1998, NJW 1999, 946 (948) sowie exemplarisch *Emde* VersR 2006, 1592 ff.
[136] BGH 29.4.1968, BGHZ 50, 86 (88); OLG Naumburg 9.1.2023, BeckRS 2023, 10440.
[137] Für die allg. Ansicht BGH 29.4.1968, BGHZ 50, 86 (87).

V. Vertretungsmacht des Handelsvertreters

59 Zu den wenigen Vorschriften des Handelsvertreterrechts, die das Auftreten des Handelsvertreters gegenüber Dritten regeln, zählen die vertretungsrechtlichen Sonderbestimmungen in den §§ 91, 91a HGB (zum Versicherungsagenten s. §§ 69 ff. VVG). Zunächst legt § 91 HGB fest, dass § 55 HGB, der seinerseits auf § 54 HGB verweist, auch dann anwendbar ist, wenn der betrauende Unternehmer nach Maßgabe der §§ 1 ff. HGB kein Kaufmann ist.

60 Ein besonderes Regelungsbedürfnis nahm der Gesetzgeber darüber hinaus an, wenn der Handelsvertreter nicht mit dem Abschluss von Geschäften betraut ist, er jedoch gleichwohl ein Geschäft im Namen des Unternehmers abgeschlossen hat. Da er in diesem Fall ohne Vertretungsmacht gehandelt hat, würde – sofern nicht die Voraussetzungen einer Anscheins- oder Duldungsvollmacht vorliegen – für den betrauenden Unternehmer an sich nach § 177 Abs. 1 BGB die Möglichkeit einer nachträglichen Genehmigung bestehen. Schweigt der Vertretene jedoch, so gilt diese an sich nach § 177 Abs. 2 Satz 2 BGB als verweigert. Hiervon weicht das Handelsvertreterrecht in § 91a Abs. 1 HGB ab, indem es dem betrauenden Unternehmer in Umkehrung des § 177 Abs. 2 Satz 2 BGB auferlegt, die Genehmigung unverzüglich zu verweigern.[138] Unterlässt er dies, dann gilt die Genehmigung als erteilt, es sei denn, dem Dritten war der Mangel der Vertretungsmacht (positiv) bekannt. Das Recht des Dritten zum Widerruf des Geschäfts (§ 178 Satz 1 BGB) bleibt von dieser Sonderregelung jedoch unberührt.[139] Zudem versperrt § 91a Abs. 1 HGB ihm nicht die Möglichkeit, den Unternehmer nach § 177 Abs. 2 Satz 1 BGB ausdrücklich zur Genehmigung aufzufordern. In diesem Fall verbleibt es als Rechtsfolge bei einer fingierten Verweigerung der Genehmigung, wenn sich der Unternehmer nicht innerhalb der ihm gesetzten Frist äußert.

61 Bei bürgerlich-rechtlich eingekleideten Sachverhalten kann ferner die Sonderregelung des § 91 Abs. 2 HGB bedeutsam sein,[140] sofern das Gesetz bei einzelnen Vertragstypen von demjenigen, der Ansprüche und Rechte wegen eines Mangels der Leistung geltend machen will, eine fristgerechte Anzeige verlangt. Exemplarisch ist auf die Anzeigeobliegenheiten nach § 377 HGB sowie § 640 Abs. 3 BGB hinzuweisen. An sich müssten die entsprechenden Erklärungen stets gegenüber dem Vertragspartner abgegeben werden. Hiervon weicht § 91 Abs. 2 BGB jedoch ab, indem dieser den Handelsvertreter als ermächtigt ansieht, derartige Erklärungen selbst dann entgegenzunehmen, wenn er keine Vollmacht zum Abschluss von Geschäften hat. Beschränkungen im Innenverhältnis zwischen dem betrauenden Unternehmer und dem Handelsvertreter muss der Dritte sich nicht entgegenhalten lassen (§ 91 Abs. 2 Satz 2 HGB). Allerdings ist eine einschränkende Auslegung des § 91 Abs. 2 HGB geboten, wenn eine Anzeige gegenüber dem Handelsvertreter ihren Zweck nicht erfüllen kann.

---

[138] Ergänzend verpflichtet § 86a Abs. 2 Satz 2 HGB den Unternehmer in diesem Fall zu einer Mitteilung an den Handelsvertreter.
[139] Oetker/*Busche* § 91a Rn. 2; Staub/*Emde* § 91a Rn. 37; MK-HGB/*Ströbl* § 91a Rn. 21.
[140] Ebenso § 55 Abs. 4 HGB.

C. Der Handelsmakler

I. Begriff des Handelsmaklers

Nach § 93 Abs. 1 HGB ist Handelsmakler, wer gewerbsmäßig für andere Personen die Vermittlung von Verträgen über die Anschaffung oder Veräußerung von *Gegenständen des Handelsverkehrs* übernimmt. Beziehen sich die vermittelten Verträge auf andere Gegenstände, dann ist das Handelsmaklerrecht insoweit nicht anwendbar (§ 93 Abs. 2 HGB), mag der Vermittler auch aufgrund anderer Geschäfte Handelsmakler sein. Deshalb sind weder der Immobilienmakler noch der Leasingvermittler oder der Dienstleistungsmakler Handelsmakler.[141] Ferner muss der Handelsmaklervertrag auf die *Vermittlung* von Verträgen gerichtet sein. Der bloße Nachweis einer Gelegenheit zum Vertragsabschluss, der nach § 652 Abs. 1 Satz 1 BGB bei dem bürgerlich-rechtlichen Maklervertrag ausreicht, genügt nicht für einen Handelsmaklervertrag.[142]

62

Im Gegensatz zum Handelsvertreter darf der Handelsmakler aufgrund des Vertrags *nicht ständig* mit der Vermittlung betraut sein.[143] Der Handelsmaklervertrag ist deshalb kein Dauerschuldverhältnis. Wiederum sind die Zeit und die Häufigkeit, in und mit der der Vermittler für die andere Person tätig wird, bedeutungslos für die Feststellung, ob ein Handelsmakler- oder Handelsvertretervertrag vorliegt. Abzustellen ist allein auf den abgeschlossenen Vertrag. Bezieht sich dieser auf einen bestimmten Gegenstand ohne zu einem ständigen Tätigwerden zu verpflichten, so liegt ein Handelsmaklervertrag vor.[144] Handelsmakler ist nach § 93 Abs. 1 Satz 1 HGB auch, wer die Vermittlung für eine Privatperson übernimmt. Das Tätigwerden für einen Unternehmer ist deshalb – anders als bei dem Handelsvertreter[145] – für den Handelsmakler nicht begriffsnotwendig.

63

Im Unterschied zu der früheren Rechtslage (§ 1 Abs. 2 Nr. 7 HGB a. F.) ist der Handelsmakler nicht allein bereits aufgrund seiner Tätigkeit Kaufmann. Die Anwendung der §§ 93 ff. HGB hängt bei Kleingewerbetreibenden (§ 1 Abs. 2 HGB) jedoch nicht davon ab, dass sie ihr Optionsrecht (§ 2 Satz 2 HGB) ausgeübt haben. Wie § 84 Abs. 4 HGB für Handelsvertreter legt § 93 Abs. 3 HGB fest, dass die §§ 93 ff. HGB für Handelsmakler auch dann anwendbar sind, wenn das von ihnen betriebene Unternehmen nach Art oder Umfang keinen in kaufmännischer Weise

64

---

[141] Statt aller Oetker/*Bergmann* § 93 Rn. 2; RvWH/*Mock* § 93 Rn. 5; Ebenroth/Boujong/*Reiner* § 93 Rn. 33 ff.; MK-HGB/*Ströbl* § 93 Rn. 39 ff.

[142] S. Staudinger/*Arnold* (2021) Vorbem. Zu §§ 652 ff. BGB Rn. 24; Oetker/*Bergmann* § 93 Rn. 2; RvWH/*Mock* § 93 Rn. 7; Ebenroth/Boujong/*Reiner* § 93 Rn. 65; MK-HGB/*Ströbl* § 93 Rn. 24.

[143] OLG Düsseldorf 27.5.2016, NJW-RR 2016, 1315 (1316); Oetker/*Bergmann* § 93 Rn. 2; *Fischinger* Rn. 877; *Hofmann* S. 164; RvWH/*Mock* § 93 Rn. 8; Ebenroth-Boujong/*Reiner* § 93 Rn. 67; *K. Schmidt* § 26 I 1e, S. 712; MK-HGB/*Ströbl* § 93 Rn. 47.

[144] Exemplarisch zur Abgrenzung BGH 1.4.1992, NJW 1992, 2818 (2819); OLG Düsseldorf 27.5.2016, NJW-RR 2016, 1315 (1316 f.).

[145] Dazu oben § 6 Rn. 16 f.

eingerichteten Geschäftsbetrieb erfordert.[146] Sie sind in diesem Fall allerdings nach § 104 HGB regelmäßig von den besonderen Dokumentationspflichten (Schlussnote und Tagebücher) befreit.

II. Der Handelsmaklervertrag

1. Abschluss des Vertrags

65 Beim Abschluss des Handelsmaklervertrags ist keine Form zu beachten.[147] Dessen Wirksamkeit richtet sich ausschließlich nach den allgemeinen Bestimmungen des Bürgerlichen Gesetzbuchs für das Zustandekommen von Verträgen. Ein Recht auf Ausstellung einer Vertragsurkunde, das § 85 HGB für den Handelsvertretervertrag begründet,[148] besteht beim Handelsmaklervertrag nicht.

66 Im Übrigen können die Parteien bei der inhaltlichen Ausgestaltung des Vertrags von den gesetzlichen Bestimmungen abweichen; bei diesen handelt es sich um dispositives Gesetzesrecht. Anders als bei dem Handelsvertreter erwies sich der Schutz des Handelsmaklers bislang nicht als ein vordringliches und vom Gesetzgeber als lösungsbedürftig bewertetes Problem. Bei der Verwendung von Allgemeinen Geschäftsbedingungen sichert jedoch die Kontrolle der Vertragsklauseln anhand von § 307 Abs. 1 und 2 BGB einen angemessenen Interessenausgleich.[149]

2. Vergütung

67 Nach § 99 HGB kann der Handelsmakler, sofern eine abweichende Vereinbarung fehlt, den *Maklerlohn* von beiden Seiten zur Hälfte verlangen. Diese Regelung beruht auf seiner besonderen Stellung im Gegensatz zum Makler i. S. der §§ 652 ff. BGB. Während der Letztgenannte bei einer Tätigkeit für beide Seiten seinen Vergütungsanspruch nach § 654 BGB verliert, erklärt das Gesetz das Tätigwerden des Handelsmaklers für beide Seiten zum Normalfall. Dieser ist grundsätzlich nicht Wahrer der Interessen nur einer Seite, sondern neutraler und objektiver Vermittler.[150]

68 Das schließt es allerdings nicht aus, dass auch der Handelsmakler nur im Interesse einer Seite tätig wird. Wegen der damit verbundenen Rechtsfolgen muss dies aber nach außen deutlich und unmissverständlich hervortreten. Ist der Vermittler für

---

[146] S. dazu auch *Schmitt* Die Rechtsstellung der Kleingewerbetreibenden nach dem Handelsrechtsreformgesetz, 2003, S. 114 ff.
[147] Ebenroth/Boujong/*Reiner* § 93 Rn. 52; KKD/*Roth/Kindler* § 93 Rn. 13; MK-HGB/*Ströbl* § 93 Rn. 15.
[148] S. oben § 6 Rn. 28.
[149] Zu den Einzelheiten der Inhaltskontrolle s. Oetker/*Bergmann* § 93 Rn. 13 f.; MK-HGB/*Ströbl* § 93 Rn. 90 ff.
[150] Näher *K. Schmidt* § 26 Rn. 11; abweichend *Hübner* Rn. 469, der § 99 HGB teleologisch reduziert und ausschließlich den Auftraggeber als verpflichtet ansieht.

eine der beiden Seiten als Handelsvertreter tätig oder sonst in deren Geschäftsbetrieb eingebunden, kommt kein Handelsmaklervertrag zustande, sodass auch kein Anspruch auf Maklerlohn entsteht.

Der Auftraggeber ist zur Zahlung des Maklerlohns verpflichtet. Im Hinblick auf den Abschluss des vermittelten Geschäfts trifft den Auftraggeber hingegen keine Kontrahierungspflicht. Das gilt selbst dann, wenn der Makler als potenzieller Geschäftspartner auftritt.[151] 69

3. Pflichten des Maklers

Den Makler trifft in erster Linie die Pflicht zur *Interessenwahrung*. Er hat deshalb nach § 94 Abs. 1 HGB jeder Partei unverzüglich nach Abschluss des Geschäfts eine unterzeichnete *Schlussnote* zuzustellen. Diese dokumentiert den vereinbarten Geschäftsabschluss im Hinblick auf die Vertragsbedingungen. Bei Geschäften, die nicht sofort erfüllt werden, ist die Schlussnote den beteiligten Vertragsparteien zuzustellen, die diese ihrerseits unterschrieben der jeweils anderen Vertragspartei übersenden müssen (§ 94 Abs. 2 HGB). Die von beiden Vertragsparteien jeweils unterzeichnete Schlussnote hat eine ähnliche Rechtswirkung wie das kaufmännische Bestätigungsschreiben: sie liefert einen Beweis für den Inhalt der getroffenen Vereinbarung.[152] Zudem verpflichten die §§ 100, 101 HGB den Handelsmakler zur Führung eines *Tagebuchs*, aus dem er den Parteien auf Verlangen Auszüge vorlegen muss; Kleingewerbetreibende (§ 1 Abs. 2 HGB) sind von diesen Dokumentationspflichten indes regelmäßig befreit (§ 104 HGB). 70

D. Überblick zu anderen Absatzmittlungsverhältnissen ohne gesetzliche Ausgestaltung

I. Die Rechtspraxis

Neben dem Handelsvertreter kann der Unternehmer alternativ einen Kommissionär, der im eigenen Namen, aber auf Rechnung eines anderen abschließt,[153] oder einen Eigenhändler, der im eigenen Namen und auf eigene Rechnung zunächst kauft, um dann wieder zu verkaufen, mit dem Absatz betrauen. Die Einbindung in das Vertriebssystem des Unternehmens ist beim Handelsvertreter naturgemäß am intensivsten und beim Eigenhändler am schwächsten ausgeprägt. Zudem haben sich seit Entstehung des Handelsgesetzbuchs zahlreiche neue Formen des Warenvertriebs und des Anbietens von Dienstleistungen am Markt entwickelt, die zu Beginn des letzten Jahrhunderts weitgehend unbekannt waren. 71

---

[151] *K. Schmidt* § 26 Rn. 14.
[152] BGH 20.9.1955, NJW 1955, 1916 (1917).
[153] Näher unten § 9.

72 Ihnen ist gemeinsam, dass sie sich nicht unter die typisierten Tatbestände des Handelsgesetzbuchs einordnen lassen und auch im Bürgerlichen Gesetzbuch nicht ausgestaltet sind. Es handelt sich weder um Handelsvertreterverhältnisse noch um Kommissionäre (§§ 383 ff. HGB) oder gewöhnliche Eigenhändler. Die modernen Vertriebssysteme sind zumeist Mischformen, die Merkmale mehrerer gesetzlicher Vertragstypen in sich vereinen und im besonderen Maße der Vertragspraxis unterliegen. Dabei konkretisieren vor allem Allgemeine Geschäftsbedingungen die Rechte und Pflichten der Vertragsparteien, sodass der Inhaltskontrolle anhand der §§ 307 ff. BGB die Aufgabe zukommt, unangemessene Benachteiligungen des Vertragspartners zu verhindern.

II. Der Vertragshändler[154]

73 Der Vertragshändler ist ein Eigenhändler. Er kauft und verkauft im eigenen Namen und auf eigene Rechnung.[155] Gerade Hersteller oder Vertreiber von Markenwaren sind jedoch daran interessiert, den Endverbraucher an ihre Produkte und damit an ihr Unternehmen zu binden. Deshalb wurde frühzeitig versucht, mit einem bestimmten Kreis von Eigenhändlern eine intensivere Beziehung aufzubauen und vertraglich abzusichern. Hierfür verpflichten sich diese, die Vertragsware im Vertragsgebiet ständig zu vertreiben sowie Absatz und Kundenkontakt durch fachkundige Beratung, spezielle Werbung und bei technischen Problemen durch das Führen eines Ersatzteillagers zu fördern. Insbesondere in der Automobilbranche ist diese Form der Absatzmittlung anzutreffen.

74 Der Vertragshändlervertrag ist ein typengemischter Vertrag mit der Rechtsnatur eines Geschäftsbesorgungsvertrags i. S. der §§ 675, 611 ff. BGB.[156] Er bereitet eine Vielzahl von Kaufverträgen vor, die aber jeweils ausdrücklich und erst im Einzelfall abgeschlossen werden.[157] Daneben umfasst er Dienstpflichten, die denen eines Handelsvertreters ähneln. Das Vertragsverhältnis zwischen Vertragshändler und Hersteller oder Vertreiber wird durch diese dauernd bestehenden Verpflichtungen bestimmt und ist deshalb ein Dauerschuldverhältnis.[158] Aus diesem ergibt sich für den Vertragshändler die Pflicht zur Interessenwahrung und ein Konkurrenzverbot.[159] Den Produzenten oder Vertreiber trifft umgekehrt die Pflicht zur Rücksichtnahme auf die berechtigten Belange des Vertragshändlers, deren Umfang und Inhalt sich

---

[154] Weiterführend *Canaris* § 17; grundlegend und zur Vertiefung *Ulmer* Der Vertragshändler, 1969.

[155] S. z. B. BGH 21.10.1970, BGHZ 54, 338 (340 f.); 9.10.2002, NJW-RR 2003, 98 (98); vertiefend *Canaris* § 17 Rn. 1 ff.

[156] S. *Canaris* § 17 Rn. 9 ff.; vertiefend *Ulmer* Der Vertragshändler, 1969, S. 264 ff.

[157] *Canaris* § 17 Rn. 7.

[158] So z. B. BGH 21.10.1970, BGHZ 54, 338 (345).

[159] S. *Canaris* § 17 Rn. 42, 43; speziell zum Wettbewerbsverbot BGH 7.7.1983, NJW 1984, 2101 (2102).

aus dem speziellen Vertrag ergeben.[160] Für dessen Beendigung gilt neben einem zumeist vertraglich näher ausgestalteten ordentlichen Kündigungsrecht das Recht zur außerordentlichen Kündigung, das auf eine entsprechende Anwendung des § 89a HGB gestützt werden kann.[161]

Wegen der fehlenden legislativen Ausformung des Vertragshändlervertrags steht die Frage im Zentrum der Diskussionen in Literatur und Rechtsprechung, ob aufgrund der handelsvertreterähnlichen Dienstpflichten, denen der Vertragshändler unterliegt, das Handelsvertreterrecht auf den Vertragshändlervertrag analog anzuwenden ist.[162] Pauschale Problemlösungen scheiden bereits im Ansatz aus. In Betracht kommt ausschließlich die entsprechende Anwendung einzelner Vorschriften. Zu erwägen ist dies insbesondere bei solchen, für die es nach deren Normzweck unerheblich ist, ob der Betreffende im eigenen Namen und auf eigene Rechnung verkauft.

Von großer praktischer Bedeutung und deshalb auch äußerst kontrovers diskutiert ist, ob dem Vertragshändler ein Ausgleichsanspruch analog § 89b HGB zusteht.[163] Dies ist zu bejahen, da der Ausgleichsanspruch die Markterschließung durch den Handelsvertreter vergütet[164] und der Vertragshändler in dieser Hinsicht in ähnlicher Weise wie ein Handelsvertreter tätig wird. Wie beim Handelsvertreter setzt der Ausgleichsanspruch neben der Tätigkeit als Vertragshändler allerdings voraus, dass er so eng in das Vertriebssystem integriert war, dass sich der Kundenkreis, den er betreute, gerade als sein Kundenstamm und nicht lediglich als ein solcher des Herstellers oder Vertreibers darstellt. Der Vertragshändler muss deshalb so in die Absatzorganisation des Herstellers eingegliedert sein, dass er wirtschaftlich in weitem Umfang Aufgaben zu erfüllen hat, die sonst einem Handelsvertreter zukommen.[165] Weiterhin muss sich der Hersteller oder Vertreiber den Kundenstamm nach Beendigung des Vertragshändlervertrags sofort nutzbar machen können.[166] Ob er hiervon tatsächlich Gebrauch macht, ist unerheblich; es genügt, wenn er hierzu

---

[160] Näher *Canaris* § 17 Rn. 45 ff.
[161] S. BGH 10.2.1993, NJW-RR 1993, 682 (683); 15.12.1993, NJW 1994, 722 (723); 9.10.2002, NJW-RR 2003, 98 (99); 29.6.2011, NJW 2011, 3361 Rn. 17.
[162] Ausführlich *Canaris* § 17 Rn. 15 ff. sowie im Überblick *Lettl* § 7 Rn. 107 ff.
[163] Dazu umfassend *Lorenz* Der Ausgleichsanspruch des KfZ-Vertragshändlers gemäß § 89b HGB analog, 2009 sowie *Emde* MDR 2010, 537 ff.; *Ostendorf* MDR 2008, 1377 ff.; *Siegert* NJW 2007, 188 ff.
[164] So insbesondere für die ständige höchstrichterliche Rechtsprechung BGH 11.12.1958, BGHZ 29, 83 (85 ff.); 11.2.1977, BGHZ 68, 340 (342 ff.); 17.6.1998, NJW-RR 1998, 1331 f.; 12.3.2003, NJW-RR 2003, 894 (895); 22.10.2003, NJW-RR 2004, 898 (898); 16.2.2011, NJW-RR 2011, 614 Rn. 13; 5.2.2015, NJW 2015, 945 Rn. 14; 15.2.2016, NJW 2016, 1885 Rn. 19; 21.7.2016, NJW 2017, 475 Rn. 29; 24.9.2020, BGHZ 227, 112 Rn. 15; ein instruktives Beispiel für die Berechnung des Ausgleichsanspruchs liefert BGH 5.6.1996, NJW 1996, 2298 ff. Zu den Versuchen, die gravierenden Berechnungsprobleme zu bewältigen, s. die sog. „Münchener Formel"; dazu *Kainz/Lieber/Puszkajler* BB 1999, 434 ff.; kritisch zu dieser jedoch *Reufels/Lorenz* BB 2000, 1586 ff.; ablehnend OLG Saarbrücken 5.2.2003, NJW-RR 2003, 900 (902).
[165] BGH 11.2.1977, BGHZ 68, 340 (343); 13.6.2007, NJW-RR 2007, 1327 Rn. 13; 5.2.2015, NJW 2015, 945 Rn. 14; 21.7.2016, NJW 2017, 475 Rn. 29.
[166] BGH 13.6.2007, NJW-RR 2007, 1327 Rn. 13; 21.7.2016, NJW 2017, 475 Rn. 29, jeweils m. w. N.

tatsächlich in der Lage ist.¹⁶⁷ Aufgegeben hat der Bundesgerichtshof mit Recht die früher verlangte Voraussetzung, dass der Vertragshändler im konkreten Fall schutzbedürftig sein muss.¹⁶⁸ Sofern die analoge Anwendung des § 89b HGB unter den vorgenannten Voraussetzungen zu bejahen ist, gilt dies für die gesamte Regelung, sodass in entsprechender Anwendung des § 89b Abs. 3 HGB auch ein Ausschluss des Anspruchs in Betracht kommt.¹⁶⁹

III. Der Kommissionsagent

77   Die Rechtsfigur des Kommissionsagenten verbindet Elemente des Kommissionärsvertrags mit denen des Handelsvertretervertrags.¹⁷⁰ Der Kommissionsagent kauft im eigenen Namen, aber für Rechnung eines anderen. Das ist bei ihm jedoch nicht auf einen bestimmten Gegenstand beschränkt. Er ist vielmehr ständig von einem anderen mit derartigen Geschäften betraut.¹⁷¹

78   Die Vertragsbeziehung zu seinem Auftraggeber ähnelt der des Handelsvertreters; die Unterschiede beschränken sich auf das *Außenverhältnis*, sodass für dieses die §§ 383 ff. HGB gelten. Beim Kommissionsagenten sprechen keine gewichtigen Gründe dagegen, für das *Innenverhältnis* zwischen ihm und dem Auftraggeber das Handelsvertreterrecht analog anzuwenden.¹⁷² Dabei ist jedoch zu beachten, dass das Handelsvertreterrecht eine Einheit bildet und einzelne Regelungen auch bei einer analogen Anwendung mit den jeweiligen Ausschlusstatbeständen vollständig heranzuziehen sind.

IV. Das Franchising

Schrifttum zur Ausbildung: *Emmerich,* Franchising, JuS 1995, S. 761 ff.; *Hj. Weber,* „Franchising" – ein neuer Vertragstyp im Handelsrecht, JA 1983, S. 806 ff. **Zur Falllösung:** *Langenbucher,* Vertragsrechtliche Probleme des Franchising, JuS 2003, S. 572 ff. **Zur Vertiefung:** *Haager,* Die Entwicklung des Franchiserechts in den Jahren 1999, 2000 und 2001, NJW 2002, S. 1463 ff.; *Martinek,* Franchising, 1987; *ders.,* Franchising im Handelsrecht, ZIP 1988, S. 1362 ff.; *Möller,* Der Franchisevertrag im Bürgerlichen Recht, AcP Bd. 203 (2003), S. 319 ff.

---

¹⁶⁷ BGH 11.2.1977, BGHZ 68, 340 (343); näher *Canaris* § 17 Rn. 24 ff., m. w. N.
¹⁶⁸ BGH 11.2.1977, BGHZ 68, 340 (343 ff.); kritisch insoweit jedoch *Eckert* WM 1991, 1237 (1245).
¹⁶⁹ BGH 7.7.1983, NJW 1984, 2101 (2101); 16.2.2011, NJW-RR 2011, 614 Rn. 14, 19; ferner zu § 92c Abs. 1 HGB BGH 25.2.2016, NJW 2016, 1885 Rn. 23 ff.
¹⁷⁰ Näher *Canaris* § 16 Rn. 2, 3; *K. Schmidt* § 28 Rn. 9.
¹⁷¹ Statt aller BGH 21.7.2016, NJW 2017, 475 Rn. 12, m. w. N.
¹⁷² *Canaris* § 16 Rn. 6 ff.; *Hübner* Rn. 456; *Lettl* § 7 Rn. 80 f.; *K. Schmidt* § 28 Rn. 9 f.; exemplarisch für § 89b HGB BGH 21.7.2016, NJW 2017, 475 Rn. 32 ff.

D. Überblick zu anderen Absatzmittlungsverhältnissen ohne gesetzliche Ausgestaltung

Unter dem Begriff Franchising werden Vertriebskonzepte zusammengefasst, bei denen der Franchisegeber sein Erzeugnis oder seinen Service anderen Unternehmen, den Franchisenehmern, unter Verwendung einheitlicher Ausstattung, eines einheitlichen Namens, Symbols oder Marke und eines einheitlichen Vertriebssystems zum Vertrieb überlässt.[173] Besonders verbreitet ist das Franchising im Hotel- und Gaststättengewerbe (z. B. Holiday Inn,[174] McDonald's[175]) sowie im Einzelhandel.

79

Der Franchisevertrag begründet ein Dauerschuldverhältnis und ist ein typengemischter Vertrag, der Dienstleistungspflichten des Franchisenehmers mit lizenzähnlicher Teilhabe am Produkt und Marketingsystem des Franchisegebers verbindet.[176] Abzugrenzen ist der Franchisenehmer von dem Vertragshändler. Seine Einbindung in das Vertriebssystem des Franchisegebers ist intensiver als bei dem Vertragshändler, da er am Markt nur noch unter der gemeinsamen Marke in Erscheinung tritt. Dem Kunden erscheint es daher so, als kontrahiere er mit dem Franchisegeber selbst. Das Franchising ermöglicht die Ausdehnung des Vertragshändlerprinzips über den Warenhandel hinaus. Hierbei kann es der Franchisegeber dem Franchisenehmer z. B. auch erlauben, die zu vertreibenden Waren selbst nach bestimmten Maßgaben, Mustern und Rezepturen des Franchisegebers herzustellen.[177] Diese Vielfalt zeigt, dass sich hinter dem Begriff „Franchising" kein einheitlich ausgestalteter Vertragstyp verbirgt, er ist vielmehr ein wirtschaftlicher Sammelbegriff für bestimmte Vertriebskonzeptionen.

80

Die konkreten Vertragsverhältnisse, die das Franchising zusammenfasst, weisen sehr große Unterschiede auf und reichen von der mit einem Arbeitnehmer vergleichbaren Subordination des Franchisenehmers unter den Franchisegeber bis hin zur kooperativen Zusammenarbeit von Großunternehmen.[178] Die große rechtstatsächliche Vielfalt wirft im Hinblick auf eine analoge Anwendung des Handelsvertreterrechts naturgemäß zahlreiche Zweifelsfragen auf, die nach Maßgabe der besonderen Umstände des Einzelfalls zu beantworten sind. Entspricht die Stellung des Franchisenehmers der eines Handelsvertreters, dann ist das Handelsvertreterrecht unter den beim Vertragshändler genannten Voraussetzungen analog anzuwenden.[179] Das gilt nicht nur für die Kündigungsfristen in § 89 HGB[180] und das Recht zur außerordentlichen Kündigung (§ 89a HGB),[181] sondern auch für den Ausgleichsanspruch nach § 89b HGB.[182]

81

---

[173] *Canaris* § 18 Rn. 1.
[174] S. BGH 5.10.1981, NJW 1982, 1817 f., allerdings mit gesellschaftsrechtlicher Einkleidung.
[175] BGH 3.10.1984, NJW 1985, 1894 ff.
[176] Näher *Canaris* § 18 Rn. 14 ff.; *K. Schmidt* § 28 Rn. 30; speziell zu den wichtigsten Pflichten der Vertragsparteien *Canaris* § 18 Rn. 33 ff.
[177] Näher zur Abgrenzung zum Vertragshändler *Canaris* § 18 Rn. 7.
[178] Ausführlich dazu *Martinek* Franchising, 1987, S. 231 ff.
[179] S. oben § 6 Rn. 76 sowie näher *Canaris* § 18 Rn. 23 ff.; *Martinek* ZIP 1988, 1362 ff.; ferner BGH 17.7.2002, NJW-RR 2002, 1554 (1555); 5.2.2015, NJW 2015, 945 Rn. 13; 21.7.2016, NJW 2016, 475 Rn. 31.
[180] BGH 17.7.2002, NJW-RR 2002, 1554 (1555).
[181] Exemplarisch BGH 3.10.1984, NJW 1985, 1894 ff., der allerdings im konkreten Fall nicht § 89a HGB heranzog.
[182] Näher zur Problematik einer entsprechenden Anwendung des § 89b HGB BGH 5.2.2015, NJW 2015, 945 Rn. 16 ff.; *Canaris* § 18 Rn. 29 ff.; *Flohr* DStR 1998, 572 ff., jeweils m. w. N.

82   Beim *Subordinationsfranchising* kommt wegen der intensiven Einbindung in die Absatzorganisation und der Dichte leistungsbezogener Weisungen auch die Anwendung arbeitsrechtlicher Vorschriften in Betracht, sei es, dass der Franchisenehmer die Voraussetzungen des Arbeitnehmerbegriffs erfüllt, sei es, dass er aufgrund seiner wirtschaftlichen Unselbstständigkeit und der hieraus folgenden und mit einem Arbeitnehmer vergleichbaren Schutzbedürftigkeit als arbeitnehmerähnliche Person zu qualifizieren ist.[183]

---

[183] Dazu BAG 16.7.1997, AP ArbGG 1979 § 5 Nr. 37; BGH 4.11.1998, BGHZ 140, 11 ff. sowie zur Vertiefung *Franzen* Festschrift 50 Jahre Bundesarbeitsgericht, 2004, S. 31 ff.; *Hopt* DB 1998, 863 ff.; *Horn/Henssler* ZIP 1998, 589 ff.; *Matthießen* ZIP 1988, 1089 ff.; *Schubert* Der Schutz arbeitnehmerähnlicher Personen, 2004; *Weltrich* DB 1988, 806 ff.

§ 7 Die allgemeinen Vorschriften für Handelsgeschäfte

Zur Falllösung: *Bitter/Linardatos* S. 228 ff. (Fall 21); *Hopt* S. 163 ff. (Fall 9).

A. Überblick zu den allgemeinen Vorschriften für Handelsgeschäfte

In seinem Vierten Buch fasst das Handelsgesetzbuch wesentliche Bestimmungen für Handelsgeschäfte zusammen. Hierbei greift es wie das Bürgerliche Gesetzbuch auf die klassische Gesetzestechnik zurück und stellt die Vorschriften für alle Handelsgeschäfte oder zumindest eine Gruppe von ihnen in einem Allgemeinen Teil (Erster Abschnitt: §§ 343 bis 372 HGB) an den Anfang. Mit dem Zweiten Abschnitt des Vierten Buchs (§§ 373 ff. HGB) beginnt der „Besondere Teil", der – vergleichbar dem „Besonderen Schuldrecht" – für im Handelsverkehr weit verbreitete Vertragstypen spezielle Regelungen aufstellt. Sie gestalten insbesondere den Handelskauf (§§ 373 bis 382 HGB), das Kommissionsgeschäft (§§ 383 bis 406 HGB), das Frachtgeschäft (§§ 407 bis 452d HGB), das Speditionsgeschäft (§§ 453 bis 466 HGB) sowie das Lagergeschäft (§§ 467 bis 475h HGB) aus. 1

Die Vorschriften des „Allgemeinen Teils" in dem Ersten Abschnitt des Vierten Buchs weichen in zentralen Punkten von Bestimmungen des Bürgerlichen Gesetzbuchs ab bzw. ergänzen und modifizieren diese im Hinblick auf die Besonderheiten des Handelsverkehrs. In Anlehnung an die Systematik des Bürgerlichen Gesetzbuchs sind drei Gruppen zu unterscheiden: 2

Die erste Gruppe bilden Vorschriften zum Zustandekommen und dem Inhalt des Handelsgeschäfts. Neben der Sonderregelung zur rechtlichen Bedeutung des Schweigens im Handelsverkehr (§ 362 HGB) gehören hierzu die Bestimmung in § 346 HGB über Handelsbräuche sowie Lockerungen zu Formvorschriften, die das Bürgerliche Gesetzbuch für einzelne Vertragstypen vorsieht (§ 350 HGB). 3

4   Zur zweiten Gruppe zählen Vorschriften, die in erster Linie die Regelungen des Allgemeinen Schuldrechts ergänzen und modifizieren. Neben den Bestimmungen zum Inhalt der Leistung (§§ 358 bis 361 HGB) und zu den Zinsen (§§ 352, 353 HGB) sind vor allem diejenigen über das Kontokorrent (§§ 355 bis 357 HGB) zu nennen.

5   Als dritte Gruppe treten Bestimmungen hinzu, die systematisch dem Sachenrecht zuzuordnen sind oder diesem zumindest nahestehen. Neben den Sonderregeln zum gutgläubigen Erwerb (§§ 366, 367 HGB) sind hierzu die Vorschriften über das kaufmännische Zurückbehaltungsrecht (§§ 369 bis 372 HGB) zu rechnen, das dem Gläubiger ein dem Pfandrecht verwandtes Befriedigungsrecht gewährt (§§ 371, 372 HGB) und sich vor allem hierdurch von dem Zurückbehaltungsrecht in § 273 BGB unterscheidet.

6   Der Anwendungsbereich der Bestimmungen des Vierten Buchs definiert sich über das Handelsgeschäft (§ 343 HGB). Ungeachtet der diesbezüglichen Einzelheiten[1] greifen die §§ 343 bis 372 HGB bei isolierter Betrachtung nur ein, wenn wenigstens für eine Vertragspartei die Kaufmannseigenschaft zu bejahen ist. Damit ist der Anwendungsbereich der allgemeinen Vorschriften indes nicht abschließend umschrieben. Sowohl für das Kommissionsgeschäft als auch für die Transportverträge legt das Gesetz fest, dass die Bestimmungen des Ersten Abschnitts bereits dann anwendbar sind, wenn zumindest eine Vertragspartei ein handelsrechtliches Gewerbe betreibt, selbst wenn dieses hinsichtlich Art oder Umfang keinen in kaufmännischer Weise eingerichteten Geschäftsbetrieb erfordert und eine Eintragung in das Handelsregister (§ 2 HGB) unterblieben ist (s. § 383 Abs. 2 HGB sowie die §§ 407 Abs. 3 Satz 2, 453 Abs. 3 Satz 2, 467 Abs. 3 Satz 2 HGB).[2] Die allgemeinen Vorschriften über Handelsgeschäfte sind auf die abgeschlossenen Verträge und deren Abwicklung gleichwohl anzuwenden. Ausgenommen sind von dieser Ausdehnung des Anwendungsbereichs der §§ 346 bis 372 HGB jeweils lediglich die §§ 348 bis 350 HGB.

I. Allgemeines

7   Der *Begriff des Handelsgeschäfts* zählt neben dem Kaufmannsbegriff zu den wichtigsten Anknüpfungstatbeständen für die Sonderbestimmungen des Handelsrechts. Allerdings verwendet das Handelsgesetzbuch diesen nicht einheitlich.[3] So versteht das Firmenrecht unter einem Handelsgeschäft das Unternehmen des Kaufmanns, während das Vierte Buch des Handelsgesetzbuchs einzelne, von Kaufleuten vorgenommene „Geschäfte" als Handelsgeschäfte bezeichnet. Liegt ein Handelsgeschäft i. S. des Vierten Buchs des Handelsgesetzbuchs, also ein kaufmännisches „Geschäft", vor, dann gelten für dieses wichtige Abweichungen von den allgemeinen Regelungen des Bürgerlichen Gesetzbuchs.

---

[1] Näher hierzu unten § 7 Rn. 7 ff.
[2] Ausführlich dazu *Schmitt* Die Rechtsstellung der Kleingewerbetreibenden nach dem Handelsrechtsreformgesetz, 2003, S. 118 ff.
[3] S. auch *Hofmann* S. 171; Oetker/*Pamp* § 343 Rn. 1.

A. Überblick zu den allgemeinen Vorschriften für Handelsgeschäfte

Den Begriff des Handelsgeschäfts definiert § 343 Abs. 1 HGB: Hiernach sind dies alle Geschäfte eines Kaufmanns, die zum Betrieb seines Handelsgewerbes gehören. Anknüpfungspunkte für das Vorliegen eines Handelsgeschäfts sind somit zunächst die Kaufmannseigenschaft der beteiligten Parteien und sodann die Betriebsbezogenheit des Geschäfts selbst.

II. Anknüpfung an den Kaufmannsbegriff

Die Kaufmannseigenschaft richtet sich nach den §§ 1 bis 6 HGB[4] und muss im Zeitpunkt der Vornahme des Geschäfts vorliegen.[5] Hieraus resultiert die zumeist theoretische Frage nach den Rechtsfolgen, wenn Abgabe und Zugang der auf ein solches Geschäft gerichteten Willenserklärungen zeitlich auseinander fallen und die Kaufmannseigenschaft zwischen beiden Zeitpunkten erworben wird oder verloren geht. Für den letztgenannten Fall bietet sich an, § 130 Abs. 2 BGB analog anzuwenden. Es genügt daher, wenn die Kaufmannseigenschaft bei Abgabe der Willenserklärung vorliegt, selbst wenn diese, gleich aus welchem Grunde, vor deren Zugang entfällt.[6] Streitig ist dagegen, ob es für die Anwendung der Vorschriften über Handelsgeschäfte genügt, wenn die Kaufmannseigenschaft zwischen Abgabe und Zugang der Willenserklärung erworben wird. Ausgehend von dem Wortlaut des § 343 Abs. 1 HGB ist auch in diesem Fall ein Handelsgeschäft anzunehmen.[7] Praktisch bedeutsam ist die Problematik indes nur bei Kannkaufleuten, wenn die von ihnen beantragte Eintragung in das Handelsregister (§§ 2 Satz 2, 3 Abs. 2 HGB) zwischen Abgabe und Zugang der Willenserklärung erfolgt.

Schließt ein *Stellvertreter* das Geschäft ab, dann kommt es bezüglich der Kaufmannseigenschaft ausschließlich auf die Verhältnisse in der Person des Vertretenen an.[8] Demgegenüber ist es für das Vorliegen eines Handelsgeschäfts grundsätzlich bedeutungslos, ob auch der Vertreter Kaufmann ist. Eine Ausnahme gilt nur, wenn ein Vertreter ohne Vertretungsmacht handelte und nach § 179 Abs. 1 BGB seine

---

[4] So die ganz vorherrschende Ansicht, s. z. B. *Canaris* § 20 Rn. 3; Heymann/*Horn* § 343 Rn. 6; Hopt/*Leyens* § 343 Rn. 2; Oetker/*Pamp* § 343 Rn. 10; kritisch *K. Schmidt* § 18 Rn. 10 f.; näher hierzu oben § 2 Rn. 1.
[5] BGH 24.3.1954, NJW 1954, 998; Oetker/*Pamp* § 343 Rn. 14; KKD/*Roth/Huber* § 343 Rn. 8.
[6] *Bayer/Lieder* Rn. 236; *Canaris* § 20 Rn. 4; Ebenroth/Boujong/*Fest* § 343 Rn. 39; *Fischinger* Rn. 518; Schlegelberger/*Hefermehl* § 343 Rn. 27; Staub/*Koller* 4. Aufl., § 343 Rn. 9; Oetker/*Pamp* § 343 Rn. 14; GK-HGB/*B. Schmidt* § 343 Rn. 5.
[7] *Bayer/Lieder* Rn. 236; Schlegelberger/*Hefermehl* § 343 Rn. 27; Oetker/*Pamp* § 343 Rn. 14; GK-HGB/*B. Schmidt* § 343 Rn. 5; a. A. *Canaris* § 20 Rn. 4; Ebenroth/Boujong/*Fest* § 343 Rn. 39; *Fischinger* Rn. 518; Staub/*Koller* 4. Aufl., § 343 Rn. 9.
[8] *Bayer/Lieder* Rn. 235; *Canaris* § 20 Rn. 5; Ebenroth/Boujong/*Fest* § 343 Rn. 30; Heymann/*Horn* § 343 Rn. 5; KKD/*Roth/Huber* § 343 Rn. 2; GK-HGB/*B. Schmidt* § 343 Rn. 4; MK-HGB/*K. Schmidt* § 343 Rn. 9.

Haftung auf Vertragserfüllung in Betracht kommt. In diesem Fall setzt die Anwendung der Vorschriften über Handelsgeschäfte voraus, dass auch der vermeintliche Vertreter Kaufmann ist.[9]

III. Einseitige und beiderseitige Handelsgeschäfte

11   Die Vorschriften über Handelsgeschäfte kommen grundsätzlich für beide Parteien zur Anwendung. Das gilt in der Regel auch, wenn dies nur auf einer Seite der Fall ist, da § 345 HGB ausdrücklich klarstellt, dass es für die Annahme eines Handelsgeschäfts genügt, wenn eine der beteiligten Parteien Kaufmann ist und deshalb ein sog. *einseitiges* Handelsgeschäft vorliegt. Obwohl hierdurch von dem subjektiven System des Handelsgesetzbuchs abgewichen wird, führt die Anerkennung einseitiger Handelsgeschäfte in den meisten Fällen zu einer rechtlichen Besserstellung der Nichtkaufleute. Eine Ausnahme stellt die Berechtigung zur Geltendmachung von Zinseszinsen in § 355 Abs. 1 HGB dar, da diese für die beteiligten Nichtkaufleute die allgemeine Regelung (§ 248 Abs. 1 BGB) verschlechtert.

12   Trotz der grundsätzlichen Anknüpfung an das einseitige Handelsgeschäft stellt § 345 HGB nur eine Regel auf, die stets unter dem Vorbehalt steht, dass andere Vorschriften ein *beiderseitiges* Handelsgeschäft voraussetzen. Als Beispiel ist § 352 HGB zu nennen, der bezüglich der Höhe der gesetzlichen Zinsen (abweichend von § 246 BGB fünf Prozentpunkte) und des Beginns der Verzinsungspflicht (Fälligkeit) Sonderregelungen aufstellt.

13   Aus den gesetzlichen Bestimmungen über Handelsgeschäfte lassen sich somit drei Gruppen bilden: Die erste Gruppe enthält keine von § 345 HGB abweichenden Regelungen, sodass die Vorschriften auch bei einseitigen Handelsgeschäften für beide Vertragsparteien gelten. Die Bestimmungen der zweiten Gruppe verlangen ausdrücklich ein beiderseitiges Handelsgeschäft und finden deshalb auf einseitige Handelsgeschäfte keine Anwendung (so z. B. §§ 352 Abs. 1, 353 HGB). Eine Sonderstellung nehmen Regelungen der dritten Gruppe ein. Sie gelten auch bei einseitigen Handelsgeschäften, jedoch nur für den Vertragspartner, der Kaufmann ist (so §§ 347, 348 HGB).

IV. Der Geschäftsbegriff

14   Damit die §§ 343 ff. HGB zur Anwendung gelangen, muss ein „Geschäft" vorliegen. Aus dieser Formulierung darf indes nicht vorschnell auf eine Gleichsetzung mit dem „Rechtsgeschäft" geschlossen werden. Dieses bildet lediglich den Be-

---

[9] So auch für die h. M. *Bayer/Lieder* Rn. 235; *Canaris* § 20 Rn. 5, 6; Ebenroth/Boujong/*Fest* § 343 Rn. 30; Schlegelberger/*Hefermehl* § 343 Rn. 7; *Lettl* § 9 Rn. 10; Oetker/*Pamp* § 343 Rn. 13; KKD/*Roth/Huber* § 343 Rn. 2; a. A. *Fischinger* Rn. 517; GK-HGB/*B. Schmidt* § 343 Rn. 4.

A. Überblick zu den allgemeinen Vorschriften für Handelsgeschäfte   193

griffskern. Da § 343 HGB bewusst davon abgesehen hat, das Wort „Rechtsgeschäft" in den Wortlaut aufzunehmen, ist der Anwendungsbereich weiter. Er umfasst alle geschäftlichen Vorgänge, sodass auch geschäftsähnliche Handlungen, wie z. B. die Mahnung (§ 286 Abs. 1 Satz 1 BGB) oder sonstige rechtlich relevante Handlungen, wie z. B. die Bewirkung einer Zahlung, die Absendung einer Ware, die Anzeige von Mängeln oder die Erteilung von Weisungen einbezogen sind.[10]

V. Zurechnung des Geschäfts zum Betrieb des Handelsgewerbes

Neben der Kaufmannseigenschaft wenigstens eines der beteiligten Rechtssubjekte verlangt § 343 Abs. 1 HGB für ein „Handelsgeschäft", dass dieses zum Betrieb des Handelsgewerbes des Kaufmanns gehört. Hierzu zählen auch sog. Hilfsgeschäfte, die dieser zur Unterstützung der unternehmerischen Tätigkeit abschließt. Zu den Handelsgeschäften des Kaufmanns zählen deshalb ebenfalls die für das von ihm betriebene Handelsgewerbe begründeten Arbeitsverträge;[11] bei ihnen handelt es sich um einseitige Handelsgeschäfte. Bezüglich der Betriebsbezogenheit ist zwischen Einzelkaufleuten und Handelsgesellschaften zu unterscheiden. Während diese bei den Erstgenannten das Privatgeschäft von dem Handelsgeschäft des Kaufmanns trennen soll, steht bei Handelsgesellschaften die Frage im Mittelpunkt, ob überhaupt ein Geschäft der Gesellschaft vorliegt und sie durch dieses berechtigt oder verpflichtet wird.[12]   15

Beim *Einzelkaufmann* erleichtert die Vermutung des § 344 Abs. 1 HGB die Feststellung, ob das Geschäft zum Betrieb seines Handelsgewerbes gehört. Das ist im Zweifel anzunehmen, wenn ein Kaufmann dieses vornimmt. Der Anwendungsbereich der Vorschrift ist trotz ihres Wortlauts („Rechtsgeschäfte") weit zu ziehen und deckt sich aufgrund einer systematischen und teleologischen Auslegung nach allgemeiner Ansicht mit den in § 343 Abs. 1 HGB genannten „Geschäften".[13] Die vom Gesetz aufgestellte Vermutung ist allerdings widerlegbar,[14] sodass Rechtsgeschäfte eines Kaufmanns stets dann keine Handelsgeschäfte sind, wenn diese nicht zum Betrieb seines Handelsgewerbes gehören und dies für den Dritten erkennbar ist. Die   16

---

[10] Für die allg. Ansicht *Bayer/Lieder* Rn. 234; *Brox/Henssler* Rn. 281; Ebenroth/Boujong/*Fest* § 343 Rn. 6; Schlegelberger/*Hefermehl* § 343 Rn. 11; Heymann/*Horn* § 343 Rn. 8; *Hübner* Rn. 472; Hopt/*Leyens* § 343 Rn. 1; Oetker/*Pamp* § 343 Rn. 4; KKD/*Roth/Huber* § 343 Rn. 3; GK-HGB/*B. Schmidt* § 343 Rn. 7; *K. Schmidt* § 18 Rn. 9.
[11] S. Hopt/*Leyens* § 343 Rn. 3; Oetker/*Pamp* § 343 Rn. 18.
[12] S. *K. Schmidt* § 18 Rn. 15 f.
[13] Statt aller Ebenroth/Boujong/*Fest* § 344 Rn. 8; *Fischinger* Rn. 524; Schlegelberger/*Hefermehl* § 344 Rn. 6; Heymann/*Horn* § 344 Rn. 5; *Lettl* § 9 Rn. 20; Hopt/*Leyens* § 344 Rn. 2; Oetker/*Pamp* § 344 Rn. 11; KKD/*Roth/Huber* § 344 Rn. 3; *K. Schmidt* § 18 Rn. 14.
[14] Für die allg. Ansicht *Bayer/Lieder* Rn. 237; Ebenroth/Boujong/*Fest* § 344 Rn. 31; *Fischinger* Rn. 525; *Hübner* Rn. 475; Hopt/*Leyens* § 344 Rn. 3; Oetker/*Pamp* § 344 Rn. 9; KKD/*Roth/Huber* § 344 Rn. 4; *K. Schmidt* § 18 Rn. 22.

Beweislast hierfür trifft den Kaufmann.[15] Umgekehrt obliegt der Gegenbeweis stets dem Dritten, wenn er das Vorliegen eines Handelsgeschäfts bestreitet.

17 Im Interesse des Rechtsgeschäftsverkehrs geht § 344 Abs. 2 HGB über die vorstehende Grundregel hinaus und schafft für *Schuldscheine* grundsätzlich eine unwiderlegbare Vermutung (keine Fiktion!).[16] Hiernach gelten alle von einem Kaufmann gezeichneten Schuldscheine als zum Betrieb des Handelsgewerbes gehörig, wenn sich aus der Urkunde nicht das Gegenteil ergibt. Alle derartigen Erklärungen eines Kaufmanns sind daher Handelsgeschäfte, ohne dass er durch Umstände außerhalb der Urkunde einen Gegenbeweis führen kann.[17]

18 Bei *Handelsgesellschaften* treten keine vergleichbaren Abgrenzungsprobleme auf, da sie keine private Rechtssphäre haben.[18] Es genügt die Feststellung, dass ein Geschäft der Gesellschaft und nicht etwa ein solches der Gesellschafter oder ein Eigengeschäft des gesetzlichen Vertreters vorliegt.[19] Alle Geschäfte der Gesellschaft sind für diese stets Handelsgeschäfte.[20]

B. Abschluss und Inhalt des Handelsgeschäfts

I. Bedeutung des Schweigens für den Vertragsschluss

1. Verhältnis zur allgemeinen Rechtsgeschäftslehre

19 Nach dem Bürgerlichen Gesetzbuch ist das Schweigen grundsätzlich keine Willenserklärung (*qui tacet consentire non videtur*).[21] Durch das Schweigen einer Partei auf einen Antrag zum Vertragsabschluss kommen Verträge in der Regel nicht zustande. Das gilt im Ausgangspunkt auch für Handelsgeschäfte.[22] Eine strikte Einhaltung

---

[15] S. BGH 10.6.1974, BGHZ 63, 32 (33); *K. Schmidt* § 18 Rn. 22.
[16] So mit Recht *Bayer/Lieder* Rn. 237; *Lettl* § 9 Rn. 23; Oetker/*Pamp* § 344 Rn. 18; *K. Schmidt* § 18 Rn. 25; a. A. Ebenroth/Boujong/*Fest* § 344 Rn. 58.
[17] Für den Ausschluss des Gegenbeweises mit der vorgenannten Einschränkung statt aller Heymann/*Horn* § 344 Rn. 12; Hopt/*Leyens* § 344 Rn. 4; Oetker/*Pamp* § 344 Rn. 19; a. A. Ebenroth/Boujong/*Fest* § 344 Rn. 58.
[18] *Bülow/Artz* Rn. 352; *Canaris* § 20 Rn. 10; *Fischinger* Rn. 528; *Hübner* Rn. 473; KKD/*Roth/Huber* § 343 Rn. 6; *K. Schmidt* JuS 2017, 809 (811).
[19] Zu der in diesem Zusammenhang bedeutsamen Figur des unternehmensbezogenen Geschäfts s. BGH 13.10.1994, NJW 1995, 43 (43 f.); 31.7.2012, NJW 2012, 3368 Rn. 10; Ahrens JA 1997, 895 ff.; *Paulus* JuS 2017, 399 ff.
[20] So für die h. M. *Canaris* § 20 Rn. 10; Schlegelberger/*Hefermehl* § 343 Rn. 14; Hopt/*Leyens* § 344 Rn. 1; KKD/*Roth/Huber* § 344 Rn. 2; *K. Schmidt* § 18 Rn. 15; *ders.* JuS 2017, 809 (811); a. A. Heymann/*Horn* § 343 Rn. 16.
[21] Stellvertretend *Bork* Rn. 574; *Enneccerus/Nipperdey* Allgemeiner Teil des Bürgerlichen Rechts Bd. II, 15. Aufl. 1960, § 153 III, S. 944; *Neuner* § 31 Rn. 12.
[22] Treffend BGH 4.4.1951, BGHZ 1, 353 (355); *Enneccerus/Nipperdey* Allgemeiner Teil des Bürgerlichen Rechts Bd. II, 15. Aufl. 1960, § 153 III, S. 944.

B. Abschluss und Inhalt des Handelsgeschäfts

dieses Grundsatzes würde aber im Handelsverkehr mit seinen typisierten und immer wieder zwischen den gleichen Parteien vorgenommenen Massengeschäften die Leichtigkeit der Geschäftsbeziehungen beeinträchtigen.

Gesetzgeber, Rechtsprechung und Lehre haben deshalb den Bedürfnissen des Handelsverkehrs Rechnung getragen und eine Typisierung bestimmter Situationen und Verhältnisse vorgenommen, in denen das Schweigen als Willenserklärung zu behandeln ist und insbesondere dazu führt, dass Verträge zustande kommen. Hierbei handelt es sich erstens um die Sonderregelung des § 362 HGB, die dem Schweigen des Kaufmanns auf einen Antrag zum Vertragsschluss unter bestimmten Voraussetzungen rechtliche Bedeutung beimisst,[23] sowie zweitens um die Lehre vom kaufmännischen Bestätigungsschreiben.[24] Ungeachtet dessen hat der Gesetzgeber aber bewusst davon abgesehen, dem Schweigen im Handelsverkehr durch eine allgemeine Vorschrift generell rechtliche Bedeutung beizulegen. Wegen dieser Systematik entfaltet das Schweigen außerhalb der vorgenannten Sonderfälle auch im Handelsverkehr grundsätzlich keine rechtlichen Wirkungen.

2. Schweigen des Kaufmanns auf Anträge (§ 362 HGB)

a) Inhalt und Stellung der Vorschrift

Nach § 362 Abs. 1 Satz 1 HGB, dessen Regelungsgehalt sich bis zum Preußischen Allgemeinen Landrecht zurückverfolgen lässt,[25] gilt das Schweigen eines Kaufmanns, zu dessen Gewerbebetrieb die Besorgung von Geschäften für andere gehört, auf einen Antrag, welcher auf eine solche Besorgung gerichtet ist, als Annahme, wenn er mit dem Antragsteller in Geschäftsverbindungen steht. Gleiches gilt, wenn der Kaufmann dem Antragsteller die Übernahme der Geschäftsbesorgung angeboten hat (§ 362 Abs. 1 Satz 2 HGB). Unter diesen Voraussetzungen wird dem Schweigen kraft Gesetzes ausdrücklich die Bedeutung einer Willenserklärung zugeschrieben, die zum Vertragsschluss führt. Eines Rückgriffs auf § 362 Abs. 1 BGB bedarf es deshalb stets dann nicht, wenn eine ausdrückliche oder konkludente Erklärung der Annahme vorliegt, da es hierdurch bereits zum Vertragsschluss kommt.

Allerdings begründet die Vorschrift keinen Kontrahierungszwang.[26] Durch eine unverzügliche Ablehnung des Antrags kann der Kaufmann das Zustandekommen eines Vertrags verhindern. Die Besonderheit des § 362 Abs. 1 HGB liegt darin, dass der Vertrag ohne Annahmeerklärung zustande kommt. Hierin unterscheidet sich die Regelung von § 151 Satz 1 BGB.[27] Während dieser nur von dem Erfordernis eines Zugangs der Annahmeerklärung entbindet und ein Vertragsschluss unverändert die

---

[23] Hierzu nachfolgend § 7 Rn. 21 ff.
[24] Dazu § 7 Rn. 31 ff.
[25] Näher *K. Schmidt* § 19 Rn. 31.
[26] Schlegelberger/*Hefermehl* § 362 Rn. 22.
[27] Treffend *Bayer/Lieder* Rn. 260.

nach außen hervortretende Betätigung des Annahmewillens voraussetzt,[28] bedarf es nach § 362 HGB keines Annahmewillens – die gesetzlich festgelegte Rechtsfolge ersetzt diesen. Umgekehrt fehlt für diese die notwendige Grundlage, wenn ein Annahmewille vorliegt und nach außen erkennbar betätigt wurde. Durch seine spezifische Rechtsfolge weicht § 362 HGB auch von § 663 BGB ab, da das Schweigen dort nicht zum Vertragsschluss führt, sondern eine Verpflichtung des Schweigenden zum Schadensersatz begründet.[29]

b) Normzweck und dogmatische Einordnung

23 Mit § 362 HGB bezweckt das Gesetz den Schutz der Verkehrssicherheit.[30] Während hierüber Einvernehmen herrscht, ist die dogmatische Einordnung der Vorschrift bislang nicht abschließend geklärt. Zum Teil wird das Schweigen als vom Gesetzgeber typisierte Erklärung oder als fingierte Willenserklärung[31] qualifiziert. Diesen Versuchen, das Schweigen i. S. des § 362 Abs. 1 HGB einer Willenserklärung gleichzusetzen, steht entgegen, dass das Schweigen auch dann als Annahme wirkt, wenn dem Schweigenden ein entsprechendes Erklärungsbewusstsein fehlt.[32] Selbst wenn er keine Kenntnis vom Zugang des Antrags hat, kommt – nach freilich bestrittener Ansicht – ein Vertrag zustande.[33] Deshalb ist eine Einordnung des § 362 HGB in das vom Gedanken der Privatautonomie geprägte System der Rechtsgeschäftslehre nicht möglich.

24 Angesichts dessen ist die Vorschrift der Rechtsscheinhaftung zuzurechnen.[34] Sie weist deutliche Parallelen zu der Duldungsvollmacht auf und zeichnet sich wie diese dadurch aus, dass der Untätige für seine Passivität einstehen muss. Zu rechtfertigen ist das für § 362 Abs. 1 HGB damit, dass dem Schweigen auf einen Antrag bei einer ständigen Geschäftsverbindung zwischen Kaufleuten im Handelsverkehr allgemein der Schein einer Annahmeerklärung anhaftet und in dieser Beziehung von einem Handelsbrauch gesprochen werden kann.[35] Die Vorschrift des § 362 HGB greift dieses allgemeine Verständnis für den Bereich des Geschäftsbesorgungsgewerbes auf und bindet den Schweigenden an den mit seinem Verhalten bzw. sei-

---

[28] Statt aller BGH 14.10.2003, NJW 2004, 287 (288); Ebenroth/Boujong/*Eckert* § 362 Rn. 4; Schlegelberger/*Hefermehl* § 362 Rn. 3; Hopt/*Leyens* § 362 Rn. 1; *Neuner* § 37 Rn. 38 f.KKD/*Roth/Huber* § 362 Rn. 2.

[29] Zum Vorstehenden s. auch Ebenroth/Boujong/*Eckert* § 362 Rn. 6; *Hofmann* S. 173; *K. Schmidt* § 19 Rn. 35 f.; MK-HGB/*Welter* § 362 Rn. 5 ff.

[30] *Bayer/Lieder* Rn. 257; Ebenroth/Boujong/*Eckert* § 362 Rn. 2; *Fischinger* Rn. 608; Heymann/*Horn* § 362 Rn. 1; *Lettl* § 10 Rn. 23; Oetker/*Maultzsch* § 362 Rn. 1; KKD/*Roth/Huber* § 362 Rn. 1; *K. Schmidt* § 19 Rn. 39; MK-HGB/*Welter* § 362 Rn. 13.

[31] So *Flume* Allgemeiner Teil des Bürgerlichen Rechts Bd. II, 4. Aufl. 1992, § 10, 2, S. 120; *Hopt* AcP 183 (1983), 608 (613); *Kindler* § 7 Rn. 15; Oetker/*Maultzsch* § 362 Rn. 7; KKD/*Roth/Huber* § 362 Rn. 4; MK-HGB/*Welter* § 362 Rn. 15.

[32] *Canaris* § 23 Rn. 1; Heymann/*Horn* § 362 Rn. 13.

[33] So *Canaris* § 23 Rn. 1, § 25 Rn. 4, 5; KKD/*Roth/Huber* § 362 Rn. 8; *K. Schmidt* § 19 Rn. 53; a. A. Schlegelberger/*Hefermehl* § 362 Rn. 20; Heymann/*Horn* § 362 Rn. 11; näher unten § 7 Rn. 29.

[34] Hierfür vor allem *Canaris* § 23 Rn. 3; Schlegelberger/*Hefermehl* § 362 Rn. 16.

[35] Zur Rückführung des § 362 HGB auf einen Handelsbrauch bereits ROHG 29.10.1870, ROHGE 1, 76 (80) sowie ferner MK-HGB/*Welter* § 362 Rn. 13.

B. Abschluss und Inhalt des Handelsgeschäfts

ner Untätigkeit erzeugten Schein. Im Interesse der Verkehrssicherheit kann er diesen nicht widerlegen; § 362 HGB statuiert somit eine Haftung für das Setzen des Rechtsscheins in Form einer Zustimmung zu dem Antrag.

c) Voraussetzungen

aa) Objektive Tatbestandsmerkmale

Das Gesetz knüpft die Haftung vor allem an objektive Voraussetzungen: 1. Der Schweigende muss Kaufmann sein,[36] 2. die Tätigkeit des Schweigenden muss in einer Geschäftsbesorgung bestehen, 3. der Kaufmann muss mit dem Antragenden in einer Geschäftsverbindung stehen oder sich zur Geschäftsbesorgung erboten haben, 4. dem Schweigenden muss ein Antrag zugegangen sein.

Die von § 362 HGB verlangte *Geschäftsbesorgung* des Kaufmanns umfasst jede selbstständige Tätigkeit wirtschaftlicher Art für einen anderen und in dessen Interesse.[37] Dabei ist es gleichgültig, ob diese rechtsgeschäftlicher oder tatsächlicher Art ist.[38] Erfasst werden durch § 362 HGB Dienstleistungen im weitesten Sinne (z. B. Kommissionär, Spediteur, Treuhänder), nicht hingegen Austauschgeschäfte (z. B. Kauf, Darlehen), bei denen jede Vertragspartei ihre eigenen Interessen verfolgt.[39]

In einer *Geschäftsverbindung* stehen die Beteiligten bereits, wenn sie wiederholt miteinander Geschäfte getätigt haben. Wird diese durch ein Angebot jedoch erst begründet, ist für einen durch § 362 Abs. 1 Satz 1 HGB begründeten Vertragsschluss noch kein Raum.[40] Für ein „Erbieten" zur Besorgung eines Geschäfts müssen entsprechende Erklärungen gegenüber dem Antragenden abgegeben werden. Solche, die an die Öffentlichkeit gerichtet sind, reichen nicht aus.[41] Ob der den allgemeinen Anforderungen des § 145 BGB genügende Antrag dem Kaufmann zugegangen ist,

---

[36] Für die enge Anlehnung an die Kaufmannseigenschaft auch *Bayer/Lieder* Rn. 265; Ebenroth/Boujong/*Eckert* § 362 Rn. 9 f.; Schlegelberger/*Hefermehl* § 362 Rn. 8; Heymann/*Horn* § 362 Rn. 5; Oetker/*Maultzsch* § 362 Rn. 9 f.; weitergehend für eine entsprechende Anwendung auf Nichtkaufleute, wenn sie ähnlich wie Kaufleute am Rechts- und Handelsverkehr teilnehmen, *Canaris* § 23 Rn. 7; *Lettl* § 10 Rn. 26; Hopt/*Leyens* § 362 Rn. 3; KKD/*Roth*/*Huber* § 362 Rn. 5; *Schmitt* Die Rechtsstellung der Kleingewerbebetreibenden nach dem Handelsrechtsreformgesetz, 2003, S. 292 ff.; MK-HGB/*Welter* § 362 Rn. 17.
[37] *Brox/Henssler* Rn. 291; Schlegelberger/*Hefermehl* § 362 Rn. 9; Heymann/*Horn* § 362 Rn. 6; Oetker/*Maultzsch* § 362 Rn. 11; KKD/*Roth*/*Huber* § 362 Rn. 6; MK-HGB/*Welter* § 362 Rn. 19.
[38] BGH 11.7.1966, BGHZ 46, 43 (47); Ebenroth/Boujong/*Eckert* § 362 Rn. 11; Hopt/*Leyens* § 362 Rn. 3; Oetker/*Maultzsch* § 362 Rn. 11; KKD/*Roth*/*Huber* § 362 Anm. 6; MK-HGB/*Welter* § 362 Rn. 19.
[39] S. *Bayer/Lieder* Rn. 263; Ebenroth/Boujong/*Eckert* § 362 Rn. 13; Schlegelberger/*Hefermehl* § 362 Rn. 9 f.; Heymann/*Horn* § 362 Rn. 6; *Hübner* Rn. 482; Oetker/*Maultzsch* § 362 Rn. 12; *K. Schmidt* § 19 Rn. 47.
[40] S. ThürOLG 18.1.2006, OLG-NL 2006, 54 (56).
[41] Für die allg. Ansicht *Bayer/Lieder* Rn. 264; Ebenroth/Boujong/*Eckert* § 362 Rn. 16; Schlegelberger/*Hefermehl* § 362 Rn. 9; Heymann/*Horn* § 362 Rn. 9; *Lettl* § 10 Rn. 32; Hopt/*Leyens* § 362 Rn. 4; Oetker/*Maultzsch* § 362 Rn. 18; KKD/*Roth*/*Huber* § 362 Rn. 7; MK-HGB/*Welter* § 362 Rn. 24.

beurteilt sich nach allgemeinen zivilrechtlichen Kriterien (§ 130 BGB).[42] Deshalb genügt es bei Erklärungen gegenüber Abwesenden, wenn diese so in den Machtbereich des Empfängers gelangt sind, dass unter Zugrundelegung gewöhnlicher (normaler) Umstände mit deren Kenntnisnahme durch den Empfänger gerechnet werden kann.[43]

bb) Berechtigung subjektiver Zurechnungskriterien

28   Neben den vorstehenden objektiven Voraussetzungen stellt § 362 Abs. 1 HGB keine subjektiven Anforderungen auf. Diese sind jedoch aus Sicht der Privatautonomie unerlässlich; wegen der lückenhaften Gesetzesregelung blieb deren Herausarbeitung Rechtsprechung und Lehre vorbehalten. Hierbei ist zu beachten, dass das Gesetz dem Schweigen nicht die Bedeutung einer konkludenten Willenserklärung beimisst. Aus diesem Grunde muss der Tatbestand einer solchen nicht erfüllt sein. Insbesondere ist nicht erforderlich, dass der Schweigende bezüglich seines Verhaltens ein Erklärungsbewusstsein hat.[44] Deshalb berührt ein Irrtum über die Bedeutung des Schweigens nicht die Anwendbarkeit der Vorschrift.[45]

29   Für eine systemkonforme Einbettung des § 362 Abs. 1 HGB in die Privatautonomie wird verbreitet als Zurechnungskriterium die Kenntnis vom Zugang des Antrags verlangt. Fehlt diese, so schließt dies die Rechtsfolgen des § 362 Abs. 1 HGB allerdings nur aus, wenn den Kaufmann insoweit kein Verschuldensvorwurf trifft,[46] was sich auf die Obliegenheit zur „unverzüglichen" Ablehnung des Antrags stützen lässt. Hiergegen verstößt der Empfänger, wenn er – wie sich aus der Legaldefinition in § 121 Abs. 1 Satz 1 BGB ergibt – mit seiner Antwort „schuldhaft" zögert. Selbst wenn entgegen dieser Ansicht die Zurechnung verschuldensunabhängig beurteilt wird,[47] folgt aus dem mit § 362 Abs. 1 HGB bezweckten Schutz des Handelsverkehrs, dass nicht jede Unkenntnis vom Zugang des Antrags die Anwendung des § 362 Abs. 1 HGB ausschließt. Stets dann, wenn die Ursache der fehlenden Kenntnis den typischen Risiken eines kaufmännischen Betriebs zuzurechnen ist, fällt diese in den Risikobereich des Schweigenden, sodass ihn die Rechtsfolgen des § 362 Abs. 1 HGB treffen müssen. Unter dieser Voraussetzung rechtfertigt es der Normzweck, dem Schweigenden die Verantwortung für die Organisation seines kaufmännischen Geschäftsbetriebes zuzuweisen. Er hat diesen so einzurichten, dass

---

[42] Statt aller *Bayer/Lieder* Rn. 262; Ebenroth/Boujong/*Eckert* § 362 Rn. 18; Heymann/*Horn* § 362 Rn. 7; *K. Schmidt* § 19 Rn. 53.
[43] BGH 3.11.1967, BGHZ 67, 271 (275); 26.11.1997, BGHZ 137, 205 (208); *Bork* Rn. 622; *Neuner* § 33 Rn. 12.
[44] *Canaris* § 23 Rn. 3.
[45] BGH 27.10.1953, BGHZ 11, 1 (4 f.); *Canaris* § 23 Rn. 4; Ebenroth/Boujong/*Eckert* § 362 Rn. 32; Schlegelberger/*Hefermehl* § 362 Rn. 19; Heymann/*Horn* § 362 Rn. 12; *Lettl* § 10 Rn. 38; KKD/*Roth/Huber* § 362 Rn. 11; HK-HGB/*Ruß* § 362 Rn. 1; MK-HGB/*Welter* § 362 Rn. 42; ausführlich *Mues* Die Irrtumsanfechtung im Handelsverkehr, 2004, S. 94 ff.
[46] So z. B. Schlegelberger/*Hefermehl* § 362 Rn. 20; Heymann/*Horn* § 362 Rn. 11; Oetker/*Maultzsch* § 362 Rn. 28; KKD/*Roth/Huber* § 362 Rn. 8.
[47] Hierfür *Canaris* § 23 Rn. 5.

B. Abschluss und Inhalt des Handelsgeschäfts

er von eingehenden Anträgen Kenntnis erhält. Der Antragsteller kann hierauf keinen Einfluss nehmen und soll durch § 362 Abs. 1 HGB vor den hiermit verbundenen Unwägbarkeiten geschützt werden. Liegt der Grund für die mangelnde Kenntnis dagegen außerhalb dieses spezifischen (kaufmännischen) Risikobereichs, dann kommen ausschließlich die allgemeinen Regeln zur Anwendung, d. h., es ist eine Annahme des Antrags erforderlich.[48]

d) Rechtsfolgen

Da § 362 Abs. 1 HGB zum Vertragsschluss zwischen den Beteiligten führt, bleibt 30 klärungsbedürftig, ob der Kaufmann dieser Rechtsfolge durch eine Berufung auf die allgemeinen Vorschriften über Willenserklärungen entgehen kann. Besonders problematisch ist das für die Bestimmungen zur Anfechtung von Willenserklärungen. Obwohl der Vertrag kraft Gesetzes entsteht, ist dem so Gebundenen die Anfechtung in den Fällen zu gestatten, in denen diese auch bei einer Willenserklärung möglich gewesen wäre. Es besteht nach dem Zweck des § 362 Abs. 1 HGB keine Veranlassung, den Schweigenden schlechter zu stellen als denjenigen, der den Vertragsschluss durch eine ausdrückliche Erklärung herbeigeführt hat.[49] Da § 362 Abs. 1 HGB nach der hier befürworteten Ansicht die Annahmeerklärung nicht fingiert,[50] sind die §§ 119 ff. BGB entsprechend anzuwenden. Dies gilt allerdings nicht für einen Irrtum über die Rechtsfolge des Schweigens (Vertragsschluss), da diese kraft Gesetzes eintritt und insoweit ein unbeachtlicher Inhaltsirrtum vorliegt.[51]

3. Kaufmännisches Bestätigungsschreiben

Schrifttum zur Ausbildung: *Deckert,* Das kaufmännische und berufliche Bestätigungsschreiben, JuS 1998, S. 121 ff.; *Diederichsen,* Der „Vertragsschluß" durch kaufmännisches Bestätigungsschreiben, JuS 1966, S. 129 ff.; *Fleischer/Wedemann* S. 200 ff.; *Lettl,* Das kaufmännische Bestätigungsschreiben, JuS 2008, S. 849 ff.; *Schärtl,* Das kaufmännische Bestätigungsschreiben, JA 2007, S. 567 ff. **Zur Falllösung:** *Bitter/Linardatos* S. 228 ff. (Fall 21); *Ensthaler/B. Schmidt* S. 94 ff. (Fall 11); *Hadding/Hennrichs* S. 88 ff. (Fall 14); *Hopt* S. 169 ff. (Fall 10); *Lettl* Fälle,

---

[48] Dazu näher MK-HGB/*Welter* § 362 Rn. 30.
[49] Wie hier *Bayer/Lieder* Rn. 259; *Canaris* § 23 Rn. 6; Ebenroth/Boujong/*Eckert* § 362 Rn. 33; *Fischinger* Rn. 619; *Hofmann* S. 168; Heymann/*Horn* § 362 Rn. 12; *Lettl* § 10 Rn. 38; Hopt/*Leyens* § 362 Rn. 6; Oetker/*Maultzsch* § 362 Rn. 29; KKD/*Roth/Huber* § 362 Rn. 11; *K. Schmidt* § 19 Rn. 63.
[50] S. oben § 7 Rn. 23.
[51] Ebenso BGH 27.10.1953, BGHZ 11, 1 (4 f.); *Bayer/Lieder* Rn. 259; *Brox/Henssler* Rn. 305; *Canaris* § 23 Rn. 4; Ebenroth/Boujong/*Eckert* § 362 Rn. 32; *Fischinger* Rn. 619; *Fleischer/Wedemann* S. 199; Schlegelberger/*Hefermehl* § 362 Rn. 19; *Hofmann* S. 174; Heymann/*Horn* § 362 Rn. 12; *Hübner* Rn. 486; *Lettl* § 10 Rn. 38; Hopt/*Leyens* § 362 Rn. 6; Oetker/*Maultzsch* § 362 Rn. 30; KKD/*Roth/Huber* § 362 Rn. 11; *K. Schmidt* § 19 Rn. 64; MK-HGB/*Welter* § 362 Rn. 42; ausführlich *Mues* Die Irrtumsanfechtung im Handelsverkehr, 2004, S. 94 ff.

S. 69 ff. (Fall 9); *Martinek/Bergmann* Fall 17–18; *Mertens*, Der verreiste Bauunternehmer, JuS 1972, S. 201 ff.; *Saar/Müller* 8. Klausur; *Schöne* S. 115 ff. (Fall 9); *Schwarz/Ernst*, Die verschweißten Silos, JuS 1991, S. 571 ff.; *Wank* S. 146 ff. (Fall 17). **Zur Vertiefung:** *v. Dücker*, Das kaufmännische Bestätigungsschreiben in der höchstrichterlichen Rechtsprechung, BB 1996, S. 3 ff.; *Kollrus*, Kaufmännisches Bestätigungsschreiben – eine kautelarjuristische Geheimwaffe im Rahmen des Vertragsmanagements?, BB 2014, S. 779 ff.; *Moritz*, Vertragsfixierung durch kaufmännisches Bestätigungsschreiben, BB 1995, S. 420 ff.; *K. Schmidt*, Die Praxis zum sog. kaufmännischen Bestätigungsschreiben: ein Zankapfel der Vertragsrechtsdogmatik, Festschrift für H. Honsell, 2002, S. 99 ff.; *Thamm/Detzer*, Das Schweigen auf ein kaufmännisches Bestätigungsschreiben, DB 1997, S. 213 ff.

a) Allgemeines

31 Enge Verwandtschaft mit § 362 Abs. 1 HGB weist die Lehre vom kaufmännischen Bestätigungsschreiben auf. Obwohl einschlägige Gesetzesbestimmungen fehlen, kommt nach der ständigen Rechtsprechung unter bestimmten Voraussetzungen ein Vertrag mit dem Inhalt eines Bestätigungsschreibens auch ohne entsprechendes Bewusstsein des Empfängers zustande, wenn dieser seinem Inhalt nicht unverzüglich widerspricht. Dieses in Rechtsprechung und Lehre entwickelte Rechtsinstitut bezweckt den Schutz der Verkehrssicherheit, insbesondere soll die schriftliche Abfassung Unklarheiten über den Vertragsinhalt vermeiden. Darüber hinaus erleichtert die Urkunde im Streitfall die Beweisführung für das Vorliegen einer bestimmten Vertragsabrede (§ 416 ZPO).[52] Eine Parallele findet das kaufmännische Bestätigungsschreiben in der vom Handelsmakler erstellten Schlussnote (§ 94 HGB)[53] sowie im Hinblick auf die Beweiswirkung in der dem Handelsvertreter ausgestellten Vertragsurkunde[54] (§ 85 HGB) und dem Frachtbrief[55] (§ 409 HGB).

32 Von dem kaufmännischen Bestätigungsschreiben ist die *Auftragsbestätigung* abzugrenzen, die im Handelsverkehr die Bestätigung eines Vertragsantrags bezeichnet und bei einer inhaltlichen Abweichung von diesem als neuer Antrag zu bewerten ist (§ 150 Abs. 2 BGB). Der entscheidende Unterschied besteht darin, dass bei der Auftragsbestätigung noch kein Vertrag vorliegt und die Parteien deshalb auch nicht davon ausgehen, dass ein solcher bereits abgeschlossen worden ist.[56] Beim kaufmännischen Bestätigungsschreiben nimmt dessen Verfasser hingegen an, der Vertrag sei bereits abgeschlossen und sein Schriftstück bestätige diesen lediglich.

---

[52] Dazu z. B. *Kollrus* BB 2014, 779 (782 ff.).
[53] Hierzu oben § 6 Rn. 70.
[54] Dazu oben § 6 Rn. 28.
[55] S. unten § 10 Rn. 4.
[56] S. z. B. BGH 29.9.1955, BGHZ 18, 212 (215); *Fischinger* Rn. 627; *Hofmann* S. 176 f.; *Lettl* § 10 Rn. 48; *Oetker/Pamp* § 346 Rn. 40.

B. Abschluss und Inhalt des Handelsgeschäfts

b) Voraussetzungen

Rechtsprechung und Lehre haben für das Vorliegen eines kaufmännischen Bestätigungsschreibens verschiedene objektive und subjektive Voraussetzungen entwickelt, ohne deren Vorliegen ein solches nicht angenommen werden kann. 33

aa) Kaufmannseigenschaft

Absender und Empfänger müssen nach herkömmlicher Auffassung grundsätzlich Kaufleute sein. Im Hinblick auf den Zweck des kaufmännischen Bestätigungsschreibens löst sich jedoch eine verbreitete Auffassung zunehmend von den Fesseln des Kaufmannsbegriffs und stellt ausschließlich darauf ab, ob der Schweigende (= Empfänger) wie ein Kaufmann am Geschäftsverkehr teilnimmt und deshalb von ihm die Beachtung kaufmännischer Verkehrssitten und eine entsprechende Betriebsorganisation erwartet werden kann.[57] Dieses extensive Verständnis wirkt sich vor allem aus, wenn der Schweigende Angehöriger eines freien Berufs (z. B. Rechtsanwalt, Wirtschaftsprüfer) ist.[58] Auch er soll der Lehre vom kaufmännischen Bestätigungsschreiben unterliegen. 34

Aufseiten des Absenders geht der Kreis der erfassten Personen ebenfalls über den Kaufmannsbegriff hinaus. Es genügt nach nahezu einhelliger Ansicht, dass der Verfasser wie ein Kaufmann am Handelsverkehr teilnimmt und sein Gegenüber erwarten kann, dass das Geschäft nach kaufmännischer Sitte abgewickelt werden soll.[59] Dieses extensive Verständnis überzeugt, da kein Grund besteht, den Empfänger wegen des nicht erkennbaren Fehlens der Kaufmannseigenschaft aufseiten des Absenders besser zu stellen. 35

Die praktischen Konsequenzen einer vom Kaufmannsbegriff entkoppelten Festlegung des Absender- bzw. Adressatenkreises zeigen sich nicht nur bei Freiberuflern, sondern auch bei Personen, deren Gewerbe nach Art oder Umfang keinen in kaufmännischer Weise eingerichteten Geschäftsbetrieb erfordert (Kleingewerbetreibende).[60] Da die Lehre vom kaufmännischen Bestätigungsschreiben auf die tatsächliche Teilnahme am Geschäftsverkehr abstellt, kann die Eintragung in das Handelsregister nicht als alleiniges Abgrenzungskriterium herangezogen werden.[61] Der Kleingewerbetreibende bekundet damit lediglich, dass er am kaufmännischen 36

---

[57] So *Canaris* § 23 Rn. 46; Ebenroth/Boujong/*Fest* § 346 Rn. 299; *Hübner* Rn. 495; Hopt/*Leyens* § 346 Rn. 18; Oetker/*Pamp* § 346 Rn. 51; ähnlich *Lettl* § 10 Rn. 52; *K. Schmidt* § 19 Rn. 73 ff.; zurückhaltend *Hofmann* S. 180.

[58] S. RG 11.11.1930, JW 1931, 522 (524): Rechtsanwalt; ebenso OLG Hamm 15.11.1999, VersR 2001, 1240 (1241); BGH 28.6.1967, DB 1967, 1362: Wirtschaftsprüfer.

[59] BGH 26.6.1963, BGHZ 40, 42 (43 f.); Ebenroth/Boujong/*Fest* § 346 Rn. 299; *Kindler* § 7 Rn. 20; MK-HGB/*Maultzsch* § 346 Rn. 155; weitergehend *Canaris* § 23 Rn. 45; *Hübner* Rn. 496; Hopt/*Leyens* § 346 Rn. 19; für einen Verzicht auf diese Voraussetzung *Lettl* § 10 Rn. 53: „jederzeit".

[60] Dazu näher *Schmitt* Die Rechtsstellung der Kleingewerbetreibenden nach dem Handelsrechtsreformgesetz, 2003, S. 282 ff.

[61] So aber wohl *Schmitt* Die Rechtsstellung der Kleingewerbetreibenden nach dem Handelsrechtsreformgesetz, 2003, S. 284.

Geschäftsverkehr teilnehmen will, sodass er grundsätzlich in den Absender- und Adressatenkreis einzubeziehen ist. Bei nicht eingetragenen Kleingewerbetreibenden sind demgegenüber die Umstände des Einzelfalls maßgebend. Das gilt insbesondere auf Empfängerseite. Deshalb hängt die Einbeziehung Kleingewerbetreibender in die Lehre vom kaufmännischen Bestätigungsschreiben vor allem von ihrem tatsächlichen Auftreten im Geschäftsverkehr ab.[62]

bb) Vorangehender Vertragsschluss

37 Das Bestätigungsschreiben muss in einem unmittelbaren zeitlichen Zusammenhang mit den über den Vertrag geführten Verhandlungen und dem tatsächlichen oder vermeintlichen Vertragsschluss stehen.[63] Nur unter dieser Voraussetzung besteht für den Empfänger die Möglichkeit und der Anlass, dem Schreiben unverzüglich zu widersprechen, weil er entweder einen Vertragsschluss überhaupt in Abrede stellt oder aber mit einem solchen zu den im Bestätigungsschreiben genannten Konditionen nicht einverstanden ist. Die mit dem Schreiben verbundene Bitte um eine Gegenbestätigung steht einem in dem Bestätigungsschreiben wiedergegebenen Vertragsschluss nicht zwingend entgegen, da hiermit auch das Anliegen verfolgt werden kann, einen Beweis für den Zugang des Schreibens zu erlangen.[64]

38 Der Absender des kaufmännischen Bestätigungsschreibens muss davon ausgehen, dass bereits ein Vertrag geschlossen ist, dessen Inhalt sein Schreiben lediglich wiederholt. Handelt er nicht in diesem Glauben, ist er gegenüber dem Empfänger nicht schutzwürdig, und es liegt lediglich eine abweichende Auftragsbestätigung und damit gem. § 150 Abs. 2 BGB ein neuer Antrag vor. Das gilt auch, wenn die Parteien in diesem bereits ausdrücklich vereinbarte Vertragspunkte wiederholen. Meint der Absender hingegen, über bestimmte Nebenpunkte eines Vertrags bestehe keine Vereinbarung, so kann er diese gleichwohl in sein Schreiben aufnehmen, ohne dass dieses seinen bestätigenden Charakter verliert. Das entspricht der Rechtssicherheit und der Rechtsklarheit, denen die Lehre vom kaufmännischen Bestätigungsschreibens dient.[65]

39 Eine wesentliche Änderung des Inhalts des tatsächlich oder vermeintlich geschlossenen Vertrags ist dem Absender des Bestätigungsschreibens nicht gestattet. Die Grenze zu einer derartigen Abweichung ist überschritten, wenn der Absender wegen der Diskrepanz zwischen seinem Schreiben und dem Ergebnis der Vertragsverhandlungen vernünftigerweise nicht mehr mit einer Zustimmung des Empfängers rechnen konnte.[66]

---

[62] Ebenso Ebenroth/Boujong/*Fest* § 346 Rn. 302; MK-HGB/*Maultzsch* § 346 Rn. 150; Oetker/*Pamp* § 346 Rn. 52.
[63] BGH 27.1.1965, NJW 1965, 965 (966); 8.2.2001, NJW-RR 2001, 680 (680); *Canaris* § 23 Rn. 18; Ebenroth/Boujong/*Fest* § 346 Rn. 292; *Fischinger* Rn. 626; *Hofmann* S. 176; *Lettl* § 10 Rn. 55; Hopt/*Leyens* § 346 Rn. 20 f.; Oetker/*Pamp* § 346 Rn. 46; *K. Schmidt* § 19 Rn. 100.
[64] S. BGH 24.10.2006, NJW-RR 2007, 325 Rn. 27; *Lettl* § 10 Rn. 55; Oetker/*Pamp* § 346 Rn. 43.
[65] *Canaris* § 23 Rn. 26; KKD/*Roth*/*Huber* § 346 Rn. 30.
[66] So seit RG 25.2.1919, RGZ 95, 48 (51); in neuerer Zeit z. B. BGH 30.1.1985, BGHZ 93, 338 (343); 8.2.2001, NJW-RR 2001, 680 (681); *Fischinger* Rn. 629; Hopt/*Leyens* § 346 Rn. 27; Oetker/*Pamp* § 346 Rn. 60; *K. Schmidt* § 19 Rn. 111.

cc) Redlichkeit des Absenders

Der Absender des Schreibens muss redlich sein, d. h. in gutem Glauben handeln.[67] Diese subjektive Voraussetzung ist nicht mit dem objektiven Erfordernis der Wiedergabe des Vertragsinhalts zu verwechseln. Es dient in erster Linie dazu, einen Missbrauch der zum kaufmännischen Bestätigungsschreiben entwickelten Grundsätze durch den Absender zu verhindern. Unredlich handelt z. B., wer den Empfänger des Schreibens in der Hoffnung, er werde es nicht lesen, zu einem von diesem nicht gewollten Vertragsschluss „überrumpeln" will.[68] Eine hierauf beruhende Unrichtigkeit des Schreibens führt dazu, dass dieses nicht die Wirkung als Bestätigungsschreiben entfaltet. Das gilt auch, wenn die gewollte Abweichung nur einen Teil des Vertrags betrifft. Praktisch bedeutsam ist die Unredlichkeit des Absenders darüber hinaus, wenn auf der Gegenseite ein Vertreter ohne Vertretungsmacht die Verhandlungen führte und dem Absender diese Tatsache bekannt war oder ihm infolge Fahrlässigkeit unbekannt blieb.[69] Hatte der Absender bei den Vertragsverhandlungen einen Vertreter eingeschaltet, dann wird ihm dessen Kenntnis zugerechnet.[70] Zu entscheiden sind diese Fälle nach den allgemeinen Grundsätzen über rechtsmissbräuchliches Verhalten.

dd) Kein Widerspruch des Empfängers

Der Empfänger des Schreibens[71] muss dem Bestätigungsschreiben unverzüglich widersprechen, wenn er verhindern will, dass die besonderen Rechtswirkungen des Rechtsinstituts eintreten.[72] Das Unterlassen des Widerspruchs gehört deshalb zu den (negativen) Anwendungsvoraussetzungen. Schweigt der Empfänger, so gibt er hierdurch zu verstehen, dass er ebenfalls von einem Vertragsschluss mit dem Inhalt des Bestätigungsschreibens ausgeht. Das gilt selbst dann, wenn für den Empfänger bei den Vertragsverhandlungen ein vollmachtsloser Vertreter aufgetreten ist.[73]

Ist er mit dem Inhalt des Bestätigungsschreibens nicht einverstanden, so muss er entsprechend § 362 Abs. 1 Satz 1 HGB unverzüglich widersprechen, wobei dies i. S. des § 121 Abs. 1 Satz 1 BGB zu verstehen ist.[74] Der Empfänger darf seinen Widerspruch deshalb nicht schuldhaft verzögern. Ein verspäteter Widerspruch

---

[67] *Canaris* § 23 Rn. 40; Ebenroth/Boujong/*Fest* § 346 Rn. 345; *Hübner* Rn. 499; *Lettl* § 10 Rn. 57; a. A. MK-HGB/*Maultzsch* 346 Rn. 170.
[68] RG 25.2.1919, RGZ 95, 48 (50 f.).
[69] *Canaris* § 23 Rn. 42.
[70] BGH 26.6.1963, BGHZ 40, 42 (45 ff.).
[71] Wie bei § 362 HGB ist auch bei der Lehre vom kaufmännischen Bestätigungsschreiben erforderlich, dass dieses dem Schweigenden zugegangen ist. Hierzu näher BGH 3.3.1956, BGHZ 20, 149 (152); *Hofmann* S. 177; Heymann/*Horn* § 346 Rn. 53; Hopt/*Leyens* § 346 Rn. 23; Oetker/*Pamp* § 346 Rn. 45; KKD/*Roth*/Huber § 346 Rn. 29; *K. Schmidt* § 19 Rn. 100.
[72] BGH 29.9.1955, BGHZ 18, 212 (213 f.); Ebenroth/Boujong/*Fest* § 346 Rn. 314; Heymann/*Horn* § 346 Rn. 54; Hopt/*Leyens* § 346 Rn. 25; Oetker/*Pamp* § 346 Rn. 47; *K. Schmidt* § 19 Rn. 101.
[73] BGH 10.1.2007, NJW 2007, 987 Rn. 21.
[74] So BGH 18.1.1978, BGHZ 70, 232 (233); OLG Hamm 15.11.1999, VersR 2001, 1240 (1241); Ebenroth/Boujong/*Fest* § 346 Rn. 320; Schlegelberger/*Hefermehl* § 346 Rn. 130; Heymann/*Horn* § 346 Rn. 54; Hopt/*Leyens* § 346 Rn. 25; Oetker/*Pamp* § 346 Rn. 47; KKD/*Roth*/Huber § 346 Rn. 31; s. auch *K. Schmidt* § 19 Rn. 101.

steht dem Schweigen gleich und bindet den Empfänger an den Inhalt des Bestätigungsschreibens.[75] Die Beweislast für die Unverzüglichkeit des Widerspruchs trägt der Widersprechende.[76] Den Zugang des Bestätigungsschreibens und dessen Zeitpunkt muss hingegen der Absender beweisen.[77]

c) Rechtsfolgen

aa) Deklaratorische und konstitutive Bestätigungsschreiben

43 Hinsichtlich der Rechtsfolgen eines kaufmännischen Bestätigungsschreibens für den Inhalt des tatsächlich oder vermeintlich geschlossenen Vertrags sind zwei Konstellationen zu unterscheiden. Grundsätzlich sind *deklaratorische* und *konstitutive* Bestätigungsschreiben zu trennen.[78] Den Regelfall bildet das deklaratorische Bestätigungsschreiben. Bei diesem ist der Vertrag tatsächlich oder vermeintlich bereits wirksam geschlossen und das Schreiben gibt dessen Inhalt nochmals wieder. Es dient der Klarheit im Rechtsverkehr und der Beweissicherung im Fall von Unsicherheiten. Das konstitutive Bestätigungsschreiben ist demgegenüber die Ausnahme. In diesem Fall liegt zwar ebenfalls bereits eine Einigung vor, die Parteien verabreden aber, dass das Vereinbarte erst mit einer schriftlichen Bestätigung gelten soll.[79]

44 Trotz dieser systematischen Zweiteilung kann auch dem deklaratorischen Bestätigungsschreiben konstitutive Wirkung beizumessen sein. Das ist stets der Fall, wenn der vermeintliche Vertragsschluss tatsächlich noch nicht vorlag oder die Parteien über bestimmte Nebenbestimmungen des Vertrags noch keine Einigung erzielt hatten. In dieser Konstellation entfaltet auch das deklaratorische Bestätigungsschreiben konstitutive Wirkung, wenn der Empfänger nicht unverzüglich widersprochen hat, da der Vertrag als mit dem Inhalt des Bestätigungsschreibens abgeschlossen gilt.[80] Zu beachten ist allerdings, dass eine derartige konstitutive Wirkung bereits tatbestandlich ausgeschlossen ist, wenn der Inhalt des Schreibens vom Ergebnis der vorausgegangenen Verhandlungen so weit abweicht, dass der Absender vernünftigerweise nicht mit einer Zustimmung des Empfängers rechnen konnte oder die Verhandlungen noch nicht beendet waren.[81]

---

[75] Schlegelberger/*Hefermehl* § 346 Rn. 130; Heymann/*Horn* § 346 Rn. 54; Oetker/*Pamp* § 346 Rn. 48; KKD/*Roth/Huber* § 346 Rn. 32; *K. Schmidt* § 19 Rn. 101.

[76] RG 10.7.1926, RGZ 114, 282 (283); Ebenroth/Boujong/*Fest* § 346 Rn. 323; *Fischinger* Rn. 633; Schlegelberger/*Hefermehl* § 346 Rn. 133; Hopt/*Leyens* § 346 Rn. 25; Oetker/*Pamp* § 346 Rn. 47; *K. Schmidt* § 19 Rn. 101.

[77] BGH 18.1.1978, BGHZ 70, 232 (234); Ebenroth/Boujong/*Fest* § 346 Rn. 323; *Fischinger* Rn. 633; Schlegelberger/*Hefermehl* § 346 Rn. 133; Hopt/*Leyens* § 346 Rn. 25.

[78] Näher *K. Schmidt* § 19 Rn. 84 f.

[79] *K. Schmidt* § 19 Rn. 84.

[80] BGH 26.6.1963, BGHZ 40, 42 (46); näher zu dieser Problematik *K. Schmidt* § 19 Rn. 87 ff.

[81] S. oben § 7 Rn. 39.

B. Abschluss und Inhalt des Handelsgeschäfts

bb) Kreuzende Bestätigungsschreiben

Einen besonderen Problemkreis bilden *kreuzende Bestätigungsschreiben*. Sie liegen vor, wenn beide Parteien der jeweiligen Gegenseite den Vertrag bestätigen, bevor sie selbst von dieser ein Bestätigungsschreiben erhalten. In der Praxis treten derartige Fälle insbesondere auf, wenn beide Seiten versuchen, nachträglich ihre Allgemeinen Geschäftsbedingungen in den Vertrag einzubeziehen.

Die rechtliche Lösung hat von dem Zweck der Bestätigungsschreiben auszugehen. Da die mit ihnen verfolgte Gewährleistung von Rechtsklarheit und Rechtssicherheit mit sich zumindest teilweise widersprechenden Schreiben nicht zu erfüllen ist,[82] entfaltet keines der Schreiben die zugedachte Wirkung und der Vertrag ist jedenfalls dann nicht zustande gekommen, wenn die kreuzenden Bestätigungsschreiben wesentliche Vertragsbestandteile (*essentialia negotii*) betreffen.[83] Weichen die Schreiben dagegen nur bezüglich der Nebenbestimmungen, also der *accidentialia negotii*, voneinander ab und ist aus den Gesamtumständen erkennbar, dass die Parteien gebunden bleiben wollen, dann kommt es zum bzw. bleibt es beim Vertragsabschluss. Der Vertrag hat den Inhalt der Bestätigungsschreiben, soweit diese übereinstimmen.[84] Die zu einem anderen Ergebnis gelangende sog. Theorie des letzten Wortes, die noch die ältere Rechtsprechung favorisiert hatte und die auf das jeweils letzte Schreiben abstellte,[85] wurde inzwischen mit Recht aufgegeben.[86] Verbleibende Lücken im Vertrag sind nach den allgemeinen Regeln zu schließen, also entweder mittels ergänzender Vertragsauslegung oder durch dispositives Gesetzesrecht.[87]

II. Einfluss des Handelsbrauchs auf das Rechtsgeschäft

1. Bedeutung des Handelsbrauchs

Eine Konkretisierung des § 157 BGB enthält § 346 HGB. Neben die Verkehrssitte (§ 157 BGB) treten als Auslegungsmaximen bei Handelsgeschäften die Gewohnheiten und Bräuche im Handelsverkehr hinzu.[88] Sie präzisieren die Verkehrssitte und werden zusammenfassend als Handelsbräuche bezeichnet. Wegen ihrer großen Anzahl und der damit im Zusammenhang stehenden weit reichenden Typisierungen der Handelsgeschäfte haben Handelsbräuche für die Auslegung von Handlungen und Unterlassungen im Handelsverkehr große Bedeutung. Obwohl § 346 HGB von

---

[82] *K. Schmidt* § 19 Rn. 115 ff.
[83] Statt aller *Fischinger* Rn. 640.
[84] BGH 26.9.1973, BGHZ 61, 282 (288); Oetker/*Pamp* § 346 Rn. 49.
[85] So noch BGH 29.9.1955, BGHZ 18, 212 (215).
[86] S. ausdrücklich BGH 26.9.1973, BGHZ 61, 282 (288).
[87] S. BGH 26.9.1973, BGHZ 61, 282 (288).
[88] Näher und weiterführend zur dogmatischen Fundierung z. B. *Hellwege* AcP 214 (2014), 853 ff.

Gewohnheiten spricht, sind diese nicht mit dem Gewohnheitsrecht zu verwechseln.[89] Im Gegensatz zu diesem sind Handelsbräuche keine Rechtsquelle.[90] Beachtlich sind diese deshalb nur in Verbindung mit dem jeweilgen Rechtsgeschäft und den hieraus resultierenden Auslegungsfragen.[91] Aus diesem Grunde bleibt die Einbeziehung der Handelsbräuche in das handelsrechtliche Normengefüge auch weit hinter dem im internationalen Handelsrecht beheimateten *lex mercatoria* zurück.[92]

48 Dem besonderen Stellenwert des Handelsbrauchs für die Handelsgeschäfte trägt auch das Gerichtsverfassungsrecht Rechnung. Es eröffnet in den §§ 93 ff. GVG die von den Bundesländern allgemein wahrgenommene Möglichkeit, an den Landgerichten spezielle Kammern für Handelssachen (KfH) zu bilden. Abweichend von der normalen Zusammensetzung (§ 75 GVG: drei Berufsrichter) gehören ihnen neben einem Berufsrichter zwei ehrenamtliche Richter an, bei denen aufgrund ihrer beruflichen Tätigkeit zu vermuten ist, dass sie über eine besondere Sachkunde zu den Gepflogenheiten im kaufmännischen Geschäftsverkehr verfügen (§ 109 Abs. 1 GVG). Dies rechtfertigt es, dass die Kammer für Handelssachen aufgrund eigener Sachkunde über das Bestehen von Handelsbräuchen entscheiden kann (§ 114 GVG).

2. Voraussetzungen für die Berücksichtigung von Handelsbräuchen

49 Die Entstehung eines Handelsbrauchs erfordert eine tatsächliche sowie allgemeine Übung von gewisser Zeitdauer aufgrund einer Zustimmung[93] der überwiegenden Mehrheit der Beteiligten des jeweiligen Handelskreises[94] und wird vom Gericht ggf. mit Hilfe von Gutachten der Industrie- und Handelskammer festgestellt.[95] Da der

---

[89] *Canaris* § 22 Rn. 12; Ebenroth/Boujong/*Fest* § 346 Rn. 31; *Fischinger* Rn. 530; MK-HGB/*Maultzsch* § 346 Rn. 21; Oetker/*Pamp* § 346 Rn. 16.
[90] BGH 29.11.1961, JZ 1963, 167 (169); Oetker/*Pamp* § 346 Rn. 6; KKD/*Roth/Huber* § 346 Rn. 1.
[91] Näher zur Vertiefung z. B. Hellwege AcP 214 (2014), 853 ff.
[92] Zur *lex mercatoria* einführend *Ehricke* JuS 1990, 967 ff.; vertiefend *Ipsen* Private Normenordnungen als transnationales Recht, 2009, S. 66 ff.; *Mertens* Festschrift für Odersky, 1996, S. 857 ff.; *U. Stein* Lex mercatoria, 1995; *Teubner* Festschrift für Zöllner Bd. I, 1998, S. 565 ff.; *Zumbansen* RabelsZ Bd. 67 (2003), 637 ff. sowie *Berger* RIW 2002, 256 ff.
[93] Die einseitige Übung oder das Diktat einer Seite kann keinen Handelsbrauch begründen; s. BGH 21.12.1973, BGHZ 62, 71 (83); *Bülow/Artz* Rn. 358; *Fischinger* Rn. 536; Schlegelberger/*Hefermehl* § 346 Rn. 10; Oetker/*Pamp* § 346 Rn. 10.
[94] RG 10.1.1925, RGZ 110, 47 (48 f.); BGH 25.11.1993, NJW 1994, 659 (660); 11.5.2001, NJW 2001, 2464 (2465); 6.12.2017, NJW 2018, 1957 Rn. 30; näher Ebenroth/Boujong/*Fest* § 346 Rn. 21; Schlegelberger/*Hefermehl* § 346 Rn. 8 ff.; Staub/*Koller* 4. Aufl., § 346 Rn. 9 ff.; Oetker/*Pamp* § 346 Rn. 9.
[95] Ebenroth/Boujong/*Fest* § 346 Rn. 58; MK-HGB/*Maultzsch* § 346 Rn. 46; Oetker/*Pamp* § 346 Rn. 28; näher hierzu das Merkblatt des Deutschen Industrie- und Handelstages (DIHT) für die Feststellung von Handelsbräuchen, abgedruckt bei: MK-HGB/*Maultzsch* § 346 Rn. 47. Exemplarisch zu den „Tegernseer Gebräuchen" für den Holzhandel ThürOLG 5.12.2002, OLG-NL 2003, 241 f. sowie für die kostenfreie Stornierung von Verträgen zwischen Event-Veranstaltern und Hotels LG Hamburg 21.11.2003, NJW-RR 2004, 699 ff.; zum Handelsbrauch einer „Nettopreisvereinbarung" BGH 11.5.2001, NJW 2001, 2464 (2465) und eines verlängerten Eigentumsvorbehalts beim Handel mit Windkraftanlagen BGH 22.9.2003, NJW-RR 2004, 555 (555).

B. Abschluss und Inhalt des Handelsgeschäfts

Handelsbrauch kein Gewohnheitsrecht begründet, kann sich das Gericht für das Bestehen eines solchen nicht auf § 293 ZPO stützen und von Amts wegen Ermittlungen anstellen.[96] Es ist vielmehr Aufgabe derjenigen Partei, die sich auf einen Handelsbrauch beruft, diesen darzulegen und ggf. zu beweisen.[97] Stets ist eine Gesamtschau vorzunehmen, sodass z. B. eine besonders große Zahl von Geschäften eine relativ kurze Zeitdauer der Übung ausgleichen kann.[98] Umgekehrt entsteht bei relativ seltenen Geschäften ein Handelsbrauch regelmäßig erst nach mehreren Jahren.[99]

Widerspricht der Handelsbrauch objektivem Recht, dann ist zwischen zwingendem und dispositivem Recht zu unterscheiden. Zwingendes Recht kann von den Parteien nicht abbedungen werden und geht deshalb jedem Handelsbrauch vor.[100] Die Anwendbarkeit dispositiven Rechts können die Parteien hingegen ausschließen. Bildet sich daraus ein entsprechender Handelsbrauch, dann geht dieser der gesetzlichen Regelung vor, sofern nicht ein entgegenstehender Handelsbrauch wegen des Zwecks der abbedungenen Gesetzesbestimmung unberücksichtigt bleiben muss.[101]

50

§ 346 HGB ist nur anwendbar, wenn das Rechtsgeschäft dem Handelsbrauch in zeitlicher, räumlicher und persönlicher Hinsicht unterfällt. Hieraus folgt zunächst, dass der Handelsbrauch bereits zum *Zeitpunkt* des Vertragsschlusses bestanden haben muss.[102] Da Handelsbräuche oftmals *lokalen oder regionalen* Charakter haben, ist für die Anwendbarkeit eines Handelsbrauchs ferner auf seine Geltung an dem Ort abzustellen, an dem das Geschäft seinen Schwerpunkt hat.[103] Ist dieser nicht feststellbar und liegt keine abweichende Vereinbarung vor, so gelten die am Erfüllungsort herrschenden Handelsbräuche,[104] was dem Rechtsgedanken des § 361

51

---

[96] Hierfür aber *Oestmann* JZ 2003, 285 (287 ff.).
[97] BGH 29.11.1961, JZ 1963, 167 (169); 6.12.2017, NJW 2018, 1957 Rn. 30; Ebenroth/Boujong/*Fest* § 346 Rn. 55; *Fischinger* Rn. 537; Hopt/*Leyens* § 346 Rn. 13; MK-HGB/*Maultzsch* § 346 Rn. 44; Oetker/*Pamp* § 346 Rn. 27.
[98] RG 29.4.1919, LZ 1920, 439; *Bülow/Artz* Rn. 357; *Canaris* § 22 Rn. 6, 7; Ebenroth/Boujong/*Fest* § 346 Rn. 19; Oetker/*Pamp* § 346 Rn. 9.
[99] BGH 1.12.1965, NJW 1966, 502 (503); GK-HGB/*Achilles* § 346 Rn. 12; Heymann/*Horn* § 346 Rn. 22; Oetker/*Pamp* § 346 Rn. 9; s. auch Ebenroth/Boujong/*Fest* § 346 Rn. 19; Staub/*Koller* 4. Aufl., § 346 Rn. 7; MK-HGB/*Maultzsch* § 346 Rn. 12.
[100] BGH 21.12.1973, BGHZ 62, 71 (82); *Canaris* § 22 Rn. 34; Ebenroth/Boujong/*Fest* § 346 Rn. 185; *Fischinger* Rn. 541; Heymann/*Horn* § 346 Rn. 7; *Hübner* Rn. 521; Hopt/*Leyens* § 346 Rn. 10; MK-HGB/*Maultzsch* § 346 Rn. 32; Oetker/*Pamp* § 346 Rn. 3; KKD/*Roth/Huber* § 346 Rn. 12.
[101] BGH 1.12.1965, NJW 1966, 502 (504); Ebenroth/Boujong/*Fest* § 346 Rn. 175; *Fischinger* Rn. 541; *Hübner* Rn. 521; Staub/*Koller* 4. Aufl., § 346 Rn. 15; Hopt/*Leyens* § 346 Rn. 10; MK-HGB/*Maultzsch* § 346 Rn. 32; Oetker/*Pamp* § 346 Rn. 3; HK-HGB/*Ruß* § 346 Rn. 5.
[102] *Canaris* § 22 Rn. 27.
[103] BGH 12.1.1976, BB 1976, 480 (480 f.); *Canaris* § 22 Rn. 40; Ebenroth/Boujong/*Fest* § 346 Rn. 125; Heymann/*Horn* § 346 Rn. 11; Oetker/*Pamp* § 346 Rn. 22; KKD/*Roth/Huber* § 346 Rn. 8.
[104] BGH 2.5.1984, WM 1984, 1000 (1003); *Canaris* § 22 Rn. 42; Ebenroth/Boujong/*Fest* § 346 Rn. 128; Hopt/*Leyens* § 346 Rn. 7; Oetker/*Pamp* § 346 Rn. 22.

HGB entspricht, der für einen vergleichbaren Sachverhalt (Maß, Gewicht, Währung etc.) „im Zweifel" ebenfalls auf den Erfüllungsort abstellt. Der *persönliche Anwendungsbereich* von Handelsbräuchen umfasst grundsätzlich nur Kaufleute. Ausnahmsweise können diese aber auch für die Auslegung der Handlungen von Nichtkaufleuten herangezogen werden, wenn sie wie Kaufleute am Handelsverkehr teilnehmen.[105] In einem derartigen Fall ist der Übergang von § 346 HGB zu § 157 BGB fließend und eine genaue Trennung zwischen einfacher Verkehrssitte und Handelsbrauch oftmals nur schwer möglich.

52 Subjektive Voraussetzungen sind für die Berücksichtigung des Handelsbrauchs nicht erforderlich. Bei Kaufleuten ist er deshalb auch dann für die Auslegung von Willenserklärungen heranzuziehen, wenn er einer oder beiden Parteien unbekannt ist.[106] Bedeutsam ist das insbesondere, wenn sich eine Vertragspartei über den rechtlichen Erklärungsgehalt einer Handelsklausel im Irrtum befindet. Nach allgemeinen zivilrechtlichen Grundsätzen müsste sich der Erklärende in diesem Fall eigentlich auf einen Inhaltsirrtum (§ 119 Abs. 1 1. Alt. BGB) in der Ausprägung des Verlautbarungsirrtums berufen können. Wegen des gesteigerten Vertrauenstatbestands beim Vorliegen eines Handelsbrauchs ist dem Erklärenden in dieser Konstellation gleichwohl das Recht zur Irrtumsanfechtung abgeschnitten.[107]

3. Rechtsfolgen

53 Liegt ein Handelsbrauch vor und unterfällt diesem die zu prüfende Handlung oder Unterlassung, so ist deren Bedeutung entsprechend dem Gebräuchlichen, dem Üblichen auszulegen. Aufgrund des Handelsbrauchs ist widerlegbar zu vermuten, dass die Parteien die Erklärungen im Sinne des Üblichen verwendet haben.[108] Besondere Beachtung verdient der Handelsbrauch als Auslegungskriterium bei der Verwendung standardisierter Klauseln, denen der Handelsverkehr üblicherweise einen bestimmten Bedeutungsgehalt beilegt.[109] Anhaltspunkte für einen internationalen

---

[105] RG 6.4.1914, JW 1914, 673 (674); BGH 2.7.1980, WM 1980, 1122 (1123); näher Ebenroth/Boujong/*Fest* § 346 Rn. 8; Heymann/*Horn* § 346 Rn. 9; MK-HGB/*Maultzsch* § 346 Rn. 6; *Schmitt* Die Rechtsstellung der Kleingewerbetreibenden nach dem Handelsrechtsreformgesetz, 2003, S. 280 ff.

[106] BGH 7.3.1973, BB 1973, 635 (636); GK-HGB/*Achilles* § 346 Rn. 23; *Canaris* § 22 Rn. 28, 29; Ebenroth/Boujong/*Fest* § 346 Rn. 22; *Fischinger* Rn. 543; Schlegelberger/*Hefermehl* § 346 Rn. 31; Heymann/*Horn* § 346 Rn. 5; *Hübner* Rn. 521; Hopt/*Leyens* § 346 Rn. 8; MK-HGB/*Maultzsch* § 346 Rn. 28; Oetker/*Pamp* § 346 Rn. 14; KKD/*Roth/Huber* § 346 Rn. 11.

[107] So *Bayer/Lieder* Rn. 286; *Canaris* § 22 Rn. 30, 31; *Fischinger* Rn. 544; Hopt/*Leyens* § 346 Rn. 9; Oetker/*Pamp* § 346 Rn. 15; KKD/*Roth/Huber* § 346 Rn. 17; MK-HGB/*Maultzsch* § 346 Rn. 29; im Grundsatz auch Heymann/*Horn* § 346 Rn. 5; zurückhaltender Ebenroth/Boujong/*Fest* § 346 Rn. 172; Schlegelberger/*Hefermehl* § 346 Rn. 32; ausführlich zur Problematik *Mues* Die Irrtumsanfechtung im Handelsverkehr, 2004, S. 103 ff.

[108] *Canaris* § 22 Rn. 13 ff.

[109] S. z. B. die Auflistung bei Ebenroth/Boujong/*Fest* § 346 Rn. 369 ff.; Hopt/*Leyens* § 346 Rn. 40.

B. Abschluss und Inhalt des Handelsgeschäfts

Handelsbrauch liefern die *Trade terms* aus dem Jahre 1953[110] sowie die *Incoterms*® aus dem Jahre 2020.[111]

Weicht das übereinstimmende Verständnis der Parteien bezüglich der Bedeutung eines Verhaltens von dem nach dem Handelsbrauch beizumessenden Erklärungsgehalt ab, dann genießt wegen der Privatautonomie die Auffassung der Parteien den Vorrang.[112] Da Handelsbräuche nicht dem Drittschutz dienen, können die Parteien stets eine abweichende Bedeutung vereinbaren. Gleichzeitig verbietet die Anwendbarkeit des Handelsbrauchs für typische und wiederkehrende Klauseln eine ergänzende Vertragsauslegung, soweit diese dem üblichen Sinn zuwiderlaufen würde.[113] Der Handelsverkehr muss sich auf die klar abgegrenzte und bestimmte Bedeutung der Klauseln verlassen können.

54

III. Formvorschriften

Die Formvorschriften des Bürgerlichen Gesetzbuchs leiten ihre Legitimation neben der Beweisfunktion oftmals aus dem Schutz des rechtlich Unerfahrenen ab, um ihn vor übereiltem Handeln zu schützen und die Folgen einer bestimmten Rechtshandlung zu verdeutlichen. Sie haben deshalb vornehmlich eine Warnfunktion.[114] Bei Kaufleuten kann hingegen überlegtes Handeln und eine gewisse Erfahrung in rechtlichen Angelegenheiten vorausgesetzt werden. Ihre Schutzbedürftigkeit vor den Folgen eigenen Handelns ist daher im Vergleich zu Nichtkaufleuten deutlich geringer. Soweit sich der Zweck der Formvorschriften in der Warnfunktion erschöpft, ist es deshalb folgerichtig, dass einzelne von diesen, die im Bürgerlichen Gesetzbuch normiert sind, nach § 350 HGB für Kaufleute nicht gelten.[115]

55

Allerdings beschränkt § 350 HGB die Befreiung von den Formvorschriften auf wenige risikoreiche Rechtsgeschäfte, die aber im Handelsverkehr verbreitet sind, sodass Kaufleuten deren Risiken erfahrungsgemäß bekannt sein dürften. Den Kreis der hiervon erfassten Rechtsgeschäfte zählt § 350 HGB abschließend auf: Es han-

56

---

[110] Abgedruckt bei: Heymann/*Horn* § 346 Rn. 135; dazu Ebenroth/Boujong/*Fest* § 346 Rn. 367 f.; MK-HGB/*Maultzsch* § 346 Rn. 121 f.

[111] Abgedruckt bei: Ebenroth/Boujong/*Fest* § 346 Rn. 399 ff.; MK-HGB/*Maultzsch* § 346 Rn. 130; dazu Hopt/*Hopt* S. 2178 ff.; *Oertel* RIW 2019, 701 ff.; *Piltz* IHR 2019, 177 ff.; *Pirrung* ZVertriebsR 2019, 219 ff.; *Zwilling-Pinna* BB 2019, 3016 ff.; zur Neufassung der Incoterms® 2010 z. B. *Hopt* Festschrift für Hommelhoff, 2012, S. 467 ff. sowie ausführlich *Piltz* Incoterms, 2016; im Überblick z. B. *Bernstorff* RIW 2010, 672 ff.; *Hopt* Festschrift für Hommelhoff, 2012, S. 467 ff.; *Weick* ZJS 2012, 584 ff.

[112] BGH 22.1.1957, BGHZ 23, 131 (137); *Hübner* Rn. 521; MK-HGB/*Maultzsch* § 346 Rn. 33; KKD/*Roth/Huber* § 346 Rn. 13.

[113] BGH 15.6.1954, BGHZ 14, 61 (62).

[114] S. z. B. *Neuner* § 44 Rn. 9.

[115] Näher zum Zweck des § 350 HGB *Canaris* § 24 Rn. 7 ff.; Ebenroth/Boujong/*Dieckmann* § 350 Rn. 1; *Fischinger* Rn. 554; *Lettl* § 10 Rn. 68; MK-HGB/*Maultzsch* § 350 Rn. 1; Oetker/*Pamp* § 350 Rn. 1.

delt sich um die Bürgschaft, das Schuldversprechen und das Schuldanerkenntnis; § 350 HGB durchbricht für diese die Formvorschriften in den §§ 766, 780 und 781 BGB. Wegen des Fehlens einer planwidrigen Regelungslücke kann § 350 HGB nicht mittels eines Analogieschlusses auf weitere Rechtsgeschäfte ausgedehnt werden.[116] Das gilt auch für das Erfordernis einer notariellen Beurkundung von Grundstückskaufverträgen (§ 311b Abs. 1 Satz 1 BGB).[117]

57 Tatbestandlich genügt für die Anwendung von § 350 HGB ein einseitiges Handelsgeschäft, sofern der von der Formvorschrift Geschützte Kaufmann ist;[118] bei einem beiderseitigen Handelsgeschäft greift § 350 HGB erst recht ein. Die Kaufmannseigenschaft beurteilt sich anhand der §§ 1 bis 6 HGB,[119] Kleingewerbetreibende (§ 1 Abs. 2 HGB) sind von den in § 350 HGB genannten Formvorschriften nur befreit, wenn sie im Handelsregister eingetragen sind.[120] Maßgebend für die Anwendung von § 350 HGB sind stets die Verhältnisse bei Vornahme des Rechtsgeschäfts.[121] Wird die Kaufmannseigenschaft erst später erlangt, so tritt keine Heilung des Formmangels ein. Vielmehr bedarf es einer ggf. formlosen Bestätigung des Rechtsgeschäfts (§ 141 BGB), die gesondert zu prüfen ist.[122]

58 Die Freistellung durch § 350 HGB bezieht sich nur auf die jeweiligen Formerfordernisse des Rechtsgeschäfts. Alle anderen Voraussetzungen für dessen Rechtswirksamkeit gelten auch bei Handelsgeschäften uneingeschränkt.[123] So bleibt z. B. das Erfordernis der Bestimmtheit der Forderung, das für die bürgerlich-rechtliche Bürgschaft gilt, auch dann zu beachten, wenn die Bürgschaft ein Handelsgeschäft ist.[124]

---

[116] Zu erwägen ist eine analoge Anwendung des § 350 HGB, wenn die dort genannten Formvorschriften auf andere Verträge entsprechend anzuwenden sind; konsequent deshalb MK-HGB/*Maultzsch* § 350 Rn. 4.
[117] S. BGH 27.10.1967, BGHZ 48, 396 ff.
[118] Zu der Frage, ob § 350 HGB auch die Mitglieder von Handelsgesellschaften privilegiert, s. statt aller *Canaris* § 24 Rn. 11 f. sowie BGH 12.5.1986, NJW-RR 1987, 42 (43); 28.1.1993, BGHZ 121, 224 (228).
[119] Problematisch ist die Anwendung auf Scheinkaufleute außerhalb des Anwendungsbereichs des § 5 HGB. Verbreitet wird angenommen, dass ihnen die Berufung auf den Formmangel versagt ist. So z. B. LG Oldenburg 9.5.1995, NJW-RR 1996, 286 (287); Schlegelberger/*Hefermehl* § 350 Rn. 18; Heymann/*Horn* § 350 Rn. 5. Für Freiberufler wird die analoge Anwendung des § 350 HGB verbreitet abgelehnt, selbst wenn ihr Geschäftsbetrieb nach Art und Umfang „kaufmännischer" Einrichtungen bedarf (so z. B. *Canaris* § 24 Rn. 10; Ebenroth/Boujong/*Dieckmann* § 350 Rn. 14; Staub/*Koller* 4. Aufl., § 350 Rn. 6; MK-HGB/*Maultzsch* § 350 Rn. 9; a. A. MK-HGB/*K. Schmidt* 4. Aufl., § 350 Rn. 7).
[120] Für die allg. Ansicht Staub/*Koller* 4. Aufl., § 350 Rn. 5; MK-HGB/*Maultzsch* § 350 Rn. 17.
[121] RG 13.1.1908, JW 1908, 148; Ebenroth/Boujong/*Dieckmann* § 350 Rn. 16; *Fischinger* Rn. 556; Schlegelberger/*Hefermehl* § 351 Rn. 19; MK-HGB/*Maultzsch* § 350 Rn. 8; Oetker/*Pamp* § 350 Rn. 15; KKD/*Roth/Huber* § 350 Rn. 4.
[122] S. Ebenroth/Boujong/*Dieckmann* § 350 Rn. 16 m. w. N.
[123] MK-HGB/*Maultzsch* § 350 Rn. 17; Oetker/*Pamp* § 350 Rn. 2.
[124] BGH 31.5.1978, WM 1978, 1065 (1066).

B. Abschluss und Inhalt des Handelsgeschäfts

Von § 350 HGB bleibt die allgemeine Regel unberührt, dass die Berufung auf einen Formmangel gegen Treu und Glauben (§ 242 BGB) verstoßen kann.[125] Dies kann auch bei Handelsgeschäften eingreifen und insbesondere solche Fallgestaltungen betreffen, in denen § 350 HGB wegen fehlender Kaufmannseigenschaft nicht anwendbar ist. Hat sich eine Vertragspartei als Kaufmann geriert und unter ausdrücklichem Hinweis auf ihren Standesethos sowie ihre Redlichkeit die Beachtung der in § 350 HGB genannten gesetzlichen Formvorschriften abgelehnt und durfte sich deren Gegenüber trotzdem auf die Erfüllung der Verpflichtungen verlassen, so ist eine spätere Berufung auf den so entstandenen Formmangel rechtsmissbräuchlich.[126] Die Rechtswirksamkeit des Vertrags scheitert in diesem Fall nicht an dem Verstoß gegen die Formvorschrift.

59

IV. Inhaltskontrolle Allgemeiner Geschäftsbedingungen

Handelsrechtliche Besonderheiten, die im Hinblick auf die im kaufmännischen Geschäftsverkehr eingesetzten Geschäftsbedingungen zu beachten sind, haben nicht im Handelsgesetzbuch, sondern in den §§ 305 ff. BGB ihre Ausgestaltung erfahren. Ursprünglich fand die auf das Gesetz zur Regelung des Rechts der Allgemeinen Geschäftsbedingungen gestützte Inhaltskontrolle nach § 24 AGBG a. F. nur eingeschränkt Anwendung, wenn Allgemeine Geschäftsbedingungen gegenüber einem Kaufmann verwendet wurden und der Vertrag zum Betrieb seines Handelsgewerbes gehörte.

60

In personeller Hinsicht weicht die nunmehr maßgebliche Bereichsausnahme in § 310 Abs. 1 BGB jedoch von der subjektiven Anknüpfung an den Kaufmannsbegriff ab und stellt ausschließlich darauf ab, ob Allgemeine Geschäftsbedingungen gegenüber einem Unternehmer verwendet werden. Nach § 14 Abs. 1 BGB zählen hierzu alle Personen, die bei Abschluss des Rechtsgeschäfts in Ausübung ihrer gewerblichen oder selbstständigen beruflichen Tätigkeit handeln. Hierdurch geht die Bereichsausnahme[127] über den Kaufmannsbegriff der §§ 1 bis 6 HGB hinaus. Insbesondere erfasst diese auch Personen, die nicht die Voraussetzungen des handelsrechtlichen Gewerbebegriffs erfüllen (insbesondere Freiberufler), sowie Kleingewerbetreibende (§ 1 Abs. 2 HGB), die nicht die Option des § 2 Satz 2 HGB ausgeübt haben.[128] Für die Frage, ob der Vertragspartner in Ausübung seiner gewerb-

61

---

[125] Zu den allg. Grundlagen statt aller *Neuner* § 44 Rn. 61 ff.
[126] Exemplarisch BGH 12.5.1986, NJW-RR 1987, 42. Der berühmte Fall des „königlichen Kaufmanns" (BGH 27.10.1967, BGHZ 48, 396 ff.) geht noch einen Schritt weiter, da die Anwendung des § 350 HGB nicht nur wegen der fehlenden Kaufmannseigenschaft, sondern auch deshalb ausschied, weil § 350 HGB die verletzte Formvorschrift (§ 313 Satz 1 BGB a. F.) nicht erfasst.
[127] Näher hierzu *Schubel* JZ 2001, 1113 ff. sowie *Pfeiffer* NJW 1999, 169 ff., allerdings noch zu § 24 AGBG.
[128] Dazu z. B. *Schmitt* Die Rechtsstellung der Kleingewerbetreibenden nach dem Handelsrechtsreformgesetz, 2003, S. 129 f.

62 Sind die tatbestandlichen Voraussetzungen des § 310 Abs. 1 Satz 1 BGB erfüllt, so entfällt eine Inhaltskontrolle nicht vollständig; lediglich die §§ 305 Abs. 2 und 3, 308 und 309 BGB finden keine Anwendung. Uneingeschränkt gelten damit im kaufmännischen Geschäftsverkehr insbesondere § 305c Abs. 1 BGB (überraschende Klauseln), § 305c Abs. 2 BGB (Unklarheitenregel) und § 306 BGB (Rechtsfolgen der Nichteinbeziehung bzw. Unwirksamkeit). Im Hinblick auf die Inhaltskontrolle ist zu beachten, dass diese über § 307 BGB vermittelt wird, wobei zumindest in weiten Teilen auch die absoluten Klauselverbote in § 309 BGB als Leitgedanken auf die Konkretisierung der Generalklauseln in § 307 Abs. 1 Satz 1 und Abs. 2 BGB ausstrahlen;[129] § 310 Abs. 1 Satz 2 BGB deutet dies bereits an, da er ausdrücklich klarstellt, dass die Nennung einer Klausel in den nicht anwendbaren §§ 308 und 309 BGB keine Sperrwirkung für eine Inhaltskontrolle am Maßstab des § 307 Abs. 1 Satz 1 und Abs. 2 BGB entfaltet.

C. Modifikationen und Ergänzungen des Allgemeinen Schuldrechts

I. Inhalt der Leistung

63 Am Beginn des Allgemeinen Schuldrechts stehen im Bürgerlichen Gesetzbuch Vorschriften zu Inhalt und Modalitäten der Leistung. Auch diesbezüglich enthalten die allgemeinen Vorschriften des Handelsgesetzbuchs über Handelsgeschäfte einige Sonderregelungen, deren praktische Bedeutung allerdings gering ist. Da es sich um dispositive Normen handelt, treten regelmäßig Abreden der Vertragsparteien bzw. dem Vertrag zugrunde liegende Allgemeine Geschäftsbedingungen an deren Stelle. Zudem ist deren eigenständige rechtliche Bedeutung zweifelhaft, da eine zweckgerechte Anwendung der parallelen BGB-Vorschriften regelmäßig zu den selben Ergebnissen führen würde. Deren gesonderte Aufnahme in das Vierte Buch ist deshalb nur historisch zu erklären. Sie waren bereits im ADHGB enthalten und wurden bei der Schaffung des Handelsgesetzbuchs als „handelsrechtliches Urgestein" fortgeschrieben.[130] Obwohl ihre Daseinsberechtigung heute mit guten Gründen in Frage gestellt werden kann, sind sie als *leges speciales* gegenüber den vergleichbaren BGB-Vorschriften vorrangig anzuwenden.

---

[129] S. allg. BGH 8.3.1984, BGHZ 90, 273 (278); 13.3.1996, BGHZ 132, 175 (180); weiterführend *Axer* Rechtfertigung und Reichweite der AGB-Kontrolle im unternehmerischen Geschäftsverkehr, 2011; *Lutz* AGB-Kontrolle im Handelsverkehr unter Berücksichtigung der Klauselverbote, 1991 sowie *K.P. Berger* NJW 2010, 465 ff.; *Dauner-Lieb/Axer* ZIP 2010, 309 ff.; *Kaeding* BB 2016, 450 ff.; *Oetker* AcP Bd. 212 (2012), 202 (224 ff.).

[130] Kritisch mit Recht *K. Schmidt* § 18 Rn. 44.

C. Modifikationen und Ergänzungen des Allgemeinen Schuldrechts

Im Einzelnen sind folgende Besonderheiten zu beachten: 64

- Während § 243 Abs. 1 BGB für die Gattungsschuld festlegt, dass eine Sache mittlerer Art und Güte zu leisten ist, konkretisiert § 360 HGB diese Verpflichtung auf das Handelsgut mittlerer Art und Güte. Eine substanzielle sachliche Abweichung ist hiermit nicht verbunden.
- Ergänzend sieht § 361 HGB vor, dass Maß, Gewicht, Währung, Zeitrechnung und Entfernung im Zweifel nach dem Ort zu bestimmen sind, an dem der Vertrag erfüllt werden soll.
- Hinsichtlich der Leistungszeit beschränkt sich § 271 Abs. 1 BGB auf die mangels einer vertraglichen Festlegung eingreifende Regel, dass der Gläubiger die Leistung sofort verlangen und der Schuldner diese sofort bewirken kann. § 358 HGB engt dies durch die Begrenzung auf die „gewöhnliche Geschäftszeit" für Handelsgeschäfte ausdrücklich ein. Ergänzend enthält § 359 HGB zwei Zweifelsregelungen, wenn die Vertragsparteien die Leistungszeit durch die Jahreszeit (Frühjahr, Herbst) bestimmen oder eine Frist von acht Tagen vereinbaren.[131] Im Zweifel sind unter der letztgenannten Frist acht volle Tage zu verstehen (§ 359 Abs. 2 HGB). Damit stellt das Gesetz klar, dass – entgegen einem verbreiteten Sprachgebrauch – die Angabe „acht Tage" nicht mit „einer Woche" identisch ist.[132] Für eine „vierzehntägige" Frist fehlt eine vergleichbare Regelung. Wegen des Rechtsgedankens in § 359 Abs. 2 HGB sind hierunter 14 volle Tage zu verstehen.[133]

II. Zinsbestimmungen

Sofern kraft Gesetzes oder Rechtsgeschäfts eine Verzinsung geschuldet ist, legt 65
§ 246 BGB den Zinssatz auf vier Prozentpunkte p.a. fest. Diese Regel durchbricht das Handelsgesetzbuch in § 352 Abs. 1 Satz 1 und erhöht den unabhängig von der Höhe des Basiszinssatzes bemessenen gesetzlichen Zinssatz für beiderseitige Handelsgeschäfte auf fünf Prozentpunkte, sofern es sich nicht um Verzugszinsen handelt. In diesem Fall ist im Handelsverkehr bei beiderseitigen Handelsgeschäften vor allem § 288 Abs. 2 BGB (neun Prozentpunkte p.a. über dem Basiszinssatz) einschlägig. Auch im Übrigen ist der Zinssatz von fünf Prozentpunkten p.a. maßgeblich, wenn das Handelsgesetzbuch eine Verpflichtung zur Zahlung von Zinsen begründet (§ 352 Abs. 2 HGB).

Während das Allgemeine Schuldrecht, vorbehaltlich abweichender Abreden, 66
eine Pflicht zur Verzinsung grundsätzlich nur für den Verzug (§ 288 Abs. 1 Satz 1 BGB) und die Rechtshängigkeit (§ 291 Satz 1 BGB) festlegt, enthält das Handelsgesetzbuch zwei Sonderbestimmungen. Von größerer Bedeutung ist § 353 Satz 1

---

[131] Vergleichbare Bestimmungen enthalten die §§ 189, 191 und 192 BGB.
[132] Ebenroth/Boujong/*Eckert* § 359 Rn. 5; Heymann/*Horn* § 359 Rn. 3; Hopt/*Leyens* § 359 Rn. 2; KKD/*Roth/Huber* § 359 Rn. 4; GK-HGB/*Weber* § 359 Rn. 2; MK-HGB/*Welter* § 359 Rn. 5.
[133] Schlegelberger/*Hefermehl* § 359 Rn. 3; Oetker/*Maultzsch* § 359 Rn. 3.

HGB, der für *beiderseitige* Handelsgeschäfte den Zeitpunkt der Verzinsungspflicht vorverlegt.[134] Bei diesen können Kaufleute bereits vom Tag der *Fälligkeit* an Zinsen verlangen (sog. Fälligkeitszinsen). Da sich die Vorschrift auf Forderungen „aus" dem beiderseitigen Handelsgeschäft beschränkt, greift diese nicht bei Forderungen aus unerlaubten Handlungen ein, selbst wenn diese in einem inneren Zusammenhang mit dem Handelsgeschäft stehen.[135] Eine mit § 353 Satz 1 HGB ähnliche Regelung trifft § 354 Abs. 2 HGB für Darlehen, Vorschüsse, Auslagen und andere Verwendungen: für diese können vom Tag der Leistung an Zinsen berechnet werden. Allerdings ergibt sich aus der systematischen Stellung der Vorschrift, dass hierzu nur diejenigen Kaufleute berechtigt sind, die in Ausübung ihres Handelsgewerbes für andere Personen Geschäfte besorgen oder Dienste leisten (s. § 354 Abs. 1 HGB).

67   Bedeutsam sind die vorgenannten Sonderbestimmungen nur für den Zeitraum zwischen Fälligkeit und Eintritt des Verzugs, da die §§ 353, 354 Abs. 2 HGB i. V. mit § 352 Abs. 2 HGB für diesen Zeitraum einen Zinsanspruch in Höhe von fünf Prozentpunkten p.a. begründen, der andernfalls nur bei einer entsprechenden vertraglichen Regelung (z. B. in Allgemeinen Geschäftsbedingungen) bestehen würde. Für die Zeit ab Eintritt des Verzugs (s. auch § 286 Abs. 3 BGB) hat § 352 HGB hingegen keine praktische Bedeutung, da § 288 Abs. 2 BGB bei Rechtsgeschäften, an denen kein Verbraucher (i. S. des § 13 BGB) beteiligt ist, einen Zinssatz von neun Prozentpunkten p.a. über dem Basiszinssatz (s. § 247 BGB) festlegt;[136] selbst bei einem Rechtsgeschäft mit einem Verbraucher beträgt der Zinssatz fünf Prozentpunkte p.a. über dem Basiszinssatz.

III. Sorgfaltsmaßstab

68   Nach § 276 Abs. 2 BGB handelt derjenige fahrlässig, der die im Verkehr erforderliche Sorgfalt außer Acht lässt. Diesen Maßstab konkretisiert § 347 Abs. 1 HGB und erhebt die Sorgfalt eines ordentlichen Kaufmanns zum maßgeblichen Kriterium.[137] Durch eine zweckgerechte Auslegung des Merkmals „Verkehr" in § 276 Abs. 2 BGB könnte dieser Sorgfaltsmaßstab indes auch aus der vorgenannten Vorschrift abgeleitet werden.[138] Allerdings trifft dieser präzisierte Haftungsmaßstab für die

---

[134] Zum Normzweck BGH 27.2.2018, NJW 2018, 2197 Rn. 17.
[135] BGH 27.2.2018, NJW 2018, 2197 Rn. 16 ff.
[136] S. dazu Art. 3 der Richtlinie 2011/7/EU zur Bekämpfung von Zahlungsverzug im Geschäftsverkehr v. 16.2.2011, ABl. EU Nr. L 48 v. 23.2.2011, S. 1; speziell zur Umsetzung dieser Richtlinie z. B. *Faust* DNotZ 2015, 644 ff.; *Haspl* BB 2014, 771 ff.; *Spitzer* MDR 2014, 933 ff.; *Thiergart* GWR 2014, 342 ff.; *Verse* ZIP 2014, 1809 ff. Zum Problem des negativen Basiszinssatzes OLG München 20.11.2013, ZIP 2014, 1067 ff.; *Coen* NJW 2012, 3329 ff.; *Klose* NJ 2014, 13 ff.; *Kollmann* Negative Zinsen, 2016, S. 107 ff.
[137] Näher MK-HGB/*K. Schmidt* § 347 Rn. 6 ff.
[138] Ebenso *Brox/Henssler* Rn. 371; *Fischinger* Rn. 545; *Hübner* Rn. 525; kritisch deshalb mit Recht *K. Schmidt* § 18 Rn. 44: „die Regelung ... ist ... eine schlichte Banalität"; zustimmend Ebenroth/Boujong/*Fest* § 347 Rn. 1; Oetker/*Pamp* § 347 Rn. 1.

Sorgfaltspflicht nur denjenigen, für den das Geschäft ein Handelsgeschäft ist. Zudem bleiben die Haftungsbeschränkungen des Bürgerlichen Gesetzbuchs auf grobe Fahrlässigkeit (z. B. § 300 Abs. 1 BGB) oder die Sorgfalt in eigenen Angelegenheiten (z. B. § 708 BGB) unberührt (§ 347 Abs. 2 HGB).[139]

IV. Kontokorrent

Schrifttum zur Ausbildung: *Blaurock,* Das Kontokorrent, JA 1980, S. 691 ff.; *Fleischer/Wedemann* S. 210 ff.; *Maier,* Das Kontokorrent, JuS 1988, S. 196 ff.; *Pfeiffer,* Die laufende Rechnung (Kontokorrent), JA 2006, S. 105 ff.; *Schultheiß,* Die Zwangsvollstreckung in das Kontokorrent am Beispiel des Girokontos, JuS 2014, S. 516 ff. **Zur Falllösung:** *Bitter/Linardatos* S. 257 ff. (Fall 30–33); *Fezer* S. 205 ff. (Fall 17); *Lettl* Fälle, S. 117 ff. (Fall 14); *Maier,* Das Kontokorrent, JuS 1987, S. 812 ff.; *Martinek/Bergmann* Fall 19; *Schöne* S. 139 ff. (Fall 11). **Zur Vertiefung:** *Canaris,* Funktionen und Rechtsnatur des Kontokorrents, Festschrift für Hämmerle, 1972, S. 55 ff.; *ders.,* Die Verrechnung beim Kontokorrent, DB 1972, S. 421 ff., 469 ff.; *Hefermehl,* Grundfragen des Kontokorrents, Festschrift für H. Lehmann, 1956, S. 547 ff.

1. Allgemeine Grundlagen

Das Kontokorrent zählt zu denjenigen Instituten, die trotz ihrer Zugehörigkeit zum Bürgerlichen Recht in der Ausbildung regelmäßig dem Handelsrecht zugewiesen werden. Zu erklären ist dies allenfalls historisch, da ein Kontokorrent im 19. Jahrhundert vornehmlich im Handelsverkehr zur Erleichterung der Zahlungsabwicklung vereinbart wurde. Dementsprechend verzichtet das Bürgerliche Gesetzbuch auf Regelungen zum Kontokorrent, die dürren Bestimmungen in den §§ 355 bis 357 HGB sind gleichwohl nur verständlich, wenn Klarheit über die bürgerlich-rechtliche Einordnung des Kontokorrents besteht. Allerdings liegen auch in diesem Bereich die Hauptschwierigkeiten; die handelsrechtlichen Sonderbestimmungen werfen demgegenüber vergleichsweise wenige Zweifelsfragen auf.[140] 69

Eine systematische Darstellung des Kontokorrents wird dadurch erschwert, dass es – nicht zuletzt wegen der unzureichenden Strukturierung durch den Gesetzgeber – die Quelle für eine Vielzahl unterschiedlicher theoretischer Konzeptionen ist, bei denen sich Rechtsprechung und Lehre teilweise unversöhnlich gegenüberstehen. Deshalb zählt die rechtliche Aufarbeitung des Kontokorrents zu den schwierigsten Teilen des Handelsrechts. Gleichwohl bleibt die nachfolgende Darstellung auf die Grundstrukturen des Kontokorrents beschränkt.[141] 70

---

[139] Statt aller *Fischinger* Rn. 548 f.; *Hofmann* S. 180; Oetker/*Pamp* § 347 Rn. 24 f., 26.

[140] Zu diesen unten § 7 Rn. 91 f.

[141] Zu weiteren Detailproblemen, insbesondere im Hinblick auf die Anwendung des Insolvenzrechts, statt aller *Canaris* § 25 Rn. 1 ff., mit zahlreichen Nachweisen.

71　Dabei erleichtert es die rechtliche Erfassung des Kontokorrents, zunächst dessen wirtschaftliche Grundstruktur zu verdeutlichen. Regelmäßig liegt dem Kontokorrent eine auf längere Dauer angelegte Geschäftsverbindung mit einem vielfältigen wechselseitigen Leistungsaustausch zugrunde. Als Beispiel aus dem Handelsverkehr kann die Lieferbeziehung eines Großhändlers zu einem Lebensmitteleinzelhändler dienen. Ausgehend von dem Grundmodell des Bürgerlichen Gesetzbuchs stünde dem Lieferant für jede einzelne Lieferung eine eigenständige Forderung zu, die der Abnehmer selbstständig erfüllen müsste. Das hätte indes in der Praxis eine Vielzahl von Zahlungsvorgängen zur Folge. Um dies zu verhindern, vereinbaren die Parteien oftmals, dass die Forderungen aus den Lieferungen zunächst lediglich „Rechnungsposten" sind und der Abnehmer ausschließlich verpflichtet ist, den zu einem bestimmten Zeitpunkt ermittelten Saldo zu begleichen.[142]

72　Hieraus lassen sich in Anlehnung an *Canaris* vier rechtsgeschäftliche Vorgänge herausfiltern, die im Kern auch in der Definition des § 355 Abs. 1 HGB wiederkehren:[143]

- Am Beginn steht der sog. „Geschäftsvertrag", den die Parteien als schuldrechtliche Basis für die Vereinfachung ihres Zahlungsverkehrs abschließen; er bildet die Grundlage für die späteren Verträge bei der Durchführung des Kontokorrents.
- In Ausführung des „Geschäftsvertrags" schließen die Parteien eine Kontokorrentabrede ab.[144] Sie umfasst die Berechtigung der Parteien, die aus ihrer Geschäftsverbindung erwachsenden „Ansprüche und Leistungen" in Rechnung zu stellen.
- Den dritten Schritt bildet die Verrechnung; sie gleicht die Ansprüche und Leistungen aus, soweit sich diese decken.
- Am Ende steht die „Feststellung" des Überschusses, die § 355 Abs. 1 Satz 1 HGB deutlich von der Verrechnung trennt („Verrechnung und Feststellung").

73　Im Zentrum der Streitfragen um das Kontokorrent befinden sich die drei letztgenannten rechtsgeschäftlichen Vorgänge: die Kontokorrentabrede (in Rechnung stellen), die Verrechnung sowie die Feststellung. Der „Geschäftsvertrag" wirft demgegenüber keine Sonderprobleme auf. Zu beachten ist allerdings, dass es sich bei diesem nicht um einen eigenständigen Geschäftsbesorgungsvertrag handelt. Da er die schuldrechtliche Basis für spätere Abreden bei der Durchführung des Kontokorrents

---

[142] Anschaulich OLG Köln 19.4.2004, NZI 2004, 668 (669). Als weiteres Beispiel ist die Führung eines Girokontos zu nennen.

[143] S. *Canaris* § 27 Rn. 4; ebenso *Brox/Henssler* Rn. 241 ff.; *Bülow/Artz* Rn. 407; *Fischinger* Rn. 576; *Hofmann* S. 184; *Kindler* § 7 Rn. 43; *Lettl* § 11 Rn. 22 ff.; MK-HGB/*Langenbucher* § 355 Rn. 7; Oetker/*Maultzsch* § 355 Rn. 2 ff.

[144] Diese kann ggf. bereits in den „Geschäftsvertrag" integriert sein; s. Heymann/*Horn* § 355 Rn. 8. Ferner kann die Kontokorrentabrede formfrei abgeschlossen werden und u. U. auch konkludent zustande kommen, s. BGH 10.7.1986, NJW-RR 1986, 1495 (1496); 18.6.1991, NJW-RR 1991, 1251 (1251); Staub/*Canaris* 4. Aufl., § 355 Rn. 59; MK-HGB/*Langenbucher* § 355 Rn. 18 f.; Hopt/*Leyens* § 355 Rn. 5; Ebenroth/Boujong/*Menges* § 355 Rn. 12.

C. Modifikationen und Ergänzungen des Allgemeinen Schuldrechts

bildet, kommt prinzipiell jeder Vertragstyp als „Geschäftsvertrag" in Betracht. Insbesondere bei langfristig angelegten Lieferbeziehungen besteht zwischen den Parteien regelmäßig ein dem Kaufrecht unterliegender Dauerlieferungsvertrag.

2. Kontokorrentabrede („in Rechnung stellen")

a) Rechtswirkungen der Kontokorrentabrede

Die rechtliche Bedeutung der Kontokorrentabrede erschließt sich vor allem aus den von den Parteien gewollten Rechtswirkungen. Aufgrund des Zwecks der Abrede verliert die Forderung zunächst ihre Selbstständigkeit;[145] infolge der Kontokorrentabrede ist diese nach einer verbreiteten Formulierung „gelähmt".[146] Nur mit dieser Rechtswirkung kann die Kontokorrentabrede das Ziel der Parteien erreichen, den Zahlungsverkehr auf den Ausgleich eines Überschusses zu beschränken. Da die Forderung nach dem Parteiwillen ihre Selbstständigkeit verliert, kann ihr Inhaber diese nicht mehr isoliert durchsetzen. Einer Leistungsklage kann der Schuldner deshalb die Kontokorrentabrede – vergleichbar einer Stundungsvereinbarung – als Einrede entgegenhalten.[147]

Hieraus ergeben sich weitere wesentliche Rechtsfolgen: Da die in das Kontokorrent einbezogenen Forderungen mit einer Einrede behaftet sind, kommt eine einseitige Aufrechnung nicht in Betracht;[148] § 390 Satz 1 BGB schließt die Aufrechnung mit einer Forderung ausdrücklich aus, wenn dieser eine Einrede entgegensteht. In gleicher Weise verhindert das Bestehen der Einrede einen Verzug des Schuldners.[149] Ferner ist die Verjährung der Forderung nach § 205 BGB gehemmt.[150]

---

[145] RG 18.10.1922, RGZ 105, 233 (234); BGH 9.12.1971, WM 1972, 283 (287); OLG Köln 19.4.2004, NZI 2004, 668 (670).

[146] So z. B. *Hofmann* S. 185; Heymann/*Horn* § 355 Rn. 18; *Hübner* Rn. 701; KKD/*Koller* § 355 Rn. 6; Hopt/*Leyens* § 355 Rn. 7; Ebenroth/Boujong/*Menges* § 355 Rn. 16; *K. Schmidt* § 21 Rn. 16.

[147] So für die h. M. BGH 19.12.1969, NJW 1970, 560 (560); *Bülow/Artz* Rn. 408; Hopt/*Leyens* § 355 Rn. 7; Ebenroth/Boujong/*Menges* § 355 Rn. 16; weitergehend i. S. einer Berücksichtigung von Amts wegen die wohl h. L., s. Staub/*Canaris* 4. Aufl., § 355 Rn. 104; GK-HGB/*Herget* § 355 Rn. 31; Heymann/*Horn* § 355 Rn. 18; KKD/*Koller* § 355 Rn. 6; MK-HGB/*Langenbucher* § 355 Rn. 56; Oetker/*Maultzsch* § 355 Rn. 37. Eine Feststellungsklage widerspricht demgegenüber nicht dem Zweck des Kontokorrents; s. RG 3.10.1929, RGZ 125, 411 (416); Staub/*Canaris* 4. Aufl., § 355 Rn. 104; Schlegelberger/*Hefermehl* § 355 Rn. 32, m. w. N.

[148] BGH 7.3.1991, NJW-RR 1991, 995 (996); *Brox/Henssler* Rn. 346; *Bülow/Artz* Rn. 409; *Canaris* § 25 Rn. 8; GK-HGB/*Herget* § 355 Rn. 33; Oetker/*Maultzsch* § 355 Rn. 37; *K. Schmidt* § 21 Rn. 16.

[149] *Canaris* § 25 Rn. 8; Schlegelberger/*Hefermehl* § 355 Rn. 34; GK-HGB/*Herget* § 355 Rn. 33; Heymann/*Horn* § 355 Rn. 20; MK-HGB/*Langenbucher* § 355 Rn. 58; Oetker/*Maultzsch* § 355 Rn. 37.

[150] *Bülow/Artz* Rn. 408; *Hofmann* S. 185; KKD/*Koller* § 355 Rn. 6; MK-HGB/*Langenbucher* § 355 Rn. 58; Oetker/*Maultzsch* § 355 Rn. 37; so auch noch zu § 202 BGB a. F. BGH 2.11.1967, BGHZ 49, 24 (27).

76 Die Kontokorrentabrede führt jedoch nicht dazu, dass der Gläubiger seine Forderungsinhaberschaft verliert. Im Verhältnis zu Dritten folgt aber aus deren Zweck, dass eine Abtretung der Forderung ausgeschlossen ist (§ 399 2. Alt. BGB).[151] Das steht zwar nach § 851 Abs. 2 ZPO an sich nicht ihrer Pfändung im Wege der Zwangsvollstreckung entgegen, insoweit ist aber für die in das Kontokorrent eingestellten Forderungen der speziell für die Pfändung des Saldos vorgesehene § 357 HGB *lex specialis* und verdrängt die allgemeine Vorschrift in § 851 Abs. 2 ZPO.[152] Eine Ausnahme gilt jedoch stets dann, wenn – wie beim Girokonto – ein vertraglicher Anspruch auf Auszahlung des jeweiligen Tagesguthabens besteht. In dieser Konstellation unterliegt der Anspruch auf Auszahlung des Tagesguthabens der Pfändung nach § 829 Abs. 2 ZPO.[153]

b) Kontokorrentzugehörigkeit der Forderungen

77 Aus den vorgenannten Rechtsfolgen der Kontokorrentabrede erschließt sich unschwer, dass die präzise Festlegung ihrer inhaltlichen Reichweite von entscheidender Bedeutung ist. Aus ihr lassen sich nicht nur die Rechtswirkungen ableiten, sondern zugleich steckt sie den inhaltlichen Umfang des Kontokorrents ab. Ausschließlich aus der Kontokorrentabrede ergibt sich, welche Forderungen in das Kontokorrent einbezogen sind. Insbesondere im Verhältnis zu Gläubigern des Forderungsinhabers zeigt sich die besondere Bedeutung einer präzisen Festlegung der in das Kontokorrent einbezogenen Forderungen: Da die Kontokorrentzugehörigkeit einer Forderung deren Pfändung und Überweisung im Wege der Zwangsvollstreckung (§§ 829, 835 ZPO) ausschließt,[154] werden außerhalb des Kontokorrents stehende Gläubiger naturgemäß eine restriktive Auslegung der Kontokorrentabrede favorisieren. Umgekehrt kann der Schuldner mit Rücksicht auf die störungsfreie Durchführung einer Geschäftsverbindung (z. B. mit seinem Hauptlieferanten) an einer möglichst extensiven Auslegung der Kontokorrentabrede interessiert sein.

---

[151] BGH 7.12.1977, BGHZ 70, 86 (92 f.); 7.2.1979, BGHZ 73, 259 (263); Schlegelberger/*Hefermehl* § 355 Rn. 33; GK-HGB/*Herget* § 355 Rn. 34; Heymann/*Horn* § 355 Rn. 19; MK-HGB/*Langenbucher* § 355 Rn. 61; Oetker/*Maultzsch* § 355 Rn. 39; Ebenroth/Boujong/*Menges* § 355 Rn. 18; *K. Schmidt* § 21 Rn. 18. § 354a HGB steht dem Abtretungsverbot nicht entgegen, da es sich bei diesem um eine für das Kontokorrent wesentliche Funktionsvoraussetzung handelt und § 354a HGB nicht das in § 355 HGB vorausgesetzte Kontokorrent schwächen soll. Im Ergebnis wie hier *Canaris* § 26 Rn. 22; GK-HGB/*Herget* § 354a Rn. 7; Hopt/*Leyens* § 354a Rn. 1; KKD/*Koller* § 354a Rn. 2 a. E.; MK-HGB/*Langenbucher* § 355 Rn. 64; Oetker/*Maultzsch* § 355 Rn. 39; EBJS/*Wagner* § 354a Rn. 7.
[152] *Canaris* § 25 Rn. 10; Schlegelberger/*Hefermehl* § 355 Rn. 33; MK-HGB/*Langenbucher* § 355 Rn. 65; *Lettl* § 11 Rn. 27; Oetker/*Maultzsch* § 355 Rn. 44; wie hier auch BGH 13.3.1981, BGHZ 80, 172 (175 f.).
[153] Grundlegend BGH 30.6.1982, BGHZ 84, 325 (328 ff.); ausführlich zu dieser Problematik z. B. *Müller-Laube* S. 38 ff. sowie *Schultheiß* JuS 2014, 516 ff.
[154] S. vorstehend § 7 Rn. 76.

C. Modifikationen und Ergänzungen des Allgemeinen Schuldrechts

Für die inhaltliche Reichweite einer Kontokorrentabrede und damit für die Kontokorrentzugehörigkeit einer Forderung ist die Auslegung der Abrede maßgebend, sodass der übereinstimmende Wille der Parteien zu erforschen ist, ggf. ist bei einer Lückenhaftigkeit mittels einer ergänzenden Vertragsauslegung auf den mutmaßlichen Parteiwillen abzustellen. Diesem entspricht am ehesten die verbreitet anzutreffende Zweifelsregel, dass alle aus der Geschäftsverbindung entspringenden Geldforderungen in das Kontokorrent einbezogen sind.[155] Allerdings kann die Auslegung der Kontokorrentabrede wegen der Umstände des Einzelfalls auch zu einem abweichenden Ergebnis führen. 78

Darüber hinaus wird der Kreis der kontokorrentfähigen Forderungen indirekt durch die weiteren Rechtswirkungen des Kontokorrents beschränkt. Da die Verrechnung zu einer mit der Aufrechnung vergleichbaren Tilgungswirkung führt,[156] sind solche Forderungen nicht kontokorrentfähig, über die ein Gläubiger nicht im Wege der Aufrechnung verfügen darf.[157] Das betrifft vor allem unpfändbare Forderungen (§ 394 BGB).[158] 79

3. Verrechnung

Von der Einbeziehung der Forderungen in das Kontokorrent, dem „in Rechnung stellen", ist die Verrechnung zu trennen. Während das „in Rechnung stellen" den Kreis der in das Kontokorrent einbezogenen Forderungen festlegt, bewirkt die Verrechnung einen notwendigen rechtlichen Zwischenschritt, damit aufgrund des rechnerisch ermittelten Saldos eine Forderung auf den Überschuss entsteht. Die wesentliche rechtliche Bedeutung der Verrechnung besteht in der Tilgungswirkung, soweit sich die Forderungen der Höhe nach decken.[159] Hierbei handelt es sich um einen dem Aufrechnungsvertrag ähnlichen Verfügungsvertrag.[160] Nach vorherrschendem Verständnis müssen die Parteien diesen nicht mit Ablauf jeder Rechnungsperiode 80

---

[155] So z. B. BGH 27.1.1982, NJW 1982, 1150 (1151); OLG Köln 19.4.2004, NZI 2004, 668 (670); *Canaris* § 25 Rn. 13; Schlegelberger/*Hefermehl* § 355 Rn. 21; GK-HGB/*Herget* § 355 Rn. 25; Heymann/*Horn* § 355 Rn. 10; KKD/*Koller* § 355 Rn. 3; MK-HGB/*Langenbucher* § 355 Rn. 40; Hopt/*Leyens* § 355 Rn. 14; Oetker/*Maultzsch* § 355 Rn. 30.
[156] Hierzu nachfolgend § 7 Rn. 80.
[157] *Canaris* § 25 Rn. 11; Heymann/*Horn* § 355 Rn. 16; Oetker/*Maultzsch* § 355 Rn. 24 ff.
[158] S. z. B. die Sonderregelungen für Sozialleistungen in § 55 Abs. 1 Satz 1 SGB I.
[159] So *Beitzke* Festschrift für Julius v. Gierke, 1950, S. 1 (10 ff.); *Brox/Henssler* Rn. 350; *Canaris* § 25 Rn. 15; GK-HGB/*Herget* § 355 Rn. 38; Heymann/*Horn* § 355 Rn. 21; MK-HGB/*Langenbucher* § 355 Rn. 73; Oetker/*Maultzsch* § 355 Rn. 48; *K. Schmidt* § 21 Rn. 25; in diesem Sinne auch BGH 4.2.1992, BGHZ 117, 135 (141): „antizipierte kontokorrentrechtliche Aufrechnungsvereinbarung"; auch in dem Urteil vom 24.1.1985 erkannte der Bundesgerichtshof an, dass die Verrechnung die Rechtswirkung einer die Einzelforderungen tilgenden Aufrechnung hat, s. BGH 24.1.1985, BGHZ 93, 307 (314).
[160] *Bülow/Artz* Rn. 411; *Canaris* § 25 Rn. 15; MK-HGB/*Langenbucher* § 355 Rn. 74; Oetker/*Maultzsch* § 355 Rn. 48; ähnlich Heymann/*Horn* § 355 Rn. 21.

neu, sondern können ihn bereits antezipiert bei Begründung des Kontokorrents abschließen,[161] sodass die Tilgungswirkung automatisch mit der Verrechnung eintritt.

81 Die Verrechnung ist stets periodengebunden, da die Periodizität zumindest nach überwiegender Ansicht Voraussetzung für ein Kontokorrent ist.[162] Insoweit nennt § 355 Abs. 2 HGB zwar einen einjährigen Rechnungsabschluss, zwingend ist dieser Zeitraum aber nicht. Saldenermittlungen während der Verrechnungsperiode (Tagessaldo) stehen der Periodizität nicht entgegen, wenn diese nach dem Parteiwillen nicht über eine tatsächliche Bedeutung hinausgehen sollen.[163] Gegenteiliges können die Parteien jedoch vereinbaren, sodass ein Staffelkontokorrent (sofortige Verrechnung bei jedem kontokorrentpflichtigen Vorgang) vorliegt, das zumindest nicht die tatbestandlichen Voraussetzungen der §§ 355 ff. HGB erfüllt. Diese Vorschriften erfassen bei unmittelbarer Gesetzesanwendung lediglich das Periodenkontokorrent.[164]

82 Schwierige Rechtsfragen wirft die Verrechnung auf, wenn die sich normalerweise anschließende Feststellung des Saldos (hierzu unten Rn. 83 ff.) unterbleibt und derjenige, zu dessen Gunsten ein Saldo besteht, diesen einklagen will, die zum Saldo führenden Forderungen sich aber hinsichtlich Verjährung, Erfüllungsort und Gerichtsstand unterscheiden. Die Rechtsprechung plädiert in derartigen Fällen für eine „verhältnismäßige Gesamtaufrechnung".[165] Bei dieser wird der Saldo entsprechend dem Verhältnis der zum Saldo führenden Forderungen aufgeteilt, sodass diese anteilig in dem Saldo fortleben. Bei diesem Verständnis tritt die Tilgungswirkung hinsichtlich der jeweils in das Kontokorrent einbezogenen Forderungen lediglich teilweise ein, sodass bei der Geltendmachung des Saldos jede Forderung in Höhe des noch nicht getilgten Anteils geltend gemacht wird. Praktikabel ist dieser Ansatz jedoch allenfalls, wenn das Kontokorrent aus wenigen Forderungen besteht. Vorzuziehen ist deshalb die in der Literatur favorisierte analoge Anwendung der §§ 366 f., 396 BGB.[166] Sie entspricht am ehesten dem mutmaßlichen Parteiwillen und führt dazu, dass der infolge der Verrechnung ermittelte Saldo die Forderungen in der nach den §§ 366 f., 396 BGB zu bestimmenden Reihenfolge vollständig tilgt. Allerdings sind auch bei diesem Ansatz die praktischen Probleme unübersehbar, wenn sich die Verrechnungsperioden auf längere Zeiträume erstrecken.

---

[161] *Canaris* § 25 Rn. 16; Heymann/*Horn* § 355 Rn. 21; MK-HGB/*Langenbucher* § 355 Rn. 74; Oetker/*Maultzsch* § 355 Rn. 48; *K. Schmidt* § 21 Rn. 25; wohl auch BGH 4.2.1992, BGHZ 117, 135 (141); ablehnend gegenüber der damit verbundenen Aufspaltung von Saldoermittlung und Aufrechnung jedoch BGH 24.1.1985, BGHZ 93, 307 (314).

[162] So bereits RG 13.4.1927, RGZ 117, 34 (39 f.) sowie stellvertretend für die h. L. MK-HGB/*Langenbucher* § 355 Rn. 24; *K. Schmidt* § 21 Rn. 15, m. w. N.

[163] S. BGH 28.6.1968, BGHZ 50, 277 (280).

[164] Näher zum Staffelkontokorrent *K. Schmidt* § 21 Rn. 70. Zur Problematik, ob der Anspruch auf den Tagessaldo der Pfändung unterliegt, s. BGH 30.6.1982, BGHZ 84, 325 (328 ff.).

[165] So z. B. RG 14.11.1903, RGZ 56, 20 (23); BGH 2.11.1967, BGHZ 49, 24 (29); 4.2.1992, BGHZ 117, 135 (141); 11.3.1999, BGHZ 141, 116 (120).

[166] Hierfür z. B. *Canaris* § 25 Rn. 20 ff.; *Fischinger* Rn. 584; *Gernhuber* Die Erfüllung und ihre Surrogate, 1983, S. 133; Schlegelberger/*Hefermehl* § 355 Rn. 56; GK-HGB/*Herget* § 355 Rn. 40; Heymann/*Horn* § 355 Rn. 24; MK-HGB/*Langenbucher* § 355 Rn. 82 ff.; *Lettl* § 11 Rn. 33, 41; Oetker/*Maultzsch* § 355 Rn. 60; *K. Schmidt* § 21 Rn. 26.

4. Feststellung

a) Inhalt der Feststellung

Abgesehen von dem vorstehend skizzierten Sonderfall bildet nicht die Ermittlung des Saldos, sondern dessen „Feststellung" den Abschluss. Alleine die Errechnung eines Saldos würde den Zweck der Kontokorrentabrede, den Zahlungsverkehr zu erleichtern, nur unvollständig verwirklichen, da hierdurch lediglich eine „kausale" Saldoforderung entstünde. Es entspricht deshalb bei der Vereinbarung eines Kontokorrents dem Willen der Parteien, dem ermittelten Saldo rechtliche Selbstständigkeit i. S. einer „abstrakten" Saldoforderung zu verleihen. Diesem Parteiwillen trägt § 355 Abs. 1 Satz 1 HGB mit der gesonderten Hervorhebung der „Feststellung" Rechnung.

83

b) Rechtsfolgen der Feststellung

Bezüglich der rechtlichen Einordnung sowie der Rechtsfolgen der „Feststellung" gehen die Auffassungen in Rechtsprechung und Literatur auseinander. Am weitesten geht die höchstrichterliche Rechtsprechung. Sie erblickt in der Feststellung eine Schuldumwandlung (Novation), deren Zulässigkeit sich aus der Vertragsfreiheit ergibt.[167] Hierdurch erlöschen die bisherigen Forderungen und werden durch eine neue abstrakte Forderung ersetzt, die durch den Saldo gebildet wird. Zur Klarstellung ist hervorzuheben, dass auch die Rechtsprechung die Feststellung des Saldos als ein abstraktes Schuldanerkenntnis bewertet; insoweit besteht keine Divergenz zu den abweichenden Ansichten im Schrifttum. Umstritten ist jedoch die Rechtswirkung der Feststellung im Hinblick auf die zum Saldo führenden Forderungen. Diesbezüglich geht die Rechtsprechung sehr weit und nimmt eine Novation an.

84

Die letztgenannte Konsequenz kann nicht überzeugen und stößt im Schrifttum weitgehend auf Ablehnung.[168] Neben § 356 HGB, der den Fortbestand der für die Forderungen bestellten Sicherungen anordnet, steht vor allem der Parteiwille einer Novation entgegen. Diesen bestätigt unter anderem § 364 Abs. 2 BGB, der für die Leistung an Erfüllungs statt die Zweifelsregel aufstellt, dass eine Novation nicht dem Willen der Parteien entspricht, wenn der Schuldner zur Befriedigung des Gläubigers eine neue Verbindlichkeit übernimmt. Eine Novation geht zudem regelmäßig über den mit der Kontokorrentabrede verfolgten Zweck hinaus. Mit dieser wollen die Parteien den Zahlungsverkehr erleichtern, nicht jedoch den ermittelten

85

---

[167] So z. B. RG 1.2.1887, RGZ 18, 246 (248 f.); 17.6.1913, RGZ 82, 400 (404); BGH 24.1.1985, BGHZ 93, 307 (313); ebenso *Hofmann* S. 185; allg. zur Novation z. B. *Fikentscher/Heinemann* Schuldrecht, 11. Aufl. 2017, Rn. 346; *Larenz* I, § 7 III, S. 91 ff.

[168] Ablehnend z. B. *Bayer/Lieder* Rn. 282; *Brox/Henssler* Rn. 355; *Bülow/Artz* Rn. 413; *Canaris* § 25 Rn. 29 f.; *Fischinger* Rn. 593; *Hefermehl* Festschrift für H. Lehmann, 1956, S. 547 (549 ff.); Heymann/*Horn* § 355 Rn. 27; *Hübner* Rn. 720; *Kindler* § 7 Rn. 53; MK-HGB/*Langenbucher* § 355 Rn. 92 f.; Hopt/*Leyens* § 355 Rn. 7; Oetker/*Maultzsch* § 355 Rn. 71; *K. Schmidt* § 21 Rn. 32.

Überschuss (Saldo) vor Einwendungen aus den kontokorrentzugehörigen Forderungen abschirmen. Einer derartigen Absicht der Parteien stehen zwar keine Rechtsgründe entgegen, für diese bedarf es wegen ihrer rechtlichen Tragweite aber eindeutiger Anhaltspunkte. Da insoweit keine Gesichtspunkte erkennbar sind, die es rechtfertigen, von den allgemeinen Grundsätzen abzuweichen, ist es überzeugender, der „Feststellung" mit der vorherrschenden Ansicht im Schrifttum lediglich die Rechtsnatur eines abstrakten Schuldanerkenntnisses beizumessen, das neben die Saldoforderung tritt.[169] Hierdurch wird sowohl dem Zweck der Zahlungserleichterung als auch dem Willen nach Verselbstständigung des Saldos Rechnung getragen, ohne zugleich die neu entstandene Forderung vollständig vor Einwendungen zu schützen.[170]

86 Bei den sich unversöhnlich gegenüberstehenden Positionen handelt es sich allerdings nicht um gesetzesgleiche Theorien, sondern sie sind stets „nur" das aufgrund einer Generalisierung erzielte Ergebnis einer Auslegung des Parteiwillens. Aus diesem Grunde lässt sich weder für die weit reichende Annahme einer Novation noch für die Beschränkung auf ein abstraktes Schuldanerkenntnis aus dem Gesetz eine abschließende und zwingende Begründung ableiten. Die unterschiedlichen konstruktiven Ansätze geben dem Rechtsanwender lediglich eine Hilfestellung für die Ermittlung des Parteiwillens. Der Streit um die dogmatische Einordnung der „Feststellung" lässt sich deshalb im konkreten Einzelfall zumeist dadurch vermeiden, indem der mit der „Feststellung" verbundene Bedeutungsgehalt auf eine präzise Auslegung der Willenserklärungen sowie eine Ermittlung der Parteiinteressen gestützt wird. Selbst wenn – i. S. der vorherrschenden Ansicht im Schrifttum – die „Feststellung" regelmäßig lediglich als ein abstraktes Schuldanerkenntnis zu qualifizieren ist, schließen es deshalb die besonderen Umstände des Einzelfalls und der hierdurch zu Tage getretene Parteiwille nicht aus, der „Feststellung" die weitergehende Rechtsnatur einer Novation zuzusprechen. Die Parteiautonomie hat stets den Vorrang vor der rechtsdogmatischen Konstruktion.

87 Darüber hinaus hat die Streitfrage um die dogmatische Einordnung der „Feststellung" nur dann praktische Bedeutung, wenn im Rahmen einer Rechtsfrage zu prüfen ist, ob die in das Kontokorrent eingestellten Forderungen noch bestehen, da nach beiden Konzeptionen durch die Feststellung – unstreitig – eine neue Forderung entsteht,[171] die nach den §§ 195, 199 BGB mit Ablauf von drei Jahren nach Schluss

---

[169] So insbesondere *Canaris* § 25 Rn. 30; zustimmend z. B. Heymann/*Horn* § 355 Rn. 25; Hopt/ *Leyens* § 355 Rn. 7; *K. Schmidt* § 21 Rn. 32. Schwächer hingegen die Lehre vom „kausalen Feststellungsvertrag", die jedoch im Widerspruch zu dem von den Parteien verfolgten Zweck des Kontokorrents steht; für diese z. B. *Kübler* Feststellung und Garantie, 1967, S. 157 ff., 162 f.; ebenso *Hübner* Rn. 720.

[170] Sprachlich wird dieser dogmatischen Würdigung z. T. dadurch Rechnung getragen, dass nicht von einer „Feststellung", sondern von einem „Saldoanerkenntnis" gesprochen wird; so z. B. *K. Schmidt* § 21 Rn. 30.

[171] Auch der von der höchstrichterlichen Rechtsprechung favorisierte Ansatz einer Novation leugnet nicht, dass die „Feststellung" die Rechtsnatur eines abstrakten Schuldanerkenntnisses hat. Der Streit betrifft ausschließlich die Frage, ob der „Feststellung" die darüber hinausgehende Wirkung einer Novation beizumessen ist.

des Jahres verjährt, in dem die Forderung entstanden ist.[172] Ferner kann der Schuldner einer Inanspruchnahme aus der neuen Forderung die Einrede der ungerechtfertigten Bereicherung (§ 821 BGB) entgegenhalten.[173] Das gilt unabhängig davon, ob in der „Feststellung" ein abstraktes Schuldanerkenntnis oder eine Novation liegt. Beide Ansätze führen dazu, dass die neu entstandene Forderung nicht mehr mit Einreden aus den bisherigen Forderungen belastet ist, ohne dass dies die Bereicherungseinrede ausschließt.

c) Auswirkungen der Feststellung auf Sicherungsrechte

Praktische Bedeutung hat der Meinungsstreit zu den Rechtsfolgen der Feststellung vor allem bei der Anwendung des § 356 HGB. Nach diesem setzen sich Sicherungen für die in das Kontokorrent eingestellten Forderungen nach der „Feststellung" an dem Überschuss fort, soweit sich dieser und die vormals gesicherten Forderungen decken. Das bedeutet z. B., dass die Bürgschaft für eine in das Kontokorrent eingestellte Forderung mit der „Feststellung" nicht erlischt, sondern nunmehr den Überschuss absichert. Allerdings begrenzt § 356 HGB die Einstandspflicht des Bürgen der Höhe nach auf die kontokorrentzugehörige Forderung, für die die Sicherung gewährt wurde. Die Sicherheit entfällt deshalb nur, wenn und soweit ein Saldo niedriger ist als die kontokorrentzugehörige Forderung, für die die Sicherheit bewilligt wurde. 88

Diese Theorie von der Haftung für den niedrigsten anerkannten Saldo, die namentlich die höchstrichterliche Rechtsprechung befürwortet,[174] ist als eine konsequente Durchbrechung der Novationstheorie zu bewerten, die davon ausgeht, dass die in das Kontokorrent eingestellten Forderungen erlöschen. Damit müssten an sich auch alle akzessorischen Sicherheiten untergehen.[175] § 356 HGB ordnet indes bewusst das Gegenteil an. Der von der höchstrichterlichen Rechtsprechung favorisierte Ansatz einer Novation leidet deshalb nicht nur an diesem systematischen Widerspruch,[176] sondern führt in der Konsequenz zudem dazu, dass der Sicherungsgeber für eine Saldoforderung einzustehen hat, obwohl die kontokorrentzugehörige Forderung wegen der Verrechnung bereits ganz oder teilweise getilgt ist. 89

---

[172] So noch zu § 195 BGB a. F. BGH 17.2.1969, BGHZ 51, 346 (349); ferner Hopt/*Leyens* § 355 Rn. 11; Oetker/*Maultzsch* § 355 Rn. 74; Ebenroth/Boujong/*Menges* § 355 Rn. 45.

[173] Statt aller *Canaris* § 25 Rn. 35; zum Bereicherungsanspruch BGH 17.2.1969, BGHZ 51, 346 (348); Heymann/*Horn* § 355 Rn. 28; MK-HGB/*Langenbucher* § 355 Rn. 103 f.; Hopt/*Leyens* § 355 Rn. 10; Oetker/*Maultzsch* § 355 Rn. 77 ff.

[174] S. z. B. RG 30.5.1911, RGZ 76, 330 (333 f.); BGH 28.6.1968, BGHZ 50, 277 (284).

[175] So noch das Reichsgericht vor Inkrafttreten des § 356 HGB; s. RG 21.9.1881, RGZ 10, 53 (55 f.).

[176] Treffend insoweit auch Schlegelberger/*Hefermehl* § 356 Rn. 1.

90 Eine systematisch überzeugende Integration des § 356 HGB lässt sich jedoch erreichen, wenn mit der herrschenden Lehre von einem Fortbestand der Saldoforderungen ausgegangen wird. Eine sachgerechte Problemlösung zur Reichweite der Sicherungsrechte lässt sich sodann durch eine genaue Betrachtung der zuvor erfolgten Verrechnung erzielen. Lehnt man insoweit die Lehre von der verhältnismäßigen Gesamtaufrechnung ab, dann kann die stattdessen befürwortete analoge Anwendung der §§ 366 f., 396 BGB[177] dazu führen, dass die gesicherte Forderung infolge der Verrechnung erlischt und damit das für diese begründete Sicherungsrecht nicht mehr fortbesteht.[178] Die Sicherung für eine Forderung setzt sich somit nur an dem Saldo fort, solange und soweit die Forderung noch nicht infolge der Verrechnung erloschen ist.

5. Handelsrechtliche Besonderheiten

91 Die Grundsätze zur rechtlichen Erfassung des Kontokorrents gelten wegen ihrer Ableitung aus den allgemeinen Vorschriften des bürgerlichen Rechts unabhängig davon, ob das Kontokorrent als Handelsgeschäft zu qualifizieren ist. Deshalb findet die vorstehend in ihrer Grundstruktur dargestellte Vorschrift des § 356 HGB[179] auch auf das zwischen Nichtkaufleuten vereinbarte Kontokorrent entsprechende Anwendung.[180]

92 Als handelsrechtliche Besonderheit verbleibt die Zinsregelung in § 355 Abs. 1 HGB, da diese tatbestandlich ein mit einem Kaufmann begründetes Kontokorrent voraussetzt;[181] sie durchbricht den allgemeinen (§ 248 Abs. 1 BGB) und in § 353 Satz 2 HGB wiederkehrenden Ausschluss von Zinseszinsen. Abweichend davon legt § 355 Abs. 1 HGB fest, dass dann, wenn auf den Überschuss Zinsen geschuldet werden, sich diese auf den gesamten Überschuss beziehen, selbst dann, wenn das Kontokorrent bereits einzelne Zinsforderungen enthält. Hierzu kann es insbesondere wegen § 353 Satz 1 HGB kommen, der für Forderungen aus beiderseitigen Handelsgeschäften einen Anspruch auf Fälligkeitszinsen begründet. Anders als für den Verzug verhindert die Kontokorrentabrede nicht die Fälligkeit einer Forderung.[182]

---

[177] S. oben § 7 Rn. 82.
[178] Ebenso *Bayer/Lieder* Rn. 283; *Canaris* § 25 Rn. 39 ff.; GK-HGB/*Herget* § 356 Rn. 8; MK-HGB/*Langenbucher* § 355 Rn. 13; *Oetker/Maultzsch* § 356 Rn. 16 f.; *K. Schmidt* § 21 Rn. 37; ausdrücklich ablehnend aber BGH 11.6.1980, BGHZ 77, 256 (261 f.); abweichend auch Heymann/*Horn* § 356 Rn. 7, der § 356 HGB die Kraft beimisst, die Tilgungswirkung der Verrechnung einzuschränken.
[179] S. oben § 7 Rn. 88 ff.
[180] So *Canaris* Rn. 56.
[181] Eine entsprechende Anwendung der Vorschrift auf das von Nichtkaufleuten vereinbarte Kontokorrent scheidet nach allg. Ansicht aus; s. *Canaris* § 25 Rn. 56; Heymann/*Horn* § 355 Rn. 6.
[182] *Canaris* § 25 Rn. 8; Schlegelberger/*Hefermehl* § 355 Rn. 36; GK-HGB/*Herget* § 355 Rn. 32; Heymann/*Horn* § 355 Rn. 20.

D. Sachenrechtliche Ergänzungen

I. Gutgläubiger Erwerb beweglicher Sachen

Schrifttum zur Ausbildung: *Petersen*, Der gute Glaube an die Verfügungsmacht im Handelsrecht, Jura 2004, S. 247 ff.; *Wiegand*, Fälle des gutgläubigen Erwerbs außerhalb der §§ 932 ff. BGB, JuS 1974, S. 545 ff. **Zur Falllösung:** *Bitter/Linardatos* S. 232 ff. (Fall 23–24); *Fezer* S. 218 ff. (Fall 18); *Hopt* S. 206 ff. (Fall 11); *Lettl* Fälle, S. 155 ff. (Fall 18); *Martinek/Bergmann* Fall 20. **Zur Vertiefung:** *Reinicke*, Schützt § 366 Abs. 1 HGB den guten Glauben an die Vertretungsmacht?, AcP Bd. 189 (1989), S. 79 ff.; *K. Schmidt*, Schützt § 366 HGB auch das Vertrauen auf die Vertretungsmacht im Handelsverkehr?, JuS 1987, S. 936 ff.

1. Normzweck des § 366 HGB

Der gutgläubige Erwerb beweglicher Sachen hängt nach § 932 Abs. 2 BGB von dem guten Glauben an das Eigentum des Veräußerers ab. Es genügt nicht, wenn der Erwerber lediglich bezüglich der Verfügungsmacht des Veräußerers im guten Glauben ist.[183] Im Handelsverkehr würde diese Beschränkung des gutgläubigen Erwerbs allerdings die schnelle Abwicklung zahlreicher Geschäfte erheblich behindern, da der Erwerber häufig weiß, dass der Veräußernde nicht Eigentümer der beweglichen Sachen ist, ihn aber gleichwohl als berechtigt ansieht, über das Eigentum zu verfügen.[184] Diese Konstellation ist charakteristisch für einen ganzen Typ von Handelsgeschäften, die Kommissionsgeschäfte.[185] Auch die im Handelsverkehr weit verbreitete Praxis des Verkaufs unter Eigentumsvorbehalt lässt in vielen Fällen einen guten Glauben an das Eigentum des Veräußernden nicht zu. Aus der Kaufmannseigenschaft des Veräußernden ergibt sich aber eine hohe Wahrscheinlichkeit für eine Befugnis, über die fremde Sache zu verfügen.[186]

93

Um den in dieser Hinsicht redlichen Erwerber zu schützen und ihm langwierige Erkundigungen über die Eigentumsverhältnisse zu ersparen, legt § 366 Abs. 1 HGB fest, dass unter bestimmten Voraussetzungen der gute Glaube an die Verfügungsbefugnis für einen gutgläubigen Erwerb ausreicht. Aus der Funktion der Vorschrift ergibt sich, dass sie diesen auch dann ermöglichen will, wenn der gute Glaube an das Eigentum des Verfügenden fehlt oder nicht sicher feststeht. Andererseits will § 366 HGB nicht ausschließen, dass ein Eigentumserwerb nach den allgemeinen Vorschriften (§§ 932 ff. BGB) eintritt.

94

---

[183] S. Staudinger/*Heinze* (2020) § 932 BGB Rn. 39; Hopt/*Leyens* § 366 Rn. 2; *K. Schmidt* § 23 Rn. 1.
[184] Heymann/*Horn* § 366 Rn. 1.
[185] Näher unten § 9 Rn. 1 ff.
[186] Treffend *Canaris* § 27 Rn. 2.

95   Deshalb ist eine Prüfung des § 366 HGB stets erforderlich, wenn der gute Glaube an das Eigentum des Verfügenden verneint wird, andernfalls tritt der Eigentumserwerb bereits nach den §§ 932 ff. BGB ein.[187] In dem Fall des § 366 HGB muss sich der gute Glaube des Erwerbers darauf beziehen, dass der Veräußerer trotz seines fehlenden Eigentums (= Nichtberechtigter) nach § 185 BGB zur Verfügung über den Gegenstand ermächtigt ist. Die Vorschrift bewirkt somit, dass der gute Glaube an die Verfügungsbefugnis für den Eigentumserwerb selbst dann ausreicht, wenn dieser hinsichtlich der Eigentümerstellung des Verfügenden fehlt. Wegen dieser systematischen Stellung des § 366 HGB ist die Vorschrift stets im Anschluss an die Feststellung zu prüfen, dass § 932 BGB die fehlende Berechtigung des Verfügenden nicht überwindet.

2. Voraussetzungen

a) Kaufmannseigenschaft

96   Für die Anwendung des § 366 HGB ist zunächst erforderlich, dass der Verfügende Kaufmann ist.[188] Da die Vorschrift einschränkungslos für alle Kaufleute gilt, greift diese unabhängig von Art oder Umfang des Unternehmens ein – auch Verfügungen eines im Handelsregister eingetragenen Kannkaufmanns i. S. von § 2 HGB werden durch § 366 HGB privilegiert.[189] Hat der Kleingewerbetreibende sein Optionsrecht (§ 2 Satz 2 HGB) hingegen nicht ausgeübt, ist auf seine Verfügungen § 366 HGB grundsätzlich nicht anwendbar.[190] Eine Ausnahme gilt nur, wenn der Gesetzgeber die entsprechende Anwendung des § 366 HGB ausdrücklich angeordnet hat, wie dies insbesondere in § 383 Abs. 2 Satz 2 HGB für den Kleinkommissionär geschehen ist.[191] Auf den Scheinkaufmann findet § 366 Abs. 1 HGB nach vorherrschender Ansicht keine Anwendung,[192] Demgegenüber soll § 15 HGB nach einer im Vordringen

---

[187] S. aber BGH 18.6.1980, BGHZ 77, 274 (276), wonach § 932 BGB und § 366 HGB nebeneinander angewendet werden können; ebenso Hopt/*Leyens* § 366 Rn. 2; MK-HGB/*Welter* § 366 Rn. 62.

[188] Die Kaufmannseigenschaft des Erwerbers ist nach einhelliger Ansicht nicht erforderlich; s. Ebenroth/Boujong/*Dieckmann* § 366 Rn. 3; *Fischinger* Rn. 649; Schlegelberger/*Hefermehl* § 366 Rn. 26; Heymann/*Horn* § 366 Rn. 4; *Hübner* Rn. 540; Oetker/*Maultzsch* § 366 Rn. 12.

[189] Ebenroth/Boujong/*Dieckmann* § 366 Rn. 3.

[190] Für eine großzügige Analogie jedoch *Schmitt* Die Rechtsstellung der Kleingewerbetreibenden nach dem Handelsrechtsreformgesetz, 2003, S. 296 ff.

[191] Für die Anwendung des § 366 HGB auf den „Kleinkommissionär" Ebenroth/Boujong/*Dieckmann* § 366 Rn. 3; KKD/*Koller* § 366 Rn. 2; Hopt/*Leyens* § 366 Rn. 4; Oetker/*Maultzsch* § 366 Rn. 10; RvWH/*Wagner* § 366 Rn. 3a; MK-HGB/*Welter* § 366 Rn. 30 sowie unten § 9 Rn. 9.

[192] So RG 26.1.1929, LZ 1929, 778; OLG Düsseldorf 18.11.1998, DB 1999, 89 f.; *Brox/Henssler* Rn. 310; *Bülow/Artz* Rn. 439; Ebenroth/Boujong/*Dieckmann* § 366 Rn. 4; *Fischinger* Rn. 650; Schlegelberger/*Hefermehl* § 366 Rn. 26; Heymann/*Horn* § 366 Rn. 4; Hopt/*Leyens* § 366 Rn. 4; HK-HGB/*Ruß* § 366 Rn. 2; GK-HGB/*Weber* § 366 Rn. 7; a. A. jedoch *Canaris* § 27 Rn. 5; *Hübner* Rn. 543; KKD/*Koller* § 366 Rn. 2; Oetker/*Maultzsch* § 366 Rn. 9; offengelassen von BGH 9.11.1998, NJW 1999, 425 (426). Anwendbar ist § 366 HGB aber auf den Kaufmann kraft Eintragung i. S. des § 5 HGB; s. z. B. Ebenroth/Boujong/*Dieckmann* § 366 Rn. 3; Schlegelberger/*Hefermehl* § 366 Rn. 26.

D. Sachenrechtliche Ergänzungen 227

befindlichen Ansicht die fehlende Kaufmannseigenschaft überwinden.[193] Ergänzend können bei derartigen Sachverhalten die allgemeinen Grundsätze zur Duldungs- und Anscheinsvollmacht eingreifen.[194]

b) Verfügungsgegenstand

Die durch § 366 HGB geschützte Verfügung muss zum Betrieb des Handelsgewerbes des Verfügenden gehören, wobei zur Beweiserleichterung die Vermutung in § 344 Abs. 1 HGB eingreift.[195] Gegenstand der Verfügung können nur bewegliche Sachen sein; bei einem Erwerb von Grundstücken ist § 366 Abs. 1 HGB ebenso wenig anwendbar wie bei einem Forderungserwerb. Auch eine entsprechende Anwendung des § 366 HGB auf die vorgenannten Erwerbstatbestände kommt nicht in Betracht. Sowohl § 892 BGB (Grundstückserwerb) als auch § 405 BGB (Forderungserwerb) bleiben von § 366 HGB deshalb unberührt. Da § 366 Abs. 1 HGB lediglich die Möglichkeiten des gutgläubigen Erwerbs im System der §§ 932 ff. BGB erweitert, müssen stets die allgemeinen Voraussetzungen des gutgläubigen Erwerbs (Einigung und Übergabe bzw. Übergabesurrogat) vorliegen.[196] Bei abhanden gekommenen Sachen (§ 935 Abs. 1 BGB) ermöglicht deshalb auch § 366 Abs. 1 HGB keinen gutgläubigen Erwerb.[197]

97

c) Gutgläubigkeit des Erwerbers

Der gute Glaube des Erwerbers muss sich auf die Verfügungsbefugnis des Veräußerers beziehen.[198] Er ist bei Kaufleuten grundsätzlich zu vermuten, einzelne Anhaltspunkte (z. B. berufliche Stellung des Verfügenden als Kommissionär oder Warenkaufmann) können diesen zusätzlich bekräftigen.[199] Andere Tatsachen, die gegen eine Verfügungsbefugnis sprechen, können die Vermutung der Gutgläubigkeit des Erwerbers indes auch widerlegen, so z. B. die Veräußerung zu einem erheb-

98

---

[193] So *Canaris* § 27 Rn. 5; Heymann/*Horn* § 366 Rn. 4; HK-HGB/*Ruß* § 366 Rn. 2; a. A. *Brox/Henssler* Rn. 310; *Fischinger* Rn. 650; Schlegelberger/*Hefermehl* § 366 Rn. 26; *Hübner* Rn. 543 sowie auch *K. Schmidt* § 23 Rn. 11, wegen des von ihm befürworteten extensiven Verständnisses zu § 5 HGB.
[194] S. *Canaris* § 27 Rn. 8; ebenso KKD/*Koller* § 366 Rn. 1.
[195] Ebenroth/Boujong/*Dieckmann* § 366 Rn. 8; Schlegelberger/*Hefermehl* § 366 Rn. 28; Heymann/*Horn* § 366 Rn. 6; KKD/*Koller* § 366 Rn. 2; Oetker/*Maultzsch* § 366 Rn. 14; MK-HGB/*Welter* § 366 Rn. 34.
[196] Ausführlich Heymann/*Horn* § 366 Rn. 8 ff.; so auch *Fischinger* Rn. 648; *Hübner* Rn. 551; KKD/*Koller* § 366 Rn. 2.
[197] Allg. Ansicht, s. Ebenroth/Boujong/*Dieckmann* § 366 Rn. 1; *Bülow/Artz* Rn. 436; *Canaris* § 27 Rn. 11; Schlegelberger/*Hefermehl* § 366 Rn. 30 a. E.; *Hofmann* S. 190; *Hübner* Rn. 551; Oetker/*Maultzsch* § 366 Rn. 22; HK-HGB/*Ruß* § 366 Rn. 5; *K. Schmidt* § 23 Rn. 17.
[198] Statt aller BGH 2.7.1992, BGHZ 119, 75 (92); *K. Schmidt* § 23 Rn. 18.
[199] S. *Canaris* § 27 Rn. 19.

lich unter dem üblichen Niveau liegenden Preis.²⁰⁰ Erhöhte Anforderungen an den guten Glauben sind bei Veräußerungsgeschäften außerhalb des gewöhnlichen oder ordnungsgemäßen Geschäftsbetriebs zu stellen (z. B. Verkauf mehrerer hochwertiger Maschinen durch Baumaschinenvermieter).²⁰¹ Ebenso kann der Erwerber nicht gutgläubig auf die Verfügungsbefugnis vertrauen, wenn der Verfügende offensichtlich und eindeutig gegen die Interessen des Eigentümers handelt (z. B. Verkauf zu Schleuderpreisen).²⁰² In dieser Konstellation ist der Erwerber nicht schutzwürdig.²⁰³ Ferner kann die berufliche Stellung des Verfügenden Anlass geben, den guten Glauben in Zweifel zu ziehen. Insbesondere bei Verfügungen von Spediteuren, Frachtführern und Lagerhaltern ist § 366 HGB zwar dem Wortlaut nach anwendbar, bei diesem Personenkreis fehlt aber jeglicher Rechtsschein, dass sie zu Verfügungen über die ihnen anvertrauten Gegenstände berechtigt sind. Wenn nicht bereits aus diesem Grunde eine teleologische Reduktion der Vorschrift zu befürworten ist, dann spricht zumindest eine tatsächliche Vermutung für die Bösgläubigkeit des Verfügenden.²⁰⁴

3. Guter Glaube und fehlende Vertretungsmacht des Verfügenden

99 Die Vorschrift des § 366 HGB betrifft nach ihrem Wortlaut nur den Fall, in dem der Verfügende das (dingliche) Verfügungsgeschäft im *eigenen* Namen abschließt. Äußerst umstritten ist, ob § 366 Abs. 1 HGB über seinen Wortlaut hinaus auf die fehlende Vertretungsmacht auszudehnen ist, wenn der Verfügende bei Abschluss des Verfügungsgeschäfts nicht im *eigenen*, sondern im *fremden* Namen handelt.²⁰⁵ Praktisch relevant ist diese Problematik bei Handelsvertretern, da sie die Rechtsgeschäfte im Namen des Unternehmers abschließen.

100 Ein beachtlicher Teil des Schrifttums befürwortet die Anwendung des § 366 Abs. 1 HGB auch in dieser Konstellation,²⁰⁶ wobei innerhalb dieser Ansicht umstritten ist, ob die Vorschrift aufgrund einer extensiven Auslegung²⁰⁷ oder mittels eines Analogieschlusses²⁰⁸ anzuwenden ist. Ungeachtet dessen verbleibt das Manko, dass auch die ggf. analoge Anwendung des § 366 HGB lediglich zu einem Eigentumserwerb führt, dem jedoch ein Rechtsgrund fehlt, wenn der Verfügende auch für das

---

²⁰⁰ Hopt/*Leyens* § 366 Rn. 6; zurückhaltender aber *Canaris* § 27 Rn. 23. S. auch BGH 22.9.2003, NJW-RR 2004, 555 (555 f.): Erwerber musste mit einem verlängerten Eigentumsvorbehalt des Vorlieferanten rechnen und wusste, dass die Vorausabtretung ins Leere ging.
²⁰¹ BGH 9.11.1998, NJW 1999, 425 (426).
²⁰² So OLG Hamburg 5.3.1970, MDR 1970, 506.
²⁰³ Näher *Canaris* § 27 Rn. 21 ff.
²⁰⁴ I. E. auch *Canaris* § 27 Rn. 19; ähnlich Oetker/*Maultzsch* § 366 Rn. 35.
²⁰⁵ Zum Streitstand s. auch *Müller-Laube* S. 43 ff.
²⁰⁶ Hierfür Brox/*Henssler* Rn. 313; Schlegelberger/*Hefermehl* § 366 Rn. 32; Heymann/*Horn* § 366 Rn. 16; Hopt/*Leyens* § 366 Rn. 5; *K. Schmidt* § 23 Rn. 33 ff.; ders. JuS 1987, 936 ff.; RvWH/*Wagner* § 366 Rn. 16; MK-HGB/*Welter* § 366 Rn. 42.
²⁰⁷ So vor allem *K. Schmidt* § 23 Rn. 35 f.; ebenso MK-HGB/*Welter* § 366 Rn. 42.
²⁰⁸ Hierfür Schlegelberger/*Hefermehl* § 366 Rn. 32.

D. Sachenrechtliche Ergänzungen

Verpflichtungsgeschäft keine Vertretungsmacht hatte. Die hieraus folgende Konsequenz, dass sich der Erwerber einem Bereicherungsanspruch ausgesetzt sieht,[209] vermeidet indes *K. Schmidt*, der über die Annahme, § 366 HGB regele auch das Behaltendürfen und schaffe damit einen eigenständigen (gesetzlichen) Rechtsgrund, zu einem kondiktionsfreien Eigentumserwerb gelangt.[210] Die alternativ zu erwägende analoge Anwendung des § 366 HGB auf das Verpflichtungsgeschäft steht im Widerspruch zur systematischen Stellung der Vorschrift sowie zu ihrem Zweck.[211]

Die praktische Bedeutung des Streits wird indes dadurch abgeschwächt, dass oftmals die Vertretungsmacht, über die bewegliche Sache im fremden Namen verfügen zu können, aus einer Anscheins- oder Duldungsvollmacht folgt.[212] In den verbleibenden Fallgestaltungen sprechen beachtliche Gründe für die namentlich von *Canaris* formulierte Gegenposition, die eine Anwendung des § 366 HGB auf die fehlende Vertretungsmacht zur Vornahme des Verfügungsgeschäfts ablehnt.[213] Sie kann sich darauf stützen, dass der vom Gesetz vorausgesetzte Rechtsscheintatbestand zwar anzuerkennen ist, wenn der Kaufmann im *eigenen* Namen verfügt, ein vergleichbarer Sachverhalt aber nicht vorliegt, wenn der Kaufmann zu erkennen gibt, dass er im *fremden* Namen über eine bewegliche Sache verfügt.

101

II. Kaufmännisches Zurückbehaltungsrecht (§§ 369 ff. HGB)

1. Besonderheiten gegenüber § 273 BGB

Im Handelsverkehr besteht wegen der Vornahme von Massengeschäften und der Vielfältigkeit der Geschäftsbeziehungen ein Sicherungsbedürfnis, dem die Vorschriften zum bürgerlich-rechtlichen Zurückbehaltungsrecht (§§ 273 f. BGB) nicht ausreichend Rechnung tragen. Deshalb begründet das Handelsgesetzbuch in den §§ 369 ff. HGB ein besonderes kaufmännisches Zurückbehaltungsrecht, das in zentralen Punkten von den bürgerlich-rechtlichen Vorschriften abweicht.

102

Der wichtigste Unterschied zu § 273 BGB ist auf der Ebene des Tatbestands angesiedelt und betrifft den Verzicht auf die Konnexität der Forderungen.[214] Diese wird im Rahmen von § 369 Abs. 1 HGB durch die Voraussetzung ersetzt, dass die Gegenstände aufgrund eines Handelsgeschäfts in den Besitz gelangt sind. Die Verpflichtung und der zu sichernde Anspruch müssen jedoch nicht aus dem selben

103

---

[209] Hopt/*Leyens* § 366 Rn. 5; *Prütting/Weller* Rn. 899.
[210] S. *K. Schmidt* § 23 Rn. 37 ff.; ebenso *Hübner* Rn. 550; ablehnend jedoch *Fischinger* Rn. 661; Oetker/*Maultzsch* § 366 Rn. 30.
[211] So auch *Bayer/Lieder* Rn. 290 a. E.
[212] S. Oetker/*Maultzsch* § 366 Rn. 29, m. w. N.
[213] S. *Canaris* § 27 Rn. 16 f.; ebenso *Bayer/Lieder* Rn. 289; *Bülow/Artz* Rn. 441; Ebenroth/Boujong/*Dieckmann* § 366 Rn. 16; *Fischinger* Rn. 661; *Hofmann* S. 190; *Kindler* § 7 Rn. 62; KKD/*Koller* § 366 Rn. 2; Oetker/*Maultzsch* § 366 Rn. 28; *Petersen* Jura 2004, 247 (249 f.) sowie ausführlich *Reinicke* AcP Bd. 189 (1989), 79 ff.
[214] S. *Fischinger* Rn. 677; Oetker/*Maultzsch* § 369 Rn. 2; *K. Schmidt* § 22 Rn. 52; MK-HGB/*Welter* § 369 Rn. 3.

rechtlichen Verhältnis stammen. Auf der Rechtsfolgenebene sind zwei Besonderheiten hervorzuheben: Erstens besteht das kaufmännische Zurückbehaltungsrecht anders als bei § 273 BGB nur hinsichtlich der in § 369 Abs. 1 HGB genannten Gegenstände (bewegliche Sachen und Wertpapiere). Zweitens ist mit dem kaufmännischen Zurückbehaltungsrecht ein Befriedigungsrecht verbunden (§ 371 Abs. 1 HGB), das den pfandrechtlichen Vorschriften angenähert ist und diesem sachenrechtsähnliche Züge verleiht.[215]

2. Voraussetzungen

104 Nach § 369 Abs. 1 HGB entsteht das kaufmännische Zurückbehaltungsrecht nur, wenn Gläubiger und Schuldner jeweils Kaufleute sind.[216] Ist der Schuldner lediglich Scheinkaufmann, so hindert dies den Gläubiger nicht an der Ausübung seines Rechts, da der Schuldner für diesen Rechtsschein verantwortlich ist.[217] Die Forderung muss nach § 369 Abs. 1 HGB aus einem beiderseitigen Handelsgeschäft stammen (sog. Unmittelbarkeitserfordernis)[218] und fällig sein.[219] Nur an beweglichen Sachen und Wertpapieren kann das kaufmännische Zurückbehaltungsrecht ausgeübt werden. Sie müssen sich im Besitz des Gläubigers befinden, wobei dessen Erlangung seinen Grund in einem Handelsgeschäft haben und dem Willen des Schuldners entsprechen muss.[220] Die Erlangung des Mitbesitzes i. S. des § 1206 BGB genügt.[221] Mittelbarer Besitz kann ebenfalls ausreichen, solange ein Dritter Besitzmittler ist; analog § 1205 Abs. 2 BGB verlangt die h. M. in diesem Fall jedoch eine Anzeige.[222] Schließlich muss der Schuldner Eigentümer der Sachen oder Wertpapiere sein. Ein „gutgläubiger Erwerb" des Zurückbehaltungsrechts ist nicht möglich.[223]

---

[215] *Canaris* § 28 Rn. 2; *K. Schmidt* § 22 Rn. 43; s. auch Oetker/*Maultzsch* § 369 Rn. 4.
[216] Weitergehend *K. Schmidt* § 22 Rn. 45.
[217] So für die h. L. *Canaris* § 28 Rn. 3; *Fischinger* Rn. 678; Schlegelberger/*Hefermehl* § 366 Rn. 13; Heymann/*Horn* § 369 Rn. 7; Hopt/*Leyens* § 369 Rn. 3; Oetker/*Maultzsch* § 369 Rn. 6; MK-HGB/*Welter* § 369 Rn. 16.
[218] Problematisch ist die Einhaltung des Unmittelbarkeitserfordernisses, wenn der Gläubiger die Forderung durch Zession oder Erbfolge erworben hat. Die h. L. befürwortet für diese Fälle eine teleologische Reduktion des Unmittelbarkeitserfordernisses; s. *Canaris* § 28 Rn. 15; Ebenroth/Boujong/*Dieckmann* § 369 Rn. 9; Heymann/*Horn* § 369 Rn. 11 ff.; MK-HGB/*Welter* § 369 Rn. 22 ff.
[219] Ausnahme: § 370 HGB.
[220] Statt aller *Bayer/Lieder* Rn. 316; *Canaris* § 28 Rn. 7 f.; *Fischinger* Rn. 686 f.; Schlegelberger/*Hefermehl* § 369 Rn. 37, 40; Oetker/*Maultzsch* § 369 Rn. 28 f.
[221] So auch BGH 1.4.1963, WM 1963, 560 (561); *Canaris* § 28 Rn. 6; Ebenroth/Boujong/*Dieckmann* § 369 Rn. 23; *Fischinger* Rn. 686; Schlegelberger/*Hefermehl* § 369 Rn. 35; Heymann/*Horn* § 369 Rn. 20; MK-HGB/*Welter* § 369 Rn. 49.
[222] So KKD/*Koller* §§ 369–372 Rn. 2; Oetker/*Maultzsch* § 369 Rn. 24; MK-HGB/*Welter* § 369 Rn. 49; a. A. Ebenroth/Boujong/*Dieckmann* § 369 Rn. 23; Heymann/*Horn* § 369 Rn. 20.
[223] RG 29.5.1908, RGZ 69, 13 (17); *Bayer/Lieder* Rn. 315; *Bülow/Artz* Rn. 400; *Canaris* § 28 Rn. 10; Ebenroth/Boujong/*Dieckmann* § 369 Rn. 21; Schlegelberger/*Hefermehl* § 369 Rn. 29; Heymann/*Horn* § 369 Rn. 24; KKD/*Koller* §§ 369–372 Rn. 3; Oetker/*Maultzsch* § 369 Rn. 32.

D. Sachenrechtliche Ergänzungen 231

3. Rechtsfolgen

a) Allgemeines

Das Zurückbehaltungsrecht begründet eine Einrede, die der Gläubiger in einem 105 Prozess geltend machen kann, in dem der Schuldner von ihm die in § 369 Abs. 1 HGB genannten Gegenstände herausverlangt.[224] Die berechtigte Geltendmachung führt zur Verurteilung des Gläubigers zur Leistung Zug um Zug (§ 274 BGB analog).[225] Zugleich begründet die Ausübung des Zurückbehaltungsrechts für den Gläubiger ein Recht zum Besitz i. S. des § 986 Abs. 1 BGB.[226]

Besonderen Schutz genießt das kaufmännische Zurückbehaltungsrecht gegenüber Dritten: Einwendungen gegenüber einem Herausgabeanspruch des Schuldners können auch dem Dritten entgegengehalten werden (§ 369 Abs. 2 HGB); es ist zudem ein „sonstiges Recht" i. S. des § 823 Abs. 1 BGB[227] und gewährt in der Insolvenz ein Absonderungsrecht (§ 51 Nr. 3 InsO). Anders als das Pfandrecht begründet es jedoch keinen dinglichen Herausgabeanspruch; § 1007 BGB mildert dieses Defizit jedoch ab.[228] 106

b) Befriedigungsrecht des Gläubigers

Der dingliche Charakter des kaufmännischen Zurückbehaltungsrechts zeigt sich in 107 dem Befriedigungsrecht, das § 371 HGB hinsichtlich der zurückbehaltenen beweglichen Sachen oder Wertpapiere begründet. Das Recht des Gläubigers zur Befriedigung aus den Gegenständen ist zwar an das Pfandrecht angelehnt (§ 371 Abs. 2 HGB), weicht aber für die Verwertung von den hierfür geltenden Bestimmungen ab. Stattdessen gilt eine für das Hypothekenrecht (s. § 1147 BGB) charakteristische Regelung: Außerhalb der Zwangsvollstreckung ist der Gläubiger erst zur Befriedigung berechtigt, wenn er im Besitz eines hierauf gerichteten vollstreckbaren Titels ist. Der Gläubiger muss den Schuldner deshalb auf Gestattung der Befriedigung verklagen (§ 371 Abs. 3 Satz 1, Abs. 4 HGB).

---

[224] *Bülow/Artz* Rn. 402; *Canaris* § 28 Rn. 22; Ebenroth/Boujong/*Dieckmann* § 369 Rn. 27; *Fischinger* Rn. 691; Heymann/*Horn* § 369 Rn. 30; KKD/*Koller* §§ 369–372 Rn. 7; Oetker/*Maultzsch* § 369 Rn. 50; MK-HGB/*Welter* § 369 Rn. 65.
[225] *Canaris* § 28 Rn. 22; *Fischinger* Rn. 691; Schlegelberger/*Hefermehl* § 369 Rn. 50; HK-HGB/*Ruß* § 369 Rn. 12; MK-HGB/*Welter* § 369 Rn. 66.
[226] BGH 14.7.1995, NJW 1995, 2627; *Canaris* § 28 Rn. 23; *Fischinger* Rn. 691; KKD/*Koller* §§ 369–372 Rn. 7.
[227] *Canaris* § 28 Rn. 31; Ebenroth/Boujong/*Dieckmann* § 369 Rn. 27; *Fischinger* Rn. 691; Oetker/*Maultzsch* § 369 Rn. 56; *K. Schmidt* § 22 Rn. 78; MK-HGB/*Welter* § 369 Rn. 72.
[228] *Canaris* § 28 Rn. 32; Oetker/*Maultzsch* § 369 Rn. 55; MK-HGB/*Welter* § 369 Rn. 72.

c) Forderungsabtretung

108 Trotz der in § 371 Abs. 2 HGB für die Befriedigung gewählten Anlehnung an das Pfandrecht fehlt im Handelsgesetzbuch eine ausdrückliche Regelung, die den Fortbestand des Zurückbehaltungsrechts anordnet, wenn die hierdurch abgesicherte Forderung an einen Dritten abgetreten wird. Ausgehend von der Regelung im Pfandrecht (§§ 401, 1250 BGB) liegt es nahe, die dortigen Bestimmungen zumindest in den Fällen analog anzuwenden, in denen der Zedent die Einrede bereits geltend gemacht hat.[229] Die herrschende Lehre lässt dies nicht ausreichen und verlangt zusätzlich die Übergabe der betreffenden Sache, damit sich der Neugläubiger auf ein kaufmännisches Zurückbehaltungsrecht stützen kann.[230]

---

[229] So *Canaris* § 28 Rn. 33; generell ablehnend KKD/*Koller* §§ 369–372 Rn. 4.
[230] S. Ebenroth/Boujong/*Dieckmann* § 369 Rn. 40; Schlegelberger/*Hefermehl* § 369 Rn. 67; Oetker/*Maultzsch* § 369 Rn. 42 f.; wohl auch *K. Schmidt* § 22 Rn. 54.

§ 8 Der Handelskauf

Schrifttum zur Ausbildung: *Emmerich,* Der Handelskauf, JuS 1997, S. 98 ff.; *Fleischer/Wedemann* S. 220 ff.; *v. Hoyningen-Huene,* Der Handelskauf, Jura 1982, S. 8 ff.; *Hüffer,* Rechtsfragen des Handelskaufs, JA 1981, S. 70 ff., 143 ff.; *Tonikidis,* Das Zusammentreffen von Verbrauchsgüterkauf (§ 474 I BGB) und Handelskauf (§§ 373 ff. HGB), Jura 2018, S. 536 ff.; *Zimmermann,* Der Verbrauchsgüterhandelskauf, JuS 2018, S. 842 ff. **Zur Falllösung:** *Martinek/Bergmann* Fall 22. **Zur Vertiefung:** *Grunewald* Kaufrecht, 2006; *Huber,* Wandlungen im Recht des Handelskaufs, ZHR Bd. 161 (1997), S. 160 ff.; *Oetker,* Der Handelskauf als Verbrauchsgüterkauf – ein Wertungskonflikt zwischen zwei Sonderprivatrechten, Festschrift für Martinek, 2020, S. 555 ff. Speziell zur Haftung des Verkäufers bei Mängeln s. unten § 8 Rn. 28 ff.

A. Allgemeines

Die Vorschriften des Vierten Buchs über einzelne Handelsgeschäfte beginnen in Anlehnung an die Systematik des Besonderen Schuldrechts mit dem Handelskauf, den die §§ 373 bis 381 HGB aber nicht abschließend und in sich geschlossen ausgestalten. Vielmehr beschränkt sich das Handelsgesetzbuch auf einige zentrale Abweichungen und Ergänzungen zu den Vorschriften des Bürgerlichen Gesetzbuchs, die ansonsten wegen Art. 2 Abs. 1 EGHGB auch für den Handelskauf gelten würden. Deshalb lassen sich die rechtlichen Probleme des Handelskaufs stets nur durch einen gemeinsamen Blick auf die §§ 373 bis 381 HGB und die §§ 433 ff. BGB bewältigen. Dabei beginnt die Beantwortung der beim Handelskauf auftretenden Rechtsfragen regelmäßig mit den bürgerlich-rechtlichen Bestimmungen. Erst in einem zweiten Schritt ist zu prüfen, ob die speziellen handelsrechtlichen Vorschriften zu abweichenden Antworten führen, weil diese das ansonsten eingreifende bürgerlich-rechtliche Gesetz verdrängen. Ergänzend gelangen beim Handelskauf zudem die allgemeinen Regelungen für Handelsgeschäfte (§§ 343 bis 372 HGB) sowie – wegen Art. 2 Abs. 1 EGHGB – subsidiär die Vorschriften des Allgemeinen Schuldrechts zur Anwendung.

1

2   Die Abweichungen von den bürgerlich-rechtlichen Bestimmungen, die die §§ 373 bis 381 HGB für den Handelskauf anordnen,[1] betreffen vor allem:

- das allgemeine Recht der Pflichtverletzungen durch Bestimmungen zum Annahmeverzug (§§ 373, 374 HGB) sowie zu den Rechtsfolgen einer verspäteten Leistung beim relativen Fixgeschäft (§ 376 HGB);
- den Vertragsinhalt durch ein besonderes Bestimmungsrecht für den Käufer (§ 375 HGB) und eine Regelung zum Taragewicht (§ 380 HGB);
- die Haftung des Verkäufers für Mängel durch spezielle Untersuchungs- und Rügeobliegenheiten für den Käufer (§ 377 HGB).

3   Die Überschrift des Zweiten Abschnitts des Vierten Buchs („Handelskauf") darf nicht zu dem Missverständnis verleiten, dass ein Handelskauf nur vorliegt, wenn beide Vertragsparteien Kaufleute sind und der abgeschlossene Kaufvertrag für sie jeweils ein Handelsgeschäft darstellt. Entsprechend der Grundregel in § 345 HGB liegt ein Handelskauf bereits vor, wenn der Kaufvertrag für *eine* Vertragspartei (z. B. Verkäufer) ein Handelsgeschäft (§§ 343 f. HGB) ist.[2] Dadurch unterliegen die meisten Kaufverträge des täglichen Lebens den Sonderbestimmungen über den Handelskauf. Das gilt allerdings nicht für die Haftung des Verkäufers bei Mängeln der Ware; die besonderen Obliegenheiten, die § 377 Abs. 1 HGB insoweit dem Käufer auferlegt, treffen diesen nach dem ausdrücklichen Wortlaut der Vorschrift nur, wenn der Vertrag für *beide* Vertragsparteien ein Handelsgeschäft ist.

4   Die parallele Anwendung der bürgerlich-rechtlichen Bestimmungen zum Kaufvertrag kann zu Friktionen führen, wenn der Vertragspartner des Kaufmanns (= Verkäufers) Verbraucher im Sinne des § 13 BGB ist, sodass der Handelskauf in diesem Fall zugleich ein *Verbrauchsgüterkauf* ist.[3] In Betracht kommt dies, wenn dem Käufer eine Widerlegung der Vermutung in § 344 Abs. 1 HGB wegen fehlender Erkennbarkeit des privaten Charakters des Geschäfts gegenüber dem Verkäufer[4] nicht gelingt oder in den *„dual-use"*-Sachverhalten der gewerbliche Zweck von untergeordneter Bedeutung ist.[5] Beim *einseitigen* Handelskauf ist die Anwendung der Vorschriften zum Handelskauf wegen fehlender Kollision mit zwingendem Verbraucherschutzrecht unproblematisch, sodass für eine teleologische Reduktion der §§ 373 ff. HGB[6] die methodische Grundlage fehlt und zur parallelen Anwendung der Normen führt.[7] Anders ist dies beim *beiderseitigen* Handelskauf, da die Unter-

---

[1] Beim internationalen Handelskauf sind die Sonderregeln des UN-Kaufrechts zu beachten, die in dem CISG niedergelegt sind; dazu zum Einstieg s. *Daun* JuS 1997, 811 ff. sowie *Piltz* NJW 2019, 2516 ff.
[2] Näher zu den Voraussetzungen eines Handelsgeschäfts oben § 7 Rn. 7 ff.
[3] Zu den Voraussetzungen eines Verbrauchsgüterkaufvertrages z. B. *Looschelders* BT § 14 Rn. 2 ff.; *Oetker/Maultsch* § 2 Rn. 580 ff.
[4] S. oben § 7 Rn. 16.
[5] Näher z. B. Oetker/*Koch* Vor §§ 373–381 Rn. 99 ff.; *Tonikidis* Jura 2018, 556 (557 ff.).
[6] Hierfür MK-HGB/*Grunewald* Vor § 373 Rn. 21; i. E. auch *Zimmermann* JuS 2018, 842 (847).
[7] So auch die herrschende Lehre; s. Oetker/*R. Koch* Vor §§ 373–381 Rn. 6; Staub/*Koller* Vor § 373 Rn. 5; Hopt/*Leyens* Einl. Vor § 373 Rn. 10 sowie *Tonikidis* Jura 2018, 556 (556 f.), m. w. N.

suchungs- und Rügeobliegenheit zu Lasten des Käufers in § 377 HGB und die ggf. eingreifenden Rechtsfolge eines Anspruchsausschlusses[8] nicht mit den Schutzbestimmungen zugunsten des Käufers in den §§ 474 ff. BGB harmonieren. Um eine hieraus resultierende Normkollision abzuwenden, bietet sich neben einer restriktiven Auslegung der Vermutung in § 344 Abs. 1 HGB[9] eine einschränkende Auslegung des § 377 HGB[10] an, aufgrund der die Sachverhalte eines Verbrauchsgüterkaufs aus dem Anwendungsbereich der Norm ausgeklammert werden.[11]

B. Sonderbestimmungen zum Verzug der Vertragsparteien

I. Annahmeverzug des Käufers (§§ 373, 374 HGB)

1. Überblick

Für den Annahmeverzug des Käufers gelten auch bei dem Handelskauf grundsätzlich die Vorschriften des Bürgerlichen Gesetzbuchs; § 374 HGB stellt dies ausdrücklich klar. Deshalb gerät der Käufer auch beim Handelskauf mit der Nichtabnahme der Ware nicht nur in Annahmeverzug, sondern zugleich in einen Schuldnerverzug, da ihn § 433 Abs. 2 BGB zur Abnahme des Kaufgegenstands verpflichtet.[12] Bezüglich Tatbestand und Rechtsfolgen des Schuldnerverzugs trifft das Handelsgesetzbuch keine Sonderbestimmungen, sodass bei diesem die bürgerlich-rechtlichen Vorschriften uneingeschränkt zur Anwendung gelangen.[13]

Die Sonderbestimmungen des Handelsrechts zum Annahmeverzug betreffen nicht dessen Voraussetzungen (§§ 293 bis 299 BGB),[14] sondern ausschließlich die Rechte des Schuldners (= Verkäufers), die § 373 HGB im Vergleich zu den bürgerlich-rechtlichen Vorschriften zu seinen Gunsten verbessert. Das gilt zwar nicht für die allgemeinen Rechtsfolgen nach den §§ 300 bis 304 BGB, wohl aber für die dem Schuldner nach den bürgerlich-rechtlichen Vorschriften eröffnete Möglichkeit zur Hinterlegung (§ 372 BGB) oder Versteigerung (§§ 383 bis 386 BGB), wenn sich der Gläubiger (= Käufer) im Annahmeverzug befindet. Allerdings ist der Verkäufer nicht verpflichtet, die Privilegierungen des Handelsrechts in Anspruch zu nehmen. Ihm bleibt es unbenommen, die Hinterlegung nach den allgemeinen Vor-

---

[8] Dazu unten § 8 Rn. 52 ff.
[9] Hierfür z. B. Oetker/*R. Koch* Vor §§ 373–381 Rn. 10, 11.
[10] So i. E. *Deckenbrock/Özman/Sossna* JuS 2022, 487 (488 f.); *Tonikidis* Jura 2018, 556 (559 f.); ausführlich *Oetker* Festschrift für Martinek, 2020, S. 555 (563 ff.); a. A. BeckOGK/*Höpfner* § 377 HGB Rn. 14; *Zimmermann* JuS 2018, 842 (847).
[11] S. auch unten § 8 Rn. 32.
[12] Dazu näher z. B. *Oetker/Maultzsch* § 2 Rn. 478 ff.
[13] Statt aller *Bayer/Lieder* Rn. 326.
[14] Zu diesen stellvertretend *Larenz* I, § 25 I, S. 388 ff.; *Looschelders* AT § 36 Rn. 3 ff.; aus dem Schrifttum zur Ausbildung: *Schwerdtner* Jura 1988, 419 ff.; *Wertheimer* JuS 1993, 646 ff.

schriften in den §§ 372 ff. BGB zu betreiben, muss hierbei jedoch die dort normierten tatbestandlichen Einschränkungen, insbesondere im Hinblick auf den hinterlegungsfähigen Gegenstand (s. § 372 Satz 1 BGB) in Kauf nehmen.

2. Hinterlegung der geschuldeten Ware

a) Voraussetzungen

7 In tatbestandlicher Hinsicht weicht die handelsrechtliche Vorschrift in mehreren Punkten von den bürgerlich-rechtlichen Bestimmungen zur Hinterlegung ab. Das betrifft vor allem den hinterlegungsfähigen Gegenstand, da § 372 Satz 1 BGB die Hinterlegung nur für bestimmte Sachen ermöglicht (Geld, Wertpapiere, sonstige Urkunden, Kostbarkeiten). Für den Handelskauf gestattet § 373 Abs. 1 HGB demgegenüber die Hinterlegung jeder „Ware". Hinterlegungsfähig sind deshalb Waren aller Art, die Gegenstand eines Handelskaufs sein können, wobei aus dem Regelungszusammenhang der Vorschrift folgt, dass die Hinterlegung nur für vom Verkäufer geschuldete bewegliche Sachen in Betracht kommt.[15]

8 Ferner beschränkt § 374 Abs. 1 1. Halbsatz BGB die Hinterlegung in örtlicher Hinsicht, da diese nur bei der „Hinterlegungsstelle"[16] des Leistungsorts[17] erfolgen kann; § 373 Abs. 1 HGB eröffnet dem Schuldner demgegenüber die weitergehende Möglichkeit, die Ware in einem öffentlichen Lagerhaus oder in sonstiger sicherer Weise zu hinterlegen.[18] Zudem muss dies nicht am Ort des Gläubigers, sondern kann auch an dem des Schuldners geschehen.[19] Ergänzend greift die allgemeine Regelung des § 374 Abs. 2 Satz 1 BGB ein, die den Schuldner verpflichtet, dem Gläubiger die Hinterlegung unverzüglich anzuzeigen.[20]

9 Kontrovers wird der *Haftungsmaßstab* diskutiert, wenn der Schuldner seine Pflicht zur „sicheren" Hinterlegung verletzt hat. Insoweit könnte wegen des Annahmeverzugs des Gläubigers eine Privilegierung des Verkäufers durch § 300 Abs. 1 BGB (Haftungsbeschränkung auf Vorsatz und grobe Fahrlässigkeit) in Betracht kommen. Während vereinzelt auch hinsichtlich der Pflicht zur sicheren Hinterle-

---

[15] Ebenso MK-HGB/*Grunewald* vor § 373 Rn. 3; *K. Schmidt* § 29 Rn. 9 sowie allg. Ebenroth/Boujong/*Achilles* vor § 373 Rn. 3 f.; Oetker/*R. Koch* vor §§ 373, 374 Rn. 30 ff.; s. jedoch auch die Ausdehnung auf Wertpapiere durch § 381 Abs. 1 HGB.

[16] § 1 Abs. 2 HinterlO überträgt diese Aufgabe den Amtsgerichten, bei denen nach den Hinterlegungsgesetzen der Bundesländer grundsätzlich die Rechtspfleger diese Aufgabe wahrnehmen.

[17] Dieser bestimmt sich danach, ob eine Hol-, Schick- oder Bringschuld vorliegt; dazu z. B. *Looschelders* AT § 12 Rn. 14 ff.

[18] Der Verkäufer kann die Ware auch in eigener Obhut behalten. In diesem Fall greift jedoch nicht § 373 HGB ein; Aufwendungen kann der Verkäufer aber nach § 304 BGB ersetzt verlangen. Zum Vorstehenden BGH 14.2.1996, NJW 1996, 1464 (1465).

[19] RG 2.3.1900, RGZ 45, 300 (302); Hopt/*Leyens* § 373 Rn. 8. Bedeutsam ist diese Möglichkeit bei Bringschulden, da sich bei diesen der Leistungsort am Ort des Gläubigers befindet.

[20] Ebenso Schlegelberger/*Hefermehl* § 373 Rn. 18; Oetker/*R. Koch* §§ 373, 374 Rn. 70; Staub/*Koller* § 374 Rn. 32; Hopt/*Leyens* § 373 Rn. 8; HK-HGB/*Stuhlfelner* §§ 373, 374 Rn. 3.

gung § 300 Abs. 1 BGB für anwendbar erachtet wird,[21] zieht die vorherrschende Ansicht ausschließlich die allgemeine Regelung des § 276 BGB heran,[22] wobei hinsichtlich des Sorgfaltsmaßstabs ergänzend der auf den Handelsverkehr zugeschnittene § 347 Abs. 1 HGB[23] zur Anwendung gelangt.[24] Hierfür spricht, dass sich der Zweck der Haftungsprivilegierung in § 300 Abs. 1 BGB auf die durch den Annahmeverzug eintretende Verlängerung der Leistungspflicht bezieht und dieser bei einer Verletzung der Pflicht zur „sicheren" Hinterlegung nicht einschlägig ist.

Die *Kosten* der Hinterlegung fallen nach § 373 Abs. 1 HGB stets dem Gläubiger (= Käufer) zur Last (ebenso § 381 BGB), jedoch muss der Schuldner (= Verkäufer) bei deren Verursachung auf die berechtigten Belange des Gläubigers Rücksicht nehmen. Das ergibt sich letztlich aus § 670 BGB, der einen allgemeinen Rechtsgedanken verkörpert und es dem Verkäufer verwehrt, zu Lasten des Käufers Kosten zu verursachen, die nach den Umständen des konkreten Falls nicht erforderlich sind.[25]

10

Der in § 373 Abs. 1 HGB angeordnete *Gefahrübergang* hat regelmäßig keine eigenständige Bedeutung. Bezüglich der Leistungsgefahr ergibt sich dieser bereits aus den allgemeinen Vorschriften in den §§ 275, 300 Abs. 2 BGB. Entsprechendes gilt hinsichtlich der Gegenleistungsgefahr, da § 446 Satz 3 BGB den Annahmeverzug der Übergabe gleichstellt und mit dieser nach § 446 Satz 1 BGB die Gefahr auf den Käufer übergeht.

11

b) Rechtsfolgen der Hinterlegung

Keine ausdrückliche Regelung trifft das Handelsgesetzbuch zu den Rechtsfolgen der Hinterlegung. Insbesondere fehlt eine mit § 378 BGB vergleichbare Vorschrift, die die Hinterlegung der Erfüllung gleichstellt. Diese Lücke kann weder über Art. 2 Abs. 1 EGHGB noch durch eine entsprechende Anwendung von § 378 BGB geschlossen werden, sodass die Hinterlegung nach § 373 Abs. 1 HGB nicht die Erfüllung des Lieferanspruchs des Käufers bewirkt.[26] Zum Teil wird dieses Defizit jedoch durch § 373 Abs. 2 bis 4 HGB ausgeglichen, der dem Schuldner erweiterte Befug-

12

---

[21] So MK-HGB/*Grunewald* §§ 373, 374 Rn. 17; Staub/*Koller* § 374 Rn. 30; KKD//*Roth/Huber* §§ 373, 374 Rn. 7.
[22] RG 29.11.1920, JW 1921, 394 (394); Ebenroth/Boujong/*Achilles* § 373 Rn. 11; *Brox/Henssler* Rn. 387; Heymann/*Emmerich/Hoffmann* §§ 373, 374 Rn. 7; Schlegelberger/*Hefermehl* § 373 Rn. 18; Hopt/*Leyens* § 373 Rn. 8; RvWH/*Wagner* §§ 373, 374 Rn. 9 f.; ebenso für den Regelfall Oetker/*R. Koch* §§ 373, 374 Rn. 67.
[23] Zu diesem oben § 7 Rn. 68.
[24] Schlegelberger/*Hefermehl* § 373 Rn. 18; ebenso Ebenroth/Boujong/*Achilles* § 373 Rn. 11; Hopt/*Leyens* § 373 Rn. 8; KKD/*Roth/Huber* §§ 373, 374 Rn. 7.
[25] Staub/*Koller* § 374 Rn. 31; i. E. auch Ebenroth/Boujong/*Achilles* § 373 Rn. 13; s. aber auch Oetker/*R. Koch* §§ 373, 374 Rn. 69; ebenso zu § 304 BGB z. B. MK-BGB/*Ernst* § 304 Rn. 1.
[26] Ebenroth/Boujong/*Achilles* § 373 Rn. 15; *Bayer/Lieder* Rn. 309; *Brox/Henssler* Rn. 388; *Canaris* § 29 Rn. 8; Heymann/*Emmerich/Hoffmann* §§ 373, 374 Rn. 9; MK-HGB/*Grunewald* §§ 373, 374 Rn. 19; Schlegelberger/*Hefermehl* § 373 Rn. 16; Oetker/*R. Koch* §§ 373, 374 Rn. 71; Staub/*Koller* § 374 Rn. 32; KKD/*Roth/Huber* § 373 Rn. 7.

nisse zur Versteigerung (sog. Selbsthilfeverkauf) einräumt.[27] Auch bei einem Handelskauf entfaltet die Hinterlegung somit nur dann erfüllende Wirkung, wenn der Verkäufer das Prozedere der allgemeinen Vorschriften (§§ 372 ff. BGB) wählt. Wegen des eingeschränkten Umfangs der danach hinterlegungsfähigen Gegenstände (s. § 372 Satz 1 BGB) kommt dieser Weg jedoch nur in Ausnahmefällen in Betracht.

3. Versteigerung der geschuldeten Ware

13 Die bürgerlich-rechtlichen Vorschriften beschränken die Versteigerung auf hinterlegungsunfähige bewegliche Sachen und verlangen zudem eine öffentliche Versteigerung (durch bestimmte Personen), die grundsätzlich am Leistungsort durchzuführen ist (§ 383 BGB). Hiervon weicht § 373 HGB in drei Punkten zugunsten des Schuldners (= Verkäufers) ab:

14 • Erstens erstreckt sich das Recht zur Versteigerung auf alle „Waren", die nach § 373 Abs. 1 HGB hinterlegt werden können, also alle denkbaren Gegenstände eines Handelskaufs. Anders als nach den bürgerlich-rechtlichen Vorschriften kann der Verkäufer beim Handelskauf mit Eintritt des Annahmeverzugs somit zwischen Hinterlegung und Versteigerung wählen.

15 • Zweitens ist der Schuldner hinsichtlich Ort und Zeitpunkt des Selbsthilfeverkaufs frei. Die Versteigerung kann deshalb selbst dann am Sitz des Schuldners (= Verkäufers) durchgeführt werden, wenn die Leistungshandlung – wie bei der Bringschuld – am Sitz des Gläubigers (= Käufers) vorzunehmen ist.

16 • Drittens erfolgt die Versteigerung für Rechnung des Käufers (§ 373 Abs. 3 HGB). Hieraus folgt, dass das Gesetz den Verkäufer wie einen Beauftragten des Käufers behandelt. Ihn trifft daher nach § 667 BGB die Pflicht zur Herausgabe des Erlöses an den im Annahmeverzug befindlichen Käufer.[28] Gegenüber diesem Anspruch des Käufers kann der Verkäufer nach den §§ 387 ff. BGB mit der noch offenen Kaufpreisforderung aufrechnen.[29] Wegen der Erfüllungswirkung der Aufrechnung (§ 389 BGB) kann der Käufer im Anschluss ausschließlich noch den Teil des Versteigerungserlöses herausverlangen, der die Kaufpreisforderung des Verkäufers übersteigt und deshalb nicht wegen dessen Aufrechnung erloschen ist.[30] Bei einer Aufrechnung durch den Verkäufer ist zudem zu beachten,

---

[27] Dazu sogleich unter § 8 Rn. 12 ff.
[28] Ebenroth/Boujong/*Achilles* § 373 Rn. 45; MK-HGB/*Grunewald* §§ 373, 374 Rn. 29; Schlegelberger/*Hefermehl* § 373 Rn. 40; *Hofmann* S. 197; Oetker/*R. Koch* §§ 373, 374 Rn. 89; Hopt/*Leyens* § 373 Rn. 23; KKD/*Roth*/*Huber* §§ 373, 374 Rn. 14.
[29] RG 27.1.1925, JW 1925, 948 (948); Ebenroth/Boujong/*Achilles* § 373 Rn. 45; Bayer/*Lieder* Rn. 329; *Fischinger* Rn. 707; Schlegelberger/*Hefermehl* § 373 Rn. 40; Oetker/*R. Koch* §§ 373, 374 Rn. 90; Staub/*Koller* § 374 Rn. 55; Hopt/*Leyens* § 373 Rn. 24.
[30] RG 24.9.1920, RGZ 102, 388 (390).

dass er in diese nicht nur seine Kaufpreisforderung einbeziehen kann. Hinzu tritt sein Anspruch auf Ersatz der Aufwendungen (§ 670 BGB)[31] sowie – nach zunehmend befürworteter Ansicht[32] – ggf. ein Provisionsanspruch analog § 354 HGB. Bis zur Aufrechnungserklärung besteht die Kaufpreisforderung jedoch fort; sie erlischt also nicht bereits mit der Auskehrung des Versteigerungserlöses an den Verkäufer.[33] Die Versteigerung bewirkt lediglich, dass der Lieferanspruch des Käufers wegen Erfüllung untergeht.[34]

Hinsichtlich der Notwendigkeit einer vorherigen Androhung der Versteigerung und des Verkaufs „aus freier Hand" stimmen die Vorschriften des Handelsgesetzbuchs weitgehend mit denen des Bürgerlichen Gesetzbuchs überein. 17

II. Nichteinhaltung der Leistungszeit beim relativen Fixgeschäft (§ 376 HGB)

Schrifttum zur Ausbildung: *Leßmann,* Der Fixhandelskauf, JA 1990, S. 143 ff. **Zur Falllösung:** *Hadding/Hennrichs* S. 74 ff. (Fall 12). **Zur Vertiefung:** *Herresthal,* Der Anwendungsbereich der Regelungen über den Fixhandelskauf (§ 376 HGB) unter Berücksichtigung des reformierten Schuldrechts, ZIP 2006, S. 883 ff.; *Müller,* § 376 Abs. 2 HGB – Ausnahmevorschrift oder Leitbild für die „abstrakte" Schadensberechnung?, WM 2013, S. 1 ff.

Das Überschreiten der Leistungszeit führt im Regelfall zum Verzug des Schuldners und unterliegt den §§ 280 f., 286 ff., 323 BGB. Nur wenn die Parteien ausnahmsweise die Leistungszeit zum Bestandteil des Leistungserfolgs erheben, tritt Unmöglichkeit i. S. des § 275 Abs. 1 BGB ein, da der vertraglich geschuldete Leistungserfolg ausschließlich an dem von den Parteien festgelegten Termin eintreten kann (absolutes Fixgeschäft).[35] 18

Eine Zwischenstellung nimmt das relative Fixgeschäft ein. Bei diesem kann der geschuldete Leistungserfolg zwar auch noch zu einem späteren Termin eintreten, 19

---

[31] Für die allg. Ansicht statt aller Ebenroth/Boujong/*Achilles* § 373 Rn. 45; *Brox/Henssler* Rn. 391; Oetker/*R. Koch* §§ 373, 374 Rn. 89; Staub/*Koller* § 374 Rn. 55; *K. Schmidt* § 29 Rn. 11; RvWH/*Wagner* §§ 373, 374 Rn. 22.

[32] So *Schlegelberger/Hefermehl* § 373 Rn. 41; zustimmend Ebenroth/Boujong/*Achilles* § 373 Rn. 46; *Canaris* § 29 Rn. 10; Oetker/*R. Koch* §§ 373, 374 Rn. 91; Hopt/*Leyens* § 373 Rn. 24; ablehnend jedoch die wohl noch h. L., s. GK-HGB/*Achilles* §§ 373, 374 Rn. 17; MK-HGB/*Grunewald* §§ 373, 374 Rn. 29; Staub/*Koller* § 374 Rn. 55 a. E.; offengelassen von BGH 21.11.1983, NJW 1984, 435 (436).

[33] MK-HGB/*Grunewald* §§ 373, 374 Rn. 29; Schlegelberger/*Hefermehl* § 373 Rn. 40; Staub/*Koller* § 374 Rn. 55.

[34] Ebenroth/Boujong/*Achilles* § 373 Rn. 45; *Canaris* § 29 Rn. 11; Heymann/*Emmerich/Hoffmann* §§ 373, 374 Rn. 26; Schlegelberger/*Hefermehl* § 373 Rn. 39; Oetker/*R. Koch* §§ 373, 374 Rn. 89; Staub/*Koller* § 374 Rn. 55; Hopt/*Leyens* § 373 Rn. 24; KKD/*Roth/Huber* § 373 Rn. 14.

[35] S. BGH 28.11.1962, BGHZ 38, 295 (302); 30.11.1972, BGHZ 60, 14 (16); 11.3.1982, BGHZ 83, 197 (200) sowie Staub/*Koller* § 376 Rn. 2; *Larenz* I, § 21 I a, S. 306 ff.; *Looschelders* AT § 21 Rn. 18.

die Leistungszeit ist nach dem Willen der Vertragsparteien aber so wesentlich, dass der Vertrag mit deren Einhaltung stehen oder fallen soll.[36] Bereits die bürgerlich-rechtlichen Vorschriften in § 323 Abs. 2 Nr. 2 und 3 BGB tragen diesem Parteiwillen Rechnung und billigen dem Gläubiger mit Ablauf der Leistungszeit ein Rücktrittsrecht zu, das – abweichend von dem Grundtatbestand in § 323 Abs. 1 BGB – nicht den erfolglosen Ablauf einer vom Gläubiger gesetzten Frist voraussetzt.

20 Von den bürgerlich-rechtlichen Vorschriften, die bei einem relativen Fixgeschäft zur Anwendung gelangen, weicht § 376 HGB im Hinblick auf die Rechtsstellung des Gläubigers, bei dem es sich regelmäßig um den Käufer handelt,[37] vor allem in zwei Punkten ab:

21 Erstens legt § 376 Abs. 1 Satz 1 HGB die Rechte des Gläubigers bei einem Verzug eigenständig fest; dieser kann vom Vertrag zurücktreten oder einen Anspruch auf Schadensersatz geltend machen. Bezüglich des *Rücktrittsrechts* weist § 376 Abs. 1 Satz 1 HGB die Besonderheit auf, dass die allgemeinen Voraussetzungen des § 323 Abs. 1 BGB nicht vorliegen müssen; vielmehr gewährt § 376 Abs. 1 Satz 1 HGB ein eigenständiges Rücktrittsrecht. Hinsichtlich des *Schadensersatzanspruchs* gilt diese Abkopplung von dem Allgemeinen Schuldrecht demgegenüber nur teilweise. Wegen der Bezugnahme in § 376 Abs. 1 Satz 1 HGB auf einen Verzug des Schuldners mit der Leistung müssen für einen Anspruch auf Schadensersatz die Voraussetzungen des § 286 BGB vorliegen. Eine Mahnung durch den Gläubiger ist jedoch regelmäßig nach § 286 Abs. 2 BGB entbehrlich; ferner ist das Verschulden nach § 286 Abs. 4 BGB zu vermuten. Abweichend von § 281 Abs. 1 BGB ist für den Schadensersatzanspruch keine Fristsetzung erforderlich.[38] Schwierigkeiten bereitet die Anwendung der Vorschrift wegen der im Unterschied zu § 375 HGB unterbliebenen Anpassung an die durch das Schuldrechtsmodernisierungsgesetz veränderten Basisbestimmungen des Allgemeinen Schuldrechts. Während der in § 376 Abs. 1 Satz 1 HGB genannte „Schadensersatz wegen Nichterfüllung" aufgrund seiner Deckungsgleichheit mit einem „Schadensersatz statt der Leistung"[39] keinen grundsätzlichen Korrekturbedarf auslöst,[40] stimmt die *Alternativität der Rechtsbehelfe* (Rücktritt oder Schadensersatz wegen Nichterfüllung) in § 376 Abs. 1 Satz 1 HGB nicht mehr mit der Konzeption des § 325 BGB überein, der den Schadensersatzanspruch auch dann bestehen lässt, wenn der Gläubiger den Rücktritt vom Vertrag erklärt hat. Da dies ebenfalls gilt, wenn der Käufer wegen eines Mangels der gelieferten Ware vom Vertrag zurücktritt (s. § 437 Nr. 2 und 3 BGB), ist die Alternativität der Rechts-

---

[36] S. z. B. RG 27.5.1902, RGZ 51, 347 (348).
[37] Angesichts des offenen Wortlauts in § 376 HGB ist dies jedoch nicht zwingend, s. Heymann/*Emmerich/Hoffmann* § 376 Rn. 3.
[38] *Fischinger* Rn. 725.
[39] Für die h. M. MK-BGB/*Ernst* § 281 Rn. 1, m. w. N.
[40] Wie hier Ebenroth/Boujong/*Achilles* § 376 Rn. 34; MK-HGB/*Grunewald* § 376 Rn. 21; *Herresthal* ZIP 2006, 883 (886); *Hübner* Rn. 569; *Kindler* JZ 2006, 176 (186); Oetker/*R. Koch* § 376 Rn. 35; Hopt/*Leyens* § 376 Rn. 11; KKD/*Roth/Huber* § 376 Rn. 9.

behelfe in § 376 Abs. 1 Satz 1 HGB durch die *lex posterior* des § 325 BGB als verdrängt anzusehen.[41]

- Zweitens bleibt der *Erfüllungsanspruch* im Rahmen des § 323 Abs. 1 BGB bis zur Ausübung des Rücktrittsrechts uneingeschränkt bestehen. Demgegenüber verlangt § 376 Abs. 1 Satz 2 HGB eine sofortige Anzeige des Gläubigers, dass er trotz des Überschreitens der Leistungszeit auf der Vertragserfüllung beharrt. Liegt diese vor, dann entfällt der Fixschuldcharakter der Leistung. Der Gläubiger kann sich für die Geltendmachung seiner Rechte fortan ausschließlich auf die §§ 280 f., 286 ff., 323 BGB stützen.[42] Demgegenüber erlischt der Erfüllungsanspruch bei einer gänzlich unterbliebenen oder verspäteten Anzeige, ohne dass die Ausübung des Rücktrittsrechts hinzukommen muss.[43]

22

Die Anwendung der vorgenannten Rechtsfolgen hängt davon ab, ob der Handelskauf die Voraussetzungen eines relativen Fixgeschäfts erfüllt.[44] Maßgebend hierfür ist ausschließlich der Parteiwille, wobei sog. *Fixklauseln* in der vertraglichen Abrede indizieren, dass der Vertrag mit der Einhaltung des Termins „stehen oder fallen" soll.[45] Typische Fixklauseln sind z. B. „fix", „genau", „spätestens" und „Nachlieferung ausgeschlossen". Abladeklauseln (cif[46] oder fob[47]) begründen im Zusammenhang mit einem Abgabetermin im Zweifel ebenfalls ein Fixgeschäft.[48] Darüber hinaus können das Aushandeln eines höheren Preises für pünktliche Lieferung oder andere Hinweise des Käufers, dass der Liefertermin unbedingt einzuhalten ist, den Fixschuldcharakter der Leistung begründen.[49] Da dieser stets aus den Parteiabreden zu entnehmen sein muss, steht es den Vertragsparteien frei, diesen durch nachträgliche Abreden wieder aufzuheben. Allein die Setzung einer Nachfrist reicht hierfür indes nicht aus.[50]

23

---

[41] Ebenso Ebenroth/Boujong/*Achilles* § 376 Rn. 34; *Bayer/Lieder* Rn. 333; *Canaris* Festschrift für Konzen, 2006, S. 43 (44 f.); *Fischinger* Rn. 727; MK-HGB/*Grunewald* § 376 Rn. 27; *Hübner* Rn. 573; *Jung* Kap. 10 Rn. 7; Hopt/*Leyens* § 376 Rn. 11; i. E. auch *Hofmann* S. 198; *Kindler* JZ 2006, 177 (186 f.); *ders.* § 8 Rn. 45 ff.; Oetker/R. *Koch* § 376 Rn. 36; Staub/*Koller* § 376 Rn. 32; KKD/*Roth/Huber* § 376 Rn. 8 a. E.

[42] BGH 27.10.1982, ZIP 1982, 1444 (1446); Ebenroth/Boujong/*Achilles* § 376 Rn. 26; *Herresthal* ZIP 2006, 883 (886); *Kindler* § 8 Rn. 43; Oetker/R. *Koch* § 376 Rn. 26.

[43] Ebenso *Fischinger* Rn. 723; MK-HGB/*Grunewald* § 376 Rn. 28 ff.; *Hofmann* S. 199; *Kindler* § 8 Rn. 42; Staub/*Koller* § 376 Rn. 29.

[44] Auf ein absolutes Fixgeschäft findet § 376 HGB nach allg. Ansicht keine Anwendung; statt aller *Canaris* § 29 Rn. 26; Heymann/*Emmerich/Hoffmann* § 376 Rn. 1; MK-HGB/*Grunewald* § 376 Rn. 11; Oetker/R. *Koch* § 376 Rn. 9; RvWH/*Wagner* § 376 Rn. 7.

[45] Näher MK-HGB/*Grunewald* § 376 Rn. 6 ff.; Staub/*Koller* § 376 Rn. 14 ff.; s. auch *Canaris* Festschrift für Konzen, 2006, S. 43 (48 f.).

[46] Cost, insurance, freight (Kosten, Versicherung und Fracht). Hiernach ist die Ware bis zum Bestimmungshafen zu befördern.

[47] Free on board (= frei an Bord). Hiernach ist die Ware zum Verschiffungshafen zu befördern.

[48] So bereits RG 1.11.1892, RGZ 30, 59 (60).

[49] BGH 27.10.1982, ZIP 1982, 1444 (1445 f.).

[50] BGH 27.10.1982, ZIP 1982, 1444 (1446).

C. Konkretisierung des Vertragsinhalts (§§ 375, 380 HGB)

24 Hinsichtlich des Vertragsinhalts sehen die Bestimmungen über den Handelskauf zwei Besonderheiten vor. Hierzu gehört zunächst § 380 HGB über den Einfluss, den das *Gewicht der Verpackung* auf den Kaufpreis hat, wenn sich dieser nach dem Gewicht der Ware bestimmt. Vorbehaltlich einer abweichenden Preisabrede legt § 380 HGB fest, dass das Gewicht der Verpackung (Taragewicht) bei der Bemessung des Kaufpreises in Abzug zu bringen ist.

25 Schwierige Abgrenzungsfragen löst die Sonderregelung für den Bestimmungs- bzw. *Spezifikationskauf* in § 375 HGB aus. Während die bürgerlich-rechtlichen Vorschriften mit der Wahlschuld (§§ 262, 264 BGB) eine Vertragsgestaltung eröffnen, die dem Käufer ein Wahlrecht hinsichtlich des Kaufgegenstands begründet, erfasst § 375 Abs. 1 HGB die Sonderkonstellation, in der dem Käufer hinsichtlich der von dem Verkäufer geschuldeten Ware ein Bestimmungsrecht i. S. des § 315 BGB hinsichtlich Form, Maß oder ähnlicher Verhältnisse zusteht. Die hierdurch notwendige Abgrenzung zwischen Wahlkauf (§§ 262, 264 BGB) und Spezifikationskauf (§ 375 HGB) ist im Einzelfall schwierig. Die höchstrichterliche Rechtsprechung greift hierfür auf den Warentyp zurück[51] und differenziert wie folgt: Handelt es sich noch um einen einheitlichen Warentyp, dann soll ein Spezifikationskauf vorliegen (z. B. Heizkesseltypen[52]). Wird hingegen diese Grenze überschritten und dem Käufer ein „Bestimmungsrecht" hinsichtlich unterschiedlicher Warentypen eingeräumt, dann liegt ein Wahlkauf vor.

26 Auf der Rechtsfolgenebene nähert § 375 Abs. 2 HGB den Bestimmungskauf teilweise der Wahlschuld an, wenn sich der Käufer mit der Ausübung des Bestimmungsrechts im Verzug befindet. Die Vorschrift geht jedoch über die §§ 262, 264 BGB hinaus, da sie dem Verkäufer nicht nur die Möglichkeit eröffnet, seinerseits die Bestimmung zu treffen. Vielmehr kann er nach § 375 Abs. 2 Satz 1 HGB alternativ auch Schadensersatz statt der Leistung verlangen „oder" vom Vertrag zurücktreten, wobei die Bezugnahme auf die §§ 280, 281 BGB bzw. § 323 BGB im Sinne einer Rechtsgrundverweisung zu verstehen ist.[53] Deshalb kann der Verkäufer die genannten Rechte regelmäßig erst dann geltend machen kann, wenn er dem Käufer eine auf die von diesem vorzunehmende Spezifikation bezogene Frist gesetzt hat und diese verstrichen ist (§ 281 Abs. 1 Satz 1 BGB, § 323 Abs. 1 BGB).[54]

---

[51] BGH 2.2.1960, NJW 1960, 674 (674 f.); 10.12.1975, WM 1976, 124 (124 f.); zur Kritik s. Staub/*Koller* § 375 Rn. 9 ff.; gegen eine Ausgrenzung der Wahlschuld aus dem Anwendungsbereich des § 375 HGB jedoch MK-HGB/*Grunewald* § 375 Rn. 9.
[52] Hierzu BGH 10.12.1975, WM 1976, 124 (124 f.).
[53] Treffend *Canaris* Festschrift für Konzen, 2006, S. 43 (45); *Fischinger* Rn. 716; MK-HGB/*Grunewald* § 375 Rn. 25; *Kindler* § 8 Rn. 33; Hopt/*Leyens* § 375 Rn. 9, 10; RvWH/*Wagner* § 375 Rn. 7.
[54] Für die allg. Ansicht BGH 10.12.1975, WM 1976, 124 (125); Heymann/*Emmerich/Hoffmann* § 375 Rn. 13; Staub/*Koller* § 375 Rn. 32; Hopt/*Leyens* § 375 Rn. 9, 10.

Wie bei § 376 HGB ist auch bei § 375 Abs. 2 HGB die mit dem Wort „oder" an- **27** klingende Alternativität der Rechte (Schadensersatz oder Rücktritt) vor dem Hintergrund von § 325 BGB zweifelhaft geworden. Da das Schuldrechtsmodernisierungsgesetz § 375 Abs. 2 HGB ausdrücklich an die geänderten Rahmenbedingungen des Allgemeinen Schuldrechts angepasst hat, kann indes nicht davon ausgegangen werden, dass hierdurch die in § 325 BGB zum Ausdruck gelangte allgemeine Konzeption durchbrochen werden sollte. Schadensersatz statt der Leistung kann der Verkäufer angesichts des allgemeinen Rechtsgedankens in § 325 BGB deshalb auch dann verlangen, wenn er von dem Vertrag zurückgetreten ist.[55]

D. Rechte des Käufers bei Lieferung mangelhafter Ware (§ 377 HGB)

Angesichts der Umgestaltung des Kaufrechts im Bürgerlichen Gesetzbuch durch das Schuldrechtsmodernisierungsgesetz kann auf das bis zum 01.01.2002 erschienene Schrifttum für die seitdem geltende Rechtslage nur mit Einschränkungen zurückgegriffen werden, da die gesetzliche Neuregelung zu den Rechten des Käufers in den §§ 434 ff. BGB auch auf den Handelskauf ausstrahlt. Mit diesem Vorbehalt aus dem **Schrifttum zur Ausbildung:** *Bredemeyer,* Der Anwendungsbereich von § 377 HGB im Folge- und Begleitschadensbereich, JA 2009, S. 161 ff.; *Brüggemann,* Das System der Gewährleistung nach bürgerlichem Recht und nach Handelsrecht, JA 1977, S. 49 ff., 102 ff., 198 ff., 245 ff.; *Fleischer/Wedemann* S. 225 ff.; *Lettl,* Die Untersuchungs- und Rügepflicht des Käufers nach § 377 HGB, Jura 2006, S. 721 ff.; *Lieder/Hohmann,* Falschlieferung und Quantitätsabweichung beim Handelskauf nach § 377 HGB, Jura 2017, S. 1136 ff.; *Marburger,* Die Sachmängelhaftung beim Handelskauf, JuS 1983, S. 1 ff.; *Petersen,* Die kaufmännische Rügeobliegenheit, Jura 2012, S. 796 ff. **Zur Falllösung:** *Bitter/Linardatos* S. 238 ff. (Fall 25a–29); *Deckenbrock/Özman/Sossna,* Grundfälle zur Rügeobliegenheit beim Handelskauf, JuS 2022, S. 487 ff., 619 ff.; *Ensthaler/Ensthaler* S. 116 ff. (Fall 13); *Fezer* S. 227 ff., 243 ff. (Fall 19–20); *Hadding/Hennrichs* S. 74 ff. (Fall 12–13); *Hopt* S. 204 ff. (Fall 12); *Jung* S. 248 ff. (Fall 4); *Kronke,* Ein (nicht ganz) alltäglicher Handelskauf, Jura 1984, S. 203 ff.; *Lettl* Fälle, S. 125 ff. (Fall 15); *Martinek/Bergmann* Fall 23–24; *Michalski* S. 240 ff.; *Saar/Müller* 9.–10. Klausur; *Schöne* S. 89 ff. (Fall 7); *Schwarz/Ernst,* Die verschweißten Silos, JuS 1991, S. 571 ff.; *Wank* S. 138 ff. (Fall 15–16). **Zur Vertiefung:** *Hohmann,* Die Genehmigungsfiktion nach § 377 HGB bei Falschlieferung und Quantitätsabweichung, 2017; *Koppensteiner,* Rügeversäumnis und Käuferpflichten beim Handelskauf, BB 1971, S. 547 ff.; *K.W. Lange,* Die Untersuchungs- und Rügeobliegenheit beim Streckengeschäft, JZ 2008, S. 661 ff.; *Lehmann,* Die Untersuchungs- und Rügepflicht des Käufers in BGB und HGB, WM 1980, S. 1162 ff.; *Mankowski,* Das Zusammenspiel der Nacherfüllung mit den kaufmännischen Untersuchungs- und Rügeobliegenheiten, NJW 2006, S. 865 ff.; *Müller,* Die Rügeobliegenheit des Kaufmanns, ZIP 1997, S. 661 ff.; *ders.,* Zu den Folgen des Rügeversäumnisses i. S. d. § 377 HGB, ZIP 2002, S. 1178 ff.; *ders.,* Zu den Auswirkungen der Schuldrechtsreform auf die Rügeobliegenheit i. S. d. § 377 HGB, WM 2011, S. 1249 ff.; *ders.,* Das Mysterium der „höherwertigen Leistung", WM 2018, S. 1673 ff.; *Niedrig,* Die Mängelrüge, 1994; *Oetker,* Quantitätsabweichungen beim Handelskauf nach der Schuld-

---

[55] Ebenso *Canaris* Festschrift für Konzen, 2006, S. 43 (44 f.); MK-HGB/*Grunewald* § 375 Rn. 26; *Jung* Kap. 10 Rn. 5; Oetker/*R. Koch* § 376 Rn. 51; *Lettl* § 12 Rn. 39; Hopt/*Leyens* § 375 Rn. 10; KKD/*Roth/Huber* § 375 Rn. 5; i. E. auch Staub/*Koller* § 375 Rn. 35.

rechtsreform, Festschrift für Canaris Bd. II, 2007, S. 313 ff.; *Peters,* Zum Anwendungsbereich des § 377 HGB, JZ 2006, S. 230 ff.; *Schwark,* Auswirkungen einer Verletzung der Rügeobliegenheit des § 377 HGB auf deliktsrechtliche Ansprüche, JZ 1990, S. 374 ff.; *Werner,* Die Quantitätsabweichung beim Handelskauf, BB 1984, S. 221 ff.

I. Allgemeines

28 Für die Rechte des Käufers bei Lieferung einer mangelhaften Ware gelten auch beim Handelskauf grundsätzlich die §§ 434, 437 ff. BGB. Die handelsrechtliche Bestimmung in § 377 HGB baut auf diesen Regelungen auf und ergänzt diese um zusätzliche Obliegenheiten für den Käufer, da die bürgerlich-rechtlichen Vorschriften den Bedürfnissen des Handelsverkehrs nicht ausreichend Rechnung tragen. In diesem ist der Verkäufer in besonderem Maße darauf angewiesen, möglichst bald nach Ablieferung der Ware hinsichtlich der Ordnungsgemäßheit der Vertragsdurchführung Klarheit zu erlangen.[56] Deshalb begründet § 377 Abs. 1 HGB für den Käufer die Obliegenheit zur unverzüglichen Untersuchung und Rüge, wenn die Ware einen Mangel aufweist, und konkretisiert damit letztlich die allgemeine Pflicht zur Rücksichtnahme auf die Interessen des Vertragspartners (§ 241 Abs. 2 BGB).[57]

29 Wegen des systematischen Zusammenhangs der bürgerlich-rechtlichen Vorschriften mit der speziellen handelsrechtlichen Norm in § 377 HGB bestimmen sich die Rechte des Käufers bei Lieferung einer mangelhaften Ware somit zunächst nach den bürgerlich-rechtlichen Regeln (s. § 437 Nr. 1 bis 3 BGB).[58] Die handelsrechtliche Vorschrift ist ausschließlich für die Frage heranzuziehen, ob bei einer Verletzung der Pflicht aus § 433 Abs. 1 Satz 2 BGB Ansprüche und Rechte zugunsten des Käufers bestehen. Insoweit schließt die Genehmigungsfiktion (§ 377 Abs. 2 und 3 HGB) die Geltendmachung eines Mangels aus, obwohl die Voraussetzungen für die allgemeinen Rechte des Käufers wegen der Lieferung einer mangelhaften Ware (§ 437 Nr. 1 bis 3 BGB) bei ausschließlicher Anwendung der bürgerlich-rechtlichen Bestimmungen zu bejahen sind. Der Käufer muss sich aufgrund der Genehmigungsfiktion deshalb so behandeln lassen, als ob er die Ware in Kenntnis des Mangels als vertraglich geschuldete Leistung akzeptiert hat; § 377 Abs. 2 und 3 HGB wirken deshalb vergleichbar mit § 442 Abs. 1 BGB als Ausschlusstatbestand. Das gilt jedoch – in Anknüpfung an den Rechtsgedanken in § 442 Abs. 1 Satz 2 BGB – nicht, wenn der Verkäufer den Mangel arglistig verschwiegen hat (§ 377 Abs. 5 HGB).

---

[56] So statt aller *Deckenbrock/Özman/Sossna* JuS 2022, 487 (487); *K.W. Lange* JZ 2008, 661 (662).
[57] Treffend *Peters* JZ 2006, 230 (231 f.); ebenso im Ansatz BGH 24.2.2016, NJW 2016, 2645 Rn. 21; 6.12.2017, NJW 2018, 1957 Rn. 25; OLG Karlsruhe 19.7.2016, NJW-RR 2017, 177 (179).
[58] Ausführlich dazu z. B. *Looschelders* BT § 4 Rn. 3 ff.; *Medicus/Lorenz* BT § 7 Rn. 3 ff.; *Oetker/Maultzsch* § 2 Rn. 146 ff.

D. Rechte des Käufers bei Lieferung mangelhafter Ware (§ 377 HGB)

II. Anwendungsbereich der Genehmigungsfiktion nach § 377 Abs. 2 und 3 HGB

1. Beiderseitiges Handelsgeschäft

Die Anwendung des aus Sicht des Käufers strengen § 377 HGB setzt ein beiderseitiges Handelsgeschäft voraus, sodass beide Parteien des Kaufvertrags die nach den §§ 1 bis 6 HGB zu bestimmende Kaufmannseigenschaft aufweisen müssen, und der Vertrag für sie jeweils ein Handelsgeschäft ist.[59] Ob es sich hierbei um einen Stück- oder Gattungskauf handelt, ist für die Anwendung des § 377 HGB ohne Bedeutung; die Vorschrift ist in beiden Fällen anzuwenden.[60] Gleichfalls greifen die Obliegenheiten des § 377 HGB ein, wenn der Käufer wegen eines Mangels seinen Anspruch auf Nachlieferung (§ 437 Nr. 1 BGB i. V. mit § 439 BGB) geltend gemacht hat und die erneut gelieferte Sache mit einem Mangel behaftet ist. Auch bezüglich des vom Verkäufer neu gelieferten Gegenstands gelten die Obliegenheiten des § 377 HGB.[61]

30

Hinsichtlich der *Kaufmannseigenschaft* werden auch Kannkaufleute i. S. des § 2 HGB erfasst, wenn sie ihr Optionsrecht zur Eintragung in das Handelsregister ausgeübt haben.[62] Ebenso sind Kaufleute kraft Eintragung (§ 5 HGB) und Scheinkaufleute in den Anwendungsbereich des § 377 HGB einbezogen;[63] bei Handelsgesellschaften gilt § 377 HGB wegen § 6 Abs. 1 HGB stets. Für Personen hingegen, die nicht die Voraussetzungen des handelsrechtlichen Gewerbebegriffs erfüllen (z. B. Freiberufler), gilt § 377 HGB nach vorherrschender Ansicht nicht.[64] Die Kaufmannseigenschaft muss nach h. M. jedoch lediglich im Zeitpunkt des Vertragsschlusses vorliegen,[65] sodass der später eintretende Verlust der Kauf-

31

---

[59] Zu den Voraussetzungen eines Handelsgeschäfts oben § 7 Rn. 7 ff.; zur Sonderproblematik eines Verbrauchsgüterkaufs oben § 8 Rn. 4.

[60] Für die allg. Ansicht Hopt/*Leyens* § 377 Rn. 2; KKD/*Roth/Huber* § 377 Rn. 3.

[61] OLG Düsseldorf 26.11.2004, NJW-RR 2005, 832 (832); ebenso Staudinger/*Bach* (2023) § 439 Rn. 137; BeckOK-BGB/*Faust* § 439 Rn. 63; MK-HGB/*Grunewald* § 377 Rn. 95; NK-HGB/*Stöber* § 377 Rn. 59.

[62] Weitergehend indes *K. Schmidt* § 29 Rn. 45, der Kleingewerbetreibende auch ohne Eintragung im Handelsregister aufgrund eines Analogieschlusses in den Anwendungsbereich des § 377 HGB einbezieht; ablehnend dazu z. B. *Bayer/Lieder* Rn. 337; Deckenbrock/*Özman/Sossna* JuS 2022, 487 (488); *Fischinger* Rn. 729; *Lettl* § 12 Rn. 54. Für einen Rückgriff auf § 242 BGB demgegenüber BGH 2.7.2019, NJW-RR 2019, 1202 Rn. 31 m. w. N.

[63] Für die Einbeziehung der Scheinkaufleute *Bayer/Lieder* Rn. 337; Heymann/*Emmerich/Hoffmann* § 377 Rn. 12; teilweise abweichend jedoch Staub/*Brüggemann* 4. Aufl., § 377 Rn. 17; *Fischinger* Rn. 729; MK-HGB/*Grunewald* § 377 Rn. 10; Oetker/*R. Koch* § 377 Rn. 3, die Scheinkaufleute nur aufseiten des Käufers einbeziehen.

[64] So *Bayer/Lieder* Rn. 337; Staub/*Brüggemann* 4. Aufl., § 377 Rn. 22; *Canaris* § 29 Rn. 46; Heymann/*Emmerich/Hoffmann* § 377 Rn. 12; MK-HGB/*Grunewald* § 377 Rn. 11; *Hübner* Rn. 583; Oetker/*R. Koch* § 377 Rn. 3; *Lettl* Jura 2006, 721 (721); RvWH/*Wagner* § 377 Rn. 8; weitergehend aber Hopt/*Leyens* § 377 Rn. 3; *K. Schmidt* § 29 Rn. 45.

[65] So BGH 9.11.2022, NJW 2023, 1567 Rn. 61; Heymann/*Emmerich/Hoffmann* § 377 Rn. 13; Schlegelberger/*Hefermehl* § 377 Rn. 11; Oetker/*R. Koch* § 377 Rn. 4; RvWH/*Wagner* § 377 Rn. 9.

mannseigenschaft unbeachtlich ist. Die Obliegenheit zur unverzüglichen Untersuchung bzw. Rüge trifft deshalb auch denjenigen, der nach Abschluss des Vertrags, aber vor Ablieferung der Ware seine Kaufmannseigenschaft z. B. wegen einer Löschung aus dem Handelsregister nach § 2 Satz 3 HGB verliert.[66] Selbst wenn § 377 HGB wegen der Beteiligung eines Nichtkaufmanns auf einer Seite des Kaufvertrages nicht anwendbar ist, schließt dies aufgrund besonderer Umstände nicht aus, zu Rechtsfolgen zu gelangen, die denen des § 377 HGB ähneln. Dies kann insbesondere von Treu und Glauben (§ 242 BGB) gefordert sein, wenn die Besonderheiten der Ware oder ein besonderer Zuschnitt des Geschäfts eine rasche Mängelbehandlung gebieten und die Gegenseite auf eine alsbaldige Anzeige etwaiger Mängel vertrauen konnte.[67]

32 Die Frage, ob der Kaufvertrag ein *Handelsgeschäft* ist, beantwortet sich nach § 343 HGB, wobei in Zweifelsfällen die Vermutung des § 344 Abs. 1 HGB eingreift.[68] Angesichts des Gesetzeswortlauts muss diese Voraussetzung für beide Vertragsparteien zu bejahen sein. Deshalb genügt es für die Anwendung des § 377 HGB nicht, wenn beide Vertragsparteien Kaufleute sind, der Abschluss des Kaufvertrags für den Verkäufer oder den Käufer aber entgegen der Vermutung in § 344 Abs. 1 HGB ausnahmsweise kein Handelsgeschäft ist. In Frage gestellt ist die Anwendung des § 377 HGB, wenn der Kaufvertrag zwar für beide Vertragsparteien ein Handelsgeschäft ist, gleichwohl aber der Käufer zugleich als Verbraucher i. S. des § 13 BGB agiert, sodass der Kaufvertrag auch den Bestimmungen zum *Verbrauchsgüterkauf* (§§ 474 ff. BGB) unterliegt.[69] Um in dieser Konstellation einen Wertungswiderspruch zu vermeiden, sprechen gute Gründe für eine einschränkende Auslegung des § 377 HGB, die diesen Sonderfall aus dem Anwendungsbereich der Norm ausklammert.

2. Vorliegen eines „Mangels"

a) Beschränkung auf Sachmängel

33 Die Obliegenheit zur unverzüglichen Untersuchung und Rüge begründet § 377 Abs. 1 HGB nur im Hinblick auf einen „Mangel" der vom Verkäufer gelieferten Ware. Konzeptionell ist die Vorschrift auf Sachmängel zugeschnitten, jedoch scheint der offene Gesetzeswortlaut über diese hinauszugehen und auch Rechtsmängel i. S. des § 435 BGB abzudecken. Hierfür lässt sich anführen, dass die §§ 437 bis 445

---

[66] Heymann/*Emmerich/Hoffmann* § 377 Rn. 13; MK-HGB/*Grunewald* § 377 Rn. 13; Schlegelberger/*Hefermehl* § 377 Rn. 11; Oetker/*R. Koch* § 377 Rn. 4; a. A. Staub/*Brüggemann* 4. Aufl., § 377 Rn. 14.
[67] S. BGH 2.7.2019, NJW-RR 2019, 1202 Rn. 31 m. w. N.
[68] Näher oben § 7 Rn. 7 ff., 16 ff.
[69] Dazu bereits oben § 8 Rn. 4.

D. Rechte des Käufers bei Lieferung mangelhafter Ware (§ 377 HGB)

BGB den Begriff des „Mangels" ebenfalls in einem weiten Sinne verwenden, der sowohl Sach- als auch Rechtsmängel umfasst.[70]

Gleichwohl bedarf der Wortlaut des § 377 HGB einer einschränkenden Auslegung, die den Anwendungsbereich der Norm – vorbehaltlich der durch § 434 Abs. 5 BGB bewirkten Gleichstellung – auf Sachmängel begrenzt. Dies ergibt sich vor allem aus dem konzeptionellen Zusammenhang des § 377 HGB mit § 459 BGB a. F., dessen Anwendungsbereich auf Sachmängel beschränkt war. Dementsprechend begründete § 377 HGB bis zum Inkrafttreten des Schuldrechtsmodernisierungsgesetzes nach allgemeiner Ansicht nur für Sachmängel i. S. des § 459 BGB a. F. eine Obliegenheit zur rechtzeitigen Rüge; Rechtsmängel wurden demgegenüber nicht in den Anwendungsbereich des § 377 HGB einbezogen.[71] An dieser (eingeschränkten) Reichweite des § 377 HGB wollte der Gesetzgeber des Schuldrechtsmodernisierungsgesetzes keine Änderungen vornehmen, sodass unter einem „Mangel" i. S. des § 377 HGB ausschließlich Sachmängel i. S. des § 434 Abs. 1 bis 3 BGB zu verstehen sind,[72] sofern das Gesetz nicht selbst – wie in § 434 Abs. 5 BGB – ausdrücklich die Gleichstellung mit einem Sachmangel anordnet. Weist die dem Käufer gelieferte Ware einen Rechtsmangel i. S. des § 435 BGB auf, dann greifen für diesen ausschließlich die Vorschriften des bürgerlich-rechtlichen Kaufrechts ein.[73]

Da § 377 HGB den „Mangel" i. S. dieser Vorschrift nicht konkretisiert, ist hierfür auf die bürgerlich-rechtlichen Vorschriften zurückzugreifen. Die Genehmigungsfiktion in § 377 Abs. 2 und 3 HGB kann deshalb jedenfalls dann eingreifen, wenn nach § 434 Abs. 2 oder 3 BGB ein „Mangel" vorliegt.[74] Darüber hinaus gilt § 377 HGB auch in denjenigen Sachverhalten, die § 434 Abs. 5 BGB einem Sachmangel gleichstellt,[75] also einer Falschlieferung.[76] Hierdurch ist die im Einzelfall schwierige

---

[70] So *Bayer/Lieder* Rn. 342; *Canaris* Festschrift für Konzen, 2006, S. 43 (51 ff.); *Fischinger* Rn. 735; *Hübner* Rn. 595 f.; Oetker/*R. Koch* § 377 Rn. 23 f.; *Lettl* Jura 2006, 721 (722); *ders.* § 12 Rn. 71; Hopt/*Leyens* § 377 Rn. 12; *Steinbeck* § 35 Rn. 6.

[71] S. OLG Köln 18.9.1998, VersR 1999, 1430 (1430); Staub/*Brüggemann* 4. Aufl., § 377 Rn. 42; Baumbach/Hopt/*Hopt* 30. Aufl. 2000, § 377 Rn. 2; *Walter* Kaufrecht, 1987, § 8 IV 4a cc, S. 383.

[72] Ebenso GK-HGB/*Achilles* § 377 Rn. 11; Ebenroth/Boujong/*Achilles* § 377 Rn. 62; *Brox/Henssler* Rn. 401 ff.; *Deckenbrock/Özman/Sossna* JuS 2022, 487 (490 f.); Heymann/*Emmerich/Hoffmann* § 377 Rn. 35; MK-HGB/*Grunewald* § 377 Rn. 53; *Kindler* § 8 Rn. 35; *Müller* WM 2011, 1249 (1256 f.); KKD/*Roth/Huber* § 377 Rn. 5; *K. Schmidt* § 29 Rn. 63; *Teichmann* Rn. 1085; RvWH/*Wagner* § 377 Rn. 10; a. A. *Canaris* Festschrift für Konzen, 2006, S. 43 (51 ff.); *Fischinger* Rn. 735; *Hübner* Rn. 595 f.; *Jung* Kap. 10 Rn. 8; Oetker/*R. Koch* § 377 Rn. 23 f.; *Lettl* Jura 2006, 721 (722); *ders.* § 12 Rn. 71; Hopt/*Leyens* § 377 Rn. 12; *Steinbeck* § 35 Rn. 6.

[73] Dazu näher *Looschelders* BT § 4 Rn. 3 ff.; *Oetker/Maultzsch* § 2 Rn. 90 ff.

[74] Näher dazu z. B. *Looschelders* BT § 3 Rn. 2 ff.; *Oetker/Maultzsch* § 2 Rn. 50 ff.

[75] Zu § 434 Abs. 3 BGB a. F. z. B. *Looschelders* BT Rn. 67 ff.; *Oetker/Maultzsch* § 2 Rn. 163 ff.

[76] Für die allg. Ansicht OLG Karlsruhe 19.7.2016, NJW-RR 2017, 177 (178 f.); *Brox/Henssler* Rn. 402 f.; Heymann/*Emmerich/Hoffmann* § 377 Rn. 19; MK-HGB/*Grunewald* § 377 Rn. 54 ff.; Oetker/*R. Koch* § 377 Rn. 25 ff.; Hopt/*Leyens* § 377 Rn. 13; KKD/*Roth/Huber* § 377 Rn. 5a; *K. Schmidt* § 29 Rn. 61; HK-HGB/*Stuhlfelner* § 377 Rn. 5, 6.

Abgrenzung zwischen Sachmangel *(peius)* und Falschlieferung *(aliud)* für die Anwendung des § 377 HGB ohne Bedeutung. Die von § 434 Abs. 3 BGB a. F. noch erfasste Minderlieferung ist seit der Neufassung des § 434 BGB bereits in den allgemeinen Mängelbegriff einbezogen, da zu der Beschaffenheit der Sache i. S. von § 434 Abs. 2 Satz 1 Nr. 3, Abs. 3 Satz 1 Nr. 2 BGB auch die „Menge" der Sache zählt (§ 434 Abs. 2 Satz 2, Abs. 3 Satz 2 BGB).[77] Sowohl die Minderlieferung als auch die Mehrlieferung ist danach ein Mangel und nicht lediglich einem solchen gleichgestellt.[78]

b) Falschlieferung und Minderlieferung

36 Wegen der mit dem Schuldrechtsmodernisierungsgesetz in das allgemeine Kaufrecht eingefügten Gleichstellung des *aliuds* und der Zuweniglieferung (s. § 434 Abs. 3 BGB a. F.) mit dem *peius* konnte die früher in § 378 HGB angeordnete Gleichstellung aufgehoben werden.[79] Allerdings werden bei einem Vergleich mit der damaligen Rechtslage zwei Diskrepanzen deutlich:

37 • Erstens ordnet § 434 Abs. 5 BGB die Gleichstellung mit einem Sachmangel ohne Einschränkungen an. Anders als nach § 378 HGB a. F. kommt es im Rahmen des § 434 Abs. 5 BGB nicht darauf an, ob der Verkäufer die Genehmigung des Käufers wegen des Ausmaßes der Abweichung als ausgeschlossen betrachten musste.[80] Für die allgemeinen kaufrechtlichen Vorschriften des Bürgerlichen Gesetzbuchs ist der Verzicht auf die Ausklammerung einer genehmigungsunfähigen Lieferung aus der Gleichstellung überzeugend, da diese die Genehmigung als eigenständigen Ausschlusstatbestand nicht kennen. Mit der dogmatischen Struktur des § 377 HGB stimmt die jetzige Anknüpfung an die allgemeinen bürgerlich-rechtlichen Vorschriften jedoch nicht mehr überein. Deshalb ist zu erwägen, dem Verkäufer die Berufung auf die Genehmigungsfiktion des § 377 Abs. 2 und 3 HGB nach § 242 BGB abzuschneiden, wenn dieser eine Genehmigung des Käufers wegen des Ausmaßes der Abweichung als ausgeschlossen betrachten musste. Die vormals in § 378 HGB a. F. von der Gleichstellung mit einem Sachmangel ausgeklammerten Sachverhalte würden bei diesem Ansatz über § 242 BGB auch weiterhin nicht zur Anwendung der §§ 437 ff. BGB führen. Hiergegen spricht allerdings, dass die Gleichstellung in § 434 Abs. 5 BGB dazu führt, dass sich der ursprüngliche Erfüllungsanspruch bei jeder Falschlieferung in die in § 437 BGB aufgezählten Ansprüche und Rechte umwandelt,[81] während er nach der früheren

---

[77] S. Staudinger/*Bach* (2023) § 434 Rn. 179; *Deckenbrock/Özman/Sossna* JuS 2022, 487 (490); *Looschelders* BT § 3 Rn. 58; MK-BGB/*Maultzsch* § 434 Rn. 21.
[78] Ebenso BeckOK BGB/*Faust* § 434 Rn. 39, 44; a. A. hinsichtlich der Mehrlieferung Staudinger/*Matusche-Beckmann* (2023) § 434 Rn. 48, mittels einer teleologischen Reduktion der Norm; mit Einschränkungen auch MK-BGB/*Maultzsch* § 434 Rn. 24.
[79] Heymann/*Emmerich/Hoffmann* § 377 Rn. 14.
[80] *Looschelders* BT § 3 Rn. 54; *Medicus/Lorenz* BT § 6 Rn. 31; *Oetker/Maultzsch* § 2 Rn. 164 ff.
[81] Dazu näher *Oetker/Maultzsch* § 2 Rn. 147; ebenso *Looschelders* BT § 3 Rn. 52; MK-BGB/*Maultzsch* § 437 Rn. 2.

D. Rechte des Käufers bei Lieferung mangelhafter Ware (§ 377 HGB)

Rechtslage fortbestand.[82] Die pauschale Anwendung des § 242 BGB bei einer genehmigungsunfähigen Falschlieferung würde deshalb bewirken, dass den Vertragsparteien die beiderseitigen Erfüllungsansprüche entzogen werden und damit ein Rechtsverlust eintritt, den das früher maßgebliche Recht nicht kannte. Deshalb kommt die Heranziehung des § 242 BGB auch bei einer genehmigungsunfähigen Falschlieferung nur nach Maßgabe der allgemeinen Voraussetzungen aufgrund der besonderen Umstände des Einzelfalls in Betracht.[83]

- Zweitens fällt bei einem Vergleich mit § 378 HGB a. F. auf, dass dieser den Anwendungsbereich der Gleichstellung weiter als ursprünglich § 434 Abs. 3 BGB a. F. gefasst hatte. § 378 HGB a. F. bezog durch die Formulierung „eine andere als die bedungene Menge" nicht nur die Lieferung einer zu geringen Menge, sondern auch die Zuviellieferung in die Gleichstellung ein. Die allgemeine Gleichstellung in § 434 Abs. 3 BGB a. F. war demgegenüber enger und beschränkt sich auf die Zuweniglieferung.[84] Angesichts der vollständigen Streichung des § 378 HGB durch das Schuldrechtsmodernisierungsgesetz griffen die Genehmigungsfiktionen des § 377 Abs. 2 und 3 HGB sowie die in § 377 Abs. 1 HGB normierten Obliegenheiten wegen der enger formulierten „Basisnorm" in § 434 Abs. 3 BGB a. F. bei einer Zuviellieferung nicht mehr ein.[85] Deshalb hatte der Käufer den zuviel gelieferten Teil ohne Rechtsgrund erlangt und der Verkäufer konnte diesen gem. § 812 Abs. 1 Satz 1 1. Alt. BGB kondizieren.[86] Ein gegenteiliges Ergebnis kam nur in Betracht, wenn hinsichtlich der Zuviellieferung eine ggf. konkludente Vertragsänderung vorlag. Zu erwägen war diese aber allenfalls bei einer offenen, d. h. für den Käufer erkennbaren Mehrlieferung.[87] Die bislang zwischen Minder- und Mehrlieferung differenzierende Problemlösung ist seit der Neufassung des § 434 BGB obsolet, da zu der Beschaffenheit i. S. des § 434 Abs. 2 Satz 1 Nr. 1, Abs. 3 Satz 1 Nr. 2 BGB auch die „Menge" der Sache zählt (s. § 434 Abs. 2 Satz 2, Abs. 3 Satz 2 BGB). Durch die Offenheit des Begriffs

38

---

[82] S. *Oetker* Handelsrecht, 2. Aufl. 1999, § 8 D III 4a, S. 197.

[83] Eine Korrektur durch § 242 BGB ebenfalls befürwortend *Jung* Kap. 10 Rn. 10; *K. Schmidt* § 29 Rn. 71 f.; s. auch MK-HGB/*Grunewald* § 377 Rn. 54; ferner i. E. auch *Müller* WM 2011, 1249 (1251 ff.); *ders.* WM 2018, 1673 (1676); gegen eine Korrektur jedoch z. B. Oetker/*R. Koch* § 377 Rn. 29; *Lieder/Hohmann* Jura 2017, 1136 (1140).

[84] *Oetker/Maultzsch* § 2 Rn. 179 sowie ausführlich *Hohmann* Die Genehmigungsfiktion nach § 377 HGB bei Falschlieferung und Quantitätsabweichung, 2017, S. 80 ff.

[85] GK-HGB/*Achilles* § 377 Rn. 10; *Brox/Henssler* Rn. 404; Heymann/*Emmerich/Hoffmann* § 377 Rn. 32; *Hübner* Rn. 606; Oetker/*R. Koch* § 377 Rn. 32; *Lieder/Hohmann* Jura 2017, 1136 (1144); *Oetker* Festschrift für Canaris Bd. II, 2007, S. 313 (315 f.); *K. Schmidt* § 29 Rn. 61; RvWH/*Wagner* § 377 Rn. 11; s. auch z. T. a. A. MK-HGB/*Grunewald* § 377 Rn. 57; KKD/*Roth/Huber* § 377 Rn. 5.

[86] Ebenso *Bayer/Lieder* Rn. 340; *Brox/Henssler* Rn. 415; Heymann/*Emmerich/Hoffmann* § 377 Rn. 33; MK-HGB/*Grunewald* § 377 Rn. 112; *Hübner* Rn. 600; Oetker/*R. Koch* § 377 Rn. 134; *Oetker* Festschrift für Canaris Bd. II, 2007, S. 313 (322 ff.); *K. Schmidt* § 29 Rn. 120 a. E.; RvWH/*Wagner* § 377 Rn. 11; ferner *Oetker/Maultzsch* § 2 Rn. 179.

[87] S. auch GK-HGB/*Achilles* § 377 Rn. 10; *Bayer/Lieder* Rn. 340; *Brox/Henssler* Rn. 415; Heymann/*Emmerich/Hoffmann* § 377 Rn. 33; *Hübner* Rn. 606; Oetker/*R. Koch* § 377 Rn. 134; *Oetker* Festschrift für Canaris Bd. II, 2007, S. 313 (323 f.).

„Menge" schließt dieser sowohl die Minder- als auch die Mehrlieferung ein.[88] In beiden Fällen liegt somit ein Mangel i. S. des § 377 HGB vor, sodass sich die dortige Genehmigungsfiktion gleichermaßen auf die Minderlieferung wie die Mehrlieferung erstreckt.

III. Obliegenheit des Käufers zur Untersuchung der Ware

1. Systematischer Standort der Obliegenheit

39 Der Eintritt der Genehmigungsfiktion (§ 377 Abs. 2 und 3 HGB) ist ausschließlich an die Voraussetzung geknüpft, dass der Käufer gegen seine Obliegenheit zur unverzüglichen Anzeige (Rüge) verstößt. Die Anzeige eines Mangels ist dem Käufer indes nur möglich, wenn er die Ware zuvor untersucht hat. Das stellt § 377 Abs. 1 HGB ausdrücklich klar und erlegt ihm auf, die Ware unverzüglich zu untersuchen. Da die Untersuchung der Ware keine konstitutive Voraussetzung für die Rechtswirksamkeit einer Rüge ist,[89] hat die Obliegenheit zur Untersuchung ausschließlich für die Frage Bedeutung, ob der Käufer die Rüge unverzüglich erklärt hat.[90] Zeigt der Käufer den Mangel erst nach dessen Auftreten unverzüglich an, dann ist dies im Hinblick auf die Genehmigungsfiktion nur unschädlich, wenn der Mangel auch bei ordnungsgemäßer Untersuchung nicht erkennbar war, also ein versteckter Mangel vorliegt.

40 Mit anderen Worten: § 377 Abs. 1 HGB erlegt dem Käufer im Interesse des Verkäufers die Obliegenheit auf, einen Mangel ohne schuldhaftes Zögern anzuzeigen. Um den Belangen des Käufers Rechnung zu tragen, muss das Gesetz ihm ausreichend Gelegenheit zubilligen, die gelieferte Ware zu untersuchen. Damit der Normzweck des § 377 HGB (Interesse des Verkäufers an Klarheit) nicht leer läuft, hält das Gesetz den Käufer zu raschem Handeln an: Er muss die Ware unverzüglich nach Lieferung untersuchen. Allerdings verlangt das Gesetz von ihm nichts Unzumutbares. War der Mangel bei zumutbaren Untersuchungen nicht feststellbar, dann tritt das Interesse des Verkäufers zurück. In diesem Fall genügt es, wenn der Käufer den Mangel unverzüglich nach dessen Entdeckung dem Verkäufer anzeigt. Dies verdeutlicht, dass § 377 HGB auf einer sehr sorgfältig austarierten Abwägung der Verkäufer- und Käuferinteressen beruht.

---

[88] Ebenso BeckOK BGB/*Faust* § 434 Rn. 39, 44; a. A. Staudinger/*Matusche-Beckmann* (2023) § 434 Rn. 48, die bezüglich § 434 Abs. 2 Satz 2, Abs. 3 Satz 2 BGB für eine teleologische Reduktion auf die Minderlieferung plädiert; mit Einschränkungen auch MK-BGB/*Maultzsch* § 434 Rn. 24, der die Zuviellieferung nur dann in den Mängelbegriff einbezieht, wenn diese den Charakter einer Äquivalenzstörung aufweist.

[89] Für die allg. Ansicht BGH 6.12.2017, NJW 2018, 1957 Rn. 40; OLG Koblenz 24.6.2004, NJW-RR 2004, 1553 (1553); *Deckenbrock/Özman/Sossna* JuS 2022, 619 (620); Heymann/*Emmerich/Hoffmann* § 377 Rn. 45; Schlegelberger/*Hefermehl* § 377 Rn. 53; *Hofmann* S. 203; *Hübner* Rn. 610; Oetker/*R. Koch* § 377 Rn. 33; *K. Schmidt* § 29 Rn. 83.

[90] Treffend Heymann/*Emmerich/Hoffmann* § 377 Rn. 46; MK-HGB/*Grunewald* § 377 Rn. 31; *Jung* Kap. 10 Rn. 8; Oetker/*R. Koch* § 377 Rn. 35; Hopt/*Leyens* § 377 Rn. 20; *K. Schmidt* § 29 Rn. 89.

2. Ablieferung als maßgeblicher Zeitpunkt

In zeitlicher Hinsicht setzt die Obliegenheit zur Untersuchung mit der Ablieferung der Ware ein. Vorher trifft den Käufer diese Obliegenheit nicht.[91] Ob eine Ablieferung vorliegt, ist nach dem Zweck der Norm zu beurteilen. Deshalb ist nicht der Besitz der Ware entscheidend.[92] Vielmehr genügt es, wenn diese so in den Macht- und Zugriffsbereich des Käufers gelangt ist, dass er diese untersuchen kann.[93]

41

Hat der Käufer die tatsächliche Herrschaft über die Sache erlangt (§ 854 Abs. 1 BGB: unmittelbarer Besitz), dann ist diese Voraussetzung regelmäßig erfüllt, ohne dass hierdurch die Tatbestände einer „Ablieferung" i. S. des § 377 Abs. 1 HGB jedoch abschließend umschrieben sind. Diese liegt insbesondere auch vor, wenn der Verkäufer die Ware auf Geheiß des Käufers unmittelbar an einen Dritten liefert, der die Ware seinerseits bereits von dem Käufer erworben hat.[94] In diesem Fall (Streckengeschäft) muss der Käufer sicherstellen, dass entweder eigenes Personal oder sein Abnehmer die Ware untersucht.[95] Eine Sonderregelung trifft § 391 HGB für den ähnlich gelagerten Sachverhalt bei der Ausführung des Kommissionsgeschäfts.

42

Problematisch ist das Vorliegen einer Ablieferung ferner, wenn die Parteien eine Holschuld vereinbart haben und die Ware nach Vertragsschluss für längere Zeit auf dem Grundstück des Verkäufers verbleibt. In diesem Fall spricht der erste Anschein gegen eine Verfügungsgewalt des Käufers, die ihm eine Untersuchung der Ware ermöglicht. Ein gegenteiliges Ergebnis ist zwar möglich, für dieses bedarf es aber regelmäßig einer besonderen Parteivereinbarung.[96] Bei der Einschaltung von Transportpersonen ist zu unterscheiden: Werden sie vom Verkäufer beauftragt (Bringschuld, Schickschuld), dann liegt eine „Ablieferung" i. S. des § 377 Abs. 1 HGB erst vor, wenn sie dem Käufer die Ware übergeben.[97] Beauftragt hingegen der Käufer die Transportpersonen (Holschuld), dann tritt die „Ablieferung" bereits mit der Übergabe an diese ein.[98]

43

---

[91] OLG Bremen 17.3.2023, NJW-RR 2023, 1201 (1204); Ebenroth/Boujong/*Achilles* § 377 Rn. 20; Staub/*Brüggemann* 4. Aufl., § 377 Rn. 24; Heymann/*Emmerich/Hoffmann* § 377 Rn. 36; MK-HGB/*Grunewald* § 377 Rn. 33; Oetker/*R. Koch* § 377 Rn. 63; RvWH/*Wagner* § 377 Rn. 12.

[92] S. Oetker/*R. Koch* § 377 Rn. 7; *K. Schmidt* § 29 Rn. 48.

[93] BGH 30.1.1985, BGHZ 93, 338 (345); 22.12.1999, BGHZ 143, 307 (311); OLG Köln 6.3.1998, NJW-RR 1999, 556 (566); MK-HGB/*Grunewald* § 377 Rn. 18; Oetker/*R. Koch* § 377 Rn. 7; *K. Schmidt* § 29 Rn. 48.

[94] BGH 29.3.1978, NJW 1978, 2394 (2394); Staub/*Brüggemann* 4. Aufl., § 377 Rn. 38; Schlegelberger/*Hefermehl* § 377 Rn. 75; *K. Schmidt* § 29 Rn. 101 ff.

[95] OLG Karlsruhe 5.11.2008, NZG 2009, 395 (396); Ebenroth/Boujong/*Achilles* § 377 Rn. 100; *Bayer/Lieder* Rn. 348; *Deckenbrock/Özman/Sossna* JuS 2022, 487 (489 f.); *Fischinger* Rn. 732, 760; MK-HGB/*Grunewald* § 377 Rn. 21; s. mit Modifikationen auch *K.W. Lange* JZ 2008, 661 (666 f.). Ebenso für die vergleichbare Situation beim Finanzierungsleasing BGH 24.1.1990, BGHZ 110, 130 (138 f.).

[96] BGH 30.1.1985, BGHZ 93, 338 (345 ff.).

[97] RG 30.11.1917, RGZ 91, 289 (290).

[98] BGH 25.9.1985, NJW 1986, 316 (317).

3. Zeitpunkt und Umfang der Untersuchung

44 Die Unverzüglichkeit der Untersuchung verlangt von dem Käufer, dass er diese ohne schuldhaftes Zögern (§ 121 Abs. 1 Satz 1 BGB) vornimmt,[99] wobei das Verschulden nach der Sorgfalt eines ordentlichen Kaufmanns (§ 347 HGB) zu bestimmen ist.[100] Hinsichtlich der *Dauer* gibt der Zeitraum von einer Woche eine Orientierungshilfe.[101] Die Umstände des Einzelfalls können aber stets eine Abweichung rechtfertigen.[102] Ebenso sind die Vertragsparteien berechtigt, einen längeren Zeitraum für die Untersuchung zu vereinbaren. In Betracht kommt das insbesondere bei Zwischenhändlern und Streckengeschäften, wenn der Abkäufer bzw. Abnehmer des Käufers die Untersuchung durchführen soll.[103]

45 *Art* und *Umfang* der Untersuchung bestimmen sich vor allem nach deren Zweck. Da diese der Aufdeckung von Mängeln dient, muss sie so beschaffen sein, dass diese im Rahmen eines ordnungsgemäßen Geschäftsgangs erkennbar werden; ggf. ist hierbei zur Konkretisierung auch auf einen bestehenden Handelsbrauch zurückzugreifen.[104] Verschärfte Untersuchungsanforderungen bestehen unter anderem auch dann, wenn aufseiten des Käufers z. B. aufgrund früherer Mangelfälle Anlass zu Misstrauen bestand.[105] Ausnahmsweise kann dies bei Maschinen erfordern, diese in Gebrauch zu nehmen.[106] Unter Umständen ist auch ein Verbrauch der Ware erforderlich.[107] Begrenzt wird der Umfang der Untersuchung durch den Zumutbarkeitsgrundsatz.[108] Hierbei können unter anderem der Kosten- und Zeitaufwand des Verkäufers sowie die dem Käufer zur Verfügung stehenden Prüfungsmöglichkeiten einer weitergehenden Prüfung entgegenstehen.[109] Deshalb genügen bei größeren Lieferungen einer Ware repräsentative Stichproben, die einen Rück-

---

[99] Statt aller Ebenroth/Boujong/*Achilles* § 377 Rn. 122; Heymann/*Emmerich/Hoffmann* § 377 Rn. 51; MK-HGB/*Grunewald* § 377 Rn. 33; *Hofmann* S. 201; Oetker/*R. Koch* § 377 Rn. 62; Hopt/ *Leyens* § 377 Rn. 23.

[100] Ebenroth/Boujong/*Achilles* § 377 Rn. 122; Heymann/*Emmerich/Hoffmann* § 377 Rn. 53; MK-HGB/*Grunewald* § 377 Rn. 33; Oetker/*R. Koch* § 377 Rn. 62.

[101] So Heymann/*Emmerich/Hoffmann* § 377 Rn. 53; MK-HGB/*Grunewald* § 377 Rn. 34; KKD/*Roth/Huber* § 377 Rn. 17; s. dazu aber auch Ebenroth/Boujong/*Achilles* § 377 Rn. 128 ff.

[102] Exemplarisch OLG München 11.3.1998, NJW-RR 1999, 331: fünf Wochen nach Ablieferung des Geräts; OGH 30.11.2002, wbl. 2003, 186 (187): schriftliches Gutachten eines Kunstsachverständigen.

[103] S. Oetker/*R. Koch* Rn. 145 ff.

[104] BGH 6.12.2017, NJW 2018, 1957 Rn. 23; OLG Bremen 17.3.2023, NJW-RR 2023, 1201 (1204 f.).

[105] BGH 24.2.2016, NJW 2016, 2645 Rn. 23; OLG Karlsruhe 19.7.2016, NJW-RR 2017, 177 (180).

[106] S. im konkreten Fall jedoch ablehnend BGH 16.3.1977, NJW 1977, 1150 (1151).

[107] Exemplarisch OLG Oldenburg 5.9.1997, NJW 1998, 388 (Auftauen tiefgefrorenen Fleisches).

[108] BGH 16.3.1977, NJW 1977, 1150 (1151); 24.2.2016, NJW 2016, 2645 Rn. 22; 6.12.2017, NJW 2018, 1957 Rn. 25; OLG Karlsruhe 19.7.2016, NJW-RR 2017, 177 (179 f.); OLG Köln 6.3.1998, NJW-RR 1999, 565 (566); s. auch BGH 13.3.1996, BGHZ 132, 175 (178 f.) für Beschaffenheitsänderungen. Exemplarisch OGH 12.8.2004, öRdW 2004, 735 (Untersuchungsobliegenheit bei Klebstoffen) sowie ferner BGH 24.2.2016, NJW 2016, 2645 Rn. 25 (Lieferung von Walzenzapfen); 6.12.2017, NJW 2018, 1957 Rn. 26 ff. (Dioxinbelastung bei Futterfetten).

[109] BGH 24.2.2016, NJW 2016, 2645 Rn. 22; 6.12.2017, NJW 2018, 1957 Rn. 25, 27; OLG Karlsruhe 19.7.2016, NJW-RR 2017, 177 (179 f.).

schluss auf die gesamte Ware gestatten.[110] Andererseits erstreckt sich die Obliegenheit zur Untersuchung bei Teil- und Sukzessivlieferungen grundsätzlich auf jede einzelne Lieferung.[111] Die von § 377 Abs. 1 HGB geforderte Untersuchung erfordert im Hinblick auf Art und Umfang deshalb regelmäßig eine Abwägung der Interessen beider Vertragsparteien.[112] Diese ist allenfalls dann entbehrlich, wenn dem Käufer Art und Umfang der Untersuchung durch den Kaufvertrag vorgegeben sind; in Allgemeinen Geschäftsbedingungen des Verkäufers niedergelegte Untersuchungsobliegenheiten für den Käufer dürfen diesen jedoch nicht unangemessen benachteiligen (§ 307 Abs. 1 Satz 1 BGB).[113]

4. Person des Untersuchenden

Die Untersuchung muss der Kaufmann entweder selbst oder durch Dritte vornehmen, letzteres ist insbesondere bei Zwischenhändlern und Streckengeschäften von Bedeutung.[114] In diesen Fällen kann der Kaufmann die Untersuchung auch dem Abkäufer bzw. Abnehmer übertragen. Allerdings entlastet ihn dies nicht im Verhältnis zum Verkäufer, insbesondere muss es sich bei dem Abnehmer nicht um einen Kaufmann handeln.[115] Unterbleibt eine Untersuchung durch den Abkäufer bzw. Abnehmer oder nehmen sie diese nicht unverzüglich vor, dann trägt der Käufer das Risiko.[116] Liefert der Verkäufer die Ware unmittelbar an einen Dritten aus, so muss der Käufer deshalb insbesondere dafür Sorge tragen, dass der Dritte die Ware nicht nur sofort nach Ablieferung untersucht, sondern ihm zudem unverzüglich etwaige Mängel mitteilt, damit er seinerseits gegenüber dem Verkäufer seiner Obliegenheit zur unverzüglichen Anzeige der Mängel nachkommen kann.[117] Eine Vereinfachung ist jedoch erreichbar, wenn die Parteien des Handelskaufs vereinbaren, dass der Dritte Mängel unmittelbar bei dem Verkäufer anzuzeigen hat. Hierdurch zeichnet sich der Käufer – vorbehaltlich einer abweichenden Abrede – allerdings nicht von seinen Obliegenheiten gegenüber dem Verkäufer frei.

46

---

[110] S. z. B. RG 13.3.1923, RGZ 106, 359 (362); OLG Bremen 17.3.2023, NJW-RR 2023, 1201 (1205); OLG Köln 6.3.1998, NJW-RR 1999, 565 (566); OLG München 29.7.2009, VersR 2010, 634 (635 f.); sowie Ebenroth/Boujong/*Achilles* § 377 Rn. 83 f.; Staub/*Brüggemann* 4. Aufl., § 377 Rn. 81 ff.; Heymann/*Emmerich/Hoffmann* § 377 Rn. 66 f.; MK-HGB/*Grunewald* § 377 Rn. 38; *Hübner* Rn. 620; Oetker/*R. Koch* § 377 Rn. 44; RvWH/*Wagner* § 377 Rn. 37.
[111] S. MK-HGB/*Grunewald* § 377 Rn. 39; Oetker/*R. Koch* § 377 Rn. 48 f.; Hopt/*Leyens* § 377 Rn. 29; KKD/*Roth/Huber* § 377 Rn. 8b.
[112] BGH 24.2.2016, NJW 2016, 2645 Rn. 20; 6.12.2017, NJW 2018, 1957 Rn. 25; OLG Karlsruhe 19.7.2016, NJW-RR 2017, 177 (179 f.).
[113] Exemplarisch BGH 6.12.2017, NJW 2018, 1957 Rn. 31 ff.
[114] Ebenso für das Finanzierungsleasing BGH 24.1.1990, BGHZ 110, 130 (138).
[115] OLG Köln 13.4.2015, NJW-RR 2015, 859 (860).
[116] 4 BGH 29.3.1978, NJW 1978, 2394 (2395); OLG Karlsruhe 19.7.2016, NJW-RR 2017, 177 (179 f.); OLG Köln 13.4.2015, NJW-RR 2015, 859 (860); Ebenroth/Boujong/*Achilles* § 377 Rn. 99; Heymann/*Emmerich/Hoffmann* § 377 Rn. 58, 60; Oetker/*R. Koch* § 377 Rn. 53; Hopt/*Leyens* § 377 Rn. 23.
[117] S. exemplarisch OLG Karlsruhe 5.11.2008, NZG 2009, 395 (396); 19.7.2016, NJW-RR 2017, 177 (178); OLG Köln 13.4.2015, NJW-RR 2015, 859 (859).

5. Rechtsfolgen der Untersuchung

47 Erfüllt der Käufer die Anforderungen an eine dem Zweck des § 377 HGB entsprechende und damit ordnungsgemäße Untersuchung, dann sind alle später auftretenden Mängel verborgene Mängel i. S. des § 377 Abs. 3 HGB. In diesem Fall ist die Rüge auch dann noch rechtzeitig, wenn der Käufer diese unverzüglich nach Entdeckung des Mangels erklärt. Umgekehrt ist die Rüge nicht mehr rechtzeitig, wenn die Untersuchung entweder zu spät oder nach Art und Umfang nicht intensiv genug erfolgte. Dann handelt es sich nicht um einen versteckten Mangel, da dieser bei ordnungsgemäßer Untersuchung hätte entdeckt werden können. Selbst eine unverzügliche Anzeige des Mangels nach dessen Auftreten verhindert in dieser Konstellation nicht den Eintritt der Genehmigungsfiktion.

IV. Obliegenheit des Käufers zur Rüge des Mangels

1. Rüge nach vorheriger Untersuchung

a) Zeitpunkt der Mängelanzeige

48 Wird bei der Untersuchung ein Mangel entdeckt, so erlegt § 377 Abs. 1 HGB dem Käufer auf, den Mangel unverzüglich bei dem Verkäufer zu rügen. Hierfür muss er dem Verkäufer den Mangel ohne schuldhaftes Zögern (§ 121 Abs. 1 Satz 1 BGB) anzeigen. Zu beurteilen ist dabei der Zeitraum, der seit Ablieferung der Ware verstrichen ist, wobei dem Käufer im Regelfall eine angemessene Frist zur Untersuchung zuzubilligen ist.[118] Etwas anderes gilt nur, wenn er den Mangel bereits kennt oder dieser offen zu Tage liegt. In einem derartigen Fall muss der Käufer diesen unabhängig von etwaigen und gleichwohl vorgenommenen (überflüssigen) Untersuchungen unverzüglich nach Ablieferung der Ware anzeigen.[119]

49 Bei der Konkretisierung der Unverzüglichkeit ist zudem zu beachten, dass § 377 Abs. 4 HGB den Käufer von dem Risiko entlastet, dass sich die Übermittlung der Anzeige an den Verkäufer verzögert. Die Frage, ob die Rüge unverzüglich erfolgte, ist ausschließlich nach dem Zeitraum bis zu deren Absendung an den Verkäufer zu beantworten.[120] Allerdings entbindet § 377 Abs. 4 HGB nicht von dem Zugang der Anzeige bei dem Verkäufer. Zwar ist diese lediglich eine Wissenserklärung,[121] auf

---

[118] Statt aller *Brox/Henssler* Rn. 411; KKD/*Roth/Huber* § 377 Rn. 16, 17 sowie exemplarisch OLG Stuttgart 16.6.2009, NJW-RR 2010, 933 f.

[119] RG 13.3.1923, RGZ 106, 359 (361); OLG Koblenz 24.6.2004, NJW-RR 2004, 1553 (1553); Ebenroth/Boujong/*Achilles* § 377 Rn. 145; Heymann/*Emmerich/Hoffmann* § 377 Rn. 87; MK-HGB/*Grunewald* § 377 Rn. 61; Oetker/*R. Koch* § 377 Rn. 85; *Lettl* Jura 2006, 721 (722); KKD/*Roth/Huber* § 377 Rn. 16; RvWH/*Wagner* § 377 Rn. 39.

[120] Aufgegriffen in § 355 Abs. 1 Satz 5 BGB.

[121] Zur Rechtsnatur der Mängelanzeige Ebenroth/Boujong/*Achilles* § 377 Rn. 152 f.; Staub/*Brüggemann* 4. Aufl., § 377 Rn. 128 f.; Oetker/*R. Koch* § 377 Rn. 75; *K. Schmidt* § 29 Rn. 90; RvWH/*Wagner* § 377 Rn. 25.

D. Rechte des Käufers bei Lieferung mangelhafter Ware (§ 377 HGB)

sie ist aber § 130 BGB analog anzuwenden.[122] Bei vom Verkäufer zu verantwortenden Hindernissen für einen rechtzeitigen Zugang sind die allgemeinen Grundsätze heranzuziehen; gegebenenfalls genügt deshalb auch eine Wiederholung der Anzeige für einen rechtzeitigen Zugang.[123]

b) Modalitäten der Mängelanzeige

Eine wirksame Rüge, die den Eintritt der Genehmigungsfiktion in § 377 Abs. 2 HGB verhindert, liegt wegen ihrer Funktion nur vor, wenn in ihr der Mangel so substantiviert umschrieben wird, dass der Verkäufer diesen hinreichend erkennen kann.[124] Es genügt deshalb nicht, wenn sich der Käufer mit der allgemein gehaltenen Formulierung bei dem Verkäufer beschwert, es sei „derselbe Mist wieder geliefert" worden.[125] Andererseits setzt eine ordnungsgemäße Rüge nicht voraus, dass der Käufer die Ware zuvor untersucht hat.[126] Da die Mängelanzeige lediglich bezweckt, den Verkäufer darüber zu unterrichten, dass die von ihm gelieferte Ware nicht ordnungsgemäß ist,[127] muss diese auch keine Hinweise enthalten, welche Rechtsbehelfe der Käufer wegen des Mangels geltend machen will.[128]

Formvorschriften sind bei der Mängelanzeige – vorbehaltlich abweichender vertraglicher Abreden – nicht zu beachten; diese kann schriftlich oder mündlich erfolgen. Die Obliegenheit zur unverzüglichen Rüge trifft den Käufer, er muss deshalb die Mängelanzeige erklären. Allerdings sind auf diese die allgemeinen Vorschriften zur *Stellvertretung* (§§ 164 ff. BGB) analog anwendbar,[129] was insbesondere von

---

[122] Staub/*Brüggemann* 4. Aufl., § 377 Rn. 129; *Bülow/Artz* Rn. 511; *Canaris* § 29 Rn. 69; *Deckenbrock/Özman/Sossna* JuS 2022, 619 (621); *Fischinger* Rn. 741; MK-HGB/*Grunewald* § 377 Rn. 71; Oetker/*R. Koch* § 377 Rn. 95; ebenso mit ausführlicher Begründung BGH 13.5.1987, BGHZ 101, 49 (52 ff.); i. E. auch *K. Schmidt* § 29 Rn. 92; a. A. Ebenroth/Boujong/*Achilles* § 377 Rn. 163 ff.; *Kindler* § 8 Rn. 67.
[123] S. näher *Neuner* § 33 Rn. 51 ff.
[124] Exemplarisch BGH 18.6.1986, NJW 1986, 3136 (3137); 14.5.1996, NJW 1996, 2228 (2228 f.); OLG Bremen 17.3.2023, NJW-RR 2023, 1201 (1207); OLG Düsseldorf 19.1.2001, NJW-RR 2001, 821 (822); OLG Karlsruhe 19.7.2016, NJW-RR 2017, 177 (178 f.); OLG Naumburg 27.1.1998, MDR 1998, 1300 f.; näher zur „Substantiierungslast" des Käufers Staub/*Brüggemann* 4. Aufl., § 377 Rn. 134 ff.; *Hübner* Rn. 627; Oetker/*R. Koch* § 377 Rn. 98 ff.; RvWH/*Wagner* § 377 Rn. 27 f.
[125] So OLG Düsseldorf 19.1.2001, NJW-RR 2001, 821 (822); s. auch MK-HGB/*Grunewald* § 377 Rn. 66; Oetker/*R. Koch* § 377 Rn. 102.
[126] Heymann/*Emmerich/Hoffmann* § 377 Rn. 45; *Fischinger* Rn. 739; *Hofmann* S. 203; Schlegelberger/*Hefermehl* § 377 Rn. 53; *K. Schmidt* § 29 Rn. 83.
[127] S. BGH 18.6.1986, NJW 1986, 3136 (3137); 14.5.1996, NJW 1996, 2228 (2228) sowie Ebenroth/Boujong/*Achilles* § 377 Rn. 172 f.; Oetker/*R. Koch* § 377 Rn. 74.
[128] Für die allg. Ansicht OLG Bremen 17.3.2023, NJW-RR 2023, 1201 (1207); Ebenroth/Boujong/*Achilles* § 377 Rn. 174; Staub/*Brüggemann* 4. Aufl., § 377 Rn. 131; *Bülow/Artz* Rn. 507; Heymann/*Emmerich/Hoffmann* § 377 Rn. 92; MK-HGB/*Grunewald* § 377 Rn. 68; Oetker/*R. Koch* § 377 Rn. 99.
[129] Ebenroth/Boujong/*Achilles* § 377 Rn. 154; Staub/*Brüggemann* 4. Aufl., § 377 Rn. 129; Heymann/*Emmerich/Hoffmann* § 377 Rn. 83; MK-HGB/*Grunewald* § 377 Rn. 70; Oetker/*R. Koch* § 377 Rn. 77; RvWH/*Wagner* § 377 Rn. 25.

Bedeutung ist, wenn der Verkäufer die Ware, wie z. B. beim Streckengeschäft, unmittelbar an einen Abnehmer des Käufers liefert. In diesem Fall kann auch der Abnehmer die Mängelanzeige im Namen des Käufers abgeben.[130] Den Parteien des Handelskaufs steht es zudem frei, eine von § 377 Abs. 1 HGB abweichende Regelung zu vereinbaren, die die Obliegenheit zur unverzüglichen Rüge unmittelbar auf den Abnehmer verlagert.[131]

2. Rüge ohne vorherige Untersuchung

52 Bei *versteckten Mängeln*, d. h. solchen, die auch bei ordnungsgemäßer Untersuchung nicht erkennbar gewesen wären, ist für die Rechtzeitigkeit der Rüge indessen auf einen anderen Zeitpunkt abzustellen. In diesem Fall beginnt die Rügefrist erst zu laufen, wenn sich der Mangel zeigt, d. h., der Käufer Gewissheit hat, dass ein Mangel vorliegt. Entsprechendes gilt, wenn dieser bei Ablieferung der Ware offen erkennbar ist. In diesem Fall beginnt die Rügefrist sofort mit der Ablieferung.[132] Im Übrigen gelten für die Modalitäten der Mängelanzeige dieselben Grundsätze wie bei einer Rüge nach vorheriger Untersuchung.

V. Rechtsfolgen bei nicht ordnungsgemäßer oder unterbliebener Rüge durch den Käufer

1. Rechte des Käufers bei Sachmängeln i. S. des § 434 Abs. 1 und 2 BGB

53 Unterlässt der Käufer die rechtzeitige Rüge, dann gilt die vom Verkäufer abgelieferte Ware nach § 377 Abs. 2 HGB als genehmigt, sodass er aus deren Mangelhaftigkeit keine Rechte ableiten kann. Diese Rechtsfolge tritt ebenfalls bei einer inhaltlich unzureichenden Rüge ein; eine (nachgeholte) dem Gesetz entsprechende ordnungsgemäße Rüge käme insoweit zu spät. Eine Ausnahme von der Genehmigung gilt lediglich, wenn der Verkäufer den Mangel arglistig verschwiegen hat (§ 377 Abs. 5 HGB).[133]

54 Die Genehmigungsfiktion schließt in erster Linie die in § 437 BGB aufgezählten Rechte des Käufers aus. Das gilt ohne Einschränkungen, also sowohl für das Recht zum Rücktritt oder zur Minderung (§ 437 Nr. 2 BGB) als auch das Recht, Schadensersatz zu verlangen.[134] Ebenso ist ein Anspruch auf Nacherfüllung i. S. der §§ 437 Nr. 1, 439 BGB ausgeschlossen. Den Eintritt der Genehmigungsfiktion kann der

---

[130] OLG Karlsruhe 19.7.2016, NJW-RR 2017, 177 (178); MK-HGB/*Grunewald* § 377 Rn. 69, m. w. N.
[131] S. dazu näher *K.W. Lange* JZ 2008, 661 (664 ff.).
[132] RG 13.3.1923, RGZ 106, 359 (361); Heymann/*Emmerich/Hoffmann* § 377 Rn. 86; KKD/*Roth/Huber* § 377 Rn. 16.
[133] Dazu z. B. OLG Karlsruhe 19.7.2016, NJW-RR 2017, 177 (181).
[134] Statt aller Heymann/*Emmerich/Hoffmann* § 377 Rn. 103; MK-HGB/*Grunewald* § 377 Rn. 97; Oetker/*R. Koch* § 377 Rn. 117.

D. Rechte des Käufers bei Lieferung mangelhafter Ware (§ 377 HGB)

Käufer zudem nicht dadurch unterlaufen, dass er wegen des Mangels die Anfechtung nach § 119 Abs. 2 BGB erklärt.[135] Das Eingreifen des Ausschlusstatbestands in § 377 HGB führt nicht dazu, dass § 437 BGB seinen Charakter als *lex specialis* zu § 119 Abs. 2 BGB verliert.[136]

Problematisch ist die Reichweite der Genehmigungsfiktion für Schadensersatzansprüche wegen der Verletzung einer vertraglichen Nebenpflicht (§ 280 Abs. 1 BGB). Wegen des Zwecks der durch § 377 Abs. 1 HGB begründeten Obliegenheit führt nur eine differenzierende Lösung zu einem sachgerechten Ergebnis, für das zwischen dem durch den Mangel verursachten Schaden und demjenigen Schaden zu unterscheiden ist, der infolge anderer Pflichtverletzungen entstanden ist. Ausgeschlossen ist ein Schadensersatzanspruch deshalb stets hinsichtlich des *Mangelschadens*.[137] Zweifelhaft ist die Bewertung jedoch für *Mangelfolgeschäden* (z. B. Körperverletzung). Insoweit spricht der Zweck der Rügeobliegenheit für einen Ausschluss entsprechender Schadensersatzansprüche.[138] Die Obliegenheit zur Rüge wird dem Käufer u. a. deshalb auferlegt, damit der Verkäufer den Mangel beheben kann.[139] Da die nicht rechtzeitige Rüge dies verhindert, trägt es dem Zweck des § 377 Abs. 1 HGB am besten Rechnung, den Verkäufer von sämtlichen durch den Mangel verursachten vertraglichen Schadensersatzpflichten freizustellen.[140]

Diese Erwägung greift indes nicht ein, wenn der Verkäufer *sonstige vertragliche Nebenpflichten* verletzt hat (z. B. fehlerhafte Verpackung, unterlassene Hinweise auf Beschaffenheitsänderungen).[141] Diese stehen mit dem Mangel, auf den sich die von § 377 Abs. 1 HGB geforderte Untersuchung sowie die Obliegenheit zur Rüge beziehen, in keinem Sachzusammenhang. Der Ausschluss eines auf die Verletzung sonstiger Nebenpflichten gestützten Schadensersatzanspruchs würde deshalb über den Zweck des § 377 HGB hinausgehen. Das gilt unabhängig davon, an welchem Rechtsgut der Schaden eintritt. Geltend gemacht werden kann der Ersatzanspruch somit auch, wenn die gelieferte Ware infolge der Pflichtverletzung selbst beschädigt wird.[142] Diese Differenzierung führt allerdings zu der im Einzelfall schwer zu beantwortenden Frage, ob der Mangel oder die Verletzung einer sonstigen Nebenpflicht den Schaden verursacht hat.

---

[135] Für die allg. Ansicht Staub/*Brüggemann* 4. Aufl., § 377 Rn. 166; MK-HGB/*Grunewald* § 377 Rn. 97; Oetker/*R. Koch* § 377 Rn. 119; *Lettl* Jura 2006, 721 (723); *K. Schmidt* § 29 Rn. 113.

[136] Dazu näher *Looschelders* BT § 8 Rn. 3 ff.; *Medicus/Lorenz* BT § 12 Rn. 3 f.; *Oetker/Maultzsch* § 2 Rn. 345 ff.

[137] Gegen die vorherrschende Ansicht aber *Müller* ZIP 1997, 661 (665 ff., 669).

[138] So auch BGH 16.9.1987, BGHZ 101, 337 (339 f.); *Fischinger* Rn. 752; MK-HGB/*Grunewald* § 377 Rn. 102 f.; *Lettl* § 12 Rn. 89; KKD/*Roth/Huber* § 377 Rn. 27.

[139] S. BGH 18.6.1986, NJW 1986, 3136 (3137); 14.5.1996, NJW 1996, 2228 (2228).

[140] *Canaris* Festschrift für Konzen, 2006, S. 43 (53 f.); MK-HGB/*Grunewald* § 377 Rn. 102; KKD/*Roth/Huber* § 377 Rn. 24; *Teichmann* Rn. 1137.

[141] Ebenso BGH 28.4.1976, BGHZ 66, 208 (213); bestätigt in BGH 31.5.1989, BGHZ 107, 331 ff.; 13.3.1996, BGHZ 132, 175 (178) sowie *Canaris* § 29 Rn. 77 f.; Heymann/*Emmerich/Hoffmann* § 377 Rn. 105; MK-HGB/*Grunewald* § 377 Rn. 104; Schlegelberger/*Hefermehl* § 377 Rn. 82; *Hübner* Rn. 634; Oetker/*R. Koch* § 377 Rn. 124; *Lettl* § 12 Rn. 91; RvWH/*Wagner* § 377 Rn. 48.

[142] Exemplarisch BGH 28.4.1976, BGHZ 66, 208 (213 f.); ferner den vom OLG Karlsruhe 5.11.2008, NZG 2009, 395 (397), beurteilten Sachverhalt (im Ergebnis jedoch offen gelassen); a. A. MK-HGB/*Grunewald* § 377 Rn. 105.

57　　Einen anschaulichen Grenzfall für die Reichweite der Genehmigungsfiktion liefern Kaufverträge, die den Verkäufer zu *Teillieferungen* verpflichten (Dauerlieferungsvertrag, Sukzessivlieferungsvertrag). Solange die Teillieferung als vollständige Erfüllung der jeweils geschuldeten Leistung zu bewerten ist, gilt § 377 Abs. 1 HGB und die dort normierte Obliegenheit für jede Teillieferung gesondert. Dementsprechend erfasst die Genehmigungsfiktion die jeweilige Teillieferung.[143] Problematisch ist allerdings, ob die Genehmigungsfiktion auch das aus § 324 BGB abzuleitende Recht des Käufers ausschließt, sich wegen der (u. U. wiederholten) mangelhaften Lieferung von dem gesamten Vertrag und damit von künftigen Lieferungen im Wege des Rücktritts oder (s. § 314 BGB) einer außerordentlichen Kündigung zu lösen.[144] Hiergegen spricht, dass die Ursache für das Lösungsrecht weniger in dem Mangel, sondern vor allem in dem wiederholten schuldhaft vertragswidrigen Verhalten liegt, das den Vertragszweck und dessen reibungslose Durchführung gefährdet.[145]

58　　*Deliktische Ansprüche*, insbesondere solche aus § 823 Abs. 1 BGB, schließt der Eintritt der Genehmigungsfiktion nach überwiegender Ansicht nicht aus.[146] Im Hinblick auf die Abgrenzung zu den §§ 437 ff. BGB bleibt aber zu beachten, dass § 823 Abs. 1 BGB (Eigentumsverletzung) nicht den Ersatz desjenigen Schadens umfasst, der mit dem Äquivalenz- und Nutzungsinteresse stoffgleich ist. In den Anwendungsbereich der deliktischen Haftung fällt ausschließlich der Ersatz des Integritätsinteresses.[147]

2. Rechtslage bei einer Falschlieferung

59　　Bei einer *Falschlieferung* bewirkt die Genehmigungsfiktion in § 377 Abs. 2 HGB, dass die Lieferung des *aliuds* als pflichtgemäße Erfüllung des Kaufvertrags gilt und der Käufer den vereinbarten Kaufpreis schuldet. Mit der Fiktionswirkung stünde es in einem nicht auflösbaren Wertungswiderspruch, wenn in Abhängigkeit von dem Wert des *aliuds* eine Erhöhung oder Verringerung des vertraglich vereinbarten Kaufpreises einträte.[148] Dieses Resultat ist im Hinblick auf den Zweck der Genehmigungsfiktion bei der Lieferung eines *minder- oder gleichwertigen aliuds* unproblematisch.

---

[143] RG 30.5.1922, RGZ 104, 382 (384); BGH 16.9.1987, BGHZ 101, 337 (339 f.).

[144] Hierzu BGH 10.11.1976, BB 1977, 468 (469); zuvor auch BGH 10.12.1975, WM 1976, 124 (125).

[145] BGH 10.11.1976, BB 1977, 468 (469); *Canaris* § 29 Rn. 58; Oetker/*R. Koch* § 377 Rn. 128; a. A. MK-HGB/*Grunewald* § 377 Rn. 106; *K. Schmidt* § 29 Rn. 113.

[146] BGH 16.9.1987, BGHZ 101, 337 (343 ff.); 25.10.1988, BGHZ 105, 346 (357); *Bayer/Lieder* Rn. 354; *Deckenbrock/Özman/Sossna* JuS 2022, 619 (623); *Heymann/Emmerich/Hoffmann* § 377 Rn. 108 f.; *Fischinger* Rn. 752; MK-HGB/*Grunewald* § 377 Rn. 114; Oetker/*R. Koch* § 377 Rn. 5, 135; *Lettl* § 12 Rn. 92; Hopt/*Leyens* § 377 Rn. 50; *Müller* ZIP 1997, 661 (667); KKD/*Roth/Huber* § 377 Rn. 26; im Grundsatz auch RvWH/*Wagner* § 377 Rn. 49 ff.; a. A. Schlegelberger/*Hefermehl* § 377 Rn. 82 sowie *Schwark* JZ 1990, 374 ff.; kritisch ferner *K. Schmidt* § 29 Rn. 117.

[147] Zu dieser Abgrenzung BGH 18.1.1983, BGHZ 86, 256 (258 ff.) sowie *Harrer* Jura 1984, 80 ff.; *Oetker/Maultzsch* § 2 Rn. 363 ff.

[148] *Bayer/Lieder* Rn. 334 f.; *Canaris* § 29 Rn. 73; *Heymann/Emmerich/Hoffmann* § 377 Rn. 117.

D. Rechte des Käufers bei Lieferung mangelhafter Ware (§ 377 HGB)

Weniger eindeutig ist die Rechtslage, wenn der Verkäufer ein *wertvolleres aliud* geliefert hat. Einen Anspruch auf den höheren (wirklichen) Kaufpreis lehnt die überwiegende Ansicht ab,[149] da die versäumte Rüge nach dem Zweck des § 377 Abs. 2 HGB zu einem Rechtsverlust des Käufers führen, nicht hingegen die Rechte des Verkäufers erweitern soll.[150] Ausgeschlossen ist dadurch allerdings nicht, dass der Käufer aufgrund einer nachträglichen Vertragsänderung einen höheren Kaufpreis schuldet. Bei deren Annahme ist jedoch Zurückhaltung geboten, da weder die Lieferung noch die Entgegennahme eines höherwertigen *aliuds* für sich allein die Erklärung beinhaltet, die bisherige vertragliche Grundlage verändern zu wollen.[151]

60

Allerdings verkehrt dieses Resultat beim Fehlen einer Vertragsänderung den Zweck des § 377 Abs. 2 HGB in sein Gegenteil; es provoziert den Käufer bei Erhalt eines höherwertigen *aliuds* geradezu, seiner Obliegenheit zur unverzüglichen Rüge nicht nachzukommen. Vermeiden lässt sich dieses Ergebnis mittels einer teleologischen Reduktion der Genehmigungsfiktion. Da diese dem Schutz des Verkäufers dient, ist ihm das Recht zuzubilligen, auf den Eintritt der Genehmigungsfiktion zu verzichten.[152] Hierdurch wird einem Grundgedanken Rechnung getragen, der eine Parallele bei § 15 HGB findet, da dort dem geschützten Dritten in vergleichbarer Weise die Möglichkeit eröffnet wird, sich statt der aus dem Register ergebenden Rechtslage auf den tatsächlichen Sachverhalt zu stützen.[153] Bei diesem Lösungsweg kann der Verkäufer wegen des Verzichts auf die Rechtswirkungen der Genehmigungsfiktion das gelieferte höherwertige *aliud* nach § 812 Abs. 1 Satz 1 1. Alt. BGB kondizieren, da die mit der Genehmigungsfiktion an sich verbundene Erfüllungswirkung nicht eingetreten ist.[154] Das gilt unabhängig davon, ob es sich bei der geschuldeten Leistung um eine Stück- oder um eine Gattungsschuld handelt.

61

---

[149] So Staub/*Brüggemann* 4. Aufl., § 378 Rn. 22; *Canaris* § 29 Rn. 73; *Deckenbrock/Özman/Sossna* JuS 2022, 619 (623); Heymann/*Emmerich/Hoffmann* § 377 Rn. 118; MK-HGB/*Grunewald* § 377 Rn. 110; *Hohmann* Die Genehmigungsfiktion nach § 377 HGB bei Falschlieferung und Quantitätsabweichung, 2017, S. 102 ff.; *Jung* Kap. 10 Rn. 17; Oetker/*R. Koch* 377 Rn. 131; *Lettl* § 12 Rn. 90; KKD/*Roth/Huber* § 377 Rn. 27a; *K. Schmidt* § 29 Rn. 118; a. A. Schlegelberger/*Hefermehl* § 378 Rn. 23; *Walter* Kaufrecht, 1987, § 8 IV 4d bb, S. 395.

[150] Zur Rechtslage beim bürgerlich-rechtlichen Kauf *Looschelders* BT § 3 Rn. 56; Oetker/*Maultzsch* § 2 Rn. 170 ff.

[151] Im Ansatz auch *Bayer/Lieder* Rn. 356; MK-HGB/*Grunewald* § 377 Rn. 109; *Koppensteiner* BB 1971, 547 (553); *Lieder/Hohmann* Jura 2017, 1136 (1145); *Teichmann* Rn. 1139; s. ferner Oetker/*Maultzsch* § 2 Rn. 177 f.

[152] So auch für die allg. Ansicht BGH 18.3.1952, LM HGB § 377 Nr. 1; Ebenroth/Boujong/*Achilles* § 377 Rn. 235; *Lettl* § 12 Rn. 93; Hopt/*Leyens* § 377 Rn. 47; i. E. ebenso *Bayer/Lieder* Rn. 335; *Lieder/Hohmann* Jura 2017, 1136 (1145 f.); *K. Schmidt* § 29 Rn. 120; *Teichmann* Rn. 1128, 1139 sowie *G. Müller* WM 2018, 1673 ff.

[153] S. oben § 3 Rn. 50.

[154] So i. E. auch *Bayer/Lieder* Rn. 356; *Canaris* § 29 Rn. 74; *Deckenbrock/Özman/Sossna* JuS 2022, 619 (623); Heymann/*Emmerich/Hoffmann* § 377 Rn. 115 f.; *Fischinger* Rn. 754; MK-HGB/*Grunewald* § 377 Rn. 107; Schlegelberger/*Hefermehl* § 378 Rn. 21; *Jung* Kap. 10 Rn. 17; *Koppensteiner* BB 1971, 547 (553); *K. Schmidt* § 39 Rn. 120; *Teichmann* Rn. 1128, 1139; i. E. ebenfalls Staub/*Brüggemann* 4. Aufl., § 378 Rn. 22, der derartige Sachverhalte aber von vornherein aus dem Anwendungsbereich des § 378 HGB a. F. ausklammerte.

Der Verkäufer hat bei dem hier befürworteten Ansatz somit ein „Wahlrecht": Er kann entweder die Rechtsfolgen der Genehmigungsfiktion eintreten lassen und den vertraglich geschuldeten Kaufpreis geltend machen oder auf den Schutz der Genehmigungsfiktion verzichten und zum Bereicherungsausgleich übergehen. Die letztgenannte Variante hat für den Verkäufer jedoch den Preis, dass der Erfüllungsanspruch des Käufers aufrechterhalten bleibt,[155] sodass diesem seinerseits Ersatzansprüche wegen verspäteter Lieferung zustehen. Das hiermit verbundene Risiko sowie die Unsicherheit, ob er das höherwertige *aliud* am Markt tatsächlich zu einem höheren Preis veräußern kann, mag den Verkäufer im Einzelfall veranlassen, an dem vereinbarten Kaufpreis festzuhalten.

3. Rechte der Vertragsparteien bei einer Minderlieferung

62 Bei einer Quantitätsabweichung sind die Rechtsfolgen allenfalls für den Fall inzwischen weitgehend unstreitig, in dem der Verkäufer eine *geringere Menge* geliefert und dies nicht (z. B. in dem Lieferschein oder der Rechnung) offen ausgewiesen hat (*verdeckte Minderlieferung*).[156] Aufgrund der Genehmigungsfiktion schuldet der Käufer trotz der zu geringen Menge den vereinbarten Kaufpreis.[157] Ebenso hat er keinen Anspruch auf Lieferung der Differenzmenge.[158]

63 Eine andere Lösung gilt nach verbreiteter Auffassung bei einer *offenen Minderlieferung*, der Verkäufer die Minderlieferung also offen ausgewiesen hat. In einem derartigen Fall verstoße es gegen Treu und Glauben (§ 242 BGB), wenn sich der Verkäufer auf den vertraglich vereinbarten Kaufpreis stützt, da er dem Käufer wegen des offenen Ausweises der Minderlieferung keine Veranlassung gegeben habe, die Minderlieferung unverzüglich zu rügen. Der Kaufpreis reduziert sich daher auf die tatsächlich gelieferte Menge.[159] Einer höheren Kaufpreisforderung kann der Käufer den Einwand des *venire contra factum proprium* entgegenhalten.[160] Dem steht nicht entgegen, dass sich die Genehmigungsfiktion auf die Erfüllungswirkung hinsichtlich der geschuldeten Menge erstreckt. Diese schließt lediglich einen Anspruch auf Lieferung der Differenzmenge aus. Will der Käufer seinen

---

[155] Treffend *Fischinger* Rn. 754.
[156] Zum Meinungsstand s. auch *Müller-Laube* S. 27 ff.
[157] BGH 30.5.1984, BGHZ 91, 293 (300); *Bayer/Lieder* Rn. 357; *Brox/Henssler* Rn. 418; Staub/*Brüggemann* 4. Aufl., § 378 Rn. 52; *Bülow/Artz* Rn. 514; *Deckenbrock/Özman/Sossna* JuS 2022, 619 (623); MK-HGB/*Grunewald* § 377 Rn. 111; *Hofmann* S. 208; Oetker/*R. Koch* § 377 Rn. 133; *Koppensteiner* BB 1971, 547 (548); *Oetker* Festschrift für Canaris Bd. II, 2007, S. 313 (320); KKD/*Roth/Huber* § 377 Rn. 27b; *K. Schmidt* § 29 Rn. 121; *Walter* Kaufrecht, 1987, § 8 IV 4d cc, S. 396; *Werner* BB 1984, 221 (222 f.).
[158] *Bayer/Lieder* Rn. 357; *Brox/Henssler* Rn. 418; Staub/*Brüggemann* 4. Aufl., § 378 Rn. 52; *Bülow/Artz* Rn. 515; *Deckenbrock/Özman/Sossna* JuS 2022, 619 (623); Schlegelberger/*Hefermehl* § 378 Rn. 21; Oetker/*R. Koch* § 377 Rn. 133; Hopt/*Leyens* § 377 Rn. 17; *Oetker* Festschrift für Canaris Bd. II, 2007, S. 313 (320); KKD/*Roth/Huber* § 377 Rn. 27b; *Werner* BB 1984, 221 (223).
[159] Zu diesem Ergebnis gelangen auch die nachfolgend skizzierten abweichenden Konzeptionen.
[160] Wie hier auch *Bayer/Lieder* Rn. 358; *Lieder/Hohmann* Jura 2017, 1136 (1148).

D. Rechte des Käufers bei Lieferung mangelhafter Ware (§ 377 HGB) 261

Lieferanspruch unverkürzt aufrechterhalten, muss er die Minderlieferung unverzüglich rügen.[161] Hiervon befreien indes andere Konzeptionen, die bei einer offenen Minderlieferung mit der Entgegennahme der Ware durch den Käufer entweder eine Vertragsänderung auf die tatsächlich gelieferte Menge annehmen[162] oder die offene Minderlieferung sogar vollständig aus dem Anwendungsbereich des § 434 Abs. 2 und 3 BGB ausklammern, da sie diese als eine nicht vertragsgemäße Teillieferung i. S. des § 266 BGB qualifizieren.[163] Dem letztgenannten Ansatz ist zuzustimmen, wenn der Verkäufer mit der gelieferten Menge für den Käufer erkennbar nicht die vertraglich geschuldete Menge, sondern lediglich eine Teilleistung i. S. des § 266 BGB erbringen will. Ob dies indes bei jeder offenen Minderlieferung zu bejahen ist, hängt von den für den Käufer ersichtlichen Umständen des Einzelfalls ab.[164]

VI. Rechtsstellung des Käufers bei ordnungsgemäßer Rüge

Hat der Käufer die Anforderungen des § 377 Abs. 1 HGB an eine ordnungsgemäße Rüge erfüllt, so gilt Folgendes: 64

- Bei Sachmängeln greift die Genehmigungsfiktion des § 377 Abs. 2 und 3 HGB nicht ein; dem Käufer stehen die in § 437 BGB aufgezählten Ansprüche und Rechte uneingeschränkt zu. Er kann deshalb primär gem. § 439 BGB von dem Verkäufer Nacherfüllung, d. h. Beseitigung des Mangels oder Lieferung einer mangelfreien Sache verlangen.[165] Subsidiär steht ihm nach § 437 Nr. 2 BGB das Recht zu, von dem Kaufvertrag zurückzutreten oder den Kaufpreis zu mindern. Ergänzend kann er in diesem Fall Schadensersatz oder Ersatz seiner vergeblichen Aufwendungen beanspruchen (§ 437 Nr. 3 BGB).[166] 65
- Bei einer Falschlieferung des Verkäufers, die der Käufer ordnungsgemäß gerügt hat, greift die in § 434 Abs. 5 BGB normierte Gleichstellung mit einem Sachmangel ein, sodass dem Käufer mit der Lieferung ausschließlich die Ansprüche 66

---

[161] Wie hier KKD/*Roth/Huber* § 377 Rn. 27b; a. A. MK-HGB/*Grunewald* § 377 Rn. 111; Oetker/*R. Koch* § 377 Rn. 133.

[162] So bereits *Koppensteiner* BB 1971, 547 (549); hiergegen mit gewichtigen Gründen Werner BB 1984, 221 (223 f.) sowie dazu auch *Oetker* Festschrift für Canaris Bd. II, 2007, S. 313 (321 f.); offengelassen von BGH 30.5.1984, BGHZ 91, 295 (300 f.).

[163] Hierfür *Bayer/Lieder* Rn. 358; MK-HGB/*Grunewald* § 377 Rn. 111; Oetker/*R. Koch* § 377 Rn. 133; i. E. auch EBJS/*Müller* § 377 Rn. 162.

[164] Treffend insoweit auch *Bayer/Lieder* Rn. 359; *Lieder/Hohmann* Jura 2017, 1136 (1143); *K. Schmidt* § 29 Rn. 123.

[165] Näher zum Anspruch des Käufers auf Nacherfüllung z. B. *Looschelders* BT § 4 Rn. 3 ff.; *Medicus/Lorenz* BT § 7 Rn. 3 ff.; *Oetker/Maultzsch* § 2 Rn. 188 ff. Zur Einbeziehung der Nachlieferung in die Untersuchungs- und Rügeobliegenheit des § 377 HGB s. OLG Düsseldorf 26.11.2004, NJW-RR 2005, 832 (832) sowie oben § 8 Rn. 30.

[166] Zu den vorgenannten Ansprüchen und Rechten des Käufers s. näher z. B. *Looschelders* BT § 4 Rn. 29 ff.; *Medicus/Lorenz* BT § 7 Rn. 44 ff.; *Oetker/Maultzsch* § 2 Rn. 289 ff.

und Rechte zustehen, die § 437 BGB für den Fall eines Sachmangels aufzählt. Entsprechendes gilt, wenn der Verkäufer eine geringere als die vertraglich geschuldete Menge geliefert hat. Die zahlreichen Streitfragen, die die Gleichstellung in § 378 HGB a. F. früher aufwarf, wenn der Käufer die Falschlieferung oder den Quantitätsmangel ordnungsgemäß gerügt hatte,[167] sind infolge der Einfügung der Gleichstellungsklausel in das allgemeine Kaufrecht und der hierdurch ermöglichten Aufhebung des § 378 HGB a. F. obsolet bzw. nur für Altfälle von Bedeutung.[168]

VII. Regress und § 377 HGB

67 Die allgemeinen Vorschriften zum Kaufvertrag in den §§ 445a und 445b BGB reagieren auch auf die spezifischen Probleme bei einem Regress innerhalb der Lieferkette, wenn der Verbraucher wegen der Mangelhaftigkeit der Sache Rechte gegenüber dem Letztverkäufer geltend macht.[169] Für diesen Fall ordnen die §§ 445a, 445b BGB verschiedene Privilegierungen für den Unternehmer an, der bei seinem Lieferanten Regress nehmen will.[170]

68 Dies wirft zwangsläufig die Frage auf, ob § 377 HGB auch in dieser Konstellation zur Anwendung gelangt und insbesondere dazu führen kann, dass der Eintritt der Genehmigungsfiktion (§ 377 Abs. 2 und 3 HGB) den Rückgriff des Unternehmers bei seinem Lieferanten ausschließt. Diese Frage beantwortet § 445a Abs. 4 BGB: die Vorschrift des § 377 HGB bleibt von der Sonderregelung in § 445a Abs. 1 BGB unberührt. Das bedeutet, dass den Unternehmer gegenüber seinem Lieferanten auch dann die Obliegenheit zur unverzüglichen Untersuchung und Rüge trifft, wenn er die Ware weiterveräußert.[171] Allerdings liegt insbesondere bei versteckten Mängeln, die für den Unternehmer auch bei ordnungsgemäßer Untersuchung nicht erkennbar waren, eine ordnungsgemäße Rüge im Verhältnis zum Lieferanten selbst dann noch vor, wenn der Käufer diese Mängel gegenüber dem Unternehmer anzeigt und dieser sodann im Verhältnis zu seinem Lieferanten die Mängel unverzüglich rügt. Von dieser Obliegenheit entbindet ihn § 445a Abs. 1 BGB nicht.

---

[167] S. dazu *Oetker* Handelsrecht, 2. Aufl. 1999, § 8 D III 5, S. 200 ff.
[168] Zum intertemporalen Kollisionsrecht s. Art. 229 § 5 S. 1 EGBGB.
[169] Beschränkt auf die Sachverhalte eines Verbrauchsgüterkaufs bis zum 31.12.2017 die weitgehend übereinstimmenden §§ 478, 479 BGB a. F.
[170] Näher zum Regress des Unternehmers gegenüber seinem Lieferanten *Looschelders* BT § 9 Rn. 1 ff.; *Maultzsch* JuS 2002, 1171 ff.; *Medicus/Lorenz* BT § 10 Rn. 1 ff.; *Oetker/Maultzsch* § 2 Rn. 377 ff.; weiterführend z. B. *Tröger* AcP Bd. 204 (2004), 115 ff.
[171] S. auch *Looschelders* BT § 9 Rn. 4; *Oetker/Maultzsch* § 2 Rn. 405.

E. Anwendbarkeit der §§ 373 bis 381 HGB bei anderen Vertragstypen

Nach der Überschrift des Zweiten Abschnitts des Vierten Buchs ist der Anwendungsbereich der §§ 373 bis 381 HGB auf den Handelskauf beschränkt. Der Kreis der erfassten Vertragstypen ist hierdurch allerdings nur unvollständig umschrieben. Da § 480 BGB für den *Tausch* generell die Vorschriften über den Kaufvertrag für anwendbar erklärt und das Handelsgesetzbuch keine Sonderbestimmungen für den „Handelstausch" trifft, ist die Verweisung in § 480 BGB dahingehend zu verstehen, dass Tauschverträge generell den kaufrechtlichen Bestimmungen unterliegen. Deshalb ordnet § 480 BGB nicht nur die entsprechende Anwendung der §§ 433 ff. BGB an, sondern bei zweckgerechtem Verständnis sind auf den Tausch auch die §§ 373 bis 381 HGB anwendbar.[172]

69

Die Gleichstellung mit dem Kaufrecht findet eine Fortsetzung bei einzelnen *Werkverträgen*. Wie für den Tausch ergibt sich dies aus den einschlägigen bürgerlich-rechtlichen Regelungen, da § 650 Satz 1 BGB das Kaufrecht für anwendbar erklärt, was auch die handelsrechtlichen Sondervorschriften umfasst.[173] Das gilt ebenfalls, wenn der Vertrag zur Herstellung einer nicht vertretbaren Sache verpflichtet, da § 650 Satz 1 BGB in diesem Fall ebenfalls auf das Kaufrecht verweist und § 650 Satz 3 BGB lediglich einzelne Bestimmungen des Werkvertragsrechts für ergänzend anwendbar erklärt.[174] Wegen dieser Rechtslage ist die Gleichstellung in § 381 Abs. 2 HGB überflüssig geworden.[175] Sie ist nur verständlich vor dem Hintergrund der früheren Regelung in § 651 Satz 3 BGB a. F., die die Herstellung nicht vertretbarer Sachen grundsätzlich dem Werkvertragsrecht unterstellte, sodass es für die Anwendung der Vorschriften zum Handelskauf einer ausdrücklichen gesetzlichen Anordnung bedurfte.

70

Obwohl § 381 Abs. 2 HGB zu erkennen gibt, dass keine zwingenden Gründe dagegen sprechen, die Rügeobliegenheit des § 377 HGB bei den werkvertragsrechtlichen Vorschriften anzuwenden, beschränkt § 381 Abs. 2 HGB die (entsprechende) Anwendung der § 373 ff. HGB auf Werklieferungsverträge.[176] Hieraus ist die Wertung abzuleiten, dass die Vorschriften über den Handelskauf nur Anwendung finden sollen, wenn der Unternehmer wie bei diesem eine Übereignung schuldet.[177] Deshalb können grundsätzlich weder die §§ 373 ff. HGB insgesamt, noch § 377 HGB

71

---

[172] Ebenroth/Boujong/*Achilles* vor § 373 Rn. 8; Heymann/*Emmerich/Hoffmann* vor § 373 Rn. 2; MK-HGB/*Grunewald* vor § 373 Rn. 8; Oetker/*R. Koch* vor §§ 373–381 Rn. 41; Hopt/*Leyens* Einl. V. § 373 Rn. 17; KKD/*Roth/Huber* vor §§ 373–381 Rn. 1; deutlich auf den Sinn der jeweiligen Vorschrift abstellend Schlegelberger/*Hefermehl* Einleitung vor § 373 Rn. 4; *K. Schmidt* § 29 Rn. 4.

[173] MK-BGB/*Busche* § 650 Rn. 14; Staudinger/*Peters* (2019) § 651 Rn. 17.

[174] S. MK-BGB/*Busche* § 650 Rn. 16; Staudinger/*Peters* (2019) § 651 Rn. 22.

[175] So auch Ebenroth/Boujong/*Achilles* § 381 Rn. 7; MK-HGB/*Grunewald* § 381 Rn. 3; a. A. Oetker/*R. Koch* § 381 Rn. 1.

[176] S. exemplarisch BGH 24.2.2016, NJW 2016, 2645 (2646); OLG Düsseldorf 6.11.2012, NJW-RR 2013, 460 ff.

[177] MK-HGB/*Grunewald* § 381 Rn. 4; Oetker/*R. Koch* § 381 Rn. 4.

isoliert auf alle *Werkverträge* angewendet werden.[178] Wegen § 381 Abs. 2 HGB fehlt die hierfür unerlässliche planwidrige Regelungslücke. Gleichwohl erachtet es der Bundesgerichtshof zumindest für „denkbar", auch bei Werkverträgen aufgrund einer entsprechenden Anwendung des § 377 HGB eine unverzügliche Rüge zu verlangen, wenn „ganz besondere Voraussetzungen" vorliegen,[179] verzichtete indes auf nähere Präzisierungen. Ungeachtet der Frage einer analogen Anwendung des § 377 HGB können mit dieser Vorschrift vergleichbare Rechtswirkungen im Einzelfall wegen der besonderen Pflichtenstruktur des Vertrags jedenfalls auch aus § 241 Abs. 2 BGB abzuleiten sein.[180] Denkbar ist das aber nur, wenn der Besteller in besonderem Maße zur Rücksichtnahme auf die Interessen des Unternehmers verpflichtet ist. In diesem Fall könnte er nach § 241 Abs. 2 BGB verpflichtet sein, etwaige Mängel unverzüglich anzuzeigen, andernfalls stünde den wegen des Mangels geltend gemachten Ansprüchen und Rechten § 242 BGB entgegen. Die hierfür erforderliche intensivierte Pflicht zur Rücksichtnahme auf die Belange des Unternehmers kommt jedoch allenfalls bei Sukzessivwerkverträgen oder dann in Betracht, wenn der Unternehmer wegen der besonderen Umstände des Einzelfalls für den Besteller erkennbar auf eine unverzügliche Anzeige etwaiger Mängel angewiesen ist. Im Übrigen verbleibt es in der Hand der Vertragsparteien, in dem Werkvertrag eine mit § 377 HGB vergleichbare Obliegenheit zur unverzüglichen Untersuchung und Rüge einschließlich einer ggf. eingreifenden Genehmigungsfiktion zu vereinbaren.

72 Nur bei vergleichbar atypisch gelagerten Sachverhalten kommt eine entsprechende Anwendung des § 377 HGB oder seiner Rechtsgrundsätze beim *Finanzierungsleasing* in Betracht. Der Leasingvertrag ist selbst bei einer Kaufoption seiner Rechtsnatur nach ein Mietvertrag[181] und letzteren erfasst § 377 HGB weder unmittelbar noch analog.[182] Für den Leasingvertrag kann wegen dieser rechtsdogmatischen Einordnung nichts anderes gelten.[183] § 377 HGB ist deshalb ausschließlich auf den zwischen Leasinggeber (= Käufer) und Verkäufer abgeschlossenen Kaufvertrag anwendbar.[184]

---

[178] BGH 30.9.1971, NJW 1972, 99 (100); Heymann/*Emmerich/Hoffmann* § 381 Rn. 8 a. E., 10; MK-HGB/*Grunewald* § 381 Rn. 4; *Hübner* Rn. 586; Oetker/*R. Koch* § 381 Rn. 6.
[179] BGH 4.2.1992, NJW-RR 1992, 626 (626) sowie zuvor BGH 1.3.1951, BGHZ 1, 234 (240).
[180] So im Ansatz auch BGH 2.7.2019, NJW-RR 2019, 1202 Rn. 31; Hopt/*Leyens* § 377 Rn. 2 sowie *Peters* JZ 2006, 230 (231 f.), der aber für eine zurückhaltende Analogie zu § 377 HGB plädiert.
[181] S. z. B. BGH 23.2.1977, BGHZ 68, 118 (123); näher zur Rechtsnatur mit ausführlicher Darstellung der abweichenden Ansätze Staudinger/*Martinek/Omlor* (2017) § 675 Rn. B 124 ff.
[182] Für die allg. Ansicht Heymann/*Emmerich/Hoffmann* § 377 Rn. 9.
[183] Ebenso generell ablehnend gegenüber einer analogen Anwendung des § 377 HGB BGH 24.1.1990, BGHZ 110, 130 (142); Staub/*Brüggemann* 4. Aufl., § 377 Rn. 13; Heymann/*Emmerich/Hoffmann* § 377 Rn. 10; Hopt/*Leyens* § 377 Rn. 2 sowie allg. MK-HGB/*Grunewald* vor § 373 Rn. 16.
[184] BGH 24.1.1990, BGHZ 110, 130 (137 ff.).

§ 9 Das Kommissionsgeschäft

Schrifttum zur Ausbildung: *Fleischer/Wedemann* S. 240 ff.; *Jülch*, § 816 I BGB beim Kommissionsgeschäft – Versuch einer Systematisierung der Rechtsfragen und der Risikoallokation, JA 2011, S. 407 ff.; *Lieder/Wüstenberg*, Kommissionsgeschäft und Forderungszuordnung – Dogmatische Grundsatzfragen des § 392 Abs. 2 HGB, Jura 2016, S. 1229 ff. **Zur Falllösung:** *Bitter/Linardatos* S. 305 ff. (Fall 39–44); *Dressler*, Die Landmaschinenkommission, JuS 1969, S. 170 ff.; *Fezer* S. 257 ff. (Fall 21); *Hopt* S. 228 ff. (Fall 13); *Martinek/Bergmann* Fall 25; *Muthorst*, Der aufrechnende Kommissionskäufer, Jura 2013, S. 179 ff.; *Saar/Müller* 15. Klausur; *Schöne* S. 125 ff. (Fall 10); *Wank* S. 175 ff. (Fall 19); *Wüst*, Geschäfte der Arras-GmbH, JuS 1990, S. 390 ff. **Zur Vertiefung:** *G. Hager*, Die Prinzipien der mittelbaren Stellvertretung, AcP Bd. 180 (1980), S. 239 ff.; *Koller*, Interessenkonflikte im Kommissionsverhältnis, BB 1978, S. 1733 ff.; *K. Schmidt*, Festschrift für Medicus zum 80. Geburtstag, 2009, S. 467 ff.; *Schütte*, Leistungsstörungen im Kommissionsrecht, 1988.

A. Struktur des Kommissionsgeschäfts

Neben den Transportgeschäften, die das Handelsgesetzbuch beginnend mit dem Vierten Abschnitt des Vierten Buchs regelt,[1] und dem Handelskauf[2] steht das Kommissionsgeschäft im Mittelpunkt der gesetzlich ausgeformten Handelsgeschäfte. Eine vertiefte Würdigung dieses in den §§ 383 bis 406 HGB strukturierten besonderen Typs eines Geschäftsbesorgungsvertrags (s. § 384 Abs. 2 HGB: „Geschäftsbesorgung") ist vor allem deshalb lehrreich, weil bei dessen Durchführung zahlreiche allgemeine Rechtsprobleme auftreten können, deren Auflösung zivilrechtliche Grundlagen berühren. 1

Für die Kommission ist die Dreiecksbeziehung zwischen Kommittenten, Kommissionär und Drittem charakteristisch, wobei *drei* Rechtsbeziehungen streng zu unterscheiden sind:[3] Die Grundlage bildet das *Kommissionsgeschäft*, das der Kom- 2

---

[1] Im Überblick unten § 10.
[2] Dazu vorstehend in § 8.
[3] Ebenso Oetker/*Bergmann* § 383 Rn. 7; *Canaris* § 30 Rn. 4; *Fischinger* Rn. 779.

mittent mit dem Kommissionär abschließt und dessen Inhalt vorbehaltlich vorrangiger Parteiabreden die §§ 383 ff. HGB ausgestalten. Das Kommissionsgeschäft bildet seinerseits die Basis der weiteren Geschäfte, für deren Durchführung die §§ 383 ff. HGB allerdings nur teilweise Regelungen treffen. Hierzu gehört zunächst das *Ausführungsgeschäft* zwischen dem Kommissionär und dem Dritten, das seinerseits in das Verpflichtungsgeschäft (Kaufvertrag) und das Verfügungsgeschäft (Übereignung) zur Erfüllung der Verbindlichkeiten aus dem Kaufvertrag zu unterteilen ist. Als drittes tritt das *Abwicklungsgeschäft* zwischen dem Kommissionär und dem Kommittenten hinzu, durch welches der Kommissionär das wirtschaftliche Ergebnis des Ausführungsgeschäfts auf den Kommittenten überträgt.

3   Die für das Kommissionsgeschäft prägende Besonderheit bringt § 383 Abs. 1 HGB zum Ausdruck. Hiernach ist Kommissionär, wer im *eigenen* Namen, aber für *fremde* Rechnung über „Waren oder Wertpapiere" Kaufverträge mit Dritten abschließt. Er wird bei wirtschaftlicher Betrachtung zwar für den Kommittenten tätig, wegen seines Handelns *im eigenen Namen* liegt aber kein Fall der (unmittelbaren) Stellvertretung vor. Der Kommissionär ist deshalb kein Handelsvertreter; dieser schließt die Geschäfte nicht im eigenen, sondern im Namen des Unternehmers ab. Da das Kommissionsgeschäft den Kommissionär verpflichtet, die Forderungen aus dem Ausführungsgeschäft (Kaufvertrag) an den Kommittenten abzutreten (arg. e § 392 Abs. 1 HGB), wird er jedoch mittelbar für den Kommittenten tätig, sodass seine Tätigkeit ein Anwendungsfall der „mittelbaren Stellvertretung" ist.[4]

B. Vertragsbeziehung zwischen Kommissionär und Kommittenten

4   Das Kommissionsgeschäft ist ein Sonderfall des Geschäftsbesorgungsvertrags (§ 675 Abs. 1 BGB),[5] aufgrund dessen sich der Kommissionär im Interesse („für Rechnung") des Kommittenten verpflichtet, „Waren oder Wertpapiere" zu kaufen oder zu verkaufen.[6] Deshalb schuldet der Kommissionär regelmäßig keinen Erfolg, sondern lediglich eine Dienstleistung.[7] Der Kommittent kann dem Kommissionär

---

[4] S. z. B. Oetker/*Bergmann* § 383 Rn. 9; *Brox/Henssler* Rn. 426; *Canaris* § 30 Rn. 6; *Fischinger* Rn. 780; *Prütting/Guntermann/Weller* Rn. 942; *K. Schmidt* § 31 Rn. 9. Zur mittelbaren Stellvertretung im Überblick *Petersen* Jura 2003, 744 ff. sowie weiterführend *Hager* AcP Bd. 180 (1980), 239 ff.; *Schwark* JuS 1980, 777 ff.

[5] *Brox/Henssler* Rn. 430; *Canaris* § 30 Rn. 5; *Fischinger* Rn. 788; Ebenroth/Boujong/*Füller* § 383 Rn. 13; MK-HGB/*Häuser* § 383 Rn. 44; Staub/*Koller* § 383 Rn. 100; RvWH/*Lenz* § 383 Rn. 6; *Lettl* § 12 Rn. 99; *Prütting/Guntermann/Weller* Rn. 947; *K. Schmidt* § 31 Rn. 10.

[6] Über § 406 Abs. 2 HGB wird auch die Lieferung nicht vertretbarer beweglicher Sachen, die aus einem vom Unternehmer zu beschaffenden Stoffe herzustellen sind (s. § 650 BGB sowie die Parallelnorm zu § 406 Abs. 2 HGB in § 381 Abs. 2 HGB), in den Anwendungsbereich der §§ 383 ff. HGB einbezogen.

[7] Ebenso *Canaris* § 30 Rn. 5; im Regelfal auch MK-HGB/*Häuser* § 383 Rn. 45; für Dienstvertrag mit Werkvertragselementen hingegen *K. Schmidt* § 31 Rn. 52; ähnlich Oetker/*Bergmann* § 384

seinerseits eine Gegenleistung für die Dienstleistung und/oder eine Provision für den Fall zusagen, dass das von dem Kommissionär übernommene Geschäft zur Ausführung gelangt (§ 396 Abs. 1 Satz 1 HGB).[8] Vorbehaltlich abweichender vertraglicher Abreden findet auf das Kommissionsgeschäft ergänzend das Dienstvertragsrecht Anwendung. Das betrifft insbesondere dessen Kündigung. Diese unterliegt den §§ 621 Nr. 5, 627 BGB, nicht anwendbar ist hingegen das Kündigungsrecht in § 649 BGB.[9] Ggf. kann der Kommissionär aufgrund seiner wirtschaftlichen Abhängigkeit vom Kommittenten als arbeitnehmerähnliche Person zu bewerten sein.[10]

Kommissionär i. S. der §§ 383 ff. HGB kann grundsätzlich nur sein, wer die vertraglich geschuldete Tätigkeit gewerbsmäßig erbringt. Er muss deshalb ein Handelsgewerbe i. S. des § 1 Abs. 1 HGB betreiben.[11] Das bestätigt zusätzlich § 406 Abs. 1 Satz 1 HGB, der von „seinem Handelsgewerbe" spricht. Kaufmann ist der Kommissionär daher stets, wenn sein Unternehmen nach Art und Umfang einen in kaufmännischer Weise eingerichteten Geschäftsbetrieb erfordert.[12] Andernfalls kann er die Kaufmannseigenschaft durch Ausübung seines Optionsrechts (§ 2 Satz 2 HGB) erlangen.[13] Die Eintragung in das Handelsregister ist jedoch keine zwingende Voraussetzung für die Anwendung der §§ 383 bis 406 HGB, da diese Vorschriften (Satz 1) sowie die §§ 343 bis 372 HGB mit Ausnahme der §§ 348 bis 350 HGB (Satz 2) nach § 383 Abs. 2 HGB auch dann anwendbar sind, wenn Kleingewerbetreibende von einer Eintragung abgesehen haben. Darüber hinaus erweitert § 406 Abs. 1 Satz 2 HGB den Anwendungsbereich der §§ 383 ff. HGB auf solche Personen, die zwar ein Handelsgewerbe betreiben, bei diesem aber nur gelegentlich Kommissionsgeschäfte übernehmen. 5

Die Pflichten des Kommissionärs ähneln denen des Auftragnehmers nach bürgerlichem Recht. Wie dieser ist er verpflichtet, die Weisungen des Kommittenten zu befolgen (§§ 384 Abs. 1, 385 HGB sowie allgemein § 665 BGB), er muss ihm Rechenschaft ablegen (§ 384 Abs. 2 HGB sowie allgemein § 666 BGB) und ist zur Herausgabe desjenigen verpflichtet, was er aus der Geschäftsbesorgung erlangt (§ 384 Abs. 2 HGB sowie allgemein § 667 BGB). Die letztgenannte Pflicht des Kommissionärs umfasst insbesondere die Abtretung der aus dem Ausführungsgeschäft (Kaufvertrag) erlangten Forderung gegenüber dem Dritten an den Kommittenten.[14] Hierbei handelt es sich um das *Abwicklungsgeschäft*, mit dem der Kom- 6

Rn. 4; Staub/*Koller* § 383 Rn. 105 f.; s. auch *Fischinger* Rn. 788; Ebenroth/Boujong/*Füller* § 383 Rn. 14 ff.

[8] Fehlt eine derartige Vereinbarung, so kann für den Provisionsanspruch auf § 354 Abs. 1 HGB zurückgegriffen werden; s. Staub/*Koller* § 396 Rn. 1; RvWH/*Lenz* § 396 Rn. 1.

[9] S. Ebenroth/Boujong/*Füller* § 383 Rn. 16, 33; MK-HGB/*Häuser* § 383 Rn. 45, 111.

[10] S. z. B. BAG 8.9.1997, AP ArbGG 1979 § 5 Nr. 38 sowie Oetker/*Bergmann* § 383 Rn. 16.

[11] Dazu oben § 2 Rn. 7 ff.

[12] Dazu auch oben § 2 Rn. 28 ff.

[13] Anders noch § 1 Abs. 2 Nr. 6 HGB a. F., der den Kommissionär den Musskaufleuten zuordnete.

[14] Oetker/*Bergmann* § 384 Rn. 32 f.; *Fischinger* Rn. 797; Ebenroth/Boujong/*Füller* § 383 Rn. 33; Staub/*Koller* § 384 Rn. 75; *K. Schmidt* § 31 Rn. 65.

missionär das wirtschaftliche Ergebnis des Ausführungsgeschäfts auf den Kommittenten überträgt.

7   Umgekehrt schuldet der Kommittent als Auftraggeber dem Kommissionär neben der Provision (§ 396 Abs. 1 HGB)[15] Aufwendungsersatz, wobei als Anspruchsgrundlage auf § 675 Abs. 1 BGB i. V. mit § 670 BGB und zur Konkretisierung auf § 396 Abs. 2 HGB zurückzugreifen ist. Zur Absicherung dieser Ansprüche begründet § 397 HGB zugunsten des Kommissionärs ein gesetzliches Pfandrecht an dem Kommissionsgut, das sich in seinem Besitz befindet.

C. Struktur und Rechtsfragen des Ausführungsgeschäfts

I. Allgemeines

8   Für das vom Kommissionär besorgte Ausführungsgeschäft greift § 383 Abs. 1 HGB mit den Worten „kaufen" und „verkaufen" die Terminologie des Verpflichtungsgeschäfts auf und bringt damit zugleich die beiden unterschiedlichen Arten des Kommissionsgeschäfts zum Ausdruck: die Einkaufs- und die Verkaufskommission; beiden stellt § 406 Abs. 2 HGB die Lieferung nicht vertretbarer beweglicher Sachen gleich, die aus einem Stoff herzustellen sind, den der Unternehmer zu beschaffen hat. Zur Ausführung des Kommissionsgeschäfts schließt der Kommissionär mit dem Dritten daher im Grundfall des § 383 Abs. 1 HGB einen Kaufvertrag ab. Dieser unterliegt neben den §§ 433 ff. BGB den besonderen Vorschriften des Handelskaufs (§§ 373 ff. HGB), sofern deren persönliche Anwendungsvoraussetzungen erfüllt sind.[16]

9   Auch die allgemeinen Vorschriften zum Recht der Handelsgeschäfte (§§ 343 bis 372 HGB) sind auf das Ausführungsgeschäft zwischen Kommissionär und Drittem anwendbar. Das gilt jedenfalls stets, wenn der Kommissionär Kaufmann ist und die Ausführungsgeschäfte deshalb die Voraussetzungen eines Handelsgeschäfts erfüllen. Nicht eindeutig ist die Rechtslage, wenn der Kommissionär Kleingewerbetreibender ist, der nicht nach § 2 Satz 2 HGB für die Kaufmannseigenschaft optiert hat und deshalb nicht in das Handelsregister eingetragen ist. Nach dem Wortlaut ergreift die in § 383 Abs. 2 Satz 1 HGB angeordnete entsprechende Anwendung der §§ 343 ff. HGB nur das Kommissionsgeschäft. Für das Ausführungsgeschäft haben diese Vorschriften deshalb an sich keine Bedeutung; gleichwohl ist auch bei diesem eine entsprechende Anwendung einzelner Normen zu erwägen, wenn diese mit dem Kommissionsgeschäft und dessen Durchführung in einem engen sachlichen Zusammenhang stehen, wie z. B. die erweiterte Möglichkeit eines gutgläubigen Erwerbs (§ 366 HGB).[17] Unverzichtbar ist die Kaufmannseigenschaft jedoch, wenn das Aus-

---

[15] Ergänzend s. § 354 Abs. 1 HGB.
[16] Bei der Gleichstellung durch § 406 Abs. 2 HGB ist zusätzlich die Parallelnorm in § 381 Abs. 2 HGB zu beachten.
[17] Ebenso MK-HGB/*Häuser* § 383 Rn. 27; Hopt/*Kumpan* § 383 Rn. 2; *Schmitt* Die Rechtsstellung der Kleingewerbetreibenden nach dem Handelsrechtsreformgesetz, 2003, S. 119.

C. Struktur und Rechtsfragen des Ausführungsgeschäfts

führungsgeschäft den Vorschriften zum Handelskauf (§§ 373 bis 382 HGB) unterliegen soll. Insbesondere die Untersuchungs- und Rügeobliegenheiten in § 377 Abs. 1 HGB finden auf das Ausführungsgeschäft nur Anwendung, wenn der Kommissionär Kaufmann ist.[18]

Hiervon zu unterscheiden ist die Erfüllung des Ausführungsgeschäfts. Für die bei diesem vorzunehmenden Rechtsgeschäfte treffen die §§ 383 bis 406 HGB keine Regelungen, diese kann entweder der Kommittent selbst oder der Kommissionär für den Kommittenten vornehmen. Ob und auf welche Weise der Kommissionär bei der Erfüllung des Ausführungsgeschäfts tätig wird, bestimmt sich ausschließlich nach den Abreden der Parteien.

II. Schuldrechtliche Ebene des Ausführungsgeschäfts

1. Forderungen aus dem Ausführungsgeschäft

Da der Kommissionär das Ausführungsgeschäft, also den Kaufvertrag, mit dem Dritten im eigenen Namen abschließt, stehen die hierdurch begründeten Ansprüche und Forderungen ausschließlich ihm und nicht dem Kommittenten zu. Zunächst ist allein der Kommissionär Gläubiger des Kaufpreisanspruchs (bei der Verkaufskommission) bzw. des Anspruchs auf Übergabe und Übereignung des Kaufgegenstands (bei der Einkaufskommission).

Forderungsinhaber wird der Kommittent nur, wenn der Kommissionär im Rahmen des Abwicklungsgeschäfts die vorgenannten Forderungen an diesen abgetreten hat. Dementsprechend stellt § 392 Abs. 1 HGB klar, dass der Kommittent die Forderungen aus dem Ausführungsgeschäft (= Kaufvertrag zwischen Kommissionär und Drittem) erst nach erfolgter Abtretung geltend machen kann. Aus der Aufspaltung von Vertragspartnerstellung und Forderungsinhaberschaft folgen allerdings mehrere zivilrechtliche Probleme, für deren Lösung eine ausdrückliche gesetzliche Regelung fehlt. Diese betreffen vor allem die Verletzung von Pflichten des Kaufvertrags sowie den Schutz des Kommittenten vor den Gläubigern des Kommissionärs.

2. Schadensersatz bei Pflichtverletzungen

Die Aufspaltung von Vertragspartnerstellung und Forderungsinhaberschaft führt im Rahmen der §§ 280 ff., 323 ff. BGB dazu, dass dem Kommissionär aufgrund seiner Vertragspartnerstellung alle Rechte aus dem Kaufvertrag zustehen, den er mit dem Dritten abgeschlossen hat. Pflichtverletzungen des Kaufvertrags sind deshalb nach

---

[18] Weitergehend wohl *Schmitt* Die Rechtsstellung der Kleingewerbetreibenden nach dem Handelsrechtsreformgesetz, 2003, S. 119, der für eine extensive Auslegung des „Kommissionsgeschäfts" plädiert und zu diesem ohne Vorbehalte auch das Ausführungsgeschäft zählt. Zu einer vergleichbar extensiven Auslegung neigend auch Hopt/*Kumpan* § 383 Rn. 2; KKD/*Roth*/*Huber* § 383 Rn. 1.

den allgemeinen bürgerlich-rechtlichen Bestimmungen sowie etwaigen Ergänzungen durch die Sonderregelungen zum Handelskauf zu beurteilen. Daher steht z. B. bei einer von dem Dritten zu vertretenden Unmöglichkeit nur dem Kommissionär das Rücktrittsrecht (§ 326 Abs. 5 BGB i. V. mit § 323 Abs. 1 BGB) sowie der Anspruch auf Schadensersatz statt der Leistung (§ 283 BGB i. V. mit § 280 Abs. 1 BGB) zu.

14 An sich müsste ein Anspruch des Kommissionärs auf Schadensersatz statt der Leistung jedoch ausgeschlossen sein, weil bei ihm – abgesehen von seinem Provisionsanspruch – nach Abtretung der Forderung aus dem Ausführungsgeschäft an den Kommittenten kein Schaden eingetreten ist.[19] Andererseits kann der Kommittent den vertraglichen Schadensersatzanspruch wegen der fehlenden Vertragspartnerstellung nicht gegenüber dem Dritten geltend machen.[20] Eine „Enthaftung" des Dritten verhindert[21] jedoch das Institut der Drittschadensliquidation,[22] das den Vertragspartner (= Kommissionär) berechtigt, den Schaden des Kommittenten gegenüber dem Dritten geltend zu machen. Der Kommissionär ist seinerseits sodann verpflichtet, den erlangten Schadensersatz an den Kommittenten herauszugeben (§ 384 Abs. 2 HGB). Der in der Praxis umständliche Weg über den Kommissionär kann allerdings vermieden werden, indem dieser den Schadensersatzanspruch an den Kommittenten abtritt, was bereits in dem Kommissionsgeschäft (antizipiert) vereinbart werden kann. Ebenso ist denkbar, dass der Kommissionär den Kommittenten bevollmächtigt, die aus der Vertragspartnerstellung resultierenden Rechte aus dem Kaufvertrag im Namen des Kommissionärs gegenüber dem Dritten geltend zu machen. Beide Wege beseitigen aber nicht die Notwendigkeit, für die Begründung eines Ersatzanspruchs des Kommissionärs gegenüber dem Dritten auf das Institut der Drittschadensliquidation zurückgreifen zu müssen.

3. Besonderheiten bei Mängeln

15 Eine ähnliche Problematik tritt bezüglich der Ansprüche und Rechte aus dem Kaufvertrag zwischen dem Kommissionär und dem Dritten auf, wenn die verkaufte Sache mit einem Mangel i. S. der §§ 434, 435 BGB behaftet ist. Im Fall einer *Einkaufskommission* stehen die in § 437 BGB aufgezählten Ansprüche und Rechte ausschließlich dem Kommissionär zu. Dieser kann den Kommittenten jedoch bevollmächtigen, einen etwaigen Rücktritt bzw. eine Minderung (§ 437 Nr. 2 BGB) im Namen des Kommissionärs geltend zu machen, bzw. einen Schadensersatzanspruch (§ 437 Nr. 3 BGB) oder den Nacherfüllungsanspruch (§ 437 Nr. 1 BGB i. V. mit § 439 BGB) an den Kommittenten abtreten.

---

[19] Anderer Ansicht entgegen der h. M. *Peters* AcP Bd. 180 (1980), 329 (358).
[20] Anders entgegen der h. M. *Junker* Die Vertretung im Vertrauen im Schadensrecht, 1992, S. 47 ff.
[21] S. Oetker/*Bergmann* § 383 Rn. 34; *Canaris* § 30 Rn. 85; *Fischinger* Rn. 810; Ebenroth/Boujong/*Füller* § 383 Rn. 46; MK-HGB/*Häuser* § 383 Rn. 80; Staub/*Koller* § 383 Rn. 140; *Lettl* § 12 Rn. 113; *K. Schmidt* § 31 Rn. 98 ff.
[22] Hierzu aus dem Ausbildungsschrifttum z. B. *Steding* JuS 1983, 29 ff.

C. Struktur und Rechtsfragen des Ausführungsgeschäfts

Zweifelsfragen wirft die Obliegenheit zur unverzüglichen Rüge auf, wenn das Ausführungsgeschäft den Bestimmungen des Handelskaufs und insbesondere § 377 HGB unterliegt. Diesbezüglich trifft § 391 Satz 1 HGB für die Einkaufskommission eine Sonderregelung, nach der die Obliegenheiten aus § 377 Abs. 1 HGB den Kommittenten treffen. Wegen seiner fehlenden Vertragspartnerstellung muss er den Mangel jedoch nicht dem Dritten, sondern dem Kommissionär anzeigen, der sodann seinerseits seine Ansprüche und Rechte aus dem Kaufvertrag gegenüber dem Dritten geltend macht.

16

In der umgekehrten Konstellation, also einer *Verkaufskommission*, muss sich der Dritte ebenfalls an seinen Vertragspartner halten, d. h., er hat die in § 437 BGB aufgezählten Ansprüche und Rechte gegenüber dem Kommissionär geltend zu machen. Problematisch ist gegebenenfalls die Rückabwicklung des Vertrags, wenn diese dem Bereicherungsrecht unterliegt (z. B. infolge Anfechtung). In dieser Konstellation könnte der Kommissionär gegenüber einem Kondiktionsanspruch des Dritten einwenden, er habe den erlangten Kaufpreis bereits an den Kommittenten abgeführt und sei deshalb entreichert (§ 818 Abs. 3 BGB). Hierdurch würde allerdings das Aufspaltungsrisiko auf den Dritten verlagert,[23] für den es mehr oder weniger zufällig ist, ob der Kommissionär den erhaltenen Kaufpreis bereits dem Kommittenten übergeben hat. Da der Kommissionär im eigenen Namen handelt, muss jedoch er dieses Risiko tragen, § 242 BGB verwehrt ihm deshalb die Berufung auf den Entreicherungseinwand.[24]

17

4. Schutz des Kommittenten vor Gläubigern des Kommissionärs (§ 392 Abs. 2 HGB)

Sobald die Forderungen aus dem Ausführungsgeschäft (= Kaufvertrag) im Rahmen des Abwicklungsgeschäfts an den Kommittenten abgetreten sind, erlangt dieser die Forderungsinhaberschaft und die Gläubiger des Kommissionärs können auf die Forderungen nicht mehr zugreifen; ihre Pfändung und Überweisung (§§ 829, 835 ZPO) bei dem Kommissionär ginge mangels seiner Forderungsinhaberschaft ins Leere. Anders ist die Situation in dem Stadium bis zur Abtretung. Während diesem stehen die Forderungen aus dem Ausführungsgeschäft (= Kaufvertrag) ausschließlich dem Kommissionär zu, sodass dessen Gläubiger auf diese im Wege eines Pfändungs- und Überweisungsbeschlusses zugreifen könnten. Da dieses Resultat dem Zweck des Kommissionsgeschäfts widerspricht, fingiert § 392 Abs. 2 HGB, dass die Forderung aus dem Ausführungsgeschäft auch schon vor der Abtretung dem Kommittenten zusteht; im Verhältnis zu den Gläubigern des Kommissionärs gilt diese als eine solche des Kommittenten.

18

---

[23] So aber BGH 1.3.1967, BGHZ 47, 128 (131), für den Fall des wirksam verfügenden Verkaufskommissionärs; hierzu unten § 9 Rn. 30 ff.
[24] Ebenso *Canaris* § 30 Rn. 87; *Lettl* § 12 Rn. 116.

19   Die Fiktion des § 392 Abs. 2 HGB begründet zunächst einen Vollstreckungsschutz zugunsten des Kommittenten. Einer Einzelvollstreckung in die Forderung durch einen Gläubiger des Kommissionärs kann er mittels Drittwiderspruchsklage (§ 771 ZPO) begegnen[25] bzw. bei einer Insolvenz des Kommissionärs die Aussonderung der Forderung verlangen (§ 47 InsO).[26] Da § 392 Abs. 2 HGB den Kommissionär im Verhältnis zu seinen Gläubigern als Nichtberechtigten der Forderung fingiert, fehlt ihm auch die Befugnis, über die Forderung zu verfügen, indem er diese an seine Gläubiger abtritt. Anders ist die Rechtslage bei einer Abtretung an andere Personen, die keine Gläubiger des Kommissionärs sind. Sie werden in § 392 Abs. 2 HGB nicht genannt, sodass die Fiktion der Nichtberechtigung nicht eingreift. In dieser Konstellation bleibt der Kommissionär Inhaber der Forderung und kann diese abtreten und verpfänden.[27] Sofern hieraus eine Schadensersatzpflicht gegenüber dem Kommittenten resultiert (§ 280 Abs. 1 BGB), berührt diese nicht die Rechtswirksamkeit der Abtretung im Außenverhältnis.[28]

20   Kontroverse Diskussionen in Rechtsprechung und Literatur löst die Frage aus, ob der Vertragspartner des Ausführungsgeschäfts ebenfalls „Gläubiger" des Kommissionärs i. S. des § 392 Abs. 2 HGB ist.[29] Bejahendenfalls würde dieser gegenüber dem Kommissionär seine Möglichkeit verlieren, bezüglich der Forderungen aus dem Ausführungsgeschäft die Aufrechnung zu erklären oder ein Zurückbehaltungsrecht geltend zu machen. Bei formaler Betrachtung ist auch der Vertragspartner des Ausführungsgeschäfts ein „Gläubiger" des Kommissionärs. Dagegen ist mit der höchstrichterlichen Rechtsprechung und einer verbreiteten Auffassung im Schrifttum anzuführen, dass § 392 Abs. 2 HGB nicht auf die Sonderkonstellation zugeschnitten ist, dass der Gläubiger des Kommissionärs zugleich Vertragspartner des Ausführungsgeschäfts ist. Der zu weit geratene Wortlaut des § 392 Abs. 2 HGB bedarf deshalb einer Reduktion, für die der Zweck der vorgenannten Vorschrift die notwendige Legitimation liefert.[30]

---

[25] BGH 30.3.1988, BGHZ 104, 123 (127); *Brox/Henssler* Rn. 444; Ebenroth/Boujong/*Füller* § 392 Rn. 14; Heymann/*Herrmann* § 392 Rn. 5; *Hofmann* S. 168; Staub/*Koller* § 392 Rn. 31; Hopt/*Kumpan* § 392 Rn. 9.

[26] Ebenroth/Boujong/*Füller* § 392 Rn. 15; MK-HGB/*Häuser* § 392 Rn. 36, 38; *Hofmann* S. 168; Staub/*Koller* § 392 Rn. 32.

[27] Ebenso *Fischinger* Rn. 824.

[28] Oetker/*Bergmann* § 392 Rn. 9; Ebenroth/Boujong/*Füller* § 392 Rn. 10; Hopt/*Kumpan* § 392 Rn. 6.

[29] Zum Meinungsstand s. auch *Müller-Laube* S. 33 ff.; *Fezer* S. 268 ff.

[30] Ebenso i. E. RG 23.5.1928, RGZ 121, 177 (178); BGH 19.11.1968, NJW 1969, 276 (276); Oetker/*Bergmann* § 392 Rn. 12; *Brox/Henssler* Rn. 445; *Canaris* § 30 Rn. 77 ff.; *Fischinger* Rn. 826; Ebenroth/Boujong/*Füller* § 392 Rn. 12; Staub/*Koller* § 392 Rn. 40; Hopt/*Kumpan* § 392 Rn. 12; *Lettl* § 12 Rn. 122; *Lieder/Wüstenberg* Jura 2016, 1229 (1235 ff.); Prütting/Guntermann/*Weller* Rn. 962; *Teichmann* Rn. 1176. Restriktiver jedoch Teile des Schrifttums, die den Vertragspartner des Kommissionärs hinsichtlich nicht-konnexer Forderungen als Gläubiger des Kommissionärs i.S. des § 392 Abs. 2 HGB ansehen. Hierfür MK-HGB/*Häuser* § 392 Rn. 25; Heymann/*Herrmann* § 392 Rn. 7; *Hofmann* S. 168 f.; *K. Schmidt* § 31 Rn. 133 ff., m. w. N.; generell für eine Gläubigerstellung des Vertragspartners *J. v. Gierke/Sandrock* § 27 VI 1b, S. 471.

Eine weitere Streitfrage wirft die Beschränkung des § 392 Abs. 2 HGB auf „Forderungen" aus dem vom Kommissionär abgeschlossenen Geschäft auf. Keine Antwort gibt das Gesetz auf den Sonderfall, dass der Schuldner der Forderung, also der Vertragspartner des Ausführungsgeschäfts, das von ihm Geschuldete bereits an den Kommissionär geleistet hat. Auch in dieser Konstellation erweist sich der Kommittent als schutzbedürftig, da das an den Kommissionär Geleistete dem Zugriff seiner Gläubiger unterliegt, was jedoch im Widerspruch zu dem Zweck des § 392 Abs. 2 HGB steht. Die Vorschrift zielt darauf ab, einen Nachteil des Kommittenten aus der Aufspaltung des Geschäfts zu verhindern. Deshalb sprechen gute Gründe dafür, § 392 Abs. 2 HGB auf Surrogate zu erstrecken, die der Kommissionär für die Forderung erlangt hat.[31] Vor allem die Rechtsprechung lehnt jedoch eine derartige Ausdehnung des § 392 Abs. 2 HGB ab.[32] Defizite beim Schutz des Kommittenten sollen sich danach auf der dinglichen Ebene des Ausführungsgeschäfts durch entsprechende Abreden vermeiden lassen, die einen Zwischenerwerb des Kommissionärs ausschließen.[33]

21

III. Erfüllung des Ausführungsgeschäfts

Bei der Erfüllung des Ausführungsgeschäfts ist im Hinblick auf den veräußerten Gegenstand zu unterscheiden, ob eine Einkaufs- oder eine Verkaufskommission vorliegt und ob der Kommissionär oder der Kommittent das Erfüllungsgeschäft abschließt.

22

1. Einkaufskommission

a) Unmittelbarer Eigentumserwerb des Kommittenten

Weitgehend unproblematisch ist der sachenrechtliche Erwerb bei der Einkaufskommission, wenn der Kommissionär im Rahmen des Abwicklungsgeschäfts seinen Anspruch auf Übereignung der gekauften Ware an den Kommittenten abgetreten hat. In dieser Konstellation macht der Kommittent die Forderung direkt gegenüber dem Dritten geltend, sodass sich die Übereignung unmittelbar zwischen ihm und dem Dritten nach Maßgabe der §§ 929 bis 931 BGB vollzieht. Zu einem

23

---

[31] Hierfür Oetker/*Bergmann* § 392 Rn. 7; *Canaris* § 30 Rn. 82; Ebenroth/Boujong/*Füller* § 392 Rn. 7; *Hager* AcP Bd. 180 (1980), 239 (257); Heymann/*Herrmann* § 392 Rn. 8; Hopt/*Kumpan* § 392 Rn. 7; RvWH/*Lenz* § 392 Rn. 6; *Lettl* § 12 Rn. 127; *Lieder/Wüstenberg* Jura 2016, 1229 (1232 f.); KKD/*Roth/Huber* § 392 Rn. 5; *K. Schmidt* § 31 Rn. 140.
[32] BGH 26.9.1980, BGHZ 79, 89 (94); OLG Hamm 7.10.2003, WM 2004, 1252 (1252 f.); ebenso im Schrifttum *Brox/Henssler* Rn. 446; *Fischinger* Rn. 831; *J. v. Gierke/Sandrock* § 27 VI 1c, S. 472; Ebenroth/Boujong/*Krüger* 2. Aufl., § 392 Rn. 7; *Prütting/Guntermann/Weller* Rn. 956; *Teichmann* Rn. 1173; zurückhaltend auch MK-HGB/*Häuser* § 392 Rn. 43.
[33] Dazu näher unten § 9 Rn. 26.

direkten Eigentumserwerb des Kommittenten kommt es schließlich auch, wenn der Kommissionär bei der Abwicklung des Ausführungsgeschäfts offen im Namen des Kommittenten auftritt.[34] Beide Formen des unmittelbaren Eigentumserwerbs stehen indessen im Widerspruch zu dem Zweck des Kommissionsgeschäfts, da der Kommittent bei diesem gerade unerkannt bleiben will.[35]

b) Eigentumserwerb des Kommittenten über den Kommissionär

24 Anders vollzieht sich der Eigentumserwerb, wenn die Tätigkeit des Kommissionärs auch die Abwicklung des Ausführungsgeschäfts umfasst und er hierbei im eigenen Namen auftritt. In diesem Fall erwirbt zunächst der Kommissionär das Eigentum, das er sodann wegen § 384 Abs. 2 HGB an den Kommittenten übertragen muss.[36] Das gilt selbst bei einem Geheißerwerb, wenn der Dritte also die Ware auf Anweisung des Kommissionärs unmittelbar an den Kommittenten liefert.[37] Auch in diesem Fall erwirbt zunächst der Kommissionär das Eigentum.

25 Für den anschließenden Übergang des Eigentums von dem Kommissionär auf den Kommittenten bedarf es stets eines allgemeinen Übereignungstatbestandes nach den §§ 929 bis 931 BGB. Möglich ist hierbei insbesondere die Übereignung nach § 930 BGB durch Vereinbarung eines ggf. bereits in das Kommissionsgeschäft aufgenommenen antezipierten Besitzkonstituts.[38] Diese Variante bietet sich vor allem an, wenn der Dritte die Ware auf Geheiß des Kommissionärs unmittelbar an den Kommittenten liefern soll.[39]

c) Unmittelbarer Eigentumserwerb des Kommittenten durch ein „Geschäft für den, den es angeht"

26 Bei einem Zwischenerwerb des Kommissionärs verbleibt für den Kommittenten stets das Risiko, dass der gelieferte Gegenstand vorübergehend dem vollstreckungsrechtlichen Zugriff der Gläubiger des Kommissionärs ausgesetzt ist. Will der Kommittent für die Abwicklung des Kommissionsgeschäfts nicht den Weg der offenen Stellvertretung beschreiten, dann lässt sich sein Schutz über eine entsprechende An-

---

[34] Oetker/*Bergmann* § 383 Rn. 41; *J. v. Gierke/Sandrock* § 27 VI 2, S. 473; MK-HGB/*Häuser* § 383 Rn. 96; Hopt/*Kumpan* § 383 Rn. 27.
[35] Hopt/*Kumpan* § 383 Rn. 27.
[36] Oetker/*Bergmann* § 383 Rn. 38; MK-HGB/*Häuser* § 383 Rn. 96; a. A. *Hager* AcP Bd. 180 (1980), 239 (256), der stets einen unmittelbaren Eigentumserwerb des Kommittenten bejaht.
[37] BGH 22.3.1982, NJW 1982, 2371 (2372); *Canaris* § 30 Rn. 66; MK-HGB/*Häuser* § 383 Rn. 97; Staub/*Koller* § 383 Rn. 176.
[38] Im Überblick Oetker/*Bergmann* § 383 Rn. 40; *J. v. Gierke/Sandrock* § 27 VI 2c, S. 473; MK-HGB/*Häuser* § 383 Rn. 99; Hopt/*Kumpan* § 383 Rn. 26.
[39] S. auch Ebenroth/Boujong/*Füller* § 383 Rn. 52 f.

C. Struktur und Rechtsfragen des Ausführungsgeschäfts

wendung des § 392 Abs. 2 HGB erreichen.[40] Wer diese jedoch ablehnt,[41] kann einen Schutz des Kommittenten vor den Gläubigern des Kommissionärs nur erreichen, indem er auf der Ebene des Verfügungsgeschäfts diesen als Stellvertreter des Kommittenten behandelt und eine Harmonie mit dem Offenkundigkeitsprinzip über die Figur des verdeckten „Geschäfts für den, den es angeht"[42] herbeiführt.[43] Der Rückgriff hierauf ist allerdings nicht frei von Bedenken, da im Gegensatz zu den Normalfällen[44] bei der Erfüllung des Ausführungsgeschäfts schutzwürdige Dritt- und Allgemeininteressen hinzutreten.[45] Es ist zudem bedenklich, die Figur des „Geschäfts für den, den es angeht" ausschließlich auf den Vollzug des Ausführungsgeschäfts zu beschränken. Im Grunde ließe sich mit diesem „Kunstgriff" auch für die schuldrechtliche Ebene des Ausführungsgeschäfts ein unmittelbarer Vertragsschluss zwischen Drittem und Kommittenten begründen.[46]

2. Verkaufskommission

a) Unmittelbarer Eigentumserwerb des Dritten von dem Kommittenten

Bei der Verkaufskommission ist erneut der Fall unproblematisch, in dem der Kommissionär die Forderungen aus dem Kaufvertrag an den Kommittenten abtritt und die dingliche Erfüllung des Ausführungsgeschäfts unmittelbar zwischen dem Dritten und dem Kommittenten erfolgt. Der Eigentumserwerb vollzieht sich in dieser Konstellation direkt nach Maßgabe der §§ 929 bis 931 BGB von dem Kommittenten auf den Dritten.

27

b) Ermächtigung des Kommissionärs zu der Eigentumsübertragung

Wird der Kommissionär bei der Verkaufskommission mit der Abwicklung des Kommissionsgeschäfts betraut, dann bleibt der Kommittent zunächst Eigentümer der verkauften Ware. Der Kommissionär wird jedoch im Rahmen der Beauftragung mit der Abwicklung ermächtigt (§ 185 BGB), über das Eigentum des Kommittenten am Kommissionsgut zu verfügen.[47] Auch in diesem Fall vollzieht sich der Eigen-

28

---

[40] Näher hierzu oben § 9 Rn. 21.
[41] So vor allem BGH 26.9.1980, BGHZ 79, 89 (94).
[42] Allg. hierzu *Bork* Rn. 1397 ff.; *Neuner* § 45 Rn. 50 f.
[43] Hierfür z. B. MK-HGB/*Häuser* § 383 Rn. 101; Staub/*Koller* § 383 Rn. 182; *Lettl* § 12 Rn. 118.
[44] Bargeschäfte des täglichen Lebens, s. RG 2.11.1920, RGZ 100, 190 (192 ff.).
[45] Zu den Bedenken stellvertretend *Canaris* Festschrift für Flume Bd. I, 1978, S. 372 (418 f., 424 f.); Hopt/*Kumpan* § 383 Rn. 28; ablehnend auch Oetker/*Bergmann* § 383 Rn. 41; Ebenroth/Boujong/*Füller* § 384 Rn. 51.
[46] Ausdrücklich dagegen jedoch MK-HGB/*Häuser* § 383 Rn. 102.
[47] BGH 9.6.1959, WM 1959, 1004 (1006); Oetker/*Bergmann* § 383 Rn. 36; MK-HGB/*Häuser* § 383 Rn. 87; *K. Schmidt* § 31 Rn. 104.

tumserwerb unmittelbar von dem Kommittenten auf den Dritten; ein Zwischenerwerb des Kommissionärs tritt nicht ein.[48]

29   Fehlt dem Kommissionär die Verfügungsbefugnis, so verfügt er über die Ware als Nichtberechtigter. In dieser Konstellation kommt jedoch ein gutgläubiger Erwerb des Dritten nach den §§ 932 ff. BGB in Betracht.[49] Da für diesen im Fall einer Verkaufskommission aber regelmäßig offenkundig ist, dass der Kommissionär als Nichteigentümer über das Kommissionsgut verfügt und deshalb der gute Glaube hinsichtlich der Eigentümerstellung fehlt, ermöglicht erst § 366 HGB einen gutgläubigen Erwerb.[50] War die Übereignung nach der vorgenannten Vorschriften rechtswirksam, dann hat der Kommissionär als Nichtberechtigter wirksam verfügt. Als Ausgleich steht dem Kommittenten als vormaligem Eigentümer ein Anspruch gegenüber dem Kommissionär aus § 816 Abs. 1 Satz 1 BGB zu.[51]

c) Bereicherungsausgleich bei fehlendem Eigentum des Kommittenten

aa) Bereicherungsanspruch gegen den Kommissionär

30   Sehr kontrovers wird der Bereicherungsausgleich erörtert, wenn das Kommissionsgut nicht im Eigentum des Kommittenten, sondern eines anderen stand. Hat der Dritte nach den §§ 932 ff. BGB oder wegen seines guten Glaubens an die Verfügungsbefugnis des Kommissionärs nach § 366 HGB Eigentum erworben, so ist zunächst zu erwägen, ob dem bisherigen Eigentümer gegenüber dem Kommissionär ein Bereicherungsanspruch zusteht.

31   Wegen des rechtswirksamen Eigentumserwerbs des Dritten kommt vor allem ein Anspruch aus § 816 Abs. 1 Satz 1 BGB in Betracht. Dieser setzt tatbestandlich jedoch voraus, dass der Kommissionär als „Verfügender" i. S. des § 816 Abs. 1 Satz 1 BGB anzusehen ist. Hierfür spricht, dass der Kommissionär die für die Verfügung erforderliche Willenserklärung im eigenen Namen abgibt, sodass aus der Sicht des begünstigten Dritten eine Verfügung des Kommissionärs vorliegt. Konstruktiv ist indes auch ein anderer Lösungsweg denkbar, der eine Parallele zu der offenen Stellvertretung zieht. Bei dieser ist nicht der Vertreter, sondern der Vertretene Verfügender i. S. des § 816 Abs. 1 Satz 1 BGB. Allerdings erfolgt die Verfügung in diesem Fall im *fremden* Namen. Demgegenüber wird die Verfügung bei einer Ermächtigung i. S. des § 185 BGB stets im *eigenen* Namen vorgenommen. Zu erwägen ist deshalb lediglich eine entsprechende Anwendung der Grundsätze zur offenen Stellvertretung bei den Sachverhalten einer mittelbaren Stellvertretung. Zur Begründung lässt sich anführen, dass sich der Bereicherungsanspruch gegen den Begünstigten richten muss. Im Fall der mittelbaren Stellvertretung ist das nicht derjenige, der im

---

[48] *Canaris* § 30 Rn. 70; MK-HGB/*Häuser* § 383 Rn. 87.
[49] Oetker/*Bergmann* § 383 Rn. 37; MK-HGB/*Häuser* § 383 Rn. 91; Staub/*Koller* § 383 Rn. 174.
[50] Näher zu § 366 HGB oben § 7 Rn. 93 ff.
[51] BGH 1.3.1967, BGHZ 47, 128 (130 f.); Oetker/*Bergmann* § 383 Rn. 37; RvWH/*Lenz* § 383 Rn. 35.

eigenen Namen handelt, sondern derjenige, für den dieser wirtschaftlich tätig geworden ist. Bei diesem Ansatz richtet sich ein Bereicherungsanspruch des früheren Eigentümers nicht gegen den Kommissionär, da bei wirtschaftlicher Betrachtungsweise nicht er, sondern der Kommittent verfügt, sodass § 816 Abs. 1 Satz 1 BGB gegenüber dem Kommissionär tatbestandlich nicht einschlägig ist.

Die überwiegende Auffassung beschreitet den letztgenannten Weg indes nicht. Sie stellt ausschließlich darauf ab, dass der Kommissionär im eigenen Namen verfügt hat und bejaht deshalb dem Grunde nach einen Anspruch aus § 816 Abs. 1 Satz 1 BGB gegen den Kommissionär.[52] Hiergegen wendet sich *Canaris* mit dem Hinweis auf § 392 Abs. 2 HGB;[53] dieser entziehe sowohl die Kaufpreisforderung als auch einen tatsächlich erlangten Kaufpreis dem Zugriff der Gläubiger. Dieser Argumentation steht jedoch entgegen, dass § 392 Abs. 2 HGB lediglich den Normalfall des Kommissionsgeschäfts erfasst, in dem der Kommittent Eigentümer des Kommissionsguts ist und vor Gläubigern des Kommissionärs geschützt werden soll, die an dem Kommissionsgeschäft nicht beteiligt sind. 32

Wird ein Anspruch des früheren Eigentümers aus § 816 Abs. 1 Satz 1 BGB gegenüber dem Kommissionär dem Grunde nach bejaht, dann führt dies zu einem interessengerechten Ergebnis, wenn sich der Erlös noch im Vermögen des Kommissionärs befindet. Anders ist dies jedoch, wenn dieser den erzielten Erlös bereits vor der Geltendmachung des Bereicherungsanspruchs wegen § 384 Abs. 2 HGB an den Kommittenten abgeführt hat. Auf den ersten Blick steht § 818 Abs. 3 BGB einem Bereicherungsanspruch entgegen. Obwohl der ehemalige Eigentümer hierdurch schlechter steht, als wenn er vor der Verfügung einen Herausgabeanspruch gegenüber dem Kommissionär geltend gemacht hätte, soll es bei der Anwendung des § 818 Abs. 3 BGB bleiben.[54] Der besondere Zweck des § 816 Abs. 1 Satz 1 BGB, einen Ersatz für das verlorengegangene Eigentum zu liefern, verdrängt in dieser Konstellation nicht die allgemeine Regelung in § 818 Abs. 3 BGB. 33

bb) Bereicherungsanspruch gegen den Kommittenten

Die (gutgläubige) Weiterleitung des Erlöses an den Kommittenten wirft die Frage auf, ob der frühere Eigentümer in diesem Fall den Erlös von dem Kommittenten herausverlangen kann. Die Vorschrift des § 816 Abs. 1 Satz 1 BGB passt bei wortlautgetreuer Anwendung nicht, da nicht der Kommittent, sondern der Kommissionär über den Gegenstand verfügt hat. Wird auf ein abweichendes Verständnis 34

---

[52] *Lieder/Wüstenberg* Jura 2016, 1229 (1237 f.); *K. Schmidt* § 31 Rn. 110; MK-BGB/*Schwab* § 816 Rn. 11; offengelassen in BGH 1.3.1967, BGHZ 47, 128 (131).

[53] *Canaris* § 30 Rn. 90 f.; zustimmend MK-HGB/*Häuser* § 383 Rn. 94; MK-BGB/*Lieb* 4. Aufl., § 816 Rn. 21 (anders nunmehr MK-BGB/*Schwab* § 816 Rn. 11); Staudinger/*Lorenz* (2007) § 816 Rn. 4.

[54] So Oetker/*Bergmann* § 383 Rn. 37; Hopt/*Kumpan* § 383 Rn. 23; *Lieder/Wüstenberg* Jura 2016, 1229 (1238); *K. Schmidt* § 31 Rn. 111; i. E. auch *Jülch* JA 2011, 407 (410 f.); offengelassen in BGH 1.3.1967, BGHZ 47, 128 (131); den Einwand aus § 818 Abs. 3 BGB abwehrend MK-BGB/*Schwab* § 816 Rn. 12, durch Zubilligung eines Freistellungsanspruchs gegenüber dem Kommittenten aus den §§ 670, 257 BGB.

bezüglich des „Verfügenden" in den Fällen einer mittelbaren Stellvertretung verzichtet,[55] dann verbleibt nur der Weg, § 816 Abs. 1 Satz 1 BGB analog anzuwenden, wenn der Verfügende (= Kommissionär) das Erlangte an einen anderen weitergeleitet hat. Dies bejaht eine verbreitete Ansicht im Schrifttum, die ungeachtet der zum Teil unterschiedlichen Begründungen jedenfalls einen Bereicherungsanspruch gegen den Kommittenten aus § 816 Abs. 1 Satz 1 BGB bejaht.[56] Wird die Anwendung dieser Vorschrift verneint, so kommt allenfalls § 822 BGB als Anspruchsgrundlage gegenüber dem Kommittenten in Betracht, der jedoch letztlich ebenfalls analog angewendet werden muss.[57]

D. Das Abwicklungsgeschäft

35 Im Rahmen des Abwicklungsgeschäfts überträgt der Kommissionär das wirtschaftliche Ergebnis des Kommissionsgeschäfts auf den Kommittenten. Im Hinblick auf die hierbei zu vollziehenden Rechtsakte, die sich in den Denkfiguren des bürgerlichen Rechts vollziehen, ist erstens zwischen der Einkaufs- und der Verkaufskommission und zweitens danach zu unterscheiden, in welchem Umfang der Kommissionär in die Durchführung des Ausführungsgeschäfts einbezogen ist.

36 Bei der *Einkaufskommission* ist der Kommissionär zunächst verpflichtet, die aus dem Kaufvertrag entspringende Forderung auf Übereignung an den Kommittenten abzutreten. Ist der Kommissionär zudem mit der Abwicklung des Ausführungsgeschäfts betraut, so muss er das erlangte Eigentum an dem Kommissionsgut auf den Kommittenten übertragen.

37 Im Fall der *Verkaufskommission* ist der Kommissionär verpflichtet, die Kaufpreisforderung an den Kommittenten abzutreten. Ist er mit der Abwicklung des Ausführungsgeschäfts betraut, dann muss er den von dem Dritten erlangten Kaufpreis an den Kommittenten herausgeben.

---

[55] Zu einem gegenteiligen Ergebnis kann man über eine abweichende Auslegung des „Verfügenden" gelangen (s. *K. Schmidt* § 31 Rn. 115). In diesem Fall greift § 816 Abs. 1 Satz 1 BGB niemals gegenüber dem Kommissionär, aber stets und ausschließlich gegenüber dem Kommittenten ein. S. näher oben § 9 Rn. 30 ff.
[56] So *Canaris* § 30 Rn. 91.
[57] Hierfür Oetker/*Bergmann* § 383 Rn. 37; *Reuter/Martinek* Ungerechtfertigte Bereicherung, 1983, § 8 I 1d bb, S. 295; wohl auch Hopt/*Kumpan* § 383 Rn. 23; *K. Schmidt* § 31 Rn. 115 a. E.

§ 10 Das Vertragsrecht der Transportgeschäfte

A. Überblick

Von den weiteren im Handelsgesetzbuch geregelten Handelsgeschäfte sollen die in den §§ 407 bis 475h HGB zusammengefassten Transportgeschäfte in ihren Grundzügen dargestellt werden.[1] Im Einzelnen handelt es sich um den Frachtvertrag (§§ 407 bis 450 HGB) mit den Unterarten des Umzugsvertrags (§§ 451 bis 451h HGB) und des Vertrags über den multimodalen Transport (§§ 452 bis 452d HGB),[2] den Speditionsvertrag (§§ 453 bis 466 HGB) sowie den Lagervertrag (§§ 467 bis 475h HGB). Ihre jetzige Ausprägung erhielten die Bestimmungen zu den vorgenannten Verträgen vor allem durch das Transportrechtsreformgesetz,[3] das die zuvor geltenden Vorschriften harmonisiert und die zum Teil verstreuten Einzelregelungen zusammengeführt hat.[4] Im Zuge des Gesetzes zur Reform des Seehandelsrechts wurde diese nochmals überarbeitet und insbesondere den neu gefassten haftungsrechtlichen Bestimmungen des Seefrachtrechts angeglichen.[5]

1

---

[1] Weiterführend z. B. *Canaris* § 31, S. 484 ff.; *Hopt* S. 239 ff.; *K. Schmidt* §§ 32 bis 34, S. 1059 ff.
[2] Speziell hierzu *Looks* VersR 1999, 31 ff.
[3] Aus der Entstehungsgeschichte Reg. Begr., BT-Drucks. 13/8445.
[4] Weiterführend *Herber* NJW 1998, 3297 ff.
[5] Zu den Neuregelungen im Überblick *Paschke/Ramming* RdTW 2013, 1 ff. sowie zum Referentenentwurf *Koller* VersR 2011, 1209 ff.

B. Der Frachtvertrag

I. Inhalt und Abschluss

2   Der Frachtvertrag und seine Ausgestaltung in den §§ 407 bis 450 HGB bilden das Fundament für die im Handelsgesetzbuch geregelten Transportgeschäfte. In ihm verpflichtet sich der Frachtführer, das Gut zum Bestimmungsort zu befördern und dort abzuliefern (§ 407 Abs. 1 HGB). Der Absender verpflichtet sich, hierfür die vereinbarte Fracht zu zahlen (§ 407 Abs. 2 HGB).

3   Der Frachtvertrag erfasst allerdings nicht sämtliche Beförderungen. Einschränkungen begründet § 407 Abs. 3 Satz 1 HGB in zweierlei Hinsicht: Erstens gelten die §§ 407 bis 450 HGB nur für Beförderungen zu Land und auf Binnengewässern (einschließlich Flüssen); für die Seefracht sind die §§ 481 bis 555 HGB maßgebend (s. § 407 Abs. 3 Satz 1 Nr. 1 HGB). Zweitens muss der Frachtführer die Beförderung als gewerbliches Unternehmen betreiben (§ 407 Abs. 3 Satz 1 Nr. 2 HGB). Nicht erforderlich ist hingegen dessen Kaufmannseigenschaft, da die §§ 407 bis 450 HGB auch für nicht im Handelsregister eingetragene Kleingewerbetreibende anwendbar sind (§ 407 Abs. 3 Satz 2 HGB).[6]

4   Der Frachtvertrag kommt durch übereinstimmende Willenserklärungen der Parteien zustande (Konsensualvertrag) und kann mündlich oder schriftlich abgeschlossen werden. Die Ausstellung des Frachtbriefs durch den Absender (§ 408 Abs. 1 HGB) ist keine Voraussetzung für einen wirksamen Vertragsschluss. Seine Rechtswirkungen beschränken sich auf eine Vermutung hinsichtlich Abschluss und Inhalt des Frachtvertrags sowie die Übernahme des Gutes durch den Frachtführer (§ 409 Abs. 1 HGB). Insofern ähnelt er der Vertragsurkunde, deren Ausstellung der Handelsvertreter verlangen kann (§ 85 Satz 1 HGB).

II. Pflichten der Vertragsparteien

5   Als Hauptpflicht schuldet der *Frachtführer* die Beförderung des ihm übergebenen Gutes (§ 407 Abs. 1 HGB). Hierbei hat er für die Betriebssicherheit der Verladung zu sorgen (§ 412 Abs. 1 Satz 2 HGB) und Weisungen des Absenders zu befolgen (§§ 416 Satz 1, 418 Abs. 1 Satz 2 HGB).

6   Der *Absender* schuldet dem Frachtführer die Zahlung der vereinbarten Fracht (§ 407 Abs. 2 HGB). Sie ist bei Ablieferung des Gutes zu zahlen (§ 420 Abs. 1 Satz 1 HGB). Dem Frachtführer steht die Fracht darüber hinaus auch dann zu, wenn der Absender die ihm obliegende Mitwirkungshandlung nicht vornimmt und die Ladezeit versäumt (§ 417 Abs. 2 HGB i. V. mit § 415 Abs. 2 Satz 1 Nr. 1 HGB). Aufwendungen des Frachtführers sind ebenfalls vom Absender zu ersetzen (§ 420

---

[6] Zur Arbeitnehmereigenschaft eines derartigen Frachtführers einerseits BAG 19.11.1997, AP BGB § 611 Abhängigkeit Nr. 90; andererseits BGH 21.10.1998, NJW 1999, 648 ff.; OLG Naumburg 7.10.1997, OLG-NL 1998, 209 ff.

B. Der Frachtvertrag

Abs. 1 Satz 2 HGB). Wird die Beförderung unmöglich, so entfällt der Anspruch auf die Fracht (§ 420 Abs. 2 Satz 1 HGB), sofern die Ursache für die Unmöglichkeit nicht in die Risikosphäre des Absenders fällt oder sich dieser im Annahmeverzug befindet (§ 420 Abs. 3 HGB). Ferner ist der Absender zur Ausstellung des Frachtbriefs (§ 408 HGB) sowie zur beförderungssicheren Ladung und Entladung verpflichtet (§ 412 Abs. 1 Satz 1 HGB). Darüber hinaus unterliegt er Mitteilungs- und Kennzeichnungspflichten (§§ 410 Abs. 1, 411 Satz 2, 413 Abs. 1 HGB) und muss das Gut so verpacken, dass es vor Verlust sowie Beschädigung geschützt ist und dem Frachtführer durch das zu befördernde Gut keine Schäden entstehen (§ 411 Satz 1 HGB).

III. Haftung der Vertragsparteien

Die Haftung der Vertragsparteien zeichnet sich dadurch aus, dass das Gesetz diese 7 verschuldensunabhängig ausgestaltet und in dieser Ausprägung sowohl den Absender als auch den Frachtführer treffen kann.

1. Schadensersatzpflicht des Absenders

Der Absender haftet nach § 414 Abs. 1 Satz 1 HGB verschuldensunabhängig für 8 Schäden und Aufwendungen, die dem Frachtführer entstehen, weil der Absender seine in § 414 Abs. 1 Satz 1 HGB abschließend aufgezählten Pflichten verletzt hat. Das betrifft insbesondere die ungenügende Verpackung oder Kennzeichnung des Frachtgutes durch den Absender (§ 414 Abs. 1 Satz 1 Nr. 1 HGB i. V. mit § 411 HGB). Verschuldensabhängig ist die Haftung jedoch, wenn der Absender ein Verbraucher (s. § 13 BGB) ist (§ 414 Abs. 3 HGB). Hat an der Verursachung der Schäden oder Aufwendungen ein Verhalten des Frachtführers mitgewirkt, dann ist der Ersatzanspruch zu kürzen (§ 414 Abs. 2 HGB).

2. Schadensersatzpflicht des Frachtführers und seiner Leute

Den Frachtführer trifft eine umfassende Schadensersatzpflicht für Verlust oder Be- 9 schädigung des Frachtgutes sowie für die Überschreitung der Lieferfrist (§ 425 Abs. 1 HGB). Sie ist nur ausgeschlossen, wenn er die haftungsbegründenden Tatbestände nicht vermeiden konnte (§ 426 HGB) oder einer der Haftungsausschlusstatbestände des § 427 HGB eingreift. Dabei hat der Frachtführer für das Verhalten anderer Personen einzustehen, wenn es sich um eigene Leute (§ 428 Satz 1 HGB) oder Dritte handelt, derer er sich zur Ausführung der Beförderung bedient (§ 428 Satz 2 HGB). Hat an der Entstehung des Schadens indessen ein Verhalten des Absenders oder Empfängers mitgewirkt, dann sind die Verursachungsbeiträge gegeneinander abzuwägen und die Ersatzpflicht des Frachtführers entsprechend zu kürzen (§ 425 Abs. 2 HGB).

10   Die verschuldensunabhängige Haftung des Frachtführers ist zumeist durch Haftungshöchstbeträge begrenzt, was nicht nur hinsichtlich des Verlusts oder der Beschädigung des Gutes (§ 431 Abs. 1 und 2 HGB) oder für sonstige Vermögensschäden (§ 433 HGB) gilt. Eine betragsmäßig beschränkte Haftung trifft den Frachtführer auch bei einer Überschreitung der Lieferfrist (§ 431 Abs. 3 HGB). Dieses Konzept gilt sowohl für vertragliche Ansprüche als auch bei außervertraglichen Haftungsansprüchen, die dem Absender gegen den Frachtführer (§ 434 HGB) oder den von ihm zugezogenen Leuten (§ 436 Satz 1 HGB) zustehen. Die in den vorgenannten Bestimmungen normierten summenmäßigen Haftungsobergrenzen greifen jedoch nicht ein, wenn der Frachtführer bzw. einer seiner Leute vorsätzlich oder leichtfertig in dem Bewusstsein gehandelt hat, dass der Eintritt eines Schadens wahrscheinlich ist (§§ 435, 436 Satz 2 HGB).

11   Eine schadensersatzrechtliche Besonderheit ist zu beachten, wenn ein Verkäufer den Frachtführer zur Durchführung eines *Versendungskaufes* (§ 447 BGB) mit dem Transport des Kaufgegenstandes beauftragt und der Kaufgegenstand auf dem Transport beschädigt oder zerstört wird.[7] In diesem Fall verdrängt § 421 Abs. 1 Satz 2 und 3 HGB partiell die allgemeinen Grundsätze der Drittschadensliquidation, da § 421 Abs. 1 Satz 2 HGB den Empfänger (Käufer) in gleicher Weise wie den Absender (Verkäufer) berechtigt, Ansprüche aus dem Frachtvertrag geltend zu machen.[8] Hierbei handelt es sich um einen eigenen Anspruch des Empfängers,[9] der jedoch nicht anders als der des Absenders der Höhe nach beschränkt ist (§§ 431, 433 HGB; Ausnahme: § 435 HGB). Sofern der Absender (Verkäufer) Ersatzansprüche gegen den Frachtführer geltend macht, ist ein Rückgriff auf die allgemeinen Grundsätze der Drittschadensliquidation wegen der Sonderregelung in § 421 Abs. 1 Satz 3 HGB entbehrlich. Diese erlaubt ausdrücklich auch die Geltendmachung des Ersatzanspruchs im fremden Interesse. Die Besonderheit des § 421 Abs. 1 Satz 2 und 3 HGB besteht vor allem darin, dass er eine Doppellegitimation des Absenders und des Empfängers begründet.[10]

12   Im Interesse einer beschleunigten Abwicklung des Frachtgeschäfts erlegt § 438 Abs. 1 und 2 HGB dem Absender bzw. dem Empfänger eine Anzeigepflicht auf und übernimmt damit ein Regelungsinstrument, das in dem Recht des Handelskaufs (§ 377 Abs. 1 HGB) eine Parallele findet. Wegen der Rechtsfolgen bei einer Verletzung der Obliegenheit ist zwischen dem Verlust und einer Beschädigung des beförderten Gutes sowie dem Überschreiten der Lieferfrist zu unterscheiden. Am ein-

---

[7] S. z. B. *Becker* AcP Bd. 202 (2002), 722 (723).
[8] Ausführlich dazu *Becker* AcP Bd. 202 (2002), 722 ff.; *Oetker* JuS 2001, 833 ff.; ferner *Koller* TranspR 2013, 220 ff.; *Luther* TranspR 2013, 94 ff.
[9] Ebenso *Becker* AcP Bd. 202 (2002), 722 (725 ff.); *Canaris* § 31 Rn. 61; *Homann* JA 1999, 977 (981); *Hübner* Rdnr. 998; Hopt/*Merkt* § 421 Rn. 2; *Oechsler* Vertragliche Schuldverhältnisse, 2. Aufl. 2007, § 2 Rn. 314; *Oetker* JuS 2001, 833 (836 f.); Oetker/*Paschke* § 421 Rn. 12, 14; a. A. *Büdenbender* NJW 2000, 986 (988 Fn. 15): Prozessstandschaft; s. auch BGH 23.7.2020, WM 2021, 2090 Rn. 16; OLG Hamm 6.10.2022, BeckRS 2022, 47792.
[10] Näher dazu z. B. *Becker* AcP Bd. 202 (2002), 722 (736 ff.) sowie Oetker/*Paschke* § 421 Rn. 14; Staub/*Schmidt* § 421 Rn. 24.

schneidendsten sind die Rechtsfolgen im letztgenannten Fall, da § 438 Abs. 3 HGB die Anzeigefrist als Ausschlussfrist ausgestaltet. Verletzt der Absender bzw. der Empfänger hingegen seine Anzeigepflicht bei Verlust oder Beschädigung des Gutes, dann tritt lediglich die Vermutung ein, dass das Gut in vertragsgemäßem Zustand abgeliefert wurde (§ 438 Abs. 1 Satz 1 und Abs. 2 HGB), die allerdings widerlegt werden kann.[11]

C. Der Umzugsvertrag

Besondere Vorschriften enthalten die §§ 451 bis 451h HGB für den Umzugsvertrag. Er ist ebenfalls ein Frachtvertrag, gewinnt seine Eigentümlichkeit aber aus dem zu befördernden Gut: es muss sich um Umzugsgut handeln. Der Umzugsvertrag weicht in mehreren Punkten von den Vorschriften des Frachtvertrags ab: 13

- Die Pflichten des *Frachtführers* werden erweitert auf das Ab- und Aufbauen von Möbeln sowie das Ver- und Entladen des Umzugsgutes (§ 451a Abs. 1 HGB); von ihm ist auch die Verpackung und Kennzeichnung des Umzugsgutes geschuldet, wenn der Absender ein Verbraucher (s. § 13 BGB) ist (§ 451a Abs. 2 HGB).   14
- Die Pflichten des *Absenders* werden abgeschwächt, wenn der Umzugsvertrag weder seiner gewerblichen noch seiner selbstständigen beruflichen Tätigkeit zugerechnet werden kann (§ 451b Abs. 2 und 3 HGB).   15
- Die Bestimmung zum *Haftungsausschluss* ist auf die besonderen Gefahren des Umzugsguts zugeschnitten (§ 451d Abs. 1 HGB); sie greift nur ein, wenn der Frachtführer alle ihm nach den Umständen obliegenden Maßnahmen getroffen und besondere Weisungen beachtet (§ 451d Abs. 3 HGB) sowie den Absender bei Vertragsschluss über den Haftungsausschluss unterrichtet hat (§ 451g Satz 1 Nr. 1 HGB), wenn es sich bei diesem um einen Verbraucher (s. § 13 BGB) handelt. Entsprechendes gilt für den von § 431 Abs. 1 und 2 HGB abweichenden und mit § 451c HGB übereinstimmenden Haftungshöchstbetrag in § 451e HGB.   16
- Die *Schadensanzeige* regelt § 451f HGB hinsichtlich der Frist und der Rechtsfolge abweichend von § 438 Abs. 1 und 2 HGB. Die Verletzung der Obliegenheit zur Anzeige löst nicht lediglich eine widerlegbare Vermutung aus, sondern führt – im Unterschied zu § 438 Abs. 1 HGB – zum Erlöschen des Anspruchs (§ 451f HGB). Diese Rechtsfolge tritt allerdings nicht ein, wenn der Frachtführer seinerseits pflichtwidrig gehandelt und den Absender bei der Ablieferung nicht auf Form und Frist sowie die Rechtsfolgen hingewiesen hat, die bei einem Unterlassen der Schadensanzeige eintreten (§ 451g Satz 1 Nr. 2 HGB), was allerdings nur gilt, wenn der Absender den Vertrag als Verbraucher (s. § 13 BGB) abgeschlossen hat.   17

---

[11] Zur Widerlegbarkeit der Vermutung KKD/*Koller* § 438 Rn. 1; Hopt/*Merkt* § 438 Rn. 1; Ebenroth/Boujong/*Schaffert* § 438 Rn. 13.

D. Der Speditionsvertrag

18 Der Speditionsvertrag verpflichtet den Spediteur, die Versendung des Gutes für den Versender zu übernehmen (§ 453 Abs. 1 HGB). Der eigentliche Transport wird grundsätzlich von einem anderen Unternehmer ausgeführt (s. § 454 Abs. 1 Nr. 2 HGB), dem Spediteur steht jedoch ein Selbsteintrittsrecht zu (§ 458 Satz 1 HGB). Ebenso wie für den Frachtführer finden die §§ 453 bis 466 HGB nur Anwendung, wenn der Spediteur die Besorgung der Versendung als gewerbliches Unternehmen betreibt (§ 453 Abs. 3 Satz 1 HGB). Die Kaufmannseigenschaft ist jedoch nicht erforderlich, die Vorschriften gelten vielmehr – ebenso wie im Recht des Frachtvertrags (§ 407 Abs. 3 Satz 2 HGB) – auch für Kleingewerbetreibende, die von einer Eintragung in das Handelsregister nach § 2 Satz 2 HGB abgesehen haben (§ 453 Abs. 3 Satz 2 HGB).

19 Zu den Pflichten des *Spediteurs* gehört die Organisation der Beförderung (§ 454 Abs. 1 HGB) einschließlich Versicherung und Verpackung des Gutes sowie dessen Kennzeichnung, wenn dies zwischen den Vertragsparteien vereinbart worden ist (§ 454 Abs. 2 Satz 1 HGB). Darüber hinaus verpflichtet ihn der Speditionsvertrag, die Interessen des Versenders wahrzunehmen und dessen Weisungen zu befolgen (§ 454 Abs. 4 HGB). Wie der Frachtführer[12] haftet der Spediteur verschuldensunabhängig für den Schaden durch Verlust oder Beschädigung des in seiner Obhut befindlichen Gutes (§ 461 Abs. 1 Satz 1 HGB), wobei die Bestimmungen über den Frachtvertrag regelmäßig entsprechend anzuwenden sind (§ 461 Abs. 1 Satz 2 HGB). Auch die Haftung des Spediteurs ist damit zwar grundsätzlich verschuldensunabhängig, wird andererseits aber durch Haftungsausschlüsse und Haftungshöchstbeträge begrenzt.

20 Den *Versender* trifft die Pflicht zur Zahlung der vereinbarten Vergütung (§ 453 Abs. 2 HGB). Diese ist fällig, wenn der Spediteur das Gut an den Frachtführer oder Verfrachter übergeben hat (§ 456 HGB). Wie für den Absender[13] normiert § 455 Abs. 1 HGB für den Versender Mitwirkungspflichten im Hinblick auf das zu versendende Gut und sanktioniert deren Verletzung mit einem verschuldensunabhängigen Schadensersatzanspruch (§ 455 Abs. 2 HGB).

E. Der Lagervertrag

21 Der Lagervertrag verpflichtet den Lagerhalter zur Lagerung und Aufbewahrung des vom Einlagerer übergebenen Gutes (§ 467 Abs. 1 HGB). Wie bei dem Frachtvertrag und dem Speditionsvertrag sind die §§ 467 bis 475h HGB nur anwendbar, wenn der Lagerhalter das Lagergeschäft als gewerbliches Unternehmen betreibt (§ 467 Abs. 3

---

[12] Zu diesem oben § 10 Rn. 9.
[13] S. die §§ 410 Abs. 1, 411 Satz 2, 413 Abs. 1 HGB.

E. Der Lagervertrag

Satz 1 HGB). Die Vorschriften gelten jedoch auch für Kleingewerbetreibende, die nicht nach § 2 Satz 2 HGB in das Handelsregister eingetragen sind (§ 467 Abs. 3 Satz 2 HGB).

Der *Lagerhalter* ist zur Aufbewahrung des Gutes verpflichtet, bis der Einlagerer dieses zurückverlangt (§ 473 Abs. 1 HGB). Für Verlust oder Beschädigung des Gutes haftet er verschuldensunabhängig, es sei denn, der Schaden hätte auch durch die Sorgfalt eines ordentlichen Kaufmanns nicht abgewendet werden können (§ 475 Satz 1 HGB). Der *Einlagerer* ist zur Zahlung der vereinbarten Vergütung verpflichtet (§ 467 Abs. 2 HGB) und hat dem Lagerhalter die für das Gut getätigten Aufwendungen zu ersetzen (§ 474 HGB). Darüber hinaus treffen den Einlagerer Mitteilungs- und Kennzeichnungspflichten sowie Verpackungspflichten (§ 468 Abs. 1 HGB), bei deren Verletzung der Lagerhalter Schadensersatz beanspruchen kann (§ 468 Abs. 3 HGB).

22

Abgeschwächte Pflichten für den Einlagerer sieht das Gesetz vor, wenn er ein Verbraucher i. S. des § 13 BGB ist. In diesem Fall ist nicht der Einlagerer, sondern der Lagerhalter zur Verpackung verpflichtet (§ 468 Abs. 2 Satz 1 Nr. 1 HGB). Ferner unterliegt der Einlagerer eingeschränkten Mitteilungspflichten (§ 468 Abs. 2 Satz 1 Nr. 2 HGB). Zudem schwächt das Gesetz die Haftung des Einlagerers ab, wenn dieser seine in § 468 Abs. 3 Satz 1 HGB aufgezählten Mitwirkungspflichten verletzt. Während die vorgenannte Bestimmung für den Regelfall einen verschuldensunabhängigen Anspruch auf Ersatz der Schäden und Aufwendungen vorsieht, muss den Einlagerer ein Verschuldensvorwurf treffen, wenn es sich bei diesem um einen Verbraucher handelt (§ 468 Abs. 4 HGB).

23

Kontrollfragen

Die Angaben in den Klammern bezeichnen die Stelle innerhalb des Lehrbuchs, die zur Beantwortung der jeweiligen Kontrollfrage nachzulesen ist.

zu § 1: Das Handelsrecht als Sonderprivatrecht

1. Warum kann der Gegenstand des Handelsrechts nicht nach den im Handelsgesetzbuch zusammengefassten Normen bestimmt werden? (§ 1 Rn. 1 f.)
2. Welche Arten der Anknüpfung lassen sich für das Handelsrecht denken und welches System liegt dem deutschen Recht zugrunde? (§ 1 Rn. 3)
3. Was ist unter der Formulierung „Handelsrecht als Sonderprivatrecht der Kaufleute" zu verstehen? (§ 1 Rn. 4)
4. In welcher Hinsicht ist die Einbeziehung der Rechtsvorschriften zu den Handelsbüchern (§§ 238 ff. HGB) in das Handelsgesetzbuch problematisch? (§ 1 Rn. 5)
5. Wie ist das Verhältnis des Handelsrechts zum Bürgerlichen Gesetzbuch? (§ 1 Rn. 6 ff.)
6. Welches waren die gesetzlichen Vorläufer des Handelsgesetzbuchs? (§ 1 Rn. 9)
7. In welchen Partien und mit welchen Schwerpunkten wurde das Handelsgesetzbuch im Jahre 1998 grundlegend umgestaltet? (§ 1 Rn. 11)
8. In welchen Bereichen überlagern Richtlinien der Europäischen Union das Handelsrecht? (§ 1 Rn. 14)
9. Nennen Sie einige der für den internationalen Handelsverkehr maßgeblichen Rechtsquellen. (§ 1 Rn. 15)
10. Welches sind die Leitgedanken des Handelsrechts? (§ 1 Rn. 17 ff.)

zu § 2: Der Kaufmann als subjektive Anknüpfung des Handelsrechts

1. Skizzieren Sie die historische Entwicklung des Kaufmannsbegriffs. (§ 2 Rn. 3 ff.)
2. Welche Arten von Kaufleuten kannte das im Jahre 1900 in Kraft getretene Handelsgesetzbuch? (§ 2 Rn. 4)

3. Unter welchen Voraussetzungen sind Kleingewerbetreibende aus dem Kaufmannsbegriff ausgenommen? (§ 2 Rn. 6)
4. Welches sind die Bausteine des handelsrechtlichen Gewerbebegriffs? (§ 2 Rn. 7 f.)
5. Ist der handelsrechtliche Gewerbebegriff auf rechtmäßige Tätigkeiten beschränkt? (§ 2 Rn. 17)
6. Muss für einen Gewerbebetrieb i. S. des Handelsrechts eine Gewinnerzielungsabsicht vorliegen? (§ 2 Rn. 18 f.)
7. Ist der Insolvenzverwalter Kaufmann i. S. des § 1 Abs. 1 HGB? (§ 2 Rn. 21)
8. Wer ist Kaufmann bei einer stillen Gesellschaft? (§ 2 Rn. 22)
9. Sind die Gesellschafter einer Handelsgesellschaft (Offene Handelsgesellschaft und Kommanditgesellschaft) Kaufleute? (§ 2 Rn. 22)
10. Setzt die Kaufmannseigenschaft i. S. des § 1 HGB die Eintragung in das Handelsregister voraus? (§ 2 Rn. 24 f.)
11. Welche Kannkaufleute kennt das Handelsgesetzbuch? (§ 2 Rn. 6)
12. Unter welcher Voraussetzung können Kleingewerbetreibende die Kaufmannseigenschaft erlangen? (§ 2 Rn. 35)
13. Welche Rechtswirkungen hat die Eintragung in das Handelsregister für die Kaufmannseigenschaft? (§ 2 Rn. 38, 40)
14. Welche Rechtsfolgen treten ein, wenn ein Istkaufmann zum Kleingewerbetreibenden herabsinkt? (§ 2 Rn. 31 ff.)
15. Kann der Inhaber eines land- und forstwirtschaftlichen Betriebs, der keinen in kaufmännischer Weise eingerichteten Geschäftsbetrieb erfordert, die Kaufmannseigenschaft erlangen? (§ 2 Rn. 45)
16. Wird derjenige, der weiß, dass der eingetragene Kaufmann die hierfür erforderlichen Voraussetzungen nicht erfüllt, von § 5 HGB geschützt? (§ 2 Rn. 54 f.)
17. Entfaltet § 5 HGB seine Rechtswirkungen auch zugunsten des zu Unrecht eingetragenen Kaufmanns? (§ 2 Rn. 57)
18. In welchen Fällen gelangt die Lehre vom Scheinkaufmann neben § 5 HGB zur Anwendung? (§ 2 Rn. 59)
19. Welches sind die tatbestandlichen Voraussetzungen der Lehre vom Scheinkaufmann? (§ 2 Rn. 60 ff.)
20. Welches sind die Rechtsfolgen der Lehre vom Scheinkaufmann? (§ 2 Rn. 64 ff.)
21. Welche Formkaufleute kennt die Rechtsordnung? (§ 2 Rn. 71)

zu § 3: Der Schutz des Privatrechtsverkehrs durch das Handelsregister

1. Welcher Instrumente bedient sich das Handelsrecht, um die Publizität zu gewährleisten? (§ 3 Rn. 1 ff.)
2. Erläutern Sie die Begriffe Handelsbücher, Bilanz, Gewinn- und Verlustrechnung sowie Jahresabschluss. (§ 3 Rn. 6 f.)
3. Wo wird das Handelsregister geführt? (§ 3 Rn. 9)
4. Was ist eine Zweigniederlassung und welche Bedeutung hat diese für die Eintragung in das Handelsregister? (§ 3 Rn. 10)
5. Was sind eintragungsfähige Tatsachen? (§ 3 Rn. 12)
6. Ist die Gestattung des Selbstkontrahierens bei einer GmbH in das Handelsregister einzutragen? (§ 3 Rn. 13)

Kontrollfragen

7. Sind alle eintragungsfähigen Tatsachen eintragungspflichtig? (§ 3 Rn. 14)
8. Wann entfaltet die Eintragung in das Handelsregister deklaratorische Wirkung? (§ 3 Rn. 15)
9. In welchen Fällen wirkt die Eintragung in das Handelsregister konstitutiv? (§ 3 Rn. 15)
10. Erfolgt die Eintragung in das Handelsregister von Amts wegen? (§ 3 Rn. 16, 18)
11. Welchen Formerfordernissen muss die Anmeldung in das Handelsregister genügen? (§ 3 Rn. 17)
12. Wie kann die Eintragung einer eintragungspflichtigen Tatsache in das Handelsregister erzwungen werden? (§ 3 Rn. 19)
13. Steht dem Rechtspfleger vor der Eintragung in das Handelsregister ein materielles Prüfungsrecht zu? (§ 3 Rn. 21)
14. Folgt aus dem Prüfungsrecht des Registergerichts auch eine Prüfungspflicht? (§ 3 Rn. 22)
15. In welcher Hinsicht hat ein Registerauszug Beweiskraft? (§ 3 Rn. 24 ff.)
16. Was ist unter der formellen Publizität zu verstehen? (§ 3 Rn. 28 ff.)
17. Welche Formen der Publizität sind im Rahmen des § 15 HGB zu unterscheiden? (§ 3 Rn. 32)
18. Was besagt der Grundsatz der negativen Publizität und wo ist er geregelt? (§ 3 Rn. 33)
19. Welches sind die Voraussetzungen für den in § 15 Abs. 1 HGB geregelten Vertrauensschutz? (§ 3 Rn. 35 ff.)
20. Was sind Primär- und Sekundärtatsachen und welche werden von § 15 HGB erfasst? (§ 3 Rn. 36)
21. Welches sind die Rechtsfolgen des § 15 Abs. 1 HGB? (§ 3 Rn. 34)
22. Welchen Sachverhalt umschreibt das Problem der fehlenden Voreintragung und wie ist dieses zu lösen? (§ 3 Rn. 40 ff.)
23. Was ist unter dem „Wahlrecht" des Dritten zu verstehen? (§ 3 Rn. 46 ff.)
24. Welche Wirkung hat die Eintragung der wahren Rechtslage nach § 15 Abs. 2 HGB? (§ 3 Rn. 52 ff.)
25. Wie ist das Verhältnis des § 15 Abs. 2 HGB zu anderen Rechtsscheintatbeständen? (§ 3 Rn. 55 ff.)
26. Welche Rechtswirkung erzeugt § 15 Abs. 3 HGB im Hinblick auf die eingetragene Tatsache? (§ 3 Rn. 61 ff.)
27. Wann ist eine Eintragung „unrichtig" i. S. des § 15 Abs. 3 HGB? (§ 3 Rn. 66 ff.)
28. Muss der Eintragungspflichtige die unrichtige Bekanntmachung verursacht bzw. veranlasst haben? (§ 3 Rn. 69 ff.)
29. Finden neben § 15 HGB weitere Rechtsscheingrundsätze Anwendung? (§ 3 Rn. 76 f.)

zu § 4: Das Recht der Firma

1. In welchen Vorschriften regelt das Handelsgesetzbuch das Recht der Firma? (§ 4 Rn. 1)
2. Welche Vorschriften außerhalb des Handelsgesetzbuchs schützen die Firma? (§ 4 Rn. 2)
3. Was ist eine Firma? (§ 4 Rn. 4)

4. Welche Funktionen hat die Firma? (§ 4 Rn. 8 ff.)
5. In welcher Hinsicht kann die Firma eine persönlichkeitsrechtliche Dimension haben? (§ 4 Rn. 15)
6. Ist die Firma ein Gegenstand der Zwangsvollstreckung? (§ 4 Rn. 16)
7. Fällt die Firma bei einer Insolvenz in die Masse und kann der Insolvenzverwalter diese auch ohne Zustimmung des Insolvenzschuldners verwerten? (§ 4 Rn. 16 ff.)
8. Was ist unter einer Personalfirma, einer Sachfirma und einer Fantasiefirma zu verstehen? (§ 4 Rn. 20 f.)
9. Können alle Kaufleute die vorgenannten Firmen verwenden? (§ 4 Rn. 21)
10. Was ist ein Firmenkern und woraus besteht dieser? (§ 4 Rn. 22)
11. Was sind Firmenzusätze? (§ 4 Rn. 22)
12. Gibt es zwingend in die Firma aufzunehmende Zusätze? (§ 4 Rn. 22)
13. Worin unterscheidet sich die einfache Firma von der zusammengesetzten Firma? (§ 4 Rn. 22)
14. Was ist unter einer ursprünglichen Firma sowie einer abgeleiteten Firma zu verstehen? (§ 4 Rn. 23)
15. Was ist eine geschäftliche Bezeichnung und welche Vorschriften schützen diese? (§ 4 Rn. 24)
16. Ist die Eintragung in das Handelsregister für das Entstehen einer Firma konstitutiv? (§ 4 Rn. 37)
17. Wie kann die Eintragung einer Firma in das Handelsregister erzwungen werden? (§ 4 Rn. 39)
18. Beschränkt sich die Anmeldepflicht auf die erstmalige Eintragung der Firma? (§ 4 Rn. 40)
19. Welche Prinzipien bzw. Grundsätze prägen das Firmenrecht? (§ 4 Rn. 42)
20. Was besagt der Grundsatz der Firmenwahrheit? (§ 4 Rn. 43)
21. Was beinhaltet der Grundsatz der Firmeneinheit? (§ 4 Rn. 57)
22. Ist einem Einzelkaufmann die Führung mehrerer Firmen gestattet? (§ 4 Rn. 58 ff.)
23. Können Handelsgesellschaften mehrere Firmen führen? (§ 4 Rn. 59)
24. Was besagt der Grundsatz der Firmenuntrennbarkeit? (§ 4 Rn. 61 ff.)
25. Dürfen Zweigniederlassungen eigene Firmen führen? (§ 4 Rn. 68 f.)
26. In welchen Vorschriften findet der Grundsatz der Firmenausschließlichkeit bzw. -unterscheidbarkeit seinen Niederschlag? (§ 4 Rn. 70)
27. Was besagt der Grundsatz der Firmenausschließlichkeit bzw. -unterscheidbarkeit? (§ 4 Rn. 70)
28. Wozu verpflichtet § 30 HGB den neuen Firmeninhaber? (§ 4 Rn. 72)
29. Erstreckt sich das durch § 30 HGB begründete Prioritätsprinzip auch auf den Firmenkern? (§ 4 Rn. 72)
30. Was besagt der Grundsatz der Firmenbeständigkeit? (§ 4 Rn. 75)
31. Welches sind die Voraussetzungen für die Anwendbarkeit des Grundsatzes der Firmenbeständigkeit? (§ 4 Rn. 76)
32. Was ist im Hinblick auf die Firmenbeständigkeit bei einem Rechtsformwechsel zu beachten? (§ 4 Rn. 77)

Kontrollfragen

33. Welche Regelung trifft § 24 HGB für den Fall eines Gesellschafterwechsels im Hinblick auf den Grundsatz der Firmenbeständigkeit? (§ 4 Rn. 78 ff.)
34. In welchen Vorschriften findet sich eine Regelung zur Haftung bei einer Firmenfortführung? (§ 4 Rn. 82)
35. Unter welchen Voraussetzungen haftet der neue Inhaber nach § 25 Abs. 1 HGB für die von dem Vorgänger der Firma begründeten Verbindlichkeiten? (§ 4 Rn. 86 ff.)
36. Welche Rechtsfolge ordnet § 25 Abs. 1 HGB an? (§ 4 Rn. 91)
37. Ist die Haftung des neuen Inhabers bei einer Firmenfortführung zwingend? (§ 4 Rn. 94)
38. Wie kann der neue Inhaber seine Haftung bei einer Firmenfortführung beschränken? (§ 4 Rn. 94)
39. Wo findet sich eine gesetzliche Regelung, wenn ein Erbe oder eine Erbengemeinschaft die Firma fortführt? (§ 4 Rn. 95)
40. Können der Erbe bzw. die Erbengemeinschaft ihre Haftung nach § 25 Abs. 2 HGB ausschließen? (§ 4 Rn. 99 ff.)
41. Zwischen welchem Schutz der Firma unterscheidet § 37 HGB? (§ 4 Rn. 104)
42. Welche Vorschriften schützen des Weiteren die Firma? (§ 4 Rn. 104)
43. Welches ist die gemeinsame Voraussetzung für einen auf § 37 HGB gestützten Firmenschutz? (§ 4 Rn. 105)
44. Wann ist der Gebrauch einer Firma unzulässig i. S. des § 37 HGB? (§ 4 Rn. 105 f.)
45. Welches ist der Inhalt des öffentlich-rechtlichen Firmenschutzes? (§ 4 Rn. 107)
46. Welchen Schutz gewährt der privatrechtliche Firmenschutz? (§ 4 Rn. 108)
47. Wem steht der durch § 37 Abs. 2 Satz 1 HGB gewährte Unterlassungsanspruch zu und gegen wen richtet sich dieser? (§ 4 Rn. 109)
48. Welchen zusätzlichen Schutz begründet das Markenrecht, wenn im Rahmen der Firma ein Unternehmenskennzeichen benutzt wird? (§ 4 Rn. 110)

zu § 5: Die handelsrechtliche Vertretungsmacht

1. Welche besonderen Ausprägungen erfährt die handelsrechtliche Vertretungsmacht im Handelsgesetzbuch? (§ 5 Rn. 1 ff.)
2. Wie ist das Verhältnis der handelsrechtlichen Vertretungsmacht zu den allgemeinen bürgerlich-rechtlichen Vorschriften? (§ 5 Rn. 2 ff.)
3. Wodurch trägt das allgemeine Recht der Stellvertretung den Besonderheiten des Handelsverkehrs Rechnung? (§ 5 Rn. 4)
4. In welcher Weise ergänzen die §§ 91, 91a HGB das Stellvertretungsrecht? (§ 6 Rn. 59 ff.)
5. Welche Vorschriften regeln das Recht der Prokura? (§ 5 Rn. 7)
6. Worin besteht die Besonderheit der Prokura? (§ 5 Rn. 7)
7. Treffen die Vorschriften über die Prokura eine Aussage zu dem Innenverhältnis zwischen dem Prokuristen und dem Inhaber des Handelsgewerbes? (§ 5 Rn. 8)
8. Wer ist berechtigt, Prokura zu erteilen? (§ 5 Rn. 10)
9. Kann ein Minderjähriger Prokura erteilen und welche Voraussetzungen sind dabei zu beachten? (§ 5 Rn. 10)

10. Welche Rechtsfolgen treten ein, wenn ein Nichtkaufmann eine Prokura erteilt? (§ 5 Rn. 11)
11. Können Handelsgesellschaften, die sich in Liquidation befinden, Prokura erteilen? (§ 5 Rn. 12)
12. Kann einer juristischen Person Prokura erteilt werden? (§ 5 Rn. 13)
13. Kann ein Träger des Handelsgewerbes Prokurist sein? (§ 5 Rn. 14)
14. Kann die Erbengemeinschaft einem Miterben Prokura erteilen? (§ 5 Rn. 16)
15. Kann einem gesetzlichen Vertreter einer juristischen Person Prokura erteilt werden? (§ 5 Rn. 17)
16. Muss die Erteilung der Prokura in das Handelsregister eingetragen werden? (§ 5 Rn. 19)
17. Ist die Eintragung der Prokura in das Handelsregister Wirksamkeitsvoraussetzung für diese? (§ 5 Rn. 19)
18. Erlischt die Prokura, wenn das im Innenverhältnis zugrunde liegende Rechtsverhältnis endet? (§ 5 Rn. 20)
19. Was muss erfolgen, wenn die Prokura erlöschen, die Rechtsbeziehung im Innenverhältnis aber fortbestehen soll? (§ 5 Rn. 21)
20. Kann der Inhaber des Handelsgewerbes auf sein Recht zum Widerruf der Prokura verzichten? (§ 5 Rn. 22)
21. Welche Rechtsfolgen treten ein, wenn zwar die Erteilung, nicht aber das Erlöschen der Prokura in das Handelsregister eingetragen wird? (§ 5 Rn. 24)
22. Zu welchen gerichtlichen und außergerichtlichen Geschäften und Rechtshandlungen ermächtigt die Prokura? (§ 5 Rn. 26)
23. Welche inhaltlichen Beschränkungen der Prokura sind zu beachten? (§ 5 Rn. 28 ff.)
24. Was ist eine Filialprokura und in welcher Hinsicht weicht diese von der allgemeinen Prokura ab? (§ 5 Rn. 33)
25. Was ist eine (echte) Gesamtprokura und worin besteht ihre Besonderheit? (§ 5 Rn. 34)
26. Was versteht man unter einer unechten Gesamtprokura und welchen Regeln unterliegt diese? (§ 5 Rn. 36)
27. Was besagt die Lehre vom Missbrauch der Vertretungsmacht, welches sind ihre Voraussetzungen und Rechtsfolgen? (§ 5 Rn. 37 ff.)
28. Was ist eine Handlungsvollmacht? (§ 5 Rn. 44)
29. Welche Form ist bei der Erteilung der Handlungsvollmacht zu beachten? (§ 5 Rn. 46)
30. Ist die Erteilung der Handlungsvollmacht dem Inhaber des Handelsgewerbes vorbehalten? (§ 5 Rn. 47)
31. Muss der Vertretene ein Handelsgewerbe i. S. des § 1 Abs. 1 HGB betreiben, um eine Handlungsvollmacht erteilen zu können? (§ 5 Rn. 48)
32. Nach welchen Bestimmungen regelt sich das Erlöschen der Handlungsvollmacht? (§ 5 Rn. 49)
33. Ist eine unwiderrufliche Handlungsvollmacht anzuerkennen? (§ 5 Rn. 49)
34. Welche Arten der Handlungsvollmacht sind im Hinblick auf ihren Umfang zu unterscheiden? (§ 5 Rn. 51)

Kontrollfragen

35. Welches ist die besondere Rechtsfolge der Handlungsvollmacht im Hinblick auf den Schutz des Rechtsverkehrs? (§ 5 Rn. 45)
36. Welche Sonderregelung trifft § 56 HGB für Ladenangestellte? (§ 5 Rn. 57)
37. Welches sind die Voraussetzungen für das Eingreifen des § 56 HGB? (§ 5 Rn. 59 ff.)
38. In welcher Hinsicht ist § 56 HGB von Bedeutung, wenn der Ladenangestellte tatsächlich bevollmächtigt war? (§ 5 Rn. 62)
39. Welche Rechtsfolge bewirkt § 56 HGB, wenn sich der Ladenangestellte nicht auf eine Vollmacht stützen kann? (§ 5 Rn. 63)
40. Ist § 54 Abs. 3 HGB im Anwendungsbereich des § 56 HGB analog anzuwenden? (§ 5 Rn. 64)

zu § 6: Der Kaufmann als Absatzmittler

1. Welche Absatzmittlungsverhältnisse finden im Handelsgesetzbuch eine gesetzliche Ausgestaltung und welche haben sich zusätzlich in der Vertragspraxis entwickelt? (§ 6 Rn. 1 ff.)
2. Welches Rechtsverhältnis gestalten die handelsrechtlichen Vorschriften zum Handelsvertreter bzw. zum Handelsmakler aus? (§ 6 Rn. 2 ff.)
3. In welchen Vorschriften regelt das Handelsgesetzbuch das Handelsvertreterrecht? (§ 6 Rn. 7 f.)
4. Welche EG-Richtlinie ist im Handelsvertreterrecht zu beachten und hinsichtlich welcher Vorschriften des Handelsgesetzbuchs trifft diese eine Regelung? (§ 6 Rn. 9)
5. Sind im Handelsvertreterrecht neben den Vorschriften des Handelsgesetzbuchs die Vorschriften des Dienstvertragsrechts (§ 611 ff. BGB) anzuwenden? (§ 6 Rn. 10)
6. Welche Merkmale müssen bei einem Handelsvertreter vorliegen? (§ 6 Rn. 12 ff.)
7. Worauf muss sich die Selbstständigkeit des Handelsvertreters beziehen und von welchen Personen ist der Handelsvertreter anhand dieses Merkmals abzugrenzen? (§ 6 Rn. 12 ff.)
8. In welchen Fällen ist der Handelsvertreter mit dem betrauenden Unternehmen identisch? (§ 6 Rn. 16)
9. Ist die Art der Geschäfte für die rechtliche Qualifizierung als Handelsvertreter von Bedeutung? (§ 6 Rn. 19)
10. Welche Abgrenzungsaufgabe erfüllt das Merkmal der Dauerhaftigkeit im Hinblick auf die Eigenschaft als Handelsvertreter? (§ 6 Rn. 21)
11. Was ist unter einem mehrstufigen Handelsvertreterverhältnis zu verstehen und welche vertretungsrechtlichen Probleme können bei diesem auftreten? (§ 6 Rn. 22 ff.)
12. Was ist ein Einfirmenvertreter und unter welchen Voraussetzungen liegt dieser vor? (§ 6 Rn. 25 f.)
13. Unterliegt der Handelsvertretervertrag einem Formerfordernis? (§ 6 Rn. 28)
14. Welche rechtliche Bedeutung hat die Vertragsurkunde i. S. des § 85 HGB? (§ 6 Rn. 28)
15. Ist der Handelsvertretervertrag ein gegenseitiger Vertrag und welche Leistungen stehen im Synallagma? (§ 6 Rn. 29)

16. Welches ist die Hauptpflicht des Handelsvertreters? (§ 6 Rn. 30)
17. Welche Interessenwahrungspflichten treffen den Handelsvertreter? (§ 6 Rn. 31 ff.)
18. In welcher Weise und aus welchem Rechtsgrund ist der Handelsvertreter während des Vertragsverhältnisses verpflichtet, Wettbewerb zu unterlassen? (§ 6 Rn. 32)
19. Welche Besonderheiten sind bei einer nach Vertragsbeendigung eingreifenden Wettbewerbsabrede zu beachten? (§ 6 Rn. 33)
20. Welche Nebenleistungs- und Rücksichtnahmepflichten treffen den betrauenden Unternehmer? (§ 6 Rn. 35)
21. Unter welchen Voraussetzungen steht dem Handelsvertreter ein Provisionsanspruch zu? (§ 6 Rn. 36)
22. Durch welche Tatbestände kann das Handelsvertreterverhältnis enden? (§ 6 Rn. 37)
23. Unter welchen Voraussetzungen und nach welcher Vorschrift kann das Handelsvertreterverhältnis außerordentlich gekündigt werden? (§ 6 Rn. 38 ff.)
24. Gilt die zweiwöchige Kündigungserklärungsfrist des § 626 Abs. 2 BGB für die außerordentliche Kündigung des Handelsvertreterverhältnisses? (§ 6 Rn. 40)
25. Welches sind die tatbestandlichen Voraussetzungen bei einem Ausgleichsanspruch des Handelsvertreters? (§ 6 Rn. 43 ff.)
26. Welche Tatbestände führen zu einem Ausschluss des Ausgleichsanspruchs? (§ 6 Rn. 48 ff.)
27. Wie ist die Höhe des Ausgleichsanspruchs zu errechnen? (§ 6 Rn. 57)
28. Innerhalb welcher Frist ist der Ausgleichsanspruch geltend zu machen? (§ 6 Rn. 58)
29. Handelt es sich bei dieser Frist um eine Verjährungsfrist? (§ 6 58)
30. Welche Besonderheiten sind hinsichtlich der Vertretungsmacht des Handelsvertreters zu beachten? (§ 6 Rn. 59 ff.)
31. Wer ist ein Handelsmakler? (§ 6 Rn. 62)
32. Muss der Handelsmakler ständig mit der Vermittlung von Geschäften betraut sein? (§ 6 Rn. 63)
33. Ist der Abschluss des Handelsmaklervertrags formbedürftig? (§ 6 Rn. 65)
34. Von wem kann der Handelsmakler seine Vergütung verlangen? (§ 6 Rn. 67)
35. Was ist eine Schlussnote und welche rechtlichen Wirkungen entfaltet diese? (§ 6 Rn. 70)
36. Was ist kennzeichnend für einen Vertragshändler? (§ 6 Rn. 73)
37. Welchen rechtlichen Vorschriften unterliegt der Vertragshändlervertrag? (§ 6 Rn. 74)
38. Steht dem Vertragshändler ein Ausgleichsanspruch nach § 89b HGB zu? (§ 6 Rn. 76)
39. Was ist ein Kommissionsagent? (§ 6 Rn. 77)
40. Was ist unter „Franchising" zu verstehen? (§ 6 Rn. 79)
41. Können die Vorschriften des Handelsvertreterrechts auf das Franchising angewendet werden? (§ 6 Rn. 81)
42. Kommt bei einem Subordinationsfranchising die Anwendung arbeitsrechtlicher Vorschriften in Betracht? (§ 6 Rn. 82)

Kontrollfragen

zu § 7: Die allgemeinen Vorschriften für Handelsgeschäfte

1. Wo befinden sich im Handelsgesetzbuch die allgemeinen Vorschriften für Handelsgeschäfte? (§ 7 Rn. 1)
2. In welche drei Gruppen lassen sich die allgemeinen Vorschriften für Handelsgeschäfte aufteilen? (§ 7 Rn. 2 ff.)
3. Was ist ein Handelsgeschäft i. S. des § 343 Abs. 1 HGB? (§ 7 Rn. 8)
4. Nach welchen Vorschriften bestimmt sich die Kaufmannseigenschaft im Rahmen des § 343 Abs. 1 HGB? (§ 7 Rn. 9)
5. Zu welchem Zeitpunkt muss bei einem Handelsgeschäft die Kaufmannseigenschaft vorliegen? (§ 7 Rn. 9)
6. Bei welcher Person muss die Kaufmannseigenschaft vorliegen, wenn ein Stellvertreter das Handelsgeschäft vornimmt? (§ 7 Rn. 10)
7. Was ist unter einem einseitigen und einem beiderseitigen Handelsgeschäft zu verstehen? (§ 7 Rn. 11 f.)
8. Von welcher Grundregel geht § 345 HGB aus? (§ 7 Rn. 12)
9. Welche Vorschriften über Handelsgeschäfte knüpfen an das Vorliegen eines beiderseitigen Handelsgeschäfts an? (§ 7 Rn. 13)
10. Gilt § 343 Abs. 1 HGB nur für Rechtsgeschäfte? (§ 7 Rn. 14)
11. Was ist unter der Betriebsbezogenheit des Handelsgeschäfts zu verstehen? (§ 7 Rn. 15)
12. Welche Bedeutung hat § 344 Abs. 1 HGB in diesem Zusammenhang? (§ 7 Rn. 16 f.)
13. Aufgrund welcher Vorschriften bzw. Institute entfaltet das Schweigen im Handelsverkehr rechtliche Wirkungen? (§ 7 Rn. 20)
14. Welches ist die rechtliche Bedeutung des § 362 Abs. 1 HGB? (§ 7 Rn. 21 f.)
15. Welches sind die tatbestandlichen Voraussetzungen des § 362 Abs. 1 HGB? (§ 7 Rn. 25 ff.)
16. Sind auf der tatbestandlichen Seite des § 362 Abs. 1 HGB subjektive Zurechnungskriterien zu beachten? (§ 7 Rn. 28 f.)
17. Welches sind die Rechtsfolgen des § 362 HGB? (§ 7 Rn. 30)
18. Kommt bei einem Vertrag, der aufgrund der Regelung des § 362 HGB zustande gekommen ist, eine Anfechtung nach den §§ 119 ff. BGB in Betracht? (§ 7 Rn. 30)
19. Was ist ein kaufmännisches Bestätigungsschreiben? (§ 7 Rn. 31)
20. Wodurch unterscheidet sich das kaufmännische Bestätigungsschreiben von der Auftragsbestätigung? (§ 7 Rn. 32)
21. Unter welchen Voraussetzungen greift die Lehre vom kaufmännischen Bestätigungsschreiben ein? (§ 7 Rn. 33 ff.)
22. Was ist unter einem deklaratorischen Bestätigungsschreiben und was unter einem konstitutiven Bestätigungsschreiben zu verstehen? (§ 7 Rn. 43)
23. Unter welcher Voraussetzung kann ein deklaratorisches Bestätigungsschreiben konstitutive Wirkung entfalten? (§ 7 Rn. 44)
24. Was ist ein kreuzendes Bestätigungsschreiben und welchen rechtlichen Regeln unterliegt dieses? (§ 7 Rn. 45 f.)

25. Welche Vorschrift regelt den Einfluss des Handelsbrauchs auf das Rechtsgeschäft? (§ 7 Rn. 47)
26. Ist der Handelsbrauch eine eigenständige Rechtsquelle? (§ 7 Rn. 47)
27. Welches sind die Voraussetzungen für die Berücksichtigung von Handelsbräuchen? (§ 7 Rn. 49 ff.)
28. Ist ein Handelsbrauch zu berücksichtigen, wenn er zwingendem Gesetzesrecht widerspricht? (§ 7 Rn. 50)
29. Müssen für die Berücksichtigung des Handelsbrauchs subjektive Voraussetzungen vorliegen? (§ 7 Rn. 52)
30. Kann eine Vertragspartei wegen Inhaltsirrtums anfechten, wenn sie sich über den rechtlichen Erklärungsgehalt einer Handelsklausel im Irrtum befindet? (§ 7 Rn. 52)
31. Wo trifft das Handelsgesetzbuch eine Sonderregelung für Formvorschriften und in welcher Hinsicht weicht diese von den allgemeinen bürgerlich-rechtlichen Bestimmungen ab? (§ 7 Rn. 56)
32. Zu welchem Zeitpunkt muss die Kaufmannseigenschaft vorliegen, damit die handelsrechtliche Befreiung von bürgerlich-rechtlichen Formvorschriften eingreift? (§ 7 Rn. 57)
33. Welche allgemeine zivilrechtliche Regelung ist bei einer Nichtbeachtung der gesetzlichen Formvorschriften ferner zu berücksichtigen? (§ 7 Rn. 59)
34. In welcher Hinsicht trifft das Handelsgesetzbuch Sonderregelungen zum Inhalt der vertraglich geschuldeten Leistung? (§ 7 Rn. 63 f.)
35. Welche Sonderregelungen enthält das Handelsgesetzbuch zu den geschuldeten Zinsen? (§ 7 Rn. 65 ff.)
36. Welcher Sorgfaltsmaßstab ist bei Handelsgeschäften zu beachten? (§ 7 Rn. 68)
37. Was ist kennzeichnend für ein Kontokorrent? (§ 7 Rn. 71)
38. In welche rechtsgeschäftlich relevanten Vorgänge lässt sich das Kontokorrent aufteilen? (§ 7 Rn. 72)
39. Was ist eine Kontokorrentabrede und welche rechtlichen Wirkungen entfaltet diese? (§ 7 Rn. 74 ff.)
40. Kann mit einer in das Kontokorrent einbezogenen Forderung die Aufrechnung erklärt werden? (§ 7 Rn. 75)
41. Führt die Kontokorrentabrede dazu, dass der Gläubiger seine Forderungsinhaberschaft verliert? (§ 7 Rn. 76)
42. Kann eine in das Kontokorrent einbezogene Forderung im Wege der Zwangsvollstreckung gepfändet werden? (§ 7 Rn. 76)
43. Wonach bemisst sich die Kontokorrentzugehörigkeit der Forderungen? (§ 7 Rn. 77 ff.)
44. Wonach bestimmt sich die inhaltliche Reichweite einer Kontokorrentabrede? (§ 7 Rn. 78)
45. Sind Forderungen, über die nicht im Wege der Aufrechnung verfügt werden darf, kontokorrentfähig? (§ 7 Rn. 79)
46. Was ist unter der Verrechnung zu verstehen? (§ 7 Rn. 80)
47. Muss die Verrechnung periodisch erfolgen? (§ 7 Rn. 81)

Kontrollfragen

48. Welche Rechtswirkungen treten für denjenigen ein, zu dessen Gunsten nach der Verrechnung ein Saldo besteht und die anschließende Feststellung des Saldos unterbleibt? (§ 7 Rn. 82)
49. Was ist unter der Feststellung zu verstehen? (§ 7 Rn. 83)
50. Welche Rechtsfolgen treten infolge der Feststellung unstreitig ein? (§ 7 Rn. 84)
51. Bewirkt die Feststellung eine Novation hinsichtlich der Forderungen, die zu der Bildung des Saldos geführt haben? (§ 7 Rn. 84 ff.)
52. Entsteht infolge der Feststellung eine neue Forderung? (§ 7 Rn. 87)
53. Wie kann der Schuldner gegenüber einer Inanspruchnahme aus der neuen Forderung vorgehen, wenn er der Auffassung ist, dass ihm hinsichtlich einer in das Kontokorrent einbezogenen Forderung eine Einrede zusteht? (§ 7 Rn. 87)
54. Wie wirkt sich die Feststellung auf Sicherungsrechte aus, die im Hinblick auf eine in das Kontokorrent einbezogene Forderung gewährt wurden? (§ 7 Rn. 88)
55. Was besagt die Theorie von der Haftung für den niedrigsten anerkannten Saldo? (§ 7 Rn. 89)
56. In welcher Weise etabliert das Handelsrecht Sonderregeln für das Kontokorrent? (§ 7 Rn. 92)
57. Wo befindet sich im Handelsgesetzbuch eine Sonderregelung für den gutgläubigen Erwerb beweglicher Sachen? (§ 7 Rn. 94)
58. In welcher Hinsicht trifft § 366 Abs. 1 HGB eine Sonderregelung? (§ 7 Rn. 94)
59. In welchem Verhältnis steht § 366 HGB zu den allgemeinen Bestimmungen der §§ 932 ff. BGB? (§ 7 Rn. 95)
60. Welches sind die Voraussetzungen des § 366 HGB? (§ 7 Rn. 96 ff.)
61. Erleichtert § 366 HGB den gutgläubigen Erwerb von Grundstücken und Forderungen? (§ 7 Rn. 97)
62. Worauf muss sich der gute Glaube bei § 366 HGB beziehen? (§ 7 Rn. 98)
63. Ermöglicht § 366 Abs. 1 HGB einen gutgläubigen Erwerb abhanden gekommener Sachen? (§ 7 Rn. 97)
64. Ist § 366 Abs. 1 HGB anwendbar, wenn der Verfügende nicht im eigenen, sondern im fremden Namen verfügt? (§ 7 Rn. 99 ff.)
65. Wo ist das kaufmännische Zurückbehaltungsrecht geregelt? (§ 7 Rn. 102)
66. Wodurch unterscheidet sich das kaufmännische Zurückbehaltungsrecht von dem in § 373 BGB geregelten Zurückbehaltungsrecht? (§ 7 Rn. 103)
67. Welche tatbestandlichen Voraussetzungen hat das kaufmännische Zurückbehaltungsrecht? (§ 7 Rn. 104)
68. Kann das kaufmännische Zurückbehaltungsrecht „gutgläubig erworben" werden? (§ 7 Rn. 104)
69. Welches sind die Rechtsfolgen des kaufmännischen Zurückbehaltungsrechts? (§ 7 Rn. 105)
70. Unter welchen Voraussetzungen steht dem Inhaber eines kaufmännischen Zurückbehaltungsrechts ein Befriedigungsrecht zu? (§ 7 Rn. 107)
71. Welche Rechtsfolge tritt im Hinblick auf das kaufmännische Zurückbehaltungsrecht bei einer Abtretung der gesicherten Forderung ein? (§ 7 Rn. 108)

zu § 8: Der Handelskauf

1. In welchen Vorschriften des Handelsgesetzbuchs finden sich Sonderregelungen zum Handelskauf? (§ 8 Rn. 1)
2. Hinsichtlich welcher Punkte trifft das Handelsgesetzbuch für den Handelskauf Sonderregelungen? (§ 8 Rn. 2)
3. Ist für einen Handelskauf ein beiderseitiges Handelsgeschäft erforderlich? (§ 8 Rn. 3)
4. Kann der Handelskauf zugleich ein Verbrauchsgüterkauf sein und in welchen Fallgestaltungen ist dies von Bedeutung? (§ 8 Rn. 4, 32)
5. Nach welchen Regelungen bestimmen sich die Voraussetzungen für einen Annahmeverzug beim Handelskauf? (§ 8 Rn. 6)
6. In welcher Weise ordnen die Bestimmungen zur Hinterlegung beim Handelskauf Besonderheiten zum Bürgerlichen Gesetzbuch an? (§ 8 Rn. 7 f.)
7. Entfaltet die Hinterlegung beim Handelskauf Erfüllungswirkung? (§ 8 Rn. 12)
8. Kann der Schuldner beim Handelskauf die Hinterlegung auch nach den allgemeinen bürgerlich-rechtlichen Vorschriften vornehmen? (§ 8 Rn. 12)
9. In welcher Hinsicht weichen die handelsrechtlichen Vorschriften zum Selbsthilfeverkauf von den Bestimmungen zur Versteigerung (§§ 383 bis 386 BGB) ab? (§ 8 Rn. 14 ff.)
10. In welcher Vorschrift des Handelsgesetzbuchs befindet sich eine Sonderregelung zum relativen Fixgeschäft? (§ 8 Rn. 20)
11. Hinsichtlich welcher Punkte weicht diese von den Vorschriften des Bürgerlichen Gesetzbuchs ab? (§ 8 Rn. 21 f.)
12. Welche Fixklauseln können ein relatives Fixgeschäft indizieren? (§ 8 Rn. 23)
13. Was ist ein Spezifikationskauf und in welcher Vorschrift findet sich hierfür eine gesetzliche Regelung? (§ 8 Rn. 25)
14. Wie ist der Spezifikationskauf von der Wahlschuld (§§ 262, 264 BGB) abzugrenzen? (§ 8 Rn. 25)
15. In welcher Bestimmung trifft das Handelsgesetzbuch Sondervorschriften zur Haftung des Verkäufers bei Mängeln und wie ist deren Verhältnis zu den allgemeinen Regelungen in den §§ 434, 437 ff. BGB? (§ 8 Rn. 28 f.)
16. Wofür trifft § 377 HGB eine Sonderregelung? (§ 8 Rn. 30 f.)
17. Mit welcher Bestimmung des bürgerlich-rechtlichen Kaufrechts ist § 377 HGB am ehesten vergleichbar? (§ 8 Rn. 29)
18. Welche Rechtsfolge sieht § 377 HGB vor, wenn der Käufer gegen die ihm dort auferlegten Obliegenheiten verstößt? (§ 8 Rn. 53)
19. Gilt § 377 HGB auch bei Rechtsmängeln? (§ 8 Rn. 33)
20. Wofür ist von Bedeutung, ob der Käufer seine Obliegenheit zur unverzüglichen Untersuchung beachtet hat? (§ 8 Rn. 39)
21. Kann sich der Käufer dadurch entlasten, dass er die Untersuchung durch Dritte vornehmen lässt? (§ 8 Rn. 46)
22. Wodurch kann der Käufer den Eintritt der Genehmigungsfiktion in § 377 Abs. 2 HGB verhindern? (§ 8 Rn. 48 ff.)
23. Welche Rechtsfolgen treten bei einer nicht rechtzeitigen Rüge im Hinblick auf die Rechtsbehelfe des Käufers bei Mängeln ein? (§ 8 Rn. 53 ff.)

24. Greift die Genehmigungsfiktion des § 377 Abs. 2 HGB ein, wenn der Verkäufer sonstige vertragliche Nebenpflichten verletzt und diese zu einem Mangel an dem verkauften Gegenstand führen? (§ 8 Rn. 56)
25. Welche Rechtsfolgen greifen bei einer Falschlieferung und einer Minderlieferung ein? (§ 8 Rn. 36 ff.)
26. Welche Rechtsfolge tritt bei einer Falschlieferung ein, wenn der Käufer diese nicht rechtzeitig rügt? (§ 8 Rn. 59 ff.)
27. Welche Rechtsfolge tritt bei einer Minderlieferung ein, wenn der Käufer diese rechtzeitig rügt? (§ 8 Rn. 62)
28. Sind die §§ 373 ff. HGB auf den Handelstausch anwendbar? (§ 8 Rn. 69)
29. Sind die Bestimmungen über den Handelskauf auf den Werkvertrag anwendbar, wenn der Unternehmer verpflichtet ist, eine vertretbare bewegliche Sache herzustellen? (§ 8 Rn. 70)
30. Sind die Bestimmungen über den Handelskauf anwendbar, wenn der Unternehmer die Herstellung einer nicht vertretbaren beweglichen Sache schuldet? (§ 8 Rn. 71)

zu § 9: Das Kommissionsgeschäft

1. Wo ist das Kommissionsgeschäft geregelt? (§ 9 Rn. 1)
2. Was ist charakteristisch für ein Kommissionsgeschäft? (§ 9 Rn. 2)
3. Was ist bei dem Kommissionsgeschäft unter dem Ausführungsgeschäft zu verstehen? (§ 9 Rn. 2)
4. Was ist bei dem Kommissionsgeschäft unter dem Abwicklungsgeschäft zu verstehen? (§ 9 Rn. 2)
5. In wessen Namen schließt der Kommissionär die Verträge mit Dritten ab? (§ 9 Rn. 3)
6. Wodurch unterscheidet sich der Kommissionär von dem Handelsvertreter? (§ 9 Rn. 3)
7. Ist der Kommissionärsvertrag den Dienst- oder den Werkverträgen zuzuordnen? (§ 9 Rn. 4)
8. Muss der Kommissionär ein handelsrechtliches Gewerbe ausüben? (§ 9 Rn. 5)
9. Finden die Vorschriften für den Kommissionär auf den Kannkaufmann Anwendung, wenn dieser von einer Eintragung abgesehen hat? (§ 9 Rn. 5)
10. Welche Pflichten treffen den Kommissionär? (§ 9 Rn. 6)
11. Welche Pflichten treffen den Kommittenten? (§ 9 Rn. 7)
12. Welche zwei Arten von Rechtsgeschäften sind im Rahmen des Ausführungsgeschäfts zu unterscheiden? (§ 9 Rn. 8)
13. Wem stehen die Forderungen aus dem Ausführungsgeschäft zu? (§ 9 Rn. 11)
14. Ab wann und wodurch wird der Kommittent Inhaber der Forderungen aus dem Ausführungsgeschäft? (§ 9 Rn. 12)
15. In welcher Hinsicht löst die Aufspaltung von Vertragspartnerstellung und Forderungsinhaberschaft Probleme bei einer Verpflichtung zum Schadensersatz aus und wie werden diese gelöst? (§ 9 Rn. 13 f.)
16. Wem stehen die Rechte aus dem Ausführungsgeschäft zu? (§ 9 Rn. 15)
17. Wem gegenüber muss der Dritte bei einer Verkaufskommission seine Rechte und Ansprüche wegen Mängeln geltend machen? (§ 9 Rn. 17)

18. Was besagt die Regelung in § 392 Abs. 2 HGB? (§ 9 Rn. 18)
19. Welchen Schutz begründet § 392 Abs. 2 HGB zugunsten des Kommittenten bei einer Vollstreckung in das Vermögen des Kommissionärs? (§ 9 Rn. 19)
20. Ist der Vertragspartner des Ausführungsgeschäfts ebenfalls ein Gläubiger des Kommissionärs i. S. des § 392 Abs. 2 HGB? (§ 9 Rn. 20)
21. Ist die Anwendung des § 392 Abs. 2 HGB auf die Forderungen aus dem Ausführungsgeschäft beschränkt? (§ 9 Rn. 21)
22. Auf welchem Wege kann es bei der Einkaufskommission zu einem unmittelbaren Eigentumserwerb des Kommittenten kommen? (§ 9 Rn. 23, 26)
23. Wie erfolgt der Eigentumserwerb des Kommittenten über den Kommissionär? (§ 9 Rn. 24 f.)
24. Was benötigt der Kommissionär bei der Verkaufskommission für die Eigentumsübertragung auf den Vertragspartner? (§ 9 Rn. 28)
25. Kann der Dritte bei der Verkaufskommission Eigentum erwerben, obwohl dem Kommissionär die Berechtigung zur Veräußerung fehlte? (§ 9 Rn. 29)
26. Gegen wen richtet sich der Bereicherungsausgleich bei der Verkaufskommission, wenn der Kommittent nicht Eigentümer des Kommissionsgutes war? (§ 9 Rn. 30 ff.)
27. Welche Geschäfte sind im Rahmen des Abwicklungsgeschäfts bei der Einkaufskommission zu vollziehen? (§ 9 Rn. 36)
28. Welche Geschäfte sind im Rahmen des Abwicklungsgeschäfts bei der Verkaufskommission zu vollziehen? (§ 9 Rn. 37)

zu § 10: Das Vertragsrecht der Transportgeschäfte

1. In welchen Bestimmungen sind die Vorschriften über das Vertragsrecht der Transportgeschäfte zusammengefasst? (§ 10 Rn. 1)
2. Welche Transportverträge regelt das Handelsgesetzbuch? (§ 10 Rn. 1)
3. Welches sind die beiden Hauptpflichten des Frachtvertrags? (§ 10 Rn. 2)
4. Gelten die Vorschriften des Frachtvertrags für alle Beförderungen? (§ 10 Rn. 3)
5. Muss der Frachtführer ein gewerbliches Unternehmen betreiben? (§ 10 Rn. 3)
6. Ist die Ausstellung des Frachtbriefs Wirksamkeitsvoraussetzung für das Zustandekommen eines Transportvertrags? (§ 10 Rn. 4)
7. Ist die Haftung des Frachtführers verschuldensabhängig? (§ 10 Rn. 9)
8. Wodurch wird die Haftung des Frachtführers beschränkt bzw. ausgeschlossen? (§ 10 Rn. 10)
9. Welche Obliegenheit trifft den Absender für die Geltendmachung eines Schadensersatzanspruchs? (§ 10 Rn. 10)
10. Gelten die Grundsätze der Drittschadensliquidation, wenn der Verkäufer zur Durchführung eines Versendungskaufs einen Frachtführer beauftragt? (§ 10 Rn. 11)
11. In welcher Hinsicht modifizieren die Bestimmungen zum Umzugsvertrag die Vorschriften des Frachtvertrages? (§ 10 Rn. 14 ff.)
12. Welches sind die Pflichten des Spediteurs beim Speditionsvertrag? (§ 10 Rn. 18)
13. Haftet der Spediteur verschuldensunabhängig? (§ 10 Rn. 19)
14. Welche Pflichten treffen den Versender? (§ 10 Rn. 20)

Kontrollfragen

15. Welche Rechtsfolge tritt ein, wenn der Versender seine Mitwirkungspflichten verletzt? (§ 10 Rn. 20)
16. Wo findet der Lagervertrag im Handelsgesetzbuch eine gesetzliche Regelung? (§ 10 Rn. 21)
17. Muss der Lagerhalter ein gewerbliches Unternehmen betreiben? (§ 10 Rn. 21)
18. Welche Sonderregeln sind zu beachten, wenn an dem Lagervertrag ein Verbraucher beteiligt ist? (§ 10 Rn. 23)
19. Welche Voraussetzung muss erfüllt sein, damit der Lagerhalter verschuldensunabhängig haftet? (§ 10 Rn. 22)
20. Welche Pflichten treffen den Einlagerer? (§ 10 Rn. 22)

Sachverzeichnis

A
Absatzmittlungsverhältnisse, 6 1 ff., 71 ff.
Abschlussprüfer, 3 8
Abspaltungsverbot, 4 61
Allgemeine Geschäftsbedingungen, 7 60 ff.
**Allgemeines Deutsches Handelsgesetzbuch,
 1** 9; **2** 3; **5** 1; **7** 63
Annahmeverzug s. Handelskauf
Anscheinsvollmacht, 5 4; **7** 96, 101
Auftragsbestätigung, 7 32, 38
Ausgleichsanspruch
  Franchisenehmer, **6** 81
  Handelsvertreter, **6** 41 ff.
  Vertragshändler, **6** 26
Außenprivatrecht, 1 4

B
Bilanz, 3 6
Buchführungspflicht, 3 5
**Bürgerliches Gesetzbuch, Verhältnis
 zum, 1** 6 f.

C
Code du commerce, 1 9

D
Delkredere, 6 31
Dienstvertragsrecht
  Handelsvertreter, **6** 10 f.
  Kommissionsgeschäft, **9** 4

Drittschadensliquidation, 9 14; **10** 11
Duldungsvollmacht, 5 4; **7** 96, 101

E
Ein-Firmen-Vertreter, 5 25 f., 34
Einzelkaufleute, 2 23 ff.; **4** 29 ff.
Europäische Rechtsquellen, 1 14; **3** 3,
 13, 62; **6** 9

F
Falschlieferung s. Handelskauf
Firmenrecht
  abgeleitete Firma, **4** 23
  Abspaltungsverbot, **4** 16, 61
  Änderung der Firma, **4** 41
  Arten der Firma, **4** 20 ff.
  Aufgabe der Firma, **4** 57 ff.
  Begriff der Firma, **4** 4
  BGB-Gesellschaft, **4** 6
  Bildung der Firma, **4** 20 ff.
  einfache Firma, **4** 22
  Eintragung der Firma, **4** 37 ff.
  Einzelkaufleute
    Firmenbildung, **4** 29 ff.
    Firmeneinheit, **4** 59 f.
    Haftungszusatz, **4** 12
    Identifizierungsfunktion, **4** 10
    Insolvenz, **4** 19
  Einzelrechtsnachfolge, **4** 64
  Erlöschen der Firma, **4** 40 f.
  Firmenausschließlichkeit, **4** 70 ff.

Firmenrecht (Fortsetzung)
　Firmenbeständigkeit
　　Funktion, **4** 75
　　Gesellschafterwechsel, **4** 78 ff.
　　GmbH, **4** 80
　　Rechtsformwechsel, **4** 77
　　Voraussetzungen, **4** 76
　Firmeneinheit
　　Abspaltungsverbot, **4** 61
　　Einzelrechtsnachfolge, **4** 64
　　Firmenuntrennbarkeit, **4** 61 ff.
　　Grundsatz, **4** 57 ff.
　　Mantelverwertung, **4** 66 f.
　　Spaltung, **4** 63
　　Unternehmensspaltung, **4** 62 f.
　　Verschmelzung, **4** 65
　　Zweigniederlassung, **4** 68 f.
　Firmenfortführung, Haftung
　　Erbfall, **4** 95 ff.
　　Erwerbstatbestand, **4** 87
　　Haftungsausschluss, **4** 94, 99 ff.
　　Haftungskontinuität, **4** 81
　　Haftungsumfang, **4** 91
　　Rechtsgeschäft unter Lebenden, **4** 84 ff.
　　Schuldbeitritt, **4** 85
　Firmenkern, **4** 22
　Firmenschutz
　　Firmenmissbrauchsverfahren, **4** 107
　　Kleingewerbetreibende, **4** 106
　　Markenrecht, **4** 110
　　Überblick, **4** 104
　　Unterlassungsanspruch, **4** 108 f.
　　unzulässiger Gebrauch, **4** 105 f.
　Firmenunterscheidbarkeit, **4** 70 ff.
　Firmenuntrennbarkeit, **4** 61 ff.
　Firmenwahrheit
　　Bedeutung, **4** 43
　　Firmenbeständigkeit, **4** 75
　　geschäftliche Verhältnisse, **4** 46 ff.
　　Inhalt, **4** 43
　　Irreführungsverbot, **4** 44 ff.
　　Personalfirma, **4** 47 f.
　　registergerichtliche Prüfung, **4** 55 f.
　　Sachfirma, **4** 49 ff.
　　Wesentlichkeitsschwelle, **4** 52 ff.
　　Wettbewerbsrecht, **4** 45, 51
　Firmenzusätze, **4** 22, 50 f.
　Formkaufleute, **4** 18, 35 f.
　geschäftliche Bezeichnungen, **4** 6, 24
　gesetzliches Verbot, **4** 27
　Haftung, **4** 12
　Handelsgesellschaften
　　Firmenbildung, **4** 32 ff.
　　Firmeneinheit, **4** 59 ff.
　Haftungszusatz, **4** 12, 14
　Identifizierungsfunktion, **4** 10
　Insolvenz, **4** 18
　Personalfirma, **4** 48
　Handelsrechtsreformgesetz, **4** 3
　Handelsregister
　　Änderung, **4** 40 f.
　　Eintragung, **4** 37 ff.
　　Erlöschen, **4** 40 f.
　　Prüfung, **4** 38
　Hinweisfunktion, **4** 12 ff.
　Identifizierungsfunktion, **4** 8 ff., 26
　Insolvenz, **4** 16 ff.
　Kaufmannseigenschaft, **4** 5
　Kennzeichnungseignung, **4** 25 ff.
　Kleingewerbetreibende, **4** 6
　Mantelverwertung, **4** 66 ff.
　Markenrecht, **4** 2, 110
　Minderfirma, **4** 6
　Mischfirma, **4** 20
　Personalfirma, **4** 20, 47 f., 73
　Phantasiefirma, **4** 21, 25
　Prinzipien des F., **4** 42 ff.
　Prioritätsprinzip, **4** 72
　Rechtsfähigkeit, **4** 9
　Rechtsformzusatz, **4** 12, 22, 30, 32 ff., 36
　Rechtsnatur der Firma, **4** 15 ff.
　Sachfirma, **4** 20, 49 ff., 73
　Sittenwidrigkeit, **4** 28
　Spaltung, **4** 63
　Überblick, **4** 1 ff.
　Unternehmen, **4** 7
　Unternehmenskennzeichen, **4** 2, 24, 110
　Unternehmensspaltung, **4** 62 ff.
　Unterscheidungskraft, **4** 11, 25 ff., 70
　ursprüngliche Firma, **4** 23
　Verschmelzung, **4** 65
　Warnfunktion, **4** 12 ff.
　zusammengesetzte Firma, **4** 22
　Zweigniederlassung, **4** 68 f.
Fixgeschäft s. Handelskauf
Formkaufleute
　Firma, **4** 35 f.
　Handelsgeschäft, **7** 18
　Kaufmannsbegriff, **2** 69 ff.
Formvorschriften
　erfasste Rechtsgeschäfte, **7** 56
　Freistellung, **7** 58
　Handelsgeschäft, **7** 57
　Kaufmannseigenschaft, **7** 57
　Kleingewerbetreibende, **7** 57
　Schutzzweck, **7** 55
　Treu und Glauben, **7** 59

Sachverzeichnis

Frachtvertrag
  Abschluss, **10** 4
  Beförderungspflicht, **10** 4 f.
  Drittschadensliquidation, **10** 11 f.
  Fracht, **10** 6
  Frachtbrief, **10** 6
  Haftung
    Absender, **10** 8
    Anzeigepflicht, **10** 12
    Frachtführer, **10** 9 ff.
    Höchstbetrag, **10** 10
  Inhalt, **10** 2 f.
  Kleingewerbetreibende, **10** 3
  Konsensualvertrag, **10** 4 f.
  Mitwirkungspflichten, **10** 6
Franchisenehmer
  Arbeitnehmereigenschaft, **6** 82
  Ausgleichsanspruch, **6** 81
  Handelsvertreterrecht, **6** 81
  Kaufmannseigenschaft, **2** 20
Franchising, 6 79 ff.
freie Berufe
  Eintragung im Handelsregister, **2** 55
  Gewerbebegriff, **2** 13 ff.
  Handlungsvollmacht, **5** 48
  kaufmännisches Bestätigungsschreiben, **7** 34, 36
  Scheinkaufmann, **2** 59

G
Gattungsschuld
  Handelskauf, **8** 30
  Leistungsinhalt, **7** 64
Gegenstand des Handelsrechts, 1 1 ff.
Generalvollmacht, 5 6
Gesamtprokura, 5 34 ff.
geschäftliche Bezeichnung, 4 24
geschichtliche Entwicklung, 1 9 ff.
Gewerbebegriff s. Kaufmannsbegriff
Gewinn- und Verlustrechnung, 3 6
Gleichheitssatz (Art. 3 Abs. 1 GG), 1 8; **2** 4
gutgläubiger Erwerb
  abhandengekommene Sachen, **7** 97
  Bürgerliches Gesetzbuch, **7** 93 ff.
  Gegenstand, **7** 97
  Gutgläubigkeit, **7** 98
  Handelsgewerbe, **7** 97
  Kaufmannseigenschaft, **7** 96
  Kleingewerbetreibende, **7** 96
  Normzweck, **7** 93 f.
  Scheinkaufmann, **7** 96
  Systematik, **7** 93, 95
  Vertretungsmacht, **7** 99 ff.
  Voraussetzungen, **7** 96 ff.

H
Handelsbrauch
  Anfechtung, **7** 52
  Anwendungsbereich, persönlicher, **7** 51
  Auslegung, **7** 47, 53 f.
  Bedeutung, **7** 47
  Beweislast, **7** 49
  ergänzende Vertragsauslegung, **7** 54
  Gerichtsverfassungsrecht, **7** 48
  Gewohnheitsrecht, **7** 47, 49
  Irrtum, **7** 52
  Kaufmannseigenschaft, **7** 51
  lex mercatoria, **7** 47
  objektives Recht, **7** 50
  Ort, **7** 51
  Rechtsfolgen, **7** 53 f.
  subjektive Voraussetzungen, **7** 52
  Vereinbarungsbefugnis, **7** 54
  Verkehrssitte, **7** 47, 51
  Voraussetzungen, **7** 49 ff.
  Zeitpunkt, **7** 51
  Zustimmung, **7** 49
Handelsbücher, 1 5; **3** 4, 5 ff.
Handelsgeschäft
  Abschluss des H., **7** 19 ff.
  Allgemeine Geschäftsbedingungen, **7,** 59 ff.
  Begriff, **7** 7 ff.
  beiderseitiges H., **7** 12, 13, 66; **8** 29
  Beweislast, **7** 16
  einseitiges H., **7** 11, 13
  Einzelkaufmann, **7** 16
  Firmenrecht, **7** 7
  Formvorschriften, s. dort
  Gattungsschuld s. dort
  Gegenbeweis, **7** 16, 17
  Geschäftsbegriff, **7** 14
  gutgläubiger Erwerb s. dort
  Handelsbrauch s. dort
  Handelsgesellschaft, **7** 18
  Handelskauf, s. dort
  kaufmännisches Bestätigungsschreiben s. dort
  kaufmännisches Zurückbehaltungsrecht s. dort
  Kaufmannseigenschaft, **7** 6, 9 f.
  Kommissionsgeschäft, s. dort
  Leistungsinhalt, **7** 63 f.
  Leistungszeit, **7** 64
  Schuldscheine, **7** 17
  Schweigen auf Antrag (§ 362 HGB) s. dort
  Sorgfaltsmaßstab, **7** 68
  Überblick, **7** 1 ff.
  Vermutung, **7** 16, 17
  Zinsbestimmungen, **7** 65 ff.
  Zurechnung, **7** 15 ff.

Handelskauf
Analogie, **8** 69 ff.
andere Vertragstypen
　Leasingvertrag, **8** 72
　Tausch, **8** 69
　Werklieferungsvertrag, **8** 71
　Werkvertrag, **8** 71
Annahmeverzug
　Hinterlegung, **8** 7 ff.
　Verhältnis zu §§ 293 ff. BGB, **8** 6
　Versteigerung, **8** 13 ff.
Bestimmungskauf, **8** 25 ff.
Falschlieferung
　Rechtsfolgen, **8** 59 ff., 66
　Genehmigungsfiktion, **8** 59 ff.
　Gleichstellung, **8** 35, 37
　Vertragsänderung, **8** 60
Fixgeschäft
　absolutes F., **8** 18
　Erfüllungsanspruch, **8** 22
　Erfüllungsverlangen, **8** 22
　Fixklauseln, **8** 23
　relatives F., **8** 19
　Rücktrittsrecht, **8** 21
　Schadensersatz statt der Leistung, **8** 21
Gattungsschuld, **8** 30
Genehmigungsfiktion
　Deliktsrecht, **8** 58
　Mangelfolgeschaden, **8** 55
　Mangelschaden, **8** 55
　Nebenpflichten, **8** 56
　Pflichtverletzung, **8** 55 f.
　Rechtsfolgen, **8** 53
　Teillieferungen, **8** 57
　Verbrauchsgüterkauf, **8** 68
Handelsgeschäft, **8** 3
Hinterlegung
　Erfüllung, **8** 12
　Gefahrübergang, **8** 11
　Haftungsmaßstab, **8** 9
　hinterlegungsfähiger Gegenstand, **8** 7
　Hinterlegungsort, **8** 8
　Kosten, **8** 10
　Rechtsfolgen, **8** 12
Mängel der Ware
　beiderseitiges Handelsgeschäft, **8** 30 ff.
　Falschlieferung, **8** 35
　Genehmigungsfähigkeit, **8** 37
　Kaufmannseigenschaft, **8** 30 f.
　Mangelbegriff, **8** 33 ff.
　Rechtsfolgen der Genehmigungsfiktion und Anfechtung, **8** 54

Rechtsfolgen der Genehmigungsfiktion und Ansprüche und Rechte nach § 434 Nr. 1 bis 3 BGB, **8** 54
Rechtsfolgen der Genehmigungsfiktion und Deliktische Ansprüche, **8** 58
Rechtsfolgen der Genehmigungsfiktion bei Falschlieferung, **8** 59 ff.
Rechtsfolgen der Genehmigungsfiktion bei Mangelfolgeschaden, **8** 55
Rechtsfolgen der Genehmigungsfiktion bei Mangelschaden, **8** 55
Rechtsfolgen der Genehmigungsfiktion bei Minderlieferung, **8** 62 f.
Rechtsfolgen der Genehmigungsfiktion und Nebenpflichten, **8** 55 f.
Rechtsfolgen der Genehmigungsfiktion bei Teillieferungen, **8** 57
Rechtsmangel, **8** 33 f.
Regress, **8** 67 f.
Rüge, Form der, **8** 51
Rüge, Inhalt der, **8** 50
Rüge, Modalitäten der, **8** 50 f.
Rüge und Rechtsfolgen bei Falschlieferung, **8** 66
Rüge und Rechtsfolgen bei Minderlieferung, **8** 66
Rüge und Rechtsfolgen bei Sachmangel, **8** 65
Rüge und Stellvertretung, **8** 51
Rüge und Streckengeschäft, **8** 51
Rüge und versteckter Mangel, **8** 52
Rüge, Zeitpunkt der, **8** 48 f.
Rüge, Zugang der, **8** 49
Sachmangel, **8** 33 ff.
Stückschuld, **8** 30
systematische Stellung des § 377 HGB, **8** 29
Überblick, **8** 28 f.
Untersuchung, Systematik der, **8** 39 f.
Untersuchung und Ablieferung, **8** 41 ff.
Untersuchung und Obliegenheit, **8** 39 f.
Untersuchung und Person, **8** 46
Untersuchung und Rechtsfolgen, **8** 47
Untersuchung und Umfang, **8** 45
Untersuchung, Zeitpunkt der, **8** 44
Verbrauchsgüterkauf, **8** 4, 32 f.
Verhältnis zu §§ 434, 437 ff. BGB, **8** 29
Zuvielieferung und Bereicherungsanspruch, **8** 38
Zuvielieferung und Vertragsänderung, **8** 38
Zuweniglieferung, **8** 38, 62 f., 66

Sachverzeichnis 307

Quantitätsabweichung s. Mängel der Ware
Spezifikationskauf, **8** 25 ff.
Taragewicht, **8** 24
Überblick, **8** 1 ff.
Verpackung, **8** 24
Versteigerung
   Aufrechnung, **8** 16
   Aufwendungen, **8** 16
   Bürgerliches Gesetzbuch, **8** 14 ff.
   Erlös, **8** 16
   Gegenstand, **8** 14
   Ort, **8** 15
   Provisionsanspruch, **8** 16
   Zeit, **8** 15
Handelsmakler
   Begriff, **6** 62 ff.
   Interessenwahrung, **6** 70
   Kaufmannseigenschaft, **6** 64
   Schlussnote, **6** 70
   Tagebuch, **6** 70
   Vergütung, **6** 67 ff.
   Vertragsabschluss, **6** 65
Handelsrechtsreformgesetz, 1 11; **2** 5 f.; **4** 3
Handelsregister
   Amtsgericht, **3** 9
   Anmeldung, **3** 17
   Antragsgrundsatz, **3** 16 ff.
   Bekanntmachung, **3** 30
   Beweiskraft, **3** 24 ff.
   Beweislast, **3** 27
   Einsichtsrecht, **3** 29
   Eintragung
      deklaratorische Wirkung, **3** 15
      konstitutive Wirkung, **3** 15
   eintragungsfähige Tatsachen, **3** 11, 13
   eintragungspflichtige Tatsachen, **3** 14
   eintragungsunfähige Tatsachen, **3** 12 f.
   elektronisches H., **3** 79
   Firma, **4** 37 ff.
   formelle Publizität, **3** 28 ff.
   Führung, **3** 9 f.
   Istkaufmann, **2** 25
   Kaufmannseigenschaft, **2** 52 ff.
   Kleingewerbetreibende, **2** 38 ff.
   materielle Publizität
      Bekanntmachung, unrichtige, **3** 61 ff.
      negative Publizität, **3** 33 ff.
      positive Publizität, **3** 52 ff.
      Primärtatsachen, **3** 36
      Rechtsscheingrundsätze,
         allgemeine, **3** 76 f.
      Rechtsscheintatbestände, andere,
         3, 55 ff.

      Sekundärtatsachen, **3** 36
      Systematik des § 15 HGB, **3** 31 f.
      Unrechtsverkehr, **3** 34, 73
      Veranlassungsprinzip, **3** 69 ff.
      Voreintragung, fehlende, **3** 40 ff.
      Wahlrecht, **3** 46 ff., 74 f.
   negative Publizität, **3** 33 ff.
   öffentliche Beglaubigung, **3** 17
   positive Publizität, **3** 52 ff.
   Prokura, **5** 19, 24
   Prüfung
      formelles Prüfungsrecht, **3** 20
      materielles Prüfungsrecht, **3** 21
   Prüfungspflicht, **3** 22
   Rechtsbehelfe, **3** 23
   Rechtspfleger, **3** 20
   Rechtspfleger, **3** 9, 20
   Reformüberlegungen, **3** 78
   Registerauszug, **3** 24 ff.
   Registerzwang, **3** 19
   Zwangsgeld, **3** 23
   Zweigniederlassung, **3** 10
Handelsvertreter
   Absatzmittlungsverhältnisse, **6** 1 ff.
   Arbeitnehmer, **6** 14
   Ausgleichsanspruch
      Allgemeines, **6** 41 f.
      Ausschlusstatbestände, **6** 48 ff.
      Billigkeitsprüfung, **6** 46 f.
      Eigenkündigung des
         Handelsvertreters, **6** 49 f.
      Geltendmachung des A., **6** 58
      Geschäftsverbindung, **6** 43 f.
      Höhe des A., **6** 57
      Kündigung des Unternehmers, **6** 52 ff.
      Verjährung des A., **6** 58
      Vertragsübernahme, **6** 55 f.
   Begriff, **6** 12 ff.
   Dauerhaftigkeit, **6** 21
   Delkredere, **6** 31
   Dienstvertragsrecht, **6** 10 f., 27
   EG-Richtlinie 86/653/EWG, **6** 9
   Ein-Firmen-Vertreter, **6** 25 f.
   Geschäftsvermittlung, **6** 18 ff.
   Handelsgesetzbuch, **6** 7 f.
   Handelsmakler, Abgrenzung zu, **6** 21
   Identität, **6** 26
   Interessenwahrungspflichten, **6** 31 f.
   Kleingewerbetreibende, **6** 17, 20
   Kommissionär, Abgrenzung zu, **6** 18; **9** 3
   Konkurrenzschutz, **6** 32
   mehrstufige
      Handelsvertreterverhältnisse, **6** 22

Handelsvertreter (Fortsetzung)
Pflichten des H.
Berichterstattung, **6** 31
Delkredere, **6** 31
Hauptpflicht, **6** 30
Interessenwahrungspflichten, **6** 31 ff.
Konkurrenzschutz, **6** 32
Mitteilungspflicht, **6** 31
Vertragsabschluss, **6** 30
Weisungen, **6** 31
Wettbewerbsverbot, **6** 32
Pflichten des Unternehmers
Nebenleistungspflichten, **6** 35
Provisionsanspruch, **6** 36
Rücksichtnahmepflichten, **6** 35
Provisionsanspruch, **6** 36
Selbständigkeit, persönliche, **6** 12 ff.
Vertrag
Beendigung, **6** 37 ff.
Formerfordernisse, **6** 28
gegenseitiger V., **6** 29
Rechtsnatur, **6** 27
Vertragsurkunde, **6** 28
Vertretungsmacht des H., **6** 59 ff.
Weisungen, **6** 31
Wettbewerbsverbot, **6** 32
Handlungsbevollmächtigte, 5 56
Handlungsgehilfen, 1 1; **5** 56
Handlungsvollmacht
Arten der H., **5** 51
Arthandlungsvollmacht, **5** 51
Erlöschen, **5** 49
Erteilung, **5** 46 ff.
Funktion, **5** 44 f.
Generalhandlungsvollmacht, **5** 51
Generalvollmacht, **5** 52
gleichgestellte Personen, **5** 56
Ladenangestellte, **5** 57 ff.
Rechtsnatur, **5** 44 f.
Spezialhandlungsvollmacht, **5** 51
Hinterlegung s. Handelskauf

I
Insolvenzverwalter
Firma, **3** 17 ff.
Handelsvertreter, **6** 12
Kaufmannseigenschaft, **2** 21
Inventar, 3 6

J
Jahresabschluss, 3 6

K
Kammer für Handelssachen, 7 48
Kaufmännisches Bestätigungsschreiben
Auftragsbestätigung, **7** 32, 38
Beweisführung, **7** 31
deklaratorisches
Bestätigungsschreiben, **7** 43 f.
Kaufmannseigenschaft, **7** 34 ff.
konstitutives Bestätigungsschreiben, **7** 43 f.
kreuzende Bestätigungsschreiben, **7** 45 f.
Rechtsfolgen, **7** 43 ff.
Redlichkeit des Absenders, **7** 40
Verkehrsschutz, **7** 31
Vertragsschluss, vorangehender, **7** 37 ff.
Voraussetzungen, **7** 33 ff.
Widerspruch des Empfängers, **7** 41 f.
kaufmännisches Zurückbehaltungsrecht
Absonderungsrecht, **7** 106
Befriedigungsrecht, **7** 107
Besitz, **7** 104
Forderungsabtretung, **7** 108
Gegenstände, **7** 104
Handelsgeschäft, **7** 104
Herausgabeanspruch, **7** 106
Kaufmannseigenschaft, **7** 104
Recht zum Besitz, **7** 105
Rechtsfolgen, **7** 105 ff.
Verhältnis zu § 273 BGB, **7** 102 f.
Voraussetzungen, **7** 104
Zurückbehaltungsrecht **7** 105 f.
Kaufmannsbegriff
Allgemeine Geschäftsbedingungen, **7** 61
Allgemeines Deutsches
Handelsgesetzbuch, **2** 3
Betreiber des Gewerbes, **2** 20 ff.
Entwicklung, **2** 3 ff.
Formkaufleute, **2** 71
Formvorschriften, **7** 57
forstwirtschaftliche Betriebe, **2** 45 ff.
Frachtvertrag, **10** 3
Franchisenehmer, **2** 20
Gesellschafterstellung, **2** 22, 71
Gewerbebegriff
Dauerhaftigkeit, **2** 12
Definition, **2** 7 f.
Erkennbarkeit nach außen, **2** 10 f.
erlaubte Tätigkeit, **2** 17
freie Berufe, **2** 13 ff., 55, 59
Gewinnerzielungsabsicht, **2** 18 f.
karitative Tätigkeit, **2** 18
Planmäßigkeit, **2** 12
Selbständige Tätigkeit, **2** 9
Vermögensverwaltung, **2** 11

Sachverzeichnis

gutgläubiger Erwerb, **7** 96
Handelsbrauch, **7** 51
Handelsgeschäft, **7** 6, 9
Handelsgesellschaften, **2** 69 f.
Handelsmakler, **6** 64
Handelsrechtsreformgesetz, **2** 5 f.
Handelsregister, **2** 25, 38 ff., 52 ff.
Insolvenzverwalter, **2** 21
Istkaufmann
   Art und Umfang des Unternehmens, **2** 26 ff.
   Aufstieg zum Istkaufmann, **2** 41, 42 ff.
   Begriff, **2** 24
   Darlegungs- und Beweislast, **2** 30
   Firma, **4** 5
   Gesetzessystematik, **2** 23
   Handelsregister, **2** 25
   Herabsinken zum Kleingewerbetreibenden, **2** 31 ff.
   Irrtümliche Anmeldung, **2** 34
   Registerverfahren, **2** 30
Kannkaufleute
   Kleingewerbetreibende, **2** 35 ff.
   Land- und Forstwirtschaft, **2** 45 ff.
Kaufmännisches Bestätigungsschreiben, **7** 34 ff.
Kaufmännisches Zurückbehaltungsrecht, **7** 104
Kleingewerbetreibende, **2** 6, 35 ff.
Kommanditist, **2** 22
Kommissionär, **9** 5
Komplementär, **2** 22
landwirtschaftliche Betriebe, **2** 45 ff.
Minderkaufleute, **2** 4
Mitgliedschaft, **2** 22
Pächter, **2** 20
Scheinkaufmann
   Freiberufler, **2** 59
   gutgläubiger Erwerb, **7** 96
   Kausalität, **2** 62
   kaufmännisches Zurückbehaltungsrecht, **7** 104
   Kleingewerbetreibende, **2** 59
   Rechtsfolgen, **2** 64 ff.
   Rechtsschein, **2** 61
   Schutzbedürftigkeit des Dritten, **2** 63
   Subsidiarität, **2** 59
   Vertrauensbetätigung, **2** 62
   Voraussetzungen, **2** 60 ff.
   Zurechnung, **2** 61
Systematik des Gesetzes, **2** 1
Treuhänder, **2** 20
Vertragshändler, **2** 20
Vertreter, **2** 21; **7** 10

Kleingewerbetreibende
   Allgemeine Geschäftsbedingungen, **7** 61
   Firma, **4** 6
   Firmenschutz, **4** 106
   Formvorschriften, **7** 57
   Frachtvertrag, **10** 3
   Geschäftsbezeichnung, **4** 6
   gutgläubiger Erwerb, **7** 96
   Handelsgeschäft, **7** 6, 9
   Handelskauf, **8** 31
   Handelsvertreter, **6** 17, 20
   Handlungsvollmacht, **5** 48
   kaufmännisches Bestätigungsschreiben, **7** 36
   Kaufmannseigenschaft, **2** 6, 35 ff.
   Kommissionär, **9** 5
   Prokura, **5** 11
   Speditionsvertrag, **10** 18
Kommissionsagent, **6** 77 f.
Kommissionsgeschäft
   Abgrenzung zum Handelsvertreter, **6** 18; **9** 3
   Abwicklungsgeschäft, **9** 35 ff.
   Aufwendungsersatz, **9** 7
   Ausführungsgeschäft
   Drittschadensliquidation, **9** 14
   Eigentumserwerb bei Ermächtigung des Kommissionärs, **9** 28
   Eigentumserwerb bei Geheißerwerb, **9** 24
   Eigentumserwerb und Bereicherungsgleich **9** 30 ff.
   Eigentumserwerb und Besitzkonstitut, **9** 25
   Eigentumserwerb und Einkaufskommission, **9** 23 ff.
   Eigentumserwerb und Geschäft für den, den es angeht, **9** 26
   Eigentumserwerb und gutgläubiger Erwerb, **9** 29
   Eigentumserwerb und Mängel, **9** 15 ff.
   Eigentumserwerb und Offenkundigkeitsprinzip, **9** 26
   Eigentumserwerb und Schadensersatz, **9** 13 f.
   Eigentumserwerb und Verkaufskommission, **9** 27 ff.
   Erfüllung, **9** 10, 22 ff.
   Forderungsinhaber, **9** 11 f.
   Forderungsschutz (§ 392 Abs. 2 HGB), **9** 18 ff.
   Handelsgeschäft, **9** 9
   Kaufvertrag, **9** 8
   Dienstvertragsrecht, **9** 4

Kommissionsgeschäft (Fortsetzung)
  Geschäftsbesorgungsvertrag, **9** 4
  Handelsgewerbe, **9** 5
  Herausgabepflicht, **9** 6
  Kaufmannseigenschaft, **9** 5
  Kleingewerbetreibende, **9** 5
  mittelbare Stellvertretung, **9** 3
  Provisionsanspruch, **9** 7
  Rechenschaft, **9** 6
  Rechtsbeziehungen, **9** 2
  Weisungen, **9** 6
Kontokorrent
  Abtretung, **7** 76
  Aufrechnung, **7** 75
  Bereicherungseinrede, **7** 87
  Dauerlieferungsvertrag, **7** 73
  Einrede, **7** 74
  Feststellung, **7** 72, 83 ff.
  Gesamtaufrechnung,
      verhältnismäßige, **7** 82
  Geschäftsvertrag, **7** 72 f.
  Grundstruktur, **7** 71 f.
  Kontokorrentabrede, **7** 72, 74 ff.
  Kontokorrentzugehörigkeit, **7** 77 ff.
  Novation, **7** 84 f., 89
  Periodenkontokorrent, **7** 81
  Pfändung, **7** 76
  Schuldanerkenntnis, **7** 84 ff.
  Sicherungsrechte, **7** 88 ff.
  Staffelkontokorrent, **7** 81
  Tilgungswirkung, **7** 80
  Verjährung, **7** 75, 87
  Verrechnung, **7** 72, 80 ff.
  Verzug, **7** 75
  Zinsen, **7** 92

L
Ladenangestellte, Vollmacht, 5 62 f.
Lagebericht, 5 8
Lagervertrag
  Haftung des Einlagerers, **10** 23
  Haftung des Lagerhalters, **10** 22
  Inhalt, **10** 21
  Pflichten des Einlagerers, **10** 22 f.
  Pflichten des Lagerhalters, **10** 22
Leasingvertrag, 8 72
Leitgedanken, 1 16 ff.
Leistungsinhalt, 7 63 f.
Leistungszeit, 7 64; **8** 18 ff.

M
Mantelverwertung, 4 66 f.
Mängelhaftung
  Handelskauf, **8** 28 ff.
  Kommissionsgeschäft, **9** 15 ff.
  Leasing, **8** 72
  Tausch, **8** 69
  Werklieferungsvertrag, **8** 71
  Werkvertrag, **8** 70 f.
Minderkaufleute, 2 4
Missbrauch der Vertretungsmacht, 5 37 ff.

O
objektives System, 1 3
Offenkundigkeitsprinzip, 5 3
Offenlegung, 3 8

P
Pächter
  Kaufmannsbegriff, **2** 20
Preußisches Allgemeines Landrecht, 1 9
Prokura
  Außenverhältnis, **5** 8
  Betriebsübergang, **5** 23
  einschränkende Abreden, **5** 32 f.
  Erbengemeinschaft, **5** 16
  Erlöschen, **5** 20 ff.
  Erteilung der P.
      Berechtigung, **5** 10 ff.
      Eintragung, **5** 19
      Erklärung, **5** 18
      Freiberufler, **5** 10
      Handelsgesellschaften in
          Liquidation, **5** 12
      Nichtkaufmann, **5** 11
  Filialprokura, **5** 33
  Funktion, **5** 9
  Generalvollmacht, **5** 6
  Gesamthandsgemeinschaften, **5** 16
  Gesamtprokura, **5** 34
  Gesamtvertretung, **5** 35
  Grundstücksgeschäfte, **5** 31
  Handelsregister
      Erlöschen, **5** 24
      Erteilung, **5** 19
  Handlungsgehilfe, **5** 8
  Innenverhältnis, **5** 8
  mehrfache Vertretungsmacht, **5** 17

Sachverzeichnis

Minderjährige, **5** 10
Missbrauch der Vertretungsmacht, **5** 37 ff.
Person des Prokuristen, **5** 13
Rechtsnatur, **5** 7
Stellvertretungsrecht, **5** 1 ff.
Strukturentscheidungen, **5** 30
Umfang
 Grundlagenentscheidungen, **5** 30
 Grundsätze, **5** 25 ff.
 Grundstücksgeschäfte, **5** 31
 Strukturentscheidungen, **5** 30
 vorbehaltene Geschäfte, **5** 29
 unechte Gesamtprokura, **5** 35
Verkehrsschutz, **5** 9
Verzicht auf Widerruf, **5** 22
Widerruf, **5** 21 ff.
Zusatz, **5** 27
Provisionsanspruch
 Handelsvertreter, **6** 36
 Kommissionsgeschäft, **9** 7
Publizität
 Geschäftsbriefe, **3** 4
 Handelsbücher, **3** 5 ff.
 Handelsregister, **3** 1 ff., 28 ff.

R
Rechnungslegung, 3 8
Rechtsquellen, 1 13 f.
Registerauszug s. Handelsregister

S
Scheinkaufmann s. Kaufmannsbegriff
Schuldrechtsmodernisierungsgesetz, 1 12, **8** 21, 27, 34, 36 ff.
Schuldscheine, 7 17
Schweigen auf Antrag (§ 362 HGB)
 Anfechtung, **7** 30
 Annahmewillen, **7** 22
 Auftragsrecht, **7** 22
 dogmatische Einordnung, **7** 23 f.
 Duldungsvollmacht, **7** 24
 Erklärungsbewusstsein, **7** 23, 28
 Geschäftsbesorgung, **7** 26
 Geschäftsverbindung, **7** 27
 Inhalt der Vorschrift, **7** 25
 Irrtum, **7** 28, 30
 Kaufmann, **7** 25 mit Fn. 34

Kenntnis, **7** 23, 29
Kontrahierungszwang, **7** 22
Normzweck, **7** 23
Rechtsfolgen, **7** 30
Rechtsgeschäftslehre, **7** 23
Rechtsscheinhaftung, **7** 24
subjektive Zurechnung, **7** 28 f.
Vertragsschluss, **7** 21, 30
Voraussetzungen, **7** 25 f.
Willenserklärung, **7** 23, 28
Zugang, **7** 27, 29
Sonderprivatrecht, 1 3 f.
Sorgfaltsmaßstab, 7 67
Spaltung, 4 63
Speditionsvertrag
 Inhalt, **10** 18
 Pflichten des Spediteurs, **10** 19
 Pflichten des Versenders, **10** 20
 Kaufmannseigenschaft, **10** 18
Stellvertretungsrecht, 5 1 ff.
subjektives System, 1 3

T
Tauschvertrag, 8 69
Transportgeschäfte
 Frachtvertrag s. dort
 Lagervertrag d. dort
 Speditionsvertrag s. dort
 Umzugsvertrag s. dort
Transportrechtsreformgesetz, 1 11; **10** 1
Treuhänder
 Kaufmannsbegriff, **2** 20

U
Umzugsvertrag
 Absender, **10** 15
 Frachtführer, **10** 14
 Haftungsausschluss, **10** 16
 Schadensanzeige, **10** 17
unternehmensbezogene Geschäfte, 5 3
Unternehmenskennzeichen, 4 2, 6, 24, 110

V
Verschmelzung, 4 65
Vertragshändler
 Handelsvertreterrecht, **6** 75
 Kaufmannsbegriff, **2** 20

Vertretungsmacht
  gutgläubiger
      Erwerb, **7** 98 ff.
  Handelsvertreter, **6** 59
  Vollmacht, **5** 5

W
Werklieferungsvertrag, 8 71
Werkvertrag, 8 70 f.
Wettbewerbsverbot
  Handelsvertreter, **8** 33 f.

Z
Zinsen
  Fälligkeitszinsen, **7** 66
  Kontokorrent, **7** 92
  Verzug, **7** 67
  Zinssatz, **7** 65
Zurückbehaltungsrecht,
  kaufmännisches s. dort
Zwangsgeld, 3 19
Zweigniederlassung
  Firma, **4** 68 f.
  Prokura, **5** 33